泰州年鉴

TAIZHOU YEARBOOK

2021

中共泰州市委 泰州市人民政府 主办
泰 州 市 党 史 方 志 办 公 室 编

方志出版社
Publishing House of Local Records

图书在版编目（CIP）数据

泰州年鉴. 2021 / 泰州市党史方志办公室编. -- 北京 : 方志出版社, 2021.11
ISBN 978-7-5144-5041-5

Ⅰ. ①泰… Ⅱ. ①泰… Ⅲ. ①泰州－2021－年鉴
Ⅳ. ①Z525.33

中国版本图书馆CIP数据核字（2021）第252306号

泰州年鉴（2021）

编　　者：泰州市党史方志办公室
责任编辑：丛　珺
出 版 者：方志出版社
地址　北京市朝阳区潘家园东里9号（国家方志馆4层）
邮编　100021
网址　http://www.zgfzcb.cn
发　　行：方志出版社图书经销中心
电话（010）67110500
经　　销：各地新华书店
印　　刷：南京凯德印刷有限公司
开　　本：889×1194　1/16
印　　张：31.75
字　　数：1076千字
版　　次：2021年11月第1版　2021年11月第1次印刷
印　　数：0001~1500册

ISBN　978-7-5144-5041-5　定价：300.00元

泰州年鉴编纂委员会

编辑说明

1.《泰州年鉴》是中共泰州市委、泰州市人民政府主办，泰州市党史方志办公室编纂的系统记述泰州市自然、政治、经济、文化、社会、生态等方面情况的综合性年度资料性文献。1998年出版首卷，本卷年鉴为第24卷。

2.《泰州年鉴(2021)》以马克思列宁主义、毛泽东思想、邓小平理论、"三个代表"重要思想、科学发展观、习近平新时代中国特色社会主义思想为指导，实事求是地、较为全面翔实地记述2020年泰州市的基本情况及发生的各种大事、要事、新事和有影响的事，反映全市人民在改革开放、经济建设以及社会发展中取得的新成就、新进展、新经验。

3.本卷记述起讫时间为2020年1月1日至12月31日。为保持内容资料的完整性、连续性，根据记述需要，部分文字和图片适当上溯或下延。

4.本卷设市情概览、中国医药城、中共泰州市委、泰州市人大、泰州市政府、泰州市政协、泰州市纪委 泰州市监委、民主党派·工商联、群众团体、法治、军事、经济管理、大健康产业、农业、制造业、建筑业、商贸服务业、金融业、旅游业、房地产业、开放型经济、泰州港、基础设施、城市建设、乡村振兴、生态环境、科学技术、教育、文化、卫生健康、体育、就业与社会保障、社会事务、公共安全、市(区)发展、人物36个类目，设256个分目、53个副分目，收录条目1425条、表格73张、名录11份、随文图片91幅。采用分类编辑法，分为类目、分目、条目3个层次，部分分目设副分目，条目为记述实体。类目、分目标题以不同字体字号标识，类目标题标于书眉，副分目标题前后加"·"表示，条目标题加"【 】"表示。

5.本卷突出年度特点和地方特色。与2020卷相比，本卷年鉴在框架设置上作部分调整，如新设中国医药城、大健康产业、泰州港、乡村振兴等类目，合并商贸服务业和信息服务业栏目为商贸服务业，拆分城乡建设栏目为城市建设、乡村振兴2个栏目，调整人力资源、社会生活栏目为就业与社会保障、社会事务栏目，将纪检监督栏目更名为泰州市纪委 泰州市监委，增设参与"一带一路"建设、长三角区域一体化发展、区域合作、新基建、江苏省第20届运动会筹备等分目；专题图照设置印象泰州、抗疫"泰"给力、乡村"泰"美、品质"泰"好、幸福水天堂5个专题，收录图片118幅。

6.本卷的文字资料，由泰州市各部门、各市(区)及驻泰单位提供，相关数据、资料均经各部门领导审阅。书中所涉及机构名称采用规范化简称或习惯性简称。大事记类目中"Δ"表示"同日"，表格中"#"表示"其中主要部分"。撰稿人姓名加"( )"列于所写正文之后，同一类目内相邻条目为同一撰稿人的，则列于末条正文之后。全书主要综合性统计资料由泰州市统计局提供。由于统计的来源、口径、方式和时间的不同，所用统计数据可能存在一定差异，使用时请以泰州市统计局提供的统计资料数据为准；凡泰州市统计局未作统计的，以供稿单位提供的数据为准。数据采用法定计量单位，个别遵从习惯。

7.本卷卷首有中文目录，卷末有索引，索引采用主题分析法编制，全书所有资料可通过目录、书眉、索引等检索渠道查阅。

8.本卷在泰州市人民政府网站(http://www.taizhou.gov.cn)和记忆泰州网站(http://szb.taizhou.gov.cn)提供在线阅览。

泰州荣誉

——（2020年度）——

全国文明城市

全国双拥模范城

中国最具幸福感城市

中国地级市全面小康指数前100强

中国优秀旅游城市

国家生态文明建设示范市

国家水生态文明城市

国家生态市

国家节水型城市

国家基本公共服务标准化试点城市

国家外贸转型升级基地（船舶海工）

印象泰州

国家AAAAA级旅游景区　—　溱湖国家湿地公园

泰州风物

国家级非物质文化遗产

宝卷（靖江宝卷）　　茅山号子　　淮剧

盆景技艺（扬派盆景技艺）　　传统木船制造技艺

清明节（溱潼会船）　　清明节（茅山会船）

全国重点文物保护单位

天目山遗址

泰州市城隍庙

黄桥战斗旧址

日涉园

学政试院

人民海军诞生地

上池斋药店

兴化垛田

蒋庄遗址

泰州数据（2020年度）

地区生产总值：	5312.77亿元
三次产业增加值比重：	5.8 ：47.8 ：46.4
人均地区生产总值：	117541.76元
一般公共预算收入：	383.08亿元
进口总额：	50.38亿美元
出口总额：	96.05亿美元
社会消费品零售总额：	1333.26亿元
城镇常住居民人均可支配收入：	49103元
农村常住居民人均可支配收入：	24615元

泰州的一天（2020年）

地区生产总值
145158万元

一般公共预算收入
10251万元

社会消费品零售总额
36428万元

粮食产量
7672吨

进出口总额
4001万美元

千年水城泰州鸟瞰 （顾祥忠 摄）

蓬勃发展的中国医药名城　　（顾祥忠 摄）

新兴的产业之城。图为全国首家建造LNG动力大型集装箱船的民营造船企业扬子江造船厂一角

（时永 摄）

崛起的港口名城。图为年货物吞吐量3亿吨的泰州港码头　　（高卫东 摄）

京韵芳华，梅郎故里　　（泰州广播电视台 供图）

中国人民解放军海军诞生地　　（《泰州通讯》供图）

保存完好的明清古城。图为兴化市金东门古街区一角　　（《泰州通讯》供图）

泰州美食名扬天下。图为靖江蟹黄汤包登录美国纽约时代广场纳斯达克大屏　　（《泰州通讯》供图）

人与自然和谐共生的生态之城。图为溱湖国家湿地公园　　（《泰州通讯》供图）

抗疫“泰”给力

2020年新年伊始，新冠肺炎疫情突袭而至。泰州市第一时间启动突发公共卫生事件一级响应机制，“空城”“宅家”成为最大支持，“白衣执甲”“逆行出征”成为最美身影，“加油”“在线”成为最好状态，“大数据+网格化+铁脚板”构筑群防群治严密防线。全市上下风雨同舟、众志成城、有效应对，泰州市成为全省首个本地确诊病例全部治愈出院的设区市、全省首批所辖县（市、区）均为低风险的设区市，赢得疫情防控和经济社会发展双胜利，为全国全省抗疫大局作出“泰州贡献”。

◆ 2020年1月27日，泰州市启动突发公共卫生事件一级响应，采取最严格的管控措施

“门神”守护家园

“一路三方、协同作战”，实施高速路口、公路收费站、长江渡运码头联动排查，管控好第一道关口

2020年2月15日，沪宁高速泰兴收费站，泰兴市交警检查、核实过往车辆

2020年2月3日，泰兴市党员突击队在356省道北滨江与高港永安洲交界处值守

2020年2月13日，高港区疫情防控一线专项服务突击队在港口码头为船民检测体温

"大数据＋网格化＋铁脚板"，构建群防群治严密防线，疫情摸排不漏一户、不丢一人、不留盲区

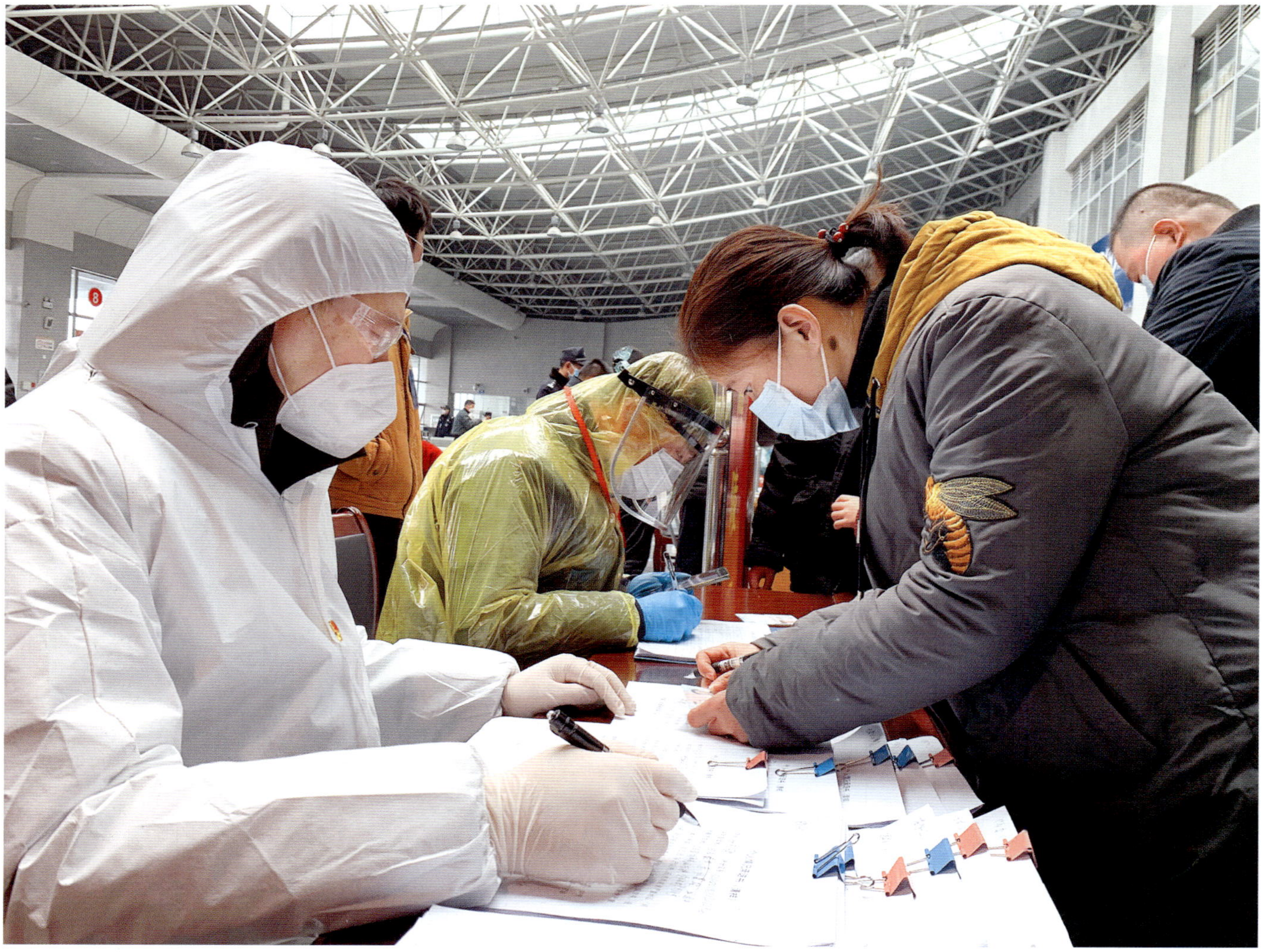

建立数据排查机制，架设智能预警防线。图为疫情管控工作人员进行"祥泰码"信息核查

开展社会面全覆盖排查，做到宣传、排查、检测、报告“到户到
”。图为2020年2月25日，社区工作人员入户发放“出入券”

2020年1月26日，兴化市民警在街头劝导市民佩戴口罩
（王少岳 摄）

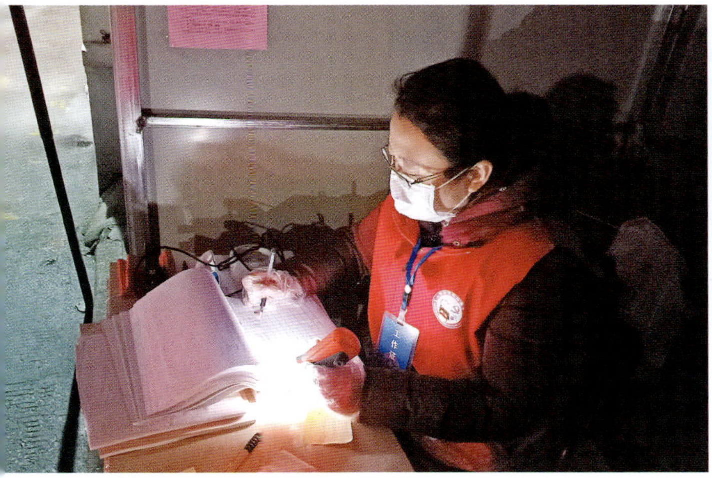

2020年2月7日，海陵区城北街道工人社区值守人员梳理社区情况
（海陵区委组织部 供图）

2020年2月1日，网格员在集市开展防疫宣传

“加油”“在线”，紧扣“企业生产、原辅材料供应、防疫物资投放”关键环节，全力以赴保障疫情防控物资和生活用品

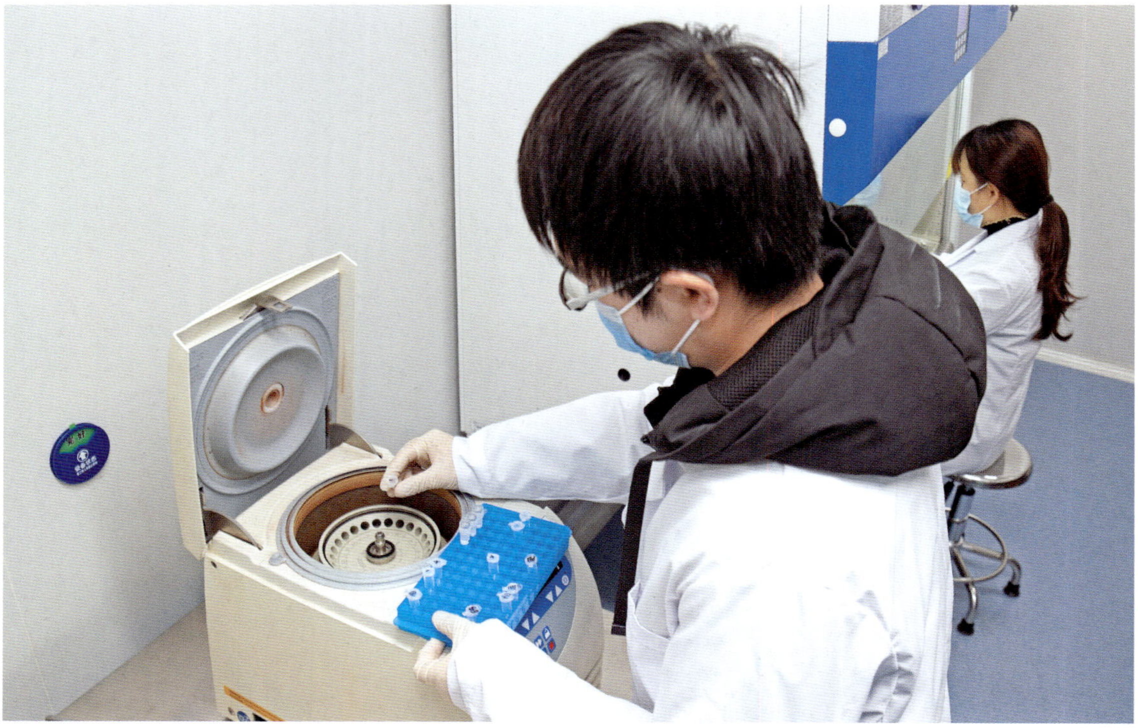

江苏硕世生物科技股份有限公司研发江苏省法定检验机构检定合格的首个新型冠状病毒检试剂。图为2020年2月3日，该公司工作人员研发新冠检测试剂产品　（顾祥忠　摄）

2020年1月28日，泰州泰宁医用制品公司组织员工加班加点生产口罩　（黄薇薇　摄）

靖江市公交“移动超市”进社区，保障市民生活

◆ “外防输入，内防扩散”，精准制定差异化防治措施

突出重点环节源头管控，严防外来输入性风险。图为泰州海关关员登外轮实施卫生检疫

精准实施受控转运，跟踪落实快速响应。图为2020年3月28日，涉外防控高港转运点办理入境人员交接手续

（市涉外联防办 供图）

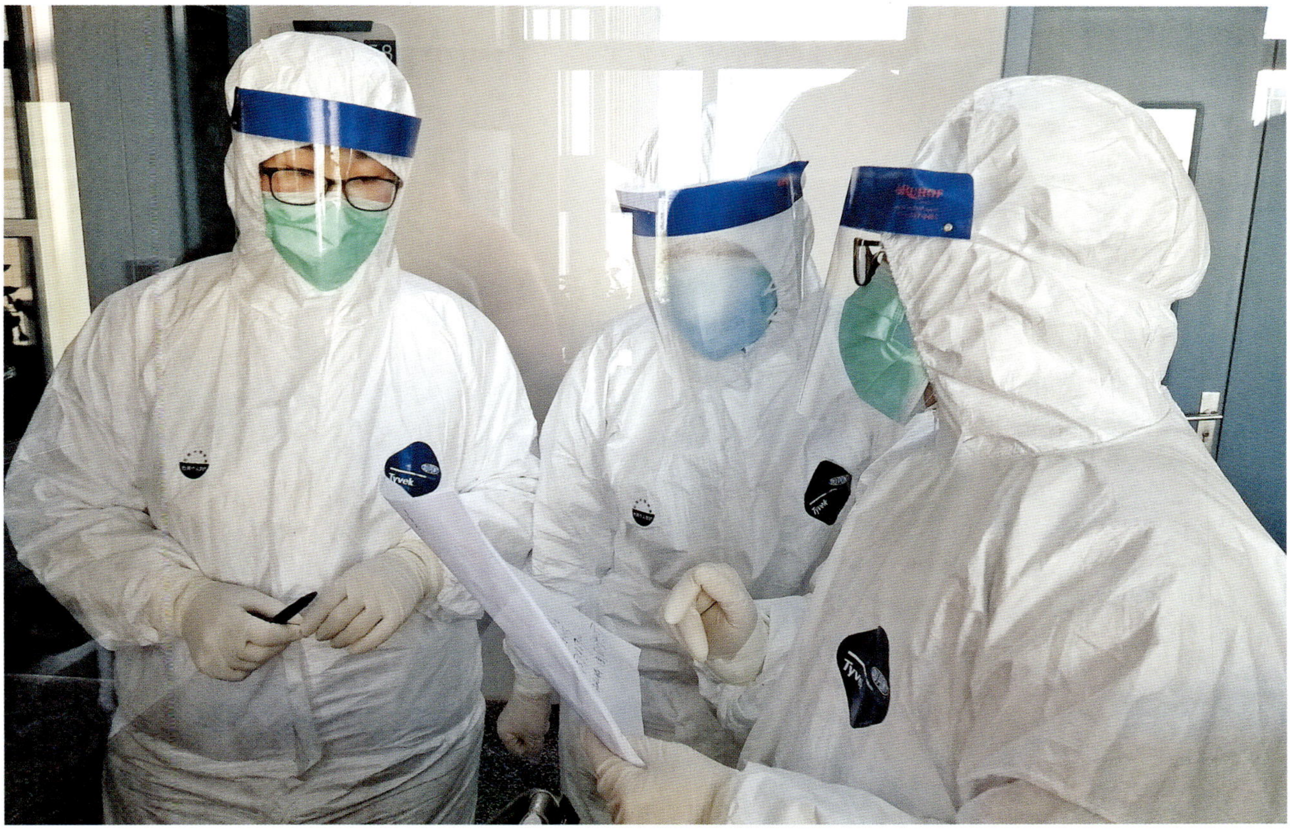

确诊患者“一人一案”，实施综合性个体化治疗。图为医务人员在隔离病房讨论患者病情

落实社区闭式管控，切断疫情户际传播。图为海陵区市民“宅家”锻炼

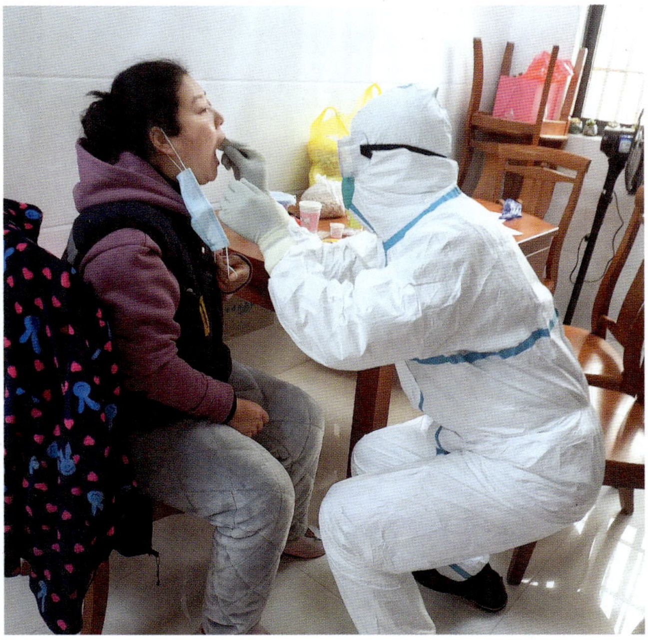

2020年1月26日，市疾控中心流调人员在市民家中采样
（市疾控中心 供图）

◆ 2020年2月2~23日，泰州市派出五批次62名医护人员驰援湖北抗疫，患者零死亡、医护人员零感染、安全生产零事故、治愈人员零复发

2020年2月2日，泰州市首批医疗队驰援武汉　　（市人民医院　供图）

2020年2月2日，市第二人民医院内科医护人员请战　　（市第二人民医院　供图）

生死之战铸就情谊　　（市援湖北医疗队 供图）

2020年4月12日，翘首以盼援鄂亲人凯旋　　（市人民医院 供图）

◆ 在全省率先开通“泰企通”，第一时间出台“惠企十条”“稳外贸十条”“惠农十条”，一手抓疫情防控，一手抓复工复产，夺取疫情防控和经济社会发展双胜利

“一对一”解决企业突出问题，全国首创复工复产机关党员干部驻企制度。图为罡阳股份公司驻厂员了解企业复工情况
（顾俊 摄）

“面对面”贴身技术服务。图为国网泰州供电公司共产党员服务队为企业现场解决问题

“点对点”包专列为企业接送员工返岗。图为2月25日上午11时50分，首趟搭载务工人员的泰州复工专列抵达泰州

“屏对屏”直播推介助力农产品销售。图为电商现场直播销售农产品 （《泰州日报》供图）

（抗疫“泰”给力中未标注来源的图片均取自《泰州市抗击新冠肺炎疫情实录》）

乡村“泰”美

泰州市坚持农业优先发展，在全省率先提出并启动特色田园乡村建设，聚力发展“生态优、村庄美、产业特、农民富、集体强、乡风好”的乡村振兴泰州样板。至2020年，泰州市建成5批次26个省特色田园乡村，实现省级特色田园乡村市（区）全覆盖。省人民政府表彰泰州市为“特色田园乡村建设真抓实干、成效明显地区”。

靖江市夏仕港全景 （斜桥镇 供图）

◆ 至2020年，泰州市建成国家森林乡村28个，省级绿美乡村40个

国家森林乡村泰兴市黄桥镇祁巷村一角 （《泰州通讯》供图）

省级绿美乡村兴化市海南镇刘泽村新貌　（海南镇 供图）

◆ 至2020年，泰州市3个村入选全国乡村旅游重点村，1个村入选中国美丽休闲乡村

姜堰区三水街道小杨村入选全国乡村旅游重点村、中国美丽休闲乡村。图为小杨村樱花长廊　　（《泰州通讯》供图）

2020年11月13日，靖江市生祠镇东进村七彩荷塘主题创意农园入选江苏省主题创意农园

（东进村 供图）

泰兴市宣堡镇银杏村开发原生自然百年古银杏群落旅游

（《泰州通讯》供图）

◆ 至2020年，泰州市建成16个全国“一村一品”特色产业示范村；2个镇、3个村入选全国乡村特色产业十亿元镇、亿元村

2020年11月20日，兴化市垛田镇入选全国乡村特色产业十亿元镇。图为该镇王横村村民收割香葱现场 （汤德宏 摄）

2020年11月20日，泰兴市姚王镇东林村螃蟹产业入选全国”一村一品“示范村。图为村民捕捞螃蟹现场（《泰州通讯》供图）

丰收喜悦（薛春凤 摄）

◆ 至2020年，泰州市1个家庭农场入选全国家庭农场典型案例，6个家庭农场入选省家庭农场典型案例

靖江市孤山镇李王村大棚蔬菜种植一角　　（《泰州日报》供图）

入选全国家庭农场典型案例的高港区光普家庭农场。图为农场主收获盆栽蔬菜 （爱莉 摄）

2020年度全省家庭农场典型案例——姜堰区井贤家庭农场 （农业农村局 供图）

兴化市沙沟镇淡水鱼农业产业化联合体入选省农业产业化联合体典型案例名单。图为渔民捕鱼 （殷凯 摄）

◆ 至2020年，泰州市22个镇村获评全国文明村镇。泰兴市元竹镇蒋堡村为全省唯一入选首批国家乡风文明建设典型

志愿者在乡镇开展文明宣讲 （《泰州通讯》供图）

农村生活垃圾收运处理体系覆盖率100%。图为志愿者为村民讲解垃圾分类知识　　（《泰州通讯》供图）

2020年12月4日，泰兴市元竹镇蒋堡村范正德用“鼓儿书”形式进行法治宣传　　（市农业农村局 供图）

品质“泰”好

泰州市以“品质”为引领，努力促进经济建设、社会文化、生态环境、公共服务、市民生活更加均衡、更加充分、更有品质的发展。先后获中国质量奖提名奖，国务院通报表彰的全省唯一“推进质量工作成效突出地方”，城市品质排名居百强品质城市（地级市）榜第13名，是全国第三、全省首个“标准化创新型城市”。

“让城市更美好、让生活更幸福”成为泰州各界的共识和自觉行动。

泰州老街　（许晓峰 摄）

◆ 在全国率先推进专利标准融合创新，在全省率先实现政府质量奖全覆盖。发布多个全国首创行业标准、地方标准，诞生一批全球第一、全国首位、全省唯一地标产业和特色品牌

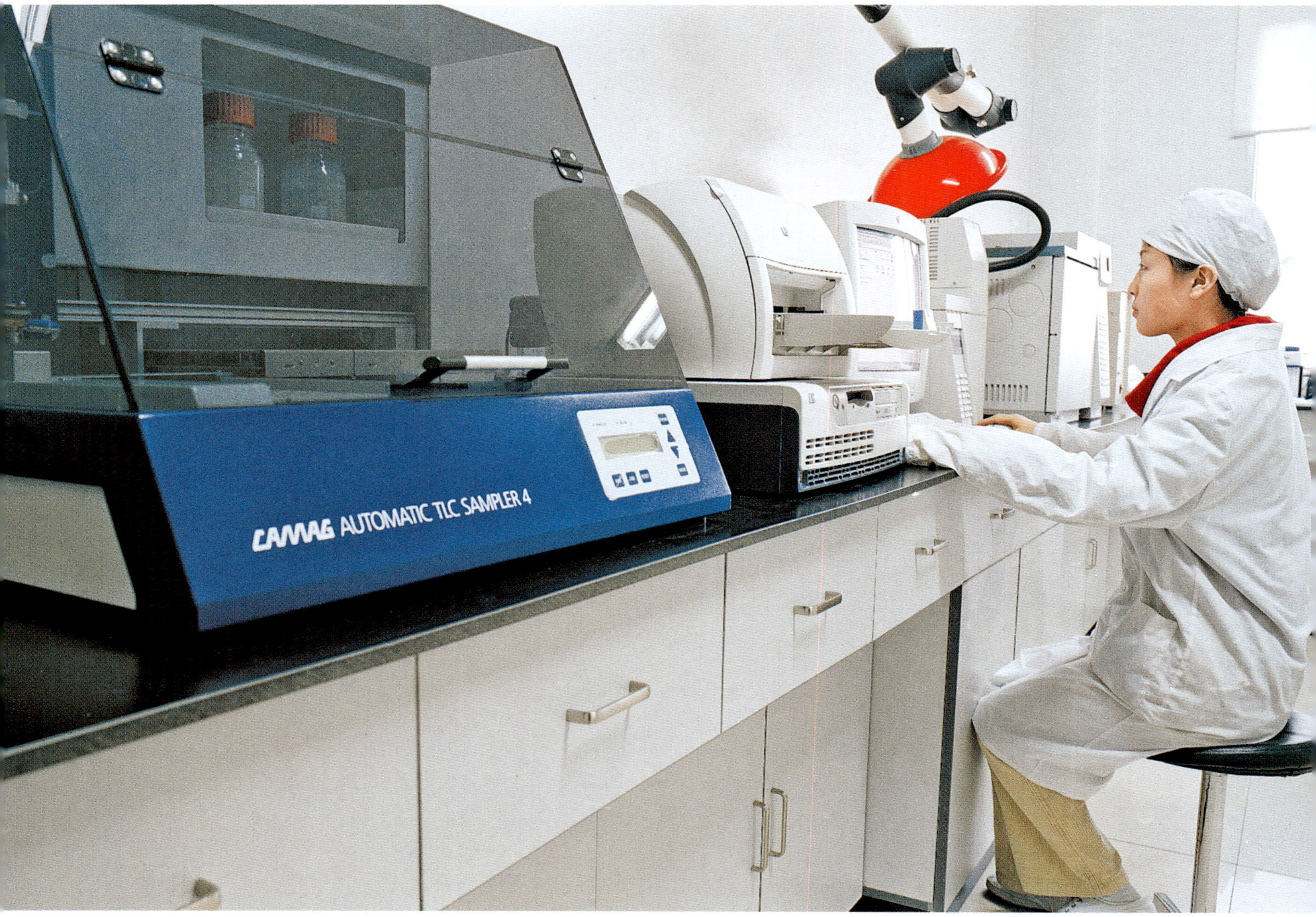

泰州生物医药行业入选首批长三角质量提升试点项目，扬子江药业两次获中国质量奖提名奖，是全国医药行业首家获欧洲质量奖的企业。图为扬子江药业实验室 （顾祥忠 摄）

亚星锚链股份有限公司是全球首家具备批量生产最高级别海洋系泊链能力的企业。图为生产线一角

（《泰州通讯》供图）

扬子江药业、双登集团、兴达钢帘线荣登中国品牌价值评价细分行业榜首。图为兴达钢帘线生产车间　（时永 摄）

“名企、名品、名匠”引领经济发展。图为中国棉纺织行业“传承大工匠”、泰州名匠、江苏裕纶纺织集团有限公司细纱挡车工侯桂娟（市广电台 供图）

11个农产品获国家农产品地理标志认定。图为溱湖簖蟹养殖基地　（陈立久 摄）

◆ 培育梅兰芳、泰州学派、里下河文学三大特色文化品牌，建设凤城河旅游长廊、古盐运河历史长廊、里下河生态长廊三大“水文化长廊”，形成更有识别度的泰州文化名片

泰州学派创始人王艮纪念堂——崇儒祠　　（《泰州通讯》供图）

里下河生态长廊兴化李中水上森林 （陈富平 摄）

2020年5月18日，全国唯一一个以盐税文化为主题的博物馆——江苏盐税博物馆在泰州正式对外开放。图为市民在江苏盐税博物馆前广场晨练 （《泰州通讯》供图）

◆ 发布《品质城市评价指标体系》国家标准。坚持品质优先、绿色发展，在沿江地区建设“绵延百里、绿满滨江”大江风光带，各市（区）、部门共同发力，建设“祥泰之州，品质为尚”典范

泰州市在全国率先启动“长江大体检”，开展“健康长江泰州行动”。图为2020年6月5日，江苏第一个长江大保护项目——泰兴沿江生态廊道项目建成开放（《泰州通讯》供图）

拆墙透绿。2020年，完成24家机关事业单位拆墙透绿。10月6日，央视《新闻联播》宣传推介。图为拆墙透绿后的泰州市交通运输管理局（市住建局 供图）

◆ 聚集社会服务质量，制定3项国家标准、17项省地方标准，推进6个公共服务标准化试点建设

2020年，出台全国首个《公勺公筷使用规范》地方标准，提高公共服务品质。图为志愿者张贴宣传画

（市市场监管局 供图）

2020年，建成“阳光宴会厅”113家，“阳光菜篮子（智慧农贸市场）”26家，“阳光餐车”700多个，“阳光厨房（食堂）”1103家。图为市民在智慧农贸市场用溯源系统微信小程序查询所购买农产品信息（市市场监管局 供图）

◆ 在全国首创“品质家庭”评选活动，每年举办“品质泰州”夏令营、小小质量官活动，建成一批品质文化园、质量安全科普馆、食品安全主题公园，“品质泰州”意识渗入社会家庭方方面面

累计评选品质家庭50个。图为全国文明家庭、泰州品质家庭姚炜平家庭　（市市场监管局 供图）

2020年8月6日，全省首家质量安全科普馆在泰州开馆。图为小学生参观展馆　（钱兰 摄）

“品质泰州”夏令营　（市市场监管局 供图）

幸福水天堂

“这城不很大，但各种尘世间的幸福极多。”

“十三五”期间，泰州市围绕“强富美高”，赓续幸福基因，凸显江海文化，奋力建设令人向往的幸福水天堂、崛起中部的产业增长极。2020年，泰州市首次获评“中国最具幸福感城市”。

凤城河景区望海楼　　（市委宣传部 供图）

数字见证幸福

2016-2020年泰州市地区生产总值

单位：亿元

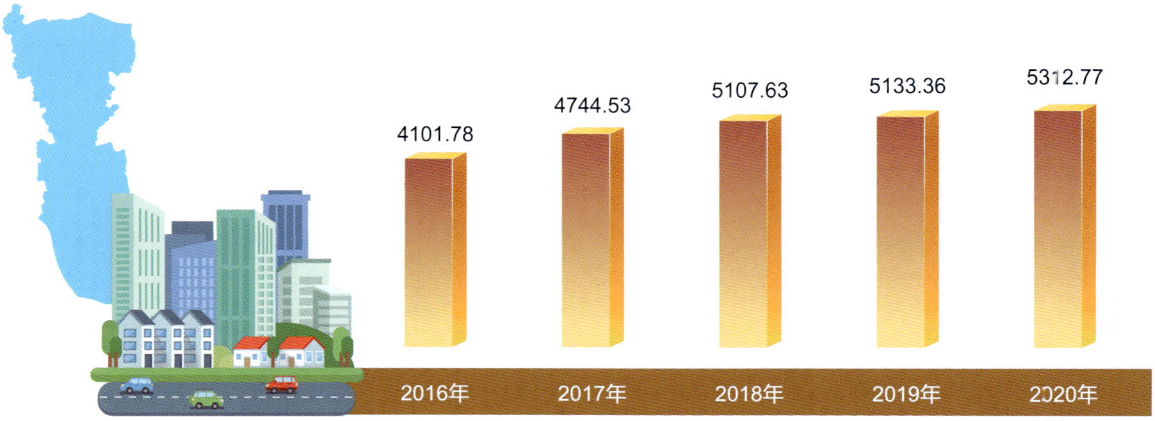

2016-2020年泰州市城镇居民人均可支配收入与农村居民人均可支配收入

单位：元

2016-2020年泰州市城乡住户人均存款（人民币）

单位：元

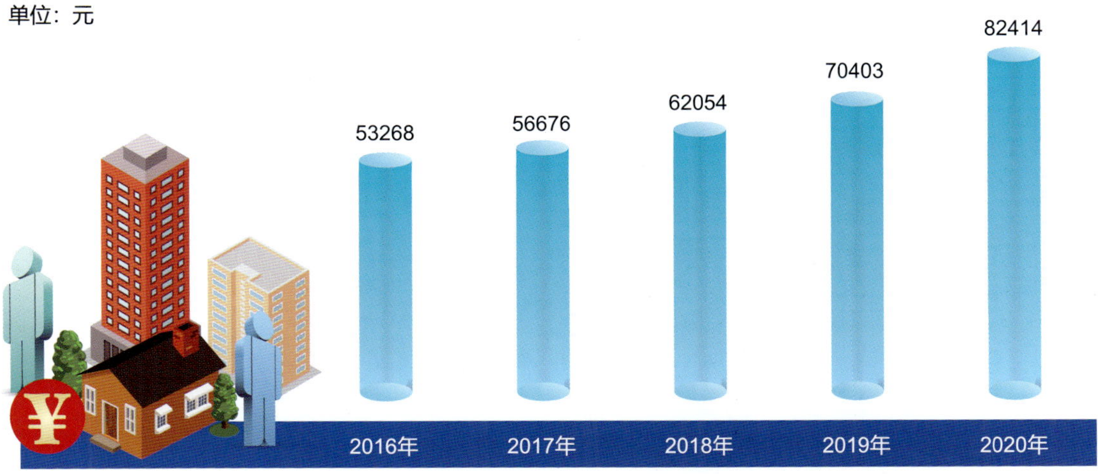

2016-2020年泰州市医疗机构床位数

单位：张

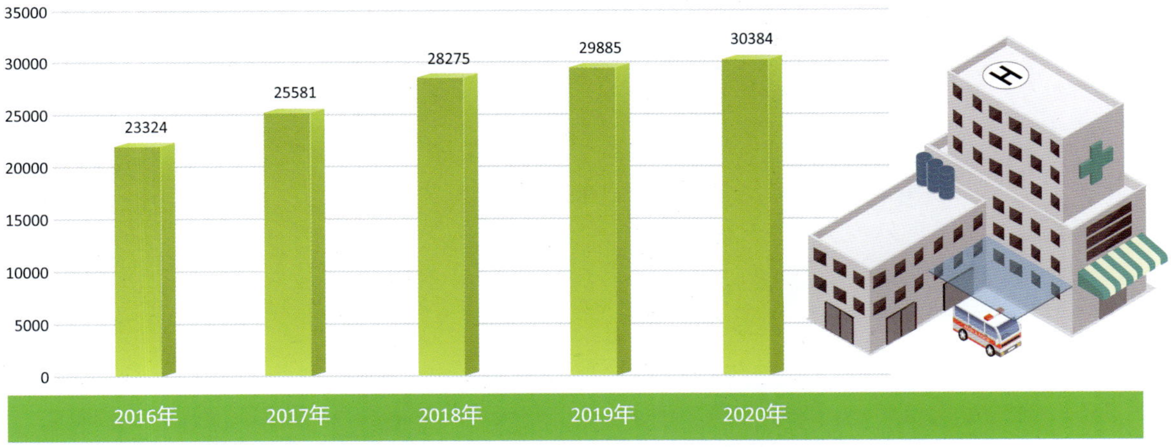

◆ 围绕经济强，扩总量、促增量、提质量，城乡发展有声有色。“十三五”期间，泰州市地区生产总值连跨4000亿元、5000亿元两个台阶

造船完工量居全国设区市之首。图为新世纪造船厂造船现场　　（《泰州通讯》供图）

医药产业产值全国地级市排名首位。图为扬子江药业集团生产现场　（时永 摄）

2020年9月1日，首台PT（生产线试生产）整车正式下线制造项目竣工投产，泰州汽车整车产业链基本形成。图为长城汽车泰州分公司自动装配车间　　（《泰州通讯》供图）

建成高标准农田391万亩，高标准农田比重88%，粮食单产水平居全省首位，是首批国家农业可持续发展试验示范区

姜堰区优质水稻种植基地　　（陆振东 摄）

战略性新兴产业发展获国务院表彰。科技进步贡献率65%，医药健康产业创新中心建设列入国家战略规划，1000多项“国际一流、国内领先”的医药创新成果落地申报

2020年，泰州市双登集团股份有限公司5G通信基站用一体化锂电池电源系统项目等3个项目获2020年度省级战略性新兴产业发展专项资金拟立项项目公示。图为双登集团锂电池生产车间　（《泰州通讯》供图）

泰州迈博太科药业研发二类新药"CMAB806"获临床批件，成为国内首张托珠单抗生物类似药临床批件。图为泰州迈博太科药业实验室 （王惠清　摄）

完成投资520亿元，交通基础设施建设投入年均增速11%，长三角交通枢纽城市基本形成

建成5条快速路，总里程超60千米，城市快速路互联互通。图为永定快速路枢纽　（《泰州通讯》供图）

2019年1月9日，常泰长江大桥开工建设　　（《泰州日报》供图）

2020年7月1日、2021年1月20日，沪泰、京泰直达高铁、动车组分别开通，动车组列车“进京达沪”
（《泰州日报》供图）

新改建农村公路2142千米，行政村双车道四级公路覆盖率100%，创成“四好农村路”省级示范市

靖江市季市镇安武村村道　　（《泰州通讯》供图）

全国最具人气的路兴化千垛美路　　（《泰州通讯》供图）

实际利用外资74.5亿美元，实现进出口总额671.7亿美元，建有1家国家船舶出口基地，2家国家外贸转型升级基地，外贸竞争优势凸显

2018~2020年，泰州港实现货物吞吐量从2亿吨到3亿吨跨越，与上海洋山港实现日日直航 （《泰州通讯》供图）

泰州市获批全国首家、江苏唯一国家级金融改革试验区 （《泰州通讯》供图）

◆ 围绕百姓富，保基本、重公平、优供给，人民生活有滋有味。“十三五”期间，泰州市城镇新增就业51.3万人，城镇登记失业率全省最低，实现606个经济薄弱村10.83万人脱贫

2020年，发放创业贷款9.6亿元。图为银行工作人员为创业者发放富民创业贷款　（市人社局 供图）

2020年，支持城乡劳动者成功自主创业2.97万人。图为长江禁捕退捕后渔民王明军自办汽修厂（顾俊 摄）

村村成立股份经济合作社，农民变股东。图为2020年10月，靖江市孤山镇新联村村民领到江苏省农村股份经济合作社股份证书（盛义 摄）

全体居民人均可支配收入3.97万元，年均增长8.3%。图为泰州市民悠闲的“皮包水”生活　　（《泰州通讯》供图）

2018年10月15日，覆盖全市范围的“泰有福”养老服务信息平台正式运行，实现养老服务便捷化　（市委宣传部 供图）

发放市区养老服务“三张券”，解决市区经济困难失能老人照护问题　（市委宣传部 供图）

教育经费总投入513.79亿元，年均增加4.97亿元。学前教育省优质园比例全省第一，义务教育学校建设达标率100%

莲花小区幼儿园儿童课间活动　（市教育局 供图）

高港实验小学开展传统文化教育　（市教育局 供图）

省级以上慢性病综合防控示范区全覆盖。2017年，泰州市入选全省唯一国家中医药健康旅游示范区创建单位。2019年9月24日，成为世界卫生组织健康城市联盟成员

泰州市中医院采用中药湿热敷中医技法为患者理疗　　（《泰州通讯》供图）

完善城乡15分钟健身圈。海陵区每万人拥有体育健身设施数居全省首位，全民健身场地设施覆盖率100%

城市居民在天德湖公园健身　（市委宣传部　供图）

农村居民乐享"家门口"健身　（市委宣传部 供图）

2018年，省政府批准泰州市承办2022年江苏省第20届运动会。图为初见雏形的泰州体育公园　　（《泰州日报》供图）

全国首创“体育为民驿站”体育服务。图为驿站工作人员指导市民科学健身　　（市体育局 供图）

开展蓝天、碧水、净土保卫战。2017年10月30日,《焦点访谈》点赞靖江市设立“不开发区”用于建设长江湿地、亲水空间、滨江森林的做法。图为在不开发区中依江而建的靖江音乐花海公园 （《泰州通讯》供图）

长江禁捕退捕工作全省领先。图为长江禁捕日常巡察　　（《泰州通讯》供图）

2018年6月25日，泰州市召开全市向环境污染宣战大会

（顾祥忠 摄）

◆ 围绕环境美，抓整治、强修复、提品质，生态厚植有灵有韵。“十三五”期间，泰州市创成国家生态市、全国水生态文明建设试点城市、国家生态文明建设市、国家节水型城市

海陵区麒麟湾薰衣草生态园 （《泰州通讯》供图）

泰兴市印达村生态种植园 （印达村 供图）

生态风情——溱潼会船　　（市文广旅局 供图）

◆ 围绕社会文明程度高，树新风、促和谐、铸品牌，文化传承有形有色。“十三五”期间，泰州市实现全国文明城市三连冠、双拥模范城五连冠

2020年，泰州市精神文明建设史上首部地方性法规《泰州市文明行为条例》正式施行

（《泰州日报》供图）

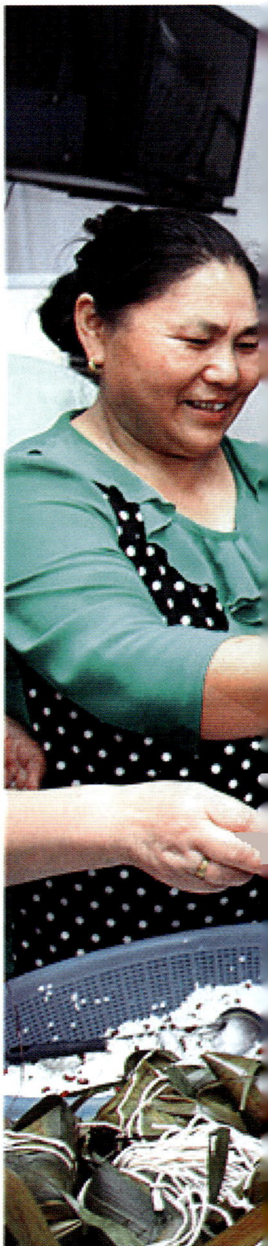

文明礼仪宣传 （市委宣传部 供图）

军民共度端午节 （市总工会 供图）

建设城市“15分钟文化圈”、农村“10里文化圈”，新时代文明实践中心、县级融媒体中心、基层综合性文化服务中心基本全覆盖

市民在泰州最美城市书房——容湖书房阅读　　（盛义 摄）

2020年10月29日，泰州市城东小学春晖校区红领巾研学队参观中国评书评话博物馆　　（团市委 供图）

高港区口岸街道居民在蔡滩社区城市书房阅读
（《泰州日报》供图）

入选全国首批市域社会治理现代化试点城市。万人八类案件发案率保持全省最低，人民群众安全感保持全省前列，人民生活幸福指数提升

海陵公安巡特警日常巡逻 （市公安局 供图）

幸福时刻　　（缪自永 摄）

幸福水天堂，泰州等你来　　（顾祥忠 摄）

目录

特 载

大 事 记

市情概览

中国医药城

中共泰州市委

泰州市人大

泰州市政府

泰州市政协

泰州市纪委 泰州市监委

民主党派·工商联

群众团体

法　治

军　事

经济管理

大健康产业

农 业

制 造 业

建筑业

商贸服务业

金融业

旅游业

房地产业

开放型经济

泰 州 港

基础设施

城市建设

乡村振兴

生态环境

科学技术

教　育

文　化

卫生健康

体　育

就业与社会保障

社会事务

公共安全

市（区）发展

人 物

附 录

索　引

疫情防控

新冠肺炎疫情发生后，泰州市贯彻习近平总书记重要讲话和指示批示精神，树立“人民至上、生命至上”理念，全面落实国家和省决策部署，把打好疫情防控总体战、阻击战摆在突出位置，建立常态化防控机制，调整优化防控措施，疫情防控和经济社会发展“双胜利”。2020年1月21日，成立市疫情防控工作领导小组，市委、市政府主要领导任组长，落实突发公共卫生事件一级响应机制各项防控工作要求。构建“一办11组”（市疫情防控工作领导小组办公室，预防控制等11个专项工作组）工作组织架构，建立市领导挂钩联系市（区）和指导条线工作机制。1月25日，泰州市确诊首例新冠肺炎病例，全年全市确诊新冠肺炎患者38例。2月27日，泰州市新冠肺炎患者全部治愈出院，成为全省第一个确诊病例全部治愈设区市。3月4日18时，泰州市累计公布确诊病例37例，公布数居全省第九位，连续22天无新增确诊病例；累计治愈出院病例37人，出院率100%；泰州市成为全省首批（共2个）所辖县（市、区）均为低风险地区设区市。4月27日至年末，全市无新增确诊病例、疑似病例、无症状感染者。泰州市在全国首创驻厂员制度，在全省率先开发“泰企通”企业复工疫情防控平台，3月底全市规上工业企业复工复产率99.8%，居全省前列。出台惠企“十条”、稳外贸“十条”、惠农“十条”，降低企业成本，减免税费，发放企业稳岗返还补贴。全年全市经济社会发展稳中向好，实现地区生产总值5312.77亿元，比上年增长3.6%。

预防控制

2020年，泰州市严格实行公共场所“健康码查验+体温检测”通行制度，在落实防控措施前提下开放商场、超市、餐馆等生活必需场所；采取预约、限流等方式，开放公园、旅游景点、图书馆等室内场馆以及影剧院、游艺厅等密闭式娱乐休闲场所。综合监测急性呼吸道传染病，发挥医疗机构病例监测和传染病网络直报“两张网”作用，及时发现可疑病例。排查预检分诊和发热门诊，实现医疗机构预检分诊点设置全覆盖，确诊病例、疑似病例和无症状感染者“早筛查”“早发现”。加强基层流行病学调查力量，完善卫生健康、公安、交通运输、通信管理、海关、边检等部门联合排查机制，运用“大数据+网格化+铁脚板”方法，判定、追踪密切接触者等相关人员，确保24小时内完成流行病学调查。按建设一批、准备一批、储备一批要求，规范设置集中隔离场所。提升核酸检测能力，市及市（区）疾控机构全部具备核酸检测能力并按要求扩充，全市开展核酸检测实验室20家，其中医院12家、疾控机构5家、第三方实验室3家，每日核酸检测能力3.5万份。“应检尽检”人员全部进行核酸检测。至年末，全市密切接触者均按要求实施隔离医学观察和核酸检测。推广使用“苏康码”，采取代领、代查、出具有效纸质证明等方式，解决不使用智能手机的老人、儿童、视障听障残疾人等特殊人群出行问题。

医疗救治

2020年，泰州市坚持“四集中”（集中患者、集中专家、集中资源、集中救治），统筹全市医疗资源，改造市人民医院北院，具备快速收治能力。成立120疫情转运班组，转运疑似病例、确诊病例以及相关发热病例。成立多学科联合市、市（区）两级医疗救治专家组，健全专家组与全市医疗机构沟通、会诊、驻点机制，开展远程会诊，保障每个病例迅速得到妥善治疗，全市未出现重症、危重症病例。落实出院病人跟踪管理制度，实行治愈出院患者隔离观察、复诊复检、跟踪随访等全流程管理，防范和降低潜在传播风险。探索建立中西医协同救治工作机制，组建市中医药专家组，探索“双医师管床”制度，实施确诊患者“一人一案”临床指导，制定《泰州市新型冠状病毒肺炎中医辨治方案》，新冠肺炎病例中医药诊疗参与率100%，中西医结合救治总有效率超90%，发挥中西医“1+1>2”叠加效应。采集恢复期血浆6人次1600毫升。泰州市“六突出六注重”“一人一方”等工作获省医疗救治专家肯定并在全省推广。

交通管控

2020年1月21日，泰州市全面暂停并排查来往疫情地区道路客运班线和包车业务，实施严格检疫、消毒、通风措施。1月23日，在高速公路出口、公路收费站、长江渡运码头等关键节点，联动排查疫情地区车辆，督促车站、码头等人员密集场所设立来往疫情地区旅客专用通道。

1月29日零时起，临时关闭12个高速公路收费站出口，暂停全市道路客运班线366条（其中省际108条、市际208条、县际50条）和6家包车（旅游）企业运营，暂停全市179条公交运营、203条农村客运班线运营，关闭2个长江汽渡渡口，在全市14条高速公路、16条干线公路（含2个汽渡口）、91条农村公路、2个火车站、49个港口码头设置防控卡口，24小时值班。

2月23日12时30分起，撤除全市14个高速公路、16个普通国道、91个农村公路和火车站查控点，12个高速公路出口恢复开通。2月28日起，有序恢复公共交通运营，至3月底，客运班线366条恢复78条，城市公交路线179条恢复89条，城乡公交路线203条恢复50条，新增2条、优化9条城市公交线路。开展定制运输，使用包车666辆、火车专列2列，接送可胜等企业员工1.57万人次。

4月8日起，实施疫情常态化交通防控措施。成立火车站疫情防控专班，实施健康码核验，24小时值守，每14天轮换1次。在高速公路进入市区主要路口设置检疫查控点25个。开展严防水路疫情输入专项整治行动，印制宣传材料2000多份，发放宣传单500多张，张贴公告100多份，开展联合执法，排查登记“三无”船舶。

重点环节防控

2020年，泰州市加强重点地区到泰返泰人员信息摸排和登记管理，规范接驳转运高中风险地区人员，实施核酸检测筛查、集中医学观察闭环管理，防范疫情扩散传播。监测食品安全专项风险，排查农贸市场、水产品市场、商贸流通和食品生产经营企业冷库。落实医疗机构分区分级管理和动态风险评估制度，实行实名制就诊和分时段预约诊疗，推行“一米线”服务，执行“一人一诊一室”。织密织牢社区疫情防控网，做到社区网格管理、人员跟踪随访、密切接触者管控、环境卫生整治、防控知识宣传“五个到位”。落实外来人员登记、健康码查验等防疫管控措施，开展出租房屋、集体宿舍清查。落实社区人员、车辆进出管控措施，创新开发“疫情防控人车核采平台”。落实驻校工作组制度，执行师生员工“苏康码”查验、体温检测和健康状况“日报告”“零报告”制度。3月起，泰州市在北京首都机场、南京禄口机场、昆山市、靖江市、高港区等地设立6批100多人次涉外疫情防控工作专班；7月成立昆山专班，每月约10人常驻昆山，常态化开展入境到泰州市人员接转。发布多语种省市疫情防控动态通报60多条，开通24小时涉外应急服务热线，提供涉外疫情相关咨询，答复境内外咨询6000多次，收到韩国、日本、荷兰、柬埔寨等多个国家国际友城和友好交流城市来信、来函和抗疫物资。实施企业宣传教育和防控监管，协调推进疫情防控和企业复产工作。实施各类考试、大型活动疫情防控，检查公共场所单位1.29万户次、复工企业2595户次、学校746家次。开通心理援助热线，开展“泰阳光”疫情防控心理援助服务，为医务人员、学生、老人等提供心理疏导和关爱帮扶。

常态化疫情防控

2020年，泰州市保持战时指挥体系机制，查找完善风险隐患及薄弱环节，守住“全市不再发生本地新疫情”“市内不再发生扩散病例”两条底线。制定《泰州市新冠肺炎疫情秋冬季防控工作方案》，编制《农贸市场新冠肺炎防控操作规范》《工业企业防控新冠肺炎疫情卫生要求》等。开展风险评估及综合研判，提出预警响应和防控措施建议，发布健康风险提示12期。组织农贸市场风险排查5轮。应对可能出现的新冠肺炎季节性因素与全市秋冬季呼吸道疾病高发期叠加影响，实施多病同防，加强流感等疫苗采购调配和应急储备。全流程闭环管控重点疫情地区到泰返泰人员，开展集中隔离、居家医学观察和救治等，落实重点单位、重点人群、重点场所常态化疫情防控措施。检验检疫冷链食品，卡住疫情输入传播源头。加强个人防护和防疫科学知识宣传，引导公众养成文明健康生活方式。做好秋冬季疫情应对准备，推进城市核酸检测基地建设，与泰州硕世医学检验实验室等3家第三方机构签订《疫情防控战略合作协议》，全市混采核酸检测能力每天超50万份；明确3家定点救治医院，按二级及以上综合医院总床位10%准备救治床位，建成规范化发热门诊19家，组建市级疫情处置专业队伍5支、后备医疗队8支，培训医护人员1.2万人次，做到人员、设备、设施、物资、能力“五到位”；开展“泰州市局部聚集性新冠肺炎疫情处置”实战演练。

复工复产

2020年，泰州市春节期间组织防疫物资生产企业复工复产；疫情平稳后，统筹推进企业疫情防控和复工复产。在全省率先开发“泰企通”企业复工疫情防控平台，选派驻厂员帮助解决企业困难，3月底全市规上工业企业复工复产率99.8%，至年末，各类企业生产基本回归正常水平。出台惠企“十条”、稳外贸“十条”、惠农“十条”等政策，降低企业成本154亿元，减免税费145亿元，提供展期、转续贷融资支持388亿元，发放稳岗返还补贴3亿元，惠及企业2万多家、职工近40万人，新增就业5.3万人、创业1.3万人，民营市场主体首次突破50万户。价格临时补贴发放工作改进做法，获国家发展改革委推广。创新举办“企业家沙龙”“早茶峰会”。

全国首创企业疫情防控驻厂员制度。2020年2月8日，泰州市印发《企业疫情防控驻厂员工作指南》，要求每1家规上企业在复工前必须安排1名驻厂员，1名驻厂员可联系多家规下企业。2月12日，市级机关55名党员干部加入驻厂员队伍，至年末，全市7087名驻厂员驻企“一对一”指导服务防疫、保障复工。驻厂员制度为全国首创，省委书记娄勤俭在全省抗击新冠肺炎疫情表彰大会上表扬“泰州建立企业驻厂员制度，有力有序推动了复工复产。”

全省率先开发“泰企通”企业复工疫情防控平台。2020年2月9日，泰州市在全省率先上线“泰企通·企业复工疫情防控平台”，为238家已复工和连续生产企业发放“泰企通·企业电子通行证”，解决复工企业交通物流难、用工及员工进出难、融资惠企政策落实难等问题。至6月底，平台注册企业11915家，发布用工需求信息1021条、融资需求信息67条，推荐惠企项目32项，申报奖补项目2566件，解读扶持政策331条。

疫情防控物资保障

2020年，泰州市保障应急物资运输，开辟绿色通道，准备应急运力保障车辆68台，其中冷链运输车1台、重量半牵挂引车3台、中型普货运输车3台、危货运输车6台、客运车辆55台，为泰州星光等45家企业办理运输车辆通行证1865张。精准调配应急物资，建立动态监测、物资调度、审查核验、信息报告等制度，全方式、多渠道组织防控物资货源。与上海航利、南京飓风等10多家企业建立“点对点”物资采购关系，紧急采购医用防护口罩、防护面屏、防护眼镜、隔离衣、防护服等，缓解医疗机构物资短缺。至年末，全市按不少于5日需求量储备医用防护物资、药品，各医院按满足满负荷运行30日要求储备防护物资。全市各级医疗卫生机构储备医用外科口罩、N95医用防护口罩、医用防护服、医用防护眼镜、医用防护面屏、一次性医用隔离衣等，市疾控中心专设医用物资储备仓库储备医用外科口罩、N95医用防护口罩、一次性医用口罩、医用防护眼镜、医用防护服、一次性医用隔离衣、鞋套等。全市配备救护车106台，其中负压救护车9台。有ECMO机（体外膜肺氧合）6台，CRRT（连续肾脏替代疗法）设备32台，无创呼吸机248台。

全省首个新冠病毒核酸检测试剂。2020年1月28日，泰州医药高新区江苏硕世生物科技股份研发的新型冠状病毒（2019）核酸检测试剂盒（荧光PCR法）在江苏省医疗器械检验所完成所有项目检验，成为江苏省法定检验机构检定合格的首个新型冠状病毒检测试剂。1月10日，新型冠状病毒基因序列公布后，硕世生物第一时间启动试剂研发。1月13日，完成新型冠状病毒核酸检测试剂盒开发，可实现对新型冠状病毒ORF1ab、E、N三个基因靶标检测。至1月28日，硕世生物累计向全国29个省、市、区约350家疾控中心及医疗机构供应诊断试剂50多万人份。

疫情防控宣传

2020年，泰州市坚持“外防输入、内防反弹”策略，开展疫情防控宣传，编制《新型冠状病毒感染的肺炎预防控制工作指引》。通过电视、报刊、互联网、新媒体向市民推送疫情防控信息和卫生健康知识。结合文明城市创建，常态化开展疫情防控宣传，引导公众养成“一米线”、勤洗手、戴口罩、用公筷等卫生习惯和生活方式。针对疫情进入常态化防控阶段新特点和新要求，编写不同场所、不同人群、不同情形下疫情防控知识系列卡片，在“泰州发布”“泰州微视听”等新媒体宣传。至年末，发布22期、30个方面防控知识，发放健康教育宣传材料232.61万份。

疫情防控监督

2020年，泰州市建立健全常态化督查推进机制，采取“四不两直”（不发通知、不打招呼、不听汇报、不用陪同接待，直奔基层、直插现场）方式专项督导各地、各部门（单位）疫情防控工作。重点检查四方责任、“四早”（早发现、早报告、早隔离、早治疗）措施落实情况、支持保障体系等，现场督导重点场所、重点人群、重点环节防控措施落实情况。市政府督查室、市效能办联合开展全市公共场所疫情防控督查，分类管理、分级督办督查发现隐患和问题，加强闭环管理。强化常态化防控工作中执纪监督问责，查处形式主义、官僚主义、不作为乱作为、失职渎职等问题。市纪委监委围绕中央和省市在疫情防控各阶段重点任务，市县联动全覆盖检查全市1724个村（社区）、1869个小区防控工作，围绕党员干部在岗履职、企业复工达产、学校复学复课、扶贫政策落实等开展专项监督11轮，推动解决问题732个。围绕疫情防控中存在的形式主义、官僚主义等问题，在全市抽样选取9个乡镇、9个社区开展专题调研，市委出台《关于严明纪律严防疫情防控工作中形式主义官僚主义问题的通知》，推动整改问题31个。

驰援湖北

2020年，泰州市组建5批次62人援鄂医疗队支援湖北省武汉市、黄石市，援鄂医护“零感染”、诊护患者“零死亡”、出院患者“零回头”。

2月1日，泰州市人民医院呼吸与危重症学科、感染科和重症监护室10名女护士、5名男护士组成全市第一批医疗队，参加江苏省第三批援湖北医疗队，在武汉市负责危重症病人护理，3月25日“清零”华中科技大学附属同济医院中法新城院区C–8西病区后，与省第三批援鄂医疗队其他队员一起接管武汉市肺科医院重症监护A病区。

2月9日，泰州市中医院、姜堰中医院各15名医护人员组成全市第二批医疗队，参加江苏省第五批援湖北医疗队，2月14日进驻武汉市体育中心方舱医院。运用中医药参与救治，配送中药香囊，中医药参与率100%。2月25日，医疗队队员穿着防护服，带领舱内患者练习五禽戏的视频新闻在央视新闻网播出。

2月10日，兴化市3名医生、9名护士组成全市第三批医疗队，参加江苏省医疗队驰援湖北省黄石市。2月14日，医疗队进驻一线。

2月22日，泰州市疾控中心2名公共卫生人员组成泰州市第四批医疗队，参加江苏省医疗队驰援湖北省武汉市。2月23日起，每日在武汉市协和医院（西院）发热门诊开展流调等工作。

2月23日，泰州市第四人民医院（市脑科医院）精神科2名医生、兴化市第四人民医院精神科1名医生组成全市第五批医疗队，参加江苏省第十一批援湖北医疗队，3月3日开展工作。在武汉市江汉方舱医院开展线上心理援助，每日巡视方舱病房开展线下工作，3月9日起在康复驿站（东西湖区社区干部学校）开展心理干预。

（市政府办　市卫健委　供）

回眸“十三五”

“十三五”时期，面对错综复杂的外部环境、艰巨繁重的改革发展稳定任务特别是新冠肺炎疫情严重冲击，全市上下坚持以习近平新时代中国特色社会主义思想为指导，贯彻落实习近平总书记对江苏工作的系列重要讲话指示精神，围绕国家、省决策部署，坚持稳中求进工作总基调，推进“一高两强三突出”实践，“强富美高”新泰州建设取得重大阶段性成果，高水平全面建成小康社会取得决定性成就，为开启全面建设社会主义现代化新征程奠定坚实基础。

经济实力持续跃升。2020年，泰州市地区生产总值5312亿元，五年连跨4000亿元、5000亿元两个台阶，人均地区生产总值突破11万元。一般公共预算收入383亿元，年均增长3.5%。三大需求结构不断优化，固定资产投资年均增长9.3%，民间投资比重80%以上；累计完成社会消费品零售总额6339亿元，年均增长6.6%；累计实现进出口总额671.7亿美元，年均增长7.4%。实体经济根基更加坚实，三大先进制造业产值占比64.7%，医药产业产值、造船完工量居全国地级市排名之首，汽车整车产业链基本形成。推进创新型城市建设，高新技术产业产值占规模以上工业比重45.9%，医药健康产业创新中心建设列入国家战略规划，启动建设中科院大化所（泰州）生物医药创新研究院、中科院自动化研究所泰州智能制造研究院等一批高层次重大创新载体。战略性新兴产业发展、企业债券发行、质量工作获得国务院通报表彰，泰州市政府获第三届中国质量奖提名奖。

城乡品质持续提升。中心城市融合速度加快，东风快速路南段、海姜快速路、东环快速路、永定快速路、站前路建成通车，“组团式”城市框架基本形成。城市功能不断完善，金融中心、周山河景观带、省泰中新校区、市科技馆等工程建成投用，体育公园建设加快推进。“城建惠民”行动成效显著，创成省生态园林城市，成为世界卫生组织健康城市联盟成员。乡村振兴战略深入实施，获批国家农业可持续发展试验示范区（农业绿色发展先行区），国家农业科技园区正式授牌，新增高标准农田8.72万公顷，粮食综合生产能力居全省前列，创成江苏省特色田园乡村26个。重大基础设施项目取得突破，常泰长江大桥、江阴靖江长江隧道开工建设，北沿江高铁控制性工程正式启动，盐泰锡常宜铁路前期工作取得实质性进展，动车组列车实现“进京达沪”。京沪高速江广段改扩建、阜溧高速兴化至泰州段以及一批国省干线公路拓宽改造工程建成通车。行政村双车道四级路全覆盖，创成“四好农村路”省级示范市。泰东河、川东港整治全面完工。

改革开放持续深化。“六稳”“六保”成效明显，五年累计减免税费473亿元，“放管服”改革深入推进，“一枚印章管审批”“互联网+政务服务”实现全覆盖。开发园区改革全面加速，基本完成“两集中三剥离”。稳步推进国有企业市场化转型，市属国企资产总额近4000亿元，是2015年的2.55倍；营业收入和利润总额分别增长3.1倍和8.5倍。开展农村改革，完成农村土地承包经营权确权登记颁证，承包地流转总面积16.67万公顷，农村产权交易服务实现全覆盖，家庭农场“桥头模式”全国推广。创新推进国家级金融支持产业转型升级改革创新试验区建设，组建市级金控集团，建成市产融综合服务中心，新增上市公司8家。项目招引建设取得突破，累计实际注册利用外资74.5亿美元，长城汽车、药明康德、隆基乐叶、中来光电等重大项目成功落户。新增省级经济开发区1家、省级高新区（筹）2家，获批靖江保税物流中心（B型）。泰州港货物吞吐量突破3亿吨。

生态环境持续好转。推进长江大保护，开展“健康长江泰州行动”，完成全国长江入河排污口排查整治、生态环境遥感监测试点，建成泰兴沿江生态廊道12千米，长江岸线成片造林286.26公顷，长江干流岸线1千米范围内减少化工生产企业27家，长江干流岸线生产性利用率下降到50%以下。推进蓝天、碧水、净土保卫战，全面推行河湖长制，省考及以上断面优于Ⅲ类水质比例居全省前列，PM2.5浓度累计下降36.2%，空气质量优良率83.9%，林木覆盖率25.1%，生态空间保护区域占国土面积比重27.27%。发展生态经济，在全省率先出台里下河生态经济示范区发展规划，兴化、姜堰获批全国农村一二三产业融合发展先导区。节约集约发展持续深入，超额完成省下达节能减排目标任务。创成国家生态市、全国水生态文明建设试点城市、国家生态文明建设示范市、国家节水型城市。

人民生活持续改善。全体居民人均可支配收入3.97万元，年均增长8.3%，城乡居民收入比缩小到1.99∶1。累计新增城镇就业51.26万人，城镇登记失业率保持在2%以内。新（改、扩）建各类学校146所，学前教育省优质园比例居全省第一，三星级以上优质高中实现全覆盖，完成普通高中学生扩招工作，高考成绩保持全省第一方阵，南京中医药大学泰州校区正式招生。新冠肺炎疫情防控成效显著，复工复产率居全省前列，公共卫生体系进一步健全。市人民医院新区医院、市中医院新院、市中心血站、市急救中心建成投用。社会保障体系日益健全，建立城乡居民基本医疗保险制度并实现市级统筹，生育保险与职工基本医疗保险合并实施试点经验全国推广，城乡低保标准一体化提前实现。完成脱贫攻坚任务，落实“两不愁三保障”，省定标准贫困人口全部脱贫。成功申办第20届省运会，“1+8+N”体育健身场馆格局加快构建，“铁人三项”亚洲杯赛等活动影响力持续提升。实施民生幸福十大行动，获评中国最具幸福感城市。

社会文明程度持续提高。推进文化名城建设，社会主义核心价值观深入人心，思想文化建设取得重大进展，人民群众文明素质不断提高，全国文明城市创建实现“三连冠”，全国双拥模范城创建实现“五连冠”，“泰有礼”成为文明新风尚。新时代文明实践中心、县级融媒体中心实现全覆盖。梅兰芳艺术、泰州学派、里下河文学等特色文化品牌建设成效显著，稻河古街区、兴化金东门等一批历史文化街区建成开放，凤城河旅游长廊、古盐运河历史长廊、里下河生态长廊三大“水文化长廊”加快建设。实施文化惠民工程，基层综合性文化服务中心建设基本实现全覆盖。文化产业增加值占比不断提高，文化软实力不断提升。

市域治理能力持续增强。深化“法治泰州”建设，全社会法治意识不断增强，建立“一体四中心”司法援助体系，成为全国农民工法律援助品牌建设示范点。推进社会治理体系和治理能力现代化建设，创新实施“网格+”和“一中心三平台”基层综合治理服务模式，成为全国首批市域社会治理现代化试点城市。“平安泰州”建设成效显著，扫黑除恶专项斗争深入推进，万人刑事案件、“八类案件”发案率保持全省最低，法治建设满意率、公众安全感居全省前列。党管武装工作取得新成绩，国防和后备力量建设迈上新台阶。安全生产整治行动取得实质性成效，落后产能加快出清，应急救援能力持续增强，本质安全水平不断提高，各类生产安全事故起数和死亡人数大幅下降。深化全面从严治党，政治生态持续向好，党风廉政建设和反腐败工作的群众满意度持续上升。

总的来看，“十三五”时期，全市始终坚持以新思想定向领航，对标对表习近平新时代中国特色社会主义思想和习近平总书记对江苏工作的系列重要讲话指示精神，推动思想解放，破除思维定势和路径依赖，努力做到学思用贯通、知信行统一。始终坚持以新发展理念引领发展，围绕“六个高质量”工作布局，以极大的定力转方式、调结构、抓创新、促转型，把握发展主动权。始终坚持以人民为中心推进工作，把增进人民福祉、促进人的全面发展作为各项工作的出发点和落脚点，致力实现人民满意的高质量发展。始终坚持以做强产业、做强城市制胜未来，在抓实项目建设、园区改革、城建惠民中，提升产业核心竞争力和城市宜居品质，厚植发展新优势。始终坚持以实干作风担当作为，弘扬新时代“三个不相信”精神，锻造一支勇于担当、奋发有为的高素质干部队伍，增强各级党组织的创造力凝聚力战斗力，为开启全面建设社会主义现代化新征程奠定物质基础、提供现实条件、凝聚行动力量。

与此同时，泰州发展不充分不平衡的问题仍然突出。一是经济下行压力加大，产业竞争力不强，科技创新能力不足，服务业发展相对滞后，园区载体功能有待提升，基地型、龙头型、引领型重大产业项目数量不多，新动能新优势尚未形成，部分指标未达预期。二是中心城市首位度不高、集聚辐射力不强，城市能级亟待提升，快速路网体系尚不完善，高铁、过江通道等重大交通基础设施短板明显，老城更新压力较大，城市管理水平需进一步提高。三是融入区域发展的优势和特色不足，区位优势发挥不充分，营商环境有待提升，创新创业氛围不浓，商贸、文化、科创、人才等高端要素的集聚能力不强。四是民生工作还需加强，收入差距依然较大，就业质量不高，人口老龄化问题突出，高品质公共服务产品供给能力不足，教育、医疗、养老等公共服务水平与群众需求仍有差距。五是风险隐患不容忽视，制约高质量发展的体制性障碍尚未根本消除，环境风险时有暴露，金融风险依然存在，安全生产、信访维稳、社会治安等领域依然存在不少隐患，社会治理能力还有较大提升空间，实现更加安全的发展需要付出更多努力。

回眸“十三五”
展望“十四五”
系列报道

泰州市“十三五”时期经济社会发展主要指标完成情况表

表1

分类	指标	“十三五”目标	2020年
经济	地区生产总值年均增长（%）	8以上	6.8
	一般公共预算收入年均增长（%）	8以上	3.5
	固定资产投资年均增长（%）	15左右	9.3
经济	社会消费品零售总额年均增长（%）	10左右	6.6
	进出口总额累计（亿美元）	600以上	671.7
	实际注册利用外资累计（亿美元）	100	74.5
	户籍人口城镇化率（%）	61以上	64.4
	研发经费支出占地区生产总值比重（%）	2.6左右	2.7
	科技进步贡献率（%）	61以上	65
	万人发明专利拥有量（件）	10	19
	服务业增加值比重（%）	50以上	46.4
	高新技术产业产值占规模以上工业产值比重（%）	45以上	45.9

续表 1

分类	指标		“十三五”目标	2020年
民生	居民人均可支配收入（元）		38200	39701
	其中：农村居民人均可支配收入（元）		24300	24615
	劳动年龄人口平均受教育年限（年）		12.2	11.12
	农村贫困人口脱贫（万人）		完成省定指标	12.48
	高等教育毛入学率（%）		60	63
	城镇就业	城镇调查失业率（%）	5以内	完成
		新增城镇就业人员累计（万人）	30	51.26
	城乡基本社会保险覆盖率（%）		98以上	98.23
	城镇常住人口保障性住房覆盖率（%）		20以上	29
	每千人执业（助理）医师数（人）		2.5	2.89
	每千名老年人养老床位数（张）		40以上	42.3
环境	新增建设用地规模（万亩）		9.21	12
	耕地保有量（万公顷）		30.17	30.17
	非化石能源占一次能源消费比重（%）		完成省定指标	完成
	单位地区生产总值能耗降低（%）		17	24
	单位地区生产总值二氧化碳排放降低（%）		21	21
	主要污染物排放减少（%）	化学需氧量	完成省定指标	完成
		二氧化硫	完成省定指标	完成
		氨氮	完成省定指标	完成
		氮氧化物	完成省定指标	完成
	空气质量	空气质量达到二级标准的天数比例（%）	72以上	83.9
		$PM_{2.5}$浓度下降（%）	22.1	36.2
	地表水质量	地表水优于Ⅲ类水质的比例（%）	80以上	100
		地表水国控断面劣Ⅴ类水体比例（%）	0	0
环境	森林增长	林木覆盖率（%）	24以上	25.1
		林木蓄积量（万立方米）	230以上	232
	万元地区生产总值用水量下降（%）		28	30
	生态空间保护区域占国土面积比重（%）		20.5	27.27
社会文明	法治建设满意度		90以上	90以上
	文化产业增加值占地区生产总值比重（%）		6以上	4
	公众安全感（%）		92以上	99.02
	每万人拥有社会组织数（个）		12以上	15
	和谐社区	城市和谐社区建设达标率（%）	98	98
		农村和谐社区建设达标率（%）	95	95
	社会文明测评指数		90以上	90

注：非化石能源占一次能源消费比重全省统一测算、城镇调查失业率无市级公布数据均视同完成

（市政府办　供）

脱贫攻坚

“十三五”以来，泰州市贯彻落实中央、省委关于脱贫攻坚重要决策部署，将脱贫致富奔小康工程纳入经济社会发展全局同规划同部署同推进。下发《关于做好全省脱贫致富奔小康工程任务完成情况全面督查准备工作的通知》，召开扶贫领导小组成员（扩大）会议，全面部署启动县级自查、行业抽查、市级核查验收和全面总结等各项工作。县级自查中，各市（区）采取“推磨式”互查和委托国家统计局泰州调查队检查等多种方式，对标对表脱贫攻坚各项部署要求，逐镇逐村逐户过堂，自查覆盖率100%。市民政、教育、卫健、医保、住建等重点行业部门对“十三五”期间各行业开展的扶贫工作情况进行抽查，形成总结报告。11月中旬，由市扶贫办牵头，成立6个核查组分别赴各市（区）开展检查验收工作（高港区和泰州医药高新区为同一组）。全市按照检查验收重点，印制各类检查表格近3000份，采取进村入户方式，共检查82个村（含省定37个经济薄弱村）和1200户农户。经过各核查组检查，全市脱贫致富奔小康工程任务完成情况良好，脱贫成果真实可靠、脱贫基础扎实牢靠。

（一）低收入农户和经济薄弱村收入全部达标

结合省、市脱贫标准，2016年，全市建档立卡低收入农户7.09万户、11.72万人；经济薄弱村（居）665个。经过历年人口自然变更和行政村区划调整，至2019年9月末，全市共有建档立卡低收入农户6.32万户、10.83万人，全部达到市定人均年收入7000元的脱贫标准。至2019年末，全市606个经济薄弱村（含省定37个经济薄弱村）全部达到省定18万元经营性收入和市定35万元可支配收入的脱贫标准，村均经营性收入45.8万元。2020年，全市积极应对新冠肺炎疫情对脱贫攻坚的影响，精准落实“一村一策、一户一策”，巩固脱贫攻坚成果，提升脱贫攻坚质量。

（二）“两不愁三保障”等保障政策全面落实

结合本地实际，研究制定《解决农村低收入人口“两不愁三保障”突出问题行动方案》，将“两不愁三保障”问题作为脱贫任务重要核心指标，落实各项保障措施，提高脱贫攻坚成色。

“两不愁”方面：全市建档立卡低收入农户吃、穿、用水、用电及入户通道等基本生活需求得到全面落实，农村低保、特困人员救助供养、临时救助等保障性扶贫措施进一步完善，全市低保标准提高至710元/月。对因年老、因病、因残等情况丧失劳动能力的低收入农户，制定和实施财政常态化扶持托底政策，全面落实重残、重病“单人保”政策，扩大低收入农户享受低保待遇的规模。至2020年末，建档立卡低收入农户中低保对象2.65万人，特困救助供养对象1.74万人。

教育保障方面：健全完善教育资助政策，实现所有学段、公办与民办学校、家庭经济困难学生“三个全覆盖”，市直各学段特困学生的资助标准上调50%。脱贫攻坚三年行动期间，全市共资助建档立卡困难学生2.07万人次，全市建档立卡适龄儿童除因身体原因外全部在校就读。

医疗保障方面：构建基本医疗保险、大病专项救治、医疗托底救助、健康扶贫补充保险、慈善医疗救助等多重医疗保障体系，建档立卡低收入农户参加城乡基本医疗保险和健康扶贫补充保险由财政全额承担保费。落实“先诊疗后付费”政策，提高各报销段报销比例，大病保险起付标准比普通参保患者降低50%，取消健康扶贫补充保险起付线，建档立卡低收入人口政策范围内住院费用个人自付比例降低到10%以内，政策范围外个人自付比例降低到8%以内。“十三五”期间，全市累计支出医疗救助资金8.28亿元，救助人次80多万人。

住房安全保障方面：科学鉴定危房改造等级，精准认定危房改造对象，执行监督公示制度，全面落实分年度建设和改造计划。“十三五”以来，全市累计改造农村危房8681户，所有建档立卡户住房安全均得到有效保障。

（三）农村发展水平持续提高

随着脱贫攻坚战成效的取得，全市农村区域发展不平衡的问题得到进一步的解决，农村居民生产生活水平大幅提升。

公共设施建设方面：“十三五”期间，新改建农村公路2142千米，建成桥梁1485座，实施生命安全防护工程2687千米，行政村双车道四级路覆盖率100%，镇村公共交通开通率100%，所辖市（区）全部创成“四好农村路”省级示范县，泰兴市被评为全国示范县。推进村庄生活污水治理，至2019年末，全市有568个行政村生活污水处理得到治理，覆盖率46%。2020年新开工建设287个村，年末全市行政村覆盖率69.8%。

产业转型升级方面：发展现代农业，推进农业重大项目建设，促进“万企联万村”和特色田园乡村建设，培育农业农村发展新动能。至2020年末，全市建成高标准农田8.72万公顷，2019年全市高标准农田比重达76.8%。建成国家级农业示范园区1个、省级园区8个、市级园区79个；培育国家级农业产业化龙头企业4家、省级龙头企业66家；创成国家级“一村一品”专业示范镇村14个。

社会事业发展方面：提升农村基本公共服务标准化、均等化水平，至2020年上半年，全市1224个村、213个（涉农）社区全面建成综合服务中心。完善农村医疗卫生服务体系，所有村卫生室达到省建设标准，建成省级示范村卫生室198个。加大对薄弱学校扶持力度，2019年以来，全市共投入7.3亿元改善薄弱学校办学条件，完成校舍建设面积13.89万平方米、室外运动场建设面积11.59万平方米、采购设施设备价值1.08亿元。推进农村生活垃圾治理，有农村生活垃圾中转站113座，行政村垃圾无害化处理率100%，农村居民生活质量和环境得到进一步改善，满意度大幅提升。

（四）健全组织推进机制

制定脱贫攻坚实施意见、任务清单和职责清单，压紧压实责任链条。市委、市政府领导强化一线督导，瞄准重点难点和短板弱项，定期召开分析调度会议，确保各项政策落实到位。加大对脱贫攻坚工作的组织推进和保障力度，全面实施四级书记“遍访”行动，建立挂钩帮扶体制机制，全市700多家各级机关部门与606个经济薄弱村开展挂钩帮扶，3.9万名党员干部与低收入农户结成帮扶“对子”。加大财政支持力度，“十三五”期间，全市各级累计投入扶贫资金66.95亿元。编印《泰州扶贫》简报，加大脱贫攻坚典型宣传引导力度。

将扶贫开发工作纳入对市（区）和机关部门绩效管理目标体系，并作为评先评优的重要依据；建立“333”督查机制，下发督办（提醒）函，定期通报脱贫重点任务进展情况；组织脱贫攻坚突出问题“大排查”“回头看”“预验收”活动，对发现问题逐个制定问题清单、整改清单、责任清单，在推进问题整改销号的基础上，推动源头整改、系统整改。

（五）促进经济薄弱村增收“脱帽”

制定出台《经济薄弱村脱贫攻坚专项行动方案》，瞄准产业脱贫重点，坚持因村施策，帮助经济薄弱村拓宽增收渠道，实现增收“摘帽”。

加大对经济薄弱村的政策倾斜力度，市级财政每年安排2000万元（2020年增至4000万元），各市（区）设立相应配套资金，用于村级扶贫增收项目开发。“十三五”期间，全市累计投入8.16亿元，建设的657个扶贫项目全部竣工达产。灵活运用再贷款、再贴现等货币政策工具，优先满足经济薄弱地区扶贫贷款需求，至2020年9月，全市金融精准扶贫贷款余额24.49亿元，其中全市建档立卡人口贷款0.36亿元、产业精准扶贫贷款21.12亿元、其他扶贫贷款3.01亿元。

制定出台《产业扶贫重点任务和职责清单》，鼓励和引导经济薄弱村立足自身资源禀赋，加大标准厂房建设、高效农业发展、闲置资产盘活、三产和农业综合服务业培育等项目开发力度。推进村企合作、项目突破，培育“互联网+”、乡村旅游、“飞地”经济等新型业态，打造乡村特色优势产业。

推进消费扶贫，引导党政机关和国有企事业单位开展经济薄弱村“农副产品进食堂”活动，推动国有企业销售经济薄弱村农产品。引导机关干部职工利用工会福利，通过线上或线下采购经济薄弱地区农产品，年采购金额不低于工会福利的30%，产生的经营利润对经济薄弱村实行“二次分配”。开办扶贫专馆、专区、专柜和扶贫超市，组织经济薄弱村农产品展销和义购活动，全市参与消费扶贫的机关事业单位500多家，其中将经济薄弱村粮油等农副产品作为主要进货渠道的近200家，销售额2.5亿元。

将“党建+扶贫”作为经济薄弱村所在乡镇党委书记“领题必答项目”，创新举办书记项目路演活动。2019年全市有6个书记项目获奖，获奖项目同时获得市财政村级经济发展专项引导资金以及社会资本投资的支持。实施农村干部“雁领培育计划”，一批懂经济、会管理的人员充实到经济薄弱村担任党组织书记或第一书记，实现经济薄弱村选派第一书记全覆盖。

（六）实施分类指导

围绕全面脱贫目标，针对低收入农户实际生活情况，开展扶志扶智，坚持“输血”与“造血”并重，帮助低收入农户化解生活所困、增强劳动技能、找准致富路径。

出台《关于推动创业就业推动发展扶贫产业促进低收入群体增收致富的意见》，定期开展用工需求调查，对有一定劳动能力的农户，通过开展创业就业培训、公益性岗位援助、劳务需求对接等，促进低收入农户自主创业、充分就业。对劳动能力相对较弱或无法外出就业的低收入农户，就近就地介绍到农业新型经营主体或零散型加工企业务工，实现“家门口”就业。

加强技能培训，免费向全市低收入农户赠阅《农家致富》杂志，推介脱贫致富典型经验和农业科技信息，推广普及各类栽培和养殖技术。结合地方产业特色和群众就业需求，开发编藤、电商、育婴、家政服务等10多个“短、平、快”的培训工种，全面落实免费培训政策，“十三五”期间共开展各类免费技能培训23.77万人次。

拓宽增收渠道，制定《关于进一步建立健全扶贫产业带贫减贫机制的意见》，创新扶贫产业利益联结方式，低收入农户通过资产收益、入股分配、劳务联结、订单代销、项目带动等方式获取收益。推广“村（居）+合作社+农户”“龙头企业（基地、园区）+村（居）+农户”等强村富民产业新模式，实现小农户与大市场的有效对接，增强低收入农户自主脱贫的能力和信心。

（七）巩固脱贫成果

建立防贫预警处置机制。出台《关于建立农村居民防贫预警处置工作机制的意见》，以乡镇为单元，明确镇、村两级责任主体，动态更新监测人群，建立提前发现、及时预警和快速处置的动态监测处置工作机制，全市共排查出脱贫不稳定户、边缘易致贫户401户835人，均落实帮扶措施，消除返贫风险，并纳入泰州阳光扶贫和国扶系统进行动态监测管理。至2020年末，全市所有监测对象中有2831人次得到救助（不含因病返贫专项救助），救助总金额169.78万元。

建立因病致返贫救助机制。针对因病致（返）贫对象占比较大的实际，出台《关于建立防止因病致贫因病返贫预警机制的通知》，设立个人自付医疗费用3条预警线，对于参保人员当年累计自付医疗费用超过预警线，有可能导致“因病致贫、因病返贫”的对象，组织综合研判分析，符合条件的及时给予精准救助。“十三五”期间，全市有近5000人次享受医疗托底救助，资金总额30多万元。建立困难残疾人家庭医疗救助机制，对在各项救助到位后仍然贫困的残疾人家庭，实施分档救助。发挥慈善作用，对经基本医疗保险、大病保险、健康扶贫补充保险报销、医疗救助后，全年个人实际自付额超7000元贫困线的人员再给予1000元~3000元的慈善救助。

开展防贫保险试点。学习借鉴“邯郸经验”，统筹考虑保障人群、保障范围、保障标准和保障方式，制定防贫综合保险方案，实现国家现有保障政策与地方保障政策的无缝衔接，解决因“收入骤减”“支出骤增”导致的贫困难题。全市开展防贫综合保险的乡镇累计达28个。

解决相对贫困现象。将解决相对贫困问题作为接续减贫的重点，探索建立解决相对贫困的长效机制。实施“双扶”工程，坚持扶志与扶智相结合，利用贴近基层实际、群众喜闻乐见的形式，倡导困难群众自力更生脱贫致富。开展“三援三送”（援岗位、援培训、援创业，送扶贫政策、送致富信息、送科技书籍）活动，提升贫困群体致富动能。结合乡风文明建设，开展“家档积分”行动，通过以表现换积分、以积分换奖励，推动移风易俗，摒弃陈规陋习。开展“奔牛星榜”评选活动，选树致富先进典型，制定奖励办法，杜绝政策“养懒汉”现象，引导健康文明新风尚。

阻隔贫困代际传递。针对全市每年约1000名贫困家庭学生在农村学校就读的实际，实施“千苗握长”计划，构建到校、到家、到人的教育扶贫体系，落实多元化教育扶持与资助政策，阻隔贫困代际传递。推动优质教育资源向农村贫困地区流动，开展“改薄”工程，保障农村贫困学生教育需求有效供给。继续执行义务教育资助政策，鼓励有条件的地方探索开展校车服务费减免或开展免费接送服务。注重贫困学生好习惯、好行为的养成教育和励志教育，每年向贫困学生赠阅1本以上以励志为主题的书籍。定期开展低收入农户信息化调查，组织开展贫困家庭电视、电脑、宽带等信息化建设资助活动。

帮扶政策落实到基层“最后一米”。以全市“两户”（脱贫不稳定户、边缘易致贫户）对象作为监测重点，改进帮扶方式，建立贫困群体联系帮办制度。每个监测对象明确1名镇或村级党员干部作为联系人，每月至少开展1次联系对象家庭情况上门走访，定期对帮办服务成绩突出的联系人进行评选表彰。推动各条块资源整合、政策衔接、工作联动、重心下移，将各项帮扶措施落实到基层“最后一米”，跟踪了解、精准解决贫困群体生活困难和发展需求，保障贫困群体早日脱困致富。

（市农业农村局 供）

“泰”系列民生服务品牌

2020年，泰州市委市级机关工委坚持为民导向，在市级机关开展“深化三务融合 塑造‘泰’系列品牌”活动，引导市级机关各部门（单位）机关党组织不断深化拓展党建服务品牌内涵，构建“党建+民生服务”新模式，提升打造“泰”系列品牌，更好地彰显泰州特色、体现城市温度。

“泰有福”“泰有爱”“泰有礼”……活动开展以来，一批批党务业务服务深度融合、高质量、好口碑的民生服务品牌不断涌现，广大群众的获得感和满意度进一步提升。

品牌创建成系列

泰州市委市级机关工委按照“先培育，后选树”的原则，围绕“党建引领强、业务能力精、作风效能优、服务群众佳、品牌形象好”的工作标准，分层级开展培育选树工作。品牌创建上，要求有鲜明的品牌名称和标识、有创新的品牌理论和文化、有丰富的活动内容和载体、有完善的品牌体系和机制、有良好的社会影响和业绩，让“泰”系列品牌建有方向、评有依据。

泰州市民政局在全系统开展“泰有爱”党建服务品牌创建活动，从养老领域推进“泰有福”开始，致力“一地方一特色、一支部一品牌”，不断丰富“泰有爱”品牌内涵。针对群众需求，先后打造出“牵手夕阳”“爱心港湾”“幸福家园”“温暖回家路”“红色图谱映照初心”等20多个党建服务子品牌，有效引领系统广大党员干部主动服务群众、服务民生。

泰州市市场监督管理局打造“泰有品”品牌，系统推进经济发展、社会文化、生态环境、公共服务、居民生活“五大品质”提升工程。大力优化营商环境，开展市场监管“民生行”“项目行”服务行动，打造食品安全阳光惠民工程，推进食品安全工作创新，常态推行党员“驻点式”服务，为企业发展、项目建设提供全面精准服务。

泰州市委宣传部、市文明办开展“做知礼明礼的泰州人”“做习礼用礼的泰州人”“做守礼护礼的泰州人”“做尊礼尚礼的泰州人”四大系列活动19个子活动，让“泰有礼”成为具有泰州特色的市民文明素质提升品牌工程。

泰州市机关事务管理局秉承“精细、极致、专业、满意”的工匠精神，厚植智慧管理、匠心服务的理念，以党务促业务，全力打造“泰慧管”品牌；泰州市公安局交警支队以党务优服务，实施“邻里交警”爱民工程，打造“泰畅通”品牌，全方位高质量服务群众。

截至目前，泰州市级机关已培育选树20余家“泰”系列服务品牌，涵盖了市场监管、行政审批、医疗卫生、综治平安等群众关切的多个领域，品牌培育呈现出“特色化、多元化、系列化”的良好态势。

凸显特色重创新

鼓励担当作为。泰州市行政审批局变坐等审批为上门服务、变多处跑腿为一窗办结、变“事必躬亲”为帮办代办，倾力打造一流的“泰满意”政务服务环境；泰州市自然资源和规划局坚持“好办事、泰顺畅”，以“我是党员，为您服务”为载体，创建“党员先锋岗”，设置“党员责任区”，实施“多规合一”“多测合一”“交地即发证”“验收即发证”“交房即发证”等服务创新，提高了群众满意度；泰州市外办、台办“泰友好”“泰有情·两岸亲”品牌立足自身职能，在服务对外交往、优化营商环境中提升工作品质，让泰州的“朋友圈”越来越大。

关注民生福祉。泰州市总工会聚力打造“泰有心”服务品牌，竭力用品牌服务传递温暖、彰显仁爱，用心用情团结服务职工；泰州市住建局开展“泰房安”品牌创建，将老楼加装电梯、老旧小区改造、危房解困、棚户区改造、校舍安全等纳入服务范围，让民生纠结处成为工作发力点；泰州市住房公积金中心打造“泰有居”品牌，推行“五零服务”，为群众住有所居提供资金保障和优质服务；泰州市医保局以“泰安心”品牌创建为抓手，精简优化群众办事流程，保障群众病有所医、医有所保；泰州市供销合作总社通过“泰有情·情系三农”品牌创建，将分散资源串珠成链，相融互通，建成农村综合服务社1087家、电商服务站点1200家、现代农业综合服务中心50个，将农民所需的生产、生活、生态服务送到了田间地头。

增益民主权利。泰州市委政法委、泰州市司法局着力打造“泰有法”品牌，让企业经营有法保障、群众利益有法维护、公平正义有法守护；泰州市中级人民法院打造“泰有力”品牌，推进巡回审判、破产重整、司法便民、司法惠民，积极回应群众法治需求，让党建成为业务的“动力泵”、资源整合的“交换站”、凝心聚力的“磁铁石”；泰州市信访局推动信访程序更加科学合理，解决问题更加依法依规，群众表达诉求更加依法有序，打造“有理走遍天下，无理寸步难行”的“泰有理”信访法治化品牌。

深度融合显质量

新冠肺炎疫情暴发期间，泰州市卫健委不断丰富“泰佑康”品牌建设内涵，持续发扬“冲得上去、豁得出来”的战斗精神，将平时党建成效与战时业务攻坚深度融合、同向发力。针对各种急难险重任务，成立党员突击队，组建援鄂临时党支部，引导全系统基层党组织和党员干部主动亮明党员身份，强化攻坚意识，扛起使命担当，将党旗插在抗疫一线，全力守护人民群众生命安全和身体健康，实现确诊病例零死亡、医护人员零感染。

泰州市人社局在打造“泰爱才”品牌过程中，围绕“为民、向上、有为”的核心理念，推出十大举措，组织“献礼百姓之就业创业篇、社会保险篇、人才服务篇、劳动维权篇”系列活动，实施“党建助力高技能人才培养”等特色服务项目，推进“一窗式”综合柜员经办、许可审批“三个一”工作新模式，党建与业务工作在服务群众中多维融合，互促提升。

泰州市水利局在打造“泰水韵”品牌过程中，立足制度创新，搭建职务设置“一肩挑”、目标任务“一盘棋”、创先争优“同台赛”的制度框架，大力实施“122党建工程”，并将党建“月晒季评年考”制度与单位绩效考核制度深度融合。通过机制层面的协同创新，让“目标制定、日常管理、跟踪考核”在基础设施建设、防洪除涝抗旱、河湖生态治理、保护饮用水源、强化水利调度、水行政执法等水利具体业务工作中聚能聚焦、同向发力，为全市人民提供了优质水资源、健康水生态、宜居水环境。

（摘自《旗帜》2020年第9期）

全面高水平建成小康社会

“幸福水天堂”
崛起中部产业增长极

做强产业，崛起三大先进制造业集群

深冬时节，位于江阴长江大桥下游15千米处的靖江新时代造船公司厂区内，一片繁忙景象。作为国内最大的民营造船企业之一，新时代造船公司具备年建造10万—30万吨级各类船舶500万载重吨的生产能力。“2020年1月至11月底，我们已完成交付出口船舶26艘，出口额超12亿美元。”新时代造船公司副董事长朱炳康介绍，公司坚定发展信心，谋求转型升级，交出了一份亮眼的成绩单。“我们的订单已经排到了1年后，现在有在手船舶订单42艘、意向订单29艘。”

泰州是国家级船舶出口基地、全国最大民营造船基地、世界最大船用锚链制造基地。经过多年发展，泰州船舶产业从造、修、拆船到配套，产业链基本完善，拥有新时代造船、扬子江船业等排名全国前五的造船企业，是泰州最具国际竞争力的产业之一。2019年，泰州造船完工量累计突破千万载重吨，占全球、全国和全省的10.15%、27.37%和55.75%。

在长城汽车泰州整车生产车间，智能化设备在有序运转，一台台时尚复古的“欧拉好猫”汽车雏形初现。泰州工厂是长城集团在国内的第8个整车生产基地，总投资80亿元，2019年11月开工后，创下中国整车制造项目11个月建成投产的“泰州速度”。

在2020年4月召开的产业强市推进大会上，泰州市印发《关于打造三大先进制造业集群推进产业强市的实施方案（2020年～2022年）》，围绕生物医药和新型医疗器械产业、高端装备制造和高技术船舶产业、化工及新材料三大先进制造业集群，构建特色鲜明、自主可控的产业链，为泰州加快建设长三角先进制造业特色基地绘制了发展蓝图。

产业强市，泰州确立了清晰的“三年目标”：到2022年，三大先进制造业增加值占工业增加值的比重力争达到60%；主营业务收入突破4000亿元，培育年主营业务收入千亿级企业1家，百亿级企业5家，50亿—100亿元企业10家，10亿—50亿元企业50家；三大先进制造业投资占工业投资比重达到70%，高新技术产业产值占规上工业产值比重达到50%，年均新增高新技术企业150家，建成长三角地区产业科技创新高地。

做大特色，诞生一批“全球第一”

作为全国唯一的医药类国家级高新区，泰州医药高新区已落户1000多家知名医药企业。复旦张江药业的“海姆泊芬”、泰凌生物的“喜滴克”等两个1.1类新药先后投产，30多个一类新药取得临床批件。

泰州的中国医药城是国家唯一的新型疫苗及特异性诊断试剂产业集聚发展试点，省政府也明确将泰州作为全省疫苗重要发展基地和产业发展中心。在泰州医药高新区疫苗工程中心副主任彭福中的带领下，采访组一行了解到一个又一个全球、全国“第一”“唯一”在这里诞生。

中国医药城的疫苗产业集聚度是全国同类园区中最高的，已有10家人用疫苗企业、3家动物疫苗企业，拥有各类疫苗产品近50个。国际首创品种4价流感病毒亚单位疫苗，有望填补国内自主生产空白，9价HPV疫苗、狂犬疫苗等一批重磅产品即将上市。

最让彭福中感到自豪的是，新冠肺炎疫情发生以来，中国医药城迅速行动，7家单位覆盖全国5条技术路

线的新冠肺炎疫苗的临床研究和样本检测工作，为全球抗疫行动奉献了泰州力量。

瑞科生物技术公司董事长刘勇说，截至目前，瑞科生物已有重组新冠疫苗、HPV系列疫苗、带状疱疹病毒疫苗为代表的多条市场容量百亿级别产品线处于产业化不同阶段，后续创新平台和品种系列也在逐步展开。2020年11月23日瑞科生物新冠疫苗产业化基地开工，开始布局疫苗产品全球市场。

在泰州三大主导产业中，有近百家企业生产的产品在国内细分行业排名首位，都是名副其实的"单打冠军"。作为全省首批13家省级开发区之一，泰兴经济开发区已入驻20多个国家和地区的企业120多家，其中世界500强企业19家。拥有氯乙烯、酞菁颜料、聚丙烯酰胺、锂电池电解液添加剂等21个世界"单打冠军"产品，烧碱、苯乙烯、丙烯酸、聚氯乙烯等产品在国际上占有较大市场份额。

做优品质，彰显幸福城市魅力

深冬时节，泰兴市虹桥生态景观廊道，碧水悠悠，野鸭游弋，生态整治后的长江岸线已成为市民休闲的网红打卡地。"拥有24千米长江岸线的泰兴，将50%以上的岸线进行生态化修复，打造生态融合区、田园风光区、人文体验区。"泰兴市长江湿地和绿色廊道工程指挥部常务副总指挥马书宁说。如今，"船厂变森林，鱼塘变湿地，江堤变赛道，工厂变公园"已成现实模样。

绿色，是"幸福水天堂"的底色。泰州近年来坚持把修复长江生态摆在压倒性位置，率先在全国启动长江"大体检"，创新实施"健康长江泰州行动"，设立"健康长江泰州行动"指挥中心，成为长江入河排污口排查整治和生态环境遥感监测"双试点"城市，创造了多个全国"第一""唯一"，国、省考断面水环境质量连续5年领跑江苏，长江干流常年保持Ⅱ类水质，长江流域生态环境保护的系统性、科学性全面提升。

漫步城市街头，满目苍翠如画；城市书房内，不少市民在埋头读书，透出这座城市浓浓的文化氛围。位于大运河泰州古城护城河集中展示带的江苏盐税博物馆，是嵌入泰州古盐运河文化带生态人文"项链"中的一颗璀璨明珠。馆内盐税史料的展陈采用现代科技手段，以多媒体、智能化、数字化技术，结合声、光、电及雕塑、仿真等手法，展现盐税文化发展史，让参观者沉浸其中。

"幸福水天堂，泰州等你来。"近年来，泰州坚持将全部财力的75%、新增财力的80%以上用于改善民生，不少民生工作走在全省前列——率先建立经济发展和扩大就业联动机制，城镇登记失业率持续保持全省最低水平；率先实施健康扶贫补充保险，参保受益面惠及所有建档立卡低收入人口；率先推出养老服务"三张券"（机构托养券、社区照护券、邻里互助券），形成"泰有福"养老服务品牌；率先实现优质高中全覆盖；率先推进"全市域"网格化社会治理，万人刑事案件发案率全省最低。

"泰州的'泰'，从字形上看，上面一个'三'，下面一个'水'，中间一个'人'，合起来就是'人在三水中'。"泰州市委书记史立军这样解析泰州的"泰"字。现在的泰州，致力推进人民满意的高质量发展，正努力建设成令人向往的"幸福水天堂"，呈现出康泰、富泰、祥泰的盛世景象。

摘自《新华日报》2021年1月13日

加速融入长三角，泰州全力打造"中部支点"

2020年12月4日，泰州东环高架式快速路北延段改造工程全线建成通车，泰州环形快速路初步形成，市民驱车出行去无锡、常州、上海等地更便捷了。

和快速路"环行"一样让泰州人欣喜的是，前不久，泰州直达上海的动车开行，一脚跨入上海"两小时朋友圈"。泰州市委书记史立军乘坐首班列车，108分钟，从扬子江畔来到黄浦之滨。3天的"走进大上海 融入长三角"系列活动，30个项目集中签约，总投资410亿元。

赴沪动车开通半年之后，泰州至北京的动车也将于近期开通。此外，常泰大桥、江阴靖江隧道正在建设，北沿江高铁、盐泰锡常宜铁路正在做前期准备。

从城市环路、跨江路桥到京沪动车，泰州在我省交通格局中的"中部支点"地位凸显。利用这一区位优势，泰州加速融入苏南，和无锡、常州"抱团发展"，打造我省赋予泰州的"中部支点城市"。

构筑"十字"交通框架，打造2小时长三角通勤圈

11月28日，常泰长江大桥2号墩首节钢围堰完成吊装，标志着常泰长江大桥天星洲专用航道桥水下基础施工进入新阶段。作为我省"南接北联"区域大通道建设重点工程之一，常泰长江大桥是《长江经济带立体综合交通走廊规划》中批复的省14条过江通道之一，是地区稀缺的铁路过江资源。大桥位于江阴大桥和泰州大桥之间，使这段长江岸线上每隔30千米左右就有一座高速公路过江通道。它的建设对泰州而言，不仅具有交通出行意义，还使从泰州到常州的江苏中轴线被串联起来，加快跨江融合发展，推进"锡常泰"城市组团形成。

融入长三角，交通要先行。泰州市力争通过"十三五"期间的努力，2小时通达长三角城市群省会城市，1.5小时通达省内设区市，形成"1小时市域交通圈"，半小时中心城区通达各县级节点，建设区域性交通枢纽城市。

此外，《长江干线过江通道布局规划》提出，到2035年之前，还将有三条过江通道落地靖江。与此同时，北沿江高铁、盐泰锡常宜铁路前期工作抓紧推进。泰州南站将成为泰州主要的高铁站之一，泰州围绕泰州南站打造城站一体"高铁上的城市"，成为"枢纽之城"。

一条条南北、东西走向的新通道在泰州交汇，搭建起"十字"交通框架，长江两岸的一体化进程由此按下"快进键"。

江阴大桥，是泰州、靖江融入苏南的第一条过江通道。1999年9月28日大桥建成通车，第二天出版的靖江日报刊登《驱车过大桥》一文写道：从大桥宾馆上大桥，到江阴北出口，只用了近10分钟。江苏扬子江高速通道管理公司最新提供的数据显示：目前，江阴大桥交通量已达10.2万辆/日，节假日期间最高约达16.1万辆/日。大桥通车带来一个个“发展红利”，泰州成为中国最大民营造船基地、国家级船舶出口基地、全球最大的系泊链生产基地。

跨过“天堑”融入苏南，“锡常泰”产业协作密切

今年4月1日，《〈长江三角洲区域一体化发展规划纲要〉江苏实施方案》发布。“支持江阴—靖江工业园区建设跨江融合发展试验区”是推进跨界区域共建共享的一项内容，这是对两地推动高质量跨江融合发展的肯定，也为两地加快同城化发展提供了新动力。盐泰锡常宜铁路、江阴第二通道等项目建设，将提高江阴、靖江公共设施互通共享水平，加快两地高质量融合发展和靖江加速融入长三角一体化。

跨江联动，隔江相望的江阴、靖江第一个“吃螃蟹”。2003年8月，两地打破行政区划界线联动开发，江阴—靖江工业园区揭牌。如今，园区成为中国民营造船、国家重钢结构两大产业基地，形成“特色冶金—机电—汽车零部件—特色车辆”“特色冶金—钢结构—船舶修造”两条产业链，并创造出五个“国内之最”：最大的集装箱船、最高建筑的钢结构、最先进的高速铁路线缆、跨度最大的跨海大桥钢箱梁、最高强度的系泊链。

在联动开发带动下，大量苏南企业到靖江及周边地区投资发展。泰兴黄桥经济开发区党工委书记、管委会主任邵鸣介绍，2014年4月底，“江阴高新技术产业开发区黄桥工业园”获得省政府认定。在首个江阴落户项目的带动下，成功引进26家江阴企业，总投资数十亿元，为老区提供了近万个就业岗位。目前，规划2平方千米的“上海金桥集团黄桥产业园”也已揭牌，落户企业5家，力争将产业园打造成跨区域合作的示范园区。

“江阴、靖江两地城市毗邻、大桥联通、文化相近、互有需求、互补性强，且有了成功合作的载体，实现同城化发展最有条件。”著名经济学家洪银兴教授在创建江阴—靖江高质量跨江融合发展实验区研讨会上建议，两地加快实现产业、城市、生态等方面的深度融合和毗邻城市的互通共享，打造一个既共享城市发展资源、又不改变行政区划的同城化样板。

常泰大桥的通车，又让泰州、常州产业协作进入“蜜月期”。11月23日，泰兴—常州国家高新区（新北区）跨江联动发展座谈会举行，《跨江融合园区高质量发展共建协议》《跨江融合港口一体化发展合作协议》等三个合作文件签署。泰兴市委书记刘志明说，泰兴、常州新北区地缘相接、人文相亲，合作基础好，有条件探索出更有成效的合作共建模式。

作为制造业大市，常州和泰州两地产业上互有关联。比如生物医药，泰州拥有中国医药城，而常州的新医药产业也是重点打造的“十大产业链”之一。在去年的省两会上，泰州、常州的20多名省人大代表共同提出议案，建议加快常泰融合，实现中轴崛起。打造交通、产业、生态、创新和开放五大江苏中轴走廊，围绕生物医药、智能装备制造、新材料等方面加快集聚。

地缘相近人文相亲，中部支点“左右逢源”

地处长江之滨、背依里下河腹地的泰州，是我省较为年轻的地级市，过去一直被看作“扬泰地区的东部”，“笼罩”在苏南诸多工业明星城市的光环里。如今，泰州厚重的文化土壤、与周边城市的“血脉关联”，加上交通区位带来的交往便利，为泰州“中部崛起”筑牢“硬核支撑”。

6500年前，长江、淮河、黄海三水交汇，生长出泰州这片土地肥沃、物产丰富的鱼米之乡，孕育了泰州这座城市开放包容、温和敦厚，又坚韧不拔、一往无前的独特气质。1500年前，泰州依靠京杭大运河这条水运大动脉，开启了持续千年的繁华。如今，泰州依靠全国的高铁大动脉和一条条跨境而过的过江交通，牵手沪宁线、通泰扬，跨越千年、再创辉煌。

在不同的历史时期，长江和大海的碰撞交汇形成了泰州和上海。如今，上海是长三角一体化的龙头，泰州位于江苏地理中心、长三角中轴。400多年前，明代大科学家徐光启，将“泰州学派”带到当时的松江府开枝散叶。100多年前，泰州籍京剧艺术大师梅兰芳，在刚满20岁时，登上了上海的“丹桂第一台”，从此红遍天下。泰州加入上海两小时“朋友圈”后，将成为上海辐射江苏全境和长三角腹地的“中继站”“放大器”。

泰州和无锡、常州的人文交流更是源远流长。古代泰州与广陵扬州、兰陵常州、金陵南京相呼应；江阴和靖江一江之隔、一衣带水，地缘相近、人缘相亲，历史上曾经同属一个行政区……去年10月底，以“泰州学派的思想传承与现代转化”为主题的江南文脉·泰州学派分论坛暨泰州学派学术研讨会在泰州举办。专家们认为，泰州学派作为江南文化版图的重要思想流派，给后世留下了丰富的思想遗产，“万物一体”“百姓日用即道”“人人君子”等思想在历史上曾经产生过重要影响，在当下仍然具有重要启示意义。

摘自《新华日报》（经济周刊）2020年12月7日

开展长江大保护 泰州彰显生态魅力

初春时节，泰州长江大桥下碧波荡漾，一幅原生态风貌的临江美景展露无遗。而在几年前，这里建造了数十家砂石场、造船厂和化工厂，岸线资源被非法侵占，长江航道安全受到威胁。近年来，江苏省泰州市实施一系列雷霆行动，让长江母亲河焕发新的生机与活力，长江保护硕果累累。

近百千米长江岸线“黄金水道”如何保护、如何实现永续发展？泰州市坚决贯彻落实党中央“共抓大保护，不搞大开发”决策部署，把修复长江生态环境摆在压倒性位置，自2019年创新开展“健康长江泰州行动”以来，更是全力推动长江生态环境安全从被动应付型向主动保障型、从传统经验型向现代高科技型、从单一监管型向立体管控型的战略转变，唱响新

时代“长江之歌”。

如今，长江泰州段岸线绿意盎然，干流常年保持Ⅱ类水质。环境好了，动物也多了，“水中大熊猫”江豚频频亮相长江泰州段，“湿地精灵”反嘴鹬首次选择在泰州江滩歇脚，用它们的美丽身姿为长江泰州段的生态点赞。

2020年12月13日，第一届健康长江（泰州）高峰论坛在泰州成功举办，与会同志对泰州市长江大保护取得的成效给予充分肯定。

强化科技引领，建好一个平台

近日，“健康长江泰州行动”大数据平台视频智能分析显示，长江靖江段附近一工地裸露土未完整覆盖。随后，通过平台智能推送，这一预警信息被转派给当地相关部门，执法人员第一时间赶赴现场进行了处置。

上述场景，是泰州市借力科技保护长江生态的一个缩影。

长江泰州段沿岸3千米范围内，有数千家企业，监管工作面广量大，如何才能明察秋毫？

破解难题靠科技。借助泰州电信等部门的科技力量，泰州市去年建成全国长江流域首个集检测、评估、预警、应用功能于一体的大数据平台，彻底颠覆传统水生态监管模式，通过大数据分析、人工智能、5G通讯等先进技术，实现了对排口、工业、农业、航运、码头、岸线、生态、水质八大核心生态要素，1054个排口、963家污染源、3个化工园、93个码头，97.8千米岸线、307.13平方千米生态空间、3个水源地的24小时智能监控。其中，该平台还通过有效整合生态环境、住建、交通、海事等18个部门的数据资源，在长江泰州段构建起了水、陆、空立体式监测监控网。

如何确保监测监控发现问题能及时处置？泰州市创新组建并实体化运行的“健康长江泰州行动”指挥中心，为长江泰州段生态环境保护平添了一支“快速反应部队”。指挥中心实行二十四小时工作制，并建立健全隐患排查机制、应急处置机制和快速响应机制，确保突发环境事件及时规范处置，保障长江生态环境安全。去年以来，已自动生成生态环境监管信息1.8亿多条，已下发预警信息1万多条。

坚持标本兼治，开展一批行动

多年来形成的长江生态困局，并非一朝一夕、一招一式就可破解，但泰州市委、市政府坚定信心，以改善长江生态环境质量为核心，坚持污染防治和生态保护“两手发力”，通过开展一批专项行动，全力构建长江生态环境保护新格局。

泰州市继2019年开展长江生态修复、沿江水体治理、饮用水源地治理、农业农村污染治理等八大专项整治行动后，2020专项整治行动进一步调整扩容，先后实施污水治理、沿江船舶污染治理、长江禁渔、非法采砂、打击三无船舶等十二大专项行动。

“今年的江水比早年的水清了，鱼也多了。”63岁的高港人周押宝打了47年的渔，亲眼见证了长江的鱼从多到少，到如今的由少变多。

渔业资源的恢复，主要得益于长江禁渔专项行动。2020年1月1日起，泰州全面禁渔，周押宝所在的高港区190多条渔船全部退渔还江。“洗脚上岸”的周押宝与几位老伙伴一起加入了护渔队，从“捕鱼人”变身“护鱼人”。“靠江吃江了一辈子，现在也该为保护长江尽一份力了。”

近两年来，泰州的江边还发生着很多惊喜“蝶变”。在沿江地区危险废物处置行动中，泰州市对靖江、泰兴、高港区和泰州医药高新区等沿江地区危险废物环境隐患点位全面排查，逐一复核，不断消除环境隐患。

针对沿江化工行业整治，泰州市开展了沿江化工生产企业整治，实施了化工园区环境专项整治和循环化改造，提升了园区环境监控预警平台建设水平。

针对沿江港口码头污染防治，泰州市从源头管控和治理着手，强化港口码头船舶污染物接收能力建设，完善船舶污染物排放管理机制，规范船舶污染物处置，保障沿江生态环境安全和稳定……

紧抓全国试点，总结一套经验

“污染在水中、根子在岸上”。对江河湖泊等水体而言，陆源污染是主要污染来源，而入河排污口是污染物进入河流的“闸口”，只有摸清排污口，才能找准症结，靶向施策，精准发力。

2019年，泰州市以成为长江入河排污口排查整治全国试点为契机，摸清长江沿线1054个的排口底数。把脉问诊，有了长江生态环境的体检结果，还要对症开方下药。今年3月，泰州市继续先试先行，按照“取缔一批、整治一批、规范一批”的原则，对排口进行规范整治。在具体整治中，泰州市构建排口信息系统，建立排污口电子档案，设立带有二维码的排污口标识牌1054块。

在摸索整治经验过程中，泰州市还结合沿江市（区）长江入河排口特点，因地制宜推进实施入江河流整治、工业园区排口整治、农村生活污水排口整治、港口码头排口整治等一批示范工程，为各地整治提供可借鉴、可复制的经验。

泰兴经济开发区的污水处理尾水涵养湿地工程就是排口整治的一个典型。以往，开发区的污水由该污水处理厂处理达到标准后，排入长江。现在，污水处理厂的达标尾水，要通过地下管道进入一片长满芦苇、菖蒲等水草的80亩的生态缓冲区，经过生态净化后再排入长江。因为多了一道净化关，尾水水质明显提升，主要指标相当于从地表水劣Ⅴ类提升到Ⅳ类。去年夏天，这片尾水涵养湿地不仅能看到水鸟出没，还发现了具有生态修复成功指标物种——蜻蜓的踪迹。在南京水利科学研究院王永平博士看来，这也从侧面证实了湿地生态效应明显。

摘自新华网2021年3月3日

责任编辑：张　华　叶　彤

大事记

“品质泰州”建设十件大事

（一）泰州市推进质量工作成效突出获国务院督查激励。

2020年5月5日，国务院办公厅发布通报，对2019年落实有关重大政策措施真抓实干、取得明显成效的地方予以督查激励，泰州市被表彰为“推进质量工作成效突出的地方”，为全省唯一。2020年，泰州市在全省率先建成品质文化公园、质量安全科普馆和食品安全主题公园，打造具有泰州特色的质量文化体系。

（二）泰州市获评“2020中国最具幸福感城市”，实现全国文明城市“三连冠”。

2020年11月18日，在“人民城市，幸福小康”2020中国幸福城市论坛上，泰州市首次入选“中国最具幸福感城市”榜单。11月20日，在全国精神文明建设表彰大会上，泰州市实现全国文明城市“三连冠”。

（三）长三角质量发展研究中心在泰州市成立。

2020年11月9日，国家市场监管总局发展研究中心在泰州市成立“长三角质量发展研究中心”。

（四）泰州市研制的全国首个品质城市领域国家标准正式发布。

2020年11月19日，国家标准委发布公告，由泰州市首创的《新型城镇化品质城市评价指标体系》国家标准正式发布，是全国首个品质城市领域国家标准。在9月27日召开的2020中国管理科学大会暨第七届管理科学奖颁奖典礼上，市市场监管局研究课题《中国100城市品质指数研究报告》获“中国管理科学奖”。

（五）泰州市在全国率先推进专利标准融合创新。

2020年7月，泰州市委、市政府印发《关于推进标准引领经济社会高质量发展的意见》，构建符合泰州城市战略定位、体现新时代高质量发展要求的“泰州标准”体系。创建标准国际化创新型城市，印发《关于推进专利标准融合创新的实施意见》，在全国率先推进专利标准融合创新，获国家、省市场监管局和国家、省知识产权局肯定。

（六）泰州市获批国家基本公共服务标准化综合试点，在全国率先开展优化营商环境标准体系建设。

2020年4月，泰州市获批国家基本公共服务标准化综合试点。年内，发布并实施《公勺公筷使用规范》《农贸市场长效管理规范》等系列地方标准，为保障基本公共服务稳定、高效、优质供给提供支撑。在全国率先开展优化营商环境标准体系建设，研制全国首个《优化营商环境标准体系要求》地方标准。

（七）泰州市创新实施食品安全“阳光系列”惠民工程，在全省率先出台食品小作坊集中加工中心管理办法。

2020年，泰州市创新实施“阳光系列”惠民工程，工程被列入2020年度市政府为民办实事项目，建成“阳光宴会厅”113家，“阳光菜篮子”（智慧农贸市场）26家，“阳光餐车”700多个，“阳光厨房（食堂）”1103家，完成“阳光抽检”32890批次。10月22日，发布《泰州市食品小作坊集中加工中心管理办法》，是全省地级市中首个食品小作坊集中加工中心管理立法。

（八）泰州市创成国家生态文明建设示范市。

2020年11月30日，泰州市被生态环境部命名为第四批国家生态文明建设示范市县。

（九）泰州市建设没有围墙的“花园城市”。

2020年，泰州市在主城区创新开展“拆墙透绿”工程。综合运用化零为整、汇点连线、融文入绿等造景手法，将原先内向封闭、零散细碎的庭院绿化置换为外向开放、互联互通的花园游园。至年末，完成24家单位“拆墙透绿”工作。10月6日，央视《新闻联播》栏目宣传推广泰州市“拆墙透绿”工作。

（十）泰州市获评“四好农村路”省级示范市。

2020年，泰州市县两级围绕农村公路“一县一品牌、一镇一环线、一线一风景”目标，推进“四好农村路”工程建设。“泰美农路”获全国交通运输行业优质文化品牌首届评选“十佳”，兴化市长安北路获评全国“最具乡愁的路”，兴化市“千垛美路”获评全国“最有人气的路”。8月17日，泰州市获评2019年“四好农村路”省级示范市。

月度泰州大事记

1月

2日　泰州市首批101个重大产

业项目集中开工，总投资649.1亿元。

3日　长城汽车年产80万台涡轮增压器总成及3万台氢燃料电池空压机项目、年产50万台变速器双离合器项目在泰州港经济开发区正式签约，项目投资17亿元。

6日　姜堰区获评全国"平安农机"示范县。

8日　国务院江苏安全生产专项整治督导组第四工作组在泰州市召开安全生产"有奖举报"机制工作座谈会。

9日　全国首部设区市标准化地方性法规——《泰州市标准化条例》经省十三届人大常委会第十三次会议审查批准，于2020年5月1日起施行。

10日　中崇信诺生物科技泰州有限公司与扬州大学刘秀梵院士团队合作完成的项目《基因Ⅶ型新城疫新型疫苗的创制与应用》获2019年度国家技术发明奖二等奖。

15日　泰州综合保税区首个保税研发项目——中国科学院投资的基因检测实验室开工建设。

21日　市政府成立新冠肺炎疫情防控工作领导小组，市长任组长。同日召开领导小组第一次会议。

△　市区站前快速路（江洲路—京泰路）、东环快速路北延段（海姜大道—站前路）通车。

24日　根据《江苏省突发公共卫生事件应急预案》，省政府决定，自1月24日24时起，启动突发公共卫生事件一级响应。全市取消或延期举办大型公众聚集性活动。

26日　省卫健委发布泰州市首例新型冠状病毒感染的肺炎确诊病例。患者男性，51岁，居住泰州市靖江市，为武汉市返泰人员。

△　市委、市政府专题召开疫情防控工作会议。

27日　泰州市实施突发公共卫生事件一级响应防控措施。

28日　江苏硕世生物科技股份有限公司研发的新型冠状病毒（2019）核酸检测试剂盒（荧光PCR法）成为全省法定检验机构检定合格的首个新型冠状病毒检测试剂。

29日　泰州市辖区内26个高速公路收费站中的10个收费出口实行临时关闭，暂停全市道路客运班线和包车运营，暂停全市公交运营，关闭高港汽渡，禁止未经许可的网约车经营。

△　调整市新冠肺炎疫情防控工作领导小组成员，市委、市政府主要负责人任组长。

30日　江苏默乐生物科技股份有限公司的新型冠状病毒（2019-nCoV）ORF1ab、E和N基因检测试剂盒（荧光PCR法）成为国内同类产品中率先亮相的"一管三检"产品。

2月

2日　市交通产业集团有限公司等5家国有企业申报的防疫应急贷款项目通过国家开发银行贷委会评审，累计获防疫资金1.72亿元。

△　市人民医院的15名护理人员作为江苏省第三批、泰州市首批支援武汉市的医疗护理力量，紧急支援武汉市疫情救治工作。

4日　市政府常务会议审议通过《关于支持中小企业抗疫情渡难关促发展的政策措施》《关于抗疫情稳外贸的意见》。

6日　市民政局、财政局联合印发《关于在疫情防控期间对困难群众发放临时生活补贴的通知》，市区2.8万名困难群众直接受益。

10日　泰州市出台《关于支持新型农业经营主体抗疫情渡难关保供应的意见》，保障居民生活必需品供应。

△　江苏硕世生物科技股份有限公司、江苏默乐生物科技股份有限公司、江苏百世诺医疗科技有限公司、江苏康为世纪生物科技股份有限公司的4个检测试剂盒研发及产业化项目获2020年度省级战略性新兴产业发展专项资金800万元，获批项目数和资金额均居全省首位。

13日　国务院疫情防控指导组到泰州市检查指导。

18日　市新冠肺炎疫情防控工作首批"骏马奖"颁布，泰州市第一批援湖北医疗队获集体奖，9人获个人奖。

19日　市医保局等部门印发《关于统一城镇职工基本医疗保险缴费费率和阶段性降低缴费费率的通知》。

20日　泰州市实行分类精准防控，逐步恢复正常的生产生活秩序。

26日　"兴化香葱"入选第三批中国特色农产品优势区，为全市首次。

27日　截至24时，泰州市累计确诊新冠肺炎患者37例，累计治愈出院病例37例，成为全省首个实现病例动态清零的地区。

△　市委、市政府发布《关于实施2020年市区改善民生实事的通知》。

△　"健康长江泰州行动"2020年专项行动实施方案出炉，计划总投资31亿元。

△　泰州市规模以上工业企业复工率99.29%。

28日　江苏硕世生物科技股份有限公司生产出高灵敏度新冠病毒数字PCR试剂盒，在国内率先将冻干粉技术应用于新冠病毒核酸检测。

3月

3日　省政府主要负责人到泰州市调研长江经济带高质量发展情况。

△　市医保局、财政局、人社局、税务局联合出台《关于阶段性减征职工基本医疗保险费的通知》，从2020年2月至6月实施企业缴费减半征收。

△　市区江洲路启动车道"四改六""白改黑"改造工程。

4日　"极端高温工况高可靠性熔盐泵关键技术研究及产业化"等8个项目获2019年度江苏省科学技术奖。

6日　泰州市在全省首创成立"重大项目服务部"。

7日　江苏扬子江船业集团新承接8艘液化天然气（LNG）动力14000标箱的集装箱船订单，订单金额超过2019年全年订单总额。

△　17时起，市民出入小区、企事业单位、商场超市、车站等场所均需验证"祥泰码"。

8日　泰州市发布并实施全国首个《公勺公筷使用规范》地方标准。

10日　泰州医药高新区智能电力装备制造基地入选2020年第一批国家火炬特色产业基地。

12日　泰州市新冠肺炎疫情防控工作第二批"骏马奖"颁布，泰州市第二批援湖北医疗队、第三批援湖北医疗队获集体奖，7人获个人奖。

△ 泰州医药高新区举行泰州国际精准健康中心首批项目集中开工仪式，计划总投资115.6亿元；集中签约大健康产业项目32个，总投资145.8亿元。

14日 “健康长江泰州行动”项目入选“江苏省2019年度十佳环境保护改革创新案例”。

24日 泰州市基本公共服务标准化综合试点获批国家基本公共服务标准化试点项目。

25日 泰州市首条过江隧道——江阴第二过江通道可行性研究报告获批，被列入江苏省交通建设投资计划、2020年开工项目。

26日 泰州市客运集团下属所有汽车客运站全部恢复运营。

28日 电影《垛上花》在兴化千垛景区开机。

30日 泰州市各级各类学校实施分批次、错峰开学。

31日 泰州市18个农业农村重大项目集中开工，总投资23.99亿元。

4月

7日 靖江市季市镇季东村等9个村入选第一批江苏省传统村落。

9日 泰州市产业强市推进工作电视电话会议召开。

△ 泰州市首家“乡村振兴学堂”教学点在泰兴市黄桥镇祁巷村揭牌。

△ 泰州市首笔农村集体产权转让项目——兴化市茅山镇薛杨村300亩农户承包地流转项目交易成功。

12日 泰州市首批援湖北医疗队的15名医护人员返回泰州市。

13日 泰州市成为全省首个实现公安常办业务“全域同办”的设区市。

△ 3家房地产开发企业获泰州市首批“交地即发证”的不动产权证书。

15日 总投资2.9亿元的泰州三水厂三号取水头部项目开工。

△ 里下河湖泊湖荡湖长制工作现场推进会在兴化市召开。

16日 江苏硕世生物科技股份有限公司的新型冠状病毒2019—nCoV核酸检测试剂盒（荧光PCR法）获国家药监局批准注册上市。

△ 市住房公积金政策调整，既有住宅楼加装电梯可提取住房公积金用于支付加装电梯家庭分摊费用。

17日 中共泰州市五届纪委五次全会电视电话会议召开。

△ 泰州市创建国家生态园林城市启动动员大会召开。

20日 全省退役军人工作片区座谈会在泰州市召开。

△ 姜堰现代农业产业园获评第二批国家农村创新创业园区。

21日 隆基全球物流中心在泰州综合保税区揭牌。

23日 姜堰区三水街道小杨村小杨、姜堰区溱潼镇湖南村湖南入选江苏省第二批次特色田园乡村名单。

24日 泰州医药高新区大健康产业设立母基金15亿元。

27日 泰州市148家公立医疗机构全面执行第二批国家组织药品集中采购的32个中选药品价格。

28日 2020年全省重点交通工程集中开工动员会在靖江市举行。

28~29日 省政府主要负责人到泰州市检查调研长江大保护、复工复产复学、疫情防控及安全生产专项整治工作情况。

29日 “2020泰州文旅惠民季”启动。

5月

5日 国务院办公厅印发《关于对2019年落实有关重大政策措施真抓实干成效明显地方予以督查激励的通报》，泰州市因推进质量工作成效突出获督查激励。

8日 全国唯一以盐税文化为主题的博物馆——江苏盐税博物馆在泰州市开馆。

△ 泰州市新冠肺炎疫情防控工作第三批“骏马奖”公布，市第四批援湖北医疗队、市第五批援湖北医疗队、市发展改革委粮食和物资储备处获集体奖，10人获个人奖。

10日 扬子江药业集团有限公司获中国品牌价值医药健康板块品牌强度、品牌价值“双第一”。

12日 全省产业园区生态环境政策集成改革试点现场推进会在泰兴市召开。

14日 全市做强城市暨迎接省运会推进工作电视电话会议召开。

泰州市南部新城　　　　（顾祥忠　摄）

15日　王华芹家庭获评“全国抗疫最美家庭”，丁雅琴家庭等12户家庭获评“江苏省抗疫最美家庭”，朱德胜家庭等6户家庭获评“江苏省五好家庭”，段成林家庭等6户家庭获评“江苏省最美家庭”。

△　“中华补给第一舰”洪泽湖舰抵达泰州市，将在中国人民解放军海军诞生地纪念馆永久停泊并对公众开放。

18日　泰州市首个内河集装箱港——姜堰港正式开港。

19日　第五届泰州市青少年科技创新市长奖颁奖仪式举行。

20日　中海油气（泰州）石化有限公司海疆HJP食品级白油获美国FDA（食品药物管理局）国际认证。

25日　市政协组织2020年首场“知名人士看泰州”活动。

28日　全省非法金融活动专项治理工作现场推进会在泰州市召开。

△　“全国科技工作者日”泰州主场活动暨常进院士报告会举行。

28~29日　国务院江苏安全生产专项整治督导组第一组到泰州督导安全生产专项整治工作。

6月

2日　泰兴市黄桥镇祁巷村等9个村（社区）入选江苏省“美丽家园”省级示范点。

△　江苏红膏大闸蟹有限公司获评2020年度江苏省人才传承示范基地，张天勇黄桥烧饼制作工作室被评为2020年度江苏省乡土人才大师示范工作室。

3日　江苏硕世生物科技股份有限公司等7家企业进入防疫物资出口“白名单”。

5日　全市首家国有控股中外合资公司——江苏艾斯蔻环境工程科技有限公司注册成立。

△　泰州市与省内及长三角地区异地就医门诊特殊病、门诊慢性病直接结算正式上线。

6日　市委、市政府出台《关于深化改革加强食品安全工作的实施方案》。

△　泰州市体育公园体育馆主体结构封顶。

10日　东环快速路北延段站前路互通正式通车。

12日　泰州中来光电科技有限公司、南京大学吴小山团队、姜堰经济开发区签署合作协议，共同设立先进光电技术研究院。

15日　“健康长江泰州行动”指挥中心正式实体化运行。

16日　省市场监管局和市政府签署《关于推进高质量发展合作协议》。

△　“泰企通”企业复工疫情防控平台正式上线。

18日　中国（泰州）智能应急产业园开园。

19日　泰兴市虹桥镇党委与上海市崇明区新海镇党委签署党组织结对共建协议书，启动两镇跨省党建联盟。

△　泰州市中裕软管科技股份有限公司入选2020年“新三板”创新层首批挂牌公司名单。

23日 兴化大闸蟹区域公用品牌战略发布会举行。

29日　全市庆祝中国共产党成立99周年暨抗疫优秀党员表彰会议召开。

30日　市政府办公室印发通知，明确提高城乡居民最低生活保障、特困人员供养和困境儿童分类保障标准，市低保标准确定为每人每月710元。

7月

1日　泰州网格学院揭牌成立。

△　泰州至上海动车组列车正式开通运营。

△　中建钢构江苏有限公司参建的深圳国际会展中心（一期）工程获2019年度中国钢结构金奖杰出工程大奖。

1~3日　泰州市“走进大上海 融入长三角”系列活动在上海市举行。

2日　泰州市城市推介会暨重大项目集中签约仪式在上海市举行。

△　江苏泰康生物医药有限公司与上海交通大学药学院签订战略合作协议。

△　2020年泰州市“农民读书节”活动启动。

△　泰州市与上海市静安区签订深化友好市区合作框架协议。

3日　市区25个社区“微治理”重点项目启动实施。

△　泰州绿色优质农产品推介会在上海市静安区举行。

△　泰州文旅产品推介会暨沪泰“动车之旅”旅游体验活动在上海市静安区举行。

△　2020年中国姜堰（上海）产业投资说明会在上海市举行。

6日　泰兴市获评“2020年国家级电子商务进农村综合示范县”。

7日　扬子江药业集团与复旦大学药学院签署战略合作协议。

9日　全市产业工人队伍建设改革暨党建带工建工作推进会召开。

10日　市委、市政府出台《关于推进标准引领经济社会高质量发展的意见》。

△　江苏云涌电子科技有限公司发行上市，成为科创板“工业信息安全第一股”。

△　泰州始发开往深圳北的D3125次动车正式运营。

△　市人社局、财政局联合印发通知，扩大失业保险保障范围。

11日　江苏省首届健身气功·八段锦网络达标赛闭幕，泰州代表队获地级市组团体冠军，泰兴代表队获省管县组团体冠军。

16日　“凤城河夜泰美”夜市正式运营。

18日　长江泰州段禁捕长效管理工作领导小组成立。

△　复星医药新冠病毒mRNA疫苗Ⅰ期临床试验启动仪式在泰州中国医药城举行。

20日　“兴化香葱”入选首批中国受欧盟保护的100个地理标志名单。

22日　省发展改革委认定江苏艾兰得营养品有限公司为第五批省级生产性服务业领军企业。

△　国网泰州供电公司与三大通信运营商以及铁塔泰州市分公司举行“电力+5G”基础设施融合建设战略合作协议签订仪式。

△　市政府出台《进一步深化推进全市集团化办学的意见》。

24日　泰兴市人社局与江阴市人社局签订“泰兴·江阴技能大师共

享服务团联盟”协议。

25日　长城汽车泰州分公司首台白车身下线。

26日　海陵区委、区政府与江苏省电影家协会、泰州量润影视文化发展有限公司联合摄制的电影纪录片《侨领单声》在央视9套纪录频道首次公映。

27日　改造升级后的泰州市24小时自助图书馆对市民开放。

△　江苏森萱医药股份有限公司成为泰州市首家新三板精选层挂牌企业。

29日　高港区许庄街道等6个镇（街）被命名为国家卫生乡镇（县城）。

△　江苏省泰州中学、江苏省靖江高级中学入选省普通高中新课程新教材实施省级示范校。

30日　国务院常驻现场督导组督导泰州汛期安全生产工作。

△《泰州市就业困难人员就业援助实施办法》出台。

△　姜堰区沈高镇河横村河横等4个省级试点村庄、姜堰区溱潼镇西陈庄村西陈庄等3个面上创建村庄被命名为省特色田园乡村。

31日　市政府与中信银行南京分行举行战略合作协议签订仪式。

8月

1日　即日起，全市范围内驾驶、乘坐电动自行车应按规定佩戴符合安全标准的安全头盔。

5日　泰州市发放首张实施告知承诺制的《旅行社业务经营许可证》。

△　姜堰区获评国家级信息化教学实验区。

△　兴化市获评2020年全省首批特色农产品优势区。

6日　江苏太平洋精锻科技股份有限公司获2019年“江苏省省长质量奖”，国网泰州供电公司获2019年“江苏省省长质量奖提名奖”。

△　市政府与上海市现代服务业联合会签订战略合作协议。

△　总投资10.8亿元的中交（兴化）港开港运营。

△　全省首家质量安全科普馆在市标准化院揭牌。

7日　市委五届十次全会召开。

9日　省政府办公厅授予海陵区、兴化市、靖江市、姜堰区“四好农村路”省级示范县称号。

△　国务院江苏安全生产专项整治督导“回头看”消防专项督导组到泰州市督导消防安全工作。

10~11日　省人大常委会执法检查组到泰州市检查《中华人民共和国土壤污染防治法》贯彻实施情况。

11日　2020“梅派传承　经典分享”泰台京剧票友线上交流会在市梅兰芳纪念馆举行。

12日　全省（淮南片）水稻绿色高质高效生产管理现场观摩培训会在姜堰区召开。

△　陕西省咸阳市党政代表团到泰州市对接对口协作工作。

13日　国家卫健委重新确认兴化市戴南镇、泰兴市虹桥镇为国家卫生乡镇（县城）。

△　济川药业集团有限公司获评省政府第五届“江苏慈善奖”最具爱心慈善捐赠企业，姜堰区先锋单车俱乐部“让我拉着你一起走”帮扶行动、海陵区思路话语扶贫济困公益服务中心“思路话语”助力甘肃会宁项目获评最具影响力慈善项目。

14日　市政府印发《关于加快推进养老服务高质量发展的实施意见》。

16日　市首届少儿美术大赛举行。

17日　泰州跨省异地就医备案正式接入国家异地就医备案小程序。

△　以高港区口岸街道徐庄村党支部书记徐勤生为原型创作的大型现代淮剧《大喇叭开始广播啦》在市梅兰芳大剧院首演。

△　省交通运输厅、财政厅、农业农村厅和省政府扶贫工作办公室联合授予泰州市2019年“四好农村路”省级示范市称号。

18日　泰州市与中国电子信息产业集团签署战略合作协议。

20日　市政府发布《泰州市市设权力清单》。

22日　《梅兰芳·蓄须记》全国巡演新闻发布会在市梅兰芳纪念馆举行。

23日　泰兴高新区与沪深控股有限公司签约打造凤栖奥特莱斯购物公园，项目投资10亿元。

△　江苏农水集团与正大集团共同投资建设年出栏10万头生猪养殖项目。

26日　泰州市地方标准《农贸市场长效管理规范》正式实施。

△　姜堰区三水街道小杨村、兴化市千垛镇东罗村获评第二批全国乡村旅游重点村。

△　靖江市家有儿女爱心志愿者协会入选2019年度全国学雷锋志愿服务“四个100”先进典型名单，被评为最佳志愿服务组织。

△　江苏省青少年击剑锦标赛在泰州市开赛。

27日　市政府召开稳外贸政企座谈会。

△　市政府与中国出口信用保险公司江苏分公司签署深化合作框架协议。

△　泰州市第二期高层次人才“爱国·奋斗·奉献”主题学习会举行，7名新当选江苏省有突出贡献的中青年专家获颁证书。

28日　市五届人大二十九次会议批准祥泰公园等11处绿地为第三批城市永久性保护绿地。

△　五届市委第十轮巡察工作动员部署会召开。

30日　扬子江药业集团、江苏济川控股集团、江苏苏中药业集团入选“2019年度中国医药工业百强榜”，其中扬子江药业集团连续6次蝉联“中国医药工业百强榜”榜首。

31日　泰州勇晟篮球队获江苏省第八届全民健身运动会三人篮球比赛暨江苏省三人篮球联赛男子青年组冠军。

△　泰州市兴化市、盐城市盐都区两地共16家单位会签《关于建立大纵湖湿地联动保护机制的实施意见》《大纵湖湿地联动保护机制运行办法》。

△　泰州市发布首款普惠型补充医疗保险“泰惠保”。

9月

1日　长城汽车泰州分公司首台整车试生产下线。

2日　泰兴市农产品加工园区入选第二批国家农村产业融合发展示范

园名单。

5日　市电影家协会主席丁文剑首度执导的电影《建筑师》入围第15届中国长春电影节女性影展单元。

8日　第二届江苏女性融媒体创意大赛晋级选手成长营暨Women+泰州云赋能计划启动仪式在泰州市举行。

△　市淮剧团新创大型现代淮剧《大喇叭开始广播啦》获第八届江苏省淮剧艺术展演月优秀剧目奖。

9日　市政府与农业银行江苏省分行签署战略合作协议。

△　全省首家首贷中心——"首贷破冰护航小微"靖江首贷中心挂牌成立。

△　推进泰州5G网络建设及应用战略合作签约仪式举行，省电信公司、移动公司、联通公司、铁塔公司分别与泰州市政府签订5G网络建设及应用战略合作协议。

10日　扬子江药业集团入选"中国民营企业500强"，扬子江药业集团、益海（泰州）粮油工业有限公司、江苏新时代造船有限公司入选"中国民营企业制造业500强"。

11日　全省希望工程"圆梦行动"15周年表彰暨2020年助学金发放仪式举行，泰州市7个集体和1名个人受表彰。

△　海陵区城西街道麒麟社区、高港区白马镇陈家村获评省乡村旅游重点村。

△　原创现代京剧《梅兰芳·蓄须记》全国巡演暨泰州文旅推介系列活动首秀在南京保利大剧院举行。

15日　"万企联万村、共走振兴路"泰州市首批村企工会"三联三促"联建签约仪式暨苏中片区观摩推进会在靖江市举行。

△　泰州港-洋山港"天天班"直航首航仪式在泰州国际集装箱码头举行。

16日　全省首家区域性股权交易市场——江苏股交中心泰州分中心在市产融综合服务中心揭牌。

△　泰兴市首个百亿级单体项目——延长中燃泰兴轻烃深加工项目在泰兴市经济开发区开工。

18日　复旦大学"泰州队列"科创成果新闻通气会召开。

△　2020生物医药"50峰会"暨"动物·人类·健康"论坛及第七届中国（泰州）国际医药高层次人才创新创业大赛颁奖仪式在泰州市举行。

△　精准医学与健康医疗大数据发展高峰论坛在泰州中国医药城会展交易中心举行。

△　南京医科大学泰州生物医药创新技术转化中心暨南京医科大学ICGEB合作中心签约揭牌。

△　全省首个疫苗监管实训基地——江苏省疫苗监管实训基地在泰州中国医药城疫苗工程中心揭牌。

19日　2020"苏韵乡情"乡村休闲旅游农业（泰州）专场推介暨靖江G12农乐谷开园仪式在靖江市举行。

△　第11届中国（泰州）国际医药博览会在泰州中国医药城会展交易中心开幕。开幕式上举行国际遗传工程和生物技术中心中国区域研究中心云揭牌仪式。

△　省部共同推进泰州医药高新区建设联席会议第九次会议在泰州市召开。

△　泰州中国医药城专家咨询委员会第四次会议召开。

△　第八届中国（泰州）国际医药人才智力交流大会、全国宠物用药品市场发展研讨会、2020中国疫苗创新论坛、第十一届中国（泰州）医药博览会医药科技金融高峰论坛分别在泰州中国医药城会展交易中心召开。

△　泰州市凤凰小学获江苏省青少年"诗词里的科学"网络挑战赛小学组一等奖，兴化市板桥初级中学获中学组二等奖。

20日　"我与国旗合个影 我为祖国送祝福"主题宣教活动启动。

△　泰州中国医药城政策发布暨项目签约仪式在会展交易中心举行。

△　泰州电竞队获江苏省第八届全民健身运动会电子竞技项目冠军。

△　泰州市选送的兴达钢帘线5G智慧工厂项目获第三届"绽放杯"5G应用征集大赛优秀奖。

21日　"醉美刘泽'蟹'逅兴化"

泰州市主城区　（顾祥忠　摄）

2020年中国农民丰收节泰州兴化主场活动在兴化市海南镇刘泽村开幕。

△ 第11届中国(泰州)国际医药博览会在泰州中国医药城会展交易中心闭会。

23日 上海市静安区政协到泰州市调研政协协商与基层协商有效衔接推进情况、"有事好商量"民生专题协商议事活动开展情况。

△ 泰兴"江沙蟹"获批国家农产品地理标志登记保护产品。

24日 杨根思烈士陵园入选第二批"江苏省党史教育基地"名单。

△ 泰隆减速机有限公司获2020年"江苏省省长质量奖提名奖"。

△ 扬子江药业集团100项QC成果获全国医药行业优秀QC小组一等奖,实现年度获奖总数"十六连冠"。

△ 生态环境部卫星环境应用中心长江生态监控基地、"健康长江泰州行动"指挥中心同时揭牌。

25日 省十三届人大常委会第十八次会议审查批准《泰州市住宅物业管理条例》。

△ 泰州市农业农村重大项目建设、特色田园乡村创建暨"万企联万村、共走振兴路"行动现场推进会在姜堰区召开。

△ 江苏省第八届全民健身运动会航海模型比赛在高港区举行。

26日 无锡市党政代表团到泰州市考察。

△ 全国政协常委、民盟中央副主席曹卫星率课题组到泰州市开展"构建高效率治理体系 促进中心城市和城市群健康发展"专题调研。

△ 2020年"祥泰杯"两岸(泰州)美丽乡村民宿设计网络邀请赛颁奖仪式举行。

27日《泰州市见义勇为称号评定实施办法》出台。

△ 市市场监管局《中国100城市品质指数研究报告》、扬子江药业集团《扬子江药业质量风险管控模式》两项课题获"中国管理科学奖"。

28日 2020中国泰州梅兰芳艺术节开幕。

△ 泰兴市黄桥镇祁巷村在南京市与中国铁塔股份有限公司江苏分公司签订"万企联万村 共走振兴路"村企联建合作协议。

△ 人社部办公厅和国家市场监管总局办公厅联合通报表彰在全国清理整顿人力资源市场秩序专项执法行动中取得突出成绩的单位,兴化市劳动监察大队获表彰。

△ 扬子江药业集团、江苏扬子江船业集团入围"2020中国企业500强"榜单。

29日 市人民医院濮雪华获"抗击新冠肺炎疫情全国三八红旗手"称号。

△ "梅派艺术"传承和发展研讨会在泰州市召开。

30日 "双登"等25个品牌被省商务厅列入2020~2022年江苏省重点培育和发展的国际知名品牌名单。

△ 陈毅粟裕塑像揭幕仪式在泰州市区东进广场举行。

△ 2020古盐运河文创节在泰州市柳园开幕。

10月

1日 江阴—靖江长江隧道主体工程开工。

9日 泰州市获评第四批"国家生态文明建设示范市"。

10日 长城汽车泰州分公司首届供应商大会暨泰州港经济开发区投资推介会召开。

△ 2020中国·沙沟金秋美食文化节在兴化市沙沟镇开幕。

△ 兴化市昌荣镇原创锣鼓书节目《移风易俗看安仁》作为全省唯一入选"县乡长说唱移风易俗"活动的优秀节目,首次在全国农业展览馆演出。

12日 泰州市首家本一层次高等院校——南京中医药大学泰州校区举行2020级新生开学典礼。

△ 第五届"中国黄桥烧饼节"在泰兴市黄桥镇举行。

△ 总投资50亿元的一道新能源"5GW单晶高效太阳能电池和5GW高效太阳能组件"项目在江苏(泰州)新能源产业园区开工。

13日 扬州市党政代表团到泰州市考察。

14日 第七届江苏生态文明建设研讨会在泰州市召开。

△ 泰州市在全省率先出台《幸福河湖建设实施意见》。

△ 2020年中华垂钓大赛暨江苏"凤城河夜泰美杯"夜钓大赛在泰州市举行。

15日 泰兴经济开发区、泰州滨江工业园区入选"2020化工园区30强和潜力10强"排行榜。

△ 江苏云涌电子科技股份有限公司承担的"江苏省嵌入式系统应用工程技术研究中心"等14家企业省级工程技术研究中心获批立项建设。

16日 2020创投泰州·"凤城合伙人"峰会举行。

△ 市委人大工作会议召开,会议印发全省首部人大代表工作站建设和工作地方标准——《泰州市人大代表工作站(人大代表之家)建设和工作规范》(DB3212/T 1021—2020)。

△ 市市场监管局推行外资企业开办"一窗集成"联合办理。

△ 泰州市第二中学附属初中学生姜宇清获第十二届中国青少年科技创新奖。

18日 姜堰区张甸镇政府获评"全国民族团结进步模范集体"。

△ 《泰州市传染病防治卫生监督管理办法》正式实施。

19日 2020"智创泰州"科技创新创业大赛决赛暨颁奖仪式举行。

△ 全国首家系统展示早茶文化的专业博物馆——泰州早茶博物馆在老街开馆。

△ 泰州市高性能紧固件产业技术创新战略联盟在靖江市揭牌成立。

19~20日 全省困境儿童精准排查和保障现场会在泰州市召开。

△ 无锡市政协到泰州市视察泰州医药高新区、江阴—靖江工业园区。

20日 中国·兴化第二届施耐庵文学节开幕。

△ 泰州市连续五次被命名为"全国双拥模范城"。

21日 江苏省文旅服务乡村行—泰州湖润乡土文化艺术团志愿服务项目获2020年全国文化和旅游志愿服务项目线上大赛二等奖,是全省县域唯一获奖项目。

△ 泰兴市获评"全国承包地确

权登记颁证工作成效突出单位”。

△ 全省社会援助领域创新项目——姜堰区社会救助综合平台启动运行。

△ 泰州市第七次全国人口普查摸底入户调查工作完成。

△ 长城汽车泰州分公司纯电动车型“欧拉好猫”量产下线。

△ 全市三大攻坚战工作调度会召开。

23日 泰州市启动“中国人民志愿军抗美援朝出国作战70周年”纪念章发放工作。

△ 江苏太平洋精锻科技股份有限公司成为创业板注册制实施以来，全市首家、全省第二家再融资获注册的上市公司。

25日 2020年泰州市机器人大赛在泰州实验学校举行。

26日 纪念梅兰芳诞辰126周年座谈会暨梅兰芳研究会三届五次理事会在市梅兰芳史料陈列馆召开。

△ 全省首部抗疫专题志书——《泰州市抗击新冠肺炎疫情实录》发行座谈会在市党史方志办公室举行。

26~28日 泰州市高端装备及高技术船舶产业投资促进周在北京市举行。

28日 江苏中智自动化有限公司“基于工业4.0高端定制家具五轴联动智能加工中心”、江苏新方圆电气设备制造有限公司“新一代高效环保型膜式旋转余热节能回收装备”两个项目被评为2019年度“中国好技术”。

△ 靖江市南园宾馆、泰州市喜米格餐饮管理有限公司、泰兴市黄桥小南湖农家乐餐馆、泰州市荟特酒店管理有限公司、姜堰区马大厨饭店获评国家钻级酒家。

29日 中欧非洲猪瘟防控技术创新联盟、聚英外来动物疾病防治泰州有限公司在泰州中国医药城揭牌成立。

△ 市政府发布《关于完善医患纠纷调处机制 维护医疗秩序保障医务人员安全的意见》。

11月

1日 泰州市启动第七次全国人口普查正式登记工作。

2日 省级广告产业园区——泰州广告产业园揭牌。

△ 姜堰区、泰兴市获评农业农村部“畜牧业统计监测工作综合考评优秀生产监测县”。

3日 泰州籍女作家程越华的原创剧本《洪福会》获第34届田汉戏剧奖剧本类二等奖。

4日 17名市级代表性项目代表性传承人被认定为第五批江苏省“非遗”代表性项目代表性传承人。

△ 泰州市庆祝第21个记者节暨优秀新闻作品表彰会召开。

5日 姜堰区行政审批局发放全市首张异地发放的“长三角一网通办”营业执照。

6日 泰州市第十一届戏曲票友大赛决赛在市文化馆举行。

7日 第三届中国国际进口博览会泰州交易分团集中签约仪式在上海国家会展中心举行。

△ 9名泰州籍作家获江苏省第七届紫金山文学奖。

8日 省科协与海陵区签署《省科协“科创江苏”海陵试点合作协议》。

△ 市委常委议军会召开。

9日 国家市场监管总局发展研究中心在泰州市成立长三角质量发展研究中心。

9~10日 贵州省贵阳市贵安新区党政代表团到泰州市考察。

10日 泰州市选送的9件作品获第14届江苏省“五星工程奖”，获奖数量居全省第三位。

11日 《泰州市残疾儿童定点康复机构管理考核办法》出台。

△ 泰州市启动国产二价宫颈癌疫苗（HPV疫苗）注射预约。

13日 泰兴市、靖江市、兴化市入选2020年“中国工业百强县（市）”“中国创新百强县（市）”榜单，姜堰区、高港区入选“中国工业百强区”榜单。

△ 8家创意农园获评“2020年江苏省主题创意农园”。

13~14日 第四届中国博士后江苏泰州创新创业峰会在泰州医药高新区举行。

14日 泰州市篮球项目首次在全国锦标赛上获前三名。

16日 6家企业入选第十批江苏省农业科技型企业名单。

18日 “一企来”企业服务热线开通。

△ 市政府印发《落实健康中国行动 推进健康泰州建设实施方案》。

△ 在2020中国幸福城市论坛上，泰州市首次获评“2020中国最具幸福感城市”。

19日 国家市场监管总局、国家标准委发布由泰州市市场监管局等单位联合研制的全国首个品质城市领域国家标准——《新型城镇化品质城市评价指标体系》。

20日 泰州市实现全国文明城市“三连冠”，靖江市首次获评县级“全国文明城市”。

△ 第四届“施耐庵文学奖”颁奖典礼在兴化市举行。

△ 泰兴市姚王镇东林村、高港区胡庄镇宗林村入选农业农村部第十批全国“一村一品”示范村镇名单。

△ 海陵区城西街道兴业社区成为全国首个国家级社区助残服务综合标准化试点单位。

22~26日 第二届中国汤包美食文化节暨中国（靖江）包子产业发展大会在靖江市举行。

23~24日 “Go Jiangsu”海外社交媒体外籍粉丝线下行活动在兴化举行。

24日 复星医药、德国BioNTech SE共同开发的新型冠状病毒mRNA（信使核糖核酸）疫苗BNT162b2 II期临床试验启动暨培训会在泰州中国医药城疫苗工程中心举行。

△ 长城汽车泰州工厂举行竣工投产仪式。同日，举行长城“好猫”汽车上市发布会。

△ 盐城市政协到泰州市考察。

25日 总投资52亿元的凯飞民用航空结构件生产制造合资项目在靖江市签约奠基。

△ 江苏蜂奥生物科技有限公司获评“全国蜂产品行业龙头企业”。

26日 市政府新闻发布会召开，宣布将用3年时间在全市组织实施“人民满意窗口”建设质量提升工程，构建群众满意的信访窗口服务体系。

△ 泰州市主城区（海陵区、高港区、泰州医药高新区）36家“体育

为民驿站”向市民开放。

△ “泰州市智慧体育平台”正式运行。

△ 省十三届人大常委会第十九次会议批准《泰州市垛田保护条例》。

27日 兴化市“千垛美路”被交通运输部“十大最美农村路”暨“十大交通微博”发布活动推选为“我家门口那条路——最具人气的路”。

△ 江苏省暨泰州市未成年人“四仪”教育示范观摩活动10岁成长仪式专场在泰州市实验小学举行。

△ 省文明办、财政厅、教育厅联合组织的江苏省乡村学校少年宫优秀成果展演在泰州市永安洲实验小学举行。

28日 中国科学院大学泰州创新医疗产业平台综保区保税研发实验室项目开业仪式在泰州医药高新区举行。

△ 扬州泰州国际机场国际货运开启“提前出口，空运联程”模式。

△ 《2020中国宜居宜业城市榜》正式发布，泰州市、泰兴市上榜。

29日 泰州市举行纪念杨根思烈士牺牲70周年祭扫缅怀活动。

12月

1日 省市场监管局、泰州市政府联合举行2020年江苏省食品安全事故（Ⅲ级）应急演练。

△ 泰州市医保电子凭证正式启用。

△ 根治欠薪冬季专项行动启动。

5日 东环快速路北延段改造工程（站前路至启扬高速泰州北互通段）全线建成通车。

△ 泰州医药高新区环天禄湖跑步线路、泰州人民广场健身步道获评2020全省“最美跑步线路”，兴化市沙沟镇凫园、兴化市兴东镇润城公园获评2020全省“最美乡村健身公园”。

6日 泰州市“产业强市·央地合作”推介会在北京市举行，现场发布泰州“产业链图谱”和“产业投资地图”，签约重大项目30个，计划总投资328亿元。

△ 泰州籍棋手侯逸凡获2020年世界女子国际象棋大师巅峰赛冠军。

7日 市政府与北京大学医学部医药健康领域战略合作签约仪式在北京市举行。

8日 江苏省中小学劳动教育和社会实践研讨暨现场展示会在泰兴市黄桥镇祁巷村召开。

△ 《泰州市生活垃圾分类管理办法》正式发布。

△ 姜堰区溱湖绿洲旅游投资有限公司获评全国休闲农业与乡村旅游五星级企业（园区）。

10日 第八届全国里下河文学流派研讨会在泰州市召开。

10~11日 国家重点专项课题“苏中稻-麦精准化优质丰产增效技术集成与示范”现场会在姜堰区举行。

11日 全省“梦想改造+”关爱计划现场推进会在泰州市召开。

△ 泰州光普家庭农场入选“第二批全国家庭农场典型案例”。

12~13日 第一届健康长江（泰州）高峰论坛举行。

13日 泰州市“十四五”规划专家咨询会召开。

14日 泰州盈航商业运营管理有限公司（万家福广场）等3家单位获评“江苏省餐饮质量安全示范街（区）”，南京中医药大学泰州校区第一食堂等83家参建主体获“江苏省餐饮质量安全示范食堂”称号。

△ 泰州市三江电器集团股份有限公司、中来光电科技有限公司、乐金电子冷机有限公司获批2020年度“江苏省外国专家工作室”。

15日 全省人大预算联网监督现场推进会在泰州市召开。

16日 泰州学派学术峰会开幕。

△ 泰州香港经贸投资交流会在泰州市召开。

17日 “2020年市域治理法治化高端论坛”在泰州市举行。

17~20日 第三届“溱湖杯”全国象棋女子名人赛在姜堰溱湖风景区举行。

18日 泰州市交通运输高质量发展暨建兴、常泰北接线、平广高速开工动员会在兴化经济开发区举行。

△ 2020年泰州市文化惠民券资助演出群众文艺团队优秀节目调演在市文化馆举行。

△ 500千伏泰兴变全站动力电缆更换工程通过竣工验收。

△ 泰兴市江平路邮政支局局长何健忠被中央宣传部、退役军人事务部、中央军委政治工作部授予2020年度“最美退役军人”称号。

22日 第五届江苏技能状元大赛泰州选拔赛暨泰州市技能状元大赛颁奖活动举行。

25日 市政府发布全国首个《优化营商环境 标准体系要求》地方标准，同步发布《优化营商环境 容缺受理服务规范》等5项优化营商环境系列标准。

△ 市档案馆通过省5A数字档案馆评估专家组现场验收。

26日 2020年度中国小说排行榜在兴化市揭晓。

28日 泰州港年吞吐量突破3亿吨。

30日 市委五届十一次全会召开。

△ 泰州籍作家、第八届茅盾文学奖获得者毕飞宇当选新一届江苏省作家协会主席。

△ 泰兴市公共资源交易中心获评“2020年度全国十佳公共资源交易中心（区县级）”。

△ 泰州“好巴士1号线”全线开通运营。

31日 泰州市领导干部警示教育大会召开。

△ 姜堰区、靖江市获批“省级服务贸易基地”，江苏艾兰得营养品有限公司、江苏新时代造船有限公司、正太集团有限公司获批“省级服务贸易重点企业”。

责任编辑：叶 彤

城市标识

【海军诞生地】 泰州是中国水兵母亲城、中国人民解放军海军诞生地。1949年4月23日，中国人民解放军第一支海军部队、东海舰队的前身——华东军区海军在泰州白马庙宣告成立。1986年8月1日，海军东海舰队831舰被命名为“泰州舰”。1989年2月17日，中央军委颁发命令，确定1949年4月23日为中国人民解放军海军诞生日，江苏泰州白马庙为中国人民解放军海军诞生地。中国人民解放军海军诞生地纪念馆坐落在高港区白马镇，纪念馆分中国人民解放军第三野战军渡江战役指挥部旧址和中国人民解放军海军诞生地新馆两部分，新馆于1999年4月29日开馆，并于2009年、2019年先后实施升级改造。海军文化根植泰州，泰州市海军中学是全国第一所以“海军”命名的中学，也是全国唯一一所拥有军舰的中学；海娃艺术团是泰州市文化部门联合海军政治部歌舞团在市少年宫组建的团体，常年活跃在省、市甚至全国舞台；海军小学、海军大道、海军文化公园等海军元素在泰州市到处可见。泰州市为海军输送大量优秀人才，省泰州中学被海军招飞办确认为全省首个海军招飞优质生源基地，也是海军工程大学的生源基地。泰州市与海军交流活动频繁，海军向泰州市多处场馆捐赠退役舰艇，连续多年与泰州市联合举办庆祝人民海军成立的主题晚会；海军指挥学院在泰州市设立教育基地；每年“八一”建军节和人民海军纪念日，泰州市各级党政慰问团、社会组织等集中走访“泰州舰”“靖江舰”及海军航空兵“兴化旅”，市政府授予“泰州舰”全体官兵“泰州市荣誉市民”称号。

【梅兰芳】 泰州是著名京剧艺术大师梅兰芳的故里，是京剧的重要流行地区之一，京剧在泰州市有着浓厚的历史文化积淀。泰州市以梅兰芳为骄

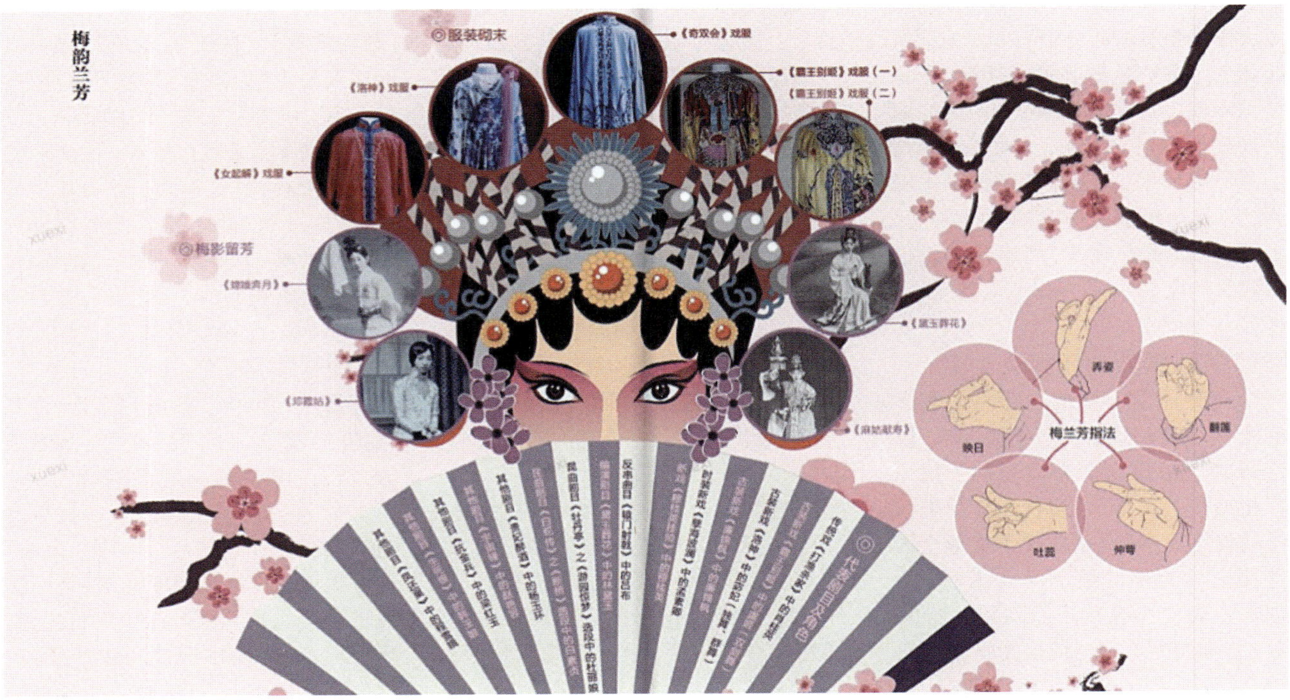

梅韵兰芳　　（市委宣传部　供图）

傲，举办各类学、研、写、唱等怀梅纪梅活动，致力打造“梅郎故里·戏曲圣地”，传承和发展国粹京剧。1988年9月，泰州市梅兰芳研究会成立。1997年，泰州梅兰芳故乡京剧票友戏迷联谊会成立并创办《京剧票界》报；同年，泰州市合并梅兰芳公园和梅兰芳史料陈列馆，建成梅兰芳纪念馆。2002年，梅兰芳大剧院建成。以京剧为载体的对外交流活动频繁，新加坡平社京剧团曾赴泰州访问演出，举办全国高校京剧票友演唱研讨会、“CCTV·空中剧院——江苏行《梅韵流芳》”、“百梅争艳”戏曲汇等大型活动，设立泰州“梅兰芳艺术奖”，制作10集纪录片《梅兰芳》，连续举办13届的中国泰州梅兰芳艺术节成为中国戏剧界最具影响力的艺术盛会之一。

【中国医药城】 参见第32页

【泰州学派】 泰州市是中国历史上第一个真正意义上的思想启蒙学派——泰州学派的主要发源地之一。泰州学派由明代哲学家、泰州人王艮创立，并由其弟子发扬光大，提倡“百姓日用即道”，反对束缚人性，引领明代中后期的思想解放潮流，是泰州具有高识别度的城市文化名片。泰州市传承弘扬泰州学派城市文化品牌，成立南京大学泰州学派研究中心并实施项目化运作；成立泰州学派文献馆，汇集全球泰州学派文献资料；与中国知网共同建设泰州学派网，全面展示泰州学派研究成果；举办泰州学派学术峰会，挖掘泰州学派蕴含的哲学智慧、人文精神、道德规范，展示其现代价值和时代风采。

【里下河文学】 里下河文学流派是一个充分体现文学地理特点的文学流派。自二十世纪九十年代以来，以泰州兴化籍作家群为代表的一批作家相继登上文坛，众多优秀作品先后问鼎鲁迅文学奖、茅盾文学奖等全国重要文学奖项，“里下河式书写”的创作得到文学界的广泛认可。2009年，省作协主办的“兴化文学现象研讨会”在兴化市召开。2013年起，泰州市连续举办8届全国里下河文学流派研讨会，发布里下河文学版图，推出一大批现实题材文学作品。编辑出版《里下河文学流派作家丛书》36册、800多万字。与省作协、泰州学院联合成立的中国里下河文学研究中心被纳入江苏文学研究的重要版块。出版10部“里下河文学流派”长篇小说，启动“里下河文学流派·星书系”计划。“里下河文学流派”在百度百科成为固定词条，自动生成，成为中国当代文学研究会重要研究课题。

溱潼会船甲天下　　（顾祥忠　供图）

【溱潼会船】 溱潼会船是“世界最大的水上庙会”，源于南宋，历经数百年传承而不衰，素有“天下会船数溱潼”之誉。1998年，溱潼会船节被国家旅游局列入“中国十大传统民俗风情旅游节”；2008年，由文化部认定，国务院批准公布溱潼会船节为国家级非物质文化遗产；2009年，被上海大世界基尼斯总部认定为“大世界基尼斯之最——规模最大的船会活动”。每年清明节后，上千船只、上万船民自发集会，十里溱湖，千舟齐发，万篙争流，场面壮观。

【垛田菜花】 兴化千垛油菜花海是“全球四大花海”之一，与荷兰郁金香花海、法国普罗旺斯薰衣草花海、日本东京都樱花花海比肩齐名。兴化垛田拥有全球独一无二的垛田地貌，河港纵横，块块隔垛宛如漂浮于水面的岛屿，有“万岛之国”美誉，特别是清明前后油菜花开之际，蓝天、碧水、“金岛”，织就“河有万湾多碧水，田无一垛不黄花”的画面。2011年，兴化花海入选“中国最具影响力油菜花海”第一名；2014年，兴化垛田被正式列入全球重要农业文化遗产。2019年，第二届新时代江苏旅游发展论坛期间，兴化市发起并启动全球“四大花海”经济合作倡议，与同程旅游网、携程网、途牛网、驴妈妈网四大旅游电商平台签署合作协议，开创花海经济国际合作先河，受到全球媒体关注报道。

【市树市花】 2002年1月6日，泰州市一届人大常委会第三十七次会议决定：泰州市市树为银杏树，市花为梅花。

银杏树，又名白果树，古又称鸭脚树或公孙树，是世界上十分珍贵的树种之一，是古代银杏类植物在地球上存活的唯一品种，因此植物学家将其看作是植物界的“活化石”，并与雪松、南洋杉、金钱松一起，称为“世界四大园林树木”。

梅花，原产于中国，每年2月开花，花容端庄静雅，傲雪迎雪，凌寒独放，被人们视为高风亮节的象征。

【城市荣誉】 地级泰州市成立以来，先后被评为全国双拥模范市、全国科技进步先进市、国家卫生城市、国家环保模范城市、中国优秀旅游城市、中国宜居城市、国家园林城市、全国创业先进城市、国家历史文化名城、国家创新型试点城市、国家知识产权示范城市、全国文明城市、中国吉祥文化之乡、全国质量魅力城市、全国创新驱动示范市、金融支持产业转型升级改革创新试验区、长江经济带大健康产业集聚发展试点城市、国家生态市、全国水生态文明建设试点城市、国家节水型城市、国家生态文明建设示范市、中国最具幸福感城市。

（史　志）

自然地理

【位置面积】 泰州，简称“泰”，古称海陵，江苏省地级市，地处江苏省中部，位于北纬32°01'57" ~33°10'59"、东经119°38'21" ~120°32'20"，南部濒临长江，北部与盐城毗邻，东临南通，西接扬州，是长三角中心城市之一，是上海都市圈、南京都市圈、苏锡常都市圈重要节点城市。全市总面积5787.98平方千米，占全省总面积的5.4%，其中陆地面积占77.85%、水域面积占22.15%。市区面积1567.75平方千米。泰州市位于苏中通江达海5条航道的交汇处、沿海与长江“T”型产业带的结合部，是承启南北、横贯东西的交通枢纽，自古就有“水陆要津，咽喉据郡”之称。境内新长铁路、宁启铁路以及沪陕、阜兴泰、盐靖、启扬高速公路纵横全境，江阴长江大桥、泰州长江大桥贯通大江南北，扬州泰州国际机场为4E级机场，泰州港为国家一类开放口岸。优越的区位和公铁水空一体化格局，凸显泰州在长三角北翼交通枢纽的重要地位。

（李　映　李　玥）

【地貌】 泰州市除靖江有一独立山丘外，其余均为江淮两大水系冲积平原。地势呈中间高、南北低走向，南部沿江地区真高一般为2米~5米，中部高沙地区真高一般为5米~7米，北部里下河地区真高为1.5米~5米。全市最高峰为靖江孤山，位于靖江市区北面五六千米的孤山镇，海拔55.6米，周长1.5千米，占地面积5万平方米，是浙江天目山向东北延伸的余脉之一。

（李　映）

【气候】 泰州市属亚热带湿润季风气候区，四季分明，热量充裕，降水丰沛，雨热同期。夏季受来自海洋的夏季风控制，盛行东南风，天气炎热多雨；冬季受大陆盛行的冬季风控制，多偏北风，天气寒冷干燥；春秋两季为冬夏季风交替时期，春季冷暖、干湿多变，天气变化无常，秋季则秋高气爽。泰州常年（1981~2010年）平均气温15.4℃，平均降水量1037.3毫米，雨日113天，日照时数2056.2小时。

泰州市通常在3月底、4月初进入春季，6月上、中旬进入夏季，9月中旬开始进入秋季，11月中旬转入冬季。基本上每年的冬季有4个多月，夏季有3个多月，春、秋季各有2个多月。

泰州市四季气候特征明显。冬季冷空气活动频繁，易受寒潮侵袭，每当冷锋入侵时，会造成剧烈降温，有时还会出现大风、雨雪、霜冻等天气，对农业生产、水陆交通、市政建设及人民生活等都会造成严重危害；冷锋过境后天气转晴，会形成“三日寒，四日暖”的寒暖交替的天气变化过程。春季冷暖气团相互争雄，天气时暖时寒；春雨对“三麦”、油菜等越冬作物的返青、生长以及春播作物的及时下种和萌发都极为有利。夏季最典型的两种天气是梅雨和伏旱。正常年份的初夏（6月中下旬至7月中上旬）多出现阴雨连绵的天气，称为梅雨（又称“黄梅雨”“霉雨”）；梅雨天气一般持续2～3天，有利于水稻、玉米、棉花等农作物的生长发育。梅雨过后的盛夏，出现炎热干燥的天气，称为“伏旱”，易出现旱灾。秋季多出现晴朗天气，有利于该季的农作物成熟和收割。在每年的夏秋季节，常受到台风影响，台风时易出现强风、大暴雨等灾害性天气。

（刘华炜　汤　敏）

【资源】 气候资源。2020年，全市平均气温16.1℃（兴化）~17.2℃（靖江），空间分布南高北低，泰州、姜堰和泰兴气温达到历史第二高值，兴化达到历史第三高值，靖江达到历史第四高值；与常年同期相比，全市气温一致偏高0.8℃（兴化）~1.5℃（姜堰）。2020年极端最高气温38.6℃，于8月15日出现在泰兴；极端最低气温-8.8℃，于12月31日出现在兴化。全年全市降水量1136.2毫米（兴化）~1400.5毫米（姜堰），比常年偏多1到4成，呈现时空分布不均的特点。冬季（2019年12月~2020年2月）全市降水量139.7毫米（兴化）~180.0毫米（靖江），比常年同期偏多2成~4成；春季（3~5月）全市降水量135.3毫米（兴化）~204.5毫米（泰州），比常年同期偏少1成~4成；夏季（6月~8月）全市降水量631.2毫米（泰兴）~870.2毫米（姜堰），比常年同期偏多3成~8成；秋季（9月~11月）全市降水量169.8毫米（泰州）~213.9毫米（姜堰），与常年同期相比，泰州偏少1成多，兴化和靖江接近常年，姜堰和泰兴比常年偏多近1成；12月全市降水量12.7毫米（兴化）~20.5毫米（泰兴），比常年偏少3成~5成。全年全市日照总时数1627小时（姜堰）~2191.5小时（靖江），除兴化和姜堰比常年偏少2成左右外，其他各地接近常年。

水系水资源。泰州市南临长江，北接淮水，跨长江、淮河两大流域，以328国道流域控制线为界，北为淮河流域的里下河地区，南为长江流域的通南地区。通南地区的水位一般比里下河地区水位高1米~2米。境内河网密布，水系丰富，河流纵横交织，具有典型的苏中平原水乡特色。全市有97.8千米的长江岸线，各类河道24168条，其中县乡级以上河道2111条，列入省骨干河道名录的65条。里下河地区水系：泰州市里下河地区面积3111.5平方千米，包括兴化市全境、海陵区和姜堰区部分，该区域地势低洼，河湖众多，水网纵横，平均地面高程1.8米。兴化、溱潼与建湖并称全省里下河三大洼地，排涝水系与长江、黄海相连，灌溉水源扎根长江，江淮并用。该地区是淮河流域洪泽湖下游重点防洪保护区，洪涝灾害频繁，建有水闸4965座、固定排涝站1779座。有泰州引江河、新通扬运河、泰东河、卤汀河等14条骨干河道，湖荡面积21.33平方千米。通南地区水系：泰州市通南地区面积2507平方千米，包括靖江市、泰兴市、高港区、泰州医药高新区以及海陵区、姜堰区部分，其中江平路以东、靖泰界河以北为通南高沙土地区，该地区水土流失严重，容易受旱。江平路以西、靖泰界河以南为通南沿江圩区，建有江港堤防157千米，各类通江涵闸247座。有南官河、周山河、古马干河、姜黄河等20条骨干河道，水流方向一般由南向北，由西向东。市区水系：泰州市区总面积1566平方千米，包括海陵、高港、姜堰三区和泰州医药高新区，区域内有县乡级各类河道656条，有引江河、南官河、周山河、凤凰河等22条骨干河道。主城区西至引江河，南至周山河，北到新通扬运河，东至231省道，总面积86平方千米，以老328国道流域控制线为界，北为淮河流域的里下河地区，南为长江流域的通南地区，城内有市管河道59条、闸涵泵站46座。

土地资源。全市土地总面积5787.98平方千米，占全省总面积的5.4%，其中陆地面积4505平方千米。农用地37.03万公顷、建设用地11.94万公顷、未利用地8.9万公顷，分别占全市土地总面积的64%、20.6%、15.4%。全市耕地保有量31.69万公顷。全市湿地保有量10.33万公顷，占市域面积的17.8%，其中自然湿地5.61万公顷、人工湿地4.72万公顷。有省级及以上湿地公园4个，其中国家级2个（溱湖国家湿地公园、兴化里下河国家湿地公园）。溱湖国家湿地公园是全国第二家、江苏省首家国家级湿地公园，规划总面积26平方千米，湿地面积580多公顷，湿地率70%以上。

林业资源。全市森林覆盖面积12.67万公顷，其中林地面积9.69万公顷、国家特别规定灌木林地面积0.58万公顷、“四旁”树折算面积2.4万公顷，林木覆盖率25.15%。经整合优化的省级以上自然保护地5个，其中森林公园1个。有各类古树名木7102棵，其中一级古树64棵、二级古树112棵、三级古树6925棵、名木1棵。

生物资源。全市有野生动物225种，其中兽类13种、鸟类125种、两栖类9种、爬行类15种、鱼类63种，包括麋鹿、扬子鳄、白鹳、鸳鸯及隼形目、鸮形目等国家重点保护野生动物，以及黑斑侧褶蛙、金线侧褶蛙、中华蟾蜍、王锦蛇、乌梢蛇、黑眉锦蛇、刺猬、黄鼬、戴胜、喜鹊、鹭科鸟类等省重点保护野生动物。有陆地植物20多科、100多种，水生植物30多科、70多种，其中国家重点保护野生湿地植物13种、中国特有种6种，主要珍稀濒危或国家重点保护植物有银杏、青檀、榉树、香樟、中华水韭、水蕨、莼菜、野菱等。全市自然分布的乡土树种有枫杨、银杏、桑等40多种。

矿产资源。全市矿产资源相对贫乏，石油、地热、二氧化碳气体为特色矿种。石油资源主要分布在姜堰区和兴化市，贮存在新生界下第三系三垛级下段E1s、戴南组Ed、阜宁组三段E3f、阜宁组二段E2f、泰州组E1地层中，探明储量在1200万吨以上，年产量40万吨以上。经华东石油局和江苏石油勘探局30多年的石油地质普查勘探，发现淤溪、储家楼、达城、俞垛、周庄、茅山、刘陆等地断块油田，中国石油勘探局在兴化市境内开展新一轮石油详查。兴化市境内天然气储量1亿吨左右，产于周庄的天然气成分以甲烷为主，含量97.8%，属于气类型；与石油天然气伴生的还有硼，主要分布在兴化市戴南油田，未达到工业品位。泰州市境内二氧化碳气田位于泰兴市黄桥地区，于1979年至80年代末由地矿部华东石油地质局进行油气地质普查时发现，储量综合评定为中深度、高产能的大型二氧化碳气田，居全国之冠；与二氧化碳伴生的氦气，为黄金型气体，地质储量约1200万立方米，具有很好的开发利用价值。气田面积52.2平方千米，气田埋深1800米~2650米，产气层位主要为中生界三叠系青龙组T1x、上古生界二叠系栖霞组P1q、石炭系船山组C3c、黄龙组C2h，产气层岩性主要为碳酸盐岩；探明可控面积二氧化碳地质储量261.48亿立方米，可采储量65亿立方米，二氧化碳纯度超过99%，伴生少量凝析油；气田压力高，生产井口压力高8.6万帕（斯卡）。泰州市境内蕴藏较大面积的孔隙型地热水和中深部的裂隙型地热水，为大型低中温地热田，控制面积120平方千米，水质含有对人体有益的碘、溴、锶、氡等微量元素，可用于洗浴、农业大棚种植、住宅供暖、旅游休闲等；海陵区地热资源尤为丰富，地热水埋深650米~1800米，水温38℃~70℃，含有对人体有益的碘、溴、锶等微量元素。根据专家初步预测，全市地热资源储量估算40亿立方米以上。煤炭资源分布于靖江市孤山镇，查明资源储量1330.7万吨，产煤层位为上古生界二叠系龙潭组，煤质好；因煤层薄，地下涌水量大，开采储量有限，成本高，已封井，作为资源储备。矿泉水资源丰富，至2020年年末，全市5处地下水通过原省地矿厅矿泉水鉴定评价，命名为含锶、溴、偏硅酸复合型饮用天然矿泉水和含锶、

泰州市主要矿产资源分布示意图

偏硅酸饮用水。泥炭资源主要分布在兴化市和姜堰区，具有制造肥料、工业过滤等特殊用途，尚未利用。砖瓦用黏土各地均有分布，调查统计可用黏土资源量1.36亿吨。黏土资源的获取以利用废弃土为主，结合土地整理的高田降土，农业生产结构改造的鱼塘浚深、水利河道疏浚、江滩溢泥等严禁农田取土，保护市内有限的土地资源，并建立一套较为完善的黏土资源长效管理制度。

（刘华炜　汤　敏　李　想　李　映　张　俊）

历史人文

【建置沿革】　泰州市有5000多年的文明史，2100多年的建置史。

周秦时代，今泰州即称海阳。海陵县首次出现于《汉书》，始置时间史无记载。新莽天凤元年（14年），海陵县更名为亭间县。新莽地皇四年（23年），亭间县复称海陵县。

三国魏文帝黄初五年（224年），海陵县废。西晋武帝太康元年（280年），复置海陵县。东晋安帝义熙七年（411年），置海陵郡，治建陵县，辖建陵、宁海、如皋、蒲涛、临江。南北朝梁武帝天监元年（502年），郡治由建陵县移至海陵县，海陵郡辖海陵、建陵、宁海、如皋、临江、蒲涛、临泽、海安等县。

隋文帝开皇三年（583年），废海陵郡。五代十国吴高祖武义二年（920年），置兴化县。南唐烈祖升元元年（937年），置泰州，取"国泰民安"之义，沿袭至今，时辖海陵、泰兴、兴化、盐城。南唐元宗保大十年（952年），泰州增领如皋县。后周世宗显德五年（958年），泰州升为团练州。

北宋太祖乾德五年（967年），泰州由团练州降为军事州。北宋太祖开宝九年（976年），盐城县改隶楚州，泰州辖海陵、兴化、泰兴、如皋。北宋徽宗宣和四年（1122年），泰兴县改隶扬州。南宋高宗建炎四年（1130年），泰兴县复隶泰州，兴化县改隶承州。南宋孝宗淳熙四年（1177年），泰州辖海陵、如皋。明太祖洪武元年（1368年），废海陵县，泰州仅辖如皋县。明宪宗成化七年（1471年），分江阴之马驮沙置靖江县。清世宗雍正二年（1724年），如皋县改隶通州，泰州遂为散州。

民国元年（1912年），废州为县，泰州改称泰县。民国38年（1949年）1月21日，泰州城区解放；次日，划城区设置泰州市，乡村设置泰县；4月21日，苏北行政公署成立，行署驻泰州，下辖泰州、扬州、盐城、淮阴、南通5个行政区、41个县（市）；5月1日，原华中第一行政区改称苏北泰州行政区，辖泰州市、泰兴县、靖江县、泰县、海安县、如皋县、东台县、台北县等县（市）。

1950年1月，泰州行政区与扬州行政区合并为泰州行政区，地专机关驻泰州，下辖泰州市、扬州市、泰县、泰兴县、靖江县、江都县、兴化县、高邮县、宝应县、仪征县、六合县（1953年1月1日又从皖北滁县地区划进江浦县）等县（市），后扬州市直属苏北行政区。1953年2月，苏北泰州专署改名为江苏省扬州行政公署（行署机关迁扬州）。1950年5~10月、1959年1月~1962年5月，泰州市与泰县几度划并。1996年8月，撤销县级泰州市，设立地级泰州市，辖海陵区、泰兴市、姜堰市、靖江市、兴化市。1997年4月，设高港区。2012年12月，撤销县级姜堰市，设立姜堰区。

（史　志）

州城遗址　　（顾祥忠　供图）

【行政区划】　2020年年末，泰州市行政区划设三市三区及泰州医药高新区、65个镇、2个乡、24个街道办事处。兴化、靖江、泰兴三市下辖46个镇、2个乡、6个街道办事处、189个居民委员会和938个村民委员会。海陵区、高港区、姜堰区以及泰州医药高新区下辖19个镇、18个街道办事处、334个居民委员会和227个村民委员会。

（季　杰）

2020年泰州市行政区划情况表

表2　　单位：个

市（区）	镇	乡	街道	居委会	村委会	土地面积（平方千米）	建成区面积（平方千米）
全市	65	2	24	523	1165	5787.98	274.39
市区	19		18	334	227	1567.75	153.10

续表 2

市（区）	镇	乡	街道	居委会	村委会	土地面积（平方千米）	建成区面积（平方千米）
海陵区	4		7	116	36	307.12	
高港区	4		3	51	40	286.84	
姜堰区	10		4	113	151	857.76	34.82
医药高新区	1		4	54	0	116.03	
兴化市	24	1	3	60	463	2395	43
靖江市	8		1	73	181	655.58	33.98
泰兴市	14	1	2	56	294	1169.65	44.31

2020年泰州市乡镇（街道）情况表

表 3

市（区）	街道、镇、乡
海陵区	城东街道、城西街道、城南街道、城中街道、城北街道、京泰路街道、红旗街道、九龙镇、苏陈镇、罡杨镇、华港镇
高港区	口岸街道、刁铺街道、许庄街道、永安洲镇、白马镇、胡庄镇、大泗镇
姜堰区	罗塘街道、三水街道、天目山街道、梁徐街道、溱潼镇、沈高镇、蒋垛镇、娄庄镇、白米镇、俞垛镇、大坨镇、顾高镇、张甸镇、淤溪镇
医药高新区	凤凰街道、沿江街道、寺巷街道、明珠街道、野徐镇
兴化市	昭阳街道、临城街道、垛田街道、戴窑镇、合陈镇、永丰镇、新垛镇、安丰镇、海南镇、钓鱼镇、大邹镇、沙沟镇、中堡镇、竹泓镇、沈坨镇、大垛镇、荻垛镇、陶庄镇、昌荣镇、茅山镇、周庄镇、陈堡镇、戴南镇、张郭镇、大营镇、兴东镇、千垛镇、林湖乡
靖江市	靖城街道、新桥镇、东兴镇、斜桥镇、西来镇、季市镇、孤山镇、生祠镇、马桥镇
泰兴市	济川街道、延令街道、黄桥镇、分界镇、古溪镇、元竹镇、珊瑚镇、广陵镇、曲霞镇、张桥镇、河失镇、新街镇、姚王镇、宣堡镇、虹桥镇、滨江镇、根思乡

【人口】 2020年年末，泰州市户籍总人口497.15万人，同比下降6.79‰，其中市区（海陵区、高港区、姜堰区、泰州医药高新区）户籍人口163.54万人，下降1.89‰；全市常住人口451.68万人，下降1.37‰，其中市区常住人口172.74万人，增长8.52‰。全市户籍人口中，当年新出生人口3.54万人，人口出生率7.10‰；死亡人口4.82万人，人口死亡率9.66‰；人口自然增长率-2.56‰。全市常住人口中，城镇人口307.41万人，增长1.7%，城镇化率68.06%，提高1.26个百分点。（季　杰）

【方言】 泰州市位于吴方言和江淮官话交界地区，境内方言分属吴方言和江淮官话，过渡特征明显。靖江方言属吴方言，与境内其他市（区）方言差异较大。泰兴、兴化（不包括原沙沟、周奋、李中3个镇，3个镇属江淮官话洪巢片）、海陵区、高港区、姜堰区属江淮方言通泰片。靖江属吴语，保留浊声母。兴化沙沟镇属江淮官话洪巢片，古全浊声母今读塞音、塞擦音平声送气、仄声不送气。其他市（区）属江淮官话通泰片，古全浊声母，今逢塞音、塞擦音不论平仄，白读一律送气。这也是通泰方言区内的统一特征，与客赣方言相同，而与北邻的洪巢片方言迥异。靖江市、兴化市区、海陵区、泰兴市、兴化市入声按古声母清浊分阴入、阳入，“伯≠白”；兴化市沙沟镇入声合流，“伯＝白”。各市（区）内方言存在一定差异。泰兴市根思镇以及原老叶、刘陈、河失、常周等乡（镇），当地人称其方言为“老龙河话”或“咬舌子音”，城区人称其为“乡下话”；黄桥镇以东地区的泰兴话夹杂一些如皋话、海安话的特点，被称为“东乡话”；境内西南部的原永安洲、蒋华、七圩等乡的泰兴话与城区有别，被称为“洲上话”；西北角的原刁铺、口岸一带与东北角的古溪语音相近，而与城关有别。姜堰区境内方言一致性较高，西部、南部、城区略有差别，分为西乡话、南乡话和北乡话。（史　志）

【民族】 泰州市是少数民族散居地区，少数民族有53个族别、3.8万人，其中常住人口1.5万人、流动人口2.3万人，土家族、苗族、壮族、回族、满族人口较多。全市有1个少数民族社会团体（泰州市民族团结促进会）。

【宗教】 泰州市有佛教、道教、伊斯兰教、天主教、基督教，建有寺庵、宫观、清真寺、教堂等活动场所，组织开展宗教活动并兴办一些公益事业和慈善事业。至2020年年末，全市有宗教团体22个。其中，市级宗教团体6个，分别是市佛教协会、市道教协会、市伊斯兰教协会、市天主教爱国会、市基督教“三自”爱国运动委员会、市基督教协会；县级宗教团体16个。依法登记的宗教活动场所226处，其中佛教115处、道教20处、伊斯兰教1处、天主教2处、基督教88处；经认定备案的宗教教职人员564人。信教群众13.2万人，其中佛教信众10.6万人、道教信众4000人、伊斯兰教信众3200人、天主教信众100人、基督教信众1.9万人。泰州城隍庙为全国重点文物保护单位。泰州光孝律寺为江苏省重点佛教寺院和国家AAA级旅游景区。泰州光孝律寺、靖江孤山寺、泰州古寿圣寺被评为全国和谐寺观教堂。泰州光孝律寺、泰州古寿圣寺、兴化市基督教恩典堂被认定为江苏省五星级宗教活动场所。（胡克文）

【历代名人】 泰州市历史上名贤辈出。唐代有书法评论家张怀瓘，著有《书断》《书议》《书估》等，擅长正、行草书，书法“正、行可比虞、褚，草欲独步于数百年间”。北宋思想家、教育家胡瑗，提倡“以仁义礼乐为学”，讲求“明体达用”，开宋代理学之先声。元末明初文学家施耐庵是中国四大名著之一《水浒传》的作者。明代哲学家王艮阐发以尊身立本为内涵的“格物说”与具有社会改良思想的“王道论”，形成“泰州学派”。清代有天文历算家陈厚耀、评话宗师柳敬亭、“扬州八怪”之一郑板桥、“扬州学派”先驱任大椿、文艺评论家刘熙载、围棋棋圣黄龙士、“太谷学派”集大成者黄葆年。近现代有地质学家丁文江、爱国实业家刘国钧、女教育家吴贻芳、剧作家丁西林、京剧表演艺术家梅兰芳、文学史家朱东润等。

【传统文化】 泰州市境内传统节日有庆贺、竞技、祭祀等文化活动，代代相传。传统庆贺节日主要有春节、元宵节、中秋节等，以春节的文化娱乐活动最为盛大热闹。春节文化活动丰富多彩，戏剧、曲艺、歌舞等艺术团体和各镇村的文艺宣传队在城乡巡回表演；除夕家家户户张贴对联、年画，吃年夜饭，守岁放鞭炮迎接新年；正月初一起，城乡表演划旱船、舞狮子、踩高跷、唱麒麟、唱凤凰、跳财神等传统文艺；元宵节有猜灯谜、游灯会、放灯等活动。清明节、七月半（中元节）、冬至是传统的祭祀节日。清明节祭扫祖先和革命先烈，有扫墓、踏青、郊游、放风筝等活动；七月半和冬至均祭祀祖先。

泰州市境内规模较大的庙会有海陵区的都天庙会，靖江市的生祠堂庙会、田墩子庙会、孤山庙会等，泰兴市、高港区的黄桥镇余庄村庙会、分界寺庙会、大元垛庙会、蒋华东岳庙会、刘陈南徐庄跳马舞庙会等，姜堰区的溱潼庙会，兴化市的昭阳镇五月赛神会等。姜堰区和兴化市有数十个水上庙会，尤以溱潼会船历史最久，规模最大。

泰州市境内可考最早的诗社为清乾隆五十七年（1792年）成立的芸香诗社，诗社延续至晚清，先后社员多达200多人。清末，王贻哲发起成立海春诗社。民国时期，影响较大的诗社有来复社、海陵诗画社、泰社、绮社等。1976年后，有红粟诗社、海陵诗社、楚水诗社、泰州教工诗社等。

民国时期，泰县新文学社团有雪鸿文艺社、1937剧社、泰县抗战剧社等。民国27年（1938年），中共泰州地下组织借国民党县党部名义，组建泰县文化界抗战工作团。20世纪80年代后，境内部分中学成立各种形式的文学社，活动时间不长即解散。

中华人民共和国成立前，泰州市各县均有京剧票房，人数多少不一，聚散不定，自娱自乐。中华人民共和国成立后，泰州市的票房先后有红星、友好、友声、大公4家。1953年前后，各票房先后解散。1978年后，各地成立老年京剧联谊会，泰州市组建华夏梅乡京剧团。泰州市梅兰芳故乡京剧票友戏迷联谊会成立于1997年，先后参与策划在泰州市举办的第一届、第二届全国高校京剧票友演唱研讨会，新加坡平社访问泰州联谊演出等活动。

【文化遗存】 泰州市是江苏省首批公布的省级历史文化名城，2013年被国务院公布为全国历史文化名城。境内文物古迹众多，有距今6000多年的影山头遗址、距今4000多年的龙山文化遗址，更有长江以北地区首次发现的大型良渚文化聚落蒋庄遗址、新石器时代晚期至商周的古文化遗址。西汉初年开凿的古运盐河遗址、战国时期的昭阳墓、《水浒传》作者的施耐庵墓、“扬州八怪”之一的郑板桥墓、明朝南京吏部左侍郎储巏墓等亦在泰州市。此外还有始建于东晋的江淮名刹光孝寺、唐建明修的南山寺大雄宝殿和城隍庙、明建清修的庆云寺、东岳庙、胡安定祠堂、崇儒祠、胡公书院、马洲书院、襟江书院和扬郡试院等。古典园林有日涉园和李园。另有郑板桥、刘熙载、刘国钧等故居。

泰州市是具有光荣革命斗争传统的城市。南宋抗金、明代抗倭、鸦片战争期间群众抗英以及抗日战争和解放战争期间陈毅三进泰州、新四军黄桥决战、苏中七战七捷、中国人民解放军海军诞生等重大历史事件都发生在泰州市。爱国主义和革命传统教育基地有中安轮遇难烈士纪念馆、杨根思烈士陵园、中共江浙区委泰兴独立支部旧址、新四军东进泰州谈判处旧址、新四军黄桥战役纪念馆、中国人民解放军海军诞生地旧址等。

至2020年年末，全市有各类登记备案博物馆19家，征集收藏从新石器时代，历商、周、秦、汉、六朝、隋、唐、宋、元至明、清的珍贵陶瓷、服饰、字画、档案等文物近4万件，其中国家一级文物19件（套）。已发现不可移动文物近800处，其中全国重点文物保护单位9处、江苏省文物保护单位42处。有“非遗”代表性项目300项，其中国家级7项、省级33项；“非遗”代表性项目代表性传承人241人，其中国家级5人、省级26人。（史 志）

【风景名胜】 泰州市风景名胜颇具特色，有溱湖风景区、千垛菜花风景区、孤山风景区、泰山公园、梅兰芳公园、凤城河风景区等。至2020年年末，全市有国家AAAA级及以上旅游景区11家。姜堰溱湖旅游景区是国家AAAAA级旅游景区，位于全国著名三大泩地之一的里下河地区，景区内溱湖湿地公园是全省首家国家级湿地公园。凤城河风景区是国家AAAA级旅游景区，位于泰州市城区中心，是全省首家通过验收的国家级城市中央休闲区。（杨俊杰）

经济和社会发展

【综合实力】 2020年，泰州市实现地区生产总值5312.77亿元，按可比价计算，比上年增长3.6%。其中，第一产业增加值307.10亿元，增长3.0%；第二产业增加值2541.10亿元，增长3.3%；第三产业增加值2464.57亿元，增长4.1%。按2019年常住人口计算，人均地区生产总值11.46万元。产业结构持续优化，三次产业增加值比重调整为5.8∶47.8∶46.4，服务业增加值占地区生产总值比重提高1.3个百分点。年末全市有私营企业14.46万户，全年新增2.51万户；个体经营户45.03万户，全年新增13.79万户。全年城镇新增就业10.17万人，年末城镇登记失业率1.76%。工业价格指数涨跌互见，工业生产者出厂价格上涨0.4%，工业生产者购进价格下降2.7%。

全年全市完成一般公共预算收入375.2亿元，比上年增长2.6%，其中税收收入282.06亿元，增长1.0%。税收收入占一般公共预算收入比重为75.2%，下降1.2个百分点。全年一般公共预算支出627.54亿元，增长5.6%。十三类民生支出增长9.6%，占一般公共预算支出比重为80.1%，提高2.9个百分点。年末金融机构人民币存款余额7889.89亿元，同比增长14.7%，其中住户存款余额3722.47亿元，增长14.0%。年末金融机构人民币贷款余额6385.10亿元，同比增长16.2%，其中短期贷款余额2312.29亿元，增长6.1%；中长期贷款余额3708.53亿元，增长23.0%。年末制造业贷款余额784.97亿元，同比增长8.1%。全年保费收入189.77亿元，下降1.1%，其中人身险145.35亿元，下降2.6%；财产险44.42亿元，增长4.1%。全年赔付金额50.81亿元，增长2.9%，其中人身险22.66亿元，下降1.1%；财产险28.14亿元，增长6.4%。全年证券交易额9018.2亿元，下降9.0%，其中股票交易额7697.5亿元，增长44.6%；基金交易额289.8亿元，增长65.2%。

【第一产业】 2020年，泰州市实现农林牧渔业总产值506.37亿元，比上年增长3.0%；实现农林牧渔业增加值320亿元，增长2.8%。粮食生产稳中有增，播种面积374.75千公顷，增长0.2%；总产量280.8万吨，增长0.1%，其中夏粮产量104万吨、下降0.6%，秋粮产量176.8万吨、增长0.5%。粮食亩产499.51千克，下降0.1%，亩产居全省首位。年末生猪存栏83.19万头，同比增长3.7倍；全年生猪出栏120.52万头，下降14.3%。水产品产量37.48万吨，增长1.4%。

全年新增高标准农田建设1.58万公顷，年末高标准农田比重88%，同比提高11.9个百分点。年末设施农业面积6.1万公顷，设施渔业面积2.01万公顷，分别增长7.0%、4.2%；年末有效灌溉面积27.61万公顷，增长0.3%。年末全市农业机械总动力288.65万千瓦，增长0.6%，农业综合机械化水平88%。

【第二产业】 2020年，泰州市规模以上工业增加值1357.51亿元，比上年增长6.4%，其中轻工业增长9.0%、重工业增长4.9%。分经济类型看，国有工业增长12.3%，股份制工业增长6.7%，外商和港澳台投资工业增长5.9%。在规模以上工业中，民营工业增加值增长7.5%，大中型工业增长7.3%。支柱产业中，医药、电气产业产值分别增长13.9%、18.6%，化工产业产值增长1.1%，船舶产业产值下降5.4%。

先进制造业。全年高新技术产业产值比上年增长9.3%，高于规模以上工业产值增速1.5个百分点，高新技术产业产值占规模以上工业产值比重为45.9%，提高0.9个百分点。战略性新兴产业产值占规模以上工业产值比重为37.6%，提高5.4个百分点。规模以上工业中，化学药品原药、锂离子电池、太阳能电池、工业自动调节仪表与控制系统等产品产量分别增长47.4%、70.4%、66.2%、29.3%。

工业企业经营。全年规模以上工业企业利润总额361.48亿元，比上年增长8.5%，利润增幅分别高于产值增幅、营业收入增幅0.7个百分点、4.2个百分点。年末企业资产负债率51.7%。规模以上工业企业每百元营业收入中营业成本为77.5元，减少2.0元。

建筑业。全年完成建筑业总产值3680.84亿元，比上年增长6.4%。年末全市具有资质等级的总承包和专业承包建筑企业969家，增加215家，其中具有特级、一级和二级资质企业388家，增加70家。年末建筑业从业人员123.64万人，增长7.6%。

【第三产业】 2020年，泰州市实现社会消费品零售总额1333.26亿元，比上年下降1.3%。从限额以上单位看，限额以上社会消费品零售额471.31亿元，增长4.7%。从消费品类别看，基本生活类商品消费呈上升态势，限额以上粮油食品类、饮料类和日用品类消费分别增长15.9%、14.3%和13.2%。发展享受型消费出现分化，通信器材、中西药品、建筑及装潢材料、汽车消费分别增长33.5%、15.4%、53.4%、2.8%，家用电器及音像器材、书报杂志、石油及制品类消费分别下降8.2%、10.2%、0.4%。

全年接待国内游客1266.96万人次，比上年下降59.9%；接待入境过夜游客0.91万人次，下降80.6%。实现旅游总收入154.11亿元，下降62.8%；实现旅游外汇收入1604.03万美元，下降66.6%。

全年旅客运输量比上年下降25.0%，旅客周转量下降40.7%，货物运输量下降5.7%，货物周转量增长2.2%。港口货物吞吐量3.23亿吨，增长5.3%，其中外贸吞吐量2655.07万吨，下降4.5%。年末全市公路里程9981.27千米，其中高速公路里程320.64千米。年末民用汽车拥有量95.95万辆，本年净增4.55万辆；私人轿车拥有量53.47万辆，本年净增2.47万辆。

全年邮政行业业务总量49.66亿元，比上年增长31.2%，其中快递业务量1.73亿件，增长42.7%；邮政行业业务收入29.45亿元，增长16.9%，其中快递业务收入18.33亿元，增长22.6%。电信业务总量301.70亿元，增长11.6%；电信业务收入45.54亿元，增长6.6%。年末移动电话用户477.96万户，电话普及率103.14户/百人；年末互联网用户207.88万户，增长5.3%。

全年房地产开发投资498.47亿元，比上年增长41.4%，其中住宅投资409.67亿元，增长43.8%。商品房施工面积2385.79万平方米，下降8.2%。商品房新开工面积643.22万平方米，增长3.6%。商品房竣工面积449.38万平方米，下降17.5%。商品房销售面积751.47万平方米，增长13.9%。商品房待售面积234.25万平方米，下降2.0%。

【外向型经济】 2020年，泰州市完成进出口总额146.43亿美元，比上年增长1.2%。其中，出口96.05亿美元，增长0.8%；进口50.38亿美元，增长2.1%。按贸易方式分，一般贸易出口55.4亿美元，下降2.1%；加工贸易出口37.2亿美元，增长0.9%；一般贸易进口34.6亿美元，增长4.3%；加工贸易进口11.37亿美元，与上年持平。按企业性质分，外商投资企业出口47.51亿美元，下降5.9%；民营企业出口47.59亿美元，增长7.8%；外商投资企业进口29.52亿美元，下降7.0%；民营企业进口20.75亿美元，增长18.3%。按商品类别分，机电产品出口53.6亿美元，增长2.1%；农产品出口4.31亿美元，增长9.8%；机电产品进口9.63亿美元，增长14.4%；农产品进口10.68亿美元，增长6.6%。按出口地区分，对亚洲出口43.43亿美元，下降3.7%；对欧洲出口17.45亿美元，增长7.7%；对美国出口14.01亿美元，下降4.8%。完成服务贸易出口52.94亿元，增长18.3%。新批外商投资企业145家，增长15.1%；完成新批协议注册外资47.28亿美元，增长44.3%；新批及净增资3000万美元以上项目87个，增长55.4%；实际到账注册外资14.94亿美元，增长4.7%。全年新签对外承包工程合同额6.43亿美元，增长100.9%；新签对外承包工程完成营业额6.60亿美元，下降1.7%。

【固定资产投资】 2020年，泰州市固定资产投资比上年增长0.2%，其中第一产业投资增长5607.6%、第二产业投资下降5.6%、第三产业投资增长7.6%。在第二产业投资中，工业投资下降5.5%，其中医药制造业增长13.0%，汽车制造业增长104.9%，通信设备、计算机及其他电子设备制造业增长6.7%。在服务业投资中，水利、环境和公共设施管理业增长64.1%，教育投资增长20.7%，科学研究和技术服务业增长13.3%。基础设施投资增长44.6%，对固定资产投资的支撑强劲。

全年民间投资比上年下降2.4%，民间投资占全部投资比重为83.8%。在工业投资中，高新技术产业投资下降3.4%，占工业投资比重为37.3%；工业技改投资下降57%，占工业投资比重为29.1%。

【社会事业】 2020年年末，泰州市发明专利拥有量9801件，比上年增长32.8%。全年专利申请32789件，其中发明专利申请6784件；专利授权20265件，其中发明专利授权1413件。全年新增省级以上企业研发机构48家，年末高新技术企业1252家。

全年全市新创优质幼儿园12所，年末省、市优质幼儿园覆盖率93.7%。年末全市义务教育学校达省定建设标准比例100%，居全省首位；高中阶段优质学校比例88.6%。高等教育实现突破，拥有第一所本一高校——南京中医药大学泰州校区。有幼儿园347所，在校幼儿11.31万人，学前三年教育毛入学率98%以上；高中34所，在校学生7.12万人，高中阶段教育毛入学率99%以上；普通高等学校7所，在校学生6.88万人。有专任教师4.58万人。

全市有文化馆7个、公共图书馆7个、博物馆19个、美术馆3个，公共图书馆总藏量387万册、电子图书藏量343.2万册；广播、电视综合人口覆盖率100%。

全市有各类卫生机构2134家，其中医院91家、卫生院114家、卫生防疫防治机构10家、妇幼保健机构7家。各类卫生机构有床位30384张，其中医院、卫生院有床位28962张。有卫生技术人员33080人，其中执业医师、执业助理医师14029人，注册护士13737人。

全年在国内外各级各类赛事中，由泰州市培养输送的运动员获金牌32枚、银牌36枚、铜牌32枚。深化竞赛队伍建设，组建59支省运会参赛运动队。

全市居民人均可支配收入39701元，比上年增长5.1%。从构成看，工资性收入24327元，增长4.2%；经营净收入5920元，增长3.0%；财产净收入3891元，增长9.5%；转移净收入5563元，增长8.6%。按常住地分，城镇常住居民人均可支配收入49103元，增长4.0%；农村常住居民人均可支配收入24615元，增长6.5%。城乡居民收入比由上年的2.04∶1缩小至1.99∶1。

价格水平总体稳定，全年居民消费价格比上年上涨2.9%。分类别看，食品烟酒类上涨9.9%，衣着类下降2.1%，居住类上涨0.1%，生活用品及服务类上涨0.8%，交通和通信类下降4.2%，教育文化和娱乐类上涨2.7%，医疗保健类上涨2.1%，其他用品和服务类上涨4.4%。食品中，粮食下降0.7%，鲜菜上涨10.9%，畜肉上涨42.5%，水产品上涨7.6%，蛋下降8.8%，鲜果下降10.2%。

实施全民参保计划，参加城乡居民养老保险、企业职工养老保险人数分别为100.61万人、96.23万人。全市城乡低保标准统一提高到每人每月710元，比上年增加30元，有4.19万人得到最低生活保障救济。

【生态文明建设】 2020年，泰州市细颗粒物平均浓度35.0微克/立方米，比上年下降14.6%，空气优良天数比率80.9%。省考及以上断面优于Ⅲ类水质比例100%，长江干流水质常年保持Ⅱ类水质。全年规模以上工业累计综合能耗905.70万吨标准煤，下降0.6%；规模以上工业万元产值能耗0.16吨标准煤，下降8.2%。全年单位地区生产总值能耗下降3.5%。

（季　杰）

责任编辑：叶　彤

综　述

【概况】 2009年3月，泰州中国医药城（以下简称中国医药城）升级为国家级高新技术产业开发区，是全省重点建设特色产业基地、省委省政府重点建设的全省生物技术与新医药产业核心区、综合改革试验区、转型升级先导区。2010年2月，科技部、卫生部、国家食药监局、国家中医药管理局与江苏省人民政府共建中国医药城机制建立。2020年，中共泰州市委五届十一次全会提出“举全市之力打造中国医药城”。中国医药城地处海陵区、高港区之间，下辖泰州医药高新技术产业园区、泰州经济开发区、泰州综合保税区、泰州高等教育园区、泰州市周山河街区、泰州数据产业园区和泰州滨江工业园区7个功能性园区以及野徐镇和寺巷、明珠、凤凰、沿江4个街道，行政区划面积117.6平方千米，下辖社区54个，总人口28.9万，常住户籍人口17.7万。2020年，中国医药城实现地区生产总值336.93亿元，比上年增长5.5%；完成一般公共财政预算收入43.5亿元，增长6.6%。规模以上工业总产值633.7亿元、规模以上工业增加值191.5亿元，分别增长6.4%、12.9%。完成工业一般纳税人开票销售646.8亿元，增长2.7%。新增规模以上工业企业44家，硕世生物、巨腾电子、纬创资通等21家企业净增开票销售超1亿元。实现工业战略新兴产业产值348.5亿元，增长23.9%，占医药城规模以上工业总产值55%，培育发展战略性新兴产业工作获省政府督查激励通报表彰。完成固定资产投资304.8亿元，其中工业投资168.3亿元、服务业投资136.5亿元。完成进出口总额17.2亿美元，增长33.2%，14家企业进入商务部医疗物资出口企业“白名单”；实际利用外资2.7亿美元。

【招商引资】 2020年，中国医药城围绕生物医药及高性能医疗器械、电子信息及智能装备制造、石化及新材料三大主导产业，组织开展北京市、上海市、深圳市等“线下+线上”招商活动，“部门+板块”招商，香港美亚特医食品、博进生物纯化填料、首汽约车华东总部项目、汇伦药品制剂、泽成生物二期、泰康生物抗体药物等重大项目落户。新签约1亿元以上内资项目和1000万美元以上外资项目219个，其中5亿元以上内资项目和3000万美元以上外资项目55个、10亿元以上内资项目和1亿美元以上外资项目15个。

【项目建设】 2020年，中国医药城推进“三比一提升”行动（比质量规模、比推进效率、比产出效益，提升核心竞争力），国际精准健康中心、安诺维他、瑞科生物、中科健康、中慧元通二期、华阜康生物科技、新启航包装科技等重大项目开工，赛孚士生物、润祁科技、默乐生物、洧成光电等项目竣工。新开工1亿元以上项目61个，总投资179.9亿元。其中，5亿～10亿元项目16个，总投资85.3亿元；10亿元以上项目4个，总投资47.9亿元。新竣工1亿元以上项目57个，实际完成投资102.5亿元。其中，新竣工5亿元以上项目6个，实际完成投资53亿元。

【科技创新】 2020年，中国医药城专利授权2128件，增长64.3%，其中发明专利授权178件；万人发明专利拥有量36.39件；PCT（专利合作条约）申请22件。44家企业通过省知识产权管理标准化贯标备案。规模以上工业企业研发经费10.5亿元，比上年增长72%；高新技术产业产值占规模以上工业总产值比重42.45%；研发费用加计扣除等税收优惠政策优惠总额9.89亿元，增长90%；获市级及以上科技专项资金4165万元；发放科技专项资金2090万元；实施高质量产学研合作项目55项，新增校企联盟2家，省技术合同认定登记项目57项，成交金额5.61亿元。177家企业入库国家科技型中小企业库；认定国家高新技术企业44家，有效期内高新技术企业127家，入库省高新技术企业培育库企业62家，认定市级高新技术企业11家；上榜省“潜在”独角兽企业4家、省“瞪羚”企业3家；越洋医药左乙拉西坦缓释片获美国食品药品监督管理局（FDA）批准上市。中国医药城获批“国家火炬智能电力装备制造特色产业基地”。聚英外来动物疾病防治泰州有限公司暨非洲猪瘟防控技术创新联盟揭牌，建立外来动物疾病诊断、防控、净化等联合研发、优势互补、成果共享科技创新机制和研究平台。复旦健康研究院“泰州队列”多项研究填补国内空白；东南大学医疗器械研究院、国科大研究院投入运营；哈工大泰州研究院2个团队入驻，其中首个孵化项目投产销售；泰州科聚新材料技术研究院入驻项目团队14个；北京大学医学部（泰州）医药健康产业创新中心签约。新增省级科技企业孵化器1家、省级工程技术研究中心2家。

【创新载体平台建设】 至2020年年末，中国医药城整合创新平台资源21个，拓展原料药平台，搭建高端制剂平台、高端介入医疗器械开发平台，构建覆盖医药健康产业发展全过程的公共平台服务体系，建设全国顶尖综合服务平台。中国医药城规划到2025年初步形成以长三角大健康产业研究院和国家医药健康产业创新中心、中国（泰州）健康医疗大数据中心为主体“一院两中心”科创高峰。

【企业服务】 2020年，中国医药城实施“放管服”改革，优化营商环境，降低制度性交易成本。编发《“二次创业”高质量发展服务指南》，设立首席服务员，组建全程服务团队。指导企业合规生产，为企业办理出口销售证明、应急审批、应急备案等提供专业指导。举办认可认证知识培训，指导海王等8家企业实施管理体系认证升级版。推进标准计量创建，申报省级地方标准1项、市级标准化试点3项、市级地方标准3项。实施标准对标达标行动，在输变电装备、电线电缆、新材料化工等行业实施更具竞争力企业标准，完成3批次产品采标认证。引导企业参与国家、行业、团体标准制修订，发布标准2项。国家精细化学品检验中心指导雀巢、石药、海王、鲲鱼等企业申报实验室CNAS（中国合格评定国家认可委员会）认证。

简政放权。动态调整中国医药城权责清单、公共服务和中介服务清单。推行“泰融易”一站式服务，新设立企业0.5个工作日即可实现企业注册、刻章、开户、上线产融平台。推行全程电子化登记，全年医药城新登记市场主体1.21万户，其中新设立企业1582户，企业设立登记网上全程电子化办理率超95%。实施工程建设项目审批制度改革，将省定76个工程建设项目精简至60个、工程建设项目全流程审批时限控制在100天以内。实施“证照分离”改革，梳理涉企经营许可事项清单63项，至年末，办理“证照分离”改革事项430多件。受理退税业务683户次，退税4.51亿元。

创新监管。实施“互联网+监管”，463项检查事项实现网上监管，事项覆盖率100%、完整率100%。实施“双随机、一公开”改革，开展联合执法130多次。全年查办商标侵权案件7起、假冒专利（专利标识标注不规范案件）案件37起。全年受理“12315”咨询、投诉、举报1354起，办结率100%，7日办结率85.3%。

政务服务。实施“互联网+政务服务”改革，建成覆盖中国医药城一体化网上政务服务平台，1.04万项政务服务事项实现窗口与网络同源发布，网办深度三级以上（即申请人最多跑一次）事项100%。实施“一件事”改革，分类设置“一件事”办理专窗，梳理100多件“一件事”事项清单，编制“一件事”事项办事指南和相应二维码。中国医药城17家单位315项政务服务事项入驻政务大厅或部门分厅，实现“应进必进，一网通办”。优化办事流程，设置各窗口职责、流程等，集中受理、限时办结。

信用承诺制。构建“政府定标准，企业作承诺、过程强监管”新型企业投资项目管理框架和模式，将企业投资项目立项到开工20多个环节压缩至6个，变每一环节每一事项逐一审批方式为“定标准+作承诺”方式，变项目管理“先批后建”模式为“先建后验”，原需前置办理的相关行政许可手续，在竣工投产前完成即可。

环评告知承诺制。22个大类54个小类行业和中国医药城相关建设项目，申请材料齐全并作出承诺的项目当场受理，直接作出审批决定，不再评估和审查项目环评文件，仅需按要求作出审批决定后公示相关内容。至年末，完成告知承诺制项目审批17个。

【人才招引服务】 2020年，中国医药城宣传推介市“科技人才新政80条”、医药城“产业人才新政”等人才政策，医药城“产业人才新政”兑现218万元。全年新引进人才684人、新增留学回国人员41人。新增专业技术人才1620人。新建就业见习基地15个，开发就业见习岗位1364个，组织高校毕业生就业见习人数568人。长泰药业、航宇电器获批省博士后创新实践基地。举办第四届中国博士后江苏泰州创新创业峰会，实施“稳就业·促创新·助发展”高校毕业生展翅行动。2人获评省有突出贡献中青年专家。举办“5·29”人才日高层次人才及家属健康体检活动，持英才卡人才首次纳入体检范围。发放购房券489万元、兑现329万元，契税财政补贴24.23万元，租房补贴5.18万元。

【中国医药城发展大会】 2020年5月29日，“增创发展新优势、二次创业再出发”中国医药城发展大会召开。会议印发《泰州医药高新区医药健康产业高质量发展实施方案》，提出建设“医药健康名城”核心区、引领区，围绕“四化三链”（致力产业化、特色化、资本化、国际化，完善产业链、构建创新链、部署服务链），构建“4+3+1”（重点发展生物药、化学药新型制剂、体外诊断试剂及高端医疗器械、中药现代化四大支柱产业，提升发展特医配方食品、医疗装备及新材料、动物保健类药物三大特色产业，大力发展精准健康服务业）特色产业体系，规划到2025年，建成国际精准健康中心、国家生物医药特色产业引领区和长三角医药健康产业示范区，医药制造业规模三年翻一番、五年翻两番，医药健康产业营业收入突破800亿元，进入全国生物医药园区八强，运作产业基金150支以上，总规模500亿元。医药城企业负责人300多人出席。

（李　芳）

特色产业

【抗体药产业】 2020年，中国医药城企业针对16个药靶在研抗体药，形成集约创新优势，全年中国医药城抗体药产业规模0.5亿元。至年末，抗体企业获抗体类药品临床批件产品16个，迈博太科、泰康生物、荃信生物等研发生产企业在肿瘤、自身免疫系统、严重过敏性疾病等治疗领域，形成多靶点创新抗体药物研发、临床转化和产业化体系，具备抗体药集约化发展产业基础。

【疫苗产业】 2020年，中国医药城有疫苗企业14家，其中人用疫苗企业10家、动物疫苗企业4家，有各类疫苗产品近50个。至年末，4家疫苗企业获药品生产许可证（全省共5家），取得生产批件4张、临床批件11张、一类新药批件5张。有全省唯一、全国规模最大疫苗技术创新和成果转化平台和全国首个国家级药品（疫苗）检查员实训基地，金迪克、中慧元通、瑞科生物、艾美康淮等企业研发能力强、品种潜力大、支撑作用突出。中国医药城疫苗企业先后参与复星医药、四川大学华西医院、军事医学科学院等5条技术路线6项新冠病毒疫苗临床研究，中慧元通与中科院上海巴斯德研究所合作开发新冠病毒基因工程疫苗，瑞科生物与省疾控中心合作研发全省首个重组新冠疫苗项目产业化基地开工。2020年，中国医药城疫苗产业规模15.63亿元。

【诊断试剂及高端医疗器械产业】 2020年，中国医药城有诊断试剂及高端医疗器械企业372家，企业数占全省诊断试剂及高端医疗器械企业总数约13%，其中投产企业143家；诊断试剂企业数占全省比重超20%；获二类、三类医疗器械注册证840张。硕世、诺瓦立、命码、泽成等技术领先企业，在基因测试、核糖核酸、POCT（即时检验）等重点领域产业链完整、品种齐全，在重大传染病诊断应急研发、血清微小核糖核酸检测等关键核心技术领域填补国际国内空白。硕世生物新冠病毒核酸检测试剂盒是全省首个获批检测试剂产品，默乐生物在全国率先推出“一管三检”新冠病毒检测试剂盒，春帆生物“岩盐气溶胶治疗仪”填补国内非药物治疗呼吸系统疾病空白。医药城企业为全国约350家疾控机构及医疗单位生产新冠病毒检测试剂盒1500多万人份。2020年，中国医药城诊断试剂及高端医疗器械产业规模35.06亿元。

【特殊医用配方食品产业】 2020年，中国医药城有特殊食品注册证及备案证143张；被中国营养保健食品协会授予“特殊食品产业集群示范基地”称号。有特医配方食品企业3家，建成特医产品生产线，其中雀巢健康“佳膳佳立畅”取得全国首张特殊医学用途全营养配方食品注册证书。2020年，中国医药城特殊医用配方食品产业规模12.34亿元。

（李　芳）

重点企业

【江苏金迪克生物技术有限公司】 江苏金迪克生物技术有限公司成立于2008年12月，注册资本6600万元，位于医药城郁金路12号，占地面积6.37公顷，建筑面积2.8万平方米，首期项目总投资3.5亿元，主要从事新型疫苗开发和产业化。至2020年年末，公司建成符合GMP（良好生产规范）标准无菌注射剂车间（液体制剂、冻干粉针），建成检验、研发、中试、仓储、办公等配套设施。公司主要产品两个，四价流感病毒裂解疫苗，以国家生物一类新药申报，2019年下半年正式投产，11月份产品上市销售；冻干人用狂犬病疫苗（Vero细胞）2015年2月获临床试验批件，2016年底完成建设符合GMP标准生产车间，2020年1月完成Ⅲ期临床试验。主要在研产品为四价流感病毒裂解疫苗（儿童）、四价流感病毒裂解疫苗（高剂量）、13价肺炎球菌多糖结合疫苗、23价肺炎球菌多糖疫苗、冻干水痘减毒活疫苗、冻干带状疱疹减毒活疫苗、重组带状疱疹疫苗、冻干人用狂犬病疫苗（MRC-5细胞）等，四价流感病毒裂解疫苗（儿童）处于Ⅰ期临床试验阶段，其余处于临床前研究阶段。2020年，公司开票销售5.15亿元。

【雀巢健康科学（中国）有限公司】 雀巢健康科学（中国）有限公司是世界500强企业雀巢集团全资子公司，成立于2013年1月，注册资本3264万美元，位于泰州市药城大道359号，占地面积8.33公顷，项目总投资6.49亿人民币，主要从事特医食品生产与销售，2018年4月竣工投产。公司主要产品为“佳膳佳立畅”，2019年6月13日取得注册证，是全国第一款获得配方注册针对成人的全营养特医食品、首个国产特医液体全营养食品。公司在研产品为特殊医学用途配方速预素饮，针对肿瘤患者开发的特定全营养配方处于注册申报阶段。2020年，公司开票销售10.87亿元。

【江苏勃林格殷格翰生物制品有限公司】 江苏勃林格殷格翰生物制品有限公司成立于2012年5月，注册资本5000万美元，位于医药城祥泰路297号，占地面积12.07公顷，主要从事动物疫苗生产，总投资8500万欧元。公司主要产品为兽用疫苗产品，蓝福莱及菌伪净2个猪用疫苗取得生产批件，2019年底投产。2020年，公司开票销售5亿元，入库税收2500万元。

【泰州日健中外制药工业有限公司】 日本中外制药株式会社于2013年12月入驻中国医药城。2014年3月，中外制药在医药城成立经营公司日健中外制药有限公司，6月开展业务；2016年6月成立生产公司泰州日健中外制药工业有限公司，注册资本1亿元。泰州日健中外制药工业有限公司位于医药城三期G31栋，工厂区按中国GMP标准建设，2019年5月取得片剂药品分包装证书，6月起分包装心绞痛治疗药喜格迈片剂。喜格迈片剂2018年起由日健中外制药有限公司销售，预计2023年销售额3亿元。原创药艾地骨化醇胶囊，是中外制药重大创新成果，具有世界领先水平，泰州日健中外制药工业有限公司计划于2021年生产艾地骨化醇胶囊，预计可实现销售超10亿元，至2020年年末，完成质检区域改造，生产线改造在建。

（李　芳）

产城融合

【城市建设】 2020年，中国医药城城市生态环境品质持续改善，海陵南路、鼓楼南路、健康大道、祥泰路4条景观大道完工；专项整治天禄湖花园等34个建筑工地施工扬尘。整治阳台水、单位庭院和“小散乱”排水，建成区黑臭水体消除任务提前完成，城市河道水体水质持续改善。推进“城建惠民”，园林绿化、照明亮化提档升级。完成5个小区综合整治和雨污分流改造、12个小区“微整治”和15个小区地下管网排查测绘；既有多层住宅加装电梯新增投入使用1台、联合备案10台，在建8台。天禄湖公园、滨江生态公园、海陵路游园、三新路游园、天虹游园建成。中国医药城实验小学、天虹广场等投入使用，国际精准健康中心孵化基地项目、推介中心、养生理疗基地（三环酒店）及康居邻里中心等项目按序时推进。鲍中路、鲍九路、三桥路、灵芝路等11条道路建设项目按序时实施。实施住宅小区雨污分流改造，累计完成既有污水管网疏通检测70多千米，城市地下管网综合信息系统建设加快。城南第二污水处理厂再生水利用项目以及长泰路、海伦路、泰事达路等污水管网建成。

【配套功能完善】 教育工作。2020年，中国医药城有中小学9所，其中独立初中2所、小学6所、民办十二年一贯制学校1所；在校中小学学生9755人，其中初中1218人、小学8537人；在校中小学教师585人，其中初中164人、小学421人。有幼儿园22所，其中公办园7所、民办园15所；在园幼儿7664人，在职专任教师736人，其中公办在编教师70人、非编合同制教师666人。按序时推进康辉幼儿园、新城幼儿园建设；完成6所小区配套园专项治理，完成率100%；认定普惠民办园6所，普惠园覆盖率53.29%。建成医药城实验小学，首季招生突破600人；推进学校标准化建设，中小学校监测达标100%。

劳动保障。失地保障扩面，新老办法累计参保10.86万人。建立失地保障待遇调整常态化机制，连续第九年上调养老年龄段待遇。城乡居民养老保险全年续缴费1.78万人，续缴费率99.25%。建设贫困人员保障云数据平台，对接建档立卡贫困户信息与“送养老”“送医保”“送就业”数据，全年扶贫“送养老”462人，“送医疗”1491人。

社区建设。撤销高港、杨湾、故土、常福4个社区，合并至滨江社区；撤销解家社区，合并至野徐社区；撤销新联、永丰社区，成立永新社区。推行城市社区全科社工服务模式，开展“社区服务品牌”“微治理”“三评三促三提升”活动。培育管理社会组织，建成镇级社会组织孵化中心1个、社区级2个；7个“公益创投”项目按序时实施。出台《城市社区工作者队伍职业化管理的实施办法（试行）》以及报酬待遇方案，完善社区工作者职业化管理政策体系；持证社工万人拥有率9.3。

民政工作。在镇（街道）成立老年大学分校2所，建成标准化社区居家养老服务中心7家，区域性老年人日间照料中心实现全覆盖；提高政府购买养老服务供给能力，接受上门服务居家老人数占比25.5%；实施特殊困难老年人家庭适老化改造。低保标准由人均每月680元提高至每月710元，“单人保”病种增加至17种；医疗救助全年资助参保1425人；实施慈善爱心超市专项救助项目；建立“五保”供养标准增长机制；残疾人两项补贴人员信息、补贴发放实现动态管理。为180名困境儿童发放生活费，成立65人基层服务队伍；开展“慈善一日捐”等活动。全年办理婚姻登记1414对。完成1家残疾人社区康复服务示范点改造；建档立卡残疾人参保率100%，残疾人意外伤害保险全覆盖；制定特殊儿童（少年）入学教育评估方案。发放优抚资金870多万元，物价补贴150多万元；实施“让关爱与优抚同行”服务项目，按每人300元标准组织优抚对象集中体检，发放慰问款80多万元；实施“一助一”帮扶，帮扶率100%；解决部分退役士兵保险接续问题，补缴保险费用164万多元；1个项目获退役军人创业创新大赛省三等奖、市一等奖。

卫生健康。中西医骨科获市医学技术引进三等奖。新增居民电子健康档案6448份，激活健康档案1787份。管理高血压患者2.53万人，糖尿病患者8149人。推进妇幼健康管理，产妇数1489人，活产数1513人，早孕建册率93.75%，新生儿访视率99.87%，6821名在园儿童开展视力筛查。建成普惠托育机构4家。实施“雨后阳光—失独家庭心理援助项目”，寺巷街道龙凤社区获评全市首个国家计划生育协会“暖心家园”项目点。分别办理一孩、二孩生育服务登记717对、788对，再生育审批发证49对，完成婚检、孕检673对，开展两癌筛查5002人。发放生育奖励扶助资金1144.47万元。实施健康扶贫工程，4家公立医疗机构开展建档立卡低收入农户“先诊疗后付费”，实行大病救治一站式结算。完成建档立卡低收入人口签约983人，免费健康体检941人。开展户厕改造“回头看”，完成改户厕1.26万户。完成国家、省全年“双随机”监督检查68家，督促104家企业办理公共场所卫生许可证，办理7家消毒产品生产企业许可，备案4个消毒产品。排查483家工业企业职业病危害，推动429家企业申报职业病危害项目；指导62家职业病危害严重或较重企业开展职业病防治。

“三农”工作。实施农村集体资产产权制度改革，开展2018年、2019年农村集体资产清查；在全市率先完成1家社区股份经济合作社登记赋码，完成48个涉农社区登记赋码；涉农社区清产核资全部完成。实施“一事一议”财政奖补，涉及10个村筹集资金399.29万元。动态监测“两户”（脱贫不稳定户、边缘易致贫户），实施防贫返贫预警机制。新增饲料、兽药等生产经营企业5家、第三方兽医实验室2家。日常监管动物卫生133次；验收新增狂犬病社会化免疫点2家。开展畜产品质量安全监管，兽药质量安全抽检任务2批次、各项监督检查10多次；开展打击私屠滥宰专项整治行动；完成农贸市场提档升级专项行动活禽区域整治；“双随机、一公开”监督检查动物诊疗场所5家。

【泰州医药高新技术产业园】 2020年，泰州医药高新技术产业园区完成一般公共预算税收收入8.52亿元；实现工业开票销售113亿元、医药产业主营业务收入239亿元、全口径业务总收入330亿元，分别比上年增长63.8%、24.5%、23.1%；新增规模以上工业企业15家，完成规模以上工业总产值105.71亿元，首次突破100亿元，增长85%，规模以上工业利润20亿元、增长700%；完成实际利用外资1.96亿美元，增长22.5%；完成进出口总额7.7亿美元，增长29.4%。至年末，园区落户国内外医药企业1200多家，其中跨国医药企业14家；2100多项“国际一流、国内领先”医药创新成果落地申报；4200多名海内外高层次人才落户创新创业，其中国家级高端专家58名。年内，园区居全国生物医药产业园区第11位，其中“龙头竞争力”“人才竞争力”分别居第七位、第八位。

项目建设。园区全年新签约1亿元以上项目82个，总投资230亿元，其中5亿元以上项目21个、3000万美元以上项目2个。总投资10亿元的四川新绿色中药颗粒、总投资10亿元的上海汇伦药品制剂、总投资6.5亿元的泽成生物二期、总投资10亿元的亚虹医药、总投资5亿元的瑞科新冠疫苗、总投资16亿元的泰康生物抗体药物等重大产业化项目签约落户。新开工1亿元以上项目19个，总投资68亿元，其中5亿元以上项目9个。总投资8亿元的养生理疗基地、总投资10亿元的精准医疗孵化基地项目、总投资6亿元的中科健康中药及保健品、5.8亿元的瑞科生物产业化基地、5亿元的中慧元通二期疫苗等重大产业化项目开工。

产业化进程。园区全年新获药品注册批件17张，增长41.7%，药物临床试验批件10张，通过药品GMP符合性检查11次，药品经营许可证1张；新获二类、三类医疗器械注册证132张、生产许可证15张；新获保健食品注册证与备案证24张；新获化妆品生产许可证2张、备案凭证51张。至年末，园区在研和申报一类新药80个，8个一类新药获批投产，52个一类新药取得临床批件；36家药品生产企业取得生产许可证，21家企业57条生产线通过GMP认证（检查）投产，获药物临床试验批件189张、药品注册批件140张；投产医疗器械生产企业143家，获二类、三类医疗器械注册证840张。

产学研建设。ICGEB—中国区域研究中心完成全球主任招聘；中科院大连化物所—中国医药城生物医药创新研究院对外开展技术服务，完成人参固体和人参黄精固体饮料产品开发；东南大学—中国医药城生物医药与医疗器械研究院开发植入性医疗器械、康复器械、诊断试剂等10多个项目。按序时建设中国（泰州）健康医疗大数据中心、复旦大学泰州健康科学研究院、中国科学院大学创新医疗产业平台等重大创新平台载体。

科技创新。园区全年规模以上企业研发投入3.8亿元，增长118%；净增国家高新技术企业13家，高新技术企业累计64家；新增发明专利授权数58件，增长45%；推动园区企业联合高校院所开展合作，新增产学研合作项目16项、国际合作项目6项；新增省级孵化器1家、市级以上工程技术研究中心5家、市级以上平台3家；亿腾景昂、荃信生物、鲲鱼健康、中慧元通4家企业获批省潜在独角兽企业，占苏中地区80%；戴格诺思、爱源医疗、康为世纪3家企业入选省“瞪羚”企业。

人才建设。园区全年新引进硕士以上高层次人才393人，其中国家级人才11人、省级人才15人。入选省“双创团队”2个、“双创人才”6人，入选总数居全市重点开发园区首位。至年末，医药园区引进生物医药类海内外高层次人才4200多人，两院院士10人，国家级专家58人，省“双创人才”130人，“113”各类高层次人才1264人。

【江苏省泰州经济开发区】 2020年，江苏省泰州经济开发区实现规模以上工业总产值250亿元，比上年增长16%；实现规模以上工业增加值85亿元，增长12%；完成税收收入9.6亿元，增长22%；完成一般纳税人开票销售247亿元，增长10%；完成固定资产投资75亿元；完成进出口总额7.1亿美元；实际利用外资5336万美元。新签约1亿元以上项目50个，其中5亿元以上项目10个、外资项目6个。外资项目中，3000万美元以上项目4个。总投资15亿元的长顺健康产业园、总投资5亿元的洧成光电、总投资5亿元的蒸汽热源器产业基地等项目落户。新开工1亿元以上项目21个，其中5亿元以上项目4个、3000万美元以上项目2个。年进出口额不低于4亿美元的隆基全球物流中心项目、蛋白芯片检测技术亚洲唯一授权实验室——国科大保税研发实验室投入运营。完成高新技术产值190亿元，增长20%，占规模以上工业总产值76%；新认定国家级高新技术企业20家；技术合同交易完成网上备案3.4亿元。年内，创成国家火炬泰州医药高新区智能电力装备制造特色产业基地。开通全市首条务工专列、加挂专用车厢、专车“点对点”接送，全年帮助企业新招员工15.4万人次。启动江洲路南延、鲍中路西延工程建设，完成鲍九路、汽车城道路维修改造。提档升级祥泰路绿化、狮子河河长制公园等项目，总投资700万元,绿化总面积5.5万平方米。常态化管护河道，清理岸坡面积超5000平方米。全年新增绿地17处,新增绿地面积135.35公顷，新增6个小区公园。

【泰州综合保税区】 2020年，泰州综合保税区实现规模以上工业产值32.87亿元，比上年增长22.28%；实现进出口总额4.19亿美元，增长63.3%，高于全市进出口总额增幅62个百分点，保税研发新型业务完成进口22万美元。新签约1亿元以上项目10个，其中总投资5亿元或3000万美元以上重大项目5个；外资项目6个，总投资1.79亿美元，注册资本5971万美元。新签约落户的隆基全球物流分拨中心项目投入运营，2020年第四季度完成出口1.2亿美元；园区首个保税研发项目——国科大基因检测实验室11月投入运营；意大利富士豪压缩机生产项目完成运营准备；总投资5000万美元的中创科维手机维修项目、总投资3000万美元的启航塑业食品包装项目厂房装修。探索检测维修业务，签约电子终端产品保税维修项目。年内，园区帮助纬立资讯、泰达纺织申请增值税“一般纳税人”资格试点，全年实现退税近2000万元。

【泰州高等教育园区】 2020年，泰州高等教育园区内有泰州学院、南理工泰州科技学院、南师大泰州学院、江苏农牧科技学院4所高校。成立高校商管公司，经营管理校园内门面房，全年营业收入1700万元，利润350万元。启用“泰州高教智慧后勤服务”平台。启动泰州学院二期工程建设（人才服务中心、食堂）。实施《城市地下管线工程“只检一次”制度》等3项制度，完成首批示范工程泰州市育才路约700米排水改造工。

【泰州市周山河街区】 2020年，泰州市周山河街区常住人口10万人。新签约1亿元以上项目7个，协议总投资额31亿元；协议利用外资1000万美元；新开工1亿元以上项目1个，投资额18亿元。完善基础设施，建设安居工程，推动土地上市，调整地块规控。完成水电、煤气、通信等配套管网铺设。周山河路（鼓楼南路—春兰路）、太湖路（鼓楼南路—东风路）、东谢路（引凤路—东风路）、银杏北路（永兴路—东谢路）、钟山路（海军大道—云龙湖路）、玄武湖路（西周港路—海陵南路）、西周港路（海军大道—黄河路）7条道路质保期满，海军南路、东周港路、引凤路、海河路、串塘河路5条道路建成，淮河路（海陵南路—泰州大道）、蒋庄路实施灰土施工。编制周山河新城“十四五”规划。全年出让土地5宗、69.33公顷。文化服务中心、金融服务中心建成投用，部分商业银行入驻经营。华润万象城实施内装和外墙施工。周山河景观带项目完成扫尾审计。泰州市人民医院新院区、120急救中心、泰州市中心血站投用，省泰州中学、凤凰小学、双河初中（塘湾中学）招生办学。双河小学、周山河小学、周山河初中建设项目完成供地手续办理、规划验收和现场整改，移交物业接管。凤凰三居苑C区后期配套施工，锦绣双河城完成主体5层施工。安置房不动产权证办理启动。

【泰州数据产业园区】 2020年，泰州数据产业园区开票销售超60亿元，财政收入5500万元，比上年增长20%；限额以上批发业销售额28.05亿元，增长40%；规模以上服务业收入29.5亿元，增长7%，其中规模以上营利性服务业收入3.21亿元、增长3%。新签约1亿元以上项目10个，其中1000万美元以上外资项目3个。总投资5.3亿元的首汽约车华东总部项目签约，总投资2亿元的移动IDC机房项目开工，总投资2.1亿元的复旦大学泰州健康研究院项目竣工投用并发布重大科研成果。中国卫生信息与健康医疗大数据学会专家组调研国家健康医疗大数据应用示范中心与产业园建设试点市项目建设。中国科学院大学泰州大健康产业研究院、泰州浪潮、移动云计算平台落户综合楼四期。园区全年高新技术企业入库认定企业3家，获批国家科技型中小企业8家，申报国家高新技术企业6家；申报成功省科技副总、市“双创”人才各1人；获批软件著作权及专利数超50项，其中发明专利20项。

【泰州滨江工业园区】 2020年，泰州滨江工业园区实现规模工业总产值235.2亿元，征收期一般纳税人开票销售204.92亿元，规模工业利润9.66亿元，一般公共预算收入4.59亿元，进出口总额1.24亿美元。园区通过省化工园区化工集中区认定，连续第三年获评中国化工园区30强。有企业50多家，其中规模以上工业企业27家、油品码头装卸物流企业3家。新签约1亿元以上产业化项目40个，总投资360.5亿元，其中5亿元或3000万美元以上项目6个；协议利用外资8346万美元，实际利用外资7000万美元。至年末，园区在建项目11个，总投资30.7亿元，其中5亿元或3000万美元以上重点项目3个；拟建项目20个，计划总投资234.81亿元，其中5亿元或3000万美元以上项目6个。占地13.33公顷、建筑面积13万平方米大健康新材料产业集聚区建成投用，项目入驻率超50%。园区规模以上企业研发全年投入2.94亿元，规模以上研发活动企业数100%；新增发明专利57件；新增科技型中小企业6家，新认定国家级高新技术企业1家。哈工大泰州创新科技研究院办公、研发楼启用，梯度高硅铝项目投产。引进海内外科技人才项目团队4个，签约科技合作项目6个；设立大健康新材料产业基金2亿元；全年引进各类高层次人才66人。封闭园区系统建成投用，实现化工集中区封闭化管理；化工园区重大危险源监控预警系统升级改造项目竣工；危化品停车场建成投用。园区22家规模以上工业企业、10家限上批零企业、5家重点服务业企业2月底全部复工；规模企业复工率100%，复产率86.36%；复工企业每日用工人数约4800人。 （李　芳）

第十一届中国（泰州）国际医药博览会

【概况】 2020年9月19~21日，中国国际商会、中华中医药学会联合主办第十一届中国（泰州）国际医药博览会（以下简称医博会），泰州市政府、中国国际贸易促进委员会江苏省分会承办，中华医学会、中国药学会、国家卫健委医药卫生科技发展研究中心、中国食品药品检定研究院、中国兽医药品监察所和江苏省发展改革委、科技厅、工信厅、人社厅、商务厅、卫健委、市场监管局、药监局、中医药管理局联合支持。该届医博会以“疫情之下医药健康产业发展趋势”为主题，首次引进国际论坛合作，吸引美国、英国、德国等21个国家和地区企业参加，国内外近800家参展企业，6000多名生物医药领域企业家、科学家参

2020年9月19日，第十一届中国（泰州）国际医药博览会开幕

（泰州医药高新区　供图）

会交流；医药界专家解读政策，国内外知名生物行业协会、领军企业、权威机构举办专业论坛等各类专题活动23场，其中常态化会议活动7个、专题高峰论坛16个，国家部委下属行业协会举办专题高峰论坛11场；展览展示规模5万平方米，设展位605个，其中特装展位178个、标准展位427个；首次市场化运作，设计展中展“江苏防疫物资展”，设立线上云展览，建设线上线下一体化交流平台，现场观展人数2.3万人次，线上云展览观看量16万人次。

【医博会开幕式】 2020年9月19日，医博会开幕式在中国医药城会展交易中心举行，全国政协相关领导视频出席并作《满足人民健康需求，提供社会主义现代化的医药创新产品保障》主旨演讲，“人民英雄”国家荣誉称号获得者、中国工程院院士张伯礼与参会人员视频交流，中国科学院、中国工程院13名院士以及130多名行业专家出席并参加相关论坛研讨，国家、省、市相关领导等数百名嘉宾出席开幕式。开幕式现场举行高层次人才、创新创业项目签约仪式。

【“线上医博会”云展平台】 2020年，医博会创新设立“线上医博会”云展平台，实现线上展览展示、开幕式直播及回放、在线会议、VR观展、在线咨询、企业对接功能，16万人次在线观展。波兰、巴西、俄罗斯、德国、意大利等国家和地区企业展会期间线上采购。

【江苏防疫物资展】 2020年，医博会首次以市场化运作方式设计展中展“江苏防疫物资展”，围绕“聚焦疫情下贸易的难点和痛点”开展活动14场。“江苏—巴西”“江苏—波兰”2场医疗产业合作发展活动中，为美时医疗和康为世纪签署1300多万美元项目订单。针对孟加拉、阿联酋、马来西亚采购商所需消毒机、紫外线消毒灯、灭菌器、口罩、防护服、手术服、新冠病毒检测试剂盒等产品类别，举行一对一配对会18场次，展期内达成意向成交总额123万元。

【部省共建联席会议第九次会议】 2020年9月19日，省部共同推进中国医药城建设联席会议第九次会议在泰州市召开，科技部、国家卫健委、国家药监局、国家中医药管理局与江苏省政府专题研究中国医药城发展相关重大事项，支持医药城建设和发展，帮助集聚更多高端资源要素，共同推动中国医药城加快发展。

【中国医药城专家咨询委员会第四次会议】 2020年9月19日，中国医药城专家咨询委员会第四次会议召开，为专家颁发科学发展顾问聘书，中国工程院院士、发展中国家科学院院士丁健等11位专家分别围绕疫苗、抗体、化药、中药、医疗器械、特医配方食品、兽药、精准医疗、医保等研讨交流，为中国医药城发展建言献策。

【ICGEB中国区域研究中心云揭牌】 2020年9月19日，国际遗传工程和生物技术中心（ICGEB）中国区域研究中心云揭牌仪式在中国医药城举行，国家药监局食品药品审核查验中心与中国医药城交换合作文本。据协议，双方将共建国家级药品（疫苗）检查员实训基地。中心由ICGEB、中国生物技术发展中心、中国医药城三方合作共建，是ICGEB在全世界设立的首家区域研究中心。中心围绕中国医药城产业方向，首期启动疫苗、生物治疗药物、诊断方法与技术3个方向研究和开发，推进中国医药城与ICGEB 成员国之间交流与科技合作，引进ICGEB全球创新资源在中国医药城产业化，推动医药城及国内其他地区医药产品进入国际市场。中心与ICGEB联合培养博士研究生、博士后科研人员，组织开展国际科学活动，为合作开展创新项目的博士后科研人员提供奖学金。

【第十二届弗戈制药工程国际论坛】 2020年9月19~21日，“创新融合，追求卓越”第十二届弗戈制药工程国际论坛在中国医药城会展交易中心举行，设1个聚焦全球制药政策法规和创新技术发展趋势主论坛和6个分别定位无菌制剂、生物制药、固体制剂/中药、智能工厂/流程自动化、制药智能包装/智能物流、制药安全与环保分会场，70多位制药行业专家参会交流，59家企业参展，1370名专业观众参加。

【中国疫苗创新论坛】 2020年9月19~20日，中国疫苗创新论坛在中国医药城会展交易中心举行，数十位国内疫苗行业专家、企业家，围绕国内外新型疫苗研发、生产工艺技术、疫苗临床研究、新冠疫苗最新进展等，交流疫苗产业发展机遇与挑战。

【医药科技金融高峰论坛】 2020年9月19日，医博会医药科技金融高峰论坛活动在中国医药城会展交易中心举行，以“符合创新规律的金融工具研究”为主题，科技部火炬中心专家作专题辅导讲座。活动现场举行邮储银行健康生活智慧支行发布仪式。

【全国宠物用药品市场发展研讨会】 2020年9月19日，“聚焦宠物用药现状、赋能兽药产业发展”全国宠物用药品市场发展研讨会在中国医药城会展交易中心召开，10位专家作宠物用药现状、市场规模、急需产品、研制及审批、营销渠道、如何与资本市场对接等方面专题报告，解读农业农村部330号公告，全国兽药生产企业、科研机构、宠物医院、行业媒体代表200多人参会交流。

【中国（泰州）国际医药高层次人才创新创业大赛】 2020年9月17日，第七届中国（泰州）国际医药高层次人才创新创业大赛决赛举行。136名海内外高层次人才报名，113个项目进入初赛，30个项目进入决赛，决赛项目中医疗器械类6个、大健康产业类6个、生物医药及生物工程类18个。决出创业类、创新类一等奖2名、二等奖3名、三等奖5名、优胜奖19名，16个项目与中国医药城签订意向合作协议。至2020年年末，中国（泰州）国际医药高层次人才创新创业大赛累计吸引1000余名海内外人才报名参赛，27个人才项目落户泰州。

【第八届中国（泰州）国际医药人才智力交流大会】 2020年9月19日，第八届中国（泰州）国际医药人才智力交流大会在中国医药城会展交易中心举行，阿斯利康、雀巢、勃林格殷格翰、硕世等139家企业提供人才需求2148个，其中中高端人才需求462个、一般人才需求1220个。生物医药领域海内外高层次人才和省内外高校毕业生3200多名人才现场参会，线上接受提交简历1526份，近1000人达成初步意向。

【中国医药城政策发布暨项目签约仪式】 2020年9月20日，中国医药城政策发布暨项目签约仪式在中国医药城会展交易中心举行，发布《关于推进大健康产业高质量发展意见》，包括支持药品、医疗器械、特医及保健食品企业创新发展、支持项目产业化发展、支持产业创新体系建设、支持健康服务业建设发展、支持委托招引优质项目等7个部分25条优惠政策；集中签约重大项目24个，总投资197.55亿元，其中国家一类新药产业化项目1个、医疗健康服务业项目1个、抗体及疫苗产业化项目4个、高端医疗器械产业化项目6个、中医药、特医食品、保化品等产业化项目10个、医药产业配套项目2个。

第十一届中国（泰州）国际医药博览会专题活动情况表

表4

专题活动	活动内容（主要宗旨）
部省共建泰州中国医药城联席会议第九次会议	科技部、国家卫健委、国家药监局、国家中医药管理局与江苏省政府专题研究中国医药城发展相关重大事项
泰州中国医药城专家咨询委员会第四次会议	研讨交流疫苗、抗体、化药、中药、医疗器械、特医配方食品、兽药、精准医疗、医保等
中国（泰州）医药峰会	第五届中国（泰州）医药峰会专题活动，张伯礼、陈薇峰会寄语，峰会网站揭牌
第七届中国（泰州）国际医药高层次人才创新创业大赛	决赛采取“路演+答辩”“线上+线下”方式进行，按创业类决出一等奖1名、二等奖2名、三等奖3名和优胜奖若干名
第八届中国（泰州）国家医药人才智力交流大会	园区企业与各类人才进行交流、洽谈与合作
第四届生物医药50峰会暨“动物·人类·健康”论坛	推介中国医药城发展环境，举行生物医药50峰会“动物·人类·健康”圆桌论坛，创新创业大赛落户项目签约
中国医药城政策发布暨项目签约仪式	发布《关于推进大健康产业高质量发展意见》,24个重大项目集中签约
医药科技金融高峰论坛	科技部火炬中心专家作“符合创新规律的金融工具研究”讲座，举行邮储银行健康生活智慧支行发布仪式

续表4

专题活动	活动内容（主要宗旨）
南京医科大学泰州生物医药创新技术转化中心签约揭牌仪式	南京医科大学、泰州医药高新技术产业开发区、ICGEB—中国区域研究中心三方战略合作协议签约，南京医科大学生物医药创新技术转化中心（南京医科大学ICGEB合作中心）揭牌
“助力防疫”系列讲座	解读助力企业快速通关—出口防疫物资商品检验政策等业“走出去”等政策，交流防护物资出口要求等
药品cGMP检查高级研讨会	围绕美国FDA cGMP监督检查法律法规等与世界各主要医药监管机构合作开展研讨交流
国际医药第三方服务论坛	交流疫情影响下第三方服务发展
第十二届弗戈制药工程国际论坛	以“创新融合 追求卓越”为主题，交流全球制药行业最新政策法规、工程、制造、供应链和质量合规等
中国药学会ICH Q7培训会	监管机构及国内外专家授课
中国（泰州）第五届抗体药物创新及产业化论坛	两院院士、抗体药物企业家、科研院所专家学者等交流抗体产业最新研究资讯、前沿技术和实践经验，探讨行业发展趋势
中国疫苗创新论坛	国内疫苗行业专家、企业家作报告，探讨常态化“疫情”新形势下疫苗产业发展主要机遇与挑战
中国再生医学与生物技术大会	再生医学与生物技术领域科研机构、大学高校、医院与产业界开展学术交流与合作
医疗器械产业医工融合创新发展论坛	探讨国内外医工交叉融合发展热点方向，分享医工交叉融合发展成果及经验，寻求医工交叉合作点
中药产业未来高质量发展论坛	中药制药企业、科研机构、CRO以“新形势下中药产业发展的机遇与挑战”为主题开展研讨交流
精准医学与健康医疗大数据发展高峰论坛	聚焦精准医学发展问题，作学术报告
复旦大学泰州健康科学研究院媒体开放日暨泰州队列科创成果新闻通气会	总结复旦大学泰州健康科学研究院自成立以来在队列建设、重大慢病防治方面获得重要成果，举行泰州队列发展、联合研究和资源共享建设规划产业化项目签约仪式
第九届特殊医学用途配方食品行业发展高峰论坛	高等院校、科研院所专家以及营养健康产业骨干企业探讨新时代新对策
特殊医学用途配方食品临床应用与市场监管政策研讨会	交流特殊医学用途配方食品法规及注册要求、特医食品临床应用病例、患者全程营养管理等
全国宠物用药市场发展研讨会	兽药生产企业与宠物医院探讨交流全国宠物、宠物医院、宠物市场现状及发展趋势等

（李　芳）

责任编辑：张　华

综　述

【抗击新冠肺炎疫情】 2020年，泰州市疫情防控和经济社会发展实现“双胜利”。面对新型肺炎疫情冲击，泰州市及早研判、快速反应、高效应对，1月21日成立防控工作领导小组，市委、市政府主要领导任组长。根据疫情防控需要，调整市疫情防控工作领导小组成员及下设机构，形成由市疫情防控工作领导小组办公室抓总，预防控制、医疗救治、交通管控、社会及社区防控、农村防控、学校防控、企业防控、新闻宣传、物资保障、涉外防控、市场与物流防控11个专项工作组为主干防控工作组织架构。建立市委领导挂钩联系市（区）和市领导挂钩指导条线工作机制，统筹协调板块工作、专项工作，统一组织、统一领导、统一指挥、统一调度全市疫情防控工作。制定《泰州市新冠肺炎疫情常态化防控工作实施方案》，梳理疫情防控重点任务，落实市（区）属地责任、部门（单位）主管责任、企事业单位主体责任。各市（区）政府落实工作例会制度、任务清单制度等常态化工作机制，保持战时状态；各相关部门（单位）落实转办交办、协商会办、督查督办等工作推进机制，处置、化解重点难点问题。泰州市成为全省首个本地确诊病例全部治愈出院和全省首批所辖市区均为低风险地区设区市。全国首创企业疫情防控驻厂员制度，全省率先开发“泰企通”企业复工疫情防控平台，复工复产率居全省前列。出台惠企“十条”、稳外贸“十条”、惠农“十条”，降低企业成本154亿元，减免税费145亿元，发放企业稳岗返还补贴3亿元。全年实现地区生产总值5312.77亿元，比上年增长3.6%；完成一般公共预算收入383.08亿元，增长2.3%；新增就业10.17万人，城镇登记失业率1.76%。

【从严治党】 2020年，中共泰州市委落实全面从严治党主体责任，学好用好《习近平谈治国理政》第三卷，贯彻落实习近平总书记视察江苏重要讲话指示和十九届五中全会精神，增强“四个意识”、坚定“四个自信”、做到“两个维护”。组建1800多个党员突击队，“党旗飘在一线、堡垒筑在一线、党员冲在一线”。深化网络综合治理，“五位一体”筑牢网络安全屏障做法被中央网信办推介。围绕“党建+基层治理”，立项实施101个乡镇党委“书记项目”，推动解决一批基层治理难题。开展政治监督，保障疫情防控等决策部署落实，整治群众身边腐败和作风问题，深化腐败治理。

【市区改善民生实事】 2020年2月27日，中共泰州市委、泰州市政府发布《关于实施2020年市区改善民生实事的通知》，明确交通出行、就业服务、社会保障、基础教育、医疗保障、健身设施、宜居环境、饮水安全、食品卫生、公共服务10个方面改善民生实事项目。

交通出行。至年末，站前路快速化道路、东环高架北延快速化改造工程建成通车，姜堰区南绕城快速化改造工程进入上部结构施工阶段，全年完成钻孔灌注桩1574根、承台126个、墩柱97个、箱梁预制394榀。东风北路快速化改造工程完成图纸审查。泰州市至北京市、上海市动车开通。周山河公交停保场、刁铺公交枢纽站完成开工准备，城东公交枢纽站项目完工。“好巴士”公交1号线建成投运。采购投运新能源公交车180辆，投放共享单车（助力自行车）10000辆。

就业服务。市区实现新增就业4.42万人，其中海陵区1.22万人、高港区1.15万人、姜堰区1.21万人、实施医药高新区8477人。开发就业见习岗位7875个。

社会保障。实施低收入家庭大重病患者纳入最低生活保障制度。完成特殊困难老年人家庭适老化改造1084户。市区困境儿童权益保障和成长关爱实现全覆盖。

基础教育。完成淤溪小学、市二附中、大伦初中和仲院初中改造项目建设，柴墟幼儿园主体封顶，胡庄幼儿园完成主体工程，海陵区城东小学春晖校区项目推进加快，陈庄幼儿园、凤凰小学南校区、泰州实验学校北校区完成开工准备工作。

医疗保障。市第五人民医院（脑科医院）在建，市妇幼保健院完成招投标，市中医院二期工程完成地下负一、二层结构施工。海陵区城南街道社区卫生服务中心、高港区刁铺街道社区卫生服务中心、姜堰区顾高镇中心卫生院（新址）项目完工。建立职工医保补充保险制度，全年减轻参保人员医疗费用负担1462万元。

健身设施。市体育馆改造项目完成图纸审查，新增（更新）健身设施60处。凤城河内环游步道建成投用。

宜居环境。改造老旧小区30个。完成29座公厕管网改造。建成市区运河路绿化、海军东路绿带、西南城河风光带（西仓桥南侧）、西城河照明亮化、永定路西段景观绿化提升工程。

饮水安全。建成泰州二水厂、三水厂自来水深度处理工程。

食品卫生。建成"阳光宴会厅"49家、"阳光菜篮子"智慧农贸市场26家、"阳光食堂（厨房）"1103个，开展食品安全抽检5426批次。

公共服务。建成投用市、区两级24小时公安综合办证自助服务区5家。

【民生幸福"十大行动"】 2020年8月7日，中共泰州市委五届十次全会提出，在就业创业、教育、医疗、养老、宜居生态等领域实施"就业创业促进行动""优质教育普惠行动""医疗水平提升行动""养老服务补短行动""宜居品质升级行动""美丽泰州建设行动""文化发展惠民行动""体育为民突破行动""基本民生保障行动""社会治理创新行动"民生幸福"十大行动"。2020年，泰州市完成脱贫攻坚任务，通过省级考核验收；获批国家基本公共服务标准化综合试点；发放创业贷款9.6亿元，新增城镇就业10.2万人；完成省人社一体化信息平台和综合柜员制改革试点，实现省内及长三角异地就医门诊直接结算，单病种付费种类增加至270种；推行困境儿童精准排查保障"3+4+N"模式，发放价格临时补贴1.4亿元；新开工保障性住房2万套；组织文化惠民活动2000多场，发放旅游（餐饮）消费券5000万元；新（改扩）建幼儿园及中小学60所，义务教育学校建设达标率100%，高中阶段优质学校比例88.6%，南京中医药大学泰州校区正式招生；组建11家医联体和五大救治联盟，创成省级临床重点专科8个，实现省级以上慢性病综合防控示范区全覆盖；为35.7万老年人提供居家养老上门服务；实施社会治理"码"上行动，探索专职网格队伍建设；出台"无黑城市"创建标准，扫黑除恶专项斗争完成收官战。（吕　明）

决策部署

【市委五届十次全会】 2020年8月7日，中共泰州市委五届十次全会召开，听取市委常委会《坚持苦干实干奋勇攻坚克难 努力建设人民满意的幸福城市》工作报告，印发《关于切实提高民生服务保障水平的八条措施》，审议通过全会《决议》。全会高举习近平新时代中国特色社会主义思想伟大旗帜，深入贯彻党的十九大和十九届二中、三中、四中全会、全国两会和省委十三届八次全会精神，总结上半年工作，部署下半年任务，动员全市上下围绕"一高两强三突出"（实现人民满意的高质量发展；做强产业，做强城市；突出产业强市、特色发展，突出项目为王、质量至上，突出城乡协调、一体发展），埋头苦干、真抓实干，高水平全面建成小康社会，夺取疫情防控和经济社会发展"双胜利"，建设人民满意的幸福城市；要求下半年重点做好精准推进疫情防控、全力稳住实体经济、攻坚突破重大项目、加快推进园区改革、切实加强风险防范5个方面工作；发出民生"四问"，提出"民生十大行动"，要求践行以人民为中心的发展思想，通过"三步走"，努力建设人民满意的幸福城市。

【市委五届十一次全会】 2020年12月30日，中共泰州市委五届十一次全会召开，听取市委常委会《担当新使命奋进新征程 努力开创幸福泰州高质量发展新局面》工作报告和《中共泰州市委关于制定泰州市国民经济和社会发展第十四个五年规划和二〇三五年远景目标的建议（讨论稿）》（以下简称《建议》）说明，部署当前和下一阶段工作，讨论市委常委会2020年度抓党建工作情况报告，审议通过《建议》和全会《决议》。全会高举习近平新时代中国特色社会主义思想伟大旗帜，全面贯彻党的十九大和十九届二中、三中、四中、五中全会以及中央经济工作会议、省委十三届九次全会精神，深入落实习近平总书记视察江苏重要讲话指示精神，总结2020年工作，研究部署"十四五"和2021年工作，动员全市上下推进"一高两强三突出"，以"争当表率、争做示范、走在前列"的使命担当，开启全面建设社会主义现代化新征程；要求2021年做好疫情防控、提升产业能级、统筹城乡发展、民生工作、建设美丽泰州、推进市域社会治理现代化6个方面工作；提出"举全市之力建设中国医药城，打造全国领先的地标产业。"

【全市领导干部会议】 2020年6月1日，全市领导干部会议召开，通报泰州市出席会议代表履职情况，学习贯彻十三届全国人大三次会议和全国政协十三届三次会议精神，要求将学习贯彻习近平总书记重要讲话和全国两会精神作为当前和今后一个时期重大政治任务，准确领会两会作出的重大判断和重要安排，创造性贯彻落实，做好"六稳""六保"、项目建设、园区改革、民生改善、安全稳定工作。

【全市"不忘初心、牢记使命"主题教育总结大会】 2020年1月13日，全市"不忘初心、牢记使命"主题教育总结大会召开，总结主题教育工作，部署巩固主题教育成果、推进全面从严治党、加强党的建设工作。会议要求学习贯彻习近平总书记在中央主题教育总结大会上重要讲话精神，将"不忘初心、牢记使命"作为永恒课题、终身课题，推动主题教育播下的种子在泰州深深扎根、茁壮生长，砥砺实干作风，破解困难挑战，谱写高质量发展新篇章；办好民生细致活，做到以百姓心为心；抓牢主责主业，纵深推进全面从严治党；将泰州发展不断推向新的高度、干成群众想要的样子。

【全市产业强市推进大会】 2020年4月9日，全市产业强市推进大会召开。会议要求，全市上下将产业发展摆在全局重要位置，提高产业发展质量和水平，书写产业强市新篇章，为开创泰州"强富美高"实践新局面奠定坚实基础；以生物医药和新型医疗器械、高端装备制造和高技术船舶、化工及新材料三大先进制造业集群为重点，建设长三角先进制造业基地，建成特色鲜明、具有较强国际竞争力现代产业名城；要系统谋划产业强市，聚焦园区项目、聚力创新创优、聚合政策资源。会议表彰2019年度全市工业经济与开放创新工作先进单位和个人，印发《关于打造三大先进制造业集群推进产业强市的实施方案（2020~2022年）》《企业科技创新积分管理办法》《关于进一步做好稳外资稳外贸工作的意见》《创新创业人才评选办法》等。

【全市庆祝中国共产党成立99周年暨抗疫优秀党员表彰会议】 2020年6月29日，全市庆祝中国共产党成立99周年暨抗疫优秀党员表彰会议召开。会议激励全市广大党员干部继续弘扬实干争先的昂扬斗志和干事创业的火热激情，围绕市委“一高两强三突出”决策部署，争当新时代奋进者、奔跑者、开拓者、奉献者，为奋力夺取疫情防控和经济社会发展“双胜利”、实现人民满意的高质量发展贡献更多力量。

【市委人大工作会议】 2020年10月16日，市委人大工作会议召开。会议要求，学习贯彻习近平总书记关于坚持和完善人民代表大会制度重要思想，全面落实省委人大工作会议精神和省人大常委会相关工作会议要求，发挥人民代表大会制度的独特优势，开创新时代全市人大工作新局面，为推进“一高两强三突出”（实现人民满意的高质量发展；做强产业，做强城市；突出产业强市、特色发展，突出项目为王、质量至上，突出城乡协调、一体发展）、建设人民满意的幸福城市作出更大贡献。会议印发中共泰州市委《贯彻落实省委〈关于加强新时代人大工作和建设的意见〉实施细则》和泰州市人大常委会党组《人大代表工作站（人大代表之家）建设和工作规范》。

【开发园区改革部署】 2020年2月28日，全市开发园区改革工作座谈会召开。会议要求，围绕专业化、集群化、高端化、国际化发展方向，推进开发园区机制体制改革，确保园区改革改出活力、改出效率、改出经济发展新动力；科学把握园区改革总体目标和要求，去行政化，走公司化运营、企业化管理、市场化运作、专业化服务道路，推进“两集中”（人员和资源要向招商一线集中、向服务一线集中）和“三剥离”（非主营业务逐步剥离、非产业化功能加快剥离、非必要办事机构坚决剥离）。

【做强城市 迎接省运会】 2020年5月14日，全市做强城市暨迎接省运会推进大会召开。会议要求，构建“一核三极三城”空间架构，做强中心城市，提升城市竞争力和人民生活质量，建设人民满意的幸福之城；提升城市的竞争力和人民群众生活质量，让城市强在产业承载力、公共服务质量、生活环境、文化文明、中心城市发展；推动中心城市大发展，构建城镇体系格局，推进基础设施建设、实现生活品质提升。会议印发《关于支持市区高端服务业聚合发展的若干意见》。

【全国文明城市创建】 2020年5月15日，全市深化全国文明城市创建工作大会召开，通报全国文明城市长效管理测评情况。会议要求，打好全国文明城市创建复评攻坚战，冲刺全国文明城市三连冠；组织实施“十项重点工程”，提升城市形象环境；深入培育和践行社会主义核心价值观，全面提升市民文明素质；深化群众性精神文明创建，努力提高社会文明程度；改善社会文化环境，促进未成年人健康成长；加快实施乡风文明提升工程，持续提升全域创建水平。

（吕 明）

全面深化改革

【概况】 2020年，泰州市实施110个改革事项，推进经济体制、优化营商环境、生态文明体制、农村领域、社会民生领域、文化体制、党的建设制度和纪检监察体制改革，改革整体效应显现。

【经济体制改革】 2020年，泰州市将园区改革作为头号改革任务，“两集中三剥离”基本完成，13个改革园区机构数、员额人数分别精简20.7%、27.2%，非经济岗位人员占比降至20%以下。在全国地级市率先出台《企业科技创新积分管理办法》，将原分散在不同部门科技创新政策集中折算成“积分红利”。推进国家级金融改革试点，发布全国首个区域产业金融发展指数，建立全省首家首贷中心，举办首届“凤城合伙人”创投峰会，上交所资本市场服务基地、江苏股交中心分中心落户泰州。推进长江经济带大健康产业集聚发展试点，与北京大学开展战略合作，共建北京大学医学部（泰州）医药健康产业创新中心。

【营商环境改革优化】 2020年，泰州市全面启动“一件事”改革（以企业、群众办好“一件事”为目标，形成“一窗受理、一次告知、一表申请、一套材料、一次提交、一次反馈、一次分办、一窗出件、一号服务、一键评价”办理模式），制定“一件事”清单110个，线上政务服务事项平均办理时间压缩90.3%。创新设立“重大项目服务部”，每月会办重大项目建设疑难复杂问题。创新设立企业疫情防控驻厂员并固化为企业服务专员制度，开发“泰企通”2.0版本，获省委主要领导肯定。

【生态文明体制改革】 2020年，泰州市投入32亿元，实施“健康长江泰州行动”，开展长江生态修复、沿江水体治理、农业农村污染治理、污水治理、长江入河排污口分类整治、沿江化工行业整治、港口船舶污染治理、沿江船舶污染治理、沿江地区危废物处置九大专项行动，举办首届健康长江（泰州）高峰论坛，运行“健康长江泰州行动”大数据平台和指挥中心，创成全省第三个“国家生态文明建设示范市”，生态环境保护“泰州经验”获生态环境部、省领导肯定。

【农村领域改革】 2020年，泰州市91个乡镇（街道、园区）、1436个涉农村（居）全面完成农村集体产权制度改革，核清村级集体总资产177.89亿元，清理集体经济合同3.25万份，确认集体经济组织成员398.6万人，量化集体经营性资产54.19亿元，发放股权证书117.5万份，发放率100%。

【社会民生领域改革】 2020年，泰州市建设人民满意的幸福城市，出台“民生八条措施”，实施“民生十大行动”，获评“2020中国最具幸福感城市”。深化教育体制机制改革，推进教育集团化办学，新（改扩）建幼儿园及中小学60所，义务教育阶段学校56人以上大班额比例下降为零。深化医药卫生体制改革，推进泰兴市、兴化市等国家紧密型县域医共体试点，组建11家医联体和五大救治中心联盟，实现省级以上慢性病综合防控示范区全覆盖。推进基本医疗保险和生育保险市级统筹，开展市区职工医保补充保险试点，实现全省及长三角地区异地就医门诊直接结算，提高城乡低保标准、养老保险待遇、医疗救助比例。率先出台“无黑城市”创建标准，扫黑除恶专项斗争取得决定性胜利，群众安全感、法治建设满意度继续居全省前列，获评“全国首批市域社会治理现代化试点城市”。靖江市、泰兴市、兴化市、姜堰区4家县级融媒体中心挂牌，在全省率先实现县级融媒体中心挂牌全覆盖。

【党的基层建设制度改革】 2020年，泰州市推进村书记专职化管理省级试点，2次在全省大会交流。围绕“党建+社会治理”，立项实施乡镇党委“书记项目”101个，解决基层治理难题300多个，被省委党校列为教学案例。

（吕　明）

效能建设

【重大决策贯彻落实】 2020年，泰州市开展习近平总书记对江苏重要指示批示贯彻落实情况“回头看”。制定市委全会报告、市人代会报告重大决策部署任务分解清单，纳入年度综合考核。实施市委主要领导重要批示督查机制，逐条跟踪督办。排查民生问题，计划当年解决的94项突出民生问题全部解决。出台《中共泰州市委关于切实提高民生服务保障水平的八条措施》，成立“民生幸福行动指挥部”，督查推进“民生十大行动”。年内，开展“三比一提升”项目核查、园区体制机制改革督查。

【基层减负增效】 2020年，泰州市出台基层减负具体措施，明确牵头单位、责任单位和阶段性目标。围绕中央和省市疫情防控各阶段重点任务，落实严明纪律严防疫情防控工作中形式主义官僚主义问题“七个严禁”要求，督促各地各部门自查自纠，推动整改问题31个。精简文件会议，通过党政专题会议、市四套班子秘书长会议等沟通会商重要事项，减少决策流程、会议议题、会议数量。构建涵盖“市县镇村”四级动态监测体系，实施“月督查、季通报”，监测各地各部门发文、会议情况，全年文件、会议数量分别比上年下降18.4%、24.6%。制定年度督查检查考核计划，其中督查检查计划40项、考核计划14项，加强督查检查考核计划管理和监督执行，严禁各部门（单位）擅自开展计划外督查检查考核。规范移动互联网应用程序，整治“指尖上的形式主义”，全市政务新媒体减少16个，城市综合服务“祥泰码”APP整合全市34家部门、286项服务应用。

【作风效能提升】 2020年，泰州市落实《聚焦企业关切进一步优化营商环境行动方案》《优化营商环境重点任务清单》，出台《市级机关部门（单位）优化营商环境考核办法》，常态化开展督查考核，推动市委、市政府优化营商环境各项目标任务落地见效。实施双向激励，评选“骏马奖”4批49个单位、集体和个人，认定“蜗牛奖”2批8个单位。开展日常督查，持续播出《到问题现场去》栏目，全年播出问题曝光和追踪反馈60期。针对群众重点诉求解决、民生补贴补助发放、省运会场馆建设进度、城市违建问题整治、省环督改办通报问题整改等，编发《泰州督查专报》14期。开展改革创新项目评选，通报表彰市级机关部门（单位）改革创新项目65个。

2020年度泰州市获改革创新特等奖、一等奖项目名录

特等奖（3个）

深化园区改革工作
获奖单位：市商务局
　　　　　市委编办
配合部门：市委组织部

重点开发园区项目建设“三比一提升”行动
获奖单位：市发展改革委
配合部门：市政府办
　　　　　市效能办

创新设立驻厂员制度　全力服务复工复产
获奖单位：市工信局
配合部门：市委组织部
　　　　　市政府办

一等奖（10个）

天空地一体，守护泰州蓝
获奖单位：市生态环境局

打响“标准”牌，质量大突破
获奖单位：市市场监管局

创新打造“石榴籽工作室”倾力维护民族大团结
获奖单位：市公安局
配合部门：市民宗局

多元注资“泰小微”助力发展大作为
获奖单位：市财政局

深化“三务”融合、塑造“泰”系列民生品牌
获奖单位：市委市级机关工委
配合部门：市委办

实施科技创新积分管理，激活企业创新“大能量”
获奖单位：市科技局

提升安全治理能力完善安全治理体系的泰州实践
获奖单位：市应急管理局

建立“3+4+N”困境儿童精准排查和保障泰州模式
获奖单位：市民政局

“拆墙透绿”：打造没有围墙的“花园城市”
获奖单位：市住建局

全面推行“党建+路长制”工作
获奖单位：市城管局

配合部门：海陵区
泰州医药高新区

（吕　明）

政策研究

【概况】 2020年，泰州市制定《关于构建大调研工作机制的实施意见》，召开全市大调研工作推进会，成立党的建设等8个专业研究小组，确定全市首批调研基地64家。围绕“十四五”规划编制和经济社会发展重点难点问题，实施推进园区体制机制改革、深化金融改革试点等全市重点调研课题37个，其中市领导牵头负责16个，调研成果转化为各领域工作思路、改革方案和政策举措。调研高新区体制机制改革、疫情防控总结反思、扬泰协同发展、高新区企业和人才流动情况以及塑造“泰”系列民生服务品牌、原料药基地建设等；专题调研园区公司化改革、“健康长江泰州行动”等。全年形成各类调研报告20多篇，其中，《高新区企业和人才流动情况调查报告》转化为政策，《守护母亲河的泰州行动》等4篇调研报告在省级刊物刊发。全年编发《泰州内参》13期。

2020年泰州市委重点调研课题情况表

表5

课题名称	责任部门（单位）
推进园区体制机制改革	市委组织部、市委编办
深化国家金融支持产业转型升级改革试点	市地方金融监管局
开展有事好商量“一平台三联系”活动，推动政协协商与基层协商有效衔接	市政协办
健全完善农村人居环境整治长效机制	市农业农村局
深化纪委监委派驻机构和国企、高校纪检监察机构改革	市纪委监委
构建具有鲜明泰州特色的文化体系	市委宣传部
建立市（区）、园区、企业和群众对机关部门履职服务评价机制	市效能办
推进政法领域全面深化改革	市委政法委
构建“党建+基层治理”工作机制	市委组织部
探索推进泰州医药高新区园区管理体制改革	医药高新区
推进人大代表履职规范化和制度化建设	市人大办
深化公共卫生体制改革	市卫健委
深入推进国家农业绿色发展先行区建设	市农业农村局
深化公安执法权力运行机制改革	市公安局
天空地一体 守护“泰州蓝”	市生态环境局
推行企业科技创新积分管理办法	市科技局
全面总结疫情防控工作，推动泰州治理体系和治理能力现代化系列研究	市委研究室
围绕“十四五”规划开展重点领域系列调研	市发展改革委
坚持党建引领，塑造“泰有”系列民生服务品牌	市委市级机关工委、市委党校
泰州城市形象塑造和推广的调研	市委宣传部
关于完善网格化社会治理的调查研究	市委政法委
关于推动扬泰两市协同发展的调研思考	市委研究室、市发展改革委

续表5

课题名称	责任部门（单位）
深入推进泰州义务教育阶段集团化办学的调研	市教育局
打造泰州市原料药生产基地的思考和建议	市工信局
优化泰州市科技创新财政投入机制研究	市财政局
关于推进城建体制创新，促进市区一体协同发展的调查与思考	市住建局
国土空间规划服务经济社会发展的研究和思考	市自然资源和规划局
以系统化思维谋划泰州国资国企改革发展之路的调研	市国资委
工程领域推行第三方评估的探索与思考	市行政审批局
关于利用资本杠杆助推产业转型升级的思考	市地方金融监管局
关于新形势下精准推进全市农村水利建设与管理的调查研究	市水利局
更高标准提升城市品质的研究	市市场监管局
以筹备省运会为总抓手，推动人民满意的体育高质量发展的调研	市体育局
园区及项目建设的启示——以泰兴市为例	市委研究室
推动构建垃圾分类收集运输处置体系的调研	市城管局
泰州市人才吸引力提升机制研究——基于泰州籍在外高校生返泰就业创业及泰州本地高校毕业生留泰就业创业意愿调查	泰州调查队

【全市大调研工作推进会】 2020年4月7日，全市大调研工作推进会召开。会议要求跨部门协作、多层次联动、制度化推进、高效率运作，构建协作机制、选题机制、推进机制、转化机制、保障机制，推动全市调研工作上下联动、内外协作、专兼结合、优势互补。会议按大调研工作机制新部署、新要求，部署全年全市重点调研课题。

（吕　明）

组织工作

【概况】 2020年，泰州市有基层党组织1.61万个，其中基层党委609个、党总支1672个、党支部1.38万个；乡镇党委67个，街道党工委23个；村党组织1167个，涉农社区党组织308个，城市社区党组织213个。有党员29.19万人，占全市人口数5.8%。有县处级领导干部996人，其中市级机关794人、市（区）202人；平均年龄52岁，其中40岁以下30人；女干部124人，党外干部56人；大学以上学历953人，其中研究生学历325人。

【干部队伍建设】 2020年，泰州市落实激励干部实干担当六条措施，市委、市政府领导每人挂钩服务1个重大项目、化解1个重点信访事项、排除1个重大安全风险隐患，每季度向市委常委会汇报1次“三个一”履责情况。开展园区领导班子实干绩效考察，开通重大项目进展专报“直通车”。落实领导班子建设《规划纲要》，调整7名市（区）党政正职、14名市级机关部门“一把手”。突出正反双向激励，评选“骏马奖”，认定“蜗牛奖”。落实职务职级并行制度，市一级实施职级晋升1305人，编发“三项机制”典型案例36期、204个。出台加强干部政治表现考核评价、防止“带病推荐”等意见办法。选派近300名组工干部到疫情防控一线，分阶段专项考察一级响应、企业复工、“防”“放”结合等单元，175名干部得到提拔或晋升职级。落实《2018~2022年泰州市干部教育培训规划》，举办十九届五中全会精神读书班、中青年领导干部研讨班等主体班次33个，举办专家型中层干部训练营。两次召开年轻干部专题座谈会，选派第四批33名年轻干部到园区墩苗锻炼，深化年轻公务员成长计划。首次召开全市干部监督工作会议，探索建立干部监督档案，对900多名市管干部实行“一人一档”，推行重要事项即时报告。

【基层党组织建设】 2020年，泰州市实施对标对表、党性淬火、奋斗先锋、亮剑攻坚、激励关爱“五大行动”。制定“战疫六项措施”，组建党员突击队1860多个，开展“六专助六保”行动。选派188名扶贫、乡贤“第一书记”，连续第10年举办村干部“培训周”，推动201名“强雁”、1906名“雏雁”进村（社区）“两委”班子。实施基层干部“三化”建设，姜堰区1400多名村干部全员专职化，全市1750名社区工作者纳入“三岗十八级”，分级认证“两新”组织党务工作者528人。立项实施乡镇党委“书记项目”，组织“家家到”观摩，开展“十佳书记项目”

述比，推动解决基层治理难题300多个。实施党支部“标准+规范”建设，推行党委（党组）书记“联支强基”，举办第三届“泰州红课”大赛，评选“十佳”主题党日。制定党员政审负面清单，组织7.5万名党员参加“我是党员、奋斗有我”主题轮训，向29.1万名党员发放《党性考核证》，在全省率先推出新中国成立前老党员系统医疗帮扶政策。

【市级机关党组织建设】 2020年，泰州市市级机关各级党组织推进党务业务服务“三务”融合，建设“泰”系列民生品牌。至年末，市委市级机关工委辖党组织71个，其中机关党委39个、总支部13个、支部19个；有中共党员1.10万人，其中女党员2790人、具有大专以上学历党员8227人、35岁以下党员2465人。全年新发展党员130人，预备党员转正116人。

思想建设。在市级机关组织开展学习习近平新时代中国特色社会主义思想系列活动，举办党的十九届五中全会精神宣讲报告会，开展“学用新思想”答题竞赛。开展《习近平谈治国理政》（第三卷）学习宣讲活动和“点赞中国之治——从抗‘疫’大考看制度优势”演讲比赛。开展市级机关部门（单位）党组（党委）理论学习中心组巡学旁听活动，分10个组全覆盖巡学旁听。开展各部门（单位）党组织落实意识形态工作自查和分析研判2次，形成专题报告。开展“爱读书、善读书、读好书”读书学习活动、“世界读书日，图书进机关”活动，发放书籍7000多册，推荐学习书籍18册。建设“学习型机关报告厅”平台，举办专题报告会。多形式宣传制止餐饮浪费、《泰州市文明行为条例》，开展国家安全日、社会信用体系等宣传教育。

组织建设。印发《市级机关建设“三个表率”模范机关行动计划》，开展市级机关党组织书记述职评议考核。举办“我是党员、奋斗有我”党员轮训班3期，1000多名党员参训。举办党员发展对象培训班、新党员党性教育培训班和新任机关党组织书记培训班，600多人次参培。

作风建设和党风廉政建设。市级机关党组织全年运用“第一种形态”红脸出汗咬耳扯袖545人次，“第二种形态”党纪轻处分、组织调整47人次，“第三种形态”党纪重处分、重大职务调整13人次，“第四种形态”严重违纪涉嫌违法立案审查4人次。开展市级机关党费收缴使用情况专项检查。开展“党风廉政教育月”活动，组织观看纪律教育专题片、上廉政党课、参观廉政教育基地、旁听庭审职务犯罪等。市级机关30个志愿突击队2000多名党员，在全市重点交通卡口、居住小区参与疫情防控；1800多名市级机关党员疫情防控期间在全市962个为民服务窗口岗位开展服务，55名市级机关党员“驻厂员”驻点企业。组织市级机关党支部举办“优良作风服务‘六保’，夺取‘双胜利’”专题组织生活会。开展党员无偿献血、挂钩扶贫“再走访”、“718”普法志愿服务等活动。

“泰”系列品牌建设。在市级机关建设“泰”系列民生品牌，出台《市级机关深化“三务”融合 塑造“泰”系列品牌两年行动计划》，以泰优教、泰爱才、泰满意、泰惠农、泰有爱、泰佑康、泰宜居、泰水韵、泰有礼、泰平安10个品牌为统领，向教育、卫生、住房、就业、民生保障等条线延伸，建成“泰”系列品牌30多个。

【离退休干部党组织建设】 2020年，泰州市开展离退休干部党组织星级化创建，至年末，评定“三星级”离退休干部党支部479个、“四星级”109个、“五星级”30个，全市618个建制性离退休干部党支部全部创成“三星级”以上党支部、通过省委老干部局“六有一提升”达标验收，离退休干部党组织“星级矩阵”初步形成。其中，7个离退休干部党支部被评为全省“六有一提升”示范党支部。市委老干部局、泰兴市、高港区、姜堰区4家党建案例获评“全省离退休干部党建创新典型案例”。

【人才工作】 2020年，泰州市在全省率先实施人才工作“书记项目”，市（区）、园区党（工）委书记领办“产才融合”项目30个。开展生物医药“一赛两会”、“产业强市·央地合作”北京人才对接、“双招双引双月赛”、“智汇泰州、创赢未来”云创云投云聘活动，集聚高层次人才2836人。开展“走进本地高校、助力就业创业，走进园区企业、助力‘三比一提升’，走进乡间田头、助力乡村振兴”人才专项行动，被央视推介报道。建设“泰爱才、最‘州’到”服务品牌，落实党委联系服务专家人才“五必访”制度，慰问400多人次；举办第二期“爱国·奋斗·奉献”主题学习会，发放“凤城英才卡”622张，高层次人才就医“全程陪诊”，子女读书“学额奖励”。至年末，全市有高层次人才5.33万人；集聚国家重大人才工程A类人才229人，其中自主申报18人；自主申报国家重大人才工程B类人才5人；入选省“双创人才”239人、“双创团队”16个、“双创博士”158人。全年市本级人才发展专项资金1亿元。

【公务员管理】 2020年，泰州市编制公务员考录职位计划506个，其中市级机关（含参公管理）82个、市（区）机关（含参公管理）328个、乡镇（街道）机关96个；录用492人。出台公务员平时考核实施办法，平时考核与年度考核“双挂钩”，实现平时考核全覆盖。

【综合考核】 2020年，泰州市考核办实体化运行。全市综合考核居全省第六位，获唯一“争先进位奖”。完善综合考核体制，调整省考市考权重配比。建立月度单元推进机制，配套建立“点调”制度。“考人、考事、考单位”结合，出台综合考核奖惩办法，完善公众评价体系。

（陆烨菲）

宣传工作

【概况】 2020年，泰州市将学习贯彻习近平新时代中国特色社会主义思想作为首要政治任务，学习宣传贯彻党的十九届四中、五中全会精神以及习近平总书记视察江苏重要讲话指示精神，市委中心组集体学习20次、专题交流研讨7次。制定《中心组学习巡学旁听实施办法》，县处级中心组实现巡学督查全覆盖。开展党的十九届五中全会精神、“我身边的小康”等宣讲活动5000多场次。在“学习强国”学习平台推出“纪念黄桥战役胜利80周年”专项答题，全年用稿量居全省第二位。开展“江海文化”“强产业”“强城市”等专题研究，研究报告《泰州江海文化基因溯源》获省委主要领导批示。建设梅兰芳、泰州学派、里下河文学等城市文化品牌，举办原创京剧《梅兰芳·蓄须记》全国巡演暨文旅推介、泰州学派学术峰会、第八届全国里下河文学流派研讨会，出版《幸福水天堂》，创作“幸福水天堂”城市宣传歌曲。出台《泰州市大运河文化保护传承利用实施规划》，举办古盐运河文创节，泰来面粉厂工业遗址复兴项目等文化重点工程、重点项目开工。开展文化发展惠民民生幸福行动，文化惠民演出惠及群众超40万人次。制定《2020~2021年泰州市文艺作品创作规划》，歌曲《杨根思》、舞蹈《大辫子姑娘》、快板书《鸿蒙破晓》等9个作品获第十四届江苏省“五星工程奖”，原创京剧《梅兰芳·蓄须记》获紫金文化艺术节优秀剧目奖、优秀表演奖。推进公共文化服务阵地建设，全市建成城市书房30多家、数字农家书屋1633个。推进文旅融合发展，泰州文化创意产业园、中国黄桥乐器文化产业园通过省级复核，泰州早茶博物馆开馆，泰州凤城河风景区、靖江滨江新城休闲水街入选首批省级文旅消费集聚区。

【新闻舆论引导】 2020年，泰州市开展“认真学习贯彻党的十九届五中全会精神”“五中全会在基层”“践行嘱托开新局——争当表率、争做示范、走在前列”等专题宣传，展示泰州市贯彻落实党的十九届五中全会精神、践行总书记嘱托实际行动和案例。开展“打好脱贫攻坚战、全面建成小康社会”全媒体新闻行动，推出“聚焦‘六稳’聚力‘六保’”“奋力书写‘一高两强三突出’新答卷”等重点专栏。围绕夺取疫情防控和经济社会发展“双胜利”，统筹开展新闻宣传和社会宣传。推出民生项目满意度排行榜。年内，靖江市、泰兴市、兴化市、姜堰区4家县级融媒体中心通过省级验收，市级“三微一端”粉丝总数突破400万，“e体同心”自媒体工作室获评“全省互联网行业党建示范工作室”。

【城市宣传】 2020年，泰州市健全新闻发布制度。在《人民日报》《人民日报》（海外版）及人民网用稿300多篇，央视用稿90多条，《新华日报》头版用稿40多条，江苏卫视《江苏新时空》用稿超200条，央视《新闻联播》、新华社等多次报道泰州市复工复产经验做法。组织“上海媒体泰州行”“北京媒体泰州行”等活动，多角度展示泰州发展成绩和城市文化，泰州获评“2020中国最具幸福感城市”。与上海广播电视台合作摄制《星旅途》《人气美食》等专题节目。出版《中国国家人文地理——泰州》、纪念邮册《幸福泰州》，制作刊播《泰州早茶 早来泰州》《泰州等你来》城市形象片。

【核心价值观弘扬】 2020年，泰州市出台《贯彻落实〈新时代爱国主义教育实施纲要〉三年行动方案》。开展“泰州市纪念杨根思烈士牺牲70周年”系列活动，获全省宣传思想文化工作创新奖。在全省第二届红色故事宣讲活动中金牌总数居设区市第二位。实施《泰州市文明行为条例》，出台全国首个《公勺公筷使用规范》地方标准。组织“十行百星”“最美人物”和身边好人选树宣传，1人获评“全国最美退役军人”，7人获评“江苏省最美人物”，1人获评“江苏省岗位学雷锋标兵”，6人获评“中国好人”，24人（组）获评“江苏好人”。

【文明城市创建】 2020年，泰州市建立健全文明城市创建常态长效机制，实施深化全国文明城市创建“十项重点工程”，以地级市第四成绩实现“三连冠”，获中央文明办通报表扬。建成新时代文明实践中心（所、站）1680家，全市新时代文明实践中心（所、站）建设实现全覆盖。成立泰州市志愿服务联合会，全市开展志愿服务活动9.9万场，参与志愿者162万多人，姜堰区“解语花”少数民族妇女扶助志愿服务项目获省志交会金奖。举行“三下乡”集中慰问服务活动，捐献各类物资73万元。

【“泰有礼”全民主题实践活动】 2020年，泰州市开展“泰有礼”全民主题实践活动，培育和践行社会主义核心价值观。

大爱泰州建设。评选“感动泰州

2020年11月29日，泰州市少先队员参加杨根思烈士牺牲70周年祭扫缅怀活动

（市委宣传部　供图）

十大人物”，开展“我推荐我评议身边好人”选树宣传。开展公民道德建设月系列活动，举行启动仪式暨广场道德讲堂，发布活动100多项。以“致敬防疫先锋”“礼赞防疫一线的‘活雷锋’”等为主题，举办网络道德讲堂总堂活动16期，网易泰州、“文明泰州”微信公众号网络直播，20多万人次参与。其中，道德讲堂短片《暖心关爱抗疫情》网络点击率超100万人次。宣传泰州“爱心包子”故事，推出《战疫情，泰州好人挺身而出》系列报道。实施未成年人思想道德建设，承办江苏省乡村学校少年宫优秀成果展演、全省中央专项彩票公益金支持乡村学校少年宫项目骨干人员培训班、江苏省未成年人10岁成长仪式示范观摩活动。

志愿泰州建设。将经济困难家庭、隔离家庭、一线防控人员家庭和老年及未成年人作为重点对象，实施“五关爱暖心行动”，提供生活必需品“无接触配送”、订送餐、送医送药、捐赠学习用品等服务，开展活动3100多场，惠及困难家庭5200多个。全市近60万志愿者参加疫情防控。参加省第五届志愿服务展示交流会，全市15个项目入选省集中展示项目，2个项目重点展示，2个项目作为精品项目在全省推介，获金奖1个、银奖1个、铜奖3个。

文明习惯养成教育。开展健康理念、传染病防控知识宣传。编印、宣传和推广《泰州市民文明手册》，召开诚信缺失突出问题专项整治工作推进会，制定《〈泰州市文明行为条例〉贯彻落实联席会议制度》，梳理不文明行为重点治理清单，集中治理重点不文明行为。发布《“一二三四”齐步走 一起养成健康文明好习惯》倡议，通过新闻媒体、公益广告、视频短片等形式宣传。设计制作“使用公勺公筷”公益广告海报和视频短片，免费发放公筷10多万双，开展餐饮企业从业人员公勺公筷推广和文明用餐礼仪培训，120名市（区）重点餐饮企业负责人参培。

心理健康咨询。组织120多名心理学专家、国家注册心理咨询师等成立“泰阳光”心理咨询志愿服务队，通过线上咨询、微信公众号、热线电话、知识普及等形式，为近1000名市民群众提供心理咨询服务。在“泰州发布”“我的泰州”等公众号、APP，推出《疫情防控，阳光守护》抗击疫情电台特别节目和疫情应对心理健康常识、市民心理困惑问答30多篇。开展志愿者网络培训，培训疫情防控心理健康志愿者450多人、社会热心人士8万多人。（颜培照）

统战工作

【概况】 2020年，泰州市统一战线开展“统战‘泰友聚’，同心助发展”实践创新六大行动。实施“汇智·献良策”行动，开展党的十九届五中全会精神宣讲、党外人士学习会、党派联合大讲堂、专题培训班等活动20多场次和重要事项民主协商、议政沙龙等活动。实施“三送·助民企”行动，开展“民企服务月”，“访百企、走千商、献良策、出实招”活动。实施“同心·促和谐”行动，开展民族团结进步宣传月、“丝路石榴红”等活动。开展在泰州市港人及港澳资企业调查。实施“牵手·助脱贫”行动，召开“泰友聚·助脱贫”行动推进会，成立现代农业、民营经济、医疗卫生、法律援助等6支智服队，开展“助力小康，奋斗有我”微视频创意大赛等。实施“聚力·侨爱行”行动，组织海外侨胞及高层次人才到泰州市考察，对接海外人才项目。实施“实践·筑基地”行动，命名刘国钧故居等8家首批全市统一战线教育基地。巩固共同思想政治基础，开展统一战线各类主题教育活动，支持各民主党派、非公经济人士、党外知识分子开展“不忘合作初心，继续携手前进”等主题教育活动、理想信念教育活动50多场次。实施理论创新和实践创新，获2020年度全省统战工作实践创新成果奖、理论政策研究创新成果奖。

【多党合作】 2020年，泰州市组织开展重大决策征求意见、对口联系、经济社会发展情况和党风廉政建设情况通报等活动8场。开展“党派议政沙龙”等交流研讨活动，形成调研报告、提出意见建议等160多件（条）。创新“党派联合大讲堂”内容和形式，开展党派故事系列宣讲活动。实施“双培育·双提升”计划，全市民主党派骨干成员培训班首次纳入市委党校秋学期主体班次。

【党外代表人士队伍建设】 2020年，泰州市举办市及市（区）党外干部培训班、读书班等8期，300多人次参训，实现党外干部培训全覆盖、常态化。开展“实践·筑基地”行动，出台《党外干部实践锻炼基地工作管理办法》，新建党外干部实践锻炼基地8个。40多名党外干部参与一线中心工作，建立成长清单40多份。党外领导干部实现应配尽配。

【港澳台统战工作】 2020年，泰州市推进港澳台资企业复工复产，泰州旅港同乡会及港澳代表人士捐款110多万元支持疫情防控。组织“在苏香港人士国情研修班”近40人到泰州市考察，组织全市港澳籍企业家等近20人开展“庆国庆、迎中秋”国情研修暨联谊交友活动，组织在泰州黄埔同学亲属、定居台胞代表开展“庆国庆、迎中秋”座谈联谊活动。创新开展基层组织“结对共建”，泰兴市越街社区、姜堰区中天社区、海陵区翰林童话幼教等基层组织与香港沙田径口之友、九龙深水埗下白田社区、香港金巴仑长老会学校结对共建。

【党外知识分子和新的社会阶层人士统战工作】 2020年，泰州市举办市党外知识分子、新的社会阶层人士、归国留学人员理论研讨班，开展“幸福城市建设”等考察调研。召开全市党外知识分子暨知联会组织建设推进会，完成市知联会换届，建立155名党外知识分子数据库，市委市级机关工委、泰兴市经济开发区、泰州学院成立知联会，全市首家高校欧美同学会在泰州学院成立。召开市新的社会阶层人士联谊会一届三次理事会、全市网络人士统战工作暨新的社会阶层人士统战工作联席会议成员单位会议。组织归国留学人员参加“留学报国、战

'疫'有我"征文活动。召开全市党外知识分子工作实践创新基地建设专题推进会议，创办"泰州万象书院"，建立市知联会会员之家，建成靖江市"马洲艺文馆"、兴化市"儒学同心讲堂"、姜堰区"北当铺"等知联会活动基地，实现市（区）基地建设全覆盖。挂牌成立"泰州市网络人士实践创新基地"，探索建立"网络人士e体同心"工作品牌。组织开展"泰友聚·助脱贫"行动。

【民营经济领域统战工作】 2020年，泰州市制定《民营经济统战工作协调机制实施办法》，召开全市民营经济统战工作协调机制会议暨"民营企业服务月"推进会。在民营经济人士中开展"不忘初心使命、探寻革命足迹"理想信念教育实践活动。驻企服务民营企业、港澳台侨资企业复工复产。开展"访百企、走千商、献良策、出实招"活动，制定《泰州市"民营企业服务月"活动方案》，开展"五心"行动。届中综合评价担任市工商联执委及以上职务101位民营经济代表人士。出台《关于促进工商联所属商会改革和发展的实施方案》。

【侨务】 2020年，泰州市组织侨胞及高层次人才60多人次到泰州市考察交流。推进侨务进"三区"工作，1个园区、2个社区获评"全省侨务工作示范单位"。在《中文导报》《欧洲时报》等海外华文媒体，刊登《兴化调味料：调出中华好味道》《有这样一个城，叫靖江》《"凤凰之城"恭候"陵"来》3个专版。

经贸科技活动。开展"在苏创业中青年海外代表人士国情研修班"走进泰州活动，30余名侨界代表参加。举办江苏侨界代表人士国情考察团泰州行活动，20多名全省重点引进创新创业领军人才、侨界青年骨干和华裔青年代表考察单声珍藏文物馆、中国医药城、江苏省泰州中学、梅兰芳纪念馆、中国人民解放军海军诞生地纪念馆等地。

为侨服务。开展侨企调研恳谈活动，走访靖江市、兴化市、姜堰区侨企9家，召开中国医药城"聚智聚力谋发展"座谈会、高港区电商企业座谈会等。为侨企提供法律服务，举办侨企法律宣讲会，印制发放《涉侨政策法规宣传手册》1000册。

侨爱援助活动。开展海外援助行动，多渠道向泰州籍侨胞和留学生相对较多的国家和地区捐赠防疫抗疫物资。帮扶困难归侨侨眷。泰州市中医专家组建健康顾问团队，为侨胞侨眷开展远程会诊问诊、邮寄健康礼包、提供安宁疗护等服务。

【全市民营经济统战工作协调机制】 2020年，泰州市建立民营经济统战工作协调机制，市委有关领导任组长、市政府分管副市长、市工商联主席任副组长，28家部门单位负责人为成员。11月23日，召开民营经济统战工作协调机制会议暨"民营企业服务月"推进会，再动员、再部署"民营企业服务月"活动，通过《全市民营经济统战工作协调机制实施办法》。

【乡贤共商泰州高质量发展恳谈会】 2020年11月27日，"汇聚乡贤智慧力量 共商泰州高质量发展"恳谈会召开，江苏发展大会嘉宾代表、全市各行业代表40多人围绕泰州市"十四五"规划编制建言献策。会上聘请4人担任"泰州发展大会工作特邀顾问"。 （蔡　宇　冯　倩）

机构编制管理

【概况】 2020年，泰州市推动医药高新区、高港区融合发展，推进开发园区体制机制改革，整合基层审批服务执法力量，实施综合执法体制改革，落实权责清单动态管理，整改编外用工，开展机构编制监督检查，市委编办被省委编办评价为优秀等次。按"严控总量、盘活存量、优化结构、增减平衡"原则，核发空编使用计划554名，财政供养人员只减不增。实施事业单位登记管理，创新"网上办、不见面"登记服务模式，法人年检率、办理准确率、档案归档率均100%。对市委宣传部、市法院等10家单位开展机构编制事项巡察。开展《中国共产党机构编制工作条例》（以下简称《条例》）宣贯，制定《学习贯彻条例"十个一"活动方案》，《条例》纳入党校主体班次培训课程，《条例》解读动画短视频获全市法治动漫微视频作品征集展示活动优秀奖。

【医药高新区和高港区融合发展管理体制调整】 2020年，泰州市按"整合资源、因地制宜、统筹兼顾、平稳有序"原则，制定《关于推进医药高新区和高港区融合发展管理体制改革实施方案》，顶层设计融合后两区管理体系架构。

【开发园区体制机制调整】 2020年，泰州市推进开发园区"去行政化"改革，制定《深化开发园区体制机制改革工作指导口径》。列入"三比一提升"专项考核的19家重点园区中，除泰州医药高新区、高港区6家园区外，其余13家园区完成改革方案报批审核。园区职能机构减少17个，精简20.73%，员额数减少434人，精简27.2%，非经济岗位人员比例均不超过总人数20%。

【基层审批服务执法力量整合】 2020年，泰州市出台《推进基层整合审批服务执法力量的实施方案》，明确7个方面23项工作任务，召开全市改革推进会，举办专题培训班，建设一体化平台。每个乡镇（街道）统筹增加1~2名行政或事业编制，核增行政、事业编制173名，下沉派驻人员2280人。全市89个乡镇（街道）改革实现"三到位"（机构挂牌到位、"三定"规定印发到位、定员定岗到位）。

【城市管理综合行政执法体制调整】 2020年，泰州市按"权责对等、属地管理、重心下移"原则，出台《城市管理综合执法体制改革实施方案》，调整市、市（区）和乡镇（街道）城市管理体制、城市管理职责和综合执法权限，明确城市管理领域实行区一级执法，规范市县乡三级城市管理综合执法队伍设置。

【交通运输综合行政执法体制调整】2020年，泰州市统筹实施交通运输综合行政执法改革和事业单位改革，将市交通运输局公路、航道、超限检测等相关执法管理职责下放至县级市、县改区，人员同步下沉，实行双重管理、地方为主，调整部分市级事业编制补充市（区）交通运输部门工作力量，推动执法力量向基层和一线倾斜。将市交通运输局所辖29家事业单位整合设置为“一支队三中心”，精简机构25家、精简率86.2%，精简事业编制206名、精简率25.2%。

【权责清单动态管理】2020年，泰州市调整市发展改革委、市住建局、市交通局、市卫健委等16个部门275项行政权力事项，在全省率先完成权力清单动态调整。编制市设权力清单，将全市2015年起出台的11部地方性法规、8部地方政府规章列为清单编制范围，公布市设权力事项139项，成为全省首个公布市设权力清单设区市。

【编外用工整改】2020年，泰州市开展市级机关事业单位违规使用编外用工整改，清退24个部门52个单位211名违规使用编外用工。

（严冬生　蒋　乐）

对台事务

【概况】2020年，泰州市修订《台商台企求助投诉协调工作管理办法》等18项规章制度。开展“培植台企竞争‘硬核’，助力台企转型发展”活动，探索“云端”交流，举办2020“梅派传承·经典分享”泰台青年京剧票友线上交流、“祥泰杯”两岸（泰州）美丽乡村民宿设计网络邀请赛、第五届“泰州台协杯”羽毛球邀请赛等活动。推进对台合作园区建设，调查重点园区、重点企业对台经贸合作意向，更新经贸合作供需数据库，推进海峡两岸（泰州）医药产业交流合作示范区建设。高港区综合物流园获批“两岸现代服务业合作试验示范区基地”。制作首部对台宣传微视频“泰台一家亲、共筑中国梦”。年内，国台办、省台办等采用泰州市涉台公开信息和新闻稿件681篇，“江苏与台湾”微信公众号用稿20篇，省级内刊用稿3篇，6项涉台交流活动被央视报道，《关于台资企业在泰州高质量发展中贡献度的调查与研究》调研课题获评“全省台办系统优秀调研课题”。帮助全市400多名台商台胞及部分台胞个体工商户办理战疫保险；台企分批、有序、全面复工复产；汇编发放省、市助力抗疫复产惠台惠企政策；设立台商法律服务团24小时咨询热线，制定台胞团队经上海市返回泰州市工作方案，9批102人次台商台胞安全返回泰州市。

2020年2月25日，可胜科技等台资企业近600名员工乘坐泰州市首趟复工人员定制专列抵达泰州火车站　（市台办　供图）

【台企台商服务】2020年，泰州市创新开展“培植竞争硬核，助推台企转型升级”活动，市台办、市市场监管局联合为台企提供专利导航、商标品牌培育、贯标制标等服务。编制《泰州市知识产权保护贯标制标重点辅导台企名录》《泰州市台企协会会员专利情况汇总表》，开展“市场监管项目行——走进台企食品企业”“知识产权强企行动——走进台企”等活动，“培植竞争‘硬核’，助力台企转型升级”工作被国台办推广。建立与台企挂钩联系制度，开展“法律服务台企行”“纳税服务台企行”“政务服务台企行”“生态环境服务台企行”“台企、民企企业家沙龙”等系列活动。市政协侨台联委员履职小组开展“涉台商事纠纷调解”协商议事活动，全年办结涉台求助等事项74件。

【泰台经贸合作】2020年，泰州市推进两岸经贸合作，到上海市、深圳市等台资密集区拜访重点台资企业，推介泰州市投资环境，推进产业项目合作。举办“台企、民企企业家沙龙”，推动泰台企业家交流合作。全年列统台企完成开票销售289.97亿元，纳税12.78亿元；新批台资项目18个，实际利用台资1.23亿美元；纬创等10家台企增资扩股1.16亿美元。联成化学、巨腾电子等8家台企获评2020年度泰州工业“十佳百强”企业。

【泰台民间交流交往】2020年，泰州市举办第四届“青春作伴·相约凤城”泰台青年研习营，在泰州市台湾地区青年代表等近50人参加活动。靖江市举办2020“青春‘台’美·亲‘靖’一家”靖台青年短视频创作友谊赛、“寻味家香”云上美食季暨两岸美食传情活动；泰兴市举办“琴系两岸·韵育未来”泰兴·新北两岸学生线上交流活动；兴化市举办“天涯同心，共抗疫情”海峡两岸“云端”诗会，海峡两岸诗朗诵家及学者30多人参加；海陵区制定“梅香两岸·京韵传情”三年建设方案，建设两岸交流品牌；姜堰区举办姜台青年人才创业论坛。

【泰台青年京剧票友线上交流】 2020年8月11日，“梅派传承·经典分享”泰台青年京剧票友线上交流活动在市梅兰芳纪念馆举行，泰州市梅兰芳故乡京剧票友联谊会和台湾地区京昆剧团近100位票友交流，3万多人次在线观看直播，央视、《人民日报》等20多家媒体报道。

【首届两岸（泰州）民宿设计网络邀请赛】 2020年，泰州市青年创新创业联合会、青年美术家协会和台湾地区中华青年交流协会、木建筑产业研究院协会联合举办“汇聚两岸智慧，共建美丽家园”首届“祥泰杯”两岸（泰州）美丽乡村民宿设计网络邀请赛。南京大学、苏州大学、南京师范大学泰州学院、泰州职业技术学院和高雄大学、逢甲大学、台北科技大学、高雄科技大学等16所高校近100名学生提交参赛作品89件，评出一等奖2名、二等奖4名、三等奖8名。9月26日分别在泰州市、台中市设立邀请赛颁奖现场，线上线下相结合，视频连线全程实时互动，参赛学生和指导老师代表，相关高校特邀评委，在泰台商代表及6家美丽乡村负责人120多人出席颁奖仪式。

【“两岸网络大V跟着诗词走江苏”走进泰州】 2020年10月30日~11月1日，“两岸网络大V跟着诗词走江苏”活动在泰州市举行，两岸知名大V和诗词专家参观泰州早茶博物馆、望海楼、梅兰芳纪念馆、郑板桥故居等地，记录行程、分享感悟。“微博#跟着诗词走江苏#话题”阅读量突破2亿次，其中新增阅读量超1.1亿次。

（王余进）

巡察工作

【概况】 2020年，泰州市市级巡察覆盖率99.3%，市（区）巡察覆盖率100%，基本实现全覆盖。开展五届市委第八至第十轮巡察，常规巡察26家单位党组织，专项巡察政府投资重大工程项目建设、危化品安全生产等，巡察“回头看”姜堰经济开发区，发现问题392个，移交问题（问责）线索201条。建立巡察监督动态清单制度，将“监督动态清单”作为被巡察单位政治生态评价监测关键指标，《中国纪检监察报》作宣传推介。

【巡视巡察整改】 2020年，泰州市制度化推进巡视巡察整改，完善整改“三审三查”机制，建立整改当面报告制度，制定巡察整改“八项配套制度”，形成从反馈到整改、从移交到处置、从督查到问责制度链条。推进省委巡视反馈意见整改，138条整改措施、54个具体人具体事分别完成134条、53个。五届市委第一至第七轮巡察，被巡察单位制定整改措施1.10万条，完成1.09万条，完成率98.86%。在全省率先构建巡察整改群众评议机制，“场内+场外”询，“线上+线下”评，召开全市整改成效评议现场会。督促相关单位清退违规发放津补贴1739万元，推动医药费零星报销、异地就医备案等7项医保业务市区全城通办，推动市区普惠性幼儿园覆盖率从50%提升至89%。

【落实“六保”任务情况专项巡察】 2020年5月，泰州市专项巡察“六保”任务落实情况，“牵头部门重点巡、关联部门集中巡、基层单位延伸巡”，专项巡察28家市级机关单位和7个市（区）。市和7个市（区）各组建1个巡察组，市委统一授权任职、统一动员部署、统一组织推进，实施全覆盖、提级“交叉推磨式”巡察，2次召开落实“六保”任务专项巡察情况座谈会。分析市、市（区）两级落实“六保”任务问题和“12345”热线、市长信箱、“到问题现场去”栏目以及省委高质量考核扣分项涉及问题线索，关注中小微企业、个体工商户、困难群众等受新冠肺炎疫情影响重点行业、重点群体，发放“双十四条”调查问卷6477份，走访小微企业和个体工商户253家，发现8个方面23类问题，推动立行立改事项12件。（朱亚男）

老干部工作

【概况】 2020年年末，泰州市离退休干部6.69万人，其中离休干部851人、退休干部6.60万人。离休干部中，抗日战争时期参加革命的141人；解放战争时期参加革命的710人；享受厅局级（含副厅局级）待遇的13人、县处级（含副县处级）待遇的248人；平均年龄91.6岁。全年全市离休干部去世119人。全市老干部工作部门推进离退休干部党组织建设和阵地建设，建设“银发生辉”工程、“泰有为”服务品牌。建设“一团一馆一校一讲堂”四大载体品牌，全市普遍建成离退休干部组织生活馆，开展初心宣讲145场次，流动党课130多场次，夕阳红大讲堂50期。年内，泰州市老干部活动中心维修改造开工建设，总投资5400万元。

【老干部服务保障】 2020年，泰州市督查离休干部看病就医“三有一落实”工作，常态化开展“心连心”大走访。解决建市以来遗留的市直企业离休干部社保非统筹资金发放渠道问题；制定《关于县处级以上离退休干部逝世后丧事办理有关事宜的操作口径》。为全市354名企业离休干部发放住房租金补贴1027万元、2019年度年终一次性生活补贴520万元，解决部分易地安置离休干部医药费及时报销和离休费清单发放问题，帮扶特困离休干部177人、123.6万元。

【“银发生辉”工程】 2020年，泰州市出台《离退休干部“银发生辉”工程实施意见》，建立“银发生辉”工程领导小组和联席会议机制，建设“泰有为”服务品牌。全市800多名老政法干部参与社区矫正工作，900多名老干部义务监督网吧；1936支老干部服务队、2万多名老干部参与乡风文明建设“新风行动”；8000多人次老干部、200多支涉老团队参与脱贫攻坚行动，开展活动2200次，实施帮扶项目240多个，受益人数9万人；

1600多名离退休干部参与疫情防控、服务复工复产，260名老干部创作诗词、书法、绘画作品。市委老干部局、市文明办、市关工委联合评选“最美老干部志愿者”10名、“最美老干部志愿服务团队”5个、“最佳老干部志愿服务项目”5个。（老干局）

党校教育

【概况】2020年，泰州市委党校（市行政学院）举办主体班、外培班186期，培训人数1.58万人。举办各类主体班次42期，委托培训班次144期；立项各类课题94项。深化课程打造，《创新驱动：战略选择与突围方向》专题课获评全省党校系统优秀课，《涵养新时代好家风》入选省名师名课推荐目录，《加强政治建设 牢记初心使命 坚定中国特色社会主义道路自信》等课程被省级机关培训班采用。

【教学培训】2020年，泰州市委党校举办各类主体培训班次42期，培训学员3873人次。其中，全市领导干部学习贯彻党的十九届五中全会精神专题读书班1期、处级干部“名家讲坛”8期，培训学员约2400人次。全市领导干部讲课总课时占比连续第三年超55%。将新冠肺炎疫情防控实践教育嵌入春季主体班教学培训，设计泰州市疫情防控工作复盘、分享交流研讨和总结提升等板块，直接参与疫情防控的市领导、市疫情防控领导小组“一办十一组”负责人、市（区）委书记和北京市、上海市、浙江省等地专家学者授课，组织开展案例分享、情景模拟等活动。全年承办委托培训班144期，培训学员1.19万人次，省内外10多个班次到泰州市合作办学。

【主题宣讲】2020年，泰州市委党校开展学习宣传贯彻习近平新时代中国特色社会主义思想、党的十九大及十九届四中、五中全会精神、《习近平谈治国理政（第三卷）》等宣讲100多场，受众2万人次。开展“送理论到基层”义务宣讲10次，受众1200人次。举办“新思想宣传微讲坛”，到街道、社区开展宣讲。

【科研咨询】2020年，泰州市委党校召开全市党校系统“以新思想引领泰州治理现代化和高质量发展”“以红色教育引领意识形态教育”两次科研协作会暨理论研讨会。组织开展全市党校系统第一届科研评奖。全年立项课题94项，结项课题115项。发表科研成果100篇，其中省级刊物公开发表论文19篇、核心期刊论文3篇。获省市各类奖项36项。发表决策咨询成果27项，其中，省部级党政内刊成果1项，市厅级决策咨询成果5项。编发《决策参考》23期。结项合作课题18项。

2020年泰州市干部教育“名家讲坛”情况表

表6

时间	主讲人	专题讲座
5月23日	浙江创建科技有限公司董事长、浙江省科技创新创业促进会会长、高级工程师张旭光	疫情后的智慧城市新发展新认知
6月20日	浙江大学心理学博士、心理学作家采铜	如何成为一个很厉害的人
7月18日	中央党校中共党史教研部主任、博士生导师罗平汉	中国共产党的奋斗历程和启示
8月22日	上海社会科学院副院长、信息研究所所长、长三角与长江经济带研究中心常务副主任、区域经济学博士生导师王振	长三角地区一体化发展的新内涵新趋势
9月19日	教育部长江学者特聘教授、中国人民大学“杰出学者A岗特聘教授”、国际关系学院副院长、外交学专业博士生导师、中国人民大学中国对外战略研究中心主任金灿荣	百年变局与中美关系
10月23日	商务部研究院外资研究所所长马宇	新冠肺炎疫情影响下稳外资形势分析与营商环境优化
11月21日	清华大学法学院长聘教授王振民	全面依法治国与国家治理现代化
12月19日	住房城乡建设部总经济师杨保军	城市规划与发展前景

（金美娟）

责任编辑：张　华

泰州市人大

综述

【概况】 2020年，泰州市人大常委会制定《泰州市垛田保护条例》《泰州市住宅物业管理条例》地方性法规2件；组织代表视察，听取和审议专项工作报告，开展执法检查，举行专题询问，作出决议决定10项；依法任免国家机关工作人员64人次。建立代表“微调研”工作机制，获全国人大常委会办公厅肯定。人大预算联网监督、代表履职平台地方标准等工作、措施，获省人大常委会领导批示。

【人大代表及组织机构】 2020年，泰州市第五届人民代表大会代表430人。其中，党员316人，占73.5%；民主党派人士18人，占4.2%；妇女125人，占29.1%。下设法制委员会、财政经济委员会、社会建设委员会3个专门委员会；其常设机构常务委员会由41人组成，设办公室（研究室）、人事代表联络工作委员会、监察和司法工作委员会、经济工作委员会、教育科技文化卫生（民族宗教侨务台湾外事）工作委员会、农村工作委员会、社会和环境资源与城乡建设工作委员会、法制工作委员会、预算工作委员会、信访室10个机构。

【国家机关人员任免】 2020年，泰州市人大常委会依法开展国家机关工作人员任免工作，决定任命泰州市政府副市长2人、市检察院代理检察长1人、市法院代理院长1人，接受1人辞去市五届人大常委会副主任职务、1人辞去市检察院检察长职务、1人辞去市法院院长职务、5人辞去市五届人大常委会委员职务。组织12名拟任职人员任前法律知识考试、19名任职人员向宪法宣誓，组织3名任命人员向人大常委会报告履职情况。

【人大常委会自身建设】 2020年，泰州市人大常委会开展“走在前、作表率”专项活动，形成调研报告60多篇，《关于“十四五”期间泰州更高质量发展大健康产业的对策建议》获全省人大优秀调研成果一等奖，“五级人大代表回选区访选民”活动系列报道获江苏人大新闻奖一等奖，邀请县乡人大相关负责人列席市人大常委会会议，推动立法、监督等工作联动。

（邢明臣）

人大会议

【市五届人大四次会议】 2020年1月8~11日，泰州市第五届人民代表大会第四次会议召开，听取市政府、市人大常委会、市法院、市检察院工作报告和部分代表履职情况报告，通过关于设立社会建设委的决定、大会选举办法、社会建设委组成人员人选的表决办法、市人大社会建设委员会组成人员名单，通过《政府工作报告》《关于泰州市2019年国民经济和社会发展计划执行情况与2020年国民经济和社会发展计划草案的报告》《关于泰州市2019年预算预计执行情况和2020年预算草案的报告》《泰州市人大常委会工作报告》《泰州市中级人民法院工作报告》《泰州市人民检察院工作报告》6个报告决议。

【市人大常委会会议】 2020年，泰州市五届人大常委会召开8次会议。

1月3日，市五届人大常委会第二十四次会议召开，审议通过市五届人大代表补选及变动情况报告，通过市五届人大四次会议主席团和秘书长名单（草案），通过补选省人大代表事项，通过相关决定和人事任免事项。

3月24日，市五届人大常委会第二十五次会议召开，听取和审议市人大常委会2020年工作要点制定情况说明、市政府2019年市级政府投资项目计划执行情况和2020年市级政府投资项目计划草案报告及市人大常委会预算工委相关审查报告、人事任免议案说明。测评2019年市级政府重大投资项目计划执行情况，票决2020年市级政府重大投资项目，通过关于批准2020年市级政府投资项目计划决议和相关人事任免事项。

4月22~23日，市五届人大常委会第二十六次会议召开，听取和审议市政府深化扫黑除恶重点做好禁毒整治工作情况报告及市人大常委会监察和司法工委调查报告、市政府2019年度环境状况和环境保护目标完成及长江生态修复与保护情况报告及市人大常委会社会和环资城建工委调查报告、市政府泰州市住宅物业管理条例（草案）说明及市人大常委会社会和环资城建工委审查报告。

6月23~24日，市五届人大常委会第二十七次会议召开，听取和审议市人大常委会执法检查组检查《中华人民共和国安全生产法》《江苏省安全生产条例》贯彻实施情况报告、市政府2019年市级决算（草案）报告、2019年市级预算执行和其他财政收支情况审计工作报告、市人大财经委2019年市级决算草案审查结果报告、市政府《泰州市垛田保护条例（草案）》说明及市人大常委会农工委审查意见报告，通过关于批准2019年市级决算决议，通过相关人事任免事项。

7月22日，市五届人大常委会第二十八次会议召开，通过相关人事任命事项。

8月27~28日，市五届人大常委会第二十九次会议召开，通过《关于批准第三批城市永久性保护绿地的决定》《泰州市住宅物业管理条例》，测评市政府关于2020年上半年市级政府投资项目计划执行情况报告、市属企业国有资产管理情况专项报告、2019年国有资产管理情况综合报告和市科技局、市司法局、市交通局主要负责人履职情况，通过人事任免事项。

10月28~29日，市五届人大常委会第三十次会议召开，听取市政府关于泰州市新冠肺炎疫情防控工作情况汇报及市人大常委会教科文卫工委相关调查报告、市政府关于2020年市级预算调整建议报告、市政府关于2019年度审计查出问题整改情况报告及市人大常委会预算工委相关调查报告、市人大法制委关于《泰州市垛田保护条例（草案）》审议结果报告、关于召开市五届人大五次会议的决定（草案）说明、部分在泰省人大代表履职情况报告、相关人事任免议案说明和部分被提请任命人员拟任职发言，表决通过《关于召开泰州市第五届人民代表大会第五次会议的决定》《关于批准2020年市级预算调整方案的决议》《泰州市垛田保护条例》，测评市政府关于“优化营商环境、服务民营经济”工作情况报告、关于开展新冠肺炎疫情防控工作情况报告、关于审计查出突出问题整改情况和部分在泰省人大代表履职情况报告，表决通过相关人事任免事项。

12月26日，市五届人大常委会第三十一次会议召开，审议通过《关于促进高等教育事业高质量发展的决议》；听取并审议市政府关于2020全市国民经济、社会发展计划执行情况、2021年计划（草案）报告及市人大财经委初审报告；听取并审议市政府关于2020年市级预算调整和地方政府债务限额分配建议报告，通过关于批准2020年市级预算调整方案和地方政府债务限额分配方案决议；听取并审议市政府关于2020年预算预计执行情况、2021年预算（草案）报告及市人大财经委初审报告；听取并审议市人大常委会工作报告稿起草说明，通过市人大常委会工作报告稿；听取并审议市五届人大五次会议列席人员范围（草案）说明，通过市五届人大五次会议列席人员范围；听取并审议人事任免议案说明，通过相关人事任免事项，表彰市五届人大先进代表小组、代表履职先进个人、市五届人大四次会议优秀代表建议，审议市五届人大五次会议有关事项。

2020年泰州市五届人大常委会主任会议情况表

表7

会议名称	会议时间	会议内容
第44次主任会议	3月2日	讨论通过市人大常委会2020年工作议题安排
第45次主任会议	3月16日	听取市法院关于矛盾纠纷多元化解工作情况汇报及市人大常委会监察和司法工委相关调查报告，讨论市五届人大常委会第二十五次会议议程和日程安排、常委会领导牵头督办重点处理建议方案、安全生产“一法一条例”执法检查方案、关于2019年市级政府投资项目计划执行情况和2020年市级政府投资项目计划草案审查报告，研究市人大代表活动经费管理办法和2020年下拨及使用初步方案，听取有关人事任免事项
第46次主任会议	4月17日	讨论市五届人大常委会第二十六会议议程和日程安排、关于市政府深化扫黑除恶重点做好禁毒整治工作调查报告、关于贯彻创新驱动发展战略推动科技进步法实施情况调研报告、关于2019年度环境状况和环境保护目标完成情况及长江生态修复与保护情况调查报告、关于《泰州市住宅物业管理条例（草案）》审查意见报告，研究《泰州市人大常委会立法听证办法（草案）》，《泰州市房屋安全管理条例》立法后评估工作方案和《泰州市绿化条例》立法后评估工作方案
第47次主任会议	4月29日	听取讨论有关报告和事项

续表7

会议名称	会议时间	会议内容
第48次主任会议	5月28日	听取市政府关于全市学前教育、义务教育学校建设布局情况汇报以及市人大常委会教科文卫工委相关调查报告，讨论通过关于建立“组织代表微调研，汇集民智助发展”工作机制方案、关于开展省人大代表向市人大常委会报告履职情况实施方案、关于“五级人大代表回选区访选民，助力排查解决突出民生问题”派选代表活动安排，以及关于检查《中华人民共和国土壤污染防治法》贯彻实施情况工作方案
第49次主任会议	6月16日	听取市财政局关于泰州市2019年市级决算（草案）报告、市审计局关于2019年度泰州市级财政预算执行和其他财政收支情况审计工作报告，讨论市人大财经委关于2019年市级决算草案审查结果报告、市人大常委会执法检查组关于检查安全生产“一法一条例”贯彻实施情况报告、市人大常委会农工委关于《泰州市垛田保护条例（草案）》审查意见报告、市五届人大常委会第二十七会议议程和日程安排
第50次主任会议	7月27日	听取市政府关于2019年市级财政专项资金执行情况汇报和市有关部门关于2019年财政专项资金执行情况汇报
第51次主任会议	8月18日	讨论市五届人大常委会第二十九次会议议程和日程安排，以及相关报告和事项
第52次主任会议	9月15日	听取市政府关于实施园区深化改革和“三比一提升”行动情况汇报及市人大常委会经工委调查报告、市政府关于全市乡村产业振兴发展情况汇报及市人大常委会农工委调查报告、市检察院关于适用认罪认罚从宽制度情况汇报及市人大常委会监司工委调查报告
第53次会议	9月29日	传达市委关于省委党建考核调度会议精神，讨论人大代表工作站（人大代表之家）建设和工作规范
第54次主任会议	10月23日	听取和讨论市五届人大常委会第三十次会议议程和日程安排、经工委关于“优化营商环境、服务民营经济”工作情况调查报告、教科文卫工委关于开展新冠肺炎疫情防控工作情况调研报告、预算工委关于审计查出问题整改情况调查报告、法制委关于《泰州市垛田保护条例（草案）》审议结果报告、关于召开泰州市第五届人民代表大会第五次会议的决定（草案）和关于批准2020年市级预算调整方案决议（草案）
第55次主任会议	11月13日	听取市政府关于脱贫攻坚目标完成情况和关于促进就业工作情况汇报以及市人大常委会相关工委调查报告
第56次主任会议	11月30日	讨论市人大常委会审议意见清单制度，听取关于推荐评选先进代表小组、代表履职先进个人和优秀代表建议有关工作情况汇报，研究部署当前有关重点工作
第57次主任会议	12月18日	听取市政府关于市五届人大四次会议代表建议办理情况汇报以及市人大常委会人代联工委调查报告、市人大常委会法工委关于《泰州市房屋安全管理条例》和《泰州市绿化条例》立法后评估情况汇报，讨论市五届人大常委会第三十一次会议议程和日程安排，以及相关报告和事项

（邢明臣）

人大立法

参见第84页

人大监督

【概况】 2020年，泰州市人大常委会行使监督权，全年常委会会议听取和审议专项工作报告19项，开展执法检查4次，举行专题询问2次，组织代表视察9次，主任会议听取专项工作汇报11项。

【经济领域监督】 2020年，泰州市人大常委会审议审查“十四五”规划和2035年远景目标纲要及国民经济社会发展计划执行情况，监督复杂严峻形势下经济运行质态。开展企业复工复产和惠企政策落实情况专题调研，视察地方物资储备体系建设情况。跟踪督查“优化营商环境、服务民营经济”专项工作评议审议意见落实情况，视察深化金融改革、支持制造业发展情况。组织视察深化园区改革和“三比一提升”行动实施情况。跟踪督查化工企业整治情况。

【预决算审查监督】 2020年，泰州市人大常委会重点监督预算编制、调整、执行、审计工作和政府投资项目实施等，保障重点领域预算支出，促进规范政府投资管理。监督国有资产管理，审议国有资产管理情况综合报告和企业国有资产管理情况专项报告。定期听取政府性债务防范化解工作汇报。提档升级人大预算立案监督系统，与市12个主要经济部门、各市（区）人大联通，人大预算联网监督“泰州经验”被省人大推广。

【民生问题监督】 2020年，泰州市人大常委会执法检查安全生产“一法一条例”贯彻实施情况，组织3支执法检查专家小组暗访检查，审议执法检查组检查情况报告，专函交政府处理问题369个，组织部分社会委委员和市人大代表专题视察突出安全问题整改落实情况。调研城乡社会救助体系建设等情况，专题调研城乡最低生活保障、特困人员救助供养、临时救助、医疗救助、教育救助等，组织部分社会委委员专题调研养老服务体系建设工作，视察泰州市养老服务中心、“泰有福”养老服务平台和市福利中心。组织社会委部分组成人员专题调研促进就业工作情况，专题听取市政府相关工作情况报告。组织代表视察市区老旧小区改造情况，实地视察海光小区、景光小区和莲花二区等。

【执法情况检查】 2020年，泰州市人大常委会执法检查《中华人民共和国土壤污染防治法》贯彻实施情况，实地检查12个点位，首次委托第三方专业评估机构参与检查。执法检查涉野生动物“一法一决定”贯彻实施情况，检查涉野生动物栖息繁殖管理等场所43处，向养殖户及执法监管人员发放调查问卷1330多份，组织网站答题267人次。听取和审议政府环境状况和环境保护目标完成情况，围绕中央环保督察及“回头看”反馈问题和全市突出环境问题清单，增加长江生态保护议题。市人大常委会长江水环境保护立法监督工作被《人民日报》系列报道，市人大常委会以法治力量守护长江生态环境工作经验被新华社转发。审查市政府《关于提请批准第三批城市永久性保护绿地的议案》，推动永久性绿地保护决议贯彻实施。

【乡村振兴战略实施情况监督】 2020年，泰州市人大常委会专题督查脱贫攻坚目标完成情况，开展2017~2019年脱贫攻坚相关议题审议意见落实情况“回头看”。专项督查乡村产业振兴发展情况。组织代表专题视察农业科技创新和应用、河长制落实情况，推动农村人居环境改善。

（邢明臣）

代表工作

【概况】 2020年，泰州市人大常委会构建“大代表工作”格局。开展“五级人大代表回选区访选民”集中履职活动，建立“组织代表微调研，汇聚民智助发展”工作机制，制度化开展“主任接待代表日”活动6次，在全省率先出台《人大代表工作站（人大代表之家）建设和工作规范》地方标准，集中培训代表853人次。

【代表建议督办】 2020年，泰州市人大常委会建立代表建议办理“承诺制”，提升代表建议办理“满意度”，代表建议办理工作获省人大肯定并在《人民与权力》宣传推介。全年按期办结建议260件，代表对承办部门办理态度满意率100%，对承办部门办理结果满意率99.6%，建议办成率72.8%。

【主任接待代表日】 2020年，泰州市人大常委会领导面对面听取代表意见建议，全年组织开展“主任接待代表日”活动6次，接待市人大代表50多人。围绕全市工作中心、常委会年度立法和监督工作议题、重点督办建议议题以及市人大代表关注内容，整理代表意见建议100多条，以会议纪要形式形成转办函交市政府和相关部门办理。

【五级人大代表回选区】 2020年，泰州市人大常委会围绕“助力排查解决民生突出问题”“我为‘十四五’规划献良策”，组织全市五级人大代表回选区、访选民，市领导干部代表以普通代表身份参加活动。全市人大代表参加活动1.26万人次，排查民生问题1012个，形成代表建议1685条、调研报告151篇，其中“关于推进泰州省属公办本科高校建设”建议被省人大《代表之声》刊载。

【全省率先出台代表履职平台地方标准】 2020年10月16日，泰州市出台全省首部人大代表履职平台地方标准《人大代表工作站（人大代表之家）建设和工作规范》（DB3212/T 1021–2020），明确乡镇（街道、园区）人大代表工作站（人大代表之家）基本要求、建设要求、学习管理、活动管理、记录管理以及监督与评价，推进代表履职平台硬件标准化、制度规范化、活动常态化和联络信息化建设。

【代表"微调研"履职机制】 2020年，泰州市人大常委会人大建立"组织代表微调研，汇聚民智助发展"工作机制，建设代表建言献策履职平台。全年全市300多名代表围绕"企业复工复产""物业条例制定""为'十四五'规划献良策""黑臭河道整治""2021年监督工作建议议题征集"等开展"微调研"，形成代表建议394条。"微调研"工作机制做法获全国人大常委会办公厅肯定。

【"我为'十四五'规划献良策"专题调研】 2020年，泰州市人大常委会开展"我为'十四五'规划献良策"专题调研，6227名五级人大代表开展联系走访、专题座谈、微调研等活动，提出意见建议603条。

【重要建议】 打造一流营商环境。建议人：乔向民、余大海等20多名人大代表。建议内容：优化全市营商环境，支持实体经济发展。办理成效：市政府清单化管理、项目化推进，推动优化营商环境"六大专项行动"落地见效；全面启动"一件事"改革，组织开展"及时雨·快落地"专项行动，成立"营商环境啄木鸟志愿团"，定期举办企业家沙龙、"早茶峰会"，创新设立驻厂员制度，出台"双十条"等政策，支持企业渡过疫情难关、复工复产复能。

发展和完善养老服务体系。建议人：杨延慧、罗建群。建议内容：发挥居家养老基础性功能，制定扶持养老服务业发展激励政策，推进医疗卫生与养老服务融合发展。办理成效：市政府在全省率先出台《关于加快推进养老服务高质量发展的实施意见》，将实施养老服务补短行动列入民生幸福"十大行动"，为35.69万居家老年人提供上门服务，适老化改造3076户特殊困难老年人家庭，培训3000名养老服务从业人员，整改105家消防审验问题养老机构，建成全市首家老年生活体验馆。

加强土壤污染防治，打好净土保卫战。建议人：丁卫平。建议内容：重视土壤污染防治工作，改善土壤环境质量。办理成效：市相关部门完成重点行业企业用地土壤污染状况详查，完成177个地块风险分级；确定20个疑似污染地块、11块污染地块和5个未超标地块；更新土壤环境重点监管企业88家；完成23家省级重点监管企业周边监督性监测；完成泰兴南沙和靖江西来镇土壤修复试点项目；重金属排放量削减24.23%；全市危险废物处置能力每年14.3万吨；全市污染地块安全利用率100%，土壤环境质量保持稳定。

共治共管共护长江生态环境。建议人：徐毅。建议内容：加大沿江排污口、入江河道等整治力度，实现长江生态环境共治共管共护。办理成效：泰州市在全国率先启动"长江大体检"，建设"健康长江泰州行动"大数据平台，融合数据信息1.98亿条，发布预警信息1.77万条；设置长江排口"身份证"，为全国入河排污口排查整治形成可复制、可推广、可借鉴工作程序和技术规范；设立"健康长江泰州行动"指挥中心和全国首家长江生态环境监控中心，筹建长江大保护泰州研究院，探索发布"长江健康指数"。2020年，全市国、省考断面水质达标率、优良率首次实现"双百"目标，主要入江支流断面水质优Ⅲ类比例保持100%，全面消除劣Ⅴ类，总体水环境质量达"十三五"最好水平，好水比例居全省首位。

推进主城区雨污分流改造。建议人：夏洪元。建议内容：统筹老旧小区雨污分流改造治理全局，建立健全污水管网长效管护制度。办理成效：市直和海陵区围绕主城区污水管网基本全覆盖目标实施污水管网空白区管网建设，至2020年年末，新建污水管网约15千米，污水管网空白区基本消除。结合老旧小区改造推进小区雨污分流改造，海陵区2019年、2020年分别完成24个、20个小区雨污分流改造，调查75个小区雨污分流情况。

及时刷新城区道路交通标线。建议人：纪霞。建议内容：及时刷新道路交通标线，保证道路交通标线清晰明确，确保市民出行安全。办理成效：市相关部门联合建立动态与静态相结合巡检制度，排查市区道路交通安全设施隐患，完善标志标线、交通信号灯等设施。至2020年年末，在主城区排查标线309千米，发现并整改问题158个；排查标志1236块，发现并整改问题591个；排查信号灯798组，发现并整改问题137个。推行通行规则可视化，在市区部分非机动车道路口停止线前和路段上喷涂"请勿逆行"等提示语；在济川路青年路口，试点设置发光斑马线。

泰州市五届人大四次会议优秀代表建议情况表

表8

姓名	建议内容
乔向民	打造一流营商环境 助推经济高质量发展
戈　琦	关于持续优化营商环境、助推实体经济发展的建议
余大海	关于加快优化泰州市营商环境的建议
许少文	关于进一步优化营商环境的建议
刘玉其	关于优化营商环境，促进小微企业发展的建议
顾　鼎	关于多措并举支持民营企业发展的建议

续表8

姓名	建议内容
崔明生	关于客观对待民营企业存在的历史遗留问题切实打造良好的营商环境的建议
李华宝	关于不断提升营商环境满意度的建议
郭余庆	用激情招大引强，温情培大育强，打造泰州营商环境
雷姗姗	关于加强在校学生心理健康服务的建议
纪　霞	关于及时刷新城区道路交通标线的建议
丁卫平	关于加强土壤污染防治打好净土保卫战的建议
杨延慧	关于完善居家养老的建议
罗建群	关于“大力发展和完善养老服务体系，着力补齐短板问题”的建议
谢翠斌	关于强化科技引领助推泰州市中小企业高质量发展的建议
徐　毅	关于加强对长江生态环境共治共管共护的建议
孔令帅	关于清理农村“蜘蛛网”的建议
夏洪元	关于加快推进主城区雨污分流改造全覆盖打赢环境污染防治攻坚战的建议
葛　鹏	关于市区一体，共同做强城市经济的建议
任志强	关于制定相关政策和采取具体措施把“继续举全市之力建设中国医药城” 落到实处的建议
孙　跃	关于对持续推进长江生态修复与治理加强监督的建议
钱　刚	关于加强村级河道治理的建议
葛银余	关于进一步做好市区公共停车位规划建设管理的建议
王新苗	关于对地方性法规加强宣传和监督实施的建议
吉江平	关于平稳有序开展全市独立学院转设工作确保全市高等教育健康发展的建议
吴玉华	关于尽快制定《泰州市未成年人保护条例》的建议
陈如国	关于推进泰州市县两级电视台播放频道同步融入数字网络电视的建议
曾　志	关于加强对5G信号基站进社区科普宣传的相关建议
华　丽	关于对南干河实施综合整治的建议
张　杰	关于进一步提升社区治理能力和服务水平的建议
范向阳	关于生态环境损害赔偿工作的建议
周育俊	关于取消信访通报约谈一票否决机制的建议
申玉军	关于做好未成年人犯罪临界预防的建议
杨屹峰	关于“出台优化金融服务政策及措施，助推民营制造业高质量发展”的建议
苏久红	关于大力发展文化旅游，培育文旅特色品牌的建议
闻韵萍	关于推动全市公共急救体系建设的建议
郏成洋	关于稳定农技队伍助力乡村振兴的建议

（邢明臣）

责任编辑：张　华

泰州市政府

综 述

【产业强市】 2020年，泰州市推进产业转型升级，推动制造业高质量发展，高新技术产业产值占比45.9%。推行企业科技创新积分管理，产业向中高端攀升。制定三大先进制造业集群实施方案，编制发布产业链图谱、招商地图和投资地图。总投资180亿元的中海油高端聚烯烃、52亿元的凯飞民用航空结构件等重大项目落户，药明康德、宝能装配建筑等超50亿元项目开工建设，长城整车制造项目竣工投产。新增省级示范智能车间18个、星级上云企业140家，创成国家级绿色工厂3个。规模以上工业企业研发机构建有率55%，企业研发投入强度2.4%。推动技术攻关和成果转化，发明专利授权量增长超20%，25个项目列入省级以上重点研发计划，125个项目列入省重点技术创新导向计划。与北京大学开展战略合作，共建北大医学部（泰州）医药健康产业创新中心。举办“凤城合伙人”创投峰会，上线运行股债融合对接平台，新增上市过会企业4家。建设“泰爱才、最‘州’到”品牌，新增高层次人才2836人。规模以上工业增加值、利润分别比上年增长6.4%、8.5%，净增规上工业企业277家，新增税收超1千万元企业42家，扬子江药业连续第六年居中国医药工业百强榜首。新认定高新技术企业450家，新增省瞪羚企业3家、国家专精特新“小巨人”企业4家，6家企业进入省民营企业创新百强。培育专利标准融合创新企业68家，3家企业获“江苏精品”称号。

【开放创新】 2020年，泰州市深化改革开放，重塑园区开放开发功能，深化金融、国企、国土等重点领域改革，发展活力和城市软实力稳步提升。推进重点开发园区高质量项目建设“三比一提升”行动，同步推进环境建设和改革。深化园区改革，“两集中三剥离”改革基本完成。开展“重大项目攻坚年”活动，设立重大项目服务部，新开工5亿元（3000万美元）以上项目141个，实际利用外资14.9亿美元。泰州医药高新区企业研发生产新冠检测试剂盒超过1500万人份，药品注册批件数增长41.7%。推行“泰企通2.0+企业服务专员”模式，成立营商环境“啄木鸟”志愿团。实施“及时雨·快落地”专项行动，发放稳岗返还补贴3亿元，减免税费145亿元。出台惠企“十条”、惠农“十条”、稳外贸“十条”，定期举办企业家座谈会、早茶峰会，建设“泰满意”帮代办服务品牌。试行环评告知承诺制，制定“一件事”清单110个，不动产登记实现“交验即发证”，线上服务事项平均办理时间压缩90.3%。启动自然资源资产产权制度改革，开展农村集体经营性建设用地入市试点。健全国企市场化经营机制，清理整合僵尸企业，规范债务内审内控，推进优质板块上市，市属国企资产总额、营业收入分别比上年增长15.3%、55.9%。建立产融综合服务中心融资绿色通道，成立全省首家首贷中心，完善政府性融资担保体系，排查整治非法金融机构，上交所资本市场服务基地、江苏股交中心分中心落户，制造业贷款规模超820亿元。

【绿色转型】 2020年，泰州市坚持生态优先、绿色发展，完成污染防治攻坚战阶段性任务，被列为全省生态环境保护工作督查激励地区。开展环保督察整改，中央环保督察交办问题市

水润凤城 （顾祥忠 摄）

级销号率100%。实施“天空地一体、守护泰州蓝”行动，空气质量优良率80.9%。出台《幸福河湖建设实施意见》，省考及以上断面优于Ⅲ类水质比例100%。举办首届健康长江（泰州）高峰论坛，运行“健康长江泰州行动”大数据平台和指挥中心。完成长江干流岸线清理整治任务63项，长江禁捕退捕工作居全省前列。开展环保“绿岛”建设试点，危废集中处置能力提高至14.3万吨/年。启动建设8个生态安全缓冲区，调整划定19条国家级生态红线，生态空间保护区域面积占比27.3%。严格生态文明建设考评和责任追究，建立“专家治厂、科学治污”长效机制。全年查处环境违法案件838件。（徐　震）

政府会议

【市政府全体（扩大）会议】 2020年9月3日，市政府第四次全体（扩大）会议暨全市政府系统廉政工作会议召开。会议要求，全市上下落实中央重大决策和省、市委工作部署，围绕“六稳”“六保”靶向发力、精准施策，发挥财政资金引导、国有资本撬动、公共资源支撑作用，推动各级政府担负起发展责任，在应对变局危机中把握发展主动权。会议部署全市政府系统廉政工作。

【市政府常务会议】 2020年，泰州市政府召开13次常务会议。

2月4日，市政府第37次常务会议召开，讨论《关于支持中小企业抗疫情渡难关促发展的政策措施》《关于抗疫情稳外贸的意见》。

2月10日，市政府第38次常务会议召开，专题研究《关于支持新型农业经营主体抗疫情渡难关保供应的意见》。

3月19日，市政府第39次常务会议召开，听取2020年度人大代表建议政协提案交办情况汇报，讨论《泰州市红十字会改革实施方案》《泰州市住宅物业管理条例（草案）》《市政府2020年立法工作计划（草案）》《市政府2020年规范性文件制定工作计划（草案）》《打造三大先进制造业集群推进产业强市实施方案》《2020年工业经济考核细则》《关于深入推进城市安全发展的实施意见》《关于稳外资稳外贸的工作意见》《泰州市企业科技创新积分管理办法》，学习《关于全面加强危险化学品安全生产工作的意见》，通报全市安全生产有奖举报工作情况，听取2019年度工业经济考核、开放型经济考核、十佳科技创新企业评选、重度残疾人护理补贴扩面情况汇报。

4月21日，市政府第40次常务会议召开，讨论《关于深化改革加强食品安全工作的实施方案》《市（区）党委政府和市安委会成员单位履行安全生产工作责任考核评价指标》《关于进一步加强审计整改工作的意见》《泰州市残疾人联合会改革实施方案》《关于进一步做好新中国成立前老党员医疗帮扶工作的通知》《泰州市职工医保补充保险试点方案》《关于推进新时代泰州民政事业高质量发展的意见》《关于深化开发园区改革工作的指导意见》，听取一季度生产安全事故情况通报、全市民政会议准备情况和表彰方案情况汇报。

4月30日，市政府第41次常务会议召开，讨论《关于积极应对疫情影响提振消费信心释放消费需求的若干措施》。

5月11日，市政府第42次常务会议召开，听取全市东西部扶贫协作工作情况汇报，讨论《泰州市东西部扶贫协作2020年度工作要点》《关于支持高端服务业聚核发展的若干意见》《关于推进标准引领经济社会高质量发展的实施意见》《做强城市两年行动计划》《泰州市推进国有企业退休人员社会化管理工作方案》。

6月19日，市政府第43次常务会议召开，讨论《泰州市贯彻落实国家统计督察反馈意见整改工作方案》《泰州市停车场管理办法》《关于进一步深化全市集团化办学的指导意见》《关于推进专利标准融合创新的意见》《泰州市市级部门及驻泰有关单位安全生产工作职责任务清单》《泰州市城市管理综合行政执法体制改革实施方案》《泰州市化工重点监测点认定管理办法》《泰州市生产经营单位安全生产主体责任规定》《泰州市垛田保护条例（草案）》《泰州市重大行政决策程序规定》《2020年泰州市政府重大行政决策事项目录》《关于大力推进公共法律服务体系建设的实施意见》《关于加强人民调解组织及人民调解员队伍建设的实施方案》，听取疫情防控工作、打击侵权假冒工作、申报泰州市第三批城市永久性绿地情况汇报。

7月10日，市政府第44次常务会议召开，讨论《关于加快推进养老服务高质量发展的实施意见》《泰州市城市供水管理办法》《泰州市城镇排水管理办法》《泰州市党政领导干部防范和惩治统计造假、弄虚作假责任制规定》《泰州市关于全面深化消防执法改革的实施意见》《泰州市专利奖评审管理办法》《泰州市区工程建设项目“多测合一”改革实施方案》《泰州市关于进一步加强市属企业内部审计工作的意见》。

8月19日，市政府第45次常务会议召开，讨论《泰州市安全生产专项整治三年行动工作方案》《泰州市加快推进社会信用体系建设构建以信用为基础的新型监管机制的实施意见》《泰州市各市（区）征地区片综合地价执行标准》《关于进一步加强全市内部审计工作的实施方案》《泰州市市设权力清单》《泰州市市属企业违规经营投资责任追究试行办法》《关于加快农业保险高质量发展的实施意见》《泰州市深化政府采购制度改革实施方案》，听取全市安全生产形势和国务院、省集中督导反馈意见贯彻落实情况、特殊转移支付和特别国债资金相关情况、全市贯彻落实政府过紧日子要求进一步严格财政支出管理情况、推进2019年度市级预算执行和其他财政收支审计查出问题整改情况汇报。

9月8日，市政府第46次常务会议召开，讨论《关于统筹推进泰州市自然资源资产产权制度改革的实施意见》《落实健康中国行动推进健康泰州建设的实施方案》《泰州市传染病防治卫生监督管理办法》《泰州市困境儿童分类保障和关爱服务办法》《泰州市见义勇为称号评定实施办法》《泰州市房屋征收民办非企业单位登记管理办法》《关于落实就业优先政策进一步做好稳就业工作的实施意见》《关于健全医患纠纷调处机制维护医疗秩序保障医务人员安全的意见》《泰州市深化行政复议体制改革试点实施意见》《泰州市户口迁移准入登记规定》《姜高公路改扩建工程PPP项目实施方案》《关于进一步规范国家工作人员因公临时出国管理的若干规定》，听取泰州市第十二届哲学社会科学优秀成果奖评审、2020年1月~8月份信访情况汇报。

10月22日，市政府第47次常务会议召开，讨论《泰州市建设用地审查报批实施方案》《泰州市政府投资审计监督办法》《关于促进泰州市建筑业高质量发展的实施意见》《关于进一步推进市级政府投资项目集中建设的意见》《泰州市市级政府投资项目工程变更管理办法》《泰州市党政领导干部食品安全工作责任清单》《泰州市市级部门及驻泰有关单位食品安全监管事权清单》《泰州市食品小作坊集中加工中心管理办法》《泰州市12345政务服务热线平台运行管理实施办法》《泰州市12345政务服务热线平台运行效能督查督办实施办法》《关于加强和改进新时代武装工作的意见》《泰州市科技创新奖评审管理办法》《关于促进泰州市区电子商务高质量发展的若干政策》《泰州市道路货物装载源头超限超载管理办法》，听取2019年度市级预算执行和其他财政收支情况审计查出问题整改、2020年泰州市市长质量奖评审、第二届泰州市标准创新奖评审、泰州市垃圾分类收集后端处理工程PPP项目招标文件编制、全市生猪稳产保供工作、2020年市级预算调整方案情况汇报。

11月16日，市政府第48次常务会议召开，讨论《关于建立全市国土空间规划体系并监督实施的意见》《泰州市生活垃圾分类管理办法》《泰州市改革完善医疗卫生行业综合监管制度实施方案》《关于建立健全城乡融合发展体制机制和政策体系的实施方案》《关于加强应急避难场所建设的指导意见》《泰州市解决特殊疑难信访问题专项资金管理办法》，听取泰州市贯彻落实中共中央、国务院《法治政府建设实施纲要（2015~2020年）》总结评估、涉及教育政策文件清理、泰州市新时代产业工人队伍建设改革、第六届泰州市见义勇为称号人员和见义勇为工作先进单位、先进工作者评定情况汇报。

12月21日，市政府第49次常务会议召开，讨论《泰州市犬类管理办法》《市区大型、凶猛类宠物禁养区域》《关于加快推进市域社会治理现代化建设更高水平平安泰州的实施意见》《关于加强新一代雪亮技防工程建设的指导意见》《关于加快推进农业机械化和农机装备产业转型升级的实施意见》《泰州市管河道保护规划》，听取泰兴市、兴化市和姜堰区部分行政区划变更、2020年市级预算调整和地方政府债务限额分配建议、2021年全市经济社会发展主要指标初步安排、第六届泰州市青少年科技创新市长奖评审、2020年泰州市优秀教师、优秀校长、优秀教育工作者评选表彰、2020年泰州市政府文艺奖评选、市本级2021年预算编制情况汇报。

表9

2020年泰州市政府市长办公会议情况表

会议时间	会议内容
1月11日	听取建设项目投资超概算问题有关情况、东润首府问题调查处理意见汇报，研究东湖宾馆地块处置问题和城市供热特许经营权、“四好农村路”市级专项补助资金、开展动车“进京达沪”方案研究、调整2020年住房公积金缴存基数、与荷兰奥斯市结为友好城市有关事项
3月17日	研究财政经费安排事项
3月23日	专题研究省运会场馆建设有关事宜
4月23日	研究旅游消费券发放方案、安全生产专项整治工作，听取恢复生猪生产情况汇报，研究财政经费安排有关事项
6月2日	研究明确市级行政事业单位老职工提租补贴和新职工住房补贴基数、对参加疫情防治工作的医务人员和防疫工作者发放临时性工作补助、筹建“泰州市企业科技创新积分管理信息平台”、新一轮政府储备冻猪肉融资担保、海陵区居民小区垃圾分类工作整体移交海陵区政府、泰州海陵城市发展集团有限公司变更出资人有关事项
6月23日	研究与上海静安区政府签订《深化友好市区合作框架协议》、划拨卤汀河相关地块、提高全市城乡居民最低生活保障、特困人员救助供养和困境儿童分类保障标准、划转部分国有资本充实社保基金有关事项和《关于驾乘电动自行车佩戴安全头盔实施时间和范围的通告（草案）》
8月11日	研究黄普、永业、永泰等三家船厂整改有关事项，听取德桥仓储恢复整改项目进展情况汇报
8月12日	研究市三水厂应急备用水源地项目移交、市餐厨废弃物处理项目改扩建、姜堰经开集团出资人变更、财政经费安排有关事项，听取市人大常委会第五十次主任会议关于财政资金审查情况汇报
9月8日	研究政府投资基金划转、市体育公园概算调整和项目变更、市人民医院新区医院（一期）工程建设调整、铁路有关事项

续表9

会议时间	会议内容
9月29日	听取关于采集市属单位2020年由政府安排工作退役士兵安置岗位情况汇报，研究泰州学院济川校区土地及房产权证办理、2019年度市管企业负责人经营业绩考核和薪酬兑现有关事项，听取泰湖生态新城生态提质项目有关情况汇报，研究财政经费安排有关事项
11月16日	研究市区公办幼儿园保教费收费标准调整、购置“泰州早茶”北京商业用房、扬泰机场2020年冬航季航班换季、2021年航班编排及补贴预算、泰州市小微企业信保基金融资担保有限责任公司有关事项
12月14日	研究组建泰州农发集团和改革农业开发区管理体制有关事项，听取市政府与北京大学医学部开展战略合作有关情况汇报，研究财政经费安排有关事项

（徐　震）

政务服务

【概况】 2020年，泰州市推进“放管服”改革，建设“泰满意”政务服务品牌。全年市行政审批局（含市政务服务中心）办理各类审批服务事项212项，505.08万件，按时办结率100%。其中，行政审批事项119项、82.29万件，服务事项58项、418.63万件。开设政务服务自助专区，改造企业开办、工程建设、公共服务、公安等功能性专区，基本实现“一站式”政务服务。推行药械经营许可“两证联办”、旅行社设立许可“告知承诺制”，“执业药师注册证”全程网办。市本级不见面办理事项占比99.4%，线上平均办理时间比上年下降90.3%，推行“网上办”“智慧办”“指尖办”等办事方式。推行承诺事项台账管理制度，全年全市政府系统承办省级人大代表建议、政协提案4件，市级人大代表建议241件、政协提案359件，市级建议、提案办复率均100%，满意率（含基本满意）分别为99.6%、100%；开展市五届人大和市五届政协建议提案办理情况“回头看”，一批交通基础设施类、改善民生类、社会治理类建议深度办理、及时转化，人大代表建议、政协提案落实率超70%。

【智慧泰州建设】 2020年，泰州市建成数字泰州运营指挥中心，实现“一屏观全城、一网统全城”。城市综合移动门户“泰州通”APP整合36家部门315个对外服务事项，为企业、群众提供社会保障、生活交通、金融支付、教育医疗等服务，实名注册用户超90万人。整合共享数据资源，泰州市成为全省电子证照应用试点、公共数据资源开发利用试点、省市政务信息资源目录级联试点。建成人口库、法人库、公共信用库、电子证照库、空间地理库，居2020年全省高质量发展考核第三位。泰州市法人服务管理平台获全国2020年“数字政府建设卓越实践奖”。

【“放管服”改革】 2020年，泰州市印发《关于明确工程建设项目审批制度改革有关事项的通知》，明确市级负责市级政府投资项目审批；相关市区下放赋权，赋予乡镇（街道）19~44项审批和公共服务事项；在全省率先明确《江苏省电力条例》实施后电网工程建设项目规划许可、开工条件、消防验收等审批业务办理流程；梳理涉及市级权力清单调整部门16个，调整行政权力事项275项；出台《优化占用、挖掘城市道路审批流程实施方案》，占用、挖掘城市道路审批承诺时间由15个工作日压缩至5个工作日；整合工程建设项目验收备案所涉多个专项验收，形成联合验收工作机制，统一出具验收意见，联合验收总时间控制在12个工作日内。在全省率先出台《建设项目规划用地“多审合一、多证合一”实施细则》，用地预审与选址意见书审批时间压缩至3个工作日，用地规划许可证办理审批时间压缩至4个工作日，工程规划许可证办理审批时间压缩至10个工作日（工业项目4个工作日），审批时间缩短三分之二以上。

【公共资源交易】 2020年，泰州市公共资源交易中心完成各类交易项目1181项，交易金额357.35亿元。其中，建设工程项目444个，成交金额112.94亿元，分别占总成交项目数、总成交金额37.60%、31.60%；交通工程项目259个，成交金额42.34亿元，分别占总成交项目数、总成交金额21.93%、11.85%；水利工程项目30个，成交金额0.98亿元，分别占总成交项目数、总成交金额2.54%、2.74%；政府采购成交项目125个，成交金额2.809亿元，分别占总成交项目数、总成交金额10.58%、0.79%；土地使用权出让项目33个，成交金额196.44亿元，分别占总成交项目数、总成交金额2.80%、54.97%；国有产权交易290个，成交金额1.8455亿元，分别占总成交项目数、总成交金额24.56%、0.52%。发布《泰州市公共资源交易目录（2020版）》，涵盖工程建设项目类、采购类、资源资产类、环境权类等4类46个交易项目，比旧版项目数增加超70%。完成全市公共资源交易领域制度规则清理，梳理有效文件25个，其中市本级16个、县区9个；梳理废止文件30个，其中市本级6个、县区24个。

【政务督查】 2020年，泰州市办理国务院“互联网+督查”平台交办件106件，其中重点交办核查件15件。完成习近平总书记重要指示批示精神落实情况督查和国务院第七次大督查迎检工作。专项查办“泰东北路161号私搭乱建”“住宅区夏季高温季节电力安全”等20多项市领导批示交办件落实情况。围绕疫情防控重点任务、重点环节、重点场所，“四不两直”监督检查40多次。季度督查市委全会报告和政府工作报告目标任务，跟踪督办滞后事项，督查全市产业强市、做强城市和市政府第四次全体（扩大）会议暨全市政府系统廉政工作会议贯彻落实情况。

【政府信息公开】 2020年，泰州市公开政府信息1.79万条，发布疫情防控信息208件、复工复产信息293条。公开市2019年财政决算报告与2020年财政预算草案，集中公开部门预决算信息，发布2020年行政事业性收费项目目录清单，定期公开改善民生实事、“三比一提升”、基础设施项目建设情况，发布重大项目审批、备案信息，发布社保、就业、医疗、教育、交通等民生信息3057条，发布价格、房地产监管等信息52条。规范依申请公开办理流程和内容，办结政府信息公开申请1759件，比上年减少11.16%。全年清理规范政务新媒体3次，至年末，全市保留运行政务新媒体124个，比上年末减少41个。

【政策宣传解读】 2020年，泰州市发布《泰州市基本医疗保险和生育保险市级统筹实施意见》《泰州市房屋征收民办非企业单位登记管理办法》等政策解读1166条，政府常务会议图解、政策简明问答422期，涉及教育、住房、就业、医疗、养老等民生领域和企业创新、金融支持、减税降费等营商领域。围绕全市重要决策部署、重大活动、重点工作，全年举办新闻发布会27场，组织在线访谈72次。

【市长信箱】 2020年，泰州市“市长信箱”收到群众来信5036件，其中有效信件4404件，反映热点集中在科教文卫、民政社保、城乡建设、市场监管、公共安全等方面。全年编发摘报39期、反馈20期。

【“12345”政务服务热线】 2020年，泰州市市本级“12345”政务服务热线受理来电来件47.92万件，接通率97.31%，满意率99.58%，成员单位办件及时率98.18%、办结率93.30%。完成市交通运输局、住建局、市场监管局、住房公积、数字城管等37条部门政务服务热线整合，其中税务局“12366”热线，司法局“12348”热线、人社局“12333”3条专业性强、服务量大热线采取座席集中、设立专区方式整合，实现非紧急类政务热线整合全覆盖。实施“12345”热线呼叫中心扩容升级，改造泰州电信公司大楼22层为呼叫中心大厅，新设座席80个，市、市（区）两级“12345”平台软件系统同步智能化改造，上线运行智慧“12345”。完善政务热线制度，出台《“12345”政务服务热线平台运行管理实施办法》《“12345”政务服务热线平台运行效能督查督办实施办法》《“12345”政务服务热线平台内部管理工作实施细则》。泰州市“12345”政务服务热线获评全国政务服务质量A级获、“价值创造”奖、全国“服务之星”奖。

【政府门户网站】 2020年，泰州市政府网站群建成统一智能检索平台，实现“一站式”检索功能，在市政府门户网站可查询全市政府网站信息和政务服务资源。全年发布各类信息1.97万条，制作政务专题8个，图文直播10次，在线调查21个，意见征集66个、新闻发布会27次。泰州市政府门户网站居2020年度中国政府网站绩效评估地级市第九位。

【“泰融易”企业开办平台】 2020年，泰州市推行企业开办“泰融易”一站式服务模式，全市801家银行网点统一设置服务专窗，提供申领营业执照、免费刻章备案、开设银行基本账户、上线产融平台服务，实现“一窗受理，全程免费，半天办成”。全年全市通过“泰融易”服务平台办理企业登记注册3502家，占全市新办企业总数13.8%；产融平台注册上线企业数超3万家，解决融资需求8964笔。

【公共资源交易违规行为大数据分析平台】 2020年，泰州市在全省率先建成公共资源交易违规行为大数据分析平台，汇集全市1.26万个工程项目交易数据，建立串通投标预警模型，构建全链式串通投标犯罪打击体系。全年排查331个围串标预警项目，涉及企业249家。

【“泰满意”帮办代办服务品牌】 2020年，泰州市行政审批局以“店小二”帮代办服务为基础，优化企业服务资源，集中管理涉企服务事项，建设“泰满意”线上线下一体化帮办代办服务品牌，被国务院推进政府职能转变和“放管服”改革协调小组办公室推介。全年为861家新办企业全程代办注册登记；为22家医疗器械经营企业办理固定资产抵押贷款1486万余元；免费代填各类表单16.08万份、打（复）印材料4672份次。市行政审批局、市住房公积金和不动产登记中心联合为176家企业办理住房公积金缓缴，减轻企业负担957.43万元。（徐　震　施亚春）

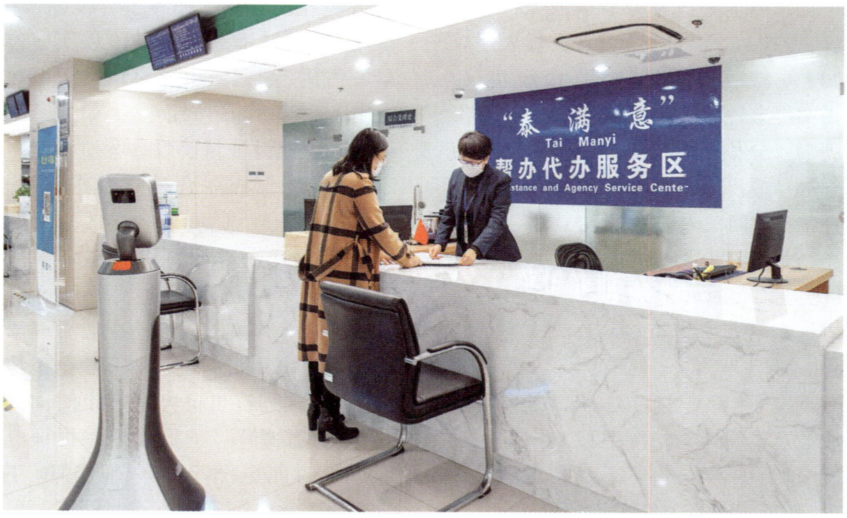

“泰满意”帮办代办服务区　　（市行政审批局　供图）

外　事

【概况】 2020年，泰州市办理因私签证105批117人次、涉外驾照翻译53份、领事认证6人次。召开APEC商务旅行卡推介会3场，办理APEC商旅卡21批96人次。建设邀请外国人来华管理系统，简化诚信企业“来华核实单”办理手续。出台《外事接待管理办法（试行）》，举办全市外事专办员业务培训班。召开市友协第二届理事会第二次会议，增补企业界、文艺界、体育界等领域42人为友协理事；举办首届“泰州市友好使者”授荣仪式。在《泰州晚报》开设“友城之窗”专栏，介绍泰州市国际友城及友好交流城市。开展海外领事保护进园区、进机关、进社区、进企业“四进”活动。为44家企业150名经贸人员申请“快捷通道”入境到泰州市，为16名入境到泰州市人员开辟绿色通道。服务在泰州市外国群体，全年处理在泰州市外国人劳资纠纷20例。

【友城交流】 2020年，泰州市与韩国阴城郡、高敞郡联合举办泰州国际友城发展云交流活动，三市市长以“后疫情时代友城经贸融合与发展”为主题，视频交流发展经验，展望友城合作；拓展友城渠道，与泰国巴真武里府达成交流意向；组织友城参加第四届“友城绘”青少年国际绘画展。向韩国高敞郡捐赠防护服、隔离服各500套，向日本汤泽市、韩国阴城郡捐赠普通医用口罩各1万只，向德国安斯巴赫市捐赠医用口罩1万只、防护服1000件。硕世生物向意大利、荷兰两国友城捐赠核酸检测试剂盒各3000人份。日本汤泽市市长召开新闻发布会介绍泰州市捐赠情况并致谢，秋田县发行量最大报纸《秋田魁新报》专题报道。央视中文国际频道、新华网等媒体报道泰州市医药企业向海外捐赠核酸检测试剂行动。

【对外民间交流合作】 2020年，泰州市搭建民间交流平台，深化“小小外交家”青少年交流品牌，泰州市第三中学与日本汤泽市南中学、泰州市康和实验中学与韩国高敞北中学开展“小小外交家”视频交流活动；与荷兰奥斯市联合开展“花蕾计划”，组织泰州市凤凰小学30名学生开展3个月线上教育交流；3幅泰州市民间非遗手工艺品照片入选全国友协“匠心筑梦——用民间艺术讲述脱贫故事”线上展，3幅作品入选。5月，举办“‘携手战疫·泰有家’在泰外国人短视频大赛”，加拿大、新西兰、也门、埃塞俄比亚等12个国家在泰州市人士参赛，报送作品18个，10部作品参加省友协“携手战疫·江苏情”在江苏外国人短视频大赛。其中，泰州学院音乐教师Sopilniak Serafima（俄罗斯）作品《一个洋媳妇经历的战“疫”》入围十佳作品，姜堰区第二中学外籍教师Morgan Paul Barrie（新西兰）作品《共战疫·泰有情》、泰兴远大足球俱乐部足球教练Paco（西班牙）作品《一个西班牙教练在中国的见闻》获优秀奖。11月，泰州学院俄罗斯籍音乐教师希玛作为泰州市杰出外籍人士代表参加国际友人“情牵江宁”活动。

【使领馆交往】 2020年5月，泰州市到上海市拜访乌兹别克斯坦驻沪总领事馆总领事马苏托夫·阿齐滋、日本驻沪总领事馆副总领事等等力研，交流友好城市缔结。7月，泰州市到上海市分别拜访韩国、新加坡驻上海总领事馆，交流经贸合作、资源嫁接、人员往来等。12月，省外办“江苏—非洲国家驻上海总领事馆合作交流会”在南京举行，泰州市介绍主导产业发展和对非交流合作情况，与埃及驻沪总领事艾哈迈德·穆斯塔法、尼日利亚驻沪总领事安德森·马杜比克、埃塞俄比亚驻沪总领事魏澜等交流。

【欧非地区驻苏机构代表交流会在泰州市召开】 2020年12月28~29日，欧非地区驻苏机构代表交流会在泰州市召开，推动泰州市与欧洲、非洲在经贸投资、教育培训、友城交往等领域合作，德国、英国、荷兰、爱尔兰、匈牙利、南非等欧非地区驻苏机构代表出席并走访江苏农牧科技职业学院、中国医药城，与阿斯利康药业、勃林格殷格翰生物制品、雀巢健康科学等企业交流，市相关涉外部门、高校负责人参会，海陵区、中国医药城作专题推介。 （颜晨华）

港澳事务

【概况】 2020年，泰州市推进港澳工作机制建设，调整市港澳工作协调小组成员单位，召开市港澳工作协调小组会议，出台《关于深化泰港澳多领域合作的实施办法》。发挥国家级金改试点城市优势，邀请省港澳办、省地方金融监管局、省高投等到泰州市调研，服务泰州市企业赴港上市，引导泰州市企业融入国际国内“双循环”，推动泰州市与香港特别行政区经贸投资交流。

【泰州·香港经贸投资交流会】 2020年12月16日，泰州市政府、香港特别行政区政府投资推广署在泰州市联合主办“把握投资新机遇·开拓海外新商机”泰州·香港经贸投资交流会，推动泰港两地在投资与贸易、企业上市与融资等方面交流与合作，交流会推介香港营商优势助力内地企业“走出去”、内地人士赴港工作入境安排、香港航运及船舶注册服务，介绍“利用香港税务及营商优势开拓海外发展新商机”“民营企业跨国并购的实践与启示”，全市100多家生物医药和新型医疗器械、高端装备和高技术船舶、化工及新材料等领域企业家及金融机构参会交流。

【香港特区政府驻沪办到泰州市考察】 2020年10月12~13日，香港特别行政区政府驻上海经济贸易办事处经贸关系总监庞锦辉一行到泰州市考察，参加泰州市、香港特别行政区经贸合作交流座谈会，交流长三角一体化发展、“十四五”规划以及香港与泰州经贸文化往来情况，参观市规划展示馆，考察泰兴金江化学工业有限公司等3家在泰州市港资企业。

【《关于深化泰港澳多领域合作的实施办法》实施】 2020年，泰州市强化泰港澳合作政策保障，出台《关于深化泰港澳多领域合作的实施办法》，推出4个方面26条措施，其中开拓泰港澳经贸互利合作空间方面措施10条、共建泰港澳科技人才合作平台方面措施5条、拓展泰港澳教育文化交流领域方面措施3条、提升港澳居民在泰州市发展便利化水平方面措施8条。 （颜晨华）

机关事务管理

【概况】 2020年，泰州市机关事务管理局投入近500万元，建设“智慧后勤”2.0版系统。自主开发智能访客、线上订餐等26个应用软件，集成台账管理、运行监测、异常告警等8项功能，实现安防“无缝监测”、出入“无感访问”、服务“指尖办理”、结算“刷脸支付”。年内，举办靖江市、兴化市美食进食堂，现场展销扶贫农副产品45万元。建成“后勤服务e站”、无人值守型“菜鸟驿站”。泰州市机关事务管理局连续第四次获“全国文明单位”称号。

【机关国有资产管理】 2020年，泰州市机关事务管理局集中审核各部门（单位）2021年资产配置计划，384家部门（单位）申报通用资产配置计划约4332万元，核批3188万元，核减1134万元。全年完成49家单位2.56万平方米公有房屋经营性出租监管工作，年租金约810万元。印发《关于进一步明确行政事业单位国有资产管理有关问题的通知》，优化资产处置流程，缩短资产处置周期，选择可用桌椅、电脑等捐赠给贫困村，提高资产使用效益和管理效能。

【机关办公用房管理】 2020年，泰州市开展办公用房清理整改工作，在市级机关开展办公用房微超标整治活动，统一改造市行政中心大院办公室15间。组织市自然资源和规划局、市民政局、市委党校等27家部门（单位）物业项目公开采购，预算价1.23亿元，中标价比预算价下降572.06万元。市机关事务管理局成立办公保障工作小组，指导泰州医药高新区（高港区）制定《泰州医药高新区和高港区融合发展办公用房调整方案》，确保“两高融合”新组建部门（单位）按规定时间实现集中统一办公。

【机关公务用车管理】 2020年，泰州市机关事务管理局开展《泰州市党政机关公务用车管理办法》宣讲，指导各市（区）制订管理办法。公车中心集中保障平台全年提供市本级公务用车服务2075台次，行车里程41.5万千米。开展7次公务车辆日常使用检查。全年按计划更新公务用车7辆、执法执勤车48辆；鉴定更新、报废车辆88台次；审核定点维修费用结算单据3500份，核减124.9万元，维修费用节约率12.19%。 （陈 兵）

信 访

【概况】 2020年，泰州市市级信访部门受理群众来信6000多件，接待群众来访1600多批次，比上年下降25.44%。疫情防控期间开展‘你有访情我视频，特殊情况我上门”党员志愿服务活动，接待群众来访30人次，办理群众网、信、电201件。泰州市疫情防控期间信访工作做法被国家信访局《人民信访》刊发。

【积案化解】 2020年，泰州市建立重点信访事项协调会办机制。国家信访局、省信访局和自排积案全部化解。专项整治城乡建设信访问题。完善政策规定，构建“责任部门牵头推动、问题属地主导化解、领导干部专项包案”工作机制。省信访局交办信访事项化解率93%。

【非诉讼纠纷解决机制】 2020年，泰州市运用基层“非诉纠纷服务中心”平台，结合“派驻人民调解工作室”“律师信访调解工作室”“信访为民工作室”和“泰有理”信访法治化建设专家等第三方力量，“一站式”受理、办理信访非诉纠纷。

【“人民满意窗口”创建】 2020年，泰州市信访系统开展“人民满意窗口”3年质量提升创建活动。建设村（居）接待窗口。开展“争创人民满意接访窗口、争当人民满意信访干部”活动，评选表彰全省信访系统“最美信访干部”、季度“岗位之星”、泰州“骏马奖”等典型。年内，泰州市2家县级单位、4家乡级单位获评全省信访系统“人民满意窗口”建设质量提升工程示范单位。 （张晓勇）

责任编辑：张 华

综　述

【概况】 2020年，泰州市政协创新开展"知名人士"系列活动，建设"有事好商量"协商议事品牌。全年召开常委会会议5次、主席会议9次；市政协委员、各专委会、各参加单位提交提案424件，立案391件；向市委、市政府及有关部门报送建议案、专项建议和调研报告，编发社情民意信息277期。

【政协委员及组织机构】 2020年，政协泰州市第五届委员会有21个界别、委员371人。其中，中国共产党27人、民革10人、民盟12人、民建12人，农工党12人、九三学社10人、无党派10人、共青团和青联9人、总工会9人、妇联8人、工商联22人、科协9人、侨联台联15人、文艺新闻界23人、科技界28人、经济界36人、农业农村界23人、教育体育界24人、医药卫生界20人、少数民族和宗教界11人、特邀人士41人。市政协机关设办公室和提案委员会、学习文史联络委员会、经济科技委员会、文教卫体委员会、社会法制委员会、城乡建设委员会、港澳台侨委员会7个专门委员会。

【政协自身建设】 2020年，泰州市政协实施委员"蓄能"工程，开展市政协常委会专题学习、委员报告会集中学习、"书香政协·同心筑梦"读书活动。实施委员"头雁"工程，首次组织政协常委中中共党员述职，定期组织"微议政"。实施委员"亮绩"工程，年初提供委员履职"选菜单"，年末提供委员履职"成绩单"。实施委员"连心"工程，开展走近委员活动。评出19名优秀社情民意信息员、40名优秀政协委员和30件优秀提案。实施"1+N"创新计划，各专委会建设"好提案·商量好""两线三联参与立法协商""民生热点四季谈""清单式项目化民主评议"品牌，实现"一委一品"。各专委会围绕所承担课题调研，服务委员履职小组、协商议事室开展活动。组织机关党员干部到姜堰区大坨镇土山村开展"驻村入户"调研，形成综合报告。政协之友联谊会完成换届。　（管成伟）

政协会议

【市政协五届四次会议】 2020年1月7~10日，市政协五届四次会议召开，听取市政协常务委员会工作报告、提案工作情况报告，通过市政协五届四次会议《决议》。与会委员列席市五届人大四次会议，听取《政府工作报告》及其他报告。

【市政协常委会会议】 2020年，市政协召开5次常委会会议。

1月6日，市政协五届十五次常委会会议召开，听取市政协五届四次会议筹备工作情况报告，通过市政协五届四次会议执行主席名单、秘书长、副秘书长、决议起草委员会名单。

3月27日，市政协五届十六次常委会会议召开，听取市政府关于统筹推进新冠肺炎疫情防控和经济社会发展工作情况通报，开展协商、建言献策。

6月22日，市政协五届十七次常委会会议召开，听取市政府2020年经济发展、"聚力重大产业项目策划招引建设，加快培育高质量发展新动能"情况通报，开展专题协商，通过"建议案"。

9月29日，市政协五届十八次常委会会议召开，听取市政府关于"提升中心城市功能和品质"情况通报，协商通过《关于提升中心城市功能和品质的建议案》；听取市政府关于市政协五届四次会议以来提案办理情况通报（有关党群口提案办理情况作书面通报）；测评市行政审批环境优化工作情况。

12月23日，市政协五届十九次常委会会议召开，听取市纪委监委、市法院、市检察院、市公安局2020年工作情况通报，完成其他有关议程。

2020年泰州市政协五届主席会议情况表

表10

会议名称	会议时间	会议内容
第47次主席会议	4月28日	围绕"稳定发展工业经济，化解重大风险"听取市政府情况通报，开展专题协商
第48次主席会议	5月28日	围绕"构建扫黑除恶长效机制"开展专题协商

续表10

会议名称	会议时间	会议内容
第49次主席会议	6月19日	学习全国两会精神以及习近平总书记近期重要讲话精神
第50次主席会议	7月29日	围绕“扎实推进特色乡村建设”开展走访视察、座谈协商
第51次主席会议	8月28日	到泰兴市开展走访视察
第52次主席会议	9月25日	通过市政协五届十八次常委会议议程、日程，讨论提交政协常委会议调研报告、民主评议报告等
第53次主席会议	11月9日	到医药高新区开展走访视察、座谈协商
第54次主席会议	11月25日	围绕2020年市区改善民生实事项目进展情况开展走访视察、座谈协商
第55次主任会议	12月22日	听取2020年全市财政工作情况通报，开展座谈协商

（管成伟）

委员工作

【社情民意信息工作】 2020年，泰州市政协定期召开信息工作会议，建设信息员队伍，拓宽信息渠道，收集、反映社情民意信息，全年编发社情民意信息277期，被全国政协采用45期、省政协采用56期，年度信息工作积分居全国政协信息联系点前列，相关经验在全国政协相关座谈会上作介绍。

【决策咨询】 做强产业。2020年，泰州市政协开展“聚力重大产业项目策划招引建设”专题协商，形成建议案，会议首次开通网络直播，5.5万人收看。开展“稳定发展工业经济，化解重大风险”、推进园区“三比一提升”行动、加大金融支持实体经济力度、促进建筑业转型升级等专题调研、协商，形成协商报告、书面建议。听取全市2020年上半年经济发展情况通报；3名专委会主任任驻市（区）和相关部门安全生产巡查督导组组长。

做强城市。开展“提升中心城市功能和品质”“深度融入长三角一体化发展”“加强历史文化名城保护利用”等专题调研、座谈协商，形成建议案。围绕“适应新发展格局，抢抓国家战略和政策调整机遇”等到泰兴市、泰州医药高新区开展主席走访，提出意见建议。

优化发展环境。市政协组织14名政协委员开展“清单式项目化”市行政审批环境优化工作民主评议，组织部分委员和代表人士参与“向环境污染宣战督察百人团”工作；围绕“长三角区域污染防治协作机制落实情况”“化工行业安全生产专项整治落实情况”，参加省政协三级联动民主监督活动。

【提案办理】 2020年，泰州市政协创新开展“好提案商量好”活动，市领导领办重点提案22件，其中市委书记领办《关于加快构建精准扶贫长效机制的建议》，市长领办《关于理顺“三线”划定管控体制的建议》。市政协提案委聚焦民生类提案，民主评议6家承办提案量较大部门办理工作，开展办理情况“第三方参与评估”，实现提案、办理质量“双提升”。市政协五届四次会议以来立案的391件提案办复率100%，委员满意率100%。

【委员议政日】 2020年7月23日，泰州市政协开展“加强泰州市疾控体系建设”委员议政日活动。10月26日，开展“检察公益诉讼”委员议政日活动，市检察院主要负责人通报相关情况。

【“知名人士”系列活动】 2020年，泰州市政协建立近1700人市级“知名人士数据库”，各市（区）政协分层建立。围绕“稳定发展工业经济”“助力民生幸福十大行动”“科学编制十四五规划”，组织开展“知名人士圆桌协商会”；围绕“税收支持实体经济”“民政事业发展”“省运会筹备”，组织开展“知名人士看泰州”活动；部分知名人士参加有关学习、调研、视察、协商及联谊活动。

【“有事好商量”协商议事】 2020年，泰州市政协开展有事好商量“一平台三联系”活动，构建长效机制，建设“有事好商量”协商议事品牌，推动“有事好商量”协商议事室向村（社区）延伸，覆盖全市各界别、各乡镇（街道、园区）、各村（社区）。建立组织推进体系，编印《简明操作手册》8500册、《典型案例选编》1900册，在设立委员履职小组、建设协商平台、确定协商议题、开展商前调研、开展协商议事、推动成果转化、评估协商质效、规范协商频次等方面科学设计、制度性安排；市政协各界别协商议事室“专业选题、精深协商”开展活动。至年末，全市建成协商议事室1958个，围绕事关当地建设发展重点问题、界别和基层群众关注热点难点问题，开展协商议事活动5100多场次，推动解决问题2600多个。

【重点调研及建议】 关于统筹推进疫情防控和经济社会发展的协商报告。报告建议，以“精准”为要义，落实常态化防控要求；以“保企业”为重点，维持经济平稳运行；以“保稳定”为大局，增强底线思维；以“危中寻机”为突破，促进发展动能提升；以打造“健康泰州”为目标，推进公共卫生体系建设。

关于聚力重大产业项目策划招引建设加快培育高质量发展新动能的建议案。建议案建议，将大健康产业作为泰州市抢抓新一轮发展机遇的重中之重；关注国内市场启动带来的机遇；重视策划现有企业重组式招商；创新招商方式方法；提高项目策划招引组织化程度；持续优化安商稳商环境。

关于提升中心城市功能和品质的建议案。建议案建议，以变应变，抢抓城市发展战略先机；以人为本，立足长远完善城市功能；品质引领，以中心城市颜值内涵的提升刷新城市气质；问题溯源，提高项目组织化程度；共治共享，汇聚中心城市发展最大合力。

关于大力发展现代物流业的调研报告。报告建议，将现代物流业摆在“十四五”发展重要位置；提高组织化程度，加大物流业政策支持力度；加强载体建设，加快提升物流业现代化发展；发展港口物流，增强港口服务和辐射功能；加强规范化管理，为现代物流业发展创造良好环境。

关于扎实推进特色乡村建设的主席会议协商报告。报告建议，从开启基本现代化新征程全局维度，认识推进特色乡村建设的重要意义；将特色产业打造培育作为重点，走差异化、特色化发展之路；梯次推进、滚动培育，以特色乡村提档升级助力农业农村整体发展；可持续发展，构建完善特色乡村建设和治理常态长效机制。

关于加快泰州市城市经济发展的调研报告。报告建议，聚焦疫情防控，推动全市服务业平稳健康发展；聚焦新发展格局，做强板块提升服务业规模效应；聚焦首店经济，释放内需活力；聚焦新兴业态，打造服务业经济增长新引擎；聚焦机制保障，推动服务业高质量发展。

关于“推进园区‘三比一提升’行动激发园区活力”调研报告。报告建议，更加注重强化工作组织协同、项目招引建设、园区特色发展、园区载体能级提升、园区发展统筹推进。

关于进一步提升泰州市基层社会治理能力的调研报告。报告建议，提升基层社会治理能力，加强信息应用，实现智慧治理；汇聚各方力量，合力治理；深化三治融合，促进有效治理；优化村（社区）网格，实施精准治理；推进基层减负，突出基层治理。

关于加大金融支持实体经济力度的调研报告。报告建议，继续营造宽松适宜货币环境；突出重点领域，提升金融服务质量和水平；把握关键环节，构建金融服务实体的支撑体系；统筹兼顾，在发展中化解各类金融风险。

表11

2020年泰州市政协部分调研视察活动情况表

时 间	内 容
3月25日	省政协到泰州市专题调研企业复工复产、经济运行以及政协“有事好商量”协商议事室工作情况
6月8日	市政协调研挂钩联系园区
6月9日	市政协视察劳模工匠人才培育工作
7月9日	市政协视察历史文化名城保护与利用工作
7月29日	市政协视察协商助推特色乡村建设
8月28日	市政协赴泰兴市走访视察
9月23日	上海市静安区政协到泰州市调研
10月19-20日	市政协机关到土山开展驻村入户调研
10月19-20日	住锡省政协委员到泰州市视察
11月9日	市政协走访医药高新区并进行座谈协商
11月25日	市政协视察协商市区改善民生实事项目进展情况

（管成伟）

责任编辑：张　华

泰州市纪委 泰州市监委

综 述

【概况】 2020年，泰州市各级纪检监察机关聚焦监督和办案“两个重点”，执纪执法、惩治腐败，服务大局、保障民生。农村集体“三资”监管创新工作被中央纪委国家监委拍摄专题片推介，失实检举控告澄清机制获省纪委主要领导批示并向全省推广，对村（社区）巡察整改群众评议工作获中央巡视办肯定，纪检监察信访举报工作获全省纪委监委绩效考评一等奖。

【纪检监察队伍建设】 2020年，泰州推进市纪委监委队伍专业化、规范化、信息化建设。开展“能力建设提升年”活动，制定全市纪检监察干部三年教育培训规划，举办“纪检监察业务大学习、素质能力再提升”全员培训，分层分类培训5716人次，实现干部培训全覆盖。运用“泰廉洁”多维监督信息系统，“第一种形态”处置20人次，立案查处3人。

【五届市纪委五次全会】 2020年4月17日，中共泰州市第五届纪律检查委员会第五次全体会议召开，听取市纪委常委会《实干担当，履职尽责，为泰州“强富美高”新实践提供坚强保障》工作报告，审议通过全会工作报告和《决议》。会议要求，将全面从严治党引向深入，夺取全面从严治党新成效，为推进“一高两强三突出”工作部署、奋力夺取疫情防控和经济社会发展“双胜利”提供坚强保障。市纪委委员31人出席，182人列席。

纪检监察体制建设

【概况】 2020年，泰州市调整纪检监察机关内设机构职能配置，出台市纪委监委机关“三定”规定。将第一至第五纪检监察室更名为第一至第五审查调查室，第六至第八纪检监察室更名为第六至第八监督检查室，将第九纪检监察室更名为监督审查技术室，明晰监督检查和审查调查部门职责。适应派驻机构改革需要，调整3个监督检查室联系监督范围。

【派驻机构建设】 2020年，泰州市完善派驻机构设置，任命4家市属国有企业和泰州学院纪委书记为监察专员，设立监察专员办公室；将5家事业单位纳入相应主管部门纪检监察组监察监督范围，选配10家市属企事业单位专职纪检监察干部47人，比改革前增长51.61%。直接领导、统一管理派驻机构，制定派驻党政机关、市属国企、市属高校纪检监察机构等3个工作规定，探索国企纪检监察机构“四联动”（联动研判、联动教育、联动监督、联动处置）工作机制。建立健全考核机制，按“是否设立监察专员办公室”，分类考核市属企事业单位和派出机构等12个考核对象。

派出监察员办公室建设。推进监察员办公室标准化建设，组建基层监察监督专业人才库。至年末，全市设监察员办公室24个，办公办案用房123间，专职监察员75人、兼职监察员191人、村级廉情监督员2057人。实施监察员办公室工作质效提升行动，建立“提级监督”“协作监督”“任务派单”制度，建设“监督邮路”，实施监督对象“三单管理”，泰兴市监委第二监察员办公室被表彰为全省“带头建设模范机关工作走前列纪检监察组织”。制定全市监察员办公室工作考核办法，实施专兼职监察员积分制考核。查处危房改造资金截留、涉农补贴虚报冒领等群众反映强烈问题，全年全市监察员办公室处置问题线索1536件，谈话函询225件，立案270件，立案数比上年增长64.6%。

【审查调查工作机制调整】 2020年，泰州市规范问题线索处置，制定《问题线索办理工作实施细则》《问题线索处置工作指引（试行）》。推进纪法贯通，制定《指定管辖案件工作指引（试行）》《拟不起诉案件报备审核工作指引（试行）》《重大敏感案件提级审核工作指引（试行）》。市纪委监委建立健全市县审查调查一体化机制，落实查办案件责任制，执行案件主办人、主审人制度，完善日常检查和定期评查机制，实施案件质量全流程监管。督寻基层办案，整体提升案件质量。注重对受处分人思想教育，全年回访受处分党员干部1142人。

（朱亚男）

监督体系建设

【概况】 2020年，泰州市创新监督方式，实施“谈话函询+核查”“谈话函询+采信了结”“谈话函询+当面报告”，探索“平台+预警设置”“平台+现场督查”“平台+线索处置”，运用“建议+跟踪督查”“建议+追责问责”“建议+专项评估”，开展“整治+定期会商”“整治+线索移送”“整治+嵌入式督查”。开展派驻监督“成效深化年”活动，建立项目清单、操作清单、问题清单、建议清单、落实清单“五单监督”机制，梳理被监督单位权力清单2963份，确定工程招投标、审批监管、选人用人、项目建设等重点领域和关键环节重点监督项目22项，细化监督措施265条。防控廉政风险，被监督单位排查廉政风险点3794个，制定防控措施7664条。市纪委监委派驻纪检监察组全年立案77件，给予党纪政务处分74人，推动整改问题585条，被监督单位建立健全制度200多项。

【失实检举控告澄清】 2020年，泰州市在全省率先制定《纪检监察组织失实检举控告澄清工作指引》，区别情形为55名党员干部通过书面、当面、会议、通报、公告等方式澄清，覆盖市、县、乡、村四级组织体系，其中县处级干部2人、乡科级干部11人、一般干部14人、村居干部27人、企事业干部1人。打击诬告陷害行为，查处诬告陷害党员干部2人，给予党纪重处分。围绕疫情防控、脱贫攻坚、行政执法、民生保障等重点领域适时开展澄清正名。全市纪检监察信访举报总量比上年下降28.7%。泰州市失实检举控告澄清工作获省纪委监委主要领导批示肯定，省纪委以专刊向全省制度化推广，并在全省纪检监察信访举报工作会议作经验交流。

【“四项监督”统筹衔接方式路径探索】 2020年，泰州市探索“四项监督”（纪律监督、监察监督、派驻监督和巡察监督）统筹衔接方式，构建“四位一体”（以机制建设为保障，以信息互通为基础，以工作协同为关键，以力量共享为支撑）内部协作配合体系。建立信息通报机制，监督检查室、派驻机构、巡察机构共享信息资源。建立工作联动机制，统筹衔接监督检查、查办案件、整改落实。建立人员调配机制，监督检查室、派驻机构、巡察机构干部定期交流轮岗。完善监督体系，实施纪检、组织、财政、审计等部门协作。构建“1+3+X”立体监督机制，市纪委监委党风政风监督室协调推进，3个执纪监督室日常监督，20个派驻纪检监察组和12个国企、高校、事业单位纪委（纪工委）“嵌入式”监督。

【农村集体“三资”监管制度创新】 2020年，泰州市完善“三资”监管平台功能，新增“纪委监督”“部门监管”模块，线上交办、实时跟踪、全程督办业务工作和监督事项。开展“三资”监管系统机制各项制度落实情况“回头看”，集中交办问题64个。开展集体产权“零交易”专项核查，核查2019年产权“零交易”村70个。靖江市、高港区开发上线村级财务信息化“结报系统”，实现村集体财务票据线上审批、银联直付。

党的作风建设与腐败惩治

【概况】 2020年，泰州市查处违反中央八项规定精神问题621起，处理1061人，其中给予党纪政务处分650人，查处问题总数和新发生问题数连续第四年下降。在元旦、春节、“五一”端午、中秋节、国庆节等时点交叉互查、暗访检查，运用国库集中支付、公车智能化监管、税务开票系统等大数据平台，查处“四风”突出问题。重点整治违规发放津补贴或福利、违规吃喝、违规收送礼品礼金、治理违规旅游、违规配备使用公车、违规公款办理通讯套餐等问题，查处享乐主义、奢靡之风问题225起、处理374人，其中党纪政务处分324人。集中整治形式主义官僚主义，印发《关于推动整改县级机关发文中形式主义问题的通知》，查处疫情防控、脱贫攻坚等重点工作落实问题369起，处理648人。落实全面从严治党主体责任和监督责任“两个工作规范”，对照履责“三张清单”，通过重大事项请示报告、提出意见建议、监督推动党委（党组）决策落实等方式，全市全面从严治党成效社会评价满意度98.3%，比上年提高2.2个百分点。结合责任清单、履责活动与信息化平台，依托省市“两个责任”履责记实平台，建立以履责为中心、记责为手段、平台为载体线上监督机制。建立履责情况及时提醒、常态督查、定期通报工作机制。监督检查落实全面从严治党主体责任情况，全市问责党组织80个、党员领导干部376人，通报典型问题33批60起。

【腐败案件查处】 2020年，泰州市纪检监察机关立案2380件，其中县处级干部36件、乡科级干部199件，给予党纪政务处分2351人。运用“四种形态”处理7150人次，其中第一、二、三、四种形态分别占66.4%、28.9%、1.7%、3%。查处窝案串案、不收敛不收手案件，其中党的十八大后和十九大后仍然违纪违法的分别占93.9%、57.5%。查处问题线索反映集中、群众反映强烈案件，查处“一把手”案件46件，其中县处级干部占26.1%、乡科级干部占43.5%。查处重点行业领域案件，其中教育系统102件、医疗卫生系统94件、工程建设领域111件、招投标领域72件。查处违反政治纪律案件22件，其中政治问题与经济问题交织案件10件。

【政治生态监测评估】 2020年，泰州市全覆盖推进政治生态监测评估，健全监测评估指标体系，定期分析研判，查找突出问题，实施预警提醒和分类处置。开展市（区）监测评估，形成全市综合报告和6个市（区）专题报告及反馈意见，提出问题建议61个、发出预警21项。开展两轮市级机关监测评估，测评市级机关部门（单位）54个，提出问题建议273个。县级机关和基层镇村政治生态监测评估工作开展情况纳入市对各市（区）党建考核。

【“学纪守廉”品牌建设】 2020年，泰州市召开全市领导干部警示教育大会，制作警示教育片《贪欲之祸》《案件警示录》。开展家规促廉示范基地创建，建设“亲语连廉”廉政书屋、廉政文化公交专线、凤城河水上廉政教育专线。按不同层次、不同领域、不同行业，分领导干部、重要岗位、普通党员等层次分类开展廉政教育。组织“亲语连廉”廉洁文化优秀作品征集推选，评选优秀微电影、公益广告、文学作品、摄影故事89件，《勇战病魔不离岗，心系百姓解民忧》获全省“廉廉看·你拍我说”纪检监察摄影故事大赛一等奖。

重点领域专项治理

【健康长江专项治理攻坚】 2020年，泰州市实施“健康长江泰州行动”专项治理攻坚，明确8个方面监督重点，督促市生态环境、水利等部门和相关市（区）排查问题，确定25个攻坚项目，实现全市97.78千米长江干流岸线“天上、水上、水下、地上、地下”全流域监管覆盖，退出长江干流1千米范围内、化工园区外全部化工企业。市县联动开展长江流域禁捕退捕专项监督，实施跨区域联动监督，沿江市（区）纪委监委同步监督检查，在全省率先实现渔民渔船退出率、渔民就业率、渔民基本养老参保率全部100%。

【安全生产专项监督】 2020年，泰州市制定《中央纪委国家监委纪检监察建议整改落实专项监督方案》，专项治理安全生产领域突出问题。以违法违规“小化工”背后官商勾结问题为重点，专项整治“小化工”，逐企、逐村、逐户排查，走访企业、小作坊、小窝点4.26万家、废料贮存场所3.94万家，排查违法违规“小化工”企业48家、易燃易爆有毒有害原料废料企业（场所）和非法加油点127家。市、市（区）同步全覆盖开展危化品安全生产专项巡察。巡察发现问题线索28条，查处失职渎职、危化品生产企业官商勾结案件27件43人。

光盘行动　　（市纪委监委　供图）

【粮食系统突出问题专项整治】 2020年，泰州市专项整治粮食系统腐败和作风问题，排查问题线索95条。分批次、滚动式挂牌督办一批问题具体、可查性强重点问题线索。新立案12件，留置审查调查2人。制发纪检监察建议，督促推动粮食系统承包经营、财务、资产、人事等制度“废、改、立”。

【制止餐饮浪费行为专项整治】 2020年，泰州市纪委监委制定《关于贯彻落实习近平总书记重要批示精神加强监督执纪坚决制止餐饮浪费行为的工作方案》，确定6项工作重点，明确3个监督检查室、20个派驻机构责任，形成“1+7”系统整治方案，推动规范接待管理、改进餐饮服务、深化专项治理、加强宣传教育等节约粮食、制止浪费工作。暗访检查机关食堂节约用餐，全覆盖检查全市7个市（区）政府食堂，延伸检查16个乡镇（街道）、开发（园）区食堂。

【“三金”发放管理专项治理】 2020年，泰州市专项整治城乡低保金、困难学生补助金、尊老金“三金”管理发放工作，发现问题线索562个，处理220人，其中立案95人，党纪政务处分49人。开展“城乡低保金”发放专项整治，系统比对31222户低保户信息，发现存疑信息1764条。专项整治“困难学生补助金”发放，交叉比对26475名在册困难学生家庭信息，发现存疑信息228条。专项整治“尊老金”发放，比对尊老金名册、殡葬名册，发现存疑信息195条。（朱亚男）

责任编辑：张　华

中国国民党革命委员会泰州市委员会

【组织建设】 至2020年年末，中国国民党革命委员会泰州市委员会（简称民革泰州市委）有总支3个、支部22个，民革支部党员之家12个，党员392人，平均年龄49岁，其中本科以上学历317人，具有中级以上职称264人。落实“组织建设年”任务，姜堰区文卫等支部与中共基层党组织签订互联共建协议。年内，民革泰州市委被民革江苏省委评为定点扶贫工作先进集体、祖统工作先进集体。民革泰州市委、泰州市中山公益服务中心及14人分别被民革江苏省委评为抗击新冠肺炎疫情工作先进集体、先进个人。

【参政议政】 2020年，民革泰州市委提交市政协集体提案6件、省政协委员提案3件、市政协委员提案25件、区人大代表建议案5件、区政协委员提案45件，1件提案被列为市政协重点督办提案，5件提案被评为市、区政协优秀提案。1件提案被民革中央用作全国政协会议集体提案，1件提案被民革江苏省委用作江苏省政协会议集体提案。全年提交社情民意信息104篇，其中，全国政协采用5篇，省政协转报4篇，民革中央采用7篇，中共江苏省委、中共江苏省委统战部采用3篇，民革省委采用40篇，市领导批示1篇，市政协采用25篇。开展“我为十四五规划献一策”活动，12人被民革江苏省委评为参政议政工作先进个人、反映社情民意信息工作先进个人。开展“有事好商量”体育为民驿站建设专题协商活动、法律援助工作跟进协商活动，推动泰州市出台《关于规范法律援助补贴标准有关事项的指导意见》，协商成果被《人民政协报》、团结网等媒体报道。围绕“疫情后民营企业和台企经营发展”“打造现代医药物流产业集群”“现代农业”“生命健康产业发展”等课题开展调研和交流，提交调研报告3篇。

【政治思想建设】 2020年，民革泰州市委开展“不忘合作初心，继续携手前进”主题教育，参加中共十九届五中全会精神宣讲报告会，承办党派联合大讲堂，策划“声援武汉，以读攻毒”线上诵读会、八一建军节云游海纪馆特别直播等活动。拍摄“助力小康，奋斗有我”专题视频2个，发布庆祝中国共产党成立99周年主题朗诵视频1个，开展“总书记这句话最让我受教育”主题征文活动。提交宣传稿件147篇，其中，民革中央网站采用76篇，团结网采用36篇，《“有事好商量”见成效 法援补贴不再一刀切》《协商议事有作为 参政议政显成效》分别在《人民政协报》《团结报》刊载。

【社会服务】 2020年，民革泰州市委联合泰州市中山公益服务中心向对口帮扶贵州省毕节市纳雍县猪场乡倮倮鸠村捐款11.65万元。猪场乡政府选派第二批教育管理人员6人到泰州市跟岗学习。推进祖统工作，分别到海陵区、泰兴市慰问百岁抗战老兵，开展“泰台一家亲 同心庆中秋”联谊活

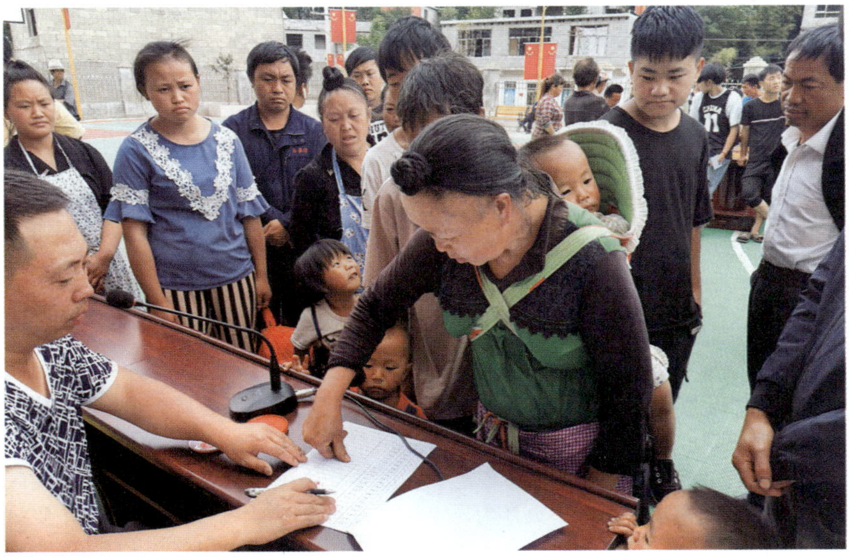

2020年5月31日，贵州省纳雍县猪场乡倮倮鸠村村民现场领取民革泰州市委捐赠物资 （民革泰州市委 供图）

动，组织博爱志愿者法律服务团为台资企业开展法律服务。企业家联谊会和3人分别被民革江苏省委评为定点扶贫工作先进单位、先进个人。1人被民革江苏省委评为社会服务工作先进个人。 （朱 芹）

中国民主同盟泰州市委员会

【组织建设】 2020年，中国民主同盟泰州市委员会（简称民盟泰州市委）发展盟员26名，其中博士1名，硕士2名，中国书法家协会会员1名，高级职称人员2名。6月19日，举办纪念王石琴诞辰100周年座谈会，成立江苏省第一个以市级民盟组织创始人名字命名的支部——王石琴支部。海陵区基层委员会被民盟中央评为盟务工作先进基层组织，民盟泰州市委被民盟省委评为组织建设工作先进集体、2人被评为组织建设工作先进个人。

【参政议政】 2020年，民盟泰州市委在市政协五届四次全会上提交《关于加快推进重大项目技能人才队伍建设的建议》大会发言1篇、《关于推进产教融合，促进职业教育健康发展的建议》书面发言1篇、集体提案5篇，盟内政协委员提交个人提案30篇。全年提交调研文章49篇、社情民意信息132篇，其中，18篇分别全国政协、民盟中央、省政协、中共江苏省委统战部采用。年内，民盟泰州市委获民盟省委反映信息工作先进集体一等奖、2人被民盟中央和盟省委评为反映社情民意信息工作先进个人，1人被民盟省委评为参政议政先进个人，6人被民盟省委评为反映信息工作先进个人。

【政治思想建设】 2020年，民盟泰州市委组织青年盟员开展盟史、盟务培训；开展“我为盟务工作献一计”金点子征集活动。与民盟华东师范大学委员会签订缔结友好委员会备忘录。民盟泰州市委被民盟中央评为思想政治和宣传工作先进单位、1人被民盟中央评为思想政治和宣传工作先进个人。

2020年6月19日，民盟泰州市委举办纪念王石琴诞辰100周年座谈会暨纪念封发行、王石琴支部成立揭牌仪式 （民盟泰州市委 供图）

【社会服务】 2020年，民盟泰州市委联合各基层组织开展盟员书画家送福进社区、教育公益讲座、全国助残日主题活动、献礼消防员、送文艺进军营、公益拍卖等活动。提供3.4万元扶贫资金和慰问物资帮扶姜堰区大坨镇土山村、高港区大泗镇二陈村、海陵区城北街道通姜社区。在第四届“丝路信使”自行车赛中，丝路信使支部为沿线城市和贫困地区直播带货；盟员曹正春捐献画作拍卖，所得20余万元捐赠给新疆维吾尔自治区昭苏县；泰州医药高新区支部开展“追光行动”，对学生进行心理筛查。年内，民盟泰州市委获民盟省委社会服务工作特别贡献奖，5人获民盟省委“社会服务工作先进个人”称号。

（赵筛扣 聂 涛）

中国民主建国会泰州市委员会

【组织建设】 至2020年年末，中国民主建国会泰州市委员会（简称民建泰州市委）有专门委员会8个，基层委员会1个，总支部3个（新成立海陵区总支部委员会），支部23个；有会员505人，其中，2020年发展新会员26人，平均年龄38.7岁，大学本科以上学历25人，硕士研究生5人，各级人大代表、政协委员2人，经济界人士占73%。2020年开设“泰州民建课堂”，建成“会员之家”14个，覆盖率70%。泰兴市基层委三支部和高港区总支柴墟支部创成全省特色基层组织。1人获评民建全国优秀会员，姜堰区总支部获评民建全国先进集体；泰兴市基层委二支部、工商三支部（现海陵区总支三支部）获评民建省委先进集体，4人获评民建省委先进个人。

【参政议政】 2020年，民建泰州市委提交省政协委员提案1件，《关于推动锡常泰一体化发展的建议》《关于加强江苏省沿江危化品和船舶污染管理的建议》《关于完善公共投诉平台运行机制、切实为基层减负的建议》作为民建省委在省政协十二届三次会议集体提案。在市政协五届四次会议提交大会集体提案9件，委员提案24件，其中，市领导领办重点提案1件，市政协重点督办提案4件，《建立商事服务中心 进一步优化营商环境》作为大会发言，《关于加快发展健康服务业的建议》《优化工作机制 更好激发企业创新活力》作大会书面交流。在市五届人大四次会议提交代表建议8件，其中，市人大重点督办建议2件。全年报送社情民意信息241篇，其中，市政协采用42篇，中共泰州市委统战部推报83篇；

2020年4月10日，民建泰州市委开展助企法律服务活动

（民建泰州市委　供图）

民建省委采用60篇，省政协采用21篇，中共江苏省委统战部采用6篇；民建中央采用21篇，全国政协综合采用《关于加强植保无人机飞防作业管理的建议》等4.5篇，全国政协《每日社情》采用3篇，2篇获评省政协优秀社情民意信息。《关于建立各民主党派以本党派名义在政协发表意见的制度机制的思考》获评民建省委理论研究优秀成果，民建泰州市委《新时代民主党派更好参与政协协商的思考》一文被省政协理论研究会出版的《新时代人民政协的新方位新使命》一书收录。民建泰州市委获评民建省委参政议政工作先进单位、社情民意信息工作先进单位一等奖、宣传工作先进单位，1人获民建中央社情民意工作先进个人表彰，1人获民建省委参政议政工作先进个人表彰。

【政治思想建设】 2020年，民建泰州市委举办骨干会员暨新会员培训班，并组织赴南京民间抗日战争博物馆、黄炎培职业教育思想展览馆开展现场教学。“泰州民建课堂”首期组织学习《民法典》相关内容。承办泰州市第11期“党派联合大讲堂”。组织参加民建江苏省委中青年骨干会员培训班。高教支部与南京财经大学基层委结为友好基层组织；泰兴市基层委三支部和海陵区总支三支部结为友好支部。

【社会服务】 2020年，民建泰州市委对口帮扶河北丰宁，为胡麻营镇塔前村更换设施大棚棚膜和塔沟村“道德银行+扶贫爱心超市”提供物资支持，帮扶资金近3万元。赴宿迁市王官集镇花园村开展帮扶慰问活动。常态化开展“思源工程—生育关怀行动”，围绕“思源”品牌开展助学、助残、助困等特色活动。民建泰州市委获评民建省委社会服务优秀组织奖，“同心圆梦·思源润学”（泰兴基层委）获民建省委社会服务品牌创新奖。

（香占章）

中国民主促进会泰州市总支部委员会

【组织建设】 2020年，中国民主促进会泰州市总支委员会（简称民进泰州总支）下辖市直支部、高校支部、综合支部、海陵区支部、高港区支部、姜堰区支部6个基层支部，有会员102人，其中本科以上学历97人、中级以上职称102人。

【参政议政】 2020年，民进泰州总支向市政协提交个人提案《建议泰州学院增设地理教育专业的提案》被市政协采纳。《关于“三方联动”进一步打开校门的建议》被省人大采用。向姜堰区政协提交《加强校外培训机构管理，维护未成年人合法权益》《多部门联动，整治小区消防通道停车顽疾》《关于进一步加强学校废弃危险化学品回收、处置管理的建议》《加强小区物业费收缴，确保小区长效、有效管理的建议》《进一步规范宠物饲养》5个个人提案被姜堰区政府相关部门采纳。向海陵区政协提交个人提案《关于〈泰州文明行为条例〉“落地”的几点建议》被海陵区相关部门采纳。向高港区政协提交个人提案《关于进一步推进高港区垃圾分类的建议》被高港区相关部门采纳。

【社会服务】 2020年，民进泰州总支教师会员配合各级教科研机构和所在学校，建设“名师空中课堂”“直播课堂”“泰微课”“泰金课”等学习资源共建共享。姜堰区支部向泰州市第二人民医院捐助1.8万元用于疫情防控，企业家会员、高港区支部副主委联合20多家企业，捐赠款物2000多万元，联合高港区政协其他委员向一线工作人员捐赠2万元现金及1000份慰问品，个人参与的各类捐款约17万元。

（吴建华）

中国农工民主党泰州市委员会

【组织建设】 2020年，中国农工民主党泰州市委员会（简称农工党泰州市委）发展党员28名，其中主界别21名，平均年龄37.6岁，研究生以上8名（博士1名）。6月12日，召开农工党泰州市委五届十二次市委（扩大）会议，审议通过《2020年基层组织换届工作意见》。年内，完成基层组织换届，新成立高新区总支，下设综合支部、医教支部和医药园区支部，调整海军中学支部和沈毅中学支部，成立联合支部；成立市直文教综合支部。年内，建成农工党界别“政协委员之家”、农工党委员履职小组有事好商量“一平台三联系”［即在市政协原有“政协委员活动之家”的基础上叠加建立“有事好商量”协商议事室，将其建设为协商议事平台。开展“三联系”活动，住市直和高新区的市政协委员以履职小组为单位联系3个有界别代表性的企事业单位、1个城区乡镇或街道、园区；住三市三区的市政协委员以市区为单位成立履职小组，联系有关重点乡镇（街道、园区）和村（社区）；每位市政协委员联系4名以上本界别或相近界别的代表人士，形成政协组织与基层紧密联系的工作机制］协商议事室。“三室合一”（即在已建成的“农工党员活动之家”的基础上，叠加打造市政协农工党界别委员之家和“有事好商量”协商议事室）履职特色平台经验和成果先后被《团结报》《人民政协报》推广宣传。人民医院总支、二附中、中心血站、妇保所支部“农工之家”建成揭牌。泰州医药高新区支部被表彰为组织建设先进基层支部。

【参政议政】 2020年，农工党泰州市委向政协泰州市五届四次全会提交集体提案10件，个人提案26件，大会发言3篇，《关于理顺泰州市“三线”划定管控体制的建议》为市长领办重点提案，《将建设传染病医院纳入泰州市“十四五”规划的建议 》为副市长领办重点提案，《关于进一步推进医养融合的建议》为市政协副主席督办重点提案。《公共卫生预警体系及数据化改革研究》《强化卫生健康行政执法体系建设的建议》2篇获“农工论坛——完善公共卫生管理和服务体系建设”征文活动一等奖，3篇获优秀奖。全年形成调研课题28项，完成农工党省委立项调研报告4篇，提交中共泰州市委统战部3篇。全年向农工党省委、市政协、市委统战部报送社情民意信息276篇，其中全国政协采用13篇，农工党中央采用25篇，省政协采用14篇，中共江苏省委统战部采用1篇，省残联采用1篇。农工党泰州市委被农工党中央表彰为参政议政先进地级市组织、中心血站支部被表彰为优秀基层组织。

【政治思想建设】 2020年，农工党泰州市委组织参加中共十九届五中全会精神宣讲报告会。全年报送宣传信息100多篇，《人民政协报》《团结报》、中央网站各采用1篇，省委网站采用31篇，“江苏农工”公众号采用32篇，中央网站采用6篇，开辟“两会专题”“抗疫专题”报道。举办第12期新党员培训班。推荐8人参加中共市委统战部泰州市民主党派骨干培训班。

【社会服务】 2020年，农工党泰州市委在蒋垛卫生院开展“农工党健康服务行”活动。联合中医院医联体举办农工党服务中国医药城高层次人才义诊、咨询活动。协办江苏省基层内分泌特色科室泰州市分孵化中心授牌仪式。开展“2020年环境与健康宣传活动”系列活动；联合市场监管局开展“认证认可检验检测：守护安全底线，服务复工复产”主题广场宣传活动。市人民医院总支开展联合国糖尿病日服务活动和创新及科研成果转化培训。中心血站支部组织“熊猫血”（Rh阴性血型）献血者户外联谊活动。泰州医药高新区支部开展“鼓动未来——国家老年人心理关爱项目情绪管理团体心理辅导活动”和“精准医学在顽固性高血压的应用学习”学术交流活动。海陵区总支举办“中国医师节”系列活动。1人被农工党中央评为社会服务先进个人。 （孟　军）

中国致公党泰州市总支部委员会

【组织概况】 至2020年年末，中国致公党泰州市总支部委员会（简称致公党泰州总支）有党员53名，其中本科以上学历51人，中级以上职称38人。下辖市直一支部、市直二支部、海陵区支部、高港区支部、姜堰区支部5个基层支部。

【参政议政】 2020年，致公党泰州总支提交议案提案4件，组织开展“聚焦经济发展新动能，助推地方经济高质量发展”和“精准帮扶稳就业，助力打赢脱贫攻坚战”专题调研，完成立项课题3项，形成《关于推进长江治理“数字化”“智慧化”存在的难点及对策建议》《利用大数据和区块链技术破除信息孤岛，加快推动全省社会信用体系建设》《大力发展共享经济下‘新型就业模式’，助力推动全省高校毕业生实现稳就业》调研报告3篇，其中《大力发展共享经济下“新型就业模式”，助力推动全省高校毕业生实现稳就业》获致公党省委“汇智论坛”三等奖。上报社情民意信息3篇，被采用1篇。

【社会服务】 2020年，致公党泰州总支联合海陵区人社局和城中街道办事处开展“同心致力”稳就业活动，举办“致公护蕾”爱国三义教育暑期亲子实践和“棋”妙之旅进社区活动。

（李卫星　周小慧）

九三学社泰州市委员会

【组织建设】 2020年，九三学社泰州市委员会（简称九三学社泰州市委）发展新社员21名，其中高级职称7名，博士研究生1名，硕士研究生9名。根据专业结构和所处地域，将原有的14个基层组织调整为18个，新成立泰州学院支社、农林支社、高新区支社。建成基层组织“社员之家”2个。文教支社被社省委表彰为宣传工作先进集体，政法支社被社省委表彰为参政议政工作先进集体，医卫支社被社省委表彰为社会服务工作先进集体，九三学社姜堰区委被社中央表彰为建社75周年优秀基层组织。

【参政议政】 2020年，九三学社泰州市委在市政协和市人大五届四次全会上提交集体提案5篇、个人提案32篇、个人议案8篇。其中《关于尽快上争设立中国（泰州）知识产权保护中心的建议》《关于加快特色田园乡村农业产业发展的建议》被列为主席督办提案，《关于发挥政策引导功能，推动泰州发展智能制造的建议》等3篇提案被市政协评为优秀提案。开展“我为十四五规划献一策”活动，全年提交各类社情民意60多篇，其中《关于规范政府工程结算审计的建议》《关于加快修复重整企业信用的建议》《宗教活动场所不动产确权登记问题亟需解决》3篇被全国政协采用；《关于推进企业直接融资的建议》《关于重视商品有机肥发展工作的建议》2篇被省政协采用;《农村河道环境整治不能贪大求洋》等4篇被九三学社中央采用;44篇被九三学社省委采用;18篇被市政协采用。完成调研报告4篇,其中《江苏藏富于民的对策建议》被第十三届“江苏九三论坛”采用。2人被九三学社省委表彰为参政议政工作先进个人。

【政治思想建设】 2020年,九三学社泰州市委以辅导讲座、专题研讨、集中培训等方式组织学习中共十九届四中、五中全会精神,贯彻九三学社江苏省委创建75周年座谈会精神。组织骨干社员参加九三学社全国新闻宣传骨干网络培训班和社中央专题政治辅导“网络课堂”学习。召开主委会、市委会,贯彻中共泰州市委五届十次全会精神。2人被九三学社省委表彰为思想宣传工作先进个人。

【社会服务】 2020年,九三学社泰州市委与市银保局共同挂钩帮扶泰兴市黄桥镇东闾村,出资结对1户家庭脱贫。九三学社姜堰区委组织社员开展“献爱心,送温暖,察民情,集民意”活动,走访慰问娄庄镇团结村和兴泰镇三里泽村10户困难家庭。联合市慈善联合会、市妇联,实施全市事实孤儿“扶苗计划”。泰兴市支社组织医卫界社员到社区义诊3次,林海支社参与公司组织的“爱企业、献良策、做贡献”主题活动,社姜堰区委赴武警姜堰中队开展“送医进军营、共叙鱼水情”活动。年内,2人被九三学社中央表彰为社会服务工作先进个人,2人被九三学社省委表彰为社会服务工作先进个人。

（翟敏华）

泰州市工商业联合会

【组织建设】 至2020年末,泰州市有各类商会会员13620名,其中企业会员12371名、个人会员1232名、团体会员17个;行业商协会47家,异地商会23家,外埠泰州商会16家。年内,泰州市工商联参与并推动出台《关于促进工商联所属商会改革和发展的实施方案》。开展民营经济代表人士队伍建设情况调研 。1月10日,召开五届四次执委会。

【商会建设】 2020年,泰州市工商联联合市民政局开展商会换届、三证合一等工作。开展“四好”(班子建设好、团结教育好、服务发展好、自律规范好)商会评选活动,泰州市钢材贸易商会等7家商会被认定为全国“四好”商会、泰州市浙江商会等18家商会被认定为省“四好”商会。推动基层商会制度化、规范化建设,建设异地商会,指导南京市、深圳市、镇江市泰州商会换届工作,筹建乌鲁木齐等地异地泰州商会。

【参政议政】 2020年,泰州市工商联在市政协五届四次大会上作《减税降费成效显著,政策措施有待完善》大会发言。全年向省、市人代会、政协大会提交调研报告2篇、提案18件、社情民意信息14条。

【政治思想建设】 2020年,泰州市工商联组织民营企业家通过召开座谈会、交流会、学习会,运用会刊、网站等平台学习宣传贯彻党的十九届四中、五中全会精神。开展以“不忘初心使命、探寻革命足迹”为主题的民营经济人士理想信念教育实践活动、代表人士思想政治状况谈心活动。与统战部联合举行2020年度全市年轻一代民营经济代表人士理想信念教育培训班。选树民营企业(家)先进典型,树立泰州民企良好形象。开展民营经济人士思想状况调研,开展全市工商联所属商会党组织覆盖率统计工作。

【社会服务】 2020年8月14日,泰州市工商联召开“万企联万村共走振兴路”工作推进会,组织民营企业、商会与经济薄弱村开展结对帮扶。对口支援陕西咸阳,组织民营企业、商会开展产业扶贫考察、物资捐赠等活动,捐赠物资价值100多万元。市(区)两级工商联与商业银行联合开展“情系小微、服务万企”银企对接活动,缓解中小企业融资难题。与市税务局联合共建“纳税人之家”服务平台,为民营企业提供宣传辅导、需求征集、征纳沟通等涉税服务。联合市检察院建立非公经济检察工作站,出台《泰州市涉罪民营企业民纠社会责任调查处罚的若干规定》,定期开展“服务‘六稳’‘六保’护航民企发展”检察开放日等活动。联合市法院开展民法典专题宣讲活动,推动依法治企、依法治会。

（朱于才）

责任编辑:王　卉

泰州市总工会

【概况】 至2020年年末，泰州市有基层工会约7500个、会员97.60万人。新创成全国职工书屋4个，累计52个，创成省职工书屋5个，累计86个。泰兴市黄桥镇工会干部综合培训基地获评“全省工会干部教育培训基地”。出台关爱一线防疫人员六项措施，向困难职工发放疫情专项补助，授予26名疫情防控先进人员“市五一劳动奖章”；出台落实小微企业工会经费全额返还支持政策，全年返还小微企业工会经费近5000万元。

【新时代职工思想引领】 2020年，泰州市总工会（简称市总工会）组织开展“中国梦·劳动美·工会情”职工系列活动，联合市委宣传部、市文明办评选泰州市“文明职工”“最美泰州人”“文明班组”。实施“职工领读者”行动，加强工人文化宫公益性建设，完善“泰享读”读书平台，创建省“书香企业”4家。

【劳模工匠先进典型示范】 2020年，泰州市8人获全国劳动模范（先进工作者）称号。建设劳模工匠人才创新工作室，发挥师徒结对等“传帮带”作用，选树“拜名师带高徒”10对，命名市级产业工人“淬火行动”培训基地2家、高水平技能培训基地10家，泰州职业技术学院被省总工会命名为“全省医药职工职业技能竞赛基地”；评选产生市级职工十大科技创新成果、十大先进操作法、十大发明专利30个，2项职工创新成果分获评省十大职工先进操作法、省十大职工发明专利奖；出台《关于选树“泰州工匠”打造“新时代泰州百名工匠”品牌的实施意见》，做好全国劳模和省“五一”各类奖项对象评选推荐工作。

【劳动技能竞赛】 2020年，泰州市总工会开展九大市级重点工程示范性劳动竞赛，其中长城汽车整车生产项目入选全省十大重点工程示范性劳动竞赛项目。全省十大重点工程示范性劳动竞赛现场会在泰州市召开；举办21个市级一类职工技能竞赛和40个二类职工技能竞赛，101人获全省竞赛一等奖；举办全市工会安全生产和劳动保护技能大赛，泰州市获省第一届职工安全生产和劳动保护技能大赛团体一等奖。

【职工帮扶关爱服务】 2020年，泰州市总工会创新开展“泰有心 工会情”系列活动，开展职工夜校（网校）培训，送教进企67次，直接受益4000多人次；实施“春风行动”网上就业专场招聘会，超30万人在线参与，2100多人成功应聘；完成全国总工会、省总工会困难职工解困脱困工作，开展女职工关爱活动、组织优秀职工疗休养和“工会常伴·阳光送暖”系列送温暖等活动，帮扶救助困难职工1900多人次；发挥职工众创中心柔性创业平台作用，帮助对口帮扶地区特色产品落户泰州市。

【职工维权服务和普法宣传】 2020年，泰州市总工会开展百人以上企业、“两新”组织（新经济组织和新社会组织）和“八大群体”（货车司机、快递员、护工护理员、家政服务员、商

劳模工匠师徒结对“传帮带”　　（市总工会　供图）

场信息员、网约送餐员、房产中介员、保安员）等建会入会和维权攻坚行动，获省总工会领导批示。年内，召开全省“两新”组织和快递员等群体建会入会和维权服务现场推进会；实施“能级工资”集体协商扩面行动，出台三年行动计划，召开全市“能级工资”集体协商现场推进会，发布十佳典型实例，全市147家企业建立不同项目“能级工资”，经验获全国总工会和省协调劳动关系三方推介。推进线上线下法律服务和信访接待，在全省率先实现职工法律援助中心（站）规范化、实体化、网络化建设，完善“泰工阳光”维权平台功能，全年有效化解劳动关系矛盾纠纷162起，协调和法律援助案件17件49人次，帮助职工追讨欠薪（加班费）、补缴社保160多万元。

【产业工人队伍建设试点】 2020年，泰州市启动产业工人队伍建设改革工作。5月12日，召开泰州市产业工人队伍建设改革试点工作座谈会，健全日常工作机制，研制年度工作要点、试点方案。年内，召开现场推进会、组织产改面对面培训、到企业蹲点指导、到一线督查调研等措施，推动试点单位量身打造产改特色经验做法23例，市委书记专门批示产改工作，省总工会主要领导专门批示泰州市产改“安全赋能”十条措施，央视新闻、《新华日报》《工人日报》等省级以上媒体宣传泰州市产业工人队伍建设改革典型经验成果100多次。（马钰蓉）

2020年5~6月，市总工会组织开展法律服务“大篷车”活动

（市总工会 供图）

共青团泰州市委员会

【概况】 2020年，共青团泰州市委（简称团市委）新发展团员9700人，团员总数16.01万人，基层团干部18346人，团员总数占14~28周岁青年总数的24.1%。全市有市（区）团委6个、开发区团工委1个、市直属机关企事业单位团组织40个；各市（区）下设基层团委304个、团工委51个，团总支360个、团支部11427个。年内，全市获评全省共青团工作“10100”创新创优工程优秀项目一等奖1个、二等奖1个；1人获“中国青年五四奖章”；3人获“全国优秀共青团员”称号、2个集体获“全国五四红旗团组织”称号；1个集体获“国家级青年安全生产示范岗”称号；2人获“全国青年岗位能手”称号；1人获“全国优秀少先队辅导员”称号，2人获“全国优秀少先队员”称号，2个集体获“全国优秀少先队集体”称号；1人获第十五届“江苏青年五四奖章”、1人获第十五届“江苏青年五四奖章”提名奖；9人获“江苏省优秀共青团员”称号、10人获“江苏省优秀共青团干部”称号、12个集体获“江苏省五四红旗团委”称号、12个集体获“江苏省五四红旗团支部”称号。

【青少年思想引领】 2020年，共青团泰州市委举办“绽放战疫青春·坚定制度自信”宣讲活动117场，2万名青年参加。全市青年创作抗击疫情音乐、歌曲、诗歌33首，书法、绘画等作品566件，撰写《战地日记》300多篇。年内，举办“马克思主义·青年说”“泰州青年思享汇”“青年先锋讲堂”等各类学习实践活动260多场，覆盖各类青少年12.6万多人次。建成青年学习社25家、青年学习社线路8条。“东线第一帆”线路成为首批省级免检示范线路。17人入选江苏省“我们身边的好青年”。

【青少年群体服务】 2020年，泰州市建成枢纽型青年社会组织——泰州市青益加青年服务中心。该中心被授予“长三角青年社会组织联合发展基地”称号，为入驻市青年社会组织孵化基地的30多家青年社会组织提供服务。“青春引江 公益力量”获第五届中国青年志愿服务项目大赛金奖，“圆梦书房，点亮心灯”关爱困境少年儿童服务项目、“保护水生动物生存环境志愿行动”获大赛银奖。团市委举办第五届青年公益项目创投大赛（高校组）活动，扶持公益项目10个，提供扶持资金6万元。组织开展2期“青社学堂”，培养青年社会组织骨干、自由职业者、独立音乐人等新兴领域青年骨干人才100多名。举办青年俱乐部，招募“公益合伙人”，提供摄影、救护等12门特色课程以及木工、陶艺、定向越野、读书沙龙、单身联谊等系列活动，参加青年近3000人次。举办“青缘汇”主题社交活动30多场，服务单身青年超1500人次。开展“轻松备考·12355与你同行”中高考减压行动，开展送心理减压课程进学校活动12场，开通24小时中高考心理问题咨询专线。联合公检法等部门及社会组织，启动青少年阳光健康成长营。

【青年创新创业服务】 2020年，泰州市举办第六届“蜂鸟”青年创客大赛，开展初赛、复赛、特训营、决赛以及专题调研推介等各类青创活动16场，智能制造、生物医药、农业生产等领域116个项目参与，8个项目落户泰州城区，2个项目在省“创青春”创新创业大赛中获奖。团市委联合市农村商业银行推出青创专属金融产品，全年发放青年创业小额贷款98笔3788万元。举办“新动力”训练营3期、“泰青商”讲堂3期、政企、银企对接会2场、线上招聘会6场，服务青年创业者1000多人次。实地走访青创会员企业近70家，召开专题座谈会2场，帮助解决问题20多个。

【“梦想改造+”关爱计划】 2020年，共青团泰州市委推进6~16周岁事实孤儿等为主的困境青少年关爱帮扶工作，在全省率先启动实施“梦想改造+”关爱计划，承办全省“梦想改造+”关爱计划现场推进会，首批建成梦想小屋50间，构建“1+3+6+N”关爱服务体系，为困境青少年提供精准链式、持续贴心服务。

【“青春四进 建功乡村”行动】 2020年，泰州市开展共青团助力“万企联万村”青商企业进乡村系列活动20多场，全市青商企业完成村企共建项目77个，投资金额9.56亿元，其中完成投资2.47亿元。举办泰州市“新农菁英”示范培训班暨产品交流推介会、泰州市青年助农主播训练营、共青团助农直播节等活动，直接培训“新农菁英”、青年主播100多人，推荐、登记入（省）库“新农菁英”人才319人、“新农菁英”产品6款。举办助农主播活动40多场，发放“新农菁英贷”191笔、1.35亿元。举办“留住乡愁 田园泰州”特色田园乡村美术大赛、2020“祥泰杯”两岸（泰州）美丽乡村民宿设计网络邀请赛，800多人参赛，收集作品近1000幅。完成省“青绘乡村”设计大赛作品11幅。

【“青仔领航”公益行动】 2020年，泰州市青少年活动中心实施“青仔领航”公益行动，面向社会公开招募公益合伙人，开展“红领巾成长营”“红领巾夏令营”等活动近50期，服务少年儿童1500多人次。“青仔公益暑托班”拓展到全市范围，开办办学点83个，4000多名儿童受益。“青仔助学”为支援湖北医护人员子女提供免费课程学习大礼包，面向抗疫一线医护人员开展木工制作、亲子绘本阅读活动。

（吴海棠）

泰州市妇女联合会

【概况】 至2020年年末，泰州市有机关及直属事业单位妇联（妇委会）42个；县（市、区）级妇女组织151个、乡镇（街道）妇女组织83个、村（社区）妇女组织1632个、新兴领域（新经济组织、新社会组织、新媒体行业）妇女组织244个，新建妇女微家204家。1月20日，泰州市妇女联合会（简称市妇联）召开五届二次执委（扩大）会议，表彰泰州市三八红旗手（集体）示范工作室、泰州市级示范妇女微家。年内，市妇联获评全国家庭工作先进集体、省妇女儿童工作先进集体、省妇联宣传舆论阵地建设先进单位、江苏妇女儿童慈善优秀组织奖、江苏省首届女性直播创业大赛优秀组织奖、第二届江苏女性融媒体创意大赛优秀组织奖、2019年度江苏省女性融媒体影响力奖。

【妇联活动】 2020年1月19日，泰州市妇联启动“冬日暖阳——把爱带回家”寒假结对行动，基层妇联执委、“教师妈妈”“法官妈妈”和社会公益组织爱心志愿者代表与海陵、高港、姜堰三区妇联长期结对的40名儿童现场结对。6月1日，市妇联开展“花开向阳·幸福童行”——致敬“最美逆行者”主题活动，部分援鄂医护人员及其子女参加启动《印记》——泰州援鄂白衣勇士一人一档手模采集活动。7月20日，市妇联举办2020年市直单位系统“巾帼文明岗”培训班，观摩学习市法院少年及家事案件审判庭争创展板和现场。

【妇女创业就业服务】 2020年，泰州市妇联开设“巾帼扶贫公益店”，开展“巾帼消费助力脱贫攻坚百站行”活动，开展系列活动120多场，参与总人次约130万，助力农产品销售62.5万千克，销售额1100多万元，发放“巾帼荣誉贷”7497万元，服务5320名妇女群众。5月15日，市妇联、市农业农村局、市扶贫办、泰州广播电视台联合举办“巾帼带货 暖心助农”直播活动，上线“WOMAN+扶贫公益店”、启动“巾帼消费助力脱贫攻坚百站行”，“我的泰州”全程视频直播，直播半小时4.6万网友围观，超1.2万人次互动点赞，线上线下销售产品金额90多万元。6月29日，市妇联开展“迎挑战 出实招 稳生产 提效益”女企业家助力发展活动，举行泰州市“三大联盟”（巾帼电商联盟、民宿女主人联盟、巾帼手工产业联盟）成立仪式，表彰2019年度“泰州市优秀女企业家”。8月12~14日，市妇联举办“助力脱贫攻坚 决胜全面小康”农村留守妇女赋能培训班，兴化市钓鱼镇各村居和机关部门110名妇女代表参加家政服务、巾帼电商等就业技能培训。9月15日，泰州市主办“凝聚她力量 创享新时代”第八届巾帼创业创新大赛决赛。

【妇女宣传教育】 2020年，泰州市妇联开展各类线上线下宣讲活动1200多场次，覆盖群众15万多人。6月11日，举行妇女维权工作培训暨“幸福护航”巾帼法律专家联盟启动仪式，联盟由20名女法官、20名女检察官、20名女警官和40名女律师组成。年内举办“双百”（百名巾帼法律专家顾问团暨开展百场公益讲座）公益服务，开展以案释法讲座50场，线上微课堂50期，开展妇女儿童“一对一”结对关爱活动。7月10日，市妇联开展安全生产系列活动，开展安全生产专题宣讲。9月20日，市妇联、市总工会开展“网络安全周”暨“个人信息保护日”宣传活动，组织网络安全宣传员和巾帼志愿者开展网络安全知识宣传。

【第三届“泰苏馨”妇女儿童家庭慈善公益项目创投大赛】 2020年7月14日，泰州市妇联、市慈善总会联合举办第三届“泰苏馨”妇女儿童家庭慈善公益项目创投大赛。项目内容涵盖婚姻家庭调解、贫困残疾妇女救助、留守儿童成长关爱、女童安全守护、儿童友好社区建设等方面。38个项目参与评选，18个项目进入决赛。“冬日暖阳”贫困残疾妇女救助服务、“赢战脱贫”——赋能贫困残疾妇女就业创业、爱·成长——儿童友好社区建设3个项目获一等奖。

【公益夏令营活动】 2020年8月9~10日，泰州市妇联举办“守护花开·共享成长”公益夏令营，海陵区、高港区、姜堰区、泰州医药高新区的孤贫特困儿童和“社会妈妈”80多人参加。12月26~27日，开展“冬日暖阳·守护花开”公益冬令营活动，困境儿童、爱心妈妈80多人参加。全市各级妇联连续开展困境儿童夏令营活动，累计4000多名困境儿童受益。

【Women+泰州云赋能计划】 2020年9月8~10日，“她说”第二届江苏女性融媒体创意大赛晋级选手成长营暨Women+泰州云赋能计划启动仪式在泰州举行。围绕“学习强国进家庭”“抗疫复产展活力”“我是小康发言人”三大主题，征集融媒体作品3014部，100部优秀作品主创晋级成长营。 （陈小磊）

泰州市科学技术协会

【概况】 2020年，泰州市科学技术协会（简称市科协）有市级学会（协会）34个，高校科协7个，企业科协720个，市（区）科协6个。成立市综合交通运输学会，5家学会换届改选，注销学会4家，评出8个优秀科技志愿服务大队、12个特色工作案例，重点资助6场学术活动。推动省新材料产业院士协同创新中心落户泰州。连续6年组织评选“泰州市青少年科技创新市长奖”。2人入选2020年江苏省“最美科技工作者”，占全省表彰人数20%。泰兴市科协获评全省2020年度实施“县级科协创新发展能力提升计划”优秀单位，靖江市科协、海陵区科协获全省2020年度县级科协“四服务一加强”单项工作创新案例。4家企业科协获评“2020年江苏省示范企业科协”。

【科技活动】 2020年，泰州市科协参与“科创中国”活动，省铸造学会在兴化市构建“1+3+N”（1个省级学会、3个乡镇、N家企业）产学研合作新模式。联合市总工会举办首届技术创新方法培训班，协助企业组建科技创新团队，市科协获评2020年中国创新方法大赛江苏赛区优秀组织单位，江苏太平洋精锻科技股份有限公司获全省创新方法大赛一等奖。组织开展“学术活动月”，举办重点活动11场，受众2000多人次。完成第12届自然科学优秀论文评比表彰工作。推进“海智计划”，高港区科协与中国科协北美（硅谷）海智创新创业基地合作共建海外人才工作站，姜堰区科协举办“匠心制造·智汇姜堰”中德高端智造论坛活动。

【科普服务】 2020年，泰州市科协创新应急科普新模式，实施“防控疫情、科普先行”主题活动，举办“人类VS病毒”主题展览，组织“战疫有你”纪实摄影展，开展“新型冠状病毒流行与防控”专题报告会，该项工作获中国科协专题推介。组织第24届泰州市科普宣传周暨2020年“全国科普日”系列活动，开展社区科普讲座、科普研学旅游、农技专家服务行等十大科普活动。实施“未来科技创新人才培育工程”，组织第六届泰州市青少年科技创新市长奖评选活动，举办全市中小学科学教育培训班，将科创类特长生纳入泰州市普通高中自主招生范围。组织参加全省公民科学素质大赛和全省青少年“诗词里的科学”大赛，泰州市代表队分获线下总决赛冠军和一等奖。举办中小学“金钥匙”科技竞赛泰州市团体赛。印发《泰州市乡村振兴农民科学素质提升行动实施方案（2019-2022年）》，设计印制科普画廊海报4万张，编印农村居民科学知识读本7500本，新增科普惠农服务站10家。

【智库建设】 2020年，泰州市出台《泰州市科技创新智库专家库管理办法》，围绕工农业、健康医疗以及社会事业等领域，新增泰州市科技创新智库专家库成员36人。挂牌成立一站式院士服务平台“泰州院士之家”。编印15期《科技工作者建议》，“重视夏粮生产”“组建传染病专科医院”等4篇建议分别获市委、市政府主要领导批示，1篇社情民意被省政协采用。建设科技工作者状况调查站点，新增国家级站点1个、省级站点1个，市科协被中国科协评为全国优秀调查站点。组织2020年“全国科技工作者日”主场活动，举办院士“科技报国梦”专题报告会，评选表彰“最美泰州人”科技工作者篇先进典型、泰州市优秀科技工作者。

【泰州市科技馆】 2020年，泰州市科技馆开设暑期科学营专题培训班，与4所学校开展馆校合作试点。年内，泰州市科技馆获全国科学实验挑战赛优秀组织单位，2件科普作品获“同上一堂科学课”全国科技馆联合行动优秀奖。 （洪玉鹏）

泰州市归国华侨联合会

【概况】 2020年，泰州市归国华侨联合会（简称市侨联）开展机关侨情调查，推进“数字侨联”建设。年内登记录入系统海外侨胞378人，归侨18人，侨眷661人。制定《泰州市侨联五年工作规划（2019年—2023年）》《泰州市侨联关于基层侨联组织建设的指导意见》。市侨联五届二次全委会审议通过《泰州市基层侨联主席、常务副主席、副主席、秘书长、常务副秘书长、委员、代表身份范围实施细则》，解决市（区）侨联和基层侨联组织人选身份难题。

【经济发展服务】 2020年，泰州市侨联承办市政协“汇聚侨力，服务侨企发展”协商议事活动。协办江苏省华侨公益基金会·鼎顺控股集团“助学圆梦”活动。动员并参加兴化市中堡镇侨企致敬援鄂英雄捐赠蔬菜活动。推荐海外高层次人才马昕、武华获“中国侨界贡献奖”。推荐海外侨胞仲倞、曹俊为江苏省侨联“助梦大使”。组织新侨创新创业基地考察、侨资侨智签约、生物医药领域调研、“双创发展分享”等活动。

【为侨服务】 2020年，泰州市侨联制定《泰州市侨联关于“侨胞之家”（侨之家）建设的指导意见》《泰州市侨联关于“侨之桥”建设的指导意见》，协调市城投集团支持后续侨胞之家建设的前期工作资金18万元。在全国首创开展“侨之桥”建设工作，侨联组织从有形覆盖向有效覆盖转变。年内，泰州市设立市侨联和各市（区）侨联专项公益、侨益基金，印发《泰州市侨联关于积极动员归侨侨眷、海外侨胞及社会爱心人士建立泰州市和各市（区）侨爱心基金的意见》。

【海外联络联谊】 2020年8月，泰州市侨联接待澳大利亚江苏工商联合到泰州市参观考察，澳大利亚江苏工商联合总会与泰州市侨商会签订《友好合作协议书》，缔结友好商会。11月，邀请柬埔寨泰州商会到泰州市考察，推动泰州市企业参与融入“一带一路”建设。 （朱大华）

泰州市文学艺术界联合会

【概况】 2020年，泰州市文学、美术、书法、摄影、戏剧、音乐、舞蹈、电影等多个艺术门类作品在全国、全省获奖，获国家级奖项约50项，省级奖项80多项。年内，5人加入中国书法家协会、5人加入中国摄影家协会。7月17日，泰州市文学艺术联合会（简称市文联）召开市文联五届四次全委会，表彰全市先进集体、先进个人、优秀文艺家和优秀文艺名人。9月23日，设立全市首个文艺家协会党建工作站。12月10日，举办第八届全国“里下河文学流派”研讨会。市书法家协会被中国书协表彰为志愿服务公益活动先进集体。

【文艺创作】 2020年，庞余亮等4人获江苏省第七届紫金山文学奖。姚社成《钢琴》获第十五届夏衍杯优秀创意电影剧本奖。邹国美国画《广陵忆》入展第二届“公望富春”中国山水画作品展；张丹国画《绣红旗》入展第二届“乡风墨韵”全国中国画作品展。泰州书协28人作品入展第十二届江苏省新人书法篆刻作品展，4人获奖。余宁台获江苏摄影奖提名奖，王少岳、杨进勇等9人作品入选“小康光景”全省摄影展。陈德林《赵五娘》入选国家文旅部音像工程资助项目。谭步权《大喇叭开始广播啦》获第八届江苏省淮剧艺术节优秀剧目奖、2020年度江苏省舞台艺术精品创作扶持工程。小淮剧《船娘》获江苏省第二届“戏剧小戏小品”展演大赛“优秀剧目奖”。扬州评话《苏中红嫂》、歌曲《杨根思》、歌舞《小康大舞台》、小品《让爱回家》等7部作品获第十四届江苏省五星工程奖；歌曲《小康大道上》获江苏文艺大奖·音乐奖。电影《建筑师》入围第十五届中国长春电影节和第三届重庆先锋艺术电影展“先锋杯”最佳导演提名；宁元元执导电影《小事儿》入围第四届平遥国际电影影展“藏龙”单元。电视文学节目《乡里画意》获第三十五届江苏文艺大奖·电视奖最佳电视文艺专题片。宋保旺刊刻《茶经》获江苏省第十一届“艺博杯”工艺美术精品大奖赛金奖。苏宏核雕组合作品《水润兴化如诗如画》获第55届全国工艺品交易会“金凤凰”创新产品设计大赛优秀奖。

【文艺活动】 2020年，市文联在泰兴市祁巷村挂牌设立泰州市文艺家采风创作基地，开展采风和现场书画创作活动。泰州市开展“万众一心 抗击疫情”主题文艺活动，征集各类文艺作品3600多件。联合市广电台推出“中国加油 泰州声音”专题作品展播。全市5件美术作品、6件书法作品入选江苏省美术书法“同心抗疫”主题作品展。组织市美协、市民俗摄协为泰州市援鄂医护人员赠送美术作品，拍摄家庭照。市电影家协会策划拍摄公益抗疫宣传片《共同渡过》。市作协、市诗人协会组织会员创作报告文学、诗歌作品500多篇（首）。举办第二届泰州美术奖、书法奖、摄影奖评选活动，评出获奖作品59件。开展第五届“祥泰之州”美术书法展、摄影展评选活动，收到作品1000多件，评出入展作品210多件。

【文艺惠民】 2020年，泰州市举办第八届文艺家读书班，邀请省摄影家协会副主席、南师大汤天明教授讲授《读图时代与人文摄影》，江苏明港律师事务所主任杨明律师讲授《民法典》，省作家协会副主席祁智作《笔墨当随时代》专题辅导。组织市曲艺家协会“柳敬亭”文艺轻骑兵慰问汛情期间守堤护堤的消防官兵。全市30多名书法家在泰州火车站开展“2020情满旅途，福至运来——江苏省书法家送万福进万家活动”，组织文艺工作者参加“三下乡”送春联、福字，为群众免费拍全家福、寿星照等活动。到泰兴市黄桥镇王庄村、海陵区城南街道梅兰社区、姜堰区顾高镇张庄村等村（社区），开展赠送图书、慰问困难群众等活动。

【里下河文学流派品牌】 2020年，市文联推出罗望子《心上人》、庞余亮《你们遇上了好辰光》等里下河文学流派名家“星书系”2册，推出黄跃华《软肋》、顾成兴《老村庄》等激励本土文学创作的里下河生态文学写作计划6册。评选王忆《冬日焰火》、曹学林《船之魅》等分享会作品2部。举办第八届全国里下河文学流派研讨会。举行里下河文学流派经典诗歌入选名单（1980–2020）发布仪式和“文昌水秀·祥泰之州——全国自然文学研讨会（论坛）”发布仪式。在《大家》杂志推出“里下河文学流派”作品短篇小说专辑；每月在《文艺报》推出国内著名评论家、学者撰写的流派研究文章；完成《里下河当代文学史论》专著初稿。在《中国作家研究》杂志推出里下河文学流派代表作家诗歌研究专辑。编辑出版《里下河文学》2020年刊，推出研究论文43篇。市文联与中国自然资源报社、市自然资源和规划局联合举办“自然文学论坛”和里下河生态写作计划暨里下河文学流派新书分享会。里下河文学流派品牌打造工作纳入市委五届十一次全会报告和泰州市“十四五”规划纲要。 （周卫彬）

泰州市残疾人联合会

【概况】 至2020年末，泰州市有各级残联组织94个，各级残联工作人员278人，残疾人专职委员737人。建立各类残疾人专门协会35个，助残社会组织115个。有持证残疾人125716人。其中，视力残疾14800人，听力残疾14125人，言语残疾527人，肢体残疾64893人，智力残疾14450，精神残疾11507人，多重残疾5414人。按残疾等级分，一级残疾12856人，二级残疾41601人，三级残疾28006人，四级残疾43253人。年内，泰州市残疾人联合会（简称市残联）被江苏省人社厅、省残联表彰为“全省残联系统先进集体”。

【残疾人文体活动】 2020年，泰州市举办残疾人书画交流、书画采风、趣味运动会、“残健同行”羽毛球公开赛、省盲人板铃球邀请赛、无障碍设施体验、节日交流等多项群众性残疾人文化体育活动。

【残疾人帮扶】 2020年，泰州市在全省率先出台《关于在疫情防控期间组织实施十项惠残政策措施的通知》，从基本生活、教育就业、公共服务等方面救助困难残疾人，发放各项补贴147.61万元，调整意外伤害保险理赔、精神病送药、残疾儿童康复训练等服务方式，在疫情防控期间开展不间断涉残服务。

【泰州市第三代智能化残疾人证电子证照试运行】 2020年，泰州市推进第三代残疾人证（智能化）换发，做好试点地区批量发卡、系统委托管理、应用服务、设备租赁等工作。推进第三代残疾人证电子证照普及全国试点，12月3日，泰州市第三代残疾人证电子证照试运行，为江苏省首家。

（王　蓉）

泰州市红十字会

【概况】 2020年，泰州市红十字会（简称市红十字会）开展疫情防控募捐工作，累计收支社会捐赠款物6218.51万元，其中资金4583.27万元、物资1635.24万元。市红十字会本级收支社会捐赠款物1931.87万元，其中资金1150.11万元、物资781.76万元。完成对口支援、对口帮扶和挂钩帮扶任务，指导4个市（区）红十字会设立、实施援陕对口帮扶项目5个，完成帮扶款物149.53万元，其中物资91.18万元、资金58.35万元。完成全市红十字冠名医疗机构审核和清理。召开市红十字会三届四次常务理事会议和三届五次理事会议，表彰抗击新冠肺炎疫情捐赠先进集体和先进个人，增补和选举理事、常务理事、副会长。制定出台市两级红十字会改革实施方案。印发《各市（区）红十字会2020年重点工作和目标任务指导评估细则（试行）》，对全市红十字工作按照七个方面24项标准评估考评。推进红十字会基层组织建设，海陵区春晖社区在2020年江苏省红十字博爱家园建设推进会上作经验交流。

【救援救助】 2020年，泰州市红十字会与市应急管理局签订《防灾减灾救灾联动工作机制合作协议》，建立信息共享通报、统一指挥调度、资源协同保障、社会力量引导发展、应急演练和培训合作5项工作机制。加强物资储备库建设，与市发展改革委联合实施泰州市红十字会物资储备库智能化整体改造。泰州市印发《泰州市红十字会自然灾害应急预案》。组织红十字应急救援队举行防灾减灾应急救护处置演练，年内，市红十字救援队新招募队员26名，定期组织救援知识和救护技能集训。年内，市红十字会开展“为贫困孤寡老人送年夜饭”“关爱麻风村休养员”“暖冬行动”等“博爱送万家”系列活动。争取省红十字会援助实施人道项目3个、博爱光明行项目4个，项目获批数全省第一。实施市红十字会“护佑天使”项目，为21名困难白血病患儿提供21万元救助款。申报“小天使”基金项目，为23名困难白血病患儿申请救助款67万元。市红十字会落实挂钩帮扶姜堰区蒋垛镇界河村援助款物10.9万元。建设城乡社区红十字“博爱家园”，全年新建20个，累计26个。

【造血干细胞和遗体器官（组织）捐献】 2020年，泰州市造血干细胞采样入库志愿者10281人，累计实现造血干细胞捐献43人次。制定《泰州市造血干细胞采集费用支出与结算工作方案》，采集点辐射盐城、南通、扬州、无锡、镇江等地区，采集数量仅次于东南大学附属中大医院，列全省第二位。组织开展遗体器官（组织）捐献者网上缅怀纪念活动，在线人数超3万人，1.2万人参与网上留言和献花。开通遗体器官（组织）捐献网上登记，捐献志愿者线下登记103例、线上登记5320例。全市累计捐献遗体器官（组织）40人，其中遗体24例、器官10例、眼角膜11例。

【志愿服务】 2020年，泰州市两级红十字应急救援队参与重大赛事救护保障志愿服务、“志愿服务大集市”“三下乡”等志愿服务活动。在高校组织实施“博爱青春”暑期志愿服务活动，泰州职业技术学院等4所高校4个项目获省红十字会援助支持。市直高校“血脉相髓”志愿服务队利用周末和寒暑假开展造血干细胞采样点志愿服务。

【宣传与救护培训】 2020年，泰州市红十字会开展初级救护员培训6591人、普及救护培训119095人，泰州市红十字应急救援队、市武警支队60名学员获红十字总会首批“红十字救护员（国际认证）证书”。开展线上线下宣传活动，与泰州市人民医院、市中医院等医疗机构联合开展义诊等宣传纪念活动；设计制作H5，开展有奖知识竞答宣传红十字知识。承办红十字总会首期中国红十字会救护员国际认证课程试点培训班。与市总工会、人社局联合举办2020年泰州市红十字应急救护技能竞赛，与泰州市邮政管理局、快递行业协会联合开展全市快递行业应急救护培训工作。组队参加2020年江苏省红十字应急救护技能竞赛，1人获“江苏省红十字应急救护能手”称号。

（封　旭）

责任编辑：王　卉

法治

人大立法

【概况】 2020年，泰州市发挥人大在地方立法中的主导作用，推进科学立法、民主立法、依法立法。发挥地方立法协调领导小组、地方立法研究院、立法咨询专家委员会的作用，深入全市12个基层立法联系点开展调研，广泛征求基层意见，扩大公民参与立法工作。《泰州市住宅物业管理条例》《泰州市垛田保护条例》获省人大常委会批准；全国设区市第一部标准化地方性法规——《泰州市标准化条例》正式施行。通过人大主导和委托第三方评估相结合，开展《泰州市房屋安全管理条例》《泰州市绿化条例》2部地方性法规的立法后评估工作。专项督查《泰州市水环境保护条例》实施情况。备案审查规范性文件15件。

【立法计划】 2020年11月13日，泰州市五届人大常委会第55次主任会议讨论并通过2021年度立法计划。市人大常委会2021年度立法计划安排正式项目2项，分别是制定《泰州市河长制工作条例》《泰州市献血条例》；调研项目4项，分别是《泰州市长江岸线保护条例》《泰州市大气污染防治条例》《泰州市城市地下管网条例》《泰州市学校安全条例》《泰州市知识产权促进和保护条例》。

【地方性法规制定和施行】 2020年，泰州市人大常委会组织制定并通过地方性法规2部。其中，《泰州市住宅物业管理条例》于9月25日经省十三届人大常委会第十八次会议审查批准，《泰州市垛田保护条例》于11月27日经省十三届人大常委会第十九次会议审查批准。《泰州市标准化条例》于5月1日起施行，为全国设区市首部标准化地方性法规。

【立法监督】 2020年，泰州市人大常委会对《泰州市道路交通安全条例》《泰州市市区烟花爆竹燃放管理条例》开展立法后评估。对实施满两年的《泰州市房屋安全管理条例》《泰州市绿化条例》制定及实施情况开展“回头看”。创新组织法规专项督查，通过实地走访、听取汇报、座谈讨论等方式，首次对全市第一部实体性法规——《泰州市水环境保护条例》的实施情况开展专项督查。坚持“有件必备、有备必审、有错必纠”原则，开展规范性文件备案审查工作，全年审查规范性文件15件，其中市政府规章6件、其他规范性文件9件；发出审查意见函3份，提出审查意见23条。听取和审议市政府关于深化扫黑除恶、重点做好禁毒整治工作情况的报告，专项审议全市法院矛盾纠纷多元化解工作情况、全市检察院认罪认罚从宽制度落实情况，组织视察“两院”工作、基层法庭和公安互联网建设应用情况。

2020年泰州市人大常委会备案规范性文件情况表

表12

制定机关	文件名称	报备文号	发布日期	报备日期
市政府	泰州市生产经营单位安全生产主体责任规定	泰府规备〔2020〕1号	2020年7月1日	2020年7月27日
市政府	泰州市停车场管理办法	泰府规备〔2020〕2号	2020年7月16日	2020年8月10日
市政府	泰州市传染病防治卫生监督管理办法	泰府规备〔2020〕3号	2020年9月17日	2020年10月12日
市政府	泰州市食品小作坊集中加工中心管理办法	泰府规备〔2020〕4号	2020年11月4日	2020年11月17日
市政府	泰州市市区城镇垃圾处理费征收管理办法	泰府规备〔2020〕5号	2020年11月26日	2020年12月10日
市政府	泰州市生活垃圾分类管理办法	泰府规备〔2020〕6号	2020年12月8日	2020年12月24日
市政府	泰州市老年人优待办法	泰府备字〔2019〕7号	2019年12月26日	2020年1月10日

续表12

制定机关	文件名称	报备文号	发布日期	报备日期
市政府	泰州市重大行政决策程序规定	泰府备字〔2020〕1号	2020年7月9日	2020年7月29日
市政府	泰州市城市供水管理办法	泰府备字〔2020〕2号	2020年7月23日	2020年9月15日
市政府	泰州市城镇排水管理办法	泰府备字〔2020〕3号	2020年7月23日	2020年9月15日
市政府	泰州市房屋征收民办非企业单位登记管理办法	泰府备字〔2020〕4号	2020年9月21日	2020年9月30日
市政府	泰州市户口迁移准入登记规定	泰府备字〔2020〕5号	2020年9月30日	2020年10月12日
市政府	泰州市道路货物装载源头超限超载管理办法	泰府备字〔2020〕6号	2020年11月2日	2020年11月17日
姜堰区人大常委会	泰州市姜堰区人民代表大会常务委员会关于进一步加强代表建议办理的决议	姜人常备〔2020〕1号	2020年10月30日	2020年11月16日
姜堰区人大常委会	泰州市姜堰区人大常委会关于批准姜堰区部分行政区划变更方案的决议	姜人常备〔2020〕2号	2020年12月8日	2020年12月16日

【《泰州市标准化条例》施行】 2020年1月9日，省第十三届人大常委会第十三次会议审查批准《泰州市标准化条例》，于5月1日起施行。该《条例》是全国设区市首部标准化地方性法规，从立项到批准历时13个月，设7章43条，包含经济发展、社会文化、生态环境、公共服务和居民生活等5个领域的标准化内容。

【《泰州市住宅物业管理条例》立法工作】 2020年3月19日，泰州市政府常务会议审议通过《泰州市住宅物业管理条例（草案）》（简称《草案》）。4月23日，市五届人大常委会第十六次会议初次审议《草案》。市人大召开立法座谈会、论证会26场次，收到修改意见1100多条，修改《草案》13次。8月25日，市委常委会审议并原则通过《草案（修改稿）》。8月28日，市五届人大常委会第二十九次会议通过《泰州市住宅物业管理条例》。9月25日，省十三届人大常委会第十八次会议审查批准《泰州市住宅物业管理条例》，并于2021年1月1日起施行。

【《泰州市垛田保护条例》立法工作】 2020年6月19日，泰州市政府第四十三次常务会议讨论通过《泰州市垛田保护条例（草案）》（简称《草案》）。6月24日，市五届人大常委会第二十七次会议初次审议《草案》。市人大开展专题调研、专家论证，修改《草案》12次。10月9日，市五届人大法制委召开全体会议统一审议《草案》。10月22日，市人大常委会主任会议对《草案》进行研究。10月23日，市委常委会讨论并原则同意《草案（修改稿）》。10月29日，市五届人大常委会第三十次会议通过《泰州市垛田保护条例》。11月27日，省十三届人大常委会第十九次会议审查批准《泰州市垛田保护条例》，并于2021年3月1日起施行。

政法委与综治

【概况】 2020年，泰州市政法系统坚决打好防范化解重大风险攻坚战，推进扫黑除恶专项斗争、市域社会治理现代化、政法领域全面深化改革，打造过硬政法队伍，全市社会大局保持持续稳定。全年未发生有影响的重大刑事案件，获批全国市域社会治理现代化首批试点，群众安全感指数99.02%，居全省首位。

加大追逃力度，追回在逃犯罪嫌疑人13人。开展建筑业、餐饮业、娱乐业、运输业、集贸市场等十大重点领域行业乱象“大排查大整治”活动，清除“市霸”“行霸”。开展非法金融活动专项治理，破获“套路贷”案件1043起，线下投融资机构数量由922家减少到8家，15家P2P网贷机构全面退出线上业务。

优化政法领域营商环境，建立市综合治理执行难工作联席会议制度，制定出台《关于进一步规范全市法院涉企产权、合同案件执行 优化营商环境实施方案》等文件，帮助企业纾困解难。在全市开展“抓重整、执转破、清积案”专项行动，出台20多项优化企业破产环境的举措，推动口岸船舶、东方重工、天港码头等一批重大破产案件处置工作。深化“检润民企”活动，制定出台《关于在防疫期间依法保障和服务民营企业的七条意见》，保障民营企业特别是中小企业合法权益。健全公共法律服务体系，制定出台《关于大力推进公共法律服务体系建设的实施意见》，构建现代化公共法律服务体系。9项公共法律服务产品在全省获奖，其中“法蟹畅行”产品获一等奖。

【重大风险防范化解】 2020年，泰州市健全落实风险防控“四项机制”（风险研判机制、决策风险评估机制、风险防控协同机制、风险防控责任机制）。落实重大决策、重要工程、重点改革主体责任和“应评尽评”要求，梳理报备决策风险评估项目456个，完成评估项目337个。实施市党政领导挂钩“三个一”事项（挂钩服务1个重大项目、挂钩化解1个重点信访事项、挂钩化解1个重大安全风险隐患），开展积案攻坚行动，推动矛盾风险早化解、早销号。开展“排风险、建清单、除隐患、保稳定”专项行动，建立政法领域安全生产责任制清单，排查各类风险907个，编报《联合研判专报》15期，发送《预警通报》12期。对录入“苏稳通”平台的重大风险，逐一制定攻坚方案，分类分级推动化解稳控。

【维护社会稳定】 2020年，泰州市创新构建平安泰州建设协调工作机制，成立专项工作组，联动解决平安建设中的重点难点问题。开展信访积案集中化解工作，交办重点信访案件304件，落实领导包案。全年市级财政使用司法救助资金241万元，救助案件51件，救助困难当事人62人。拓展“六安”（家安、路安、校安、业安、食安、医安）行动外延，按行业领域细化为20项平安建设活动，实现重点行业领域系列平安建设全覆盖。推进雪亮智慧技防建设，实施泛在智能感知网工程，制定视频大数据建设方案，补盲视频盲区，完成全市308处环市域、430处环县域、1.6万处环城镇的“三道防控包围圈”建设。探索推动集“技术中台”“业务中台”“组织中台”为一体的“警务中台”赋能架构体系建设，推动数据赋能实战作用。

【扫黑除恶专项斗争】 2020年，泰州市政法系统健全完善涉黑涉恶违法犯罪防范打击长效机制，扫黑除恶工作保持常态化。专项斗争以来，侦办黑社会性质组织案件13起、恶势力犯罪集团案件35起，破获9类涉恶案件2322起，抓获涉黑涉恶犯罪嫌疑人4857人。全国扫黑办挂牌督办的“12·17”特大网络“套路贷”案件被评为全国公安机关打击“套路贷”首批十大典型案例。推动“打伞破网”落地落实，市纪委监委与政法机关建立涉黑涉恶线索双向移送、快速处置机制，落实纪检监察机关同步介入制度，形成公安、纪检监察“双专班”侦办模式。全市查处涉黑涉恶腐败和“保护伞”469人，其中给予党纪政务处分251人、组织处理203人、移送司法机关18人。出台全省首部设区市“无黑城市”创建指标体系，实现对各市（区）、部门扫黑除恶专项斗争考核考评全覆盖。围绕政治站位、依法严惩、深挖彻查、重点

2020年9月1日，市检察院公诉全国扫黑办挂牌督办的虞某某等人特大网络“套路贷”案件 （市检察院 供图）

人员管控、创新社会治理等方面，制定疑难案件会商、线索核查闭环管理、线索双向移送、资格联审等41项特色工作机制，以制度集成推动扫黑除恶工作规范化、制度化、法治化、常态化。

黑恶势力违法犯罪打击。2020年，全市公安机关侦办黑社会性质组织5个、恶势力犯罪集团15个，打掉“套路贷”犯罪团伙12个、涉网黑恶团伙42个，破获9类涉恶案件624起，抓获涉黑涉恶犯罪嫌疑人950人，查封扣押涉黑涉恶资产11亿多元。公安机关负责的黑恶“线索清仓、案件清结、逃犯清零”目标全部实现。

扫黑除恶专项斗争检察。2020年，全市检察机关批捕涉黑涉恶犯罪嫌疑人290人，起诉546人，起诉黑社会性质组织3个、恶势力犯罪集团22个，2个集体和6名个人受到省级以上表彰。办理全国扫黑办挂牌督办、涉案金额34.5亿元的虞某某等人特大网络“套路贷”案件，被省检察院评为典型案例。依法追加认定黑恶犯罪11件，不予认定24件，纠正漏捕20人、漏诉8人，已判案件无一被改变黑恶定性。移送涉黑涉恶犯罪和“保护伞”线索264件，相关部门立案查处105人。联合公安机关查封扣押冻结涉案资产29亿多元，依法提出财产刑量刑建议，组织开展财产刑执行专项监督，铲除黑恶势力犯罪经济基础。

扫黑除恶专项斗争审判。2020年，全市法院审结涉黑涉恶刑事犯罪案件63件，判处523人。审结陆某某黑社会性质组织犯罪等一批群众反映强烈、社会影响恶劣的犯罪案件。加大“打伞破网”“打财断血”力度，移送涉黑涉恶及“保护伞”线索681条，执结财产刑1703万元，追缴没收违法所得1.09亿元。延伸审判职能，推动完善社会治安防控体系，司法建议数及回复率均居全省法院首位。

【市域社会治理】 2020年，泰州市构建“党委领导、政府负责、民主协商、社会协同、公众参与、法治保障、科技支撑”的社会治理体系，在全省率先建立以党政主要领导为“双组长”的组织领导体制。在全省首创社会治理绩效考评体系，考评结果纳入党政绩效考核。建立完善联动指挥体系，在市县乡村四级综治中心全覆盖的基础上，实行标准化建设、一体化运行。推进综治中心和综合治理、综合执法、综合服务平台“一中心三平台”建设，提升基层社会治理效能。泰州推进市域社会治理相关经验做法在全国第二届新时代“枫桥经验”高端峰会作大会交流。

优化网格设置，调整充实网格队

伍，成立集理论研究、队伍培训、实践创新等功能于一体的社会治理教育基地——泰州网格学院，评选表彰“泰州最美网格员”30名，组织网格队伍轮训，承办全省网格化工作培训班。探索“网格+”工作模式，将扫黑除恶、铁路护路联防等工作纳入网格化管理，全面应用“苏格通”平台，率先完成网格员、网格长“实人实证实名”认证，实现警格、网格“双格联动”，网格化与“110”非警务、“12345”热线实现“三网融合”，网格工作群众知晓率居全省首位、群众满意率居全省第四位。

推进社会矛盾纠纷综合调处化解中心建设，实质化运行“微解纷”系统，建立立案服务、多元化解、分调裁审、审判辅助、涉诉信访“五位一体”工作平台，以及劳动争议、物业管理、消费者权益保护等纠纷多发领域的一体化处理平台。推进诉讼服务中心“集约化”建设，全市有6家法院被评为“全省多元解纷和诉讼服务示范法院”。

【政法领域改革】 2020年，泰州市深化司法体制综合配套改革，强化院庭长实质化办案，建立院庭长挂钩监督指导疑难复杂、新类型案件机制；院领导“每月固定办案周”“行政履职AB角”等办案举措被《最高人民法院简报》转发。全市法院院庭长办结案件3.8万件，占结案总数的57.6%。加大执法监督力度，全年组织评查案件230件，发现问题案件26件。出台《关于进一步贯彻落实认罪认罚从宽制度的实施意见》，开展认罪认罚案件质量交叉评查，摸排各类监督线索46件，认罪认罚适用率居全省前列。深化公安执法办案管理中心建设，全面构建智能化管理、“一站式”办案、合成化作战、全流程监督的执法办案新机制。深化公安实战专业队伍建设，提升应急处突能力水平。推进政法大数据共享应用服务平台建设应用，保障平台系统（2.0版）升级运行，裁判文书网上协同率居全省首位。

【政法队伍建设】 2020年，泰州市贯彻落实《中国共产党政法工作条例》，制定下发纪律作风督查巡查等实施意见。举办全市政法领导干部政治轮训班。定期分析研判政法系统全面从严治党工作形势，落实相关措施。结合省检察院和市委巡察，对各级政法单位实施3轮政治督察。开展政法系统“忠诚卫士”“最美法治人物”“十行百星——政法之星”评选活动，全市政法战线涌现出“全国先进工作者”“全国十佳公诉人”“全国百佳刑警”等一批全国政法英模。开展政法干部“沉一线”、当好社区“八大员”活动，推动各级政法单位开展“跟班先进找差距”等活动，群众对政法工作和政法队伍执法工作满意率居全省第五位。

（解恒俊）

法治政府建设

【概况】 2020年，泰州市全面推进法治政府建设，法治建设群众满意度居全省设区市第三位，高港区法治建设群众满意度居全省（县、市、区）第二位。

推进“放管服”改革，整合基层审批服务执法力量，构建简约高效的基层管理体制。规范政务服务事项，市本级认领行政权力事项标准化业务办理项目编制率100%，全市依申请六类行政权力事项全部进驻政务服务大厅或分中心办理。优化行政审批服务，打造“泰满意”帮办代办服务品牌。清理行政审批中介服务事项，培育“网上中介超市”市场，全市中介机构入驻194家。深化行政审批制度改革，率先在全省取消市域内输变电工程施工许可证办理。全市域推进工程建设项目审批制度改革，建成工改审批系统并上线运行。深化社会信用体系建设，实行守信联合激励和失信联合惩戒机制，发布诚信“红黑榜”10期。

创新推进社会综合治理，建设市域社会治理“泰”品牌。做好疫情防控工作，创新实施社会治理“码”上行动，在全国创新建立企业疫情防控驻厂员制度，率先开发“泰企通”企业复工疫情防控平台。构建公共法律服务体系，打造“‘12348’帮您想办法”公共法律服务平台，全市1683个村（社区）全部配备法律顾问。

落实安全生产企业主体责任、部门监管责任、属地管理责任，在全国率先出台《党政领导干部到企业检查安全生产工作指南》，制定《市委常委会成员、市政府班子成员安全生产重点工作清单》《部门安全生产工作职责任务清单》《党政领导挂钩化解重大安全风险隐患清单》，全市各级党政领导干部挂钩化解重大风险隐患224个，推动解决一批安全生产疑难问题。在全省率先建立安全生产人民监督员制度，推行安全生产领域有奖举报制度。

保护生态环境，实施生态文明建设工程，推进“健康长江泰州行动”专项行动。侦办污染环境犯罪案件29件。实施生态环境监管，开展污染防治设施专项整治、储罐专项排查整治等专项行动。开展生态环境损害赔偿制度改革工作实践，办理生态环境损害赔偿案件45件，累计赔偿金额2541.79万元。

完善依法行政制度体系，制定政府规章4部，提请市人大审议地方性法规2部。推进依法科学民主决策，制定出台《泰州市重大行政决策程序规定》。推进综合行政执法体制改革，全面实施行政执法公示制度、执法全过程记录制度、重大执法决定法制审核制度。

【依法行政制度体系】 2020年，泰州市完善政府立法机制，制定年度立法计划，规范政府立法程序。建立行政立法基层联系点10个，提高政府立法公众参与度，地方政府规章（草案）向社会征求意见率100%。建立立法后评估机制，开展《泰州市国有建设用地批后服务与监管办法》《泰州市房屋安全管理条例实施细则》立法后评估工作。推进卫生健康、食品安全、安全生产、城市管理等领域政府立法工作，在全省设区市率先完成政府规章《泰州市传染病卫生监督管理办法》《泰州市食品小作坊集中加工中心管理办法》《泰州市生产经营单位安全生产主体责任规定》立法工作，完成政府规章《泰州市生活垃圾分类管理办法》立法工作。

实施规范性文件监督管理，严格审查报备制度，全年对170件市政府文件进行合法性审查，受理备案规范性文件21件，对其中12件出具《审查意见书》，行政规范性文件合法性审核率、报备率、规范率均为100%。开展涉及妨碍统一市场和公平竞争、不利于营商环境、涉及生态文明建设和环境保护、知识产权等方面的规章规范性文件专项清理，以及《中华人民共和国民法典》涉及规章规范性文件专项清理。

【行政决策】 2020年，泰州市制定出台《重大行政决策程序规定》，明确决策主体、事项范围、法定程序、法律责任等，37件事项纳入年度政府重大行政决策。实施年度重大行政决策事项征集和目录发布机制。将重大公共政策制定、重大公共建设项目、经济社会发展规划以及涉及重大公共利益或者社会公众切身利益的重大事项等纳入重大行政决策范围，健全"公众参与、专家论证、风险评估、合法性审查、集体讨论决定"的重大行政决策程序。市、县、乡三级人民政府及市、县两级政府部门法律顾问配备实现全覆盖。全年市政府组织实施重大行政决策项目37个，其中涉及公共服务、市场监管、社会管理、生态环境等方面的重大公共政策15个，包括《落实健康中国行动 推进健康泰州建设的实施方案》《加快推进养老服务高质量发展的意见》《关于深化改革 加强食品安全工作的实施方案》等。

【行政执法监督】 2020年，泰州市推进市、县、乡三级综合行政执法改革，构建"一个领域、一个部门、一个区域"一支队伍管执法新模式；组建乡镇（街道）综合行政执法局，创新建立"镇（街）呼、市（区）应"综合行政执法机制。开展行政执法"三项制度"专项督察，市级执法部门执法公示率、全过程记录率、重大执法决定法制审核率均为100%。严格行政执法监督管理，开展执法案卷专项评查2次，全面实行行政执法人员持证上岗和资格管理制度。落实行政执法责任制，出台《关于全面落实行政执法责任制 进一步提升行政执法能力的实施意见》。推行"谁执法谁普法"普法责任制和"以案释法"制度。

【行政权力制约监督】 2020年，泰州市推进政府信息公开清单目录标准化、信息化建设，全市受理依申请公开事项1217件，比上年下降20%，答复率100%。完善新闻发布工作制度，健全突发事件舆论引导机制，建立多方联动的舆情应对处置体系。推行行政诉讼法治监督"三项机制"，建立行政机关负责人出庭应诉提前报备、法院向纪检监察机关移送问题线索、出庭应诉率和败诉率通报考核机制，全市行政诉讼案件行政机关负责人出庭应诉率98.64%，上升1.67%。主动接受各类监督，人大代表建议、政协提案、司法建议书、检察建议书办复率均为100%。全年市级"12345"政务服务平台受理来电来件47.92万件，办结率93.3%，满意率99.58%。强化审计监督，开展市属国企混合所有制改革以及国有资产出让出租情况审计、长江经济带水污染防治和健康长江泰州行动方案落实情况审计、医保基金审计、扶贫审计等专项审计。

【社会矛盾纠纷化解】 2020年，泰州市综合运用人民调解、行政调解、律师调解、公证、行政裁决、行政复议、仲裁等手段，构建非诉纠纷多元化解综合体系。全市设立非诉服务中心8个，在法院、公安、人社、住建、信访等重要部门设立分中心36个，在乡镇（街道）设立非诉服务窗口92个，建立"线上+线下"的非诉服务平台。全年通过非诉手段化解矛盾纠纷79236件，调处成功率99.8%，法院民商事案件起诉率比上年下降18.72%。打造医患纠纷调处"泰州品牌"，在全省率先出台《关于完善医患纠纷调处机制 维护医疗秩序 保障医务人员安全的意见》，《人民日报》予以报道。畅通行政复议受理渠道，发挥行政复议监督及纠错职能。出台《关于加强行政裁决工作的实施意见》，全市办理行政裁决案件33件。搭建知识产权纠纷仲裁调解平台，在全省率先成立速裁服务中心。打造"泰有理"信访法治品牌，建立初访案件优先调解、联合会办机制，全市办理群众来信来访11500多批次，群众满意率95%以上，深化领导接访下访包案机制，全市领导干部接访610批、685人次，化解信访案件418件。

【行政复议】 2020年，泰州市受理行政复议案件515件，办结457件，案件类型包括行政处罚、信息公开、行政不作为、举报投诉处理等方面。市本级受理行政复议申请176件，其中市本级政府作为复议机关的137件、市级机关部门作为复议机关的39件；行政处罚类90件、行政强制类3件、行政征收类20件、行政确权类10件、行政许可类2件、行政不作为类10件、信息公开类35件、举报投诉类6件。在全省率先出台《行政复议案件办理程序及审理要点规范化指导意见》。强化行政复议监督及纠错职能，综合纠错率42%。畅通行政复议受理渠道，重大行政处罚听证审理率超过90%。

【市域治理法治化高端论坛在泰州市召开】 2020年12月17~18日，由省法学会、中国法治现代化研究院共同主办的"2020年市域治理法治化高端论坛"在泰州市召开。论坛指出，市域社会治理是国家治理的重要维度，在国家治理体系中具有承上启下的枢纽作用；要强化政治意识，坚持学术研究的正确方向；要强化实践意识，深化对市域社会治理法治化研究；要强化成效意识，抓好论坛成果的转化运用。中国法学会、省法学会及相关高校的领导、专家参会交流。

（朱　莹）

公　安

【概况】 2020年，泰州市公安机关加快构建新时代实战化现代警务体系，织密智能感知、街面防控、群防群治

"三张网",群众安全感指数连续4年上升。打击各类违法犯罪行为,现行命案全破,万人刑事发案率保持全省最低水平。

推进维护政治安全专项行动,侦办公安部督办重点专案。开展严打暴恐专项行动,推进反恐重点目标单位安防达标工程,涉恐线索侦办和反恐情报信息工作均居全省前列,全年未发生暴恐案事件。全面推广"石榴籽工作室"建设,工作室成立后累计化解纠纷76起、疑难警情47起,获评"全省公安机关重大改革创新项目银奖"。强化不稳定因素预警处置,建立健全风险联合研判机制,创新开发"风铃"智能预警系统,推进多元矛盾化解体系建设,全年搜集、研判、处置各类情报线索2.3万多条。

服务地方经济社会发展,市公安局出台《服务企业复工达产十条措施》,遴选700多名民警为"营商专员",按照分级分层、属地管理的模式,对1300多家重点企业实行挂钩服务,对重大项目实行"一项目一方案"保障,累计帮助解决问题1600多件。打击金融、财税、知识产权等重点领域违法犯罪,完善联合打防、快侦快办、追赃挽损工作机制,为企业挽回经济损失1.56亿元。推广公安自助服务,建成24小时公安自助服务区11个、自助服务点90处,配备自助终端设备260台,市(区)城区及较大乡镇全面建成"3公里便民服务圈"。推出首批18类59件同标准无差别办事服务事项,其中11件办事事项直接服务中小型企业,成为全省首个实现公安常办业务"全域同办"的设区市。在全省率先开发上线"互联网+监管"平台,被列为江苏公安智慧服务十大亮点之一,并参展第十届中国国际警用装备博览会。

【刑事案件侦查】 2020年,泰州市公安机关各类刑事案件破案率30.2%,刑事发案每万人发案数继续保持全省最低水平,现行命案实现全破。办理的"6·17"王某某等人非法催收案件被公安部列为打击"套路贷"犯罪六大典型案例之一。针对妨害疫情防控、损害企业权益、危害安全生产和侵害民生利益4类犯罪,组织开展为期3个月的"蓝剑1号"专项打击行动。打击盗窃、抢劫抢夺、扒窃等侵财犯罪,开展"云剑—2020"系列专项行动,立各类侵财案件20026起,破案3679起。打击防范通信网络诈骗犯罪,初步形成以省反诈中心为龙头,市反诈中心统筹协调,县反诈中心参与的省市县"三级一体化打防"工作格局。抓获网上在逃犯罪嫌疑人1431人,其中公安部目标在逃犯罪嫌疑人2人。

【经济犯罪打击防范】 2020年,泰州市公安机关破获各类经济犯罪281起,抓获犯罪嫌疑人1761人,挽回经济损失2.23亿元。深化打击非法集资犯罪专项行动,全年立非法集资案件21起、参与人数2978人、涉案金额4.9亿元,比上年分别下降25%、49%、17%。推进"猎狐2020"专项行动,抓获经济犯罪外逃人员12人,其中在册在逃犯罪嫌疑人4人、新增在逃犯罪嫌疑人8人。破获一批职业涉税犯罪团伙、"空壳公司"虚开骗税以及利用疫情后税收优惠政策实施的涉税案件;破获全省公安机关首起利用航空行程单管理漏洞实施非法出售发票犯罪的案件,获公安部贺电肯定。侦办各类侵犯知识产权刑事案件131起,抓获犯罪嫌疑人2715人,涉案金额0.83亿元。

【社会治安综合治理】 参见第286页

【出入境管理】 2020年,泰州市出入境管理部门受理、审批出国(境)申请18743人次,比上年下降91.94%。其中,出国8849人次,下降90.53%;往来中国香港和中国澳门9617人次,往来中国台湾277人次,分别下降92.56%、97.15%。临时入境境外人员7040人次,下降78.36%;境外人员签证(注)1170人次,下降55.48%。

【从优待警】 2020年,泰州市公安局出台《从优待警十项措施》,探索设立纳入财政保障的关爱民警专项基金,推动解决民警两地分居、就医就学等实际困难。实行战时表彰奖励机制,把褒奖激励制度运用到抗疫、重大安保等一线岗位,累计战时表彰102人次。出台《维护民警执法权威工作指南》,办理侵害民警执法权益案件147件,处理侵权行为人199人。开展第七届"泰州最美警察"暨第四届"我最喜爱的辅警"评选活动,10名警察获评"泰州最美警察",10名辅警获评"我最喜爱的辅警"。

【智慧警务】 2020年,泰州市公安局强化警务大数据和互联网公安局"双轮驱动"智慧建设应用,搭建以互联网公安局门户网站为主体,以"微警务"公众号、"警速办"小程序、"泰平安"APP为延伸的"互联网+警务"综合管理应用平台。在全省率先探索警务中台建设,汇聚形成32大类、130小类、3200多亿条基础数据资源,开发治安稳定、打击犯罪、执法管理、便民服务等114项应用功能、应用场景;在泰州医药高新区公安分局试点"警务运行管理中心+19个专业战队"的集约化警务运行机制,实现治安防控由"被动响应"向"主动预防"转变、侦查破案由"因果推断"向"智能分析"转变。在全省率先探索开展互联网公安局建设,开发形成可视化报警报案、一体化在线服务、全流程在线执法办案、远程在线治安(安全)监管等四大主干应用系统,实现52项行政审批、62项便民服务、5类治安检查、4类执法办案、4项阵地管控等日常勤务由网下迁移网上;至年末,互联网公安局通过在线勤务日均生产业务数据42类、3万条。深化科技兴警,1个合作项目获公安部科学技术奖一等奖(全国共4个),实现历史性突破;2个项目分获全国基层技术革新大赛一、三等奖;1个项目获批全国刑事技术攻关项目。

(黄志光)

检 察

【概况】 2020年,泰州市检察机关办理刑事、民事、行政、公益诉讼等各类案件17159件,12个案例被最高检察院、省检察院评为典型案例,泰州医药高新区检察院被评为全国先进基层检察院。

服务中心工作。参与疫情防控，组织开展防疫一线志愿服务1万多人次，依法从严从快办理3起暴力抗拒疫情管控案件和10起销售“假口罩”等伪劣防疫物资案件；出台疫情防控期间服务保障民营企业7条意见，选派检察干警担任驻厂员，助力企业复工复产；泰州医药高新区检察院建议相关部门对已履行判决义务的企业负责人解除“限制消费令”，帮助企业恢复正常经营的案例入选最高检察院发布的涉疫典型案例。护航民企发展，围绕涉企刑事司法政策开展研究，提出合理调整省执法司法标准的建议获省委、市委主要领导批示肯定；开展涉案民营企业社会贡献度调查，建立办案影响评估机制，依法对相关涉案民营企业负责人和技术骨干作出不批捕决定、不起诉决定；开展“挂案”专项清理活动，解决涉民营企业刑事案件久拖不决影响生产经营的问题；加大对高新技术、驰名商标、商业秘密的保护力度，依法起诉侵犯知识产权犯罪43件、110人；坚持保障企业权益与促进守法经营并重，向涉案企业发出风险提示函52份，推动企业合规经营。关注拖欠农民工工资问题，以拒不支付劳动报酬罪提起公诉10件、10人，支持农民工起诉127件，协助追讨欠薪300多万元。

参与社会治理。落实“宽严相济”刑事政策，依法不批捕188人，不起诉436人；发挥认罪认罚从宽制度对化解社会矛盾、促进社会和谐的作用，全市认罪认罚适用率94.8%，确定刑量刑建议法院采纳率99%，居全省前列。设立人民调解工作室、刑事和解室，妥善调处因民间纠纷引发的轻微案件。引入第三方参与矛盾化解，邀请市人大代表、政协委员等参加案件听证和评议107场次，共同化解纠纷96件。对涉嫌轻微犯罪并有悔罪表现的未成年人，依法不批捕16人，不起诉145人。针对办案中发现的监管漏洞开展专题调研，《关于预防刑满释放人员再犯罪的建议》被列为市政协重点提案并纳入市委政法委年度重点工作。向相关部门发出社会治理类检察建议115件，采纳率98.1%。

监督检察院工作。市、市（区）两级检察机关办理、办结代表意见建议249条。向市人大常委会专题汇报认罪认罚从宽制度适用情况，向市政协通报检察工作情况，听取意见建议。常态化开展“检察开放日”活动，邀请各界人士700多人次走进检察院。邀请人民监督员监督办案115次。推进检务公开，召开新闻发布会18次，公开案件信息3970条。

【刑事检察】 2020年，泰州市检察机关受理审查逮捕806件、1093人，比上年分别下降53.30%、58.63%。经审查批准和决定逮捕683件、900人，分别下降52.54%、57.65%；不批准逮捕188人，下降63.21%。全年受理审查起诉4186件、6397人，分别下降7.12%、9.20%。经审查决定起诉3799件、5644人，分别下降8.00%、8.50%；决定不起诉436人，上升2.6%。

全年审查起诉监委移送的职务犯罪案件51件、54人。履行司法工作人员相关职务犯罪侦查职能，以徇私枉法罪立案侦查4人。起诉故意杀人、抢劫等严重暴力犯罪94件、111人。起诉盗窃、诈骗等多发性侵财犯罪1016件、1593人。起诉电信网络诈骗、网络赌博等互联网犯罪99件、412人。海陵区检察院办理公安部挂牌督办的1起跨境电信网络诈骗案，起诉70人。保障群众食品药品安全，起诉生产销售假药劣药、有毒有害食品等犯罪14件、89人。参与安全生产领域专项整治，起诉重大责任事故等犯罪49件、60人。强化金融风险防范，起诉非法吸收公众存款、集资诈骗等涉众型经济犯罪46件、81人；市检察院与市人行建立反洗钱协作机制，加强信息共享和线索移送，排查毒品、走私等上游犯罪73件，起诉2件。

【刑事诉讼法律监督】 2020年，泰州市检察机关受理公安机关应当立案而不立案线索59件，要求公安机关说明不立案理由46件；监督公安机关立案39件、51人。受理公安机关不应当立案而立案线索78件，要求公安机关说明立案理由75件；监督公安机关撤案75件、94人。强化侦查活动监督，针对侦查活动违法行为，在审查逮捕阶段提出纠正85件次，在审查起诉阶段提出纠正62件次，侦查机关采纳后纠正146件次。纠正侦查机关遗漏提请逮捕48人、遗漏移送审查起诉同案犯59人。注重刑事审判活动监督，认为确有错误的刑事裁判按二审程序提出抗诉17件、按审判监督程序提出抗诉1件。提出刑事审判书面纠正意见34件次，法院采纳后纠正33件次。完善刑事执行活动监督，市检察院成立“巡回检察组”，巡回检察看守所监管活动、社区矫正工作，发现暂予监外执行不当8人，书面提出纠正意见8人、已纠正8人；发现监外执行（社区矫正）不当25人，提出书面纠正14人、已纠正13人；监督脱管24人、漏管10人；监督收监执行41人。泰兴市检察院通过建立“归途曙光”联动机制降低再犯罪率，获全国人大常委会领导批示肯定。财产刑执行核查1644人，执行检察中发现履职不当110件，提出书面纠正意见110件、已纠正110件。发现其他刑事执行违法违规情形37件，书面提出纠正40件、已纠正40件；对指定居所监视居住执行违法情形提出书面纠正意见3件、已纠正3件。

【民事检察】 2020年，泰州市检察机关受理民事生效裁判监督案件242件，审结255件，比上年分别下降11.36%、上升21.43%；提请抗诉11件，审结后提出抗诉10件。受理民事审判活动监督案件86件，上升34.38%；提出检察建议74件，法院采纳73件。受理民事执行活动监督案件134件，上升31.37%；提出检察建议96件，法院采纳79件。受理民事支持起诉案件139件，审结146件（含积存），分别下降32.2%、25.89%。审结后支持起诉143件。受理民事跟进监督案件8件，审结6件。

开展虚假诉讼专项监督，纠正“假官司”25件；高港区检察院监督法院撤销3份虚假调解书，帮助港资企业挽回财产损失1200多万元，该案入选全省检察机关法律监督十大典型案例。针对虚增律师费、诉讼违规代理等问题开展专项监督，纠正案件21件，会同相关部门规范法律服务市场，维护诉讼当事人合法权益。化解民事纠纷103件；海陵区检察院通过公开听证，促成1起涉及祖孙三代的继承纠纷案当事人息诉服判，该案入选省检察院公告案例。

【行政检察】 2020年，泰州市检察机关办理行政生效裁判监督案件40件，审结54件（含积存），比上年分别上升11.11%、184.21%；向行政机关提出检察建议54件，行政机关采纳57件（含积存）。注重解决诉讼程序空转问题，实质性化解行政争议10件。受理行政审判活动监督案件9件，下降25%；提出检察建议8件，法院采纳8件。受理行政执行（含非诉执行）活动监督案件57件，上升185%；提出检察建议46件，法院采纳49件（含积存）。市检察院抗诉1起工伤认定纠纷案提请省检察院获改判，被最高检察院评为典型案例。

【公益诉讼检察】 2020年，泰州市检察机关受理公益诉讼案件线索514件，比上年上升78.47%，其中民事公益诉讼72件、行政公益诉讼442件。立案审查公益诉讼案件453件，上升75.58%，其中民事公益诉讼62件、行政公益诉讼391件。办理诉前程序案件429件，上升86.52%，其中民事公益诉讼59件、行政公益诉讼370件；发出诉前检察建议370件。公告发出后公益受损仍未能解决的提起公益诉讼28件，其中提起刑事附带民事公益诉讼18件、其他民事公益诉讼9件、行政公益诉讼1件。提起公益诉讼后，法院审结18件，其中裁判支持16件。

通过开展公益诉讼工作，建议和督促相关部门清理固废7.6万吨，关停污染企业22家，挽回国有财产损失800多万元。开展“保护长江母亲河”专项行动，市检察院办理的2起案件被最高检察院写入《服务保障长江经济带发展检察白皮书》。市检察院起诉的王某某等59人生态资源损害赔偿案入选全省检察机关保护长江生态环境典型案例。围绕涉罪人员违规领取工资、养老金等问题开展公益诉讼调查，推动11个部门联合发文完善相关制度。办理公共安全、公民个人信息保护等领域公益诉讼案件，发出诉前检察建议93件；高港区检察院办理的钟进武等人侵犯公民个人信息公益诉讼案，在全省首例获得法院判决支持。

【未成年人检察】 2020年，泰州市检察机关受理审查逮捕未成年人犯罪20人，比上年下降69.70%；经审查后逮捕未成年人犯罪4人、不捕16人，分别下降88.89%、48.39%。依法严惩侵害未成年人合法权益的犯罪，批捕42人，起诉84人。运用支持起诉等手段强化未成年人权益保护，兴化市检察院办理的1起支持申请撤销监护权案被最高检察院评为典型案例。对涉罪未成年人组织开展亲职教育、公益劳动、团建活动等帮教活动，在办理未成年人犯罪案件过程中引入司法社工、心理咨询师等社会专业力量，为未成年被害人提供司法救助金、心理干预、身体康复、就学等综合救助。开展校园周边环境专项整治，解决向未成年人违法出售烟酒、游戏充值卡等问题。开展“法治进校园”活动，76名检察官法治副校长为师生上课102场，受众5万多人次。

【控告申诉检察】 2020年，泰州市检察机关接受各类信访案件2133件，比上年下降24.66%。受理刑事申诉案件57件，上升35.71%；开展公开听证、公开答复57件；办结的刑事申诉案件息诉罢访4件。受理司法救助申请116件，提起国家司法救助113件，分别上升56.8%、63.8%；实际救助120人，发放救助金257万元。

【检察普法特色品牌】 2020年，泰州市建成并启用全省首家检察普法中心，举办法治教育、公开审查、公开听证等各类活动56场，3000多人次参与。推进新媒体建设，泰兴市检察院的“晶晶说法”栏目多次入选全国检察机关抖音榜前十。开展《中华人民共和国民法典》宣传活动，泰州医药高新区检察院制作的“趣学民法典”系列动漫片每期点击量10万+，姜堰区检察院拍摄的普法短视频获全省检察机关二等奖。靖江、泰兴、兴化市检察院获全国检察宣传先进单位，市检察院获全省“七五”普法中期先进集体。

（韩书文）

法 院

【概况】 2020年，泰州市法院受理各类案件9.92万件，办结8.89万件，比上年分别下降15.43%、13.59%，其中市法院受理各类案件7657件，办结6560件。一审服判息诉率、法定审限内结案率、结收案比、庭审直播比例等指标居全省前列，3年以上未结诉讼案件保持零记录，员额法官人均结案242件。开展“何健忠调解工作室”、党员实境教育课堂、助力市场秩序优化、疫情防控司法应对、服务复工复产以及涉疫情司法研究等特色工作，其中“何健忠调解工作室”受到全国人大常委会领导批示肯定，党员实境教育课堂被最高法院表彰为“全国法院党建创新优秀案例”。

接受人大法律监督和政协民主监督，市法院向市人大常委会专题报告全市法院矛盾纠纷多元化解工作，配合专题视察人民法庭工作，落实审议意见。接受政协民主监督，向市政协常委会通报法院工作。办结人大代表建议3件、政协委员提案14件，满意率100%。办理交办涉诉涉法信访事项24件。全年全市法院邀请代表委员视察工作、专题座谈、旁听庭审和列席会议138场、1317人次，征求意见1499人次。接受纪委监委监督，配合派驻纪检监察组开展工作。开展检察机关调阅法院已生效民事、行政诉讼副卷试点工作，邀请检察长列席审判委员会48次，审结抗诉案件22件。接受社会各界监督，向社会公布裁判文书7.28万篇，直播庭审案件3.53万件；市法院庭审直播数量进入全国中

2020年5月15日，“何健忠调解工作室”揭牌　　（市公安局　供图）

级法院前50位。组织1237名人民陪审员参与审理案件1.62万件。回应群众关切，召开新闻发布会42场，推送微博微信1.3万多条。

【刑事审判】 2020年，泰州市法院审结各类刑事案件3751件，其中故意杀人、抢劫、强奸等严重暴力犯罪案件214件。审结毒品犯罪案件179件，重点针对青少年群体开展毒品危害预防宣传教育。打击危害食品药品安全、多发性侵财、电信网络诈骗等涉民生领域犯罪，审结案件1039件。惩治贪污腐败，审结一批职务犯罪案件，其中县处级以上7人。

【民事审判】 2020年，泰州市法院依法审结各类民事案件2.42万件，调解撤诉率50.81%，一审服判息诉率90.47%。集中对涉食品类知识产权刑事案件被告人发出8份从业禁止令，保障群众食品安全。深化家事审判品牌建设，维护妇女儿童和老年人权益，市法院少年及家事审判庭、姜堰法院家事审判团队等7个集体获省市表彰，工作经验被《人民法院报》《新华日报》专题报道。海陵区法院成立亲职教育海陵基地，对涉罪未成年人父母及失职监护人进行法治教育和亲职教育。参与根治欠薪专项行动，审结相关案件835件，为农民工依法追回劳动报酬2955万元。

【商事审判】 2020年，泰州市法院依法审结各类商事案件1.61万件，标的额73.16亿元。妥善处理买卖合同、不正当竞争等案件，维护市场秩序。开展“抓重整、执转破、清积案‘三板斧’”专项行动，清理“僵尸企业”351家，“办理破产”指标评价得分居全省首位。审结破产清算、重整等案件375件，化解债务149.94亿元，盘活资产97.33亿元，协助妥善安置职工9067人，增加税收1.5亿元。高港区法院、泰州医药高新区法院发挥府院联动机制作用，有序推进企业破产重整。审理涉外、涉港澳台商事案件55件。

【知识产权审判】 2020年，泰州市法院审结各类知识产权案件533件；对重复侵权、恶意侵权等行为加大损害赔偿力度，判处罚金964万元。为扬子江药业集团等重点企业提供专题法律培训等服务，依法维护涉生物医药、新型医疗器材等领域企业的合法权益。发布知识产权司法保护白皮书及典型案例，开设微抖音“知产小百科”普法课堂。

【行政审判】 2020年，泰州市法院依法审结各类行政诉讼案件1340件，判决行政机关败诉108件，审结非诉行政审查案件398件。行政机关负责人出庭应诉率98.9%，促进行政争议实质性化解。审慎处理涉“放管服”改革和招商引资等行政案件。推进与行政机关良性互动常态化，开展执法会商研讨、败诉案件评析、现场观摩庭审、专题授课培训等活动。

【案件执行】 2020年，泰州市法院执结案件3.48万件，执行到位金额39.18亿元。建立市综合治理执行难工作联席会议制度，成员单位34家，推进执行难问题系统治理、依法治理、综合治理、源头治理。开展“六稳”“六保”专项执行行动，执结涉民生、金融等案件6265件，执行到位金额9.88亿元。上线全市不动产网络查控系统，实现精准查人找物。完善失信联合惩戒体系，累计公开失信被执行人信息1.70万人次，发布拒执罪典型案例8例。推进司法网拍，成交拍品1146件，成交金额18.18亿元，实现税收1.04亿元。实施执行指挥中心“854模式”迭代升级，提升执行规范化建设水平。

【审判能力现代化】 完善审判监管体系。2020年，泰州市实现院庭长办案常态化、实质化，全年院庭长办结案件5.24万件，占结案总数的58.88%。细化法官、审判辅助人员权责清单，制定院庭长审判管理监督职责规定。完善案件质量评查规程，专项评查发改案件，法定正常审限内结案率等指标居全省前列。发挥审判委员会重大疑难案件定案把关和专业法官会议参谋咨询作用，落实类案强制检索制度，防范“类案不同判”，保障法律统一适用。

优化审判工作机制。推进以审判为中心的刑事诉讼制度改革，强化实地勘查、走访调查和证据审查认定，防范冤假错案。推进刑事案件律师辩护全覆盖改革，为818名未聘请律师的被告人指定辩护律师。落实认罪认罚从宽制度，审结认罪认罚案件3384件，占刑事案件结案数的90.22%。参与最高法院《关于常见犯罪量刑指导意见》实施细则的起草工作。深化"分调裁审"机制改革，优化速裁快审流程，全市法院办结速裁案件25940件，占民商事案件总数的64.4%。

助推市域社会治理。落实诉源治理机制，前移纠纷化解关口，300多名法官担任乡村法治副书记，指导"无讼村居"创建。组织"法官进网格"1000多人次，指导民间调解组织快速调处矛盾7500多起。兴化市法院组建复合型"铁脚板"团队，海陵区法院深化"多元一体、审调融合"非诉纠纷解决机制。发挥人民法庭前沿阵地作用，审结案件1.23万件；推进"一庭一品牌"建设，依托水上巡回法庭、"普法小站"等特色平台，服务乡村振兴。驻法院人民调解工作室、律师工作站诉前化解纠纷1.39万件，民商事收案数比上年下降18.72%。开展"司法护航安全生产企业行"活动，发送司法建议13篇。化解重大涉诉信访案件51件，涉诉信访总量持续保持较低水平。

【智慧法院建设】 2020年，泰州市法院推进速裁快审无纸化办案改革，上线运行市、市（区）两级法院集中送达平台，送达服务成功率74.25%。创成省5A数字档案室。深化政法大数据平台应用，实现政法业务协同系统网上接受立案、发送裁判文书两级法院全覆盖，市法院两项指标均达100%。推进道交案件"网上数据一体化处理"改革，与公安机关、保险机构等部门共享案件处理信息，调解成功率87.6%。

【法院司法为民】 2020年，泰州市法院通过江苏法院诉讼服务网、"江苏微解纷""24小时自助法院"等平台，推进在线诉讼服务，全年网上立案2.84万件、跨域立案436件、线上开庭2296次，"12368"热线服务2.35万人次。推进"一站式"多元解纷和诉讼服务体系建设，成立集社会矛盾多元化解综合协调指挥中心、非诉讼服务中心、行政调解和仲裁对接中心、惠民诉讼服务中心、审判辅助事务办理中心、快速审理调解中心、检察监督便民服务中心、律师履职办案支持保障中心于一体的市法院新诉讼服务中心。开展《中华人民共和国民法典》宣讲活动326场次；打造全媒体"凤城天平·释法明礼"大课堂，在线观看513万人次。对经济困难的诉讼当事人进行司法救助，减免诉讼费用514万元，发放救助款282万元。推动优化营商环境，推出涉企"绿色通道"、专题法律辅导等35项保障举措。打击金融犯罪，审结非法吸收公众存款、集资诈骗等案件85件。健全完善防范打击"套路贷"及虚假诉讼长效机制，规范民间融资秩序，新收一审民间借贷案件比上年下降34.87%。

（余腾腾　徐锦霞）

司法行政

【概况】 2020年，泰州市司法行政系统全面履行司法行政"一个统筹、四大职能"（统筹全面依法治市工作，承担行政立法、行政执法、刑罚执行和公共法律服务职能任务）。将法治建设成效作为衡量党政主要负责人工作实绩的重要内容，开展法治政府建设"补短板、强弱项"专项活动，发布实施2020年法治为民办实事项目，推进"援法议事"活动。法治建设群众满意度居全省第三位，"七五"普法工作通过省考核验收。健全公共法律服务体系，构建覆盖城乡、便捷高效、均等普惠的现代公共法律服务体系。涉企纠纷快速处理机制被《新华日报》《江苏法制报》等媒体宣传报道，并获评全省司法行政系统改革创新奖。

【公共法律服务】 2020年，泰州市出台《关于大力推进公共法律服务体系建设的实施意见》，构建覆盖城乡、便捷高效、均等普惠的现代公共法律服务体系。省级及以上园区全部建立公共法律服务分中心和法律服务顾问团。组织全市法律服务机构开展"法律体检五进五送"活动，走访企业5300多家，出具法律意见1520件。研发公共法律服务产品，9项产品在全省"企业全生命周期"公共法律服务产品评比中获奖。创新涉企纠纷快速处理机制，制定出台《维护企业合法权益五项措施》《关于建立健全涉企纠纷快速处理机制 助力企稳前行的意见》。开展涉企纠纷排查行动，全年累计排查涉企矛盾纠纷675起，化解552起，分类快速处置率81.78%。38起涉企行政复议全部得到有效化解，26起涉企仲裁案件纳入速裁程序。开展"护航企业公证行"活动，创新推出6大类、22项公证专项服务产品，为企业提供上门办证、节假日预约办证、调查和代办等公证服务1300多次，减免小微企业公证费用60万元。深化法律服务行业管理，开展律师行业"正风行动"，实地抽查全市55家律师事务所的内部管理、业务管理、档案管理情况，倒查律师办案卷宗415件，依法调查处理69件来信来访投诉事项，行政处罚3名律师，行业惩戒4名律师。在全省率先出台《关于进一步落实法医临床司法鉴定管理与使用衔接有关要求的通知》，强化司法鉴定规范化管理。全年全市受理法律援助案件6886起，完成司法鉴定事项2725件。

【人民调解】 2020年，泰州市健全完善医患纠纷调处机制，在全国率先制定出台《关于完善医患纠纷调处机制 维护医疗秩序 保障医务人员安全的意见》。发挥医患纠纷调解委员会在化解医患纠纷中的作用，全年受理医患纠纷302件，调处成功282件，调处成功率93.4%，调解履行率99%。推进非诉讼纠纷解决机制建设，通过非诉手段化解矛盾纠纷13.65万件，其中成功调处案件13.62万起，调处成功率99.8%。

【社区矫正和安置帮教】 2020年，泰州市组织开展《中华人民共和国社区矫正法》宣传活动，创作普法漫画48幅，印制漫画挂图2000套，发放宣传"口袋书"4000册，录制宣传短视频在"微泰州""泰州微视听"客户端传播。推进智慧矫正中心试点建设，配备自助矫正、人证比对、人脸抓拍、场所监控等终端设备，提升社区矫正智能化水平。规范社区矫正对象外出审批手续，全年接收社区矫正对象2453人、解除矫正2517人、收监执行31人，年末在册社区矫正对象2561人。

全市在册后续照管对象469人，照管率99.8%，一年操守保持率99.1%，居全省首位。

【法治宣传】 2020年，泰州市司法行政系统通过将《中华人民共和国民法典》（简称《民法典》）纳入学法用法考试内容、创作微视频、成立宣讲团、举办报告会、开展线上知识竞赛和“健康成长·法典相伴”法治征文比赛、组织典型案例旁听庭审等方式，在全社会掀起《民法典》学习热潮。兴化市组织参加全省“美好生活·法典相伴”主题倡议网络接力，403万人次参与，参与率居全省首位；靖江市入选司法部法治宣传教育典型案例6篇，入选数量居全省首位。在全国率先出台《领导干部学法清单制度》，实施领导干部学法用法“一张清单、一本笔记、一篇报告、一次考核、一份档案”的“五个一”动态管理模式。打造“云普法·泰享游”智慧普法地图，实现法治文化阵地线上线下同频展示，举办“百法百中”普法成果展。实施国家机关“谁执法谁普法”履职评议制度，编印《泰州市“谁执法谁普法”工作标准化操作手册》。

【“百日维薪”行动】 2020年，泰州市打造“百日维薪”惠民生品牌，帮助农民工依法维权。2019年12月~2020年3月10日第四期“百日维薪”行动期间，全市法律援助机构接待农民工讨薪到访咨询1786人次，受理农民工讨薪法律援助案件1216件，涉及拖欠工资金额2264.24万元；受理、审理、审结农民工讨薪案件323件，成功为农民工追索劳动报酬471万元，为4名因欠薪导致生活困难的农民工申请司法救助8.2万元。有12名司法所所长、律师、基层法律工作者被表彰为第四期“百日维薪”公益大使。

【“法援惠民生”品牌创建】 2020年，泰州市司法局开展“法援惠民生·服务四季行”活动，精准服务特殊群体。在全市部署开展“春季拓展行动”“夏季关爱行动”“秋季佑护行动”“冬季送暖行动”四大专项行动，为老年人、未成年人、农民工等特殊群体提供法律援助。全年全市法律援助机构为农民工提供法律援助3079人次，为老年人提供法律援助1052人次，为未成年人提供法律援助550人次，为残疾人提供法律援助100人次，为军人军属提供法律援助6人次，服务内容覆盖农民工讨薪、妇女权益保护、老年人赡养、未成年人抚养等基本民生领域。

*推动低保人群法律援助全覆盖。*更新全市低保户、“五保户”、特困职工、重度残疾人、社会福利机构供养人员和依靠抚恤金生活的六类服务对象信息5万多人，涉及基本信息20多万条；推动特困人群案件审理法律援助全覆盖，建立特困人群涉诉法律援助告知制度以及审理过程中发现特困人群适用法律援助建议制度。建立困境儿童挂钩帮扶机制。市司法、民政、教育、卫生健康等部门以“法援惠民生 幸福童享周”为主题，面向儿童和青少年开展法治宣传、法律咨询；组织乡镇、街道和社会组织工作人员对高港区困境儿童进行排查，排查出困境儿童家庭337户，34名律师、8名基层法律工作者组成法律援助志愿者团队实施挂钩结对。开展“阳光助残”法律援助行动。姜堰区专门组建残疾人法律援助专业团队，建立残疾人法律援助档案库，发放爱心联系卡，为残疾人提供法律服务。泰兴市司法局依托快递送餐员行业工会联合会，在全省率先设立法律援助联络点，搭建“快递小哥”与法律援助沟通的桥梁。出台“法佑夕阳红”敬老措施。市司法局与市法院联合下发《加强老年人权益司法保护和法律援助工作六项措施》，实现涉及老年人的基本权利保护的事项全覆盖，形成从律师代理、公证服务到法院审判的全程“绿色通道”。

仲　裁

【概况】 2020年，泰州仲裁委员会受理案件（含反请求）197件，争议标的额14.87亿元。推行仲裁费用“缓、减、免”便民措施，30起涉企仲裁案件纳入速裁程序。全年累计结案304件，结案标的额17.76亿元，其中调解49件、撤诉31件，和解、撤诉占比40.6%，快速结案率70%，当事人满意率90%。全年未发生被法院裁决不予执行的案件。

【仲裁服务】 2020年，泰州仲裁委员会推进仲裁快速通道建设，在全省率先成立速裁服务中心。走访各行各业，发放仲裁宣传手册500多本，提供法律咨询100多次。优化仲裁流程，开发综合业务信息系统，对所有仲裁案件从立案到结案实施全过程数据化管理，严控仲裁流程、审理期限。推进知识产权仲裁调解机构能力建设，与市市场监管局合作成立市知识产权纠纷仲裁调解中心，全年提供知识产权案件法律咨询30多次，化解2起知识产权奖酬纠纷案件。与市台办联合开展“仲裁服务台企行”暨“台商讲堂”活动，指导在泰台商运用仲裁保护合法权益。

【全省首家速裁服务中心成立】 2020年2月14日，泰州仲裁委员在全省率先成立速裁服务中心，办理争议金额50万元（含）以下的涉企民商事案件及当事人协商一致愿简化审理程序进入速裁中心处理的案件。对所有适用速裁程序处理的案件减半收取仲裁处理费，对未能进入速裁程序但经营困难的企业当事人实行缓交仲裁费，全年有30起涉企仲裁案件纳入速裁程序，平均审理期限5天，累计缓交仲裁费157万元，减免仲裁费15万元。（朱　莹）

责任编辑：叶　彤

泰州军分区

【概况】2020年，泰州军分区坚持以习近平强军思想为指引，深化“不忘初心、牢记使命”“传承红色基因、担当强军重任”两项主题教育，举办首届“强军杯”群众性文化活动。推进“五看五增强”教育活动，集中宣扬泰州籍军医谢华红、于乐成赴武汉一线抗疫的事迹。推进部队预算管控和全程监督，召开常委会研究年度预算及重大开支事项。做好新冠肺炎疫情防控工作，以战时状态坚决落实主席号令，成立疫情防控工作领导小组，落实人员管控、排查隔离、专业消杀，筹措发放口罩、消毒液、酒精等防疫物资，实现“零发病”“零感染”目标。

【军事训练】2020年，泰州军分区把备战打仗作为第一要务，贯彻军委开训动员令，研究出台党委“1号文件”，常态落实党委议战议训，年度备战打仗综合量化考评居全省第四位，被省军区表彰为“备战打仗先进单位”。开展勘察调研，逐级修订演练方案计划，组织开展针对性专项演练，落实省军区赋予的转扩产、防目标、保过境、编队伍、通指挥等任务。

【后备力量建设】2020年，泰州军分区深化民兵调整改革，按照“政府主导、军地合力”的思路，对编入基干民兵的人员从严审查把关，人人建档立册，按要求对全市所有基干民兵队员进行体格检查和政治考核，完成普通民兵和基干民兵调整组建任务并通过省军区检查组检查验收，成绩居全省第三位。全市基干民兵中党员占比40.6%、高中以上文化程度占比89.4%。

【国防动员工作】2020年，泰州市国防动员工作遵循“军队提需求、国动委搞协调、政府抓落实”的原则，围绕“三时一体”建设目标，完善国防动员体系建设，深化拓展军民融合领域。开展国防动员潜力调查，实地调查产品信息、作战运用等资料，摸清规模以上适编企业基本状况，核清查准国防动员潜力数据。开展全市常态化潜力调查的统计、更新和录入等工作，组织全市涉海国防动员潜力核查，收集上报全市涉核生化危险源环境数据。

【兵员征集】2020年，泰州市合理调配兵员征集任务指标，完成新兵征集任务，全市征兵“五率”（报名率、上站率、合格率、择优率、退兵率）指标均超过省征兵办规定要求。

【基层武装建设】2020年，泰州军分区组织新任职专武部长参加省新任职基层专武部长集训暨资格认证。12月，市委、市政府和泰州军分区联合下发《关于加强和改进新时代武装工作的意见》，对坚持党管武装制度、加强新时代人民武装部规范化建设、夯实经常性基础性工作、提升综合保障能力、健全考评奖惩机制5个方面提出指导规范性意见。（军分区）

武警泰州市支队

【概况】2020年，武警泰州市支队注重发挥驻地红色资源优势，组织新兵到泰兴市杨根思烈士陵园开展“新兵下连第一课——发扬优良传统，当好‘根思’传人，以实际行动做强军兴军的追梦人”活动。在纪念五四运动101周年之际，组织团员青年到中国人民解放军海军诞生地纪念馆开展“弘扬五四精神，建功强军事业”主题团日活动。组织开展“重温初心担使命，彻纠彻改作表率”暨“我是共产党员”主题党日活动，激励广大党员深化党性修养和作风建设，发挥先锋模范作用。举办首届“凤城卫士杯”军事体育运动会暨岗位大练兵比武，打牢官兵军事体育基础。组织年度军事训练考核，锤炼官兵的能力素质。

【基层风气监察联系点授牌】2020年6月19日，武警泰州市支队举行基层风气监察联系点授牌暨风气监督员聘任仪式，发挥基层风气监察联系点辐射带动作用，推进作风建设向基层延伸。

【首届军营网络安全宣传周活动】2020年9月14~20日，武警泰州市支队以“筑牢网络安全防线，为强军兴军和备战打仗营造良好网络环境”为主题，开展首届“军营网络安全宣传周”活动。

（武警支队）

江苏省军区综合训练队

【概况】 2020年，江苏省军区综合训练队注重党的创新理论武装，学习贯彻习主席系列重要讲话精神特别是习近平强军思想，落实教育常态化、制度化，开展形势政策、优良传统教育，落实经常性思想工作，增强官兵政治意识、大局意识和命令意识。

【军事训练】 2020年，江苏省军区综合训练队根据新版《军队基层建设纲要》和省军区“四个秩序”建设规范，全面加强部队战备、训练、生活秩序建设，落实各项规章制度，做好各项军事训练工作。结合疫情防控措施，落实人员封闭管理，严密排查营院进出人员，确保所属人员健康安全。

【集训办队】 2020年，江苏省军区综合训练队完成省军区新分配干部骨干集训、2020年度新兵连组训及省军区2020年度文职人员面试等集训办队任务。迎接省军区各级领导检查指导，获各级首长认可。 （训练队）

江苏陆军预备役某团

【概况】 2020年，江苏陆军预备役某团以习近平新时代中国特色社会主义思想和习近平强军思想为引领，筑实团队思想政治根基。常态化开展“习主席著作引领我成长”读书活动，深化“传承红色基因、担当强军重任”“强化牺牲奉献精神”“我为改革作贡献”等专项主题教育活动，利用橱窗、灯箱、宣传栏等营造浓厚营区政治氛围。组织官兵参观中国人民解放军海军诞生地纪念馆、泰兴市杨根思烈士陵园、泰州烈士陵园等红色基地，观看红色纪录片，重温入党宣誓。参加地方高端讲座等活动，增强团队凝聚力和官兵使命感。

【军事训练】 2020年，江苏陆军预备役某团按照实战要求强化战备训练。规范战备值班，加强重大节日及特殊敏感时期的战备教育和情况研判，健全完善作战、疫情防控、调整改革“三合一”值班。定期开展团应急指挥组、营门处突分队处置演练，部队战备状态保持良好。加强基础训练，完成共同基础课目、专业技能课目和教学法、自动步枪实弹射击的训练和考核。开展作战问题研究、军官编组作业、机关战术作业和指挥所演习训练。优化综合保障支撑，更新、完善作战值班室各类图表，优化功能布局和信息系统配置，改善值勤环境和条件。采取集中备课、评教评学、比武竞赛等形式，组织教学骨干培训、优质课评选，提升练兵质效。

【部队安全管理】 2020年，江苏陆军预备役某团开展《安全条例》《保密条例》学习活动，落实部队日常制度，强化遵规守纪意识。以“严法纪强能力、排风险除隐患、守底线保打赢”为主题，开展“安全警示月”活动，推动部队安全警示教育、安全法规学习、风险隐患查纠、安全重点防范，为实现“四个下降、四个不发生”年度目标奠定基础。开展“清网”专项行动，遏制涉网问题发生。加强新冠肺炎疫情防控，从严落实疫情防控要求。

（预备役团）

人防建设

【概况】 2020年，泰州市市、县两级全部建成人防基本指挥所和机动指挥所，高港区预备指挥所开工建设。编制《2020~2035年防空警报建设规划》，安装各类固定防空警报器近300台。11支人防专业队完成实名整组并定期组织实战化训练、机动指挥所跨区演练以及专业队救援、群众应急疏散等演习活动。实施人防综合信息平台建设，推动人防信息化建设融入政府电子政务和应急平台建设。

【人防综合防护能力】 2020年，泰州市强化人防工程维护管理，排查治理人防工程安全隐患，人防工程完好率91.8%，人防工程使用率95.9%。规范《人防工程平时使用证》管理，结建人防工程发放率51%，新竣工人防工程发放率100%。创新推进全国首个住宅小区人防工程智能管理系统建设，将主城区人防工程纳入智能化安全巡查和设备设施巡检范围。落实《江苏省人民防空工程标识技术规定》，新建人防工程竣工验收标识标注率100%，已建人防工程标识标注率超过30%。

【人防战备执勤和指挥信息化保障】 2020年，泰州市人防内部专用通信网络运行畅通，日常测试参测率、联通率均为100%。完善人防指挥场所设备设施，对基本指挥所按战时编成要素实施升级改造。利用政务网络与省人防新建的综合信息平台实现互联互通，建成人防指挥视频专网MCU双机热备份系统，升级北斗指挥系统，所有设备设施均处于完好战备状态。开展机动指挥所跨区域应急支援实战化训练。参加省人防办组织的人防机动指挥所实战化演练。举办人防机动指挥通信理论授课、实操训练、比武竞赛，提升跨省、跨市人防指挥通信的协调联动能力。

【警报系统建设和维护】 2020年，泰州市创新警报系统建设和维护管理，在全省首创利用移动通信铁塔安装防空警报器的基础上，将新增铁塔警报器全部编组进网，排查铁塔周边复杂电磁场对警报控制信号的干扰。每周利用控制总台对警报通信系统进行一次全网测试，对所有警报点实施巡查和维护保养。优化调整警报点分布，开展警报设点单位管理员操作指导。完成悼念抗击新冠肺炎疫情牺牲烈士和逝世同胞、纪念“九·一八”事变防空警报统一试鸣任务，警报鸣响率100%。

【人防工程监管】 2020年，泰州市在全省率先出台《住宅小区人防车位租金管理办法（试行）》，创新研发住宅小区人防车位租金监管系统，实现人防车位租金缴费在线申请、手机交费、人防专户资金线上申请与审批等功能，方便人防主管部门对人防工程使用状况和人防车位租金收支情况的监管。至年末，主城区相关住宅小区物业公司到银行开设专户，人防车位通过银行缴费平台纳入租金监管系统。泰州市创新人防工程监管新模式的经验做法被《中国人民防空通讯》报道并在全国推广。

【人防宣传教育】 2020年，泰州市人防办组织开展庆祝新中国人民防空创立70周年系列活动，报送的作品《人防公益广告》在省国防人防微视频暨人防公益广告视频征集评选活动中获第二名。推进社区、学校人防工作，依托街道、社区人防工作站，开展各类人防活动400多次。泰州市海陵学校入选"全省人防知识进校园示范点"。

（殷恒杰）

双拥共建

【概况】 2020年，泰州市加强军地双方沟通联系，全市现役军人满意率、群众对双拥工作的知晓度居全省首位，"全国双拥模范城"实现"五连冠"。启动新一轮全国双拥模范城创建工作，在全市推行"拥军邮路"，开展"情系边海防官兵"等拥军优属活动，集中发放抗美援朝纪念章734枚，营造爱国拥军、军民共建的氛围。

【拥政爱民】 2020年，驻泰部队发挥自身优势，参与城市综合整治、文明创建等工作。泰州军分区开展国防教育进校园、红色故事宣讲团、国防知识竞赛等活动，营造军民共建氛围；军分区人武部挂钩扶贫的贫困村全部脱贫，出资160万元帮扶贫困村防止返贫。武警泰州市支队联合市司法局开展"送法进军营、共筑强军梦"活动，组织官兵参加无偿献血活动，走访慰问定点扶贫单位、抗美援朝老战士；姜堰区中医院医护专家到支队开展宣传义诊活动。江苏省军区综合训练队参加市委、市政府以及市退役军人事务局举办的双拥活动，协助开展爱国宣传教育和爱护国防设施宣传教育。疫情防控期间，全市累计出动民兵4.2万人次，在全市985个点位开展卡口布控、巡查巡逻、宣传发动和交通管制等疫情防控行动。针对长江防汛严峻形势，沿江地区各人武部出动民兵协助地方开展巡堤清障工作；泰州医药高新区出动民兵连夜堵塞管涌、排除险情的事迹被省内多家媒体报道。市退役军人事务局参与"扶贫帮困"活动，先后挂钩帮扶20个村、8所学校，近两年投入500多万元用于改善基础设施、增加农民收入。

【拥军优属】 2020年，泰州市开辟"拥军邮路"，市退役军人事务局联合泰州邮政公司结对帮扶全市111名抗战老兵，提供代办生活缴费、代购日常生活用品等服务项目。开启"情系军属"千人保险项目，为现役军人及其家属探亲购买交通保险。开展"情系边海防官兵"活动，走访慰问边海防官兵家属，帮助解决家庭生活实际问题。

全面落实优抚安置政策，保障优待抚恤待遇，扶持退役士兵就业创业，开展退役士兵教育培训。加大教育拥军力度，对现役军人子女实施教育优待，实行入托入学不受辖区限制、高校入学加分优待政策；市直为23名驻泰部队和泰州籍现役军人实行子女择校和中考加分优待政策。开展光荣牌发放工作，发放悬挂"光荣之家"牌18.04万个，增强军人荣誉感。

面向全市现役军人及其家庭、退役军人和其他优抚对象、驻泰部队等服务对象，建立常态化走访联系制度，累计投入帮扶资金579.9万元，结对帮扶4145户。推进社会化拥军，依托爱国拥军促进会、拥军志愿者联合会等社会组织，开展"光明行""爱心红丝带传递"等志愿服务活动，落实军人军属优先、优待、优惠待遇。基层社区退役军人服务站、双拥工作站为优抚对象提供生活照顾、精神慰藉、支持就业等常态化服务。

【全国双拥模范城"五连冠"】 2020年10月20日，全国双拥模范城（县）命名暨双拥模范单位和个人表彰大会在北京召开，泰州市再次被命名为"全国双拥模范城"。自2000年首次被命名以来，泰州市已连续五届获该项荣誉。

2016年以来，泰州市陆续出台《重点优抚对象医疗保障实施办法》《军人子女教育优待实施办法》《拥军优属拥政爱民工作实施办法》《完善拥军政策 增强军人荣誉感的实施意见》等文件。在全国率先推广成立社区双拥工作站1800多家，实现城乡社区全覆盖。成立社区双拥志愿者服务队，为军人家庭提供服务30多项，创成一批"拥军集结号""拥军幸福港"等服务品牌。

【退役军人"光明行"公益活动】 2020年5月23日，泰州市退役军人"光明行"公益活动启动。该活动由市退役军人事务局主办，市拥军志愿者联合会、泰州张勤眼科医院集团共同承办。首批参与对象53人，大多为军转干部、参战老兵和立功受奖的模范退役军人。张勤眼科医院为每名退役军人提供价值550元的免费眼健康体检，建立眼健康档案、就诊"绿色通道"，免费医学验光、验配老花眼镜；重点优抚对象治疗减免全部自付费用，其他退役军人、泰州籍军人家属子女享受治疗费用15%的优惠。

（管 波）

责任编辑：叶 彤

发展改革管理

【概况】 2020年，泰州市做好“六稳”工作，落实“六保”任务，推动经济稳定恢复。推进重大项目建设，固定资产投资增速逐月提升，民间投资、高新技术投资分别占固定投资总额83.8%、18.6%，全年新开工5亿元以上项目比上年增长188%，总投资180亿元中海油高端聚烯烃等项目落户，药明康德等超50亿元项目开工建设，长城汽车整车项目投产。实施远程审批服务和在线监测调度，投资项目审批不间断、调度不断档。实施扶持政策“及时雨·快落地”专项行动，获批国家和省各类项目23个，扶持资金5.2亿元；上争资金，获批地方政府专项债券资金92.95亿元、企业债券33亿元、抗疫特别国债资金6亿元、疫情防控应急贷款1.72亿元。出台《关于支持市区高端服务业聚合发展的若干意见》《关于积极应对疫情影响 提振消费信心释放消费需求的若干措施》，服务业增速高于地区生产总值增速0.5个百分点。泰州医药高新区疫苗产业创新中心获批省级产业创新中心。能耗总量和强度“双控”工作被评为全省“优秀”等次。全市非电行业规上工业企业煤炭消费量193.76万吨，比2016年下降35.5%。在全省率先实现省级以上园区循环化改造全覆盖。出台《2020年全市优化营商环境重点任务清单》，成立营商环境“啄木鸟”志愿团。严格落实《沿江“一张图”规划》和沿江生产性岸线项目退出清单，退出10个利用岸线项目2.84千米岸线，干流岸线生产性利用率降至49.3%。推动融入长三角一体化发展，开展“走进大上海 融入长三角”系列活动。开展常泰跨江联动研究，泰兴市与常州市新北区开展合作。推进“一带一路”建设工作，协调落实帮扶资金4.09亿元，实施对口支援项目135个；对口消费扶贫5257万元，增长140%。实施一批民生领域补短板项目，居民人均可支配收入增长5.1%，居全省第四位，10类23项民生实事项目按序推进。创新价格临时补贴发放方式，市价格监测中心被表彰为年度全国价格监测工作先进单位。

【经济运行监测】 2020年，泰州市针对新冠肺炎疫情发展变化，实时监测重点指标完成情况，分析主要问题并形成对策建议。掌握煤电油气运重点企业、行业经济运行情况，监测分析能源要素，跟踪重要能源资源上游供给、价格波动等情况，建立健全预警机制，编制应急预案，保障重点时段煤电油气运。监测市场价格，关注“菜篮子”商品和防护用品价格波动情况，投放政府储备猪肉，保障重要民生商品和生活物资量足价稳。

【省级及以上重大基础设施项目】 2020年，泰州市推进国家、省实施重大基础设施项目，开展重大基础设施项目工可报批，北沿江高铁、盐泰锡常宜城际铁路前期工作按序时推进；江阴第二过江通道、扬泰机场二期扩建工程、沪陕高速平广段、阜溧高速建湖至兴化段工程等项目完成报批。上争铁路规划，淮泰铁路、常泰铁路项目上报国家发展改革委，被确定为省重点规划建设项目。

【省重大项目落实】 2020年，泰州市牵头实施和组织推进省重大项目12个，总投资473.5亿元，平均规模39.5亿元，年度投资110.7亿元，年度实际完成投资123.2亿元，完成年度计划111.3%。其中，7个2020年新开工项目全部开工建设，5个结转在建项目按序时推进。12个项目中，重大创新载体项目1个，年度投资10亿元；战略性新兴产业项目4个，年度投资33亿元；先进制造业项目1个，年度投资40亿元；现代服务业项目2个，年度投资5.2亿元；现代农业项目2个，年度投资10.5亿元；重大生态环保项目1个，年度投资4亿元；重大民生项目1个，年度投资8亿元。

【市政府重大投资项目】 2020年，泰州市人大票决5个政府重大投资项目。其中，东风北路快速化改造工程完成施工图设计送审；海陵区道路“白改黑”提升改造工程按序时推进，永兴路完成沥青摊铺，梅兰路完成北半幅下面层沥青摊铺，鼓楼路文昌桥至人民路完成东半幅底层沥青摊铺；海姜大道“白改黑”提升改造工程完成EPC工程总承包招标和施工图设计送审；泰州水上运动中心工程现场桩基开工；泰州实验学校北校区改扩建工程通过施工图审查，取得建设工程规划许可证。

【市重大产业项目建设】 2020年，泰州市出台《关于加强服务保障，助推市区产业项目加快落地的意见》，101项省集中开工重点项目4月底前全部复工。实施全市乡镇（街道、园区）500万~5000万元固定资产投资“书记项目”，固定资产投资月增速“V”型反转，全年固定资产投资比上年增长0.2%。推进“三比一提升”行动，全年认定5亿元、3000万美元以上新开工项目141个，总投资1146.9亿元，年度投资361.9亿元。其中，内资项目114个，总投资1021.3亿元，年度投资325.4亿元，年度实际完成投资300.7亿元，年度投资完成率92.4%；外资项目27个，总投资17.9亿美元，年度投资5.2亿美元，年度完成投资5.2亿美元，年度投资完成率100.2%。项目平均规模8.1亿元。其中，5亿~10亿元项目107个，占比75.9%；10亿~20亿元项目27个，占比19.1%；20亿元以上项目7个，占比5%；规模最大项目为总投资55亿元泰兴市合全药业有限公司新药研发中心及生产基地项目。工业项目122个、占比86.5%，总投资993亿元、占比86.6%；服务业项目19个、占比13.5%，总投资153.9亿元、占比13.4%。

【市级基础设施投资】 2020年，泰州市基础设施计划建设项目114个，总投资849亿元，年度计划投资136亿元。其中，结转项目45个，总投资316亿元，年度计划投资83亿元；新开工项目69个，总投资533亿元，年度计划投资53亿元。市级政府投资项目48个，总投资28亿元，年度计划投资15亿元；制定资金平衡方案项目26个，总投资136亿元，年度计划投资39亿元；企业自主投资、市场化经营等其他项目40个，总投资685亿元，年度计划投资82亿元。至2020年年末，完成基础设施投资92亿元，占年度计划投资67%，89个项目实施，31个项目完工，部分前期项目按序时推进。站前路、东环高架北延等快速路建成通车，京泰路南延、东周港路、海军南路等市政道路建成。体育公园“一场三馆”按序时推进。完成海军东路绿带、运河路绿化、拆墙透绿一期工程、城区公益广告提升工程、水生态河道治理等项目建设。“好巴士”中运量公交1号线、公交信号灯优先及公交专用道项目建成投用，小区雨污分流、公厕污水纳管改造等项目完成年度建设任务。

【“十四五”规划编制】 2020年，泰州市成立“十四五”规划编制工作领导小组，完成“十四五”规划30个前期课题研究。形成“十四五”市级专项规划编制目录，包括专项规划52个，其中重点专项规划38个、一般专项规划14个；形成《泰州市国民经济和社会发展第十四个五年规划和二〇三五远景目标纲要编制（草案）》。北沿江高铁等5个重大工程项目列入国家“十四五”规划纲要，建设盐泰锡常宜铁路、支持泰州建设跨江融合先行区、支持泰州建设大健康产业集聚发展示范区等46个事项列入省“十四五”规划重大工程项目、重大政策、重大改革举措。

（邵月娥　李　玥）

财　政

【概况】 2020年，泰州市一般公共预算收入383.08亿元（含江阴靖江园区），比上年增长2.3%，其中税收收入289.65亿元、增长0.8%。一般公共预算收入加上级补助收入、下级上解收入、地方政府一般债务转贷收入、上年结转、调入资金、调入预算稳定调节基金等，收入总额804.93亿元。一般公共预算支出627.54亿元，增长5.6%。一般公共预算支出加上解上级支出、地方政府一般债务还本支出、补充预算稳定调节基金等，支出总额777.93亿元。收支相抵，年终结转下年支出26.99亿元，实现财政收支平衡。

2020年泰州市地方财政收支主要项目情况表

表13　　单位：万元

财政收入	不含靖江园区		含靖江园区		财政支出	实绩	比2019年增长（%）
	实绩	比2019年增长（%）	实绩	比2019年增长（%）			
增值税	1322990	−7.8	1343670	−8.5	一般公共服务支出	587004	−11.4
营业税	—	—	—	—	公共安全支出	357755	−0.6
企业所得税（40%部分）	429904	20.5	469440	20.8	教育支出	804043	6
个人所得税（40%部分）	126472	22.3	127044	22.2	社会保障和就业支出	913097	−2
契税	259564	24.4	261811	24.4	医疗卫生与计划生育支出	532843	8.8
城市维护建设税	184552	−1.5	187910	−2.1	城乡社区支出	1046629	89.4
其他税收收入	497133	−0.8	506628	−0.9	农林水支出	554892	3.5
非税收入	931419	7.7	934247	7.3	资源勘探信息等支出	175657	−4.6
政府性基金收入	5502320	51.6	5502320	51.6	政府性基金支出	5749015	57.6

组织收入征管，落实减税降费和应对疫情政策，培实培优税源；优化收入结构、提高收入质量。编制预算，调整支出结构，整合项目，集中财力投入重点领域。防范化解债务风险，完善债务监测机制，遏制违规新增政府隐性债务，上争政府专项债券。全市政府性债务化解工作完成年度计划任务182.4%，各市（区）均提前超额完成年度化债计划任务，泰州市化债降等工作居全省高质量发展考核首位。

调整预算安排、资金拨付等工作机制，出台"财政十二条"等应对疫情财政政策，保障疫情防控所需经费、物资和医务人员待遇落实。全市财政下达各级疫情防控资金18.78亿元，其中市本级疫情防控资金2.1亿元。监管中央直达资金预算执行，全市省下直达资金35.55亿元。创新临时价格补贴工作机制，发放补贴资金5757.8万元、惠及群众11.37万人。市本级上争企业职工养老保险省级调剂金14.79亿元。落实惠企、稳外贸、惠农等政策措施，全年减免企业税费145亿元。健全"财政+金融"政策体系，"泰信保""富民贷"发放普惠金融贷款分别超16亿元、5亿元，惠及小微企业、"三农"和创新创业主体1600多户；"苏微贷"发放187笔、6.4亿元，惠及中小微企业89户。落实中小微企业房租减免政策，市级行政事业单位140处房产减免租金439.72万元。落实稳岗返还政策，出台《就业补助资金管理办法》，市本级发放稳岗返还资金1.64亿元。拨付旅游消费券兑付资金4271万元。市本级各级专项扶贫资金指标分配进度100%；政府采购完成贫困地区农副产品交易额417万元，占预留份额139%。上争"健康长江泰州行动"中央水污染防治资金6669万元，市本级安排环保专项资金2250万元。统筹资金1.94亿元用于长江禁捕退捕。

【市级预算收支】 2020年，泰州市市本级一般公共预算收入22.25亿元，比上年下降27.7%。一般公共预算收入加上级补助收入、下级上解收入、地方政府一般债务转贷收入、上年结转、调入资金、调入预算稳定调节基金等，收入总额217.26亿元。一般公共预算支出94.26亿元，增长15.9%。一般公共预算支出加上解上级支出、补助下级支出、地方政府一般债务还本支出等，支出总额213.56亿元。收支相抵，年终结转下年支出3.7亿元，实现收支平衡。

市本级政府性基金收入140.11亿元，增长58.7%。政府性基金收入加上级补助收入、上年结转收入、地方政府专项债务转贷收入等，收入总额253.84亿元。市本级政府性基金支出135.63亿元，增长53.5%。政府性基金支出加补助下级支出、地方政府专项债务还本支出等，支出总额214.71亿元。收支相抵，年终结转下年支出39.13亿元，实现收支平衡。

市本级国有资本经营收入7371万元，增长21.1%，上年结转2439万元，收入总额9810万元。国有资本经营支出3857万元，调出资金3553万元，支出总额7410万元。收支相抵，年终结转下年支出2400万元，实现收支平衡。

落实2~12月免征中小微企业和单位参保个体工商户养老、工伤、失业保险（简称三项保险）、2~5月减半征收大型企业、民办非企业单位、社会团体三项保险、2~6月减半征收职工医保单位缴费部分、7~12月阶段性降低用人单位缴费费率0.5个百分点、灵活就业人员缴费费率0.5个百分点等疫情"减缓免"政策；7月1日起实行工伤保险市区统筹，海陵区、高港区、姜堰区纳入市级收支；1月1日起企业职工基本医疗保险和城乡居民基本医疗保险全市统筹，相关市（区）纳入市级收支；上调机关事业单位和企业退休金。全年市本级社会保险基金收入164.28亿元，支出174.1亿元。企业职工基本养老保险上争省级调剂金16.06亿元。

【财政管理体制改革】 2020年，泰州市出台《市级预算绩效管理成果应用暂行办法》，建设"全方位、全过程、全覆盖"预算绩效管理体系。实施政府与社会资本合作（PPP）项目双咨询复审和全生命周期法律审查等制度，PPP项目落地率81.8%。市（区）进入财政部项目库项目11个、总投资182.7亿元，财政支出责任控制在预警线以下，泰州市PPP模式推广运用工作获省政府通报表彰。出台全面深化政府采购制度改革实施方案，泰州市政府采购全流程电子化。成立泰小微融资担保公司，获国家融资担保基金首批股权投资2000万元。出台政府投资基金绩效评价办法，制定实施政府投资基金整体划转方案，支持企业科技创新项目积分管理模式改革。

【预算绩效管理】 2020年，泰州市批复并跟踪市级74个一级预算单位2017个绩效目标，涉及资金71.02亿元。318个项目开展单位自评价和主管部门评价，涉及资金7.83亿元。12个专项资金开展重点项目自评价，涉及资金1.3亿元。开展重点绩效评价16项，其中专项资金12项、政策1项、政府采购资金3项，涉及资金3.73亿元。年内，试点建立绩效自评价质量抽查工作机制。

【财政民生投入】 2020年，泰州市完善民生投入保障机制，支持办好人民满意的教育、医疗、文化、体育、社保等社会事业。全市民生类支出占公共财政支出80.1%，人均公共服务支出8546元，比上年增长14.3%。

【财政监督】 2020年，泰州市专项督查财经纪律执行情况。发布年度市区政府性基金和行政事业性收费项目清单。全过程监管市级政府投资项目，投资评审概算、结算审结重点项目63个，核减不合理资金1.8亿元。核查清理规范市直机关事业单位编外用工。改进国库资金存放管理，引导银行更好支持实体经济发展。印发《关于进一步明确行政事业单位国有资产管理有关问题的通知》。实施公务车辆智能化信息系统管理，规范公务用车使用。市财政局连续第四年被评为全省法治财政标准化管理优秀单位。

【政府采购全流程电子化】 2020年9月1日，泰州市政府采购全流程一体化平台上线运行。9月，市公安局蛛网硬件升级扩容项目完成开评标，成为首个全流程电子化政府采购试点项目，泰州市政府采购进入全流程电子化交易时代。

【泰小微公司获国家融资担保基金首批股权投资】 2020年11月20日，国家融资担保基金首批股权投资签约仪式在北京市举行。泰州市小微企业信保基金融资担保有限责任公司（简称泰小微公司）获国家融资担保基金2000万元增资。

【富民创业担保贷款突破11亿元】 2020年，泰州市实行创业担保贷款"333"机制、"你贷款我贴息"新模式等创新创业担保贷款政策。全年全市发放富民创业贷款4165笔，提供创业资金11.01亿元，创历史新高。

（周守东　高新华）

国有资产监督管理

【概况】 2020年，泰州市国资委履行出资人职责企业资产总额3740.70亿元，比上年增长14.66%；营业收入229.06亿元，增长47.30%；利润25.77亿元，增长9.51%。疫情防控期间，港华燃气公司每天供气约45万立方米，保障330多个小区17万多户居民用气及部分企业用气需求。交通集团开通惠民服务站，多路"公交菜篮子"以低于超市零售价价格，将新鲜蔬菜等生活物资送至市区10多个大型居民小区。文旅集团实施环凤城河管辖区域34万平方米城市公共空间防疫消杀。金控集团金盾保安公司保障全市25家金融单位押运业务以及100多家机关企事业单位安保工作。泰农集团保障后勤"菜篮子"，通过市"菜篮子"工程销售网点、大型商超等28个渠道投放"放心肉"，保障市场猪肉供应。华信公司2天向国家开发银行申请获批防疫物资应急贷款6000万元，保障泰州医药高新区采购抗病毒医疗物资资金需求。全市各级国资国企减免中小企业和个体工商户房租4106.32万元，惠及租户694户。

【国资国企转型】 2020年，泰州市国资委调研企业上市，组织上市辅导，推进重点国企上市；制定"僵尸企业"清理方案，推进清理和功能整合，其中城投集团注销24家，交通集团注销6家、业务合并3家、回购退出1家，文旅集团注销2家，金控集团注销2家、挂牌出售1家；将泰州市产业基金整体划转至金控集团，通过基金投资方式推动泰州市战略性产业发展；督促各企业集团整合内部资产资源，优化集团与出资子企业组织架构；联合市自然资源和规划局滚动编制近五年国企土地收储和上市计划。城投集团实施体制机制改革，压降企业管理层级，由5级管理调整为3级，将原81家全资、控股（控制）公司压缩为15家二级公司、1家三级公司，改革后集团编制数下降41.6%；交通集团建立健全混改企业分级管理体系，成立混改企业服务领导小组，支持混改企业发展；文旅集团在永达粮油公司试点实行职业经理人制度，探索建立《职业经理人管理办法》《职业经理人经营业绩考核管理办法》等，健全职业经理人选聘、管理、激励约束与退出机制；金控集团实施人员薪酬改革，完善激励约束机制，规范收入分配。

【国有企业发展】 2020年，泰州市城投集团推进第五人民医院（脑科医院）等项目建设，实体化运行城投天然气管网公司，组建城投供热公司；城开电力公司等企业进入合同能源管理领域，金物公司钛合金粉年产能全国领先，中泰建科公司干粉砂浆生产规模居全市首位。交通集团出台《产业投资方向指导意见》，明确5类投资方向；推进353省道泰州段改扩建、站前路与长江大道互通等8项工程，按序时实施长江疏浚砂综合利用、能源产业提升等。文旅集团推进以凤城河为核心、辐射全市全域旅游建设，形成"以全域旅游体系为支撑，内外市场循环双轮驱动"产业格局；整合旅游产业链，实施旅游"大集散"机制，推进古盐运河文化广场、泰来面粉厂工业遗址文化园等重点项目。金控集团组建高投公司，推进"百、千、万工程"（组建100亿元产业母基金、1000亿元各类子基金、新增10000亿元产业能级）；运营建设大数据公司，实施"三保一贷"一体化集中管理，启动金融广场招商和商改提升。泰农集团推进现代园艺科技产业示范园项目建设，建成交付现代农业科技创新中心；红旗种业公司与省农科院、南农大合作创建"泰麦""泰稻"自主品种，新增孟加拉、尼泊尔等出口市场。华信公司推进康祥颐园、康居邻里中心等重点项目。鑫泰集团获联合资信AA+主体信用评级，年平均融资成本下降1~2个百分点，年节省利息支出2亿~3亿元。新滨江公司实施现代

"公交菜篮子"送新鲜蔬菜进小区　　（市国资委　供图）

化物流仓储集散等项目，与中海油、南钢、中铁十局等央企达成合作。高教投公司推进泰州学院二期工程等重点项目建设，提供餐饮供应、校园安全等高校后勤服务。

【国资监管】 2020年，泰州市国资委出台《市属企业投资监督管理实施细则》《市属企业投资项目负面清单》《关于进一步加强混合所有制企业监督管理的意见》等，细化监管措施，构建市属企业投资事前、事中、事后监管体系，防范投资风险。出台《关于进一步加强市属企业内部审计工作的意见》《关于进一步加强市属企业法务工作的意见》，建立联席会议制度，完善内审工作机制，监督生产经营活动，建成全省唯一一家国企内审专职队伍。至年末，完成内部审计项目95项，发现问题455条，整改完成283条，实现审计效益金额5833.29万元，其中核减工程费用1810.46万元、拆迁补贴1322.4万元，核增房屋租金、物业费、合同款等2700.43万元；审查合同3969件，挽回各类损失近1.5亿元。泰州市内审经验做法被《国有资产管理》《新华日报》等推介。出台《市属企业违规经营投资责任追究办法》《市国资委市属区管企业管理办法》，明晰市、区国资监管权责边界。建立国资监管专用函制度，下发联系函、警示函和整改函。防控风险，维护、提升企业资信评级，试点推广融资比选机制，展期降息，压降企业融资成本。市属企业直接降低融资成本5.2亿元，综合融资成本比上年降低1.04个百分点，其中城投集团、交通集团、文旅集团直接降低融资成本2.58亿元，综合融资成本分别降低0.56、0.63、2个百分点。 （王睿威）

自然资源管理

【土地供应和储备】 2020年，泰州市土地供应总量1926.47公顷，其中新增用地面积966.73公顷，占供地总量50.2%；使用存量土地面积959.73公顷，占供地总量49.8%。市区土地供应量1068.6公顷，其中新增用地面积845.27公顷，占供地总量79.1%；使用存量土地面积223.33公顷，占供地总量20.9%。全市组织招标拍卖挂牌出让土地489宗，面积962.87公顷，总成交额351.5亿元。其中，经营性用地140宗，面积417.07公顷，总成交额325.94亿元；工业用地334宗，面积515.27公顷，总成交额19.71亿元。全年供应划拨用地186宗，面积950.67公顷。规范土地收储发债，向省自然资源厅申报泰州市主城区土地储备计划，实施总规模169.29公顷，其中5宗为2020年新增收储土地、面积82.99公顷。2018年、2019年发行债券资金24亿元，拨付16.35亿元。

【土地开发利用】 2020年，泰州市亿元地区生产总值建设用地占用规模22.51公顷，建设用地地均地区生产总值每公顷444.14万元，建设用地地均公共财政预算收入每公顷32.02万元。获省级以上批准土地征收213.47公顷；获批批次（单独选址项目）新增建设用地面积323.28公顷，增减挂钩实施规划新增建设用地面积669.12公顷。市区挂牌出让土地面积201.4公顷，成交额216亿元，比上年分别增长25.7%、45.62%。用地计划使用率、执行率创新高，全年报批省重大产业项目4个、省基础设施项目4个，上争计划指标366.67公顷；上报批次用地22个、独立选址项目39个，新增建设用地706.67公顷。节约集约利用土地，出台《工业项目用地综合评估细则（试行）》《关于分解批而未供土地处置任务的通知》，完成批而未供处置土地面积400多公顷。开展新一轮工业用地调查，更新低效用地项目库，盘活低效闲置土地400多公顷。

【耕地和永久基本农田保护】 2020年，泰州市耕地保有量30.69万公顷，划定永久基本农田25万公顷，划定永久基本农田储备区4333.33公顷，全年通过实施土地整治新增耕地1896.67公顷。围绕省政府下达的耕地保护责任目标，全面检查和考核各市（区）耕地与永久基本农田保护情况，强化耕地保护共同责任机制。全年实施耕地占补平衡项目454个，确认新增耕地面积809.11公顷；实施城乡建设用地增减挂钩项目787个，确认新增农用地面积406.82公顷、新增耕地面积406.25公顷。健全耕地保护补偿激励机制，泰兴市、靖江市耕地保护工作获省通报表扬，海陵区城东街道、高港区胡庄镇、姜堰区顾高镇、泰兴市河失镇、靖江市马桥镇、兴化市兴东镇6个乡镇（街道）获省级激励资金1200万元，获奖单位数居全省前列；海陵区红旗街道、高港区永安洲镇等13个镇街及泰州医药高新区凤凰街道双河社区等274个村居获市、市（区）两级激励资金1256万元。以国家认定核实的永久基本农田储备区划定成果为基础，建立储备区数据库，推进永久基本农田储备区建设。严控建设项目占用永久基本农田，对北沿江高铁泰州段和兴东高速公路兴化段涉及的占用465.8公顷永久基本农田补划工作实施审核。组织开展永久基本农田核实整改，巩固永久基本农田划定成果。

【土地综合整治】 2020年，泰州市启动国土空间全域综合整治试点，以乡镇为基本实施单元，整体推进农用地整治、建设用地整治、乡村生态保护修复和公共空间治理，优化生产、生活、生态空间格局；完成兴化市陈堡镇国家试点项目和兴化市周庄镇、姜堰区娄庄镇省级示范项目实施方案编制工作。落实耕地占补平衡责任，将补充耕地工作列入对各市（区）政府绩效管理考核目标。推进山水林田湖草系统保护修复，组织开展长江沿线国土空间生态修复工程项目建设，以泰兴市、靖江市长江干流北岸10千米范围内、生态问题严重的废弃露天矿山为重点，实施环境治理、土地复垦、退厂还湿以及河道岸线生态修复，生态修复面积271.2公顷，投入资金4.15亿元，其中争取省级财政补助资金1.69亿元、地方政府投入资金2.46亿元。推进“沿江开发强度大，超过生态环境承载能力”突出环境问题整治工作，对全市存在的“长江干流岸线利用整治、低质低效产业用地整治、生态修复与环境提升”三类问题、11个项目开展整治销号工作。

【建设用地审查和批后监管】2020年，泰州市规范建设用地审查报批，批前公示195个建设项目，出具52处地块规划条件及红线，出具68处规划建筑方案预审查意见，出具230处规划建筑方案审查意见，发放建设工程规划许可证120个。实施建设用地批后监管，发放国有建设用地批后服务与监管通知书1份，出具建设项目开工验收意见6份。全年规划核实建设项目68个、工业项目61个，总建筑面积522万平方米；现场验线253次，巡查在建项目356次。（李　映）

税　务

【概况】2020年，泰州市组织各项收入717.12亿元，比上年减少42.85亿元，下降5.64%，其中税收收入530.81亿元，增加8.45亿元，增长1.62%，总量、增幅分别居全省第八位、第五位；完成税收一般公共预算收入286.3亿元，增加6.28亿元，增长2.24%。全年税务部门落实减免税费（不含社保费减免）145.89亿元。财政口径税收一般公共预算收入282.06亿元，增长1%。市税务局减少直接入户检查次数，柔性执法，明确从宽执行税务行政处罚标准。

2020年泰州市分地区分税种税收入库情况表

表14　　　　单位：万元

项目	总计	市区合计	市级	海陵区	高港区	姜堰区	医药高新区	农业开发区	县市合计	靖江市	泰兴市	兴化市
税收合计	5308066	2661962	298485	503353	645990	559432	633902	20800	2646104	836417	1233795	575891
其中：中央级	2473286	1298290	198368	212869	317274	253636	306572	9570	1174997	359401	561154	254442
省级	-28226	-5927	9388	-1310	-4071	-1426	-8319	-189	-22300	-7252	-9574	-5473
地方级	2863006	1369599	90730	291794	332787	307222	335648	11418	1493407	484269	682216	326922
增值税	2646316	1249074	88724	233230	381064	302072	229485	14499	1397242	453891	602219	341132
消费税	166037	165027	74274	32098	2917	5291	50447	—	1010	444	391	175
营业税	4638	374	-99	448	-6	-21	51	—	4263	242	4017	4
企业所得税	1099282	590004	35531	79652	162856	103813	205764	2389	509278	147389	277403	84486
个人所得税	318599	140702	15006	24213	39658	33402	27010	1414	177897	34763	114481	28653
资源税	5656	2119	—	1318	—	801	—	—	3537	—	287	3250
城市维护建设税	188181	99745	11645	17134	26271	19977	23695	1022	88436	31095	37499	19842
房产税	122039	69591	3116	13536	9793	10835	32077	234	52448	20027	20518	11903
印花税	38475	18663	1625	4142	3791	4082	4900	123	19812	7665	7750	4396
城镇土地使用税	78455	34681	912	10336	5055	5994	11925	457	43775	16976	18261	8538
土地增值税	147559	63956	28	22603	253	27906	12887	278	83603	35990	29170	18443
车船税	26112	13744	10906	196	10	2619	13	—	12368	4495	4221	3652
车辆购置税	130635	70074	56782	—	—	13292	—	—	60561	22599	22147	15816
耕地占用税	55679	14846	—	8062	3586	2857	120	220	40833	10372	25881	4581
契税	259565	122034	28	54773	8422	24812	33875	125	137531	45703	65845	25982
环境保护税	20838	7330	7	1613	2320	1699	1652	39	13508	4765	3705	5038

【税收征管体系建设】2020年，泰州市建立以纳税服务、组织收入、法制事务等7个统筹机制和征管运行、税费优惠政策落实2个综合协调机制为主要内容“7+2”配套制度体系。上线泰州市不动产交易一体化平台，获评全国数字政府服务能力十大优秀创新案例（地市级）。推进企业社保费征收“双试点”，全省社保费征管和信息化系统对接工作推进会在泰州召开。上线增值税发票核定智能审核系统，全年全市平均通过率91.39%。推进增值税专用发票电子化试点，7个市（区）均开具电子发票。

【纳税服务】2020年，泰州市制定《优化税收营商环境工作方案》。拓展“非接触式”办税，发布《疫情防控期间“不见面”办税流程指引》，明确全程网上办事项145项，引导纳税人线上办理常规业务。服务线上办税缴费咨询，增强特服号热线咨询力量

“纳税人开放日”活动　（市税务局　供图）

配备，“12366”及特服号指标综合接通率99.37%，居全省首位。成立税务青年“企业护航队”，实时解答企业涉税问题。健全社会化协同服务机制，建设“网格全覆盖、服务零距离”社会化协同共治服务品牌。建设“泰税云”“直通税务135”移动办税服务平台。扩大“银税互动”受惠企业范围，受惠企业由纳税信用A级和B级企业扩大至M级企业。

【减税降费】 2020年，泰州市税务部门落实减免税费（不含社保费减免）145.89亿元，比上年增长6.05%；办理出口退税54.87亿元，办理延期缴纳税款5.78亿元，减免3.8万户企业社保费67.6亿元。在全省率先出台《受新冠肺炎疫情影响的中小企业社会保险费缓缴处理办法》，多渠道发布“不见面”办税、延期申报、延期缴纳税款、社保费缓缴等操作指引。

【税收风险监管】 2020年，泰州市开展风险应对案例评比、风险应对质量检查和风险应对跟踪质疑等活动，全年风险应对入库成效贡献率、总成效贡献率分别居全省第一位、第二位。推进“三反”（反避税、反侵蚀税基、反税源转移）专项活动，交换三方信息，入库政策性搬迁、政府补贴等企业所得税3184.32万元；调增52户非营利组织应纳税所得税额4531.24万元；完成重点应对19户，补税1454万元。开展大要案查处、“双打”、扫黑除恶专项斗争等，专项检查涉嫌骗取疫情防控税收优惠政策等，全年查处、在查100万元以上案件13件，其中1000万元以上案件3件。

【税源管理】 2020年，泰州市首次汇算清缴个人所得税，受理汇算申报38.5万人次，申报补税人数1.44万人，补税2917万元，补税完成率、准期汇算进度居全省前列。汇算清缴2019年度企业所得税，汇缴面98.48%，补税27.07亿元，比上年增长12.6%。应用“税收数据情报驱动税源管理”，取得成效2.67亿元。建设土地增值税清算审核“两级梯队”团队化管理模式，完成全年清算计划。　（李　洋）

审　计

【概况】 2020年，泰州市审计机关完成审计项目225个。查出主要问题金额715.47亿元，其中违规金额2.17亿元、管理不规范金额713.29亿元；审计发现非金额计量问题2071个；损益（收支）不实金额1.69亿元；出具审计报告和专项审计调查报告256篇，被批示、采用22篇次。审计处理处罚金额223.43亿元，其中应上缴财政8.85亿元、应减少财政拨款或补贴2.78亿元、应归还原渠道资金7301万元、应缴纳其他资金3.17亿元、应调账处理金额207.90亿元；移送司法机关、纪检监察机关和有关部门处理事项33件，移送处理人员9人，移送处理金额9103万元。审计促进整改落实有关问题资金122.24亿元；审计促进拨付资金到位5.75亿元；审计后挽回（避免）损失1.69亿元；核减投资额11.23亿元；移送处理落实事项6件。审计提出建议560条，被采纳478条；被审计单位制定整改措施344项；被审计单位建立、健全规章制度62项；提交审计信息68篇，被批示、采用61篇次。向社会公告审计结果41篇。市审计局《泰州审计“两统筹”催生监督“高效能”》获评“江苏省审计系统十大新闻”。

【重大政策落实及投资项目跟踪审计】 2020年，泰州市专项审计疫情防控资金和社会捐赠款物，保障3.3亿元疫情防控款物及时规范使用。专项审计新增财政资金，推动全市26.78亿元直达资金直接惠企利民。跟踪审计就业优先、减税降费、清理拖欠民营企业中小企业账款等政策落实情况，促进发放270家中小企业失业保险稳岗资金302万元、减免1316家中小企业房租等费用1968万元、清理拖欠账款948万元。

【“三大攻坚战”审计】 2020年，泰州市审计政府债务和隐性债务；调查全市省级以上园区违规借款和出借资金审计整改情况4次，相关省级以上园区建立管理制度27项，归还违规借款123亿元，收回违规出借资金34亿元。融合扶贫审计与“同级审”“经责审”等项目，推进全面脱贫与审计工作衔接。专项审计长江经济带水污染防治项目，揭示问题30个；推进领导干部自然资源资产离任审计。

【财政审计】 2020年，泰州市运用大数据等信息技术，现场审计、非现场审计结合，实现市级74个一级预算单位审计全覆盖，促进盘活存量资金4.98亿元，促进出台相关制度34项。开展“同级审”，反映市级财政预算执行等7个方面46项103个问题。

【经济责任审计】 2020年，泰州市对83名领导干部开展经济责任审计，其中市管领导干部任中审计比重82%，查出主要问题金额381亿元。联合市委组织部等9个部门，建立审计委员会领导下经济责任联席会议制度。

【民生审计】 2020年，泰州市跟踪问效公立医院综合改革政策落实情况，发现问题20个，涉及资金17.21亿元。专项审计企业职工养老保险、医保基金等民生资金，促进惠民政策落实。

【市属企业审计】 2020年，泰州市专项审计市属企业混改及资产出让出租情况，出台《进一步加强市属企业内部审计工作的意见》《市属企业违规经营投资责任追究办法》等，挽回国有资金损失5600多万元，市国资委及相关企业出台管理制度30多项。

【政府投资审计】 2020年，泰州市跟踪审计政府投资项目40个，核减金额3.54亿元。出台《政府投资审计监督办法》，明确审计机关13个重点审计事项和不得涉及的22项管理职责。

【内部审计】 2020年，泰州市推进内部审计制度建设，市政府出台《关于进一步加强全市内部审计工作的实施方案》，明确5类对象3年工作目标。建立部门协作机制，市审计局、市国资委、市卫健委、市教育局、市交通局达成合作框架，市审计局、市国资委联合出台《市属企业内部审计工作联席会议制度》，相关单位制定内部审计工作制度13项。

【审计整改】 2020年，泰州市委审计委员会出台《关于进一步加强审计整改工作的意见》，制定《审计整改工作规程》。审计整改工作纳入市直机关综合考核体系。创建“政府督查—人大监督—部门联动—审计跟踪”督改方式，构建多部门、多层次、多渠道“大监督”格局。 （审计局）

统　计

【概况】 2020年，泰州市印发《贯彻落实国家统计督察反馈意见整改工作方案》《党政领导干部防范和惩治统计造假、弄虚作假责任制规定》，编印《统计法律法规学习资料口袋书》。开展“双随机”执法、数据质量、涉外调查专项执法检查。实施统计信用建设，建立统计从业人员档案，实施统计信用承诺和监管。实施“标准化+调查业务”管理模式，统筹推进“基层调查队治理体系和治理能力建设年”建设。开展“锤炼法治尖兵”行动、统计法律法规知识竞赛、统计法治宣讲基层行活动，举办第十一届“中国统计开放日”线上直播活动，启动执行统计法律法规和统计调查制度情况自查行动。“泰州调查”微信被“中国信息报”“统计微讯”“江苏调查”等微信公众号采用32篇次，高港区统计局“3.0版人才队伍建设”经验被《中国信息报》采用。

【统计监测】 2020年，泰州市实行地区生产总值基础数据月度跟踪监测，动态测算预警，逐月形成统计专报。构建“六稳”“六保”统计监测评价指标体系，开展企业快速问卷调查13轮，形成疫情分析报告10篇，该做法被《中国信息报》宣传报道，获省统计局主要领导批示。开展高质量发展考核共性指标、2019年度全面建成小康社会统计监测。完成基本公共服务体系建设统计监测，群众对基本公共服务体系建设成效满意度提高。完成社情民意调查8项。

【统计调查】 2020年，泰州调查队修订数据质量控制办法、工作规范等5项制度，分类开展业务培训；建立健全以专业人员为主体，辅助调查员为补充，调查对象为基础，区、镇（街）统计机构相配合调查网络；修订《统计调查标准操作流程汇编》，建设全市“统计调查标准化试点示范项目”；实施“云办公”，推进住户调查；建立“大数据应用”合作机制，优化房价等调查模式；轮换价格调查基期，衔接新老基期。专题调研“新冠肺炎疫情对社会经济的影响”“聚焦全面建成小康社会”，形成信息分析662篇，省两办采用58篇次，国家统计局采用8篇次、总队采用399篇次，媒体采用31篇次。

【统计基层基础建设】 2020年，泰州市修订《统计数据全程质量管理体系》，规范审核评估流程，实施专业数据质量审核评估。完善数据质量问责办法，规定各专业数据采集、审核、评估及数据发布等环节责任。靖江市制定《县级统计业务流程规范化标准》。构建“名录库大统计”格局，全市各级统计部门运用市场监管、税务等部门资料，实施源头数据比对，挖掘培育准“四上”单位。跟踪立项项目进度，确保统全统准。推进县级、乡镇（街道）、村（社区）、部门、开发园区、联网直报单位“六位一体”统计规范化建设。实施统计双基建设“十百千行动”引领工程；开展乡镇统计基层基础规范化建设“回头看”；推进落实联网直报单位统计基础工作“五个规范”；完善市（区）统计工作综合考评制度，考核乡镇（街道）统计站规范化建设和联网直报企业规范化建设。兴化市出台《进一步加强统计工作若干措施》，明确乡镇（街道）、开发区统计机构设立，基层统计人员配备和统计人员管理使用等要求；姜堰区被评为全省县级统计规范化建设“十佳”单位。

【第七次全国人口普查】 2020年，泰州市开展第七次全国人口普查，完成普查机构组建、经费落实、物资准备、综合试点、区划绘图、户口整顿、“两员”选聘培训、入户摸底、正式登记、数据比对复查、行职业编码、事后质量抽查等阶段任务，人口普查工作取得阶段性成果。全市2.2万名普查人员，电子化采集，完成入户摸底上报267.89万户。海陵区“‘六进’+‘六创’”立体化宣传，宣传口号入选国家30条并在全国推广；高港区网格化管理、兴化市“五小”经验做法被《中国信息报》推介；泰州医药高新区实行三级联动机制；泰兴市探索“六步工作法”。

【地区生产总值统一核算改革】 2020年，泰州市制定《地区生产总值统一核算改革工作实施方案》，实行地区生产总值统一核算工作联席会议制度，市、市（区）两级地区生产总值总量、结构、增速衔接。海陵区建立地区生产总值统一核算“1+3”模式（统计+部门、统计+镇街园区、统计+绩效考核）。 （季 杰 薛 燕）

市场监督管理

【概况】 2020年，泰州市实施“优化营商环境年”行动，出台《关于推进标准引领经济社会高质量发展的意见》，发布全国首创国家标准《品质城市评价指标体系》，在全国地级市率先完成标准化地方立法。新增太平洋精锻、泰州供电、泰隆减速机3个省长质量奖（提名奖）企业和大中电机、兴海特钢、四季香米业3个“江苏精品”，评选市长质量奖（提名奖）8个。在全省率先出台食品小作坊集中加工中心管理办法，开展全省食品安全事故应急处置演练，食品安全评价性抽检合格率居全省前列。组建食品生产企业品质联盟，实施食品安全“阳光系列工程”，建成“阳光菜篮子”智慧农贸市场26家、农村（社区）“阳光宴会厅”标准化集体聚餐点113家，管理“阳光餐车”500多个，建设小作坊集中加工中心“阳光食坊”3个。全覆盖、多频次监督检查全市7个疾控机构、154个疫苗接种点以及疫苗配送企业，监督销毁过期等不合格疫苗5千克；全市零售药店、一级以上医疗机构、高风险医疗器械经营企业检查覆盖率100%。创建放心消费，推行先行赔付，全市近300家商场、超市、市场等企业公开承诺七天无理由退货；放大“郑美琴维权工作室”效应，推进商超、市场、景区消费维权站点标准化建设；线上举办“凝聚你我力量”“3·15”系列活动。查处市场主体违法案件1053件，罚没3462万元，3个案件列入总局、省局重点挂牌督办案件，“4·26”特大化妆品案被国家药监局通报表扬。开展公共领域收费、医院医疗服务价格等专项检查和涉企收费检查、违规涉企收费清理。全市企业年报率居全省首位。实施“双随机、一公开”监管，实现市场监管领域16个重点部门全覆盖。制定全国首个《优化营商环境标准体系要求》地方标准，包括施工图审查、不动产登记、容缺受理、“双随机、一公开”监管等标准。发布市场主体登记注册办事指引。泰州市被国务院办公厅表彰为“推进质量工作成效突出的地方”，获批全省唯一国家基本公共服务标准化综合试点；获批成立省精细化工标委会，启动检验检测服务标准化省级试点项目；成立“长三角质量发展研究中心”；《中国100城市品质指数研究报告》课题获第七届中国管理科学奖。

【市场准入】 2020年，泰州市新登记市场主体12.76万户，其中企业2.79万户、个体工商户9.95万户、农民专业合作社190户。至年末，全市登记市场主体61.73万户，其中企业16.12万户、个体工商户45.03万户、农民专业合作社5789户。全市2019年度企业年报率97.2%。泰州市本级上传省市场监管信息平台数据22.07万条，其中登记许可数据1.59万条、检查数据979条、处罚数据20.36万条、行政指导数据44条、联合惩戒数据171条。发布市场主体登记注册办事指引，实现登记注册办理网上可查、电话可询、现场可办。制定《撤销冒用他人身份信息取得公司登记操作规程》。出台《深化商事制度改革进一步为企业松绑减负激发企业活力实施方案》。开展禁售长江非法捕捞物专项整治，常态化管理农贸市场，市区63家市场蔬菜、水果、肉禽蛋等主要品种全部明码标价，实施计量器具统一配置、统一管理、统一检定、统一轮换、统一维修“五统一”升级行动。开展“网剑行动”，专项监测“6·18”“双十一”，规范网络交易行为。开展涉企收费检查和违规涉企收费清理。建立公平竞争审查举报受理、审查协查、异地反馈“三项制度”，在全省率先制定市场监管行政执法免罚、轻罚实施规范，营造公正宽松市场环境。

【质量管理】 2020年，泰州市完善特种设备安全生产明责、督责、追责“三位一体”工作体系，开展特种设备安全专项整治，实行重大风险隐患班子成员挂钩负责制。3468条问题隐患整改率94%，其中21条重大隐患全部整改到位，涉危化品企业排查出1361台在用未登记、超期未检验设备均完成整改。开展燃气具、电动车充电器等安全产品专项整治，监管车用汽柴油、船用燃料油等重点产品质量，开展“你点我检”活动，完成市级监督抽检400多批次，发现不合格产品43批次。形成埋地管材质量管控制度规范，市市场监管局、市住建局建立监管联动机制，查处不合格埋地管材案件39起。

【首个品质城市领域国家标准发布】 2020年11月19日，国家标准委发布公告，泰州市首创品质城市评价指标体系国家标准《品质城市评价指标体系》发布。该标准是全国首个品质城市领域国家标准，确立经济发展品质、社会文化品质、生态环境品质、公共服务品质、居民生活品质等“五大品质”。

【泰州市获批国家基本公共服务标准化综合试点】 2020年4月，泰州市获批国家基本公共服务标准化综合试点，是全省承担综合试点唯一城市。该试点以泰州市基本公共服务标准体系为基础，梳理基本公共服务事项，将先进经验做法提炼为标准，试点时间2年，试点一批可复制可推广经验，为国家基本公共服务标准化工作提供参考。

【长三角质量发展研究中心在泰州市成立】 2020年11月9日，国家市场监管总局发展研究中心在泰州市成立长三角质量发展研究中心。中心围绕打造长江经济带增长极和推动长三角一体化高质量发展，重点开展长三角质量提升合作机制、质量技术交流机制、质量人才培育共享机制、高质量发展样板、质量提升标杆企业5个方面研究和建设，推进长三角区域质量提升常态化合作、产业提质升级。国家制造强国建设战略咨询委员会、国家市场监管总局、泰州市政府相关领导、专家出席座谈会。

（赵　凡）

知识产权发展与保护

【概况】 2020年，泰州市专利授权量2.04万件，其中发明专利授权量1418件；PCT专利申请量180件，万人发明专利拥有量21.14件。新申请商标2.10万件，新注册商标1.27万件，新增马德里国际商标33件、地理标志商标2件，推荐申报驰名商标2件。泰兴高新区以优秀等次获批省级知识产权示范园区，济川中学获批省级知识产权教育试点学校，国源科技、民生重工、济川药业获中国专利优秀奖。开展市场监管项目行、知识产权服务“三走进”、发明专利“深耕”行动、“知识产权强企行动——走进台企”等活动，服务园区、企业、专利授权大户。

【知识产权保护】 2020年，泰州市实施部门联合保护，成立“知识产权纠纷人民调解工作站”，挂牌成立“泰州市知识产权纠纷仲裁调解中心”，行业协会、商会建立健全知识产权纠纷行业调解自律机制。全年处理专利侵权纠纷案件184起，开展知识产权人民调解、仲裁调解、行业调解300多起。建立健全维权援助工作机构，至年末，全市建立维权援助分中心及工作站8个，开展电商知识产权侵权纠纷判定161件。

【专利标准融合】 2020年，泰州市创建标准国际化创新型城市，出台《关于推进专利标准融合创新的实施意见》，建立“专利+标准”工作机制，明确“专利+标准”工作路径，培育“专利+标准”试点示范企业，引导企业转化运用高价值专利，指导企业主导、参与制订有关键核心技术支持的国际、国内标准，培育专利标准融合创新企业51家、专利标准融合创新示范企业17家，669件专利转化为612项标准，建设“泰州制造”先进标准体系。“专利与技术标准融合的高价值专利培育机制”被省知识产权局作为知识产权强省建设典型案例获国家知识产权局肯定。

【地标培育】 2020年，泰州市挖掘特色资源，培育品牌，靖江河豚、宣堡小馄饨、泰州干丝等6件地理标志申报省地理标志战推项目，其中3件获立项；“兴化香葱”获首批中国100个地理标志欧盟保护，兴化荷藕、兴化小龙虾获地理标志商标注册，至年末，全市地理标志商标16件。举办“泰有品”地理标志品牌产品直播推介，江苏省泰州市、陕西省咸阳市31个地标产品参加，其中黄桥烧饼、泾阳茯砖茶等10个品牌在抖音、淘宝平台直播推介，38.74万人次参与，带动销售216.83万元。

【知识产权优势企业培育】 2020年，泰州市实施企业知识产权工作基础建设，实施知识产权战略，培育具有市场竞争力知识产权优势企业。江苏罡阳股份有限公司等19家企业入选省、市企业知识产权战略推进计划项目，江苏兴达钢帘线股份有限公司等5家企业入选省、市高价值专利培育计划项目，江苏亚梅泵业集团有限公司等15家企业被认定为市知识产权密集型企业，泰州市金鹰齿轮有限公司等205家企业通过知识产权贯标备案，靖江市亚泰特种材料制造有限公司等25家企业知识产权贯标绩效评价合格，江苏神王集团钢缆有限公司等6家企业获评“知识产权贯标先进单位”。全年知识产权质押融资服务小微企业31家，发放贷款1.66亿元，增幅居全省第三位。

【“正版正货”承诺推进计划】 2020年，泰州市实施“正版正货”承诺推进计划，泰州医药高新区医疗器械行业协会、江苏瑞尔姆电器有限公司获批省级“正版正货”示范行业项目，24家企业获批省级“正版正货”承诺单位。审定2个行业、2个街区、43家企业为泰州市“正版正货”承诺试点示范单位。

（赵　凡）

金融监管

【概况】 2020年，泰州市实施风险监测，平稳启用存款保险标识。巩固央行评级和存款保险，按季开展央行评级；利用存款保险差别费率激励约束作用，探索存款保险早期纠正职能。实施“查处分离”改革，创新检查专员制度和证据预审制度，实现检查、处罚无缝衔接。

【金融稳定维护】 2020年，泰州市实施金融网点监测预警网格化工作机制，整治非法金融活动，线下投融资机构、农民资金互助社规模等大幅下降。监测预警受疫情影响较大民营企业资金链、复产复工等情况；核查、评估法人金融机构资产质量真实性、同业业务合规性及流动性情况，提示个别村镇银行风险；提示重点领域风险。化解口岸船舶大额信用风险，企业退出全省出险企业名单。高港区金融生态环境评分居全省第二位。在全省率先启动久悬账户清理、网银IP专项排查、代付业务摸排等5项行动，对19家银行机构采取监管措施，责令开展责任追究100多人次，移送可疑账户3813户。排查可疑线索，全年接收可疑交易线索68份，移交线索33份；全市首例洗钱罪宣判，洗钱罪定罪量刑实现突破。修订征信信息安全管理相关制度8项，“四不两直”督查接入机构。保护金融消费权益，实施非法金融广告网格化监测机制，全年监测发现疑似线索205条，接收互金协会移交线索53条，处置47条，处置率88.68%；探索多元化金融消费纠纷解决机制。制作“金融知识普及小课堂”教育视频36个。年内，人民银行泰州中心支行成为首批省级网络素养教育基地建设单位。

重点领域监管。实施银行分类管理，核查信用评级较低、风险较大银行，建立“银行分级”“企业分类”信用约束和激励机制。推进银行自律机制建设，监测管理银行卡，实施银行外汇业务合规与审慎经营评估。创建资本金重点监测企业库，打击地下钱庄及虚假、欺骗性外汇交易等违规行为，全年查处外汇违规案件8件，收缴罚没款680.02万元。实施多层次跨部门协同监管，通报企业49家，涉及违规金额2.53亿美元；联合惩戒企业8家，涉及违规金额0.17亿美元；7家企业被税务部门降为三、四类出口企业管理。

【外汇管理】 2020年，泰州市实施涉外金融改革，提升贸易投融资便利化水平，打击外汇违法违规行为，防范跨境资金流动风险。协调同意1家企业代收境外母公司捐赠武汉营养品价款376万元；指导银行简化单证审核，为1家未复工企业办理防疫物资预付货款5笔，金额8.12万欧元。便利市场主体跨境结算需求，全年办理名录登记、外债变更登记等业务102笔，全市银行为企业办理疫情防控物资进口30笔，金额332.25万美元。形成首批可信推荐外贸企业名单。试点货物贸易收支便利化，至年末，办理业务1116笔，金额6.16亿美元。实施税务备案电子化试点管理，使用新功能办理付汇业务69笔，金额4259.26万美元。试点跨境金融区块链服务平台，通过平台办理融资业务752笔，金额1.78亿美元，服务企业48家。建设企业跨境融资全流程便利化通道，26家企业办理资本项目外汇收入便利化试点业务33亿元；19家企业办理宏观审慎外债签约登记24笔、37.14亿元；12家企业通过银行直接办理外债及境外放款注销登记业务24笔；1家企业获批外币资金池业务备案，集中外债及境外放款额度约200亿元。应用展业信息共享机制，至年末，全市18家银行通过共享机制共享71家企业进口付汇率、贸易融资率等指标信息，为企业办理外汇收支5.09亿美元、贸易融资6.2亿美元。全年查处外汇违规案件8件，收缴罚没款680.02万元。推进银行管理转型，优化涉外金融服务，全年全市银行卡境外交易"零违规"。

【银行业监管】 2020年，泰州银保监分局下发通报3份、工作提示单2份；召开专项约谈会3次，现场督导银行机构25家次。推进金融风险防控"三大行动"，组织全市银行保险机构开展风险大排查和市场乱象整治"回头看"。全年全市银行业金融机构处置不良贷款63.27亿元，比上年增加0.33亿元。至年末，全市银行业不良贷款余额55.34亿元，减少8.04亿元；不良率0.86%，下降0.29个百分点。采取增贷、稳贷、重组等措施，化解担保圈债务风险，至年末，全市组建运行债委会112家，授信922.78亿元。

【保险行业监管】 2020年，泰州市探索建立保险业合规管理长效机制，64家保险公司合规人员全覆盖，建成全国首支86人保险合规队伍，开展保险公司市级公司总经理"一把手讲合规"活动52场，组织行业首次合规考试，出台《保险公司合规管理工作评价办法》。开展车险业务专项检查，制定《农村道路交通网格化治理工作实施办法》，保险公司向电动车驾驶人赠送头盔超2万个；实施保险反欺诈"利剑"专项行动，发现可疑群组700多个。至年末，全市车险综合费用率全省最低，综合成本率97.61%，居全省第四位，行业实现2013年来首次承保盈利。出台《银行代理销售保险业务高质量发展专项行动方案》，建立人身险高质量发展指标季度监测质询机制，数据异动质询15家次，"飞行检查"8家寿险公司可回溯制度执行情况。年末人身险公司趸交保费占比下降9.17个百分点，降幅居全省第五位；新单期缴率提高7.22个百分点，增幅居全省第四位。"四不两直"检查县区专业中介机构，2019~2020年清退"僵尸"中介机构31家。在全省率先出台保险公司中介渠道业务监管评价办法，建成保险从业人员流动管理平台。

【融资担保监管】 2020年，泰州市监管引导融资担保业，规范融资担保公司经营。排查无证担保机构，规范融资担保业务牌照管理，未发现未取得融资担保经营许可证但实际经营融资担保业务机构。实施现场检查和非现场监管，引导融资担保公司提升业务能力，管控风险。开展融资担保公司信用评级，15家融资担保公司参评，其中AA级2家、A+级2家、A级1家、A-级7家。开展融资担保公司监管评级，全市监管等级A类5家、B类4家、C类1家、D类3家、不合格2家、申请退出1家。

（殷荣霞　刘名逸虹　陆长东）

价格监管

【概况】 2020年，泰州市实施扶持政策"及时雨·快落地"专项行动，运用价格杠杆保民生、保市场、保运行。在关键时段保供稳价，调查防疫物资成本，在全省率先核定公布政府调拨防疫口罩价格；在元旦、春节、疫情、汛期、中秋、国庆等时段，保障生活必需品市场供应。保障疫情防控期间水、电、气供应，居民用水、用电、用气疫情防控期间欠费不停供。全年省下达冻猪肉储备任务1000吨，其中常态储备800吨、应急储备200吨（应急储备要求储备时间1年），采取企业收储、动态平衡、适时投放、财政补贴等方式，6月26日实际在库冻猪肉1020.47吨。元旦、春节、疫情防控期间，按同类猪肉市场价格下降约20%、每斤猪肉比同类猪肉价格低约5元投放政府储备冻猪肉95.78吨。

【价格改革】 2020年，泰州市制定完善差别化污水处理费和天然气价格政策，全市57家环保信用评价黑色企业和18家红色企业执行差别化污水处理费和差别化天然气价格，全年执行差别化污水处理费10.86万元、差别化天然气价格68.54万元。实施关键时段保供，冬供期间，稳定居民用天然气价格，疏导非居民用天然气价格；12月，应对市场煤炭资源货紧价涨突发情况，实行煤热价格应急联动机制，疏导供热价格。清理转供电价格，督查全市转供电企业，下发转供电企业和用电户提醒告知函2次，推广使用转供电费码，全市241户转供电主体、2.16万户转供户减少终端用户电费支出1381.13万元。

【价格认定】 2020年，泰州市完成33起捐赠物资、侵权（伪劣）、涉疫案件价格认定；完成刑事案件价格认定1632件，涉案金额1.22亿元；完成存量房交易计税价格认定2428件，核定计税总额64.72亿元，核增率31.2%。

【价格监测】 2020年1月，泰州市启动应急监测，监测新冠肺炎疫情防控期间"菜篮子"重要民生商品和口罩、酒精等防疫用品价格，分析市场供需、价格动态和一线情况，连续132天"日测、日报、日分析"，报送省级监测品种定点监测数据64个，每日跟踪监测方便面、大米、鲜菜、消毒液等101个品种价格变动。全年向国家、省报送各类价格监测报表715份，上报价格14.5万个。发布民生价格信息457期，监测发布价格30多万个，"菜篮子"市场大宗消费价格水平稳定。

【价格监督检查】 2020年，泰州市监管防疫用品价格，约谈规模较大药品零售企业，保持药品和卫生防护用品价格基本稳定。查处疫情防控期间串通涨价、哄抬物价、散布虚假涨价信息等违法行为，全市市场监管部门出动价格检查人员5595人次，巡查、检查药店、商场、超市、农（集）贸市场1243家，发放价格政策提醒函2731份，与商家签订价格承诺书45份，受理价格投诉举报1200件，立案调查、查处65件。实施口罩等疫情防控物资生产领域价格监管、熔喷布、纺粘无纺布等口罩原材料专项价格治理和防疫物资质量和市场秩序整治行动，全市排查生产企业287家，关停不合格企业1家，整改企业1家。检查涉企收费，清理违规涉企收费，专项检查行政审批中介服务、行业协会商会、商业银行、公共领域、小微企业价费优惠政策落实、商品房销售价格、医院医疗服务价格等价费，全年实施经济制裁285.27万元，其中退款257.27万元、罚款28万元。监管民生价格，实施生猪稳产保供，猪肉价格趋于稳定。规范管理农贸市场价格，召开市区农贸市场商品明码标价工作现场推进会，在市区43家二星级以上农贸市场推行明码标价，制定农贸市场价格管理制度。检查巡查市场价格，查处不明码标价、价格欺诈、串通涨价等价格违法行为，维护市场价格秩序稳定。执行商品住房价格备案会商会审机制和应急会商机制，全年召开商品住房会商会审会议11次，评估开发项目59个。专项巡查市区部分在售楼盘商品住房价格公示、预售方案、室内装修方案、广告用语、前期物业服务收费等情况，规范商品住房销售价格行为。

【价格公共服务】 2020年，泰州市巡访市区教育收费，调整市区公办幼儿园保育教育费，核定市区公办普通高中代办费标准、市区中小学课后服务费收费标准。适度上调床位费及护理费收费标准，结构性调整部分殡葬服务收费标准。动态调整并公布《泰州口岸进出口环节政府性基金和政府定价经营服务性收费目录清单》《泰州市市级政府定价管理的经营服务性收费目录清单》《泰州市区政府性基金行政事业性收费项目清单》，明确收费项目及优惠政策。全年全市成本监审项目25个，监审金额12.29亿元，核定11.70亿元，核减不合理成本5874万元，核减率5.02%。其中，市本级完成泰州市区公办幼儿园保育教育费、泰州市区垃圾焚烧发电、城市供水和污水处理费、凯发新泉污水处理费、重要景区等5个成本监审项目，调查停车场运营成本、物业服务费成本，监审金额2.59亿元，核定2.34亿元，核减不合理成本2559万元，核减率10.95%。

【价格惠民】 2020年，泰州市完善社会救助和保障标准与物价上涨挂钩联动机制，实施"三确保"（确保在指数发布次日起5个工作日内将价格临时补贴发放到位；确保足额发放价格临时补贴，将符合条件城乡低保对象、特困人员等困难群众全部纳入补贴范围，实现"应补尽补"；确保国家、省兜底保障疫情防控期间困难群众生活相关政策落地落实）。全年全市发放价格临时补贴1.42亿元，惠及困难群众99.65万人次。按每人200元标准，发放春节、两会期间困难群众和特殊群体一次性生活补贴572.14万元。泰州市"坚决兜牢民生底线，大幅缩短价格临时补贴发放时间"经验做法获国家发展改革委肯定并推广。旅游景区实施阶段性门票价格优惠，医务人员、困难群体以及特定旅游消费群体免票，全市重点政府定价景区5月执行阶段性门票价格优惠，接待游客10.5万人，比4月增长22.94%，游客节约门票支出473.27万元。降低并规范管道燃气工程安装费，全年减轻开发企业和老百姓负担1690万元。

【价格惠企政策落实】 2020年，泰州市督促转供电企业执行电价政策，检查电力价格，检查转供电企业122家，责令退款463.1万元，罚款73.37万元。检查发电企业2019年度环保电价政策执行情况，全市6家燃煤发电企业中，4家违反环保电价政策，罚没37.5万元。在全省率先出台《关于运用价格杠杆全力支持稳企业稳经济稳发展稳市场的意见》，出台降低生产经营水价、降低生产经营天然气价格、降低生产经营电价、降低因疫情停工停产企业基本电费、降低农贸市场摊位费、减免疫情防控物资生产企业检测费用、减免新冠肺炎治疗和防疫观察任务医院医疗垃圾处置费用等10个方面支持性政策，降低企业成本8.89亿元。

【价格争议调解】 2020年，泰州市建立市级价格争议调解联席会议制度，价格争议调解、司法调解、人民调解联动推进。全年开展价格争议调解服务132件，调解金额9200多万元，调解成功率96.97%。 （邵月娥）

责任编辑：张 华

大健康产业

综　述

【概况】 2020年，泰州市依托“药”优势，向医疗养生、健康旅游延伸，探索“药、医、养、食、游”跨界融合发展，推进长江经济带大健康产业集聚发展试点。“药+诊”做特医，推动中国医药城一批有前沿医疗技术企业与市内三级综合医院联动发展，规范发展基因测试技术在产前筛查、肿瘤化疗药物筛选、疾病预防与健康干预方面应用研发。“医+养”做大养，推动国家中医药综合改革试验区建设，筹建泰州市中医药健康服务协会，推动特色诊疗、中医保健与养生养老对接。“养+文”做精游，建设国家康养旅游示范基地和溱潼康养旅游小镇、高港大泗中药养生小镇、沙沟渔文化小镇，嫁接养生旅游产业，发展养生旅游线路。构建大健康产业特色创新体系，启动运行ICGEB—中国区域研究中心，建设中国（泰州）健康医疗大数据中心、复旦大学泰州健康科学研究院、中科院大连化物所—中国医药城生物医药创新研究院、东南大学—中国医药城生物医药与医疗器械研究院等重大创新平台载体，“泰连锡”生物医药及高端医疗器械先进制造业集群入围国家级先进制造业集群。

园区专业化建设。中国医药城服务管理人员中，医药类专业人员比例超85%，硕士以上研究生比例70%；建设大小分子药物平台等公共服务平台18个；省食药监局在中国医药城建立直属分局，泰州市组建中国医药城新药申报服务中心。至年末，60多家国内外大学和医药研发机构，雀巢、阿斯利康、武田制药等800多家国内外医药企业，2800多名海内外高层次人才落户中国医药城。

科技创新。组建大健康基金类股权投融撮合平台，获批海峡两岸（泰州）医药产业合作示范区。探索形成产学研合作“离岸孵化、泰州转化”模式，设立首期规模5亿元投资母基金、规模1亿元信用保证资金、规模2000万元贷款风险补偿基金以及规模2000万元成果转化引进奖励基金。中国医药城医药制造、健康食品产业规模以上工业产值比上年分别增长74.1%、250%，医药健康产业规模近300亿元，至年末，8个一类新药获批投产，52个一类新药取得临床批件；36家药品生产企业取得生产许可证，20家企业53条生产线通过GMP（良好生产规范）认证（检查）投产，取得药物临床试验批件189张、药品注册批件140张；投产医疗器械生产企业141家，医疗器械注册证及备案证1867张。

【“1+2+N”大健康产业空间体系】 2020年，泰州市构建健康产业、健康环境、健康服务、健康生活、健康保障体系，建设促进健康、服务健康、体验健康幸福之城。构建特色大健康产业体系，统筹布局全市大健康产业，构建以中国医药城为“核心”，以里下河生态经济示范区和沿江健康制造板块为“两翼”，以一批大健康园区和特色小镇（街区）为“支点”“1+2+N”大健康产业空间体系。以医药制造为支撑，拓展产业链、完善创新链、延伸服务链，发展医药、特医食品、保健品等健康制造业，围绕精准医疗、健康疗养、健康食品、健康旅游等领域，形成“药医养食游”融合发展大健康产业链。2020年，中国医药城制定《构建大健康产业全生命周期金融服务机制行动计划》，规模15亿元大健康产业母基金取得中国证券投资基金业协会《私募投资基金备案证明》，总规模8500万元汇仁大健康产业子基金设立。

【国际调味品产业集聚区】 2020年，江苏省兴化经济开发区创建“中国健康食品产业名城”，建设“中国唯一、世界第一”国际调味品产业集聚区，以调味品产业为支撑建设千亿级健康食品产业集群。委托新加坡邦城公司编制集聚区8平方千米发展规划，总投资超200亿元，配套建设100万平方米标准厂房、20万平方米批发市场、仓储冷链物流基地以及占地20公顷集商贸会展、餐饮美食等功能于一体的综合服务区。举办“鲜味科学 共创未来”第四届中国·兴化健康食品暨调味品产业发展大会，至年末，集聚区有调味品企业273家。

【健康泰州建设】 2020年，泰州市建设“健康名城”，建成省级健康镇、村（社区）40个。出台《落实健康中国行动推进健康泰州建设的实施方案》，加入世界卫生组织健康城市联盟，创建最佳实践奖。全年全市开展义诊咨询活动1046场，发放宣传资料331万份；在电视、广播、报纸开辟健康栏目

18个，开设健康微信公众号4个、微博2个。

2020年泰州市省级健康镇、村（社区）名录

省级健康镇

泰兴市（2个）：姚王镇、宣堡镇

省级健康村

姜堰区（19个）：罗塘街道城南村，三水街道小杨村、三沙村，天目山街道城北村，梁徐街道前时村，溱潼镇三里泽村，大垅镇桥东村、运粮村，张甸镇三陈村，淤溪镇周庄村，白米镇马沟村、曹新村，娄庄镇先进村，沈高镇双星村，俞垛镇忘私村、宫垅村、南野村、何祝野村、房庄村

泰兴市（17个）：济川街道南殷村，黄桥镇新洋村，分界镇开绿村，古溪镇谢荡村，元竹镇蒋堡村，广陵镇联吴村，曲霞镇丁桥村，张桥镇匡庄村，河失镇赵杜村，新街镇孔叶村，姚王镇封岱村，宣堡镇银杏村，滨江镇西江村、双彭村，虹桥镇涌兴村、张公村，根思乡南湖村

省级健康社区

泰兴市（2个）：济川街道复兴社区，古溪镇古溪社区

【大健康产业母基金】 2020年4月24日，大健康产业母基金设立暨子基金合作签约仪式举行，大健康产业母基金正式运营。母基金总规模15亿元、首期规模5亿元，泰州中国医药城新药基金管理有限公司任基金管理人，与泰州华信药业投资有限公司、泰州华诚医学投资集团有限公司、泰州鑫泰集团有限公司联合发起设立，规划三年组建运营100亿元大健康产业母子基金。签约仪式上，华银金投分别与交银国际和交通银行、兴投资本和兴业银行、华泰紫金和华泰证券签订三方战略合作协议。

【大健康产业税收政策支持】 2020年，泰州市推进办税服务智能化、税收治理社会化、服务团队专业化，支持大健康产业发展。为瑞莱生物等企业落实各项税收优惠政策，开辟绿色办税通道，推出出口退税“闪办”措施，不到1个工作日完成江苏艾兰得营养品有限公司282万退税款审批；1个工作日办结扬子江药业集团捐赠的2000多万元医疗防护用品、抗病毒药品的2427.84万元退税款。济川药业全年享受研发费用加计扣除1.2亿元，高新技术企业减免所得税1.5亿元。

【中国医药城大健康产业发展研讨会】 2020年11月25日，中国医药城（北京）大健康产业发展研讨会在北京市召开。中国医药城发布《关于加快科技创新体系建设推动高质量发展的实施方案》，作产业政策、人才服务、产品申报、金融支持、精准医疗等特色内容专题推介，北京罗诺强施医药技术研发中心有限公司、哈药集团股份有限公司作“高技术壁垒仿制药和改良型新药”“差异化竞争—复杂制剂的发展与立项”学术汇报，新冠疫苗、高端药物制剂、精准医疗等项目达成初步合作方案，海内外知名专家学者、行业协会负责人、企业家代表200多人出席。

【国际精准健康中心】 2020年3月12日，泰州国际精准健康中心首批项目集中开工。中心整体规划面积3.73平方千米，集“药、医、养、食、游”为一体，分养生区、健康谷、诊疗区、国际医院、宜老社区和商业配套6个板块，重点发展精准医疗、特色医疗、健康管理，培育康养护理、养老养生、健康培训、临床研发、医疗商业。首批集中开工项目10个，总投资115.6亿元，包括临床应用平台、孵化基地、养生医疗基地、商业配套等重点工程，规划建设中国医药城研发、制造、服务核心功能区域和长三角医药医疗领域协作示范基地。

（李　芳　葛　静）

医药制造

【概况】 2020年，泰州市医药产业实现规模以上工业总产值1081.03亿元、销售1069.25亿元、利润108.89亿元，分别比上年增长13.9%、12.7%、24.0%，规模以上工业总产值占全省规模以上工业总产值约25%。全市医药企业256家，其中规模以上企业107家、占医药企业总数41.8%。其中，上市企业6家，新三板挂牌企业7家；进入全国医药工业百强榜企业3家。全市“十三五”期间获批Ⅰ类新药4个、占全省获批Ⅰ类新药27%。至年末，在研和申报Ⅰ类新药80个。全市医药产业高新技术企业102家，

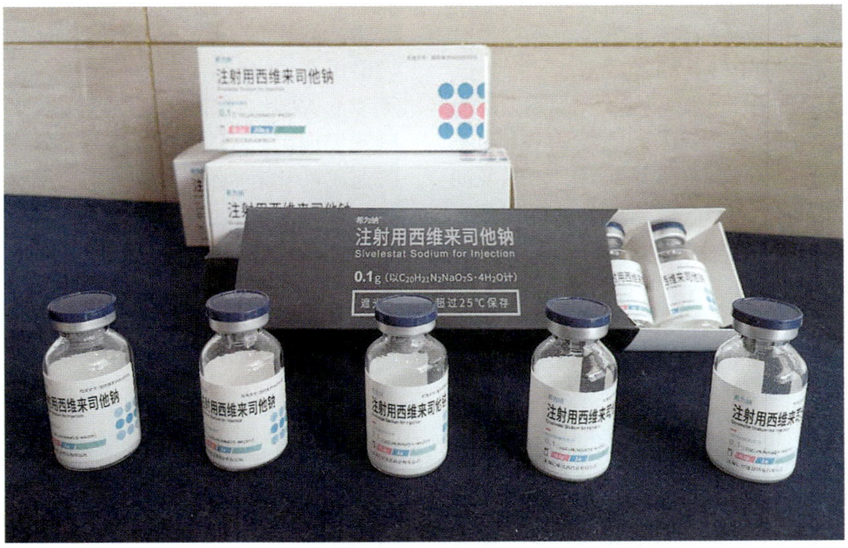

2020年3月12日，上海汇伦江苏药业有限公司研发的国内首个可以改善新冠肺炎造成的急性肺损伤药物“注射用西维来司他钠”获批上市

（泰州医药高新区　供图）

占全市1252家高新技术企业总数8.1%；有国家级企业研发中心3个，省级企业研发中心32个。中国医药城初步形成在全国范围内较有优势的抗体、疫苗、诊断试剂及高端医疗器械、化学药新型制剂、特殊医用配方食品等特色产业集群，规模较大、产业链较为完整的生物医药产业基地初步建成。

【化学药新型制剂产业】 2020年，中国医药城有化学药企业50多家，18家企业40条生产线投产。阿斯利康、复旦张江、亿腾药业、汇伦药业等创新药研发和生产企业，在心脑血管疾病、光动力药物、抗肿瘤等重点领域实现创新品种产业化，形成以新靶点抗肿瘤研发为核心化药创新药研发和产业化体系。汇伦药业"注射用西维来司他钠"获国家药监局批准上市，是全国首个可以改善新冠肺炎急性肺损伤药物。2020年，中国医药城化学药新型制剂产业规模37.17亿元。

【"泰连锡"生物医药及高端医疗器械先进制造业集群】 2020年，"泰连锡"生物医药及高端医疗器械先进制造业集群入围工信部先进制造业集群竞赛。该集群规划以泰州中国医药城、连云港中华药港、无锡生物谷（简称"一城、一港、一谷"）为集聚载体，建设全国具有竞争力产业集群。集群有生物医药和新型医疗器械企业2400多家，总产值2600亿元，占全国总产值10.88%，产品涵盖生物药、化学药品制剂、中成药等8个子行业，形成覆盖研发、转化、产销及配套服务的全方位、立体化医药产业生态圈。

【大健康新材料产业推介会】 2020年10月23日，"聚焦大健康，对接京津冀"泰州滨江工业园区（北京）大健康新材料产业推介会在北京市举行。园区推介泰州市大健康新材料产业，泰州科聚新材料技术研究院作为园区重要科技创新载体平台介绍发展情况，现场签约3D打印牙科材料、功能纳米材料等6个项目，医疗级硅橡胶材料项目路演。国家和北京市相关单位领导、大健康新材料产业企业家代表，部分高校和科研院所专家学者、金融机构代表等近150人出席。

【阿斯利康药业（中国）有限公司】 阿斯利康是世界500强企业，在中国医药城建立供应基地，总投资3亿美元，是阿斯利康在中国单体投资最大项目。泰州供应基地向国内外供应固体口服制剂，总产能60亿片，主要产品为可定、倍他乐克、波依定及帮备，员工约260人。泰州供应基地2012年1月开工，2014年9月投产供货中国市场，2017年7月供货欧洲市场。2020年，公司产值超30亿元，入库税收1.36亿元。 （李 芳 王有为）

特色医疗

【概况】 至2020年年末，泰州市有卫生机构2134家，建成三级医院9所，其中三级甲等综合医院、三级甲等中医院各1所，千人口床位数6.73张，是国家中医药综合改革试验区、全省首家全国基层中医药先进地级市、健康城市联盟正式会员，中医药24项适宜技术在全国推广。中国医药城有细胞免疫治疗、干细胞治疗、基因诊断测序等高端诊疗技术企业和研究机构11家，部分前沿医疗技术具有国际先进水平，填补多项国内空白。2020年，泰州市实施《临床重点专科发展规划（2020~2025年）》，申报省级临床重点专科19个；组织市级临床重点专科评审，40个专科申报。市妇幼保健院完成桩基工程和土方开挖，市中医院二期项目完成主体十层建设，市第五人民医院完成招标公告，市第六人民医院（传染病医院）、市人民医院新区医院二期工程项目建议书获批，兴化市中医院、泰兴市中医院按三级中医医院标准建设。建成海陵区城南街道、高港区刁铺街道社区卫生服务中心和姜堰区顾高镇中心卫生院，全市60%以上基层卫生机构达国家能力基本标准。全年全市4家民营医院被新确认为二级专科医院。全市9.77万建档立卡低收入人员实现家庭医生签约服务全覆盖。

【基层特色科室创建】 2020年，泰州市启动市级基层特色科室孵化中心建设，市人民医院为分泌孵化中心成为全省内分泌特色科室孵化中心首个挂牌省级分中心。50%以上乡镇卫生院、社区卫生服务中心建有特色科室，7个基层特色科室列入省级现场考察对象。

【医联体建设】 2020年，泰州市全域推进医疗联合体（简称医联体）建设，出台《医疗联合体建设实施方案》，规划城市医联体、县域医共体、专科联盟、区域医疗协作网4类医联体，建成泰州市人民医院医联体、泰州市中医院医联体和靖江市、泰兴市、兴化市、姜堰区12个县域医共体。

【国家中医药综合改革试验区】 2020年，泰州市建立中医药健康服务协会四部六委工作例会制度，兴化市、泰兴市、泰州医药高新区筹建中医药健康服务协会。调整中医养生保健专业委员会、中医药特色康复专业委员会组织架构。出台《中医康复行业评价标准》《中医康复行业自律标准》等行业文件，制定并在部分医疗机构实施《心衰病中医诊疗操作流程》等11项具体中医医院特色标准和胁痛（胆囊结石）中医诊疗流程方案。承办省中药调剂员技能大赛，市中医院1人获全省第一名，泰州市代表队4人代表江苏省参加全国技能大赛。举办全市首届针灸、推拿、中药调剂员等行业技能大赛，400多人参加预选赛，2人获市五一劳动奖章，6人获"市五一创新能手与市技能能手"称号。举办中药辨识与炮制技术、中医护理技术等培训班，500多人次参培。举办中医养生保健技术培训班，泰州市中医药健康服务协会、南京中医药大学国家职业技能鉴定所联合出具证书60多份。 （李 芳 葛 静）

养生养老

【概况】 据泰州市第七次全国人口普查公报，2020年11月1日零时，泰州市60岁及以上常住人口127.50万人，占全市常住人口28.25%，其中65岁及以上常住人口99.31万人，占全市常住人口22.01%。全市养老机构157家、老年人日间照料中心23家、标准化社区居家养老服务中心941家，养老床位总数5.65万张，千名老年人拥有养老床位42.3张。

【中医养生】 2020年，泰州市出台《中医养生保健机构规范化建设试点工作方案》《中医养生保健机构规范化建设量化考核表（2020版）》《市中医药文化与健康旅游行业自律公约和职业道德准则》等。围绕中医药健康产品开发、厂房建设等服务事项，形成《中医药产业投资政策汇编》。复核2018~2019年评定的21家中医养生保健星级机构。推动中医特色养老上门服务，将中医药保健项目纳入"泰有福"平台政府购买养老服务包。

【医养结合】 2020年年末，泰州市有医养结合机构34家，其中护理院10家，提供养老床位数4721张。医养结合机构服务管理人员2303人，其中医护人员1555人、养老服务人员748人；老年人每日在院规模约3500人。开展老年健康教育与健康促进活动和"阿尔茨海默病预防与干预核心信息""老年健康核心信息20条""老年失能预防核心信息"等健康宣教。建设全市二级以上综合医院老年医学科，其中8家医疗机构在执业许可目录内设置老年病专业或在内科（中医科）下设老年科。

【健身服务】 2020年，泰州市开展第五次国民体质监测抽样，监测靖江市、泰兴市、海陵区、高港区样本3200个。新建、改造体育场馆，建设改造社区体育设施和小型体育设施，共建共享公园体育资源，启用首批3处全民健身智能健身步道。运营主城区"体育为民驿站"，免费提供健身指导等服务。上线"泰州市智慧体育平台"。承办江苏省第八届全民健身运动会。2条线路获评"魅力江苏 最美体育"2020全省最美跑步线路。

（葛　静　季　杰）

健康食品

【概况】 2020年，泰州市食品加工业实现工业总产值556.4亿元，利润26.68亿元，比上年增长46.5%；3000万元以上工业投资项目59个，总投资93.22亿元。全市有无公害农产品、绿色食品311个，以无公害大米为主的河横绿色食品基地被联合国环境署认定为"全球环境500佳"，以香葱为代表的脱水蔬菜产量居全国第一位，泰州干丝、溱湖八鲜等8道菜入选省百道乡土地标菜。拥有小磨麻油、兴化虾籽、松花鸭蛋、银杏等名特农副产品，其中银杏年产量超8000吨、占全国银杏总产量三分之一以上。中国医药城重点发展特殊食品产业，至年末，取得食品生产许可证企业有19家，其中特殊食品企业6家，获特殊食品注册证及备案证143张，有雀巢健康、鲲鱼健康、石药中诺等特殊医用配方食品研发生产企业。兴化市创建"中国健康食品产业名城"，建设以调味品为支撑的千亿级健康食品产业集群，集聚食品企业500多家，形成以顶康食品、安井食品、五得利面等为龙头九大健康食品产业链。

【绿色农业】 2020年，泰州市在绿色食品、有机农产品、农产品地理标志、全国绿色食品原料标准化生产基地、省绿色优质农产品基地相关主体中推进"标准入户"。至年末，全市绿色食品认证企业133家、获证绿色食品270个，有机农产品认证企业8家、获证有机农产品189个；全国绿色食品原料标准化生产基地2家、总面积5.5万公顷；省级绿色优质农产品基地33个，总面积5.37万公顷。全市种植业绿色优质农产品比重83.7%，居全省首位。

姜堰区沈高镇河横村国家农业科技创新与集成示范基地　　（《泰州通讯》 供图）

【第四届中国·兴化健康食品产业发展大会】 2020年10月21日，“鲜味科学 共创未来”第四届中国·兴化健康食品产业发展大会召开。签约食品类项目18个，总投资108亿元。20个食品类项目集中开工，总投资85.6亿元；顶康食品项目为集中开工仪式主会场，总投资3500万美元，主要从事系列蔬菜调料包生产销售及系列高档农副产品深加工。国内百强食品企业负责人、高校专家学者、省调味品行业协会及重点食品企业负责人等300多人出席。

【绿色优质农产品上海推介会】 2020年7月3日，泰州市绿色优质农产品推介会在上海市静安区举行。泰州市部分农业园区、企业、基地与长三角地区农业企业、农产品超市、批发市场达成大米、禽蛋、水产品等销售合同21个、合同金额8.48亿元，签约销售合同16个；签约农业投资项目3个，分别是总投资3500万美元的蔬菜调料包生产项目、总投资1.08亿元的调味料加工项目、总投资1.5亿元的果蔬种植和初加工项目。 （李 芳 王有为）

互联网+医疗健康

【概况】 2020年，中国医药城有北科生物、博奥邦科2家大健康数据重点企业。泰州数据产业园区被授予“全国医药特色产业园区”称号，国家卫健委指导制定健康医疗大数据产业图谱。依托复旦大学、中国科学院大学2所C9高校，复旦大学泰州健康科学研究院、中国科学院大学健康医疗大数据国家研究院泰州分院2个产业研究院2个院士团队，重点开展“泰州队列”项目、“生物组学”项目2个国家级科研项目。中国医药城建设“一院两中心”，即长三角大健康产业研究院、国家医药健康产业创新中心、中国（泰州）健康医疗大数据中心，发展精准诊疗、精准制药、精准给药等健康大数据产业。

【复旦大学“泰州队列”科创成果】 2020年9月18日，复旦大学“泰州队列”科创成果新闻通气会召开，介绍复旦大学泰州健康科学研究院在队列建设、重大慢病防治方面成果，以及“泰州队列”发展、联合研究和资源共享建设规划。项目是中国百万级自然人群大型健康队列布局开创者，2007年在泰州市启动，以泰州市500万居民为框架人群建设大型自然人群队列，研究遗传因素、环境因素及其交互作用与重大慢性疾病关系，经12年积累形成20万自然人群基因样本沉淀，建成全球最大单一地区健康大数据和生物样本库；研发大型队列建设适宜技术、关键技术和整合共享技术，在国内外期刊发表论文160多篇，填补国内人群队列研究多项空白。癌症早筛试剂盒研发生产及检测服务项目、健康医疗大数据开发应用项目2个依托复旦大学泰州健康科学研究院和“泰州队列”发展的产业化项目现场签约。

【国家医药健康产业创新中心共建战略协议签署】 2020年12月7日，泰州市政府与北京大学医学部在北京市签署医药健康领域战略合作协议，共建“北京大学医学部（泰州）医药健康产业创新中心”。据协议，双方将在加强临床试验合作、建立人才培养交流机制、推进科教成果转化平台建设、推动医疗健康领域合作等方面开展战略合作，联合建设国际化临床试验中心。依托北大医学部临床资源和专家资源，指导泰州市企业开展临床方案设计；优先安排泰州项目在北大医学部附属医院开展临床试验研究，帮助提供符合GCP临床试验机构和主要研究者；作为北大医学部临床试验机构人员培训基地，依托泰州市临床研究机构为北大医学部附属医院提供临床试验相关内容教育教学实训；北大医学部为泰州市培养临床研究骨干人才，指导泰州市医院临床研究机构建设及临床试验开展等。

【中国（泰州）健康医疗大数据中心】 中国（泰州）健康医疗大数据中心由中国科学院大学、复旦大学、浪潮集团、万达信息集团合作共建，2019年9月18日启动运行。中心规划建设健康医疗大数据国家研究院，建设国家级科研及人才培训基地，推动健康医疗专业化；构建前沿技术应用服务平台、健康医疗大数据深化分析服务平台，实现健康医疗功能化；成立产业发展专家智库，建设“生物数据银行”，促进健康医疗科学化；制定数据中心平台技术构架和技术标准，共建泰州健康医疗大数据产业集团，推动健康医疗市场化。中国医药城与相关机构合作，整合区域健康医疗、泰州队列、生物组学、肿瘤数据资源，聚焦生物医学大数据、前沿医疗技术、创新医养技术、智能医疗器械与软件创新研发、医疗互联网创新研究，为健康医疗大数据产业化应用提供技术支撑。

（数据园区）

健康旅游

【概况】 2020年，泰州市创建国家中医药健康旅游示范区，建设“泰州太美、顺风顺水”全域旅游品牌，提升健康旅游服务品质，环境质量评价指数居全省首位，被生态环境部命名为“第四批国家生态文明建设示范市”。至年末，泰州市生态保护区2000平方千米，占市域面积三分之一，有全省首家国家级湿地公园溱湖风景区、全国十大民俗节庆溱潼会船节、“全国最美油菜花海”兴化千垛菜花。

【乡村休闲旅游】 2020年，泰州市有休闲农业经营主体317个，休闲农业吸纳从业人员10多万人，带动农户12万户，接待游客2113万人次，休闲农业和乡村旅游吸引度每平方千米3652人次，实现综合经营收入76亿元。全年举办溱潼会船节、千垛菜花节等农业节庆活动161个。以“水韵泰州 诗画田园”为主题，举办2020“苏韵乡情”乡村休闲旅游农业（泰州）专场推介活动。培育休闲农业品牌，姜堰区小杨村获评“2020年中国美丽休闲乡村”，靖江市东进七彩荷塘主题创意农园、泰兴市祁巷农耕民俗主题创意园、兴化市水润莲华乡村休闲创意园、兴化市铁皮石斛主题创意农园、高港区丰汇河豚主题庄园、姜堰区小杨人家民俗文化主题创意园、泰州市秋雪湖名贵渔业主题农园、泰州市秋雪湖湿地风情花卉主题创意园8家创意农园获评“2020年江苏省主题创意农园”，泰州市溱湖绿洲旅游投资有限公司等6家企业获评“休闲农业与乡村旅游精品企业”。推介部、省精品旅游线路15条，其中江南水乡休闲体验游线路获2020中国美丽乡村休闲旅游行（秋季）重点推介，6条线路入选全省休闲旅游农业精品路线。

【康养旅游产品】 2020年，泰州市围绕生态、康养、文化、美食等主题，开发水城慢生活、泰田园风光、相守千年健康行等5条精品线路，在惠民旅游季正式发布，满足疫情后旅游市场需求。2条线路入选“水韵江苏”旅游精品线路，1条线路入选全省大运河文化旅游精品线路，1条线路参评“水韵江苏”入境精品线路。

【“寻味泰州”美食旅游季】 2020年9~11月，泰州市举办“寻味泰州”美食旅游季。其间，举办“花舞秋雪湖”菊花展、“溱湖簖蟹品蟹达人争霸赛”、兴化“蟹逅金秋”品蟹美食节、靖江季市稻香节、泰兴银杏旅游宣传推广月、高港第二届河豚文化节等文旅活动30项。9月16日，“寻味泰州”水城蟹乡美食旅游季在上海市开幕，设置“泰州集市”，展示“靖江四宝”、溱湖簖蟹、黄桥烧饼、银杏、紫荷芋、梅兰春酒等特产，向上海市场发放泰州旅游消费券1600万元。

2020年10月3日，“水润兴化 蟹逅金秋——2020兴化品蟹美食节”在乌巾荡公园开幕 （市文广旅局 供图）

【第六届国医养生旅游季】 2020年10月16日，泰州市第六届国医养生旅游季暨泰州市中医院第十二届膏方节启动，活动主题“承国医精华，享品质生活”，持续至2021年2月。其间，开展特色膏方、养生药膳药酒展示、中医药文化展示、精品饮片及道地中药材展示、中医特色疗法展示与体验等特色活动，设固元膏现场制作、中医药材真伪辨识、膏方养生手册赠阅等互动环节，发放散膏优惠券，开设“养生保健产品展示街”，向全市抗疫英雄、退伍老兵、公交车司机代表等赠送健康大礼包，国医大师王琦、徐经世以及上海市、杭州市、合肥市、南京市、苏州市、无锡市等地数十位中医名师为市民义诊、开方。活动现场发布5条养生旅游线路，以泰州市中医院中医文化园为起点，包含泰和堂国医馆、江苏乐百年健康小镇、中药科技园等中医健康养生景点，开展“名医带你游”体验活动，由名中医担任健康导游。 （杨俊杰 葛 静）

责任编辑：张 华

农　业

综　述

【概况】 2020年，泰州市实现农林牧渔业总产值506.37亿元，比上年增长3.0%；实现农林牧渔业增加值320亿元，增长2.8%。全年粮食播种面积37.48万公顷，增长0.2%；粮食总产量280.8万吨，增长0.1%，其中夏粮产量104万吨，秋粮产量176.8万吨。粮食单产7493千克/公顷，下降0.1%，单产居全省首位。年末生猪存栏83.19万头，同比增长3.7倍；全年生猪出栏120.52万头，下降14.3%。水产品产量37.48万吨，增长1.4%。

【现代农业】 2020年，泰州市建成高标准农田1.96万公顷，高效节水灌溉826.67公顷。年末高标准农田比重88%，同比提高11.9个百分点。年末设施农业面积6.1万公顷、设施渔业面积2.01万公顷，分别增长7.0%、4.2%；年末有效灌溉面积27.61万公顷，增长0.3%。省设施农业装备行业协会在兴化市成立。年末全市农业机械总动力288.65万千瓦，农作物耕种收综合机械化率80%；粮食生产全程机械化示范创建实现市（区）全覆盖。新增41家市级农业物联网应用基地、智慧农园，规模设施农业物联网技术应用面积占比25%。

（瞿亚坤　季　杰）

【农业支持保护补贴】 2020年，泰州市落实强农惠农政策，实施农业支持保护补贴（耕地地力保护），全市补贴面积17.3万公顷，补贴标准每亩120元，发放金额3.11亿元。其中，市本级补贴面积4.5万公顷，发放金额8104.82万元。通过“平安农机通”、农机服务网络群等方式，发放农机购置补贴、秸秆机械化还田等省级及以上惠农补贴资金1.6亿元。（瞿亚坤）

【中国农民丰收节泰州兴化主场活动】 2020年9月21日，“醉美刘泽‘蟹’逅兴化”中国农民丰收节泰州兴化主场活动在兴化市海南镇刘泽村举行。该活动是2020年中国农民丰收节江苏省5个重点分会场活动之一，以“庆丰收、迎小康”为主题，以“好水好风情”“好韵好光景”“好蟹好味道”为构架，重点宣传推介“兴化大闸蟹”区域公用品牌。活动现场，举行兴化大闸蟹入选“江苏首批特色农产品优势区”授牌仪式，兴化十大人气主播进行直播带货；设立具有水乡特色的“蟹市”“米市”，展示兴化部分老行当老手艺。新华社“现场云”、央视新闻客户端现场直播兴化主场活动。中国农科院、国资委、中牧集团、省农业农村厅、南京农业大学、泰州市政府等单位领导、专家及农民代表参加主场开幕式。该届农民丰收节除兴化主场活动外，泰州市还举办5个重点活动及多个乡村庆祝活动。

（徐　震　孙新兵）

种植业

【概况】 2020年，泰州市农作物播种面积51.86万公顷。粮食播种面积37.48万公顷、单产7493千克/公顷、总产量280.8万吨，其中小麦面积16.89万公顷、单产5956千克/公顷、总产量100.57万吨；水稻面积17.86万公顷、单产9402千克/公顷、总产量167.91万吨。油料面积3.2万公顷、单产2970千克/公顷、总产量9.51万吨，其中油菜面积2.36万公顷、单产2820千克/公顷、总产量6.67万吨；花生面积0.78万公顷、单产3465千克/公顷、总产量2.69万吨。蔬菜面积

2020年9月21日，中国农民丰收节泰州兴化主场活动在兴化市海南镇刘泽村举行

（刘泽村　供图）

9.46万公顷、单产35850千克/公顷、总产量339.05万吨。

【粮食生产】 2020年，泰州市粮食播种面积37.48万公顷，单产7493千克/公顷，居全省首位。创建粮食绿色高质高效示范片96个，其中水稻示范片49个。夏粮产量104万吨，小麦品种以"宁麦13""扬麦23""镇麦12""扬麦25"为主，种植面积分别为4.78万公顷、1.67万公顷、1.61万公顷、1.19万公顷。秋粮产量176.8万吨，水稻品种以"南粳9108""南粳5055"为主，种植面积分别为11.2万公顷、3.68万公顷。全市优良食味水稻种植比例90%，居全省首位。兴化市中堡镇、泰兴市虹桥镇被评为"江苏味稻小镇"，年末全市"江苏味稻小镇"总数10个。有稻米加工流通企业130多家，其中省级龙头企业6家、市级龙头企业17家，年加工能力400万吨以上。

【油菜生产】 2020年，泰州市油菜播种面积2.36万公顷，总产量9.51万吨。种植面积最大的品种为"沣油737"，为9130公顷。移栽油菜面积1.52万公顷，直播油菜面积8440公顷。花期雨水较少，花期较上年短，菌核病发生较轻。

【蔬菜生产】 2020年，泰州市蔬菜播种面积9.46万公顷，总产量339.05万吨。其中，叶菜类面积2.43万公顷，总产量81.23万吨；白菜类面积9720公顷，总产量37.24万吨；根茎类面积9410公顷，总产量35.19万吨；瓜菜类面积9350公顷，总产量34.59万吨；豆类（菜用）面积7530公顷，总产量24.29万吨；茄果类面积1.36万公顷，总产量52.47万吨；葱蒜类面积1.26万公顷，总产量44.08万吨；水生菜类面积2470公顷，总产量9.41万吨；食用菌总产量2.07万吨；瓜果类面积4080公顷，总产量15.06万吨。

【农作物病虫防控】 2020年，针对小麦抽穗期明显提前、穗期病虫偏重发生的形势，全市各地加大病虫监测力度，推进专业化统防统治，加强小麦穗期"一喷三防"（防虫、防病、防干热风）工作，控制小麦穗期病虫危害。全市小麦穗期开展"一喷三防"426.7万亩次，平均防控1.7次，比常年提高0.2次；统防统治面积290.6万亩次，占总面积的68.1%，比常年提高6个百分点。出台病虫防控技术意见，召开小麦"一喷三防"推进会，成立病虫防控工作指导组开展督查指导。

【粮食绿色高质高效创建】 2020年，泰州市创建绿色高质高效示范片96个，其中水稻示范片49个（万亩示范片1个、5000亩示范片12个、1000亩示范片36个）、小麦千亩示范片47个，水稻、小麦示范片平均亩产比大面积生产分别增产15.4%、27.7%。培植小麦高产典型，其中兴化市钓鱼镇钓鱼村的稻茬小麦百亩攻关方平均亩产635.8千克，创全市百亩攻关方单产最高纪录；最高田块亩产650.2千克，创全市小麦单产最高纪录。

（刘云飞）

姜堰区粮食种植家庭农场喜收晚稻

畜牧业

【概况】 2020年，泰州市超额完成省政府下达的生猪稳产保供任务，年末生猪存栏83.19万头，同比增加65.48万头，增长3.7倍，其中能繁母猪存栏7.2万头，规模场能繁母猪增长近80%。全年生猪出栏120.52万头。年末肉羊存栏11.11万头，全年出栏20.16万头。年末家禽存栏2038.15万羽，全年出栏2783.62万羽。年末奶牛存栏1.59万头。全年肉类总产量14.35万吨、奶类总产量7.75万吨、禽蛋总产量20.1万吨。

【生猪稳产保供】 2020年，泰州市落实省政府下达的生猪稳产保供目标任务，出台《关于进一步促进恢复生猪生产的政策措施》。市、市（区）建立恢复生猪生产保障市场供应工作联席会议制度，对生猪规模养殖场（户）新增种猪实施奖补，支持养殖场（户）生物安全防护设施改造升级，综合奖励实施扩能增量的生猪规模养殖场（户）。推行生猪养殖地方保险政策，将能繁母猪最高保险金额提高到3000元/头，规模养殖场的育肥猪最高保险金额提高到1600元/头，增加的保费由市县两级财政按比例补贴，全年全市生猪保险（能繁母猪、育肥猪、仔猪）各级财政保费补贴3200万元，赔付金额2500万元。年末全市生猪存栏量、出栏量分别超额完成省定任务数的24%、5%。8月，泰州市代表省政府接受国务院生猪稳产保供工作和相关政策落实情况督查，检查组肯定泰州市"政策给力，措施过硬，成效明显"。

【兽药管理】 2020年，江苏朗博特动物药品有限公司、纽澳美药业江苏有限公司两家兽药高科技企业落户泰州中国医药城。泰州医药高新区完成对3家企业的兽用生物制品批签发工作。以“聚焦宠物用药现状、赋能兽药产业发展”为主题的中国宠物用药市场发展研讨会在泰州中国医药城召开。推动兽用抗菌药使用减量，严格兽药生产、经营和使用环节的全程监管。制定《畜牧兽医行政执法查获的涉嫌犯罪案件移送工作指引》等，完善执法办案机制。

【畜牧业生态健康养殖】 2020年，泰州市开展标准化生态健康养殖普及行动，畜禽生态健康养殖比重99%，居全省前列。深化畜禽粪污资源化利用，推进畜禽养殖场安装远程视频监控，全天候监控养殖场（户）的畜禽粪污资源化利用情况。至年末，全市沿江地区畜禽规模养殖场和非规模养殖场污染治理电子台账更新完成率100%，80家养殖场全覆盖检查率100%、畜禽养殖场污染治理率100%、畜禽粪污资源化利用远程视频监控安装任务完成率100%。畜禽粪污资源化利用工作连续3年获省政府考核“第一等次”。 （孙 谦）

渔 业

【概况】 2020年，泰州市水产养殖面积7.29万公顷（含稻田养殖），比上年增加1000公顷。水产品年产量37.48万吨，其中捕捞产量2.48万吨、养殖产量35万吨，分别增长1.41%、–0.8%、1.57%。全年渔业一产产值137.92亿元，增长4.62%。优化养殖品种结构，发展以“一蟹两虾”（河蟹、小龙虾、青虾）为主导品种的优质高效水产品生产，压减鲢鱼、草鱼等低质低效市场滞销水产品生产规模，特种水产养殖面积占比87%，提高4.4个百分点。

【养殖池塘生态化改造】 2020年，泰州市组织开展全市水产养殖池塘基本情况调查，编制印发《泰州市养殖池塘生态化改造实施方案》，启动11个渔业园区和重点水产养殖基地养殖尾水治理试验示范。对照养殖尾水循环利用或达标排放标准，推广应用养殖尾水生态化综合治理、池塘工程化循环水治理、复合人工湿地尾水处理、池塘养殖尾水原位修复、稻（藕）渔综合种养等6种养殖尾水生态化综合治理模式。全年完成池塘生态化改造示范面积4953公顷。

【渔业绿色生产技术创新与推广】 2020年，泰州市深化水产种业建设，推广“长江1号”“江海21”河蟹，“太湖2号”青虾等新品种，推进水罗氏沼虾、河蟹等新品种研发。推广生态健康养殖新技术新模式，发展种草养殖、稻（藕）渔综合套养等生态循环渔业，水产健康养殖面积占比76%。实施河蟹养殖降本提质增效技术推广行动，提高蟹池综合生产能力。 （费忠智）

【长江退捕禁捕】 从2020年1月1日起，长江干流泰州段实行常年禁捕，全面禁止生产性捕捞，禁捕期限暂定10年。至年末，全市长江干流退捕渔船621艘、退捕渔民1801人，长江干流泰州段非法捕捞行为基本消除。在全省率先完成渔船渔民退捕、退捕渔民转产转业、退捕渔民养老保险参保“三个百分百”目标。禁捕退捕渔船退出率100%，621本内陆渔业船舶证书全部注销，621艘退捕持证渔船、983艘辅助船全部处置完毕；劳动年龄内退捕渔民1078人，其中已转产就业873人、退出劳动力市场205人，退捕渔民转产转业率100%；退捕渔民已纳入保障人员1645人，基本养老保险参保率100%。靖江市创新生态修复举措，在长江靖江段双涧沙水域搭建6万平方米的“人工鱼巢”；据中国水产科学研究院淡水研究中心出具的监测报告显示，2020年靖江长江段基于数量的资源密度比上年增长210.53%，基于重量的资源密度增长249.51%，采集的渔获物增加18种、总数达36种。落实退捕渔民就业创业扶持政策，按照“一人一卡”要求，发放退捕渔民“就业帮扶服务卡”；开展岗前培训、以工代训、新型学徒制培训以及水产养殖、水产品加工等项目制就业创业培训。在退捕渔民集中的乡镇，定期开展专场招聘活动，全年举办退捕渔民专场招聘活动6场，提供就业岗位2206个，435人实现就业。建立退捕渔民公益性岗位储备机制，开发护渔队员、河道管护等公益性岗位50个，人均年收入5万多元。（王安民 陈海泉）

【非法捕捞打击】 2020年，泰州市组织打击电鱼等非法捕捞行动87次，出动渔政人员9863人次、执法车1023次、执法艇1987次，查处违法案件132起，行政处罚81人，没收渔获物1830千克，罚款35.8万元，刑事处罚51人。 （王安民）

园艺业

【概况】 2020年，泰州市实施园艺作物标准园建设，新创成省级园艺作物标准园建设单位6家。推进园艺业信息化发展，建成泰州市设施园艺农业物联网服务平台和5个示范点，制定设施园艺农业物联网技术规范地方标准。海陵区数字农业应用推广基地建设项目（红掌、蝴蝶兰）通过省级评审并推荐上报农业农村部，争取中央财政投资2000万元。组织园艺企业参加各类评奖活动，3个基地获评江苏西（甜）瓜“好基地”，5家企业（合作社）入围省首批种植业“百园荟萃”培育与推介活动优胜榜。

【园艺种苗】 2020年，泰州市林木种苗面积7400公顷，年产各类苗木1.98亿株，总产值21.1亿元。响应乡村振兴林木种苗和林下经济千亿产业工程，督促良种繁育基地、种质基因库、保障性苗圃稳定林木种苗生产。对种苗质量实施监管，打击侵犯植物新品种权等行为。

【蔬菜园艺】 2020年，泰州市绿色蔬菜播种面积3.04万公顷，年产量147.06万吨，产值36.05亿元。编制《蔬菜全程绿色高效生产技术实施方案》，将蔬菜全程绿色高效生产技术列入乡村产业发展“810”工程项目“十大主推技术”。全市有省级“菜篮子”

2020年，靖江市"阳光玫瑰"葡萄获第二届江苏省优质葡萄评鉴活动金奖
（市农业农村局　供图）

蔬菜基地8个、面积6093公顷，有经营主体323个，蔬菜年均产量53万吨。组织开展绿色蔬菜产业基地监测评价工作，全市有绿色蔬菜产业基地66个、面积1.42万公顷，其中设施面积5953公顷。

【园艺作物标准园建设】 2020年，泰州市新增省级园艺作物标准园建设单位6家，分别是泰州海丰生态农业有限公司、泰州市姜堰区现代农业科技实验场、靖江宁泰蔬菜种植园、泰兴市峻宇轩蔬菜专业合作社、兴化市大营镇才勇粮食种植家庭农场、姜堰区焦昌金果蔬种植中心。江苏烨佳梨园发展有限公司和泰兴市绿晶芦笋专业合作社通过省级园艺作物标准园验收，获省级认定。在2020年"江苏好西（甜）瓜"品鉴推荐活动中，泰州市蒲公英农业科技发展有限公司、兴化市泓林果蔬专业合作社、姜堰区顾高镇西甜瓜生产基地获评江苏西（甜）瓜"好基地"。在第二届省优质葡萄评鉴活动中，靖江玉霞水果种植专业合作社的"阳光玫瑰"葡萄获金奖。（刘云飞）

【泰州现代园艺科技产业示范园】 泰州现代园艺科技产业示范园位于泰州市农业开发区，于2019年9月开工建设，是省、市两级重点农业投资项目，一期项目建设总投资2亿元，占地面积33.33公顷，规划建设花卉、有机果蔬产业化生产示范区域，花卉产学研区域，智能装备应用展示区域，园艺科普教育体验区域，花卉线上线下交易区域，产业一体化综合服务区域6个功能区域。2020年，完成21万平方米智能温室基础设施配套及温室主体钢构件工程，运营后可实现年上市盆栽花卉300万盆、优质组培苗2000万株。（蔡　群）

林　业

【概况】 2020年，泰州市培育银杏、林木种苗、珍贵用材林、优质水果等传统产业基地，提升林产品加工质量，发展林业生态旅游、生物制药等新兴产业，推动林业产业发展。全年全市实现林业总产值90多亿元。【营造林】 2020年，泰州市推进林业"三化"（珍贵化、彩色化、效益化）建设，组织实施造林建设工程，全年完成营造林实绩面积2467公顷，造林更新率13.9%，净增成片造林面积2133公顷。落实各类造林主体的管护责任，采取因林制宜间伐、修枝、补植、除草等抚育措施，造林保存率96.4%；省营造林实绩核查面积核实率、核实合格率均为97.5%，综合管理情况得分居全省第二位。

【林业重点工程】 2020年，泰州市实施长江岸线造林工程，完成长江岸线造林绿化面积125.58公顷。其中，长江沿岸成片造林97.51公顷，沿岸500米范围内新建村庄绿化折实面积12.73公顷，沿岸500米范围内"三网"（道路林网、水系林网、农田林网）绿化折实面积15.33公顷。长江沿岸1000米范围内新增森林质量提升面积77公顷。实施江广高速、355省道、兴化"一号水路"等绿色通道建设工程，推广"三化"树种造林，新增造林面积200多公顷。实施江河湖渠生态防护林建设工程，推进骨干河道两侧绿化提档升级和"三化"示范河道、圩堤建设，新增造林面积200公顷。实施农田林网工程，在骨干道路、重点项目和家庭农场等重点区域新建、完善农田林网面积1.14万公顷。将泰兴市沿江生态廊道、滨江生态公园、海泰油品装卸公司南侧生态绿化等重点生态修复工程纳入"健康长江泰州行动"，投资6.2亿元建设长12千米的长江湿地修复和绿色生态廊道。

【靖江中山杉入选"黄河流域生态治理十大推介树种"】 2020年10月11日，首届黄河流域乡土树种开发与应用研讨会在山东召开，靖江国家中山杉良种基地推荐的中山杉入选"2020黄河流域生态治理十大推介树种"，成为唯一入选的"水陆两栖"树种，也是湿地治理和湿地保护中最具推广价值的品种。靖江市国家中山杉良种基地是全国最大的中山杉繁殖基地，基地面积530多公顷，年销售各种中山杉100多万株。（李　映）

农业生产经营

【概况】 2020年，泰州市粮食生产全程机械化示范建设实现市（区）、重点涉农乡镇全覆盖。泰兴市、兴化市分别获批创建国家现代农业产业园和省现代农业产业示范园，姚王镇获批建设国家农业产业强镇，新增省级数字农业农村基地6个。休闲农业和乡村旅游吸引度达3652人次/平方千米，实现综合经营收入76亿元。围绕农业高新技术产业和优势特色产业培育农业科技型企业，6家企业创成省农业科技型企业。

【农业机械化】 2020年年末，泰州市农机总动力288.65万千瓦，同比增长0.6%。实施粮食生产全程机械化示范建设，创成部级示范县3个、省级4个、市级2个，市级示范乡镇60个。全年水稻机插秧14.6万公顷、占适宜机插面积的87%；秸秆机械化还田率超过70%；粮食产地烘干、高效植保机械化能力分别超过80%、75%，均居全省前列。年末全市有各类农机服务组织1468个，其中农机专业合作社914个，农机合作社作业面积占总作业面积的70%以上。培训各类农机从业人员1万多人次，其中举办基层农机人员培训2期120人、农机职业技能培训2期89人。2~3月新冠肺炎疫情防控期间，全市能够投入春耕备耕的中大型农机装备21249台（套）、机具到位率76%，完成机具检修13971台（套）、检修率60%。 （赵　蓉）

【农业产业化】 2020年，泰州市培育农业产业化龙头企业，江苏上膳源生态农业发展有限公司、兴化市佳鑫米业有限公司、江苏金辰农业科技有限公司、江苏苏中药业集团股份有限公司、泰州安井食品有限公司、泰州现代农业发展集团有限公司6家企业被认定为农业产业化省级重点龙头企业，江苏兴野食品有限公司、江苏三零面粉有限公司、泰州市梅香食品有限公司3家国家级农业龙头企业通过农业农村部第九次监测。年末全市有市级及以上农业产业化重点龙头企业258家，其中国家级4家、省级67家、市级187家。高港区乐泰速冻调制食品农业产业化联合体、姜堰区鸿程食用菌产业化联合体、泰兴市曲霞面粉农业产业化联合体、兴化市联富果蔬农业产业化联合体4家单位入选第三批农业产业化省级示范联合体名录。至年末，全市累计有18家单位入选农业产业化省级示范联合体名录。其中，兴化市5家，泰兴市4家，姜堰区、高港区各3家，靖江市、海陵区及农业开发区各1家。

【农业信息化】 2020年，泰州市推动“互联网+现代农业”发展，新增市级农业物联网应用基地（智慧农业示范园区）41家。海陵区数字农业应用推广基地建设项目（红掌、蝴蝶兰）获中央财政投资2000万元。推进农产品电商创新发展，全年全市农产品网上营销主体34786个、网店38147个，农产品网上营销销售额137.6亿元，其中自建平台销售额36.5亿元、第三方平台销售额101.1亿元。 （潘迎辉）

【科技型农业】 2020年，泰州市鼓励农业企业与高校院所的产学研合作，推进产业关键共性技术研发和成果转化。泰州市梅兰春酒厂有限公司、上膳源生态农业发展有限公司、味巴哥食品股份有限公司、宇宸面粉有限公司、梦之香（江苏）粮油工业有限公司、兴化市新土源基质肥料有限公司6家企业入选第十批江苏省农业科技型企业名单，涉及食品加工、肥料农药等领域；6家企业中最高年销售收入5.1亿元，研发投入占销售收入比重6.4%，拥有自主知识产权13项，科研人员占比42.9%。至年末，全市累计创成省级农业科技型企业82家。建成省级现代农业科技综合示范基地4个、省级现代农业产业技术体系推广示范基地18个。全面推行“专家+示范基地+农技推广人员+科技示范户+辐射带动户”农技推广模式，加快农业科技“进村入户到田”。 （林晓芬）

【现代农业产业园区】 2020年，泰兴市现代农业产业园入选国家现代农业产业园创建名单，兴化市现代农业产业园入选省级现代农业产业示范园创建名单，分别获1亿元和5000万元财政奖补资金。拓展引才育才平台，吸引各类主体投资，园区内入驻市级以上农业龙头企业688家，新型经营主体数量近万个，培训农民近万人次。与农林类高校和科研机构合作，园区设施园艺比重50%，大田作物机械化水平超过90%，农业物联网技术应用覆盖率40%。 （华　松）

【农产品品牌】 2020年，泰州市打造“区域公用品牌+农业农村重大创建认定+产品品牌”的品牌体系。靖江市省级农产品质量安全县通过考评验收，兴化市获批省级农产品质量安全县创建试点单位，2家单位入选第十批全国“一村一品”示范村镇。组织开展地理标志农产品申报认定和品牌创建，“溱湖簖蟹”“泰兴江沙蟹”获批国家农产品地理标志登记保护产品，全市累计国家地理标志保护产品8件；“泰兴雪梨”通过部级农产品地理标志评审；“兴化荷藕”“兴化小龙虾”获批地理标志商标，全市累计地理标志商标16件；“兴化大闸蟹”“溱湖簖蟹”分别获批实施国家级、省级地理标志农产品保护工程项目。“兴化香葱”入选第三批中国特色农产品优势区，“兴化大闸蟹”入选首批江苏省特色农产品优势区。推介区域公用品牌和产品品牌，组织参加第四届“江苏好大米”评鉴活动，“姜堰大米”入围十大品牌，“水乡老农”大米获评“十大创优品牌”和“十佳稻田综合种养大米”，“中堡牌大米”“汉土大米”分获特等奖、金奖。“姜堰大米”“杨美华龙香芋”获第21届中国绿色食品博览会金奖。“溱湖蟹”获第14届中国国际有机食品博览会金奖。“苏福”“雪澄”“佳彩”“雪霞”“梅香”“上膳源”6个农业品牌入选2020年江苏农业品牌产品品牌目录，“兴化大闸蟹”‘兴化大米”入选2020年江苏农业品牌区域公用品牌目录。开展农产品地理标志资源普查，新增18个申报地标备选产品。 （孙新兵）

【设施农业“机器换人”工程】 2020年，泰州市试验示范烘干清洁能源、犁深翻秸秆机械化还田等绿色环保农机装备技术，秋季稻秸秆犁深翻秸秆机械化还田5200公顷，升级改造粮食产地烘干环保清洁能源装备100

多（套）。推广水稻机插秧同步侧深施肥装置234台（套），技术应用面积3300多公顷。推广自走式水稻育秧播种机，实现育秧流程高度集成，全市新增自走式水稻育秧播种机200多台，实现集中育秧面积1573公顷，5亩以上集中育秧点1987个；"水稻集中育秧与机插配套栽培关键技术研究及推广应用"成果获第三届江苏农业科技奖丰收奖。试验示范智慧化、信息化农机，新增享受国家农机购置补贴的"农用北斗无人驾驶终端"3台（套）；兴化市、泰兴市、姜堰区开展无人化、智能化水稻插秧机相关应用实践。推广虾蟹养殖、蔬菜收获等设施农业"机器换人"项目，省现代农机装备与技术示范推广项目"虾蟹养殖机械化装备与技术集成推广应用"辐射带动虾蟹养殖全程机械化80公顷。

（缪　磊）

【"兴化香葱"入选首批受欧盟保护的中国地理标志产品】 2020年7月20日，欧盟理事会授权签署中欧地理标志协定，首批中国100个地理标志受欧盟保护，"兴化香葱"为全省上榜的3个产品之一。兴化市年产香葱鲜品80多万吨、香葱干品10多万吨，销售收入20多亿元，出口占比80%"兴化香葱"先后被国家质检总局评定为"地理标志保护产品""生态原产地保护产品"；2020年2月，"兴化香葱"入选第三批中国特色农产品优势区，为泰州市首次创成中国特色农产品优势区；2021年1月，"兴化香葱"入选"2020全国绿色农业十大最具影响力地标品牌"。

（徐　震）

"兴化香葱"入选"2020全国绿色农业十大最具影响力地标品牌"

江苏省现代农业综合开发示范区

【概况】 2020年，江苏省现代农业综合开发示范区（简称农业开发区）完成一般公共预算收入1.45亿元，比上年增长4.8%，其中税收收入1.12亿元、占比77.2%。全年项目上争资金8024万元，上争农业农村重大项目7个；招引产业化项目16个，其中，亿元以上项目4个，项目总投资9.3亿元。泰州现代农业发展集团有限公司被认定为农业产业化省级重点龙头企业。年末农业开发区有省级重点农业龙头企业3家、市级农业龙头企业4家。

【园区重大项目建设】 2020年，农业开发区新开工重大项目8个，其中列入省集中开工项目2个，项目总投资11.99亿元，年度投资3.08亿元。总投资2亿元的泰州现代园艺科技产业示范园项目完成智能温室基础设施配套及温室主体钢构件工程建设21万平方米。泰州国家农业科技园区现代农业科技创新中心项目建成产业化基地5.5万平方米，于8月建成交付；同步推进占地面积1.2万平方米的现代农业孵化基地建设。江苏好润生物产业集团股份有限公司总投资1亿元的水产饲料添加剂和添加剂混合饲料产业化开发项目通过竣工验收，1.2万平方米的主体厂房竣工交付，可实现年产饲料添加剂和添加剂预混料1.6万吨。

【园区企业转型升级和品牌创争】 2020年，江苏欧倍力洗碗设备制造有限公司产品技术要求及试验方法通过国家轻工行业标准，江苏好润生物科技有限公司获"中国水产行业十大杰出成果奖"，苏中农业发展有限公司承建的主要农作物产业分店获批省重点研发计划（现代农业）农业科技社会化后补助项目，苏中园艺有限公司获批"市级科技支撑示范项目"，江苏红旗种业股份有限公司、好润生物科技股份有限公司、江苏丰达水禽育种场、春盛园艺有限公司获批"市级科技支撑（农业）项目"。苏中园艺有限公司与东南大学开展新能源智慧化产业合作，江苏红旗种业股份有限公司与南京农业大学、省农科院创建"泰麦""泰稻"等品种，江苏好润生物产业集团股份有限公司与中国水产科学研究院淡水渔业研究中心就淡水中心基因、养殖和信息开展战略合作。全年园区创争品牌33个，其中国家级品牌8个、省级品牌21个；新增国家高新技术企业5家、省高企入库企业5家、省科技型中小企业8家。江苏欧倍力洗碗设备制造有限公司、江苏威斯汀优格食品投资有限公司等企业在江苏省股权交易中心成功挂牌。"秋雪湖名贵渔业主题农园""秋雪湖湿地风情花卉主题创意园"获评"2020年江苏省主题创意农园"。

（蔡　群）

责任编辑：叶　彤

综述

【概况】 2020年，泰州市规模以上工业增加值比上年增长6.4%，高于全省平均增幅0.3个百分点，居全省第六位；规模以下工业增加值增长4.1%，居全省首位；征收期工业开票销售6625.73亿元（不含江阴—靖江园区数据），增长4.43%，高于全省平均增幅0.59个百分点，居全省第八位；工业净入库税收230.32亿元，增长0.1%，累计增幅扭负转正；工业用电量221.14亿千瓦时，增长4.13%，高于全省平均增幅2.56个百分点，居全省第五位；规模以上工业现价产值增长7.75%；规模以上工业营业收入5721.31亿元，利润361.48亿元，分别增长4.3%、8.48%，增幅分别居全省第七位、第八位。"泰连锡"生物医药和新型医疗器械产业集群、"通泰扬"高技术船舶产业集群入围工信部2020年先进制造业集群决赛。泰州市获中央财政应急保障体系建设奖补资金总额居全省第三位；首创企业驻厂员制度，获省委主要领导肯定并被央视新闻媒体报道推广。

三大先进制造业集群。推进产业基础高级化和产业链现代化，发展生物医药和新型医疗器械、高端装备和高技术船舶、化工及新材料三大先进制造业集群，建设长三角先进制造业特色产业基地。三大先进制造业集群708家企业实现产值3769.83亿元、营业收入3676.76亿元、利润277.12亿元，比上年分别增长15.62%、11.46%、11.8%，分别占规模以上工业产值、营业收入、利润的64.63%、64.26%、76.66%，分别提高4.4、4.13、2.27个百分点；产值、营业收入、利润增幅分别高于规模以上工业平均增幅7.87、7.16、3.31个百分点。其中，生物医药和新型医疗器械产业产值、营业收入、利润分别增长17.37%、15.23%、35.8%；高端装备制造和高技术船舶产业产值、营业收入分别增长19.97%、12.86%，利润下降2.91%；化工及新材料产业产值、营业收入分别增长9.05%、6.41%，利润下降0.72%。

工业绿色发展。开展工业企业绩效综合评价，完成规模以上和占地3亩以上规模以下工业企业综合评价。有序退出低端产能，全市15家列入省、市淘汰落后产能任务的企业全部关停、拆除相关生产线。创建绿色体系，神王集团、一鸣生物、太平洋精锻等11家单位产品获国家绿色制造体系示范认定。济川药业、益海粮油等12家企业获评省级绿色工厂。

（张　焱　蔡小波　卢震华　白学文）

【工业投资】 2020年，泰州市工业投资比上年下降5.5%；工业技改投资下降57%，增幅低于工业投资51.5个百分点。实施1亿元以上重点工业投资项目642个，其中新开工326个、竣工261个；实施5亿元以上项目158个，其中新开工74个、竣工20个；实施10亿元以上项目67个，其中新开工31个、竣工6个。25个项目列入全省重点工业投资项目计划，全年完成投资152.9亿元，完成年度计划101.8%；300个项目列入市企业智能化改造升级项目计划，全年完成投资52.1亿元，完成年度计划101.2%。总投资35亿元的中来光电高效电池生产及配套项目、总投资30亿元的兴化调味品产业集聚区一期项目、总投资10.9亿元的扬子江龙凤堂五期中药饮片生产项目等重点工业项目开工；总投资80亿元的长城汽车整车生产项目、总投资10亿元的怡达化学年产15万吨环氧丙烷生产项目、总投资10亿元的益海粮油稻谷深加工项目、总投资9.3亿元的亚星锚链年产9万吨海洋工程系泊链技改项目等重点工业项目投产。（张　焱　刘广文）

【降本减负】 2020年，泰州市开展惠企政策落地专项行动，梳理"苏政50条"、市"双十条"政策，编印《政策服务指南》2万册。开展降本减负专项行动，落实19个部门62项政策清单，全年降低实体经济企业成本195.1亿元。（蒋　斌）

【产业转型升级】 2020年，泰州市推进企业技术创新能力建设，新认定省级企业技术中心31家、市级企业技术中心65家，至年末全市企业技术中心812家，其中国家认定企业技术中心8家、省认定企业技术中心181家、市认定企业技术中心623家。通过省级鉴定新产品118个，34个新技术新产品列入省重点推广应用新技术新产品目录。《泰州市5G网络空间布局规划（2020~2025年）》通过市政府审批，全年全市建成5G基站2495座，签约5G融合应用项目74家。

（卢震华　于跃华　王　磊）

【"专精特新"培育工程】 2020年，江苏林海动力机械集团有限公司、泰兴市东圣生物科技有限公司、泰州市创新电子有限公司、亚太泵阀有限公司被工信部认定为第二批国家"专精特新"小巨人企业，江苏奥凯环保科技有限公司等33家企业被省工信厅认定为2020年江苏省"专精特新"小巨人企业，全年全市认定市级"专精特新"产品和科技小巨人企业59家。扬子江药业获评省重点工业互联网平台，万向精工江苏有限公司入选工信部制造业与互联网融合发展试点示范名单。新增省级智能车间18个。3家企业被认定为省级工业设计中心；73家企业通过两化融合管理体系贯标，28家企业获评省两化融合管理体系贯标试点企业。

【中小企业】 2020年，泰州市新增规模以上工业企业528家，净增规模以上工业企业279家。泰兴智光科技人才广场被工信部认定为国家小微企业双创示范基地，泰州永成科技创业园被省工信厅认定为省小微企业双创示范基地。江苏禾祁知识产权服务有限公司、泰州赛宝工业技术研究院有限公司、泰州思博企业咨询有限公司被省工信厅认定为省中小企业公共服务三星级平台。

（叶成伟）

【十佳百强企业】 2020年，泰州市110家工业"十佳百强"企业中，产值正增长企业64家，占全市工业"十佳百强"企业总数58.2%。工业"十佳百强"企业产值3285.54亿元、营业收入3223.77亿元、利润215.52亿元，产值、营业收入分别增长6%、2.8%，利润下降2.4%，营业收入、利润分别占规模以上工业企业总额56.35%、59.62%。其中，工业"十佳"企业产值1644.88亿元、营业收入1580.73亿元、利润131.85亿元，分别增长7.4%、3.5%、1%；工业"百强"企业产值1640.66亿元、营业收入1643.04亿元、利润83.67亿元，产值、营业收入分别增长4.6%、2.2%，利润下降7.3%。扬子江药业集团产值、营业收入、利润分别增长13.4%、13.2%、14.5%，产销、利润占工业"十佳"企业总额超50%。 （张　焱）

生物医药和新型医疗器械产业

【概况】 2020年，泰州市生物医药和新型医疗器械产业实现产值1189.62亿元，比上年增长17.14%；销售1172.24亿元，增长14.88%；利润128.71亿元，增长35.21%。3000万元以上工业投资项目77个，总投资242.53亿元。至年末，全市医药产业高新技术企业102家，占全市高新技术企业总数8.1%；国家级企业研发中心3个，省级企业研发中心32个，创建省级示范智能车间11个、市级示范智能车间9个、省级示范智能工厂2个。全市列入统计医药行业规模以上企业107家，其中上市企业6家、新三板挂牌企业7家；进入全国医药工业百强榜企业3家；销售超20亿元企业3家、超10亿元企业6家、超5亿元企业7家、超1亿元企业19家。

2020年泰州市上市和挂牌医药企业情况表

表15

类型	数量	企业名称	所在市（区）	所属行业
上市企业	6家	济川药业	泰兴市	中成药
		森萱医药		生物制药
		硕世生物	医药高新区	医疗器械
		迈博药业		生物制药
		亚盛医药		化学药制剂
		苏轩堂	海陵区	中药饮片
挂牌企业	7家	榕兴医疗	高港区	医用辅材
		乐威医药	姜堰区	生物制药
		爱源医疗	医药高新区	医疗器械
		中生方政		医疗器械
		默乐生物		生物制药
		德威兰医疗		医疗器械
		国丹制药		化学药制剂

（潘　安）

【《药品生产企业质量风险管控体系要求》获批】 2020年4月9日，扬子江药业集团、上海质量管理科学研究院联合制定的《药品生产企业质量风险管控体系要求》（DB32/T 3770-2020）入选《2020年第九批江苏省地方标准目录》，自2020年5月15日起执行，在全省医药行业推广应用。该标准规定药品生产企业质量风险管控体系建设指南性要求，包括基本理念、领导与组织、资源配置、体系策划、管控过程、过程应用和评价与改进等。

扬子江药业集团中药提取生产基地 （《泰州通讯》 供图）

【扬子江药业集团】 扬子江药业集团是泰州市跨地区、产学研相结合、科工贸一体化医药企业集团、科技部命名全国首批创新型企业，主要生产中西药，涉及10多个治疗领域、300多个规格品种。2020年，公司连续第16年全国医药行业质量管理QC成果评比一等奖总数最多；第三次获评中国医药健康板块品牌价值、品牌强度“双第一”。至年末，建成国家级研发平台4个，获国家科技进步二等奖3项，5个起草的中药材质量标准录入《欧洲药典》，4个车间、6个制剂品种和1个中药提取物通过欧盟GMP认证。

【济川药业集团】 济川药业集团是泰州市集中西医药、中药日化、中药保健产业为一体国家级高新技术企业集团，辖济源医药、陕西东科制药、济仁中药饮片、蒲地蓝日化等8家子公司，有企业博士后科研工作站、省（儿科）药物工程技术研究中心、省儿科中药与特色制剂重点实验室以及本部、上海市、南京市三地联动研发基地。公司中西结合，以中药产品为主，覆盖儿科、口腔、呼吸科、消化科、妇科5个领域，有10多个剂型、210多个规格品种国药准字号产品，110多个品规列入国家医保目录，其中国内独家品种12个、独家剂型品种9个。2020年，公司实现销售收入93亿元、利税24亿元。

（潘　安）

高端装备及高技术船舶产业

【概况】 2020年，泰州市高端装备及高技术船舶产业实现产值1460.73亿元、营业收入1404.19亿元、利润97.42亿元，总产值、营业收入比上年分别增长19.97%、12.86%，分别占规模以上企业总额25.04%、24.54%，高于全市规模以上企业平均增幅12.22个百分点、8.56个百分点。

船舶产业。造船完工量93艘916.36万载重吨，下降8.8%，完工量分别占全世界、全国、全省总额10.4%、23.8%、52.9%；新接订单80艘497.83万载重吨，下降30.1%，新接订单分别占全世界、全国、全省总额9.5%、17.2%、36.1%。手持订单161艘1312.3万载重吨，下降32%，手持订单分别占全世界、全国、全省总额8.3%、18.5%、46.3%。

汽车及零部件、新能源产业。产值分别增长9.5%、24.4%，其中新能源产业产值增幅在高端装备和高技术船舶产业细分领域中居首位。智能制造、石油及采钻、航天及交通、工程机械等装备工程类子产业营业收入601.92亿元、利润27.75亿元，分别增长9.01%、19.41%。

重点企业转型升级。新时代造船投资15亿元建设智能化车间，与科研院所建立联合实验室，研发双燃料油轮、集装箱船、LNG和大型液化气船（VLGC）。长虹三杰完成总投资11.3亿元高倍率锂电池自动化生产线及PACK组装项目，新增年产2.7亿安时及300万套1.3亿安时电池模组生产能力，新增开票销售10亿元、利税1亿元。隆基乐叶研发投入超4亿元，在电池、组件工艺和转化效率等方面15次创世界纪录。

【江苏新时代造船有限公司】 江苏新时代造船有限公司是泰州市集船舶设计、制造于一体民营企业，总资产超200亿元，占地面积162万平方米，长江岸线3.2千米，厂区建有大型干船坞3座、大型舾装码头3座，具备年建造10万~30万吨级各类船舶500万载重吨生产能力。2020年，公司开工船舶26艘，293.6万载重吨；上台船舶25艘，404.85万载重吨；

2020年2月17~24日，江苏新时代造船有限公司新造32.5万吨矿砂船“新时代初心贰号”轮出江试航 （泰州海事局 供图）

下水船舶26艘，416.35万载重吨；完工交付船舶27艘，442.25万载重吨；出口12.35亿美元。新接订单15艘、211.45万载重吨，订单总额7.67亿美元。全年新交5万吨化学品/油船、15.8万吨油船、20.8万吨散货船、32.5万吨超大型矿砂船等多个船型。

【扬子江船业获11.5亿美元新船订单】 2020年3月16日，江苏扬子江船业集团公司获香港船舶投资公司老虎基金10艘14000标准箱双燃料集装箱船订单，每艘新船价值1.15亿美元，合同总价值11.5亿美元，是公司历史金额最大新船订单，公司成为全国第一家有能力建造LNG动力大型集装箱船民营造船企业。

【江苏扬子江船业集团公司】 江苏扬子江船业集团公司辖江苏新扬子造船有限公司、江苏扬子鑫福造船有限公司、江苏扬子三井造船有限公司、江苏扬子江船厂有限公司4家造船企业，分布于长江下游江苏省境内黄金水道两岸，生产场地面积超600万平方米，占用长江深水岸线超8千米，船舶和海洋工程装备舾装码头长5千米，有10万吨级船台2座、30万吨级干坞3座，具备年产船舶和海工装备600万载重吨生产能力。2020年，公司产值129.1亿元，比上年增长11%；营业收入297.3亿元，下降28.7%；利润55亿元，下降3.1%。完工交付船舶442.49万载重吨，下降19.3%；新接订单270.38万载重吨，增长6.5%；年末手持造船订单637.6万载重吨，下降19.3%。

【江苏亚星锚链股份有限公司】 江苏亚星锚链股份有限公司是泰州市专业生产船用锚链和海洋系泊链国家高新技术企业，65%产品出口到50多个国家和地区，为世界各地船舶和海洋工程设施配套，是全世界规模大、技术领先、综合实力强的锚链、系泊链研发和制造企业，是船舶配套业第一家在国内A股上市企业。2020年，公司总资产38.9亿元，年生产能力30万吨，继续居行业生产、销售、出口首位。全年总产量10.54万吨，比上年增长5.24%。其中，系泊链1.81万吨，增长52.53%；船用链8.74万吨，下降1.1%。销售收入11.10亿元，下降12.6%；利润9000万元，与上年持平。

（李　勇）

江苏亚星锚链股份有限公司锚链生产场景　（时　永　摄）

化工及新材料产业

【概况】 2020年，泰州市规模以上化工及新材料企业255家，实现产值1165.59亿元，比上年增长9.05%；利润56.12亿元，下降0.72%；利税95.67亿元，增长9.46%。规模以上化工及新材料企业中营业收入超10亿元企业21家，超50亿元以上企业3家，超100亿元企业1家。营业收入超10亿元企业占化工规模以上企业总数8.24%，营业收入741.74亿元，占化工规模以上企业总额63.64%；利润31.13亿元，下降25.49%，占化工规模以上企业总额55.47%。中海油气（泰州）石化有限公司营业收入126.70亿元，下降26.55%；利润减少6.20亿元。新浦化学（泰兴）有限公司营业收入65.04亿元，下降13.97%；利润12.41亿元，下降3.87%；江苏兴达钢帘线股份有限公司营业收入69.54亿元，下降0.34%；利润6.38亿元，增长55.61%。

【中海油气（泰州）石化有限公司】 中海油气（泰州）石化有限公司是泰州市石化产业龙头、“工业三十强”重点企业，是中海油集团投资102亿元建设的石油化工一体化企业，2018年在中海油系统率先完成混改。产品有石脑油、低硫燃料油、润滑油基础油、轻裂解料、道路沥青等。至2020年年末，公司投资131.5亿元，加工原油4461万吨，实现销售收入1627亿元，利税319.4亿元，其中利润54.20亿元，缴纳税费265.2亿元。2020年，公司实现产值155.36亿元，实现销售收入约180亿元，缴纳税费7.26亿元；海疆HJP食品级白油获美国食品药物管理局国际认证和国内食品添加剂白油生产许可证；实施总投资180亿元二期高端润滑油及化工新材料产业化基地项目，为泰州建市后最大投资规模工业项目。

【新浦化学公司】 新浦化学公司是泰州市最大外商独资企业、全省最大烧碱、氯乙烯生产企业、全国第五位离子膜烧碱、苯胺生产企业、全国第10位苯乙烯生产企业，主要生产离子膜烧碱、液氯、苯胺、氯乙烯、苯乙烯等产品及其衍生物。2020年，公司产值65.23亿元，比上年下降12.63%；利润12.41亿元，下降3.87%。

【中丹集团】 中丹集团，主要从事染料、医药、农药研发、生产、销售，靛蓝、氨基苯醚、乙氧基喹3个主导产品全世界市场占有率均居第一位。2020年，公司产值5.38亿元，比上年增长3.5%；利润0.27亿元，下降13.75%。（李　梅）

粮油食品加工业

【概况】 2020年，泰州市列入统计食品企业183家，其中农副食品加工业企业134家、食品制造业企业41家，酒、饮料和精制茶制造业企业8家。粮油食品加工业总产值556.4亿元，比上年增长24.5%；销售561.45亿元，增长14.7%；利税33.97亿元，下降39.9%，其中利润26.68亿元、增长46.5%。全年食品加工业3000万元以上工业投资项目59个，总投资93.22亿元。

【益海（泰州）粮油工业有限公司】 益海（泰州）粮油工业有限公司是新加坡丰益国际投资建设的粮油加工企业，至2020年年末，投资超30亿元，主要从事大豆、水稻等农产品生产加工、仓储及销售，是"金龙鱼"系列食用油及大米主要生产基地之一。有日处理大豆6000吨榨油车间、日处理毛油1000吨精炼车间、日罐装1250吨小包装车间、日生产2600吨大米车间等，配套建设内河及长江岸线码头，形成集生产加工、贸易、中转于一体粮油集散中心。2020年，公司销售102.27亿元，利润5.43亿元。2020年7月29日，泰州港核心港区与益海嘉里集团签约，益海嘉里集团新增泰州综合生态产业园项目，投资65亿元，5年内分期实施特种油、调味品、大豆肽、生物硅等新项目，规划建成全世界规模最大、产业链最全最长、节能环保和自动化程度最高、核心竞争力最强粮油绿色产业园，预计年新增开票销售320亿元、纳税8亿元。

【五得利集团兴化面粉有限公司】 五得利集团兴化面粉有限公司是五得利面粉集团全资控股子公司，一期占地面积2.67公顷，建筑面积5.6万平方米，投资1.34亿元，日加工能力1000吨，年处理小麦36万吨，产品以兴化市及周边地区红小麦为原料，生产高、中筋小麦粉。2020年，公司开票销售23.9亿元，比上年下降3.5%；入库税金1110万元，增长65%。（潘　安）

纺织工业

【概况】 2020年，泰州市列入统计纺织企业171家，其中纺织业企业108家、纺织服装服饰业企业45家、皮革毛皮羽毛及其制品和制鞋业企业9家、化学纤维制造业企业9家。纺织工业总产值142.12亿元，比上年下降18.2%；销售141.79亿元，下降22.3%；利税4.67亿元，下降40.2%，其中利润1.03亿元、下降69.6%；纺织服装业3000万元以上工业投资项目19个，总投资28.58亿元。江苏泰达控股集团有限公司、江苏裕纶纺织集团有限公司2家企业分别居中国棉纺织行业协会2019年全国棉纺织行业竞争力百强企业名单第55位、第70位。

【江苏泰达控股集团有限公司】 江苏泰达控股集团有限公司占地面积13.8公顷，注册资本5666万元，是以纺织为主业、跨行业经营房地产开发、进出口业务、股权投资等产业民营企业集团，建有省级新型纱线工程技术研究中心，在全省有6个纺纱生产基地、纱锭30万枚、员工1000多人，年产各类纯棉精梳、高支针织、机织筒纱4万吨，60%以上产品出口，连续10年为全国棉纺织行业主营业务收入前50强企业，集团总资产22亿元。2020年，公司开票销售20亿元，入库税金4208万元。

【江苏裕纶纺织集团有限公司】 江苏裕纶纺织集团有限公司注册资本5000万元，在越南南定省投资建设纺织项目，主要产品为纯棉、纯化纤、混纺3个系列60多个品种纱线，形成高档精梳漂白纱、良好棉纱（BCI）、有机棉纱、紧密纺纱、赛络纺纱、竹节纱、点子纱等产品特色。2020年，公司总资产7亿多元，有纱锭15万锭、气流纺1300头，年产纱线2.2万吨，技术装备达全国同行业先进水平，连续20年为全国棉纺织行业竞争力百强企业。（潘　安）

工艺设计

【概况】 2020年，泰州市实施政策引导与扶持，推动工业设计与制造业融合发展。组织企业申报工业设计中心等称号，认定"省工业设计中心"3个；大自然木业"简奢·雅韵"系列产品获中国优秀工业设计奖；林海集团"林海500系列"全地形车获省"2020紫金奖·工业设计"大赛金奖。海尔设计中心、海客创新公司开展"'设计创造价值'工业设计进企业"活动，为企业定制工业设计解决方案。

【工艺美术】 2020年，泰州市工艺美术企业参加国家和省工艺美术协会（学会）展览和评奖活动10多次，获金奖9个、银奖18个、铜奖29个、优秀奖11个，获金奖总数全省领先。在市工艺美术馆举办"泰州市第二届工艺美术大师、名人"评选，评出市工艺美术大师8人、市工艺美术名人6人；组织全市工艺美术专业中级专业技术评审，评出中级工艺美术师8人。（张　焱）

责任编辑：张　华

综　述

【概况】2020年，泰州市完成建筑业总产值4252.75亿元，比上年增长6.7%，居全省第四。新增建筑业资质企业258家，居全省第四。出台《关于促进建筑业高质量发展的实施意见》，完善企业信用评价细则，建筑工人实名制管理工作入选全省美丽宜居城市试点项目。推出20多项工程建设项目审批制度改革措施，实现审批系统、表单、机制、流程、材料"五统一"；推进联合验收、多测合一、策划生成等配套改革。出台"一窗式"施工图审图和数字化审图地方性标准。开展资质套改、告知承诺制、动态核查等工作，鼓励扶持建筑企业晋升高等级资质。实施市级财政奖补，鼓励企业晋升资质、推进建筑产业现代化。

2　2020年12月31日　星期四　综合新闻　中国建设报

社区"更新"　生活"更美"

——北京市丰台街道北大地西区社区"更新记"

杭州工业项目审批实现"5个零"

江苏泰州率先制定施工图审查服务标准

2020年，泰州市在全国率先出台《施工图一窗式联合审查服务标准》和《施工图数字化审查工作规范》两个标准　（市住建局　供图）

【建筑产业现代化】2020年，泰州市新开工装配式建筑面积248.41万平方米，装配式建筑面积占新开工建筑的比例为34%，超额完成省下达217万平方米、30%的指标。培育省级钢结构示范基地2个（江苏江海杭萧绿色建筑科技有限公司、江苏中江装配式建筑科技股份有限公司）、集成示范项目1个（兴化新城亿恒房地产开发有限公司）。至年末，全市有省级示范园区1个、省级示范基地12个（省级装配式示范基地9个、省级专业能力实训基地3个）、省级示范项目7个。全市投入运行的装配式建筑生产企业18家，比上年增加6家，其中PC构件生产企业11家。组织300多名专业技术人员参加《江苏省装配式建筑综合评定标准》省级专家宣贯会。组织参加省住建厅举办的第二届装配式建筑技能竞赛。

【建筑业信用管理】2020年，泰州市依托建筑市场监管与诚信信息一体化监督平台，建立涵盖房建、市政、装饰装修、园林绿化、设计、监理、招投标代理等工程建设领域全链条的信用评价体系。制定《工程勘察设计企业信用管理办法》，推进工程勘察设计企业信用信息管理平台建设。出台《工程造价咨询企业信用管理办法》，开展工程造价咨询市场"双随机"检查和信用评价，发布4期咨询企业信用排名。落实《泰州市建筑业企业信用综合评价实施细则（第四版）》，推行信用考评与政府招投标、评奖表彰挂钩制度。

【《关于促进建筑业高质量发展的实施意见》出台】 2020年10月30日，泰州市政府第47次常务会议讨论通过《关于促进建筑业高质量发展的实施意见》。该《实施意见》从5个方面明确全市建筑业高质量发展的重点任务：一是扶持企业做优做强，包括优化企业资质结构、扶持骨干企业进入基础设施建设领域、支持发展企业总部经济、支持企业"走出去"发展。二是推进行业转型升级，包括推进装配式建筑发展、培育全过程工程咨询服务企业、推行工程总承包、加快数字建造新技术应用普及、实施"绿色建筑+"工程。三是优化市场发展环境，包括深化建筑市场"放管服"改革、完善建设工程发包制度、完善信用体系建设、规范工程价款结算、推行工程担保和保险制度、加大金融信贷支持力度。四是提高质量安全水准，包括引导工程提质创优、优化监管工作方式、强化安全生产管理、加快用工制度改革。五是完善保障工作机制，包括建立组织保障体系、完善工作考评机制、强化奖惩兑现机制。

（殷恒杰）

建筑生产

【概况】 2020年，泰州市资质以上总承包和专业承包建筑企业实现建筑业总产值3680.84亿元，比上年增长6.4%；占全省总产值比重10.4%，居全省第四。其中，建筑工程产值3563.34亿元，占比96.8%；安装工程产值98.08亿元，占比2.7%；其他产值19.42亿元，占比0.5%。新入库建筑业资质企业完成建筑业总产值118.54亿元，拉动全市资质以上建筑业总产值增长3.4个百分点。各市（区）建筑业总产值分别为：泰兴市911亿元，增长12.1%；姜堰区846亿元，增长5.4%；靖江市722亿元，增长0.6%；高港区701亿元，增长7.04%；兴化市567亿元，增长6.5 %；海陵区417亿元，增长6.7%；泰州医药高新区89亿元，增长19.5%。全年建筑业入本地库税收62.83亿元，增长14.2%。各市（区）建筑业入本地库税收分别为：泰兴市18.9亿元，增长27.4%；高港区9.5亿元，增长4.3%；姜堰区8.5亿元，增长11.7%；靖江市8.2亿元，增长3.5%；泰州医药高新区6.3亿元，增长24.7%；海陵区5.9亿元，增长4.7%；兴化市5.5亿元，增长13.8%。

【建筑市场】 2020年，泰州市建筑企业完成外埠市场建筑业产值2897亿元，比上年增长8.7%，占建筑业总产值的68.1%。全市资质以上建筑业外埠市场完成产值1922.93亿元，增长8.2%，占资质以上建筑业总产值的52.2%，占比提高0.8个百分点，拉动资质以上建筑业产值增长1.9个百分点。深化与央企、大型国企、上市企业战略合作，扩大建筑业外埠市场份额。在广西南宁召开建筑业外埠市场推介会，搭建企业合作平台。全年建筑业外埠市场遍布除中国台湾以外的所有省（自治区、直辖市、特别行政区），广东、安徽、山东、浙江、湖北、河北市场完成建筑业产值均超过100亿元，其中广东市场完成建筑业产值最多，达203亿元。建筑企业订单充足，新签订合同额快速增长。全市列统资质以上建筑企业签订合同总额5533.41亿元，增长10.2%。其中，2020年新签合同额3647.63亿元，增长14.2%，新签合同额占签订合同总额的65.9%。

（季　杰　殷恒杰）

【建筑品牌】 2020年，正太集团有限公司承建的泰州市人民医院新区医院建设项目（一期）土建安装工程，江苏永泰建造工程有限公司承建的苏州博众精工科技股份有限公司1#厂房、1#研发行政楼工程，泰兴一建集团有限公司承建的成都天府华侨城商业及配套设施A地块三期（欢乐汇广场）工程获2020年度～2021年度第一批国家优质工程奖。泰州长江公路大桥获第17届中国土木工程"詹天佑奖"（桥梁工程类）。中建钢构江苏有限公司参建的深圳国际会展中心一期工程获2019年度中国钢结构金奖杰出工程大奖。

2020年泰州市获国家级、省级优质工程奖情况表

表16

工程名称	获奖单位	获奖名称	获奖证书时间	属地
泰州引江河第二期工程	江苏省水利建设工程有限公司、扬州水利建筑工程有限责任公司	国优	2020年12月	高港区
泰州市人民医院新区医院建设项目（一期）土建安装工程	正太集团有限公司	国优	2020年12月	姜堰区
成都天府华侨城商业及配套设施A地块三期1.1地块（欢乐汇广场）	泰兴一建建设集团有限公司 泰兴一建装饰有限公司	国优	2020年12月	泰兴市
博众精工科技股份有限公司1#厂房、1#研发行政楼	江苏永泰建造工程有限公司	国优	2020年12月	兴化市
高港区公安分局、交警高港大队业务技术用房装修改造工程	江苏瑞兴建设有限公司	专业国优	2020年12月	高港区

续表16

工程名称	获奖单位	获奖名称	获奖证书时间	属地
南通市国际双语学校	江苏广源幕墙装饰工程有限公司	专业国优	2020年12月	医药高新区
泰州市荟特酒店幕墙工程	江苏广源幕墙装饰工程有限公司	专业国优	2020年12月	医药高新区
泰州医药高新区体育文创中心项目商务办公中心（B）楼外装饰工程	江苏广源幕墙装饰工程有限公司	专业国优	2020年12月	医药高新区
扬州市昌建广场6#楼3F以上玻璃幕墙工程	江苏广源幕墙装饰工程有限公司	专业国优	2020年12月	医药高新区
中城建第十三工程局有限公司总部大楼及人防地下室A区、B区幕墙工程	江苏广源幕墙装饰工程有限公司	专业国优	2020年12月	医药高新区
泰州市金融服务区幕墙二标段	江苏广源幕墙装饰工程有限公司	专业国优	2020年12月	医药高新区
仪征市综合体育馆幕墙工程	江苏广源幕墙装饰工程有限公司	专业国优	2020年12月	医药高新区
张家港市大新镇新镇区幼儿园室内装饰工程	江苏瑞兴建设有限公司	专业国优	2020年12月	医药高新区
南通市大众燃气有限公司服务调度中心室内装饰工程	江苏瑞兴建设有限公司	专业国优	2020年12月	医药高新区
泰州市中心血站和泰州市急救中心幕墙工程	江苏瑞兴建设有限公司	专业国优	2020年12月	医药高新区
镇江市人民检察院办案用房和专业技术用房	江苏瑞兴建设有限公司	专业国优	2020年12月	医药高新区
苏州工业园区娄葑东区东景便利中心装饰装修工程	双建建设股份有限公司	专业国优	2020年12月	医药高新区
姜堰区财政局财政大楼改造工程	双建建设股份有限公司	专业国优	2020年12月	医药高新区
连云港市嘉会城项目商业综合楼裙楼幕墙工程	双建建设股份有限公司	专业国优	2020年12月	医药高新区
开封市杞县农村信用合作联社金融综合服务中心建设装修项目	双建建设股份有限公司	专业国优	2020年12月	医药高新区
泰州金融服务区整体地下室及地面建筑公共部分弱电智能化工程、消防及防排烟工程	中安建设安装集团有限公司南京协成楼宇系统工程有限公司	专业国优	2020年12月	医药高新区
靖江市实验学校城北分校装饰及智能化装修工程	江苏金大建设有限公司	专业国优	2020年12月	靖江市
太原植物园一期主入口项目	江苏广宇建筑集团有限公司、江苏广耀钢结构有限公司	第十四届第一批“中国钢结构金奖”	2020年7月	靖江市
高港区宇业·天逸华府	南通新华建设集团有限公司	詹天佑奖（住宅小区）	2020年11月	高港区
泰州长江公路大桥	中铁大桥局	詹天佑奖（桥梁工程）	2020年9月	
青海省西宁市中惠紫金城住宅小区	江苏华泰建设工程有限公司	青海“江河源”杯	2020年1月	高港区
天津华侨城地产项目A3地块寄湖苑32号楼	泰兴一建建设集团有限公司	天津“河海杯”	2020年3月	泰兴市

续表16

工程名称	获奖单位	获奖名称	获奖证书时间	属地
天津华侨城地产项目A3地块寄湖苑33号楼	泰兴一建建设集团有限公司	天津“河海杯”	2020年3月	泰兴市
天津市太阳城9+A6地块（皓阳园）一期项目1#住宅楼	正太集团有限公司	天津“河海杯”	2020年3月	姜堰区
天津市太阳城9+A6地块（皓阳园）一期项目2#住宅楼	正太集团有限公司	天津“河海杯”	2020年3月	姜堰区
天津市太阳城9+A6地块（皓阳园）一期项目12#住宅楼	正太集团有限公司	天津“河海杯”	2020年3月	姜堰区
天津市太阳城9+A6地块（皓阳园）一期项目13#住宅楼	正太集团有限公司	天津“河海杯”	2020年3月	姜堰区
天津市太阳城9+A6地块（皓阳园）一期项目14#住宅楼	正太集团有限公司	天津“河海杯”	2020年3月	姜堰区
泰州市第一外国语学校A区	江苏三泰建设工程有限公司	江苏省“扬子杯”	2020年4月	高港区
江苏海慈抗肿瘤1号车间机电净化安装项目	江苏江安集团有限公司	江苏省“扬子杯”	2020年4月	高港区
中城建第十三工程局总部大楼	江苏广源幕墙装饰工程有限公司	江苏省“扬子杯”	2020年4月	医药高新区
泰州市东风路北段（凤凰东路—南通路）改扩建工程	江苏金领建设发展有限公司	江苏省“扬子杯”	2020年4月	医药高新区
泰州市第一外国语学校A区（1–3#宿舍楼、小学部、中学部、英特楼、幼儿园、体育馆、综合楼、音体楼和报告厅）	江苏三泰建设工程有限公司	江苏省“扬子杯”	2020年4月	医药高新区
泰州医药高新区周山汇水花园2.1期土建、安装工程	正太集团有限公司	江苏省“扬子杯”	2020年4月	医药高新区
泰州市祥和名都1–4#楼、地下室及附属	正威科技集团有限公司	江苏省“扬子杯”	2020年4月	姜堰区
泰州市中医院整体搬迁工程	正太集团有限公司	江苏省“扬子杯”	2020年4月	姜堰区
靖江市玉兰花园观澜10#楼	江苏鑫宸宇建设有限公司	江苏省“扬子杯”	2020年4月	靖江市
淮安市开放大学	中兴建设有限公司	江苏省“扬子杯”	2020年4月	泰兴市
江苏省泰兴中学移址新建项目食堂工程	泰兴市新兴建筑工程有限公司	江苏省“扬子杯”	2020年4月	泰兴市
泰兴市阳江路（镇海路至泰隆路）道路桥梁工程	江苏民生建设有限公司	江苏省“扬子杯”	2020年4月	泰兴市
泰兴市羌溪河城市公园建设工程	常熟古建园林股份有限公司	江苏省“扬子杯”	2020年4月	泰兴市
泰兴市年产12万吨环氧丙烷项目	江苏天目建设集团有限公司	江苏省“扬子杯”	2020年4月	泰兴市
兴化市第三人民医院迁址改造工程	江苏富安建设有限公司	江苏省“扬子杯”	2020年4月	兴化市
兴化市西子御园三期32#楼	江苏苏兴建设工程有限公司	江苏省“扬子杯”	2020年4月	兴化市
博众精工科技股份有限公司机器研发生产中心1#厂房、1#研发行政楼	江苏永泰建造工程有限公司	江苏省“扬子杯”	2020年4月	兴化市

续表16

工程名称	获奖单位	获奖名称	获奖证书时间	属地
柳州市绿城杨柳郡一期15#、17#、18#、19#、20#楼（裙房）及地下室工程	江苏大江建设工程有限公司	广西“真武阁杯”	2020年5月	高港区
深圳市中洲华府商业大厦	江苏大江建设工程有限公司	广东建设工程优质奖	2020年6月	高港区
海口市千秋城市广场	江苏苏兴建设工程有限公司	海南省“绿岛杯”	2020年7月	兴化市

（殷恒杰）

2020年12月4日，泰州代表队在全国BIM技能竞赛总决赛中获团体赛季军 （市住建局 供图）

【建筑业从业人员】 2020年末，泰州市建筑业从业人员157.31万人，比上年增长6.74%；计算生产率的平均人数122.13万人，增长6.11%。全年全员劳动生产率34.83万元，全部从业人员劳动报酬701.11亿元，增长15%。在房屋建筑和市政基础设施工程建设领域全面实施建筑工人实名制信息化管理，以工资支付足项、足人、足薪为重点，推动实名制考勤、工资专户开设、总包代发工资3项制度动态覆盖所有在建工程。全市669个在建工程中，项目登记率、专户开通率、实名制考勤率均为100%，重点支付保障制度实现全覆盖；661个具备工资代发条件的工程项目全部实现银行代发工资，全年代发工资总额28.2亿元。 （季 杰 殷恒杰）

【BIM技术应用】 2020年，泰州市推广建筑信息模型（BIM）技术应用，建立BIM关键人才系统化培养机制。推进BIM示范试点工作，5个项目入围2020年度省建筑产业现代化示范项目。其中，兴化市吾悦商业广场16#楼获评省集成应用示范工程项目，海陵区中城建第十三工程局总部大楼、泰兴市曾涛路南侧商业综合体获评省BIM技术集成应用示范工程，江苏江海杭萧绿色建筑科技有限公司、江苏中江装配式建筑科技股份有限公司获评省钢结构示范基地项目。启动市级BIM技术应用试点项目征集和示范项目验收工作，确定青年路北延新通扬运河桥工程项目等13个项目为试点项目、汇鸿国际集团泰州置业6号商业地块等12个项目为示范项目。制定市BIM数据协同平台建设方案，全面推进BIM技术在建设工程全生命周期中的应用，年末全市特级以上施工企业BIM技术应用覆盖率100%。

（殷恒杰）

建筑企业

【概况】 2020年年末，泰州市有总承包和专业承包建筑企业1577家，同比增加152家，增长10.67%；有工作量的建筑企业1425家，增加130家，增长10.04%。全市列统资质以上总承包和专业承包建筑企业968家，增加220家，增长29.4%；有工作量的建筑企业915家，增加178家，增长24.2%，其中小型建筑企业（建筑资质三级及以下）581家，占比60.02%。全年列统资质以上建筑企业实现营业收入2635.72亿元，比上年增长5.6%；利润总额132.39亿元，增长1.4%。年内，泰兴一建建设集团有限公司、中兴建设有限公司、正太集团有限公司、正威科技集团有限公司、锦宸集团有限公司获评2019年度江苏省建筑业“百强企业”（综合实力类），中建钢构江苏有限公司获评2019年度江苏省建筑业“百强企业”（建筑钢结构类），正太集团有限公司获评2019年度江苏省建筑业“百强企业”（建筑外经类）。 （季 杰）

【建筑企业资质升级】 2020年，泰州市新入库建筑业资质企业258家，占全部企业的10.02%。至年末，全市具有特级、一级、二级资质企业共653家，同比增加43家。其中，特级资质企业8家，分别是正太集团有限公司、江苏广宇建设集团有限公司、中兴建设有限公司、江苏省第一建筑安装股份有限公司、锦宸集团有限公司、泰兴一建建设集团有限公司、中城建第十三工程局有限公司、正威科技集团有限公司。

【建筑人才培养】 2020年，泰州市出台《住房和城乡建设系统职业技能提升行动实施方案》，明确建设行业技能培训重点、培训补贴和监督管理。建立建筑企业紧缺人才系统化培养机制，出台《建设工程专业工程师（建筑师）考核认定条件》，全年有152人被认定为建设工程中级专业技术职称；139名取得建设工程高级职称资格人员获得企业专业技术人才奖励。举办全市建筑施工BIM技术应用职业技能竞赛，全市22家建筑企业的65名选手参赛，1人获“泰州市五一劳动奖章”、3人被授予“泰州市五一创新能手”“泰州市技术能手”称号。组织参加2020年度省建筑施工BIM技术应用职业技能竞赛，4人入围全省“二十强”，其中2人获“江苏省五一创新能手”“省住房城乡建设系统技能标兵”“江苏省技术能手”称号。组织参加第三届全国装配式建筑职业技能竞赛，获全国总决赛团体赛季军、个人第三名和第六名。

【“梅兰杯”评选】 2020年5月，泰州市住建局组织开展2020年度泰州市优质工程奖“梅兰杯”评选申报工作。9月9日公布获奖项目名单，泰州邮政指挥中心工程等99个项目获奖，其中房屋建设工程项目63个、交通工程项目5个、市政工程项目7个、园林工程项目10个、装饰专业项目10个、钢结构项目4个。“梅兰杯”优质工程奖每年评选一次，是泰州市建设工程质量最高荣誉奖。

【国兴建设创成泰州市首家工程监理综合资质企业】 2020年7月，住建部发布《关于核准2020年度第五批建设工程企业资质名单的公告》，江苏国兴建设项目管理有限公司成为泰州市第一家、江苏省第六家取得工程监理综合资质的企业。江苏国兴建设项目管理有限公司成立于1997年，拥有人防工程监理甲级、工程造价咨询甲级、水利工程施工监理乙级等资质，多次被评为“中国建设监理行业先进监理企业”“江苏省先进监理企业”“工程造价咨询4A级信用企业”，监理的工程获“国家优质工程奖”“中国建筑工程装饰奖”“中国钢结构工程金奖”等奖项200多项。

【中建钢构获钢结构行业最高工程奖】 2020年7月1日，中建钢构江苏有限公司参建的深圳国际会展中心（一期）工程获2019年度中国钢结构金奖杰出工程大奖，该奖项是住建部委托中国建筑金属结构协会设立的钢结构行业最高工程奖。深圳国际会展中心于2019年11月4日启用，一期工程钢结构总用量27万吨，中建钢构江苏有限公司负责8.7万吨的钢结构制造任务，施工中创单项目月产能1.3万吨、日产能302吨的历史记录。

【重点建筑企业】 正太集团有限公司。该公司成立于1995年，拥有建筑工程施工总承包特级资质和建筑行业甲级设计资质，市政公用工程、地基基础工程、装修装饰工程、机电设备安装、钢结构工程、消防设施工程6个一级资质，公路工程、桥梁工程、电子与智能化工程、建筑幕墙工程等二级资质，对外工程承包经营权及援外工程施工总承包资质，经营地域覆盖全国20多个省（市、自治区、特别行政区）及博茨瓦纳、纳米比亚、赞比亚等多个国际市场，是集科研设计、工程总承包、房地产开发、投资运营于一体的综合性现代企业集团。在行业内率先通过GB/T19001质量管理体系、GB/T24001环境管理体系、GB/T28001职业健康安全管理体系认证，连续多年被授予“中国建筑业竞争力200强企业”“全国优秀施工企业”“全国守合同重信用企业”“全国质量管理先进企业”“中国最大企业集团500强”“中国民营企业500强”“中国承包商60强”等称号。承建的博茨瓦纳大学教学医院获2014年度~2015年度江苏省首个境外“鲁班奖”；承建的中国文昌航天发射场获2016年度~2017年度“国家优质工程奖金奖”“詹天佑奖”“钢结构金奖”。2020年，公司注册资本3.06亿元，完成建筑业总产值301.46亿元、入泰州库税收5521.08万元、签订合同额611.98亿元。承建的泰州市人民医院新区医院建设项目（一期）土建安装工程获2020年度~2021年度“国家优质工程奖”。

中兴建设有限公司。该公司是房屋建筑特级资质企业，拥有首都和环渤海湾、西南、华南及东盟·北部湾自由贸易区、华东、西北、华中、东北、海外共8大市场板块以及市政、安装、路桥、钢结构、装饰、工程质量检测中心、建筑工程学校、建材商贸、建筑设计等10多个专业性公司。2020年，公司注册资本3.33亿元，净资产9.04亿元，完成建筑业总产值285.55亿元、入泰州库税收2.74亿元、签订合同额513.01亿元。至年末，拥有国家级工法5项、省级工法15项、发明专利2项、应用新型专利15项、行业标准2项；累计承接60层以上建筑18幢、超高层建筑850幢，获“鲁班奖”7项、“国家优质工程奖”2项、省级和市级以上优质工程600多项。

泰兴一建建设集团有限公司。该公司成立于1950年，是融房屋建筑、装饰装修、机电设备安装、园林、消防、防水施工、房地产开发为一体，拥有国家建筑施工总承包特级资质、建筑行业甲级设计资质，具有对外承包签约权的建筑企业。2020年，公司注册资本5.8亿元，完成建筑业总产值203.14亿元、入泰州库税收1.52亿元、签订合同额292.52亿元。至年末，公司累计获“鲁班奖”8项、“国家优质工程奖”13项、“詹天佑奖”2项，获国家级科技示范工程7项、部优工程12项、省级和市级优质工程200多项，获国家级QC成果奖15项、省级工法25项、发明专利10多项、实用新型专利40多项。

江苏广宇建设集团有限公司。该公司成立于2001年，是国家建筑工程施工总承包特级施工企业，具备市政公用工程总承包一级、建筑装修装饰工程专业承包一级、钢结构工程专业承包一级、建筑机电安装工程专业承包一级、地基基础工程专业承包一级等资质，是具有公路工程、铁路工程、水利水电工程、电力工程、幕墙工程、消防工程等多类施工能力的综合性总承包企业，综合实力连续多年居省建筑业前50位。2020年，公司注册资本3.1亿元，完成建筑业总产值105.07亿元、入泰州库税收7933.86万元、签订合同额135.7亿元，获省建筑业竞争力"百强企业""最佳企业"等称号，

锦宸集团有限公司。该公司成立于1979年，具有建筑工程施工总承包特级资质、建筑行业甲级设计资质、市政公用工程施工总承包一级资质、建筑装修装饰工程专业承包一级资质、机电设备安装工程专业承包一级资质、公路工程总承包二级资质以及钢结构、桥梁工程、消防设施、环保工程、起重设备安装、地基基础工程专业承包二级资质，铁路工程施工总承包三级资质，对外承包工程经营资格的大型民营企业集团。2020年，公司注册资本3.06亿元，完成建筑业总产值94.68亿元、入泰州库税收3225.31万元、签订合同额135.05亿元，连续10年获评省建筑业综合实力"百强企业"。至年末，公司累计获省级优质工程和国家级、省级"文明工地"等奖项100多项，主编国家行业标准、国家行业产品标准3项，获国家工法3项、省级工法32项、发明专利5项、实用新型专利61项。

建筑设计

【概况】 2020年，泰州市在全省率先制定出台《市区既有建筑装饰装修工程施工图设计审查管理办法》，对装修工程施工图的设计原则、报审条件、报审程序、审查技术标准等作出规定。定期开展全市工程勘察设计市场行为抽查，规范工程勘察市场秩序。出台《关于加强工程勘察质量管理工作的通知》，实施工程勘察事中事后监管，开展全市工程勘察设计质量抽查，保证建设工程质量安全和国家强制性标准的贯彻实施。对江苏东方建筑设计有限公司等4家违反强制性条文的设计单位实施处罚。召开鼓楼路改造工程等51个项目的初步设计审查会，出具相关审查批复。注重工程勘察设计企业信用管理，推进企业信用信息管理平台建设。

【设计赛事】 2020年，泰州市住建局组织开展市城乡建设系统优秀勘察设计评选活动，评选市级获奖项目40个，其中市政公用工程设计项目7个、建筑设计项目20个、园林项目3个、城市与工程勘察项目10个；择优推荐19个项目参加省城乡建设系统优秀勘察设计奖评选。组织泰州属地设计单位、驻泰高校参加省"紫金奖"建筑及环境设计大赛，报送参赛作品37件，创历年新高。与市总工会、人社局共同主办以"健康家园"为主题的泰州市首届建筑及环境设计大赛，征集各类设计作品65件，作品《有限空间的最大限度利用》获一等奖、《骆马湖国家农业公园——农耕馆》《泰州市税务局拆墙透绿改造方案》获二等奖。

【消防设计审查】 2020年，泰州市住建局受理消防设计审查申请60件，审查合格并发放《建设工程消防设计审查意见书》60份。组织召开15次消防设计审查专家评审会。提升消防审验工作效率，自8月1日起，向海陵区、高港区下放建设工程消防设计审查验收职责。出台《工程建设项目施工图设计文件联合审查暂行办法》，升级"大数据O2O审图云平台"，开发消防会审系统，实行消防审查会审制度，实现施工图、人防、消防"并联审查"。建立泰州市消防审验系统专家库，出台专家管理办法，落实专家经费。（殷恒杰）

工程建设管理

【概况】 2020年，泰州市完善工程建设组织模式，培育全过程工程咨询服务市场。推进工程造价市场化改革，完善工程计价制度，搭建市场化工程造价平台。推行招投标"评定分离"制度，防治"围标串标""投标挂靠"等违法行为。考核评价招标代理机构，建立建设工程招投标领域专业人才库。改革工程建设项目审批制度，建成供水、供气、供电、排水、广电、通信等服务"一张网"，提升市政公用接入便利化水平。推进"一单式"收费管理模式，完善项目审批帮办代办工作机制。规范政府投资工程建设行为，实体化运行政府投资项目集中建设中心。升级大数据审图系统，推进消防、人防、技防联合审图工作。围绕市场行为、工程质量、安全生产等方面，对工程建设领域实施综合大检查。突出建设单位工程质量首要责任，推行住宅工程质量信息公示制度。监管预拌混凝土质量，组织开展清理混凝土"黑站"专项行动，探索建立全生命周期监管系统。

【招投标管理】 2020年，泰州市住建局对市本级、海陵区、高港区累计309个建设工程项目招投标工作实施监督。其中，公开招标286个标段、邀请招标23个标段，总中标金额71.79亿元，节约国有资金12.24亿元。规范招投标流程，实施招投标全过程监管。招标所需各类文件资料实现监管系统"电子留痕"。强化招投标备案管理，4次对施工、勘察设计、监理、货物招标文件范本进行修改和规范；首次将"施工围挡标准化"列入投标文件组成及工程量清单；市区施工项目招标采用资格后审和经评审的最低投标价法进行评标，遏制"围标串标"现象。依法处理26起项目招投标活动中出现的异议和投诉，全年未产生1起建设工程招投标行政复议诉讼。制定出台《泰州市区建设工程招标代理机构及从业人员综合考评实施办法（试行）》，实行清理退出和"末位淘汰"制度，构建招标代理"宽进严管"管理机制和守信激励、失信惩戒机制；年末市区注册招标代理机构91家。专项整治招投标领域，排查招投标项目475个，未发现设置门槛排斥潜在投标人的情况和肢解项目规避招标的行为。

【工程造价管理】 2020年，泰州市住建局发布工程造价实例3例、典型工程造价指标6例、城市住宅信息8例、

标准工程造价指数2次。实施定额管理，执行房屋及市政基础设施工程预算定额、概算定额、概算（估算）指标。完成地下管线二维码铭牌制作安装定额测定，解决“一码一价”“有市无价”的结算问题。调解市体育公园、鑫泰集团青年公寓二期工程、市人民医院新区医院建设项目（一期）等项目结算争议。全年完成竣工结算书面备案96项，审查招标文件220项，办理招标控制价备查211项。完善材料价格发布体系，通过《泰州工程造价管理》刊物发布材料价格678个品种。制定出台《市级政府投资项目工程变更管理办法》，规范工程变更行为，严格控制工程造价，防止出现“三超”（决算超预算、预算超概算、概算超估算）现象。开展工程造价咨询市场“双随机”检查，2家工程造价咨询企业升级为甲级资质、10家工程造价咨询企业申报乙级资质、5家工程造价咨询企业资质变更、2家工程造价咨询企业资质延续。举办市住建系统工程造价职业技能竞赛，全市33家企业的142名选手参赛。

【施工图审查】 2020年，泰州市住建局制定《工程建设项目施工图设计文件联合审查暂行办法》，将抗震设防、建筑节能、海绵城市、装配式建筑、消防、人防等纳入审查内容，实现施工图审查统一受理、一次性告知、一次审查、统一出具意见、共同监管。出台《市区既有建筑装饰装修工程施工图设计审查管理办法》，规范既有建筑装饰装修工程设计和施工图审查。在全国率先制定出台《建设工程施工图设计数字化审查工作规范》《建设工程“一窗式”联审服务标准》。全年完成施工图审查项目2831个，其中市外项目占比30%。完成4542万平方米的房屋建筑工程以及总造价168亿元的市政工程施工图设计审查业务，审查并纠正违反强制性条文342条、强制性标准11322条，年审图业务量比上年增长近40%。经省住建厅审核批准，靖江市建设工程施工图审查服务中心、泰兴市建设工程施工图审查服务中心晋升为房屋建筑工程（不含超限高层）一类施工图设计文件审查机构，兴化市建设工程施工图审查服务中心认定为二类审查机构。至年末，全市5家施工图审查服务中心中有3家为一类施工图审查机构。

【工程监理】 2020年，泰州市初始、延续和变更注册监理工程师233人次，年末有国家注册监理工程师947人。全年市住建局工程监理合同归集661个，总造价8.9亿元。组织市级监理项目监督检查2次，累计抽查工程15个，通报批评监理企业5家。年内，江苏国兴建设项目管理有限公司成为全市首家、全省第六家取得工程监理综合资质的企业。

【工程质量监督】 2020年，泰州市住建局开展市区建设工程质量巡查、质量抽测和质量执法，发现违反强制性标准919项、违反法规或强制性条文74项，签发建设工程整改通知书612项、局部停工通知9项，参建单位不良记录38项，对14家建设责任单位的违规行为申请行政处罚。全年受理房屋建筑工程监督注册157项，总建筑面积509.95万平方米；监督竣工验收房屋建筑工程98项，竣工面积379.59万平方米；受理市政工程监督注册41项，总造价11.67亿元；监督竣工验收市政工程5项，总造价4.28亿元。对装配式建筑工程实施建设过程管理，市区在建住宅工程均采用“新三板”装配技术；落实监理单位进场验收责任，抽测进场装配式构件强度、钢筋位置等项目。出台《蒸压加气混凝土内墙隔板通病专项治理技术措施》。保障地下管线工程质量安全，制定《地下管线工程质量监督流程》。实施政府购买检测服务模式，政府投资项目的地下管材等材料抽测以及混凝土强度、钢筋位置的监督抽测由政府落实专项资金实施，全年抽测桩基低应变94根、钢筋11组、钢筋机械连接1组、防水材料25组。落实城市地下管线工程“只检一次”“联审联验”制度，全年抽测球墨铸铁、钢筋混凝土、HDPE等管材286项，其中对抽检不合格的18批次管材实施退场更换。对市区9家建设工程质量检测机构实施日常监督抽查18次、专项“飞行检查”2次，签发整改通知书9份，约谈4家检测机构。强化建设工程质量检测机构电子化投标管理，在全省率先编写工程质量检测招标文件范本，在市公共资源交易平台新增工程质量检测电子化招投标模块。全年办理建设工程竣工验收备案手续552份，涉及工程建筑面积1104万平方米、工程总造价2584亿元。

【施工图设计文件“一窗一网”审查模式创新】 2020年，泰州市住建局联合市市场监管局在全国率先制定出台《建设工程施工图设计数字化审查工作规范》《建设工程“一窗式”联合审查服务标准》，统一施工图设计文件报审要求。《服务标准》对施工图“一窗式”联合审查范围、系统建设要求、职责分工、工作流程以及服务要求和综合监管要求作出明确规定。《工作规范》对运用“大数据O2O审图系统”进行施工图设计数字化审查的工程分类、审查人员职责及要求、数字化审查流程、数字化审查标准、数字化审查质量控制等作出规定。两项标准的出台推动形成施工图设计文件“一窗一网”审查模式，缩减施工图审查时间，提升施工图审查数字化、标准化水平。至年末，累计审查项目近1万个，节约报审时间1.7万多个工作日，节约报审成本1亿多元。

（殷恒杰）

责任编辑：叶　彤

综　述

【概况】 2020年，泰州市出台《关于支持市区高端服务业聚合发展的若干意见》《关于积极应对疫情影响 提振消费信心释放消费需求的若干措施》，全年服务业增速高于地区生产总值增速0.5个百分点。完成全市“十四五”服务业规划前期研究，启动并完成全市“十四五”服务业专项规划编制。建设服务业载体，新增省级生产性服务业领军企业1家、互联网经济重点平台企业2家、“两业融合”试点单位8家，至年末，全市有省级现代服务业集聚区11家、省级生产性服务业领军企业3家、省级互联网平台经济重点企业4家。实现服务业增加值2464.57亿元，比上年增长4.1%；三次产业增加值比重5.8∶47.8∶46.4，服务业增加值占地区生产总值比重提高1.1个百分点。服务业增加值增幅一季度下降1.3%、二季度增长1.7%、三季度增长2%、全年增长4.1%，分别高于全省同期及全市地区生产总值增幅。

服务业投资。全市服务业固定资产投资降幅逐月收窄、由负转正，一季度下降23.5%、二季度下降8%、三季度增长11.4%、全年增长7.6%，居全省第五位，分别高于同期全省服务业增幅、全市固定资产投资增幅、工业增幅3.5、7.4和13.1个百分点。

服务业高质量发展指标监测。监测新增规上服务业企业数、营利性服务业营收增幅两个服务业指标。全市新增规模以上服务业企业226家，新增规上服务业企业数居全省第七位。全市营利性服务业营业收入增长30.6%，高于全省平均增幅19.5个百分点，增幅居全省首位，比上年提高4位。探索推动首店经济发展。

市场活力。全市社会消费品零售总额一季度下降18%、二季度下降10.6%、三季度下降6.1%，全年社会消费品零售总额下降1.3%，居全省第六位，高于全省平均增幅0.3个百分点。

【商贸服务业运行】 2020年，泰州市新建万象城、茂业时代广场、天虹购物中心等商业综合体。至年末，全市有国家级科技企业孵化器8家、省级科技企业孵化器25家，有国家众创空间3家、省级众创空间10家、省级众创集聚区3家、省级众创社区7家。全市实现物流业增加值224.77亿元，比上年增长7.3%。有省级示范物流园区6家、国家优秀物流园区3家，电商快递物流、港口航运物流、农产品物流等特色物流产业初步形成。全年全市实现电子商务交易额992.8亿元，增长21.3%；实现网络零售额217.76亿元，增长46.6%；实现农村电子商务网络零售额143.39亿元、农产品网络零售额19.5亿元，分别增长36.1%、35.4%。

【“老字号”传承发展】 2020年，泰州市组织“老字号”企业参加各类展销会，开展“老字号”企业“三进”活动。“老字号”企业“进平台”，与泰州苏宁易购平台合作，将老字号产品推向线上市场，全年4家企业上线交易。“老字号”企业“进景区”，市商务局、市文旅集团、市商联会端午节联合开展消费促进活动，全市6大类25家企业100多个品种老字号产品参加。“老字号”企业“进校园”，组织大学生创作设计老字号产品包装等。

【消费促进】 2020年，泰州市开展“祥泰购物节，全城打折季”暨“五一”促销活动；实施受疫情影响商贸企业减免交易费用和手续费返还、线上消费营销和融资绿色通道、餐饮企业“安心码”、小微商户企业信贷扶持4项优惠服务；在全市发放5000万元旅游（餐饮）券；开展“品质生活·苏新消费—寻味泰州·吃货登场”百日美食促销节活动。组织参加省商务厅消费促进季活动，全市7家企业被列入省商务厅促销季企业名单，1家企业获省商务厅表彰奖励。组织“寻味泰州·吃货登场”泰州吃货推荐店评选，评出五星级10家、四星级20家、三星级15家。举行“泰州早茶标准示范点”评比，在主城区评出五星级示范店4家、四星级示范店5家、三星级示范店5家。泰州烹饪餐饮行业协会申报“泰州干丝”国家地理标志集体商标，居全省10个申报项目首位，被国家知识产权局受理。

（彭国鹏）

商贸流通

·市场运行和管理·

【概况】 2020年，泰州市实现社会消费品零售总额1333.26亿元。限额以上社会消费品零售额471.31亿元，比上年增长4.7%。基本生活类商品消费呈上升趋势，限额以上粮油食品类、饮料类和日用品类消费分别增长15.9%、14.3%和13.2%。发展享受型消费分化，通信器材、中西药品、建筑及装潢材料、汽车消费分别增长33.5%、15.4%、53.4%、2.8%，家用电器及音像器材、书报杂志、石油及制品类消费分别下降8.2%、10.2%、0.4%。

【市场运行】 2020年，泰州市引导新城区商业中心定位国际化主题，建设有辐射力和影响力时尚型商业街区；推动城市商业产业集聚发展，推进中小零售企业向城市商圈集聚、商品批发市场向物流园区集聚、休闲娱乐企业向商业特色街区集聚，生活服务企业向市民社区集聚。重点流通企业、重要生产生活必需品市场、重要生产资料市场、酒类流通领域、市场应急管理等监测系统建成，监测样本企业189家，基本覆盖生产生活各方面。制定加油站、商业场所的安全工作指引，印制发放张贴安全生产宣传画、工作手册等近4000份，常态化专项督查。实施单用途预付卡、汽车流通行业、成品油市场监督管理等，推进商贸流通有序发展。

【生活必需品市场保供】 2020年，泰州市在市区16家超市、药店设立口罩供应点；1月23日起每日监测全市69家超市、农贸市场10种生活必需品和防疫物资数量。保障生活物资商品过关通卡；开展冷冻猪肉应急储备和投放，全市储备1000吨，投放近100吨。修改“泰企通”工业企业复工电子通行证申请指南，制定商贸企业复工申请指南和流程图，率先打通商贸企业复工申报通道。印发商场、超市、餐饮、商业综合体复工后卫生防疫指南。印制“公勺公筷倡议”“反对餐饮铺张浪费”宣传画500份、桌面站牌宣传画3000份，在全国率先制定公勺公筷地方标准。编制“十四五”加油站网点规划，论证点位设置。

【废旧回收整治】 2020年，泰州市整治市区废旧回收企业，“四不两直”（不发通知、不打招呼、不听汇报、不用陪同接待，直奔基层、直插现场）督查废旧回收整治情况。制定废旧回收整治长效管理措施。实施废旧回收企业日常管理，巩固“城建惠民”专项整治和废旧回收安全风险排查整治成果，规范废旧回收市场秩序，制定《全市废旧回收企业长效管理方案》。（彭国鹏）

·批发零售·

【概况】 2020年，泰州市批发和零售业实现销售额4578.2亿元，比上年增长2.3%；其中，批发业实现销售额3448.5亿元，增长2.5%；零售业实现销售额1129.7亿元，增长1.6%。海陵区批发零售业实现销售额841.5亿元，增长0.8%；高港区批发零售业实现销售额889.4亿元，增长5.6%；姜堰区批发零售业实现销售额399.0亿元，增长1.4%；泰州医药高新区批发零售业实现销售额407.8 亿元，增长1.5%；兴化市批发零售业实现销售额455.8亿元，下降4.6%；靖江市批发零售业实现销售额681.0亿元，增长4.6%；泰兴市批发零售业实现销售额903.5亿元，增长3.4%。

【农贸市场提档升级】 2020年，泰州市制定农贸市场管理机制、功能布局、环境卫生、交易秩序、食品安全、消防安全、周边环境7个方面标准，实施市区星级农贸市场日常管理，推动市区农贸市场提档升级。全年市区6家农贸市场列入“城建惠民”两年行动计划，其中海陵区1家、姜堰区3家、高新区2家。至年末，6家农贸市场完成新建改造、星级等次认定和项目投入资金专项审计等，认定一星级农贸市场1家、二星级农贸市场2家、三星级农贸市场3家。全年全市完成市区农贸市场提档升级项目70个，总投资额2.5亿元。其中，新建农贸市场8个，改造农贸市场58个。

【“祥泰购物节，全城打折季”促销活动】 2020年，泰州市在全市开展“祥泰购物节，全城打折季”暨“五一”促销活动。各市（区）联合重点商场、超市开展多种形式活动，联合农产品生产基地、农批市场和商超开展对接活动，联合外贸企业开展出口产品转内销活动。海陵区、姜堰区分别举行消费促进启动仪式，其他市（区）以不同形式开展消费促进活动，全市近100家重点商贸企业200多个项目参与促销活动。（彭国鹏）

·住宿餐饮·

【概况】 2020年，泰州市住宿和餐饮业实现营业额150.6亿元，比上年下降5.8%。其中，住宿业实现营业额18.1亿元，下降11.5%；餐饮业实现营业额132.5亿元，下降5%。全市限额以上住宿业实现营业额9.90亿元，增长6.8%；限额以上餐饮业实现营业额25.18亿元，增长6.1%。

【餐饮品牌建设】 2020年，泰州市开展“泰州干丝”国家地理标志证明商标申报，通过省知识产权局评审，国家知识产权局受理。开展名店申报认证、评选认定，1家企业获评省级餐饮名店，3家企业获评国家钻级酒店酒家，14家餐饮企业获“泰州早茶标准化示范店（五星、四星、三星）”称号，海陵区奖励首次获名店称号企业。开展交流培训活动79次。其中，培训交流9次、参与人员587人次，展览展销、交易会3次。市烹饪餐饮行业协会获“泰州干丝制作”专项能力技能鉴定认证资质，首批认证30名学员。开展技艺传承活动，举办收徒活动。编写《公勺公筷使用规范》等3项地方标准，至年末，编写泰州名小吃、名宴地方标准14项。宣传餐饮品牌，发布信息245条，其中《泰好吃》内刊3期、微信平台、微博信息81期。

【“寻味泰州·吃货登场”百日美食促销节】 2020年，泰州市举办“寻味泰州·吃货登场”百日美食促销节，包括线上百日美食促销节、旺店必吃菜点促销展、大众宴席暨游客喜爱的名菜名点大赛、吃货推荐店评选、“泰享吃”人文早茶集市5个子活动，全市300多家单位参与线上百日美食促销节，41家餐饮企业参加美食展销，现场售卖超300种菜点，客流日均超1万人次。开展美食竞赛，28家餐饮企业现场展示27道宴席、27张文明餐桌摆台、52组团餐、52组位上菜、80道泰州名菜名点，10家企业获金鼎奖，8家企业获金釜奖，7家企业获金勺奖，24道名菜名点获一等奖，24道名菜名点获二等奖，32道名菜名点获三等奖。开展名店名厨名菜评选，45家企业分获“泰州吃货推荐店（五星、四星、三星）”称号。（张　恒）

·成品油销售·

【概况】 2020年，泰州市销售成品油75.26万吨，其中汽油52.33吨、柴油22.93吨。新建成（迁建）加油站（点）5座，年末全市在营加油站（点）358家。

【中石化泰州石油分公司】 2020年，公司销售成品油66.75万吨，其中汽油40.2万吨、柴油26.55万吨，实现销售收入50.9亿元、利润1.24亿元。至年末，公司在营加油站140座，其中主城区36座、靖江市25座、泰兴市31、兴化市27座、姜堰区21座。

【中石油泰州销售分公司】 2020年，公司销售油品13.81万吨，比上年减少3.72万吨，下降21.2%。其中，纯枪销量9.30万吨，减少1.09万吨；直批销量4.51万吨，减少2.64吨。单站纯枪日销量6.07吨；人均纯枪量336吨，减少9吨。实现非油销售收入3735万元，有销售收入300万元门店1座、200万元门店1座、100万元门店10座、50万元门店19座、30万元门店6座、30万元以下门店5座。实现利润517万元。

【中海油泰州销售分公司】 2020年，公司在泰州市、扬州市及淮宿盐地区实际控制加油站31座，其中投运25座；控制自有油库1座。年内，开发加油站项目1座。公司全年销售成品油5.64万吨；实现销售收入2.7亿元，其中非油销售收入645万元；利润125万元，上缴税费672.73万元。

（彭国鹏）

·粮食流通·

【概况】 2020年，泰州市实际运营列统粮油加工企业118家，其中大米加工企业87家、小麦粉加工企业11家、油脂企业10家、饲料企业4家、食品企业6家，总产值404.8亿元，比上年增长16.2%；销售收入434.1亿元，增长13.2%；总产值、销售收入均居全省设区市首位。全年全市成品粮油产量453.4万吨，其中大米218.6万吨、小麦粉112.1万吨、食用植物油122.7万吨。泰兴市滨江粮食物流产业园获批省级粮食综合物流园。南方小麦交易市场举行交易428场次，成交粮源142.79万吨，增长48%；成交金额37.12亿元，增长62%，居全国县级粮食交易市场前列。

【粮食购销】 2020年，泰州市国有粮食购销企业收购夏粮116.1万吨，其中托市收购小麦44.2万吨；收购秋粮29万吨。全市签订粮食订单7.3万公顷，通过订单收购粮食39.4万吨。全市国有粮食购销企业粮食购销总量637.5万吨。

【粮食质量监测】 2020年，泰州市粮食品质测报采集小麦样品58个、稻谷样品146份，小麦、稻谷质量等级均以一、二等为主，杂质水分等质量指标优良，真菌毒素指标合格率100%，铅、镉、汞和总砷四种重金属含量以及7种有机磷农药均未检出或低于标准限值。高港区粮油质量检测所建成投用。

【粮食流通执法】 2020年，泰州市组织夏秋两季收购市场检查，开展粮食质量、粮食库存、粮食流通统计制度执行情况、涉粮问题“回头看”、政策性粮食定向销售专项检查，检查国有粮食购销企业11家、库存粮食53.74万吨。全年全市开展各类粮食流通检查133家次。（邵月娥）

·供销合作·

【概况】 2020年，泰州市供销合作社系统组织专业合作社、基层社和农业服务企业提供育苗、耕种、测土配方、植保、收割、销售菜单式服务，建设“农民外出打工赚钱，供销社为农民种田”泰州供销社农业社会化服务品牌。全系统累计建成现代农业综合服务中心超80家，完成服务面积135万亩次。年内，省总社在靖江市召开全系统农业社会化服务现场推进会。央视“新闻直播间”“朝闻天下”栏目专题报道泰州市供销合作社系统开展农业社会化服务助力“三夏”农业生产情况。泰州市供销社农业社会化服务工作获全国总社、省总社肯定。

【基层社建设】 2020年，泰州市供销合作社系统建成“三体两强”（自主经营实体、农民社员主体、合作经济组织联合体，综合实力强、为农服务能力强）基层社36家。姜堰区政府出台《关于加强基层供销合作社建设的意见》。泰兴市社排查基层社资产，采取资产置换、租赁转让等方式盘活存量资产。全年完成22家基层社“三会”（社员代表大会、理事会、监事会）建设，至年末，全市基层社全部落实“三会”制度，在全省首家实现基层社“三会”建设全覆盖。重点培育12家基层社，建设“三会”制度建设样板社。

【社有企业发展】 2020年，泰州市供销合作社系统社有企业实现疫情防控和企业发展双赢。高港区社下属普安医药公司采购储备防疫物资，1月底销售口罩超10万只、消毒液2000瓶、体温计数百只。兴化市富民农副产品市场每天组织不低于40吨蔬菜、5吨猪肉、2吨水产品。兴化市合塔生猪专业合作社旗下迅达食品加工厂每天屠宰生猪200多头。2月初，全省系统唯一化肥生产企业福齐天生物科技公司复工，全年完成产销各3万吨，出口加纳共和国可可肥5000吨。

【乡村绿色生态服务】 2020年，泰州市供销合作社系统整合系统资源，建设“四位一体”供销绿色生态服务泰州模式，实现药肥零差率统一配供、农业废弃包装物回收处置、再生资源回收利用、秸秆综合利用。至年末，全系统建成农药集中配供中心18个，服务网点202个，集中配供农药服务面积6.67万公顷，配供零差率农药1.1亿元，测土配方肥3.3万吨，农药减量66吨，为农民节约成本5000万元，拓展果蔬、城市绿化用药集中配供。全年回收农药包装废弃物1900多万件，农膜（含棚膜）1700多吨。2019~2020年，收购废纸1.5万吨、废钢铁11万吨、废有色金属1.5万吨、废塑料1.2万吨、废玻璃1500吨、废轮胎3000吨。高港区白马镇、兴化市新垛镇供销社探索实施秸秆多途径利用。（钱　进　徐吾融）

·专营专卖·

【食盐专营】2020年，泰州市盐业有限公司实现营业收入1亿元，比上年下降1%。其中，主营业务收入5811万元，增长1%；非盐收入4146万元，下降3%，非盐毛利率6.14%，提高1.85个百分点；苏盐生活家实现营业收入407万元，增长8%。全年销售盐产品5.77万吨，增长6%。其中，销售小包装食盐1.5万吨，下降6%；品种结构占比26.22%，提高2.47个百分点；小包装食盐平均每吨2671元（含税），增加97元；销售大包装食用盐3.14万吨，增长33%。实现综合利润112万元。新增有效终端645家。全市3个省级政府食盐储备库储备任务全部完成。

新盐政协管。开展“两节期间食盐质量安全专项检查”“复工复学期间餐饮行业食盐安全专项检查”“食盐质量安全专项检查月”等专项行动10多次。检查、宣传用盐企业675家次，农贸市场602个次，食盐零售商店1.73万家次，食品加工企业（作坊）1025家次，饭（酒）店5781家次，访问居民户686户。抽检食盐流通、餐饮、生产加工环节350批次。印发《泰州市市场监管系统食盐质量安全责任约谈工作制度》，全年约谈588次、1381人。

渠道建设。在BC（中小型超市或卖场）商超建设淮盐专销店；靖江公司小包装品种结构占比45.43%、平均单价3526元，居全省首位。与“美菜网”“橙心优选”“同程生活”等电商平台合作，监督只销售不低于正常批发价淮盐。维护KA商超，永辉系统和中央广场苏果、戴南苏果淮盐销售占比提高，续约全省唯一苏果小业态系统排他合作协议。兴化公司、市场营销中心大包装食盐销量分别增长7712吨、3415吨，兴化公司实现利润近190万元。优选食用油、大米、调味品等低风险快消品，与益海嘉里、中储粮、阜丰等企业合作；推进非盐商品进货渠道建设，实现非盐毛利231.04万元，增加53.64万元。

（赵丽梅）

【烟草专卖】2020年，泰州市烟草系统实现卷烟销量17.07万箱，比上年增长0.12%；卷烟销售收入71.82亿元，增长4.58%；销售结构4.21万元/箱，增长4.45%；实现利税20.66亿元，增长6.71%。年末全市有持证卷烟零售户2.79户。全市烟草系统有员工708人。年内，行星QC（质量控制）小组被省科协评为“江苏省优秀质量管理小组”；1项课题获省企业管理现代化管理创新成果二等奖。

（伏志雨）

电子商务

【概况】2020年，泰州市实现网络零售额249.24亿元，比上年增长14.7%，居全省第10位。电商店铺8.86万个，其中实物店铺3.06万个。电商企业6031家，实物商品网络零售额212.15亿元，增长23.6%，B2C网络零售额180.14万元，增长22%；农村网络零售额183.38亿元，增长17.3%；农产品网络零售额23.57亿元，居全省第五位，增长21.8%。泰兴市、兴化市创成国家级电子商务进农村综合示范县，靖江市创成省级农村电子商务示范县，江苏民慧供应链科技股份有限公司创成省级数字商务企业。全年全市30个村获评淘宝村，15个镇获评淘宝镇。其中，兴化市淘宝村20个、淘宝镇8个，均居全市首位；泰兴市淘宝村8个、淘宝镇3个，均居全市第二位。

【农村电子商务】2020年，泰州市实现农产品电商销售额111亿元，比上年增长37%。推进电子商务运营服务中心、电商平台和电商服务站点建设，南方小麦交易市场交易额超30亿元。推进农村经营服务网点信息化改造，电商服务站点覆盖全市行政村。安排专项扶持资金217万元支持疫情防控期间农产品电商销售、463万元资金支持农村电商服务体系建设、电商创业、电商培训等，引导农民依托电子商务创业就业。培育泰州医药高新区屠桥社区教育器材、兴化竹泓镇木船、元竹镇银杏产品等一批电商特色镇村，全年建办电商特色镇村20个，至年末全市建办电商特色村80个。农产品电商企业及农产品经营企业依托自建平台和第三方平台，网上销售地方农产品，泰州螃蟹及淡水产品、肉脯及肉制品、调味系列产品等网络销售额居全国同类产品前列。举办“泰州网红直播助农公益行动暨2020泰州网络文化季启动仪式”“助力三农 为TA买单”等直播活动，销售大米、龙香芋、麻虾酱、香辣蟹、龙虾尾、菜籽油、大麦若叶青汁、红皮洋葱等10多种泰州特色农产品。市供销总社、泰兴市社、海陵区社分别推出“衔农优品”“晨诚优选”“苏泰优选”线上购物平台。泰兴市社“晨诚优选”生鲜农产品网上超市疫情防控期间销售1500万枚禽蛋、超万只老母鸡、销售额1200万元，日均销售泰兴大米10吨；兴化市社举办第三届农产品电商产销对接大会，现场签约20亿元。泰州市供销优品电商公司在海陵区、高港区、姜堰区建设“网上供销社”线下实体店122家。

（钱　进　徐吾融　王　荣　彭国鹏）

【电商发展政策扶持】2020年，泰州市制定《关于进一步促进泰州市区电子商务高质量发展若干政策意见》，市级财政安排扶持资金，推进数据应用与电子商务深度融合，优化电子商务发展环境，培育重点电子商务企业及平台，推动电子商务发展。（洪祖洁）

【电商培训】2020年，泰州市组织电商课程培训超1万人次。依托电商协会、电商培训和运营服务中心、“电商110”，开展农村电子商务培训，全年完成农村电商培训5000人。举办千名淘宝主播培训暨直播带货技能大赛，实行全程免费淘宝主播培训，开辟天猫入驻绿色通道，颁发阿里巴巴认证证书，表彰奖励优秀主播学员，开拓农产品直播带货渠道。

（王　荣　彭国鹏）

【电商园区发展】 2020年，泰兴市4个电商集聚区累计入驻各类电商企业160多家，全年实现网上销售3.5亿元，带动就业1000多人次；年内，新建电商中心1家，入驻企业84家，实现营业收入8350万元。靖江电商创业中心集靖江名特优商品展示中心、电商服务中心、电商总部基地、电商仓储物流中心、电商办公区于一体，建设靖江市“传统工业企业的电商孵化器”“农产品电商的运营基地”“大学生移动互联网的创业创新基地”，在孵企业53家，一期在孵企业完成销售15.31亿元，带动就业250多人。高港电商创业中心全年入驻办公企业及地址挂靠企业开票销售1.51亿元，纳税170万元，泰浩航拍摄影有限公司、泰州千狐网络科技有限公司被推荐参加全省优秀创业项目评审。

（彭国鹏）

物流业

【概况】 2020年，泰州市启动物流统计工作，形成月报、季报、年报核算体系，开展物流景气、仓储指数月度调查，初步核算社会物流总额、社会物流费用、社会物流业务总收入及物流业增加值，居全省物流统计专项评比第二位。开展《泰州市“十四五”时期物流业发展规划》研究，明确物流业发展定位和目标，确定完善基础网络、培育物流主体等10项主要任务。泰兴市虹桥仓储物流有限公司、海泰油品装卸有限公司获批省重点物流企业。至年末，全市分别有省、市级物流企业15家、18家。年内，江苏万林现代物流股份有限公司被列入省级智慧物流主体培育试点。全年全市获评“全国优秀物流园区”2家，获批省级示范物流园区1家，省级重点物流企业2家、重点物流基地1家，新认定市级重点物流企业3家、重点物流基地1家。泰州港务集团1人获评全国物流业劳动模范。

【快递业】 2020年，泰州市快递服务企业业务量1.73亿件，比上年增长42.68%；业务收入18.33亿元，增长22.61%。其中，同城业务量2380.84万件，增长37.36%；异地业务量1.49亿件，增长43.78%；国际及中国香港、澳门、台湾地区业务量29.92万件，下降15.37%。快递业务量占邮政业务量近80%，增幅连续第八年超30%，其中2020年8月、9月快递业务量同比分别增长60.96%、75.43%。

【物流项目建设】 2020年，泰州市物流项目建设按序时推进。江苏渭水河米业5.1万吨粮食仓储物流、江苏天利粮食物流中心三期工程项目获中央预算内投资资金补助。申报中央储备经贸领域项目12个，总投资10.37亿元。江苏省扬子江现代粮食物流有限公司等6家企业申报粮食安全保障调控和应急设施国家物流枢纽储备项目。泰兴市医疗物资储备库等4个项目申报医疗应急物资储备设施，总投资6.87亿元。2016~2020年，全市13个中央预算内资金补助完工项目完成竣工出库手续。

【物流园区建设】 2020年，泰兴市虹桥物流园区获批江苏省示范物流园区，泰州市海陵区钓鱼岛物流有限公司获批省级重点物流基地。至年末，全市有省级示范物流园区5家、省重点物流基地11家、市重点物流基地6家。泰州高港综合物流园创建国家示范物流园区通过省发展改革委评审。泰州高港综合物流园、江苏三江现代物流园获评“2020年全国优秀物流园区”。

【物流业高质量发展三年行动计划】 2020年，泰州市制定《物流业高质量发展三年行动计划（2020~2022年）》，提出重点园区提升、重点企业培育、重大项目建设、产业联运推进、物流体系优化和智慧物流打造等6大行动。

【普洛斯物流园】 2020年，姜堰普洛斯物流园开工建设。项目总投资40亿元，占地面积97公顷，位于姜堰火车站北侧，设计标准仓储区20.67公顷、冷链医药仓储区11.6公顷、铁路作业区17.2公顷、多式联运区21.73公顷、跨境电商贸易区17.6公顷，依托姜堰火车货运站多式联运，至年末，通过清华大学互联网产业研究院可行性报告和工可审查，上海铁路局开通货运线路，火车站改扩建工程启动。

【江苏万林木材物流配送中心开工】 2020年，江苏万林木材物流配送中心开工建设。项目总投资2.6亿元，占地面积4.8万平方米，分三阶段建设。第一阶段完成8座成品仓库工程；第二阶段完成A、B、C座三幢配送中心大楼工程；第三阶段完成辅助堆场工程。至年末，第一、第二阶段工程建设完成，第三阶段工程13.67万平方米辅助堆场在建。

【江苏海创物流集团有限公司】 2020年，泰州市城北物流园改建为江苏海创物流集团有限公司，4月29日挂牌，注册资本10亿元，为泰州市海陵区全资控股国有平台公司。公司承接物流园区空间规划，建设生产性服务业基地、现代化物流业集团。全年固定资产投资13.02亿元。投资2.1亿元的石材市场、投资1.5亿元的大吉仓物流供应链智能仓储项目2个重大项目开工建设。北辰公司收购框架协议签订；中油祥龙沥青物流项目进入合作公司报批流程；保税仓库完成设备安装。集中整治中物流、中元港、公路港内砂石码头。

（邵月娥　李　玥　邮管局）

邮　政

【概况】 2020年，泰州市邮政行业业务收入（不含邮政储蓄银行直接营业收入）29.45亿元，比上年增长

16.9%；业务总量49.66亿元，增长31.19%。其中，1月~9月增幅居全省第五位。实施“两进一出”（快递进村、快递进厂、快递出海）工程。培育“快递+”特色项目，猪肉脯、调味品项目年均业务量超1000万件，大闸蟹项目旺季日均业务量超1万件，带动农业产值超20亿元，促进就业3000多人。实施特色农产品项目20项，农特产品销售额超2000万。快递业与制造业融合发展，“快递+医药”“快递+不锈钢”2个项目年业务量均超1000万件。其中，泰州邮政与济川药业合作“快递+医药”模式，泰州顺丰服务扬子江药业；京东与中国医药城签订战略合作协议。疫情防控期间，全市邮政、快递企业承运药品、口罩、消毒液等防疫物资2.4万件。高港区快递业女职工纳入机关事业单位免费体检范围。推进“快快合作”“快邮合作”，实施泰州姜堰“快递e家”模式，设立乡镇快递综合服务平台；邮政企业与各快递企业签订“邮快合作”战略协议，实施“快递+社区团购”模式，在36个村试点，代投件1478件。推进“交邮合作”，市邮政管理局、市交通运输局、市交通产业集团有限公司、泰州邮政分公司研究7项战略协议。推进快递“进机关”，市机关事务局、高港机关事务局联合建设快递服务平台。推进网点标准化建设，全市建成3个以上标杆网点。实施“9991”工程，在分拨中心、营业网点开展“邮来已久、绿动未来”宣传活动。开展新修订《快递包装绿色操作指南》宣传，治理塑料污染。“三专”推进邮政业生态环保，即专人跟踪推进、专项会议督导、专项检查核实。以苏中快递产业园为载体，创建全省生态邮政示范园区。

【邮政普遍服务】 2020年，泰州市邮政普遍服务达标集中整治活动整改率100%，营业服务达标率100%，建制村直接通邮率和县级以上党报当日见报率100%，普遍服务邮件投递频次、深度和全程时限全面达标。核准邮政营业场所，检查乡镇局所50个。建成“扫黄打非”基层站点117个。探索邮政微型政务服务中心体系建设，至年末，全市警邮合作网点57个，实现市（区）全覆盖，寄递业务量1.66万件；在4个市（区）建设税邮合作网点16个，代征税款947万元。

【寄递业安全监管】 2020年，泰州市邮政管理局、市公安局、市交通局联合实施寄递企业安全监管，探索寄递安全案件联合办案机制。开展“清风2020”专项行动、统计专项检查等，全年处理申诉464件，挽回损失17.76万元。实施邮政快递业安全生产专项整治三年行动，开展全市邮政业应急演练及消防安全培训。全年检查快递市场251家次，立案查处33次，处罚7.5万元。

【中国邮政泰州市分公司】 2020年，中国邮政集团有限公司泰州市分公司辖城区分公司和泰兴、兴化、姜堰、靖江4个市（区）公司，有邮政营业网点174个，在职职工3167人，主要经营代理金融、邮件寄递、报刊订阅、函件包裹、邮政物流、邮票发行、分销配送等业务，全年实现业务收入11.5亿元，比上年增长11.83%，收入完成率及增幅均居全省邮政系统第三位。泰兴市、兴化市邮政物流运营中心投产，市级网络运营中心进口场地以及姜堰顾高、泰兴元竹等6个金融网点完成改造。完成省级邮政科技创新项目、市级科技创新项目3个。完成全区二级报警联网及金融网点监控升级；开展代理金融“风控体系建设提升年”活动。与中国人寿、烟草公司、国家电网等10家单位签订战略合作协议；推进“邮快合作”，建设村社自提点、校园“快递超市”；建设“防疫邮路”“普法邮路”“拥军邮路”等特色邮路；在全市法院上线邮寄集约送达项目；为农业合作社、家庭农场以及其他新型农业经营主体提供全环节邮政综合服务，全年走访7764户，实现农产品销售额3006万元，开展“新型农业经营主体农副产品社区行”28场。

（邮管局　邮政公司）

通　信

【概况】 2020年，泰州市移动电话用户488.19万户，普及率108.08户/百人；互联网用户615.54万户，其中固定互联网宽带用户218.78万户，普及率141.63户/百户；移动互联网用户396.76万户，普及率85.62户/百人；光纤到户覆盖家庭167.02万户，占全市总宽带接入用户数86.89%。

（王　磊　刁世斌）

【中国电信泰州分公司】 2020年，中国电信泰州分公司实现主营收入16.5亿元，年末天翼移动用户130万户，宽带用户93万户，电视用户67万户。保障关键区域移动网络建设，发展光宽网络。推行信息化服务，建设泰企通、泰校通、云筛查、云会议等信息化平台，推进智慧家庭和平安乡村建设。开展“断卡”行动，关停风险号码5000多个；推进物联网、数据中心建设，覆盖全市城乡。实施“云改数转”战略，1500多家中小企业实现业务上云，节约信息化成本超8000万元；全市115家单位335个应用实现服务上云。年内，公司获全省高技能人才摇篮奖、江苏电信全员服务行动评比第一名。

（马　骏）

【中国移动泰州分公司】 2020年，中国移动泰州分公司推出“480”服务承诺，5G客户60万，移动宽带用户数超90万，率先完成市县城区和7个热点乡镇5G覆盖，核心区域连续覆盖率超98%，商圈、景区、交通枢纽、高校、重点楼宇等室内外覆盖率100%。至年末，累计投入4.3亿元，开通5G基站超1800个。开展通信保障、服务保障、防控保障，为300多家单位提供云视讯、5G热成像体温监测等应用服务，为超11万返岗员工提供漫游地查询；为100多所学校4.5万学生提供远程直播课堂服务；承建泰州政务云平台，承载“祥泰码”“我的泰州”等应用；建设“复工云平台”，服务全市2万多家单位超100万人。为全市10多万残疾用户提供爱心福卡2.0业务优惠，降低残疾人信息消费生活成本。开展“断卡”行动，关停疑似诈骗及骚扰号码7000户、呼叫中心15家，月均拦截骚扰电话213.5万次、垃圾短彩信125万条。完成医博会、健康长江（泰州）高峰论坛等大型活

动通信保障；开展抗击雨雪等恶劣天气应急保障7次，汛期出动保障人员472人次。　（沈小娟）

【中国联通泰州分公司】　2020年，中国联通泰州市公司实现主营收入4.03亿元，比上年增长4.9%，其中标准移网业务收入增长1.5%，产互业务增长49.5%。5G用户渗透率20.1%。引进全市首套热成像体温检测仪，使用省级短信平台发送疫情防控公益短信，宣传疫情防控知识，每日发送疫情防控公益短信132万条。完成医博会、长城汽车发布会、健康长江（泰州）高峰论坛等大型活动现场通信保障。投诉管控指标居全省首位。　（程　俊）

【泰州移动2020年合作伙伴大会】　2020年12月22日，中国移动泰州分公司在天德湖宾馆举行“5G融入百业，共赢美好未来”合作伙伴大会，华为、中兴、海康威视、小米等全国200多家合作伙伴出席。泰州移动公司与市工信局、航天云网数据研究院（江苏）有限公司联合举行市工业互联网平台发布仪式；与市大数据管理局、市委政法委、市公安局联合发布智能视频云服务；与江苏凤凰新华书店泰州分公司联合启动5G+智慧生活馆，与泰州数据产业园区、泰州海陵工业园区分别签订数据中心投资建设协议；与泰州职业技术学院签订新时代信息技术产业工人队伍建设全面战略合作框架协议书；与5G生态链合作伙伴联合展示在智慧城市、智慧园区、智慧社会、智慧家庭等不同场景下终端、应用。

中介服务业

【概况】　2020年，泰州市出台《关于大力推进公共法律服务体系建设的实施意见》，构建覆盖城乡、便捷高效、均等普惠现代公共法律服务体系，实现省级以上园区公共法律服务分中心和法律服务顾问团全覆盖。上线远程视频公证平台，提供不见面公证服务，全年办理公证事项230多件，实现公证由“最多跑一次”向“一次也不跑”突破。在全省率先出台《关于进一步落实法医临床司法鉴定管理与使用衔接有关要求的通知》，严格司法鉴定机构退案管理。完善广告监测体系，构建国家局、省局、市局、县（区）局四级监测网络。组建政府性融资担保体系，实现市及市（区）政府性融资担保机构全覆盖。建设“泰州就业”有线电视数字频道、“泰州就业e图”等就业服务网络，建设“15分钟公共就业服务圈”。“专家会诊”重大研发载体，推进“科技惠农助农”，发放“苏科贷”2.3亿元，市科技创新综合服务平台促成供需对接4852次、落地项目133项。至年末，全市参加信息采集会计人员3.33万人，具有会计初级职称资格9134人、中级职称资格2899人、副高职称资格315人、正高职称资格人员1人。

【律师服务】　2020年，泰州市有律师事务所103家，律师1446人，其中执业律师988人、公职律师428人、公司律师16人、法援律师14人，全市每万人拥有律师数3.1人。全年全市律师办理诉讼案件3.55万件、非诉案件5052件，律师执法工作居全省首位，防范化解重大风险工作居全省第四位，律师业发展工作居全省第五位，律师工作综合排名居全省第三位。全年全市受理法律援助案件6886起，其中第四期“百日维薪”行动受理农民工讨薪法律援助案件1216件。全市法律服务行业走访企业5300多家，出具法律意见1520件，解决矛盾纠纷620件。编印8期《新型冠状病毒感染肺炎疫情防控法律知识解读》，解答具体问题164个，向企业发放2万多册。组织开展律师进网格服务活动，挂钩43个网格。为企业复工复产提供全周期法律服务，组织担任企业法律顾问的律师服务规模以上企业2560家。开展民营企业公司律师试点，济川制药等民营企业建立公司律师制度。在全市12家律师事务所设立知识产权法律服务站点，推动具备专业实力的律师事务所形成专利授权全流程服务机制。实施律师行业“正风行动”，实地抽查全市55家律师事务所，倒查律师办案卷宗415件，调查处理来信来访投诉事项69件，行政处罚3名律师，行业惩戒4名律师。

【公证服务】　2020年，泰州市有执业公证员30人，全市7家公证处全年办理公证业务3.19万件，比上年增长12.4%。开展“护航企业公证行”活动，推出6大类22项公证专项服务产品，为企业提供上门办证、节假日预约办证、调查和代办等服务1300多次，减免小微企业公证费用约60万元。编制企业公证证明材料清单，简化企业办证服务流程，压缩公证办理时限。推广公证顾问合同，为企业提供上门办证、预约办证、调查和代办等延伸服务。编印《企业公证服务手册》，全年发放6000多册。开展“共享阳光，公证助残”“公证敬老月”等公益活动，办理遗嘱213件，办理继承公证3439件。改革公证事业体制“三项机制”，全市新增8名具有法律职业资格公证员助理。实施协会日常管理，市公证协会成立理论指导、质量监督、维权惩戒3个专门委员会。年内，30篇公证案例入选司法部案例库，案例《民营重点企业融资受阻 抵押公证化解难题》获评全省十大优秀公证案例。

【司法鉴定】　2020年，泰州市有司法鉴定机构7家、司法鉴定人52人，出具司法鉴定意见书2905件，其中法医临床类2730件、法医物证类160件、法医毒物类14件、微量物证1件。出台《法医临床司法鉴定所百分制考核细则》，开展鉴定培训，召开全市法医临床司法鉴定典型案例分析会。组织参加“对全省法医临床司法鉴定机构规范执业情况”专项检查，配合省市场监管局开展泰州市司法鉴定执业机构年度随机抽检。组织参加省厅年度能力验证，全市法医临床类鉴定机构14个项目参加，其中11个“满意”、3个“通过”。　（朱　莹）

【会计服务】　2020年，泰州市新增会计初级职称资格3621人、中级职称资格926人、副高职称资格26人。有会计师事务所27家，全年实现业务收入1.99亿元；新增执业注册会计师

10人，累计执业注册会计师217人。2020年度全国会计专业技术中、高级资格无纸化考试泰州考区中级资格报考人数5275人、13264人次。其中，报考财务管理4231人次、经济法4523人次、中级会计实务4510人次，实际参加考试6233人次，到考率46.99%，与上年持平。高级资格考试报考人数130人，实际参加考试88人，到考率67.7%，提高7.9个百分点。2020年度注册会计师全国统一考试专业阶段考试泰州考区全市报考人数3821人、10489科次，报考人数、科次分别增长8.3%、10.6%。

（高振华　丁云璐）

【广告服务】 2020年，泰州市有广告经营企业3043家，相关从业人员1.49万人，广告经营额7.7亿元；有一级国家级资质广告企业1家、二级国家级资质广告企业2家、三级国家级资质广告企业2家。泰州广告产业园升级为省级广告产业园区，泰州市大地蓝网络科技有限公司等2家企业获省级广告业发展专项资金50万元。

广告监测。扩大互联网广告监测覆盖面，新增监测对象4678个。依托户外广告监测平台，线索全程网上派发、处理及反馈。全年监测各类广告32万多条次，办理各级平台转办线索69批次。季度抽测县级媒体和互联网广告发布情况，发现涉嫌违法广告线索23条次。

广告监管执法。发布《泰州市市场监督管理局关于规范广告发布行为的提醒函》，查处疫情类违法广告案件3件，罚没2.96万元。开展非法金融广告线索监测排查、房地产领域非法金融活动专项整治、重点风险机构排查及投融资服务企业双随机检查等，监测、检查金融广告线索2.2万条次，检查房地产企业及中介机构46家、重点投融资服务企业67家，查处金融类违法广告案件2件，罚没2.1万元。清理整治“软色情”等低俗庸俗媚俗广告，查处“软色情”类违法广告案件5件，罚没1.8万元。开展长江流域非法捕捞渔获物违法广告专项治理，监测排查线索19万条次，查处违法广告案件6件，清理、拆除张贴物以及门头招牌等68处。专项清理整治含有“特供”“专供”等内容广告，检查生产经营主体2022户，检查超市、集贸市场、批发零售市场等销售场所2431家次。查处虚假违法广告案件98件，罚没175.8万元。全年市本级公布典型案例26件，入选国家局典型案例1件，入选省局典型案例5件。

（赵　凡）

【融资担保】 至2020年年末，泰州市10家政府性融资担保机构实现市及市（区）政府性融资担保机构全覆盖，机构数量居全省第二位；在保余额65.25亿元，比年初增加14.1亿元；在保户数2334户，比年初增加1085户；融资担保放大倍数2.32。全市国有融资担保机构落实“取消反担保要求、降低担保费”相关政策，实现“国有担保机构担保费率下降20%以上、政府性融资担保机构平均担保费率不高于1%”目标，减费2118.85万元，惠及企业1202家。

（殷荣霞）

【人力资源服务】 2020年，泰州市整合人力资源市场，建成市人力资源服务产业园。泰州经济开发区人力资源产业园入驻26家人力资源公司，全年提供人力资源服务15万人次，园区人力资源服务业产值近8亿元。兴化市、姜堰区按省级产业园标准筹建人力资源产业园，满天星集团、迈普集团、汇思集团与姜堰人力资源产业园达成入驻协议。运用“江苏省市场监管信息平台”“江苏省政务服务网”等信息平台，实施经营性人力资源服务企业经营行为行政指导和事中事后监管。专项清理整顿人力资源市场秩序，检查人力资源服务机构212户、用人单位210户。

（陈海泉）

【家政服务】 2020年，泰州市成立巾帼家庭服务联盟，发布巾帼家庭服务联盟公约。实施“好苏嫂”家庭服务品牌“十百千”推广计划，建设“好苏嫂”示范门店10家，60家企业入驻平台、上线运营。培树中、高级育婴员100人，培训家政从业人员2000人。评选优秀家庭服务员、优秀家政培训师，表彰优秀家庭服务员30人、优秀家政培训师10人。推荐5家家政服务企业申报江苏省“好苏嫂家政服务联盟优质服务示范店”。建设家庭服务业技能人才队伍，开展岗位练兵、技能大赛活动，举办巾帼家庭服务业职业技能大赛，表彰奖励21人。泰州市1人获第三届江苏家政服务行业职业技能大赛育婴员竞赛项目第一名，被授予“江苏省技术能手”“江苏省‘五一’创新能手”；1人获保健按摩师竞赛项目第二名；1人获清洁保洁竞赛项目第五名。年内，市家庭服务业协会换届，家政服务企业为主体会员70个；与上海市家庭服务业协会签订巾帼家政服务协同发展合作框架协议，举行“长三角家政服务一体化发展、巾帼家政服务协同发展合作单位”揭牌仪式。

（于秀英）

【科技服务】 参见第220页

责任编辑：张　华

综述

【概况】 2020年年末，泰州市银行业金融机构36家；驻泰保险公司（不含代理）64家；驻泰证券、期货分公司、营业部37家，其中证券分公司3家、证券营业部32家、期货营业部2家；小额贷款公司39家，融资性担保公司21家，典当行26家；认定大健康支行2家、绿色支行3家、省级文化支行2家、科技支行4家、建筑支行1家；金融从业人员3.2万人。全市金融机构人民币存款余额7889.89亿元，比上年年末增长14.7%，其中住户存款余额3722.47亿元，增长14.0%。金融机构人民币贷款余额6385.10亿元，增长16.2%。其中，短期贷款余额2312.29亿元，增长6.1%；中长期贷款余额3708.53亿元，增长23.0%。制造业贷款余额784.97亿元，增长8.1%。全市社会融资总量余额9113.02亿元，比上年增长19.86%。本外币各项存款余额8023亿元，增长15.17%；本外币各项贷款余额6441亿元，增长16.44%。本外币制造业贷款余额829亿元，增长9.48%。在产融平台开设“融资绿色通道”“央行直通车”，全年产融平台新增注册企业1.4万户，解决融资需求233亿元，落地再贷款再贴现资金158亿元，全市97%有贷企业存量到期贷款有序接转。全年实现保费收入189.84亿元，下降1.7%。证券交易额9018.2亿元，下降9.0%。其中，股票交易额7697.5亿元，增长44.6%；基金交易额289.8亿元，增长65.2%。落地上交所资本市场服务泰州基地、江苏股交中心泰州分中心，全年4家企业上市过会，7家企业在审或在辅，2家上市企业再融资24.13亿元，江苏股交中心新挂牌企业363家。全市农民资金互助社49家。其中，兴化市2家，海陵区7家，高港区14家，姜堰区14家，泰州医药高新区12家。除高港区大泗圆融资金互助社，其余48家完成转籍、接入省监管系统。至年末，全市农民资金互助社成员3.68万人，比转籍前减少6274人；吸收互助金余额14.55亿元，比转籍前减少9.23亿元；发放互助金余额12.88亿元，比转籍前减少9.94亿元。全市农村小额贷款公司33家，科技小额贷款公司5家（含互联网科技小额贷款公司1家）。全市小额贷款公司实收资本46.68亿元，全年发放贷款81亿元，年末贷款余额47.45亿元。至年末，全市融资租赁公司12家，比上年末减少2家，注册资本64.26亿元，实缴资本22.45亿元；商业保理公司6家，注册资本11.32亿元，实缴资本6.66亿元。全市正常运营典当行21家，实收资本金4.603亿元，从业人员96人，全年典当额3.44亿元，年末典当余额3.28亿元。

【金融服务】 2020年，泰州市银行业金融机构开展“百行进万企”升级扩面行动，印制普惠金融特色产品宣传手册，运用大数据分配对接企业，全年新增授信企业766户，金额25.9亿元，新发放贷款9.47亿元。出台“金融支持疫情防控12条”，银行机构开辟疫情防控信贷“绿色通道”，支持重点行业信贷。召开“金融支撑 跑出加速度”全市银行机构惠企信贷新品“线上”发布会，实施“驻厂员+金融帮办”战疫情助复工稳经济专项行动，创新建立普惠小微企业首贷续贷信用贷专项监测制度、制造业通报制度、金融惠企政策落实专项督导制度。

资金直达。3次降准释放资金58.91亿元，利用再贷款再贴现政策资金，为1万多户企业提供优惠利率贷款153.4亿元，比上年增长93.2%。改革贷款市场报价利率（LPR），普惠小微企业贷款加权平均利率下降72个基点，带动金融机构为企业让利28.7亿元。落实中小微企业贷款阶段性延期还本付息和普惠小微信用贷款2项直达性政策，全市普惠小微信用贷款新增60.68亿元，占全部普惠小微贷款新增额28%。

基础金融服务。建立账户开立、国库资金拨付、现金服务、外汇业务和疫情防控资金拨付“绿色通道”，保障疫情防控相关金融服务。全市国库拨付疫情防控资金715笔3.32亿元。拓展“无接触”征信查询服务，专项督查特定人群征信权益保护工作。

支付环境建设。督促银行机构推进移动支付市场环境建设，拓展用户，通过“云闪付”APP发放5000万消费券，交易金额5800多万元，移动支付便民工程建设在受理环境、用户人群、应用场景方面实现多点突破。推进农村普惠金融服务点提质增效，清退“僵尸点”466家，建成泰州市“凤凰驿站”、兴化市“昭阳驿站”等特色品牌，姜堰区三水街道杏林村“金融智慧加油驿站”等智能服务点2个，兴化市千垛镇东罗村“特色田园乡村”等综合服务点113个，支付服务点250个。

科技赋能。举办金融科技赋能泰州区域金改技能竞赛，推动金融机构运用科技手段赋能金融提质增效。推进数据治理和大数据应用，参与省分行大数据项目建设，开发江苏省国库智能分析系统月度分析模块。推广全球法人识别编码（LEI），新增注册LEI码97户。“征信融资E网通平台”获总行2019年度银行科技发展三等奖，是全国地市中支唯一获奖项目。

国库服务能力。建设小微企业退税绿色通道，在全省率先上线运行江苏省电子退库系统，推进退税业务无纸化，业务办理时间由10天左右缩短至半天以内，全市办理退税2.32万笔，金额10.51亿元。建设直拨资金通道，泰兴市支库试点人行直接办理财政直接支付业务，办理直接支付业务607笔1910万元。

现金服务与管理。实施人民币“亮化”工程，在全市784个银行网点统一窗口铭牌，明确小面额人民币备付标准，设立小面额预约兑换绿色通道。回笼不宜流通人民币33.5亿元，比上年增长28%。建设硬币循环渠道，以市场化方式推动全市新增26台设备接入“同城易兑”平台，全年硬币自循环6634万枚，增长2.24%。专项整治拒收现金，解决拒收现金投诉8起。

社会信用体系建设。建设地方企业征信系统，70多万家企业建档，获企业采集授权书3万多份，入库更新数据2亿多条，金融机构累计查询信用报告、授信评估等3万多次。实施兴化农商行“阳光征信惠农”工程，“阳光e贷”手机APP注册12万人次，授信额突破50亿元，“惠企e贷”首批授信小微企业231户、1.4亿元。

外汇服务支持。推进跨境金融区块链服务平台建设。筛选4000多户货物贸易名录登记企业，引导银行提供融资授信支持，筛选形成首批可信推荐企业名单。

保险服务。组建保险公司共保体，为1.37万名疫情防控一线人员捐赠保险。医责险共保体为医疗机构免费扩展传染病责任。农险共保体提高生猪保额。完成7.74万亩水稻收入保险试点，提供风险保障6419.36万元。开办长期护理保险和职工补充医疗保险。推出普惠型健康保险项目，惠及2.45万人。推进“商保直赔”模式，消费者享受出院即理赔完毕保险服务。中国人寿与政府合作创建医疗救助精准扶贫126模式。出台《泰州市保险业服务地方经济社会民生评价办法》。安责险共保体运用科技手段实施风险减量管理。

【绿色金融】 2020年，泰州市启动绿色企业和绿色项目认定评价，研究绿色认定标准和指标体系，探索建立标准化绿色企业（项目）库。开展绿色金融培训宣传，《绿色金融支持化工产业转型升级的调查与思考》被中国绿金委采用；编写《泰兴市绿色金融创新十大优秀案例》，推介绿色金融产品；宣介重点企业绿色信贷产品，开展化工开发区企业绿色金融专题培训。实施激励考核，给予加快绿色金融发展金融机构融资金额5‰财政奖励。（陆长东）

【凤城合伙人股债融合平台】 2020年，泰州市开发上线“凤城合伙人股债融合平台”，实现股权、债权和股债融合支持科创企业融资集成。平台以科创企业为核心资产，实施“基础层+精选层”培育机制，开展“信用评级+科创属性+投资人价值”3轮评估；建立“直接融资+间接融资”全生命周期金融服务体系，形成以信用评价为支撑科创企业服务体系。

【首贷破冰行动】 2020年，泰州市创新整合信息资源，筛选8万多户未获得贷款市场主体，推动银行主动上门对接，帮助企业解决资金难题。全市4800多户小微企业首次获银行贷款。在靖江市建设全省首家首贷中心，探索前、中、后台叠加贯通首贷闭环服务机制。（殷荣霞　刘逸虹）

金融改革创新试验区建设

【概况】 2020年，泰州市推进金融改革创新试验区建设，建设“企业融资全链条、产业发展全周期、风险防范全方位”区域金改“泰州模式”，确定年度重点金融改革项目76个，建立常态化重点创新项目推进和评审机制。《泰州市探索构建全链条融资机制推动金融支持传统制造业转型升级》获省政府领导批示，《金融时报》首版整版报道泰州金改成绩。在全省率先建立银行外汇展业信息共享机制，选取贸易信贷、贸易融资杠杆率等指标，归集企业4类12项经营指标，便利银行快速准确审核业务真实性，为企业跨境结算便利化和贸易融资提供数据支撑。推进货物贸易收支便利化、税务备案电子化、进口关单核验“白名单”等试点。构建全流程跨境融资便利化管理通道，为25家企业办理资本项目外汇收入便利化业务31亿元；协助13家企业办理宏观审慎外债签约登记17笔、21亿元；兴达钢帘线获批外币资金池业务备案。

【全链条企业融资服务模式】 2020年，泰州市金融服务实体经济呈“四增长两下降”，各项贷款、制造业贷款、普惠金融领域贷款和首贷户比上年增长，制造业贷款余额占比居全省第五位，普惠金融领域贷款余额占比居全省第二位，新增首贷户比上年增长42%；普惠型小微企业贷款加权平均利率、银行不良率下降。举办首届“凤城合伙人”峰会，建立科创企业培育库，上线股债融合服务平台，全年为9家企业对接股权投资37.81亿元。举办“投贷联动20强”评选，全年为24家科技企业提供“股权+债权”融资4.55亿元。为泰州产融综合服务平台提供全流程在线征信服务支持，全市36家银行机构、5家小贷公司、15家融资担保公司全部接入系统，各机构注册用户530多个；采集包括税收、社保、公积金、不动产、水电气等信息在内企业生产经营信息，入库、更新数据1.95亿条，补充更新专利、经营异常最新数据。授权委托企业1.41万户，新增授权委托企业6000多户；为各类用户提供服务4500多次。

【全生命周期金融支持产业转型模式】 2020年，泰州市探索“政府资本+金融资本+社会资本”模式，初步形成政府推动、市场主导全生命周期融资服务体系。举办“聚势泰州，合创未来”创投泰州“凤城合伙人”峰会。出台“产业投资基金管理办法”，市场化构建初创期医药企业“风投+基金”模式，组建转型升级产业投资、医药产业投资、创业投资等7支基金，规模超50亿元。其中，总规模15亿元泰州医药高新区大健康产业母基金注册设立；泰州润信产业投资基金合伙企业（有限合伙）在中国证券投资基金协会完成备案；交银国际与泰州医药高新区形成合作方案，设立交银大健康产业基金，总规模10亿元，首期规模5亿元。组建政府性融资担保公司，实现市、市（区）机构建设全覆盖，机构覆盖率居全省第二位。至年末，全市10家政府性融资担保公司在保余额64.18亿元，比年初增加13.41亿元，放大倍数2.32。推动创投资本投资科创企业，市、市（区）组建产业投资基金近100亿元，定向建立股权投资机构库，首批入库头部创投机构30家。建设“凤城合伙人”股债融合平台，建立全国首家科创企业综合融资服务平台。依托深交所泰州路演中心、江苏股交中心“创融江苏”路演平台，分层次组织科创企业路演展示。2020年，9家企业获红杉资本等机构股权投资37.81亿元。建设“银行+专业投资机构”服务平台，依托南京银行、浦发银行、招商银行及创投机构，举办第四届中小企业“投贷联动20强”评选，运用“小股权+大债权”投贷联动模式支持100多家科技型小微企业。

【全方位金融风险防范机制】 2020年，泰州市建立防范化解重大金融风险攻坚战工作体系，完善风险监测体系，建立线上线下一体化监测模式，形成上下联动、实时反馈、信息互补风险防范机制。至年末，全市线下投融资机构比2016年初下降99.13%。建立市场化处置体系，监测产能富余行业风险，建立分类帮扶处置机制，支持并购重组，推动僵尸企业市场出清；组建债权人委员会、实施联合授信，化解重点民营企业资金链断裂风险。至年末，全市银行业金融机构不良贷款率0.86%，比2016年初下降0.89个百分点。出台司法保障金改18条意见，建立涉金融类案件审理标准，开辟金融案件绿色通道。在全国率先构建“1+1+2+3”金融消费纠纷调解机制（“一会、一中心、二庭、三员”。一会，泰州市金融消费纠纷人民调解委员会；一中心，泰州市金融消费纠纷调解中心；二庭，金融仲裁庭和金融巡回法庭；三员，调解员、仲裁员、人民陪审员），金融消费纠纷调解成功率88%。

【产融综合服务平台】 2020年，泰州市21家银行、保险等金融机构入驻市产融综合服务中心，设立运作“中小企业金融支持中心”，开通征信查询、外汇管理、银行保险投诉接待、不动产抵押、担保、再担保、转贷、银联商务等服务配套窗口，为企业提供“一站式”全方位融资服务。至年末，“泰州市产融综合服务平台”注册上线企业突破1.7万家，基本覆盖泰州1.39万家有贷户和2500多家规模以上企业；企业在线发布融资需求1.39万笔，解决融资需求1.21万笔，其中，90%以上单笔融资额在1000万元及以下，77%左右单笔融资额在500万元及以下；合作金融机构51家，发布金融产品428个，在平台为企业授信520多亿元。

【全国首发“产融指数”】 2020年，人行泰州中心支行实施“人大普惠金融研究院+泰州学院”合作模式，构建“金融支持”“产业发展”两个分指数、6个一级指标、21个二级指标、69个三级指标组成的全国首个区域性产业金融发展指数指标体系，形成指数研究报告。11月19日，“泰州市产业金融发展指数”在“中国普惠金融国际论坛”发布。 （殷荣霞　刘逸虹　陆长东）

银行业

【概况】 2020年，泰州市银行业网点812个，比年初增加6个，实现乡镇全覆盖。推动法人机构转型，引导法人机构扩大优质资产规模，督促法人机构真实反映贷款质量，处置不良贷款。年末全市法人银行机构不良贷款28.54亿元，比年初减少0.5亿元；不良贷款率1.95%，降低0.29个百分点。

（刘逸虹）

2020年泰州市银行业金融机构经营指标情况表

表17　　单位：亿元，百分点

项目	总资产		总负债		所有者权益		税后净利润	
机构	余额	比年初增长（%）	余额	比年初增长（%）	余额	比年初增长（%）	2020年	比2019年同期增长（%）
银行业金融机构合计	8967.44	15.03	8678.41	15.17	289.03	10.90	117.90	9.00
其中：大型商业银行	3740.59	17.23	3693.96	17.31	46.63	11.11	52.69	8.44
股份制商业银行	1600.33	18.94	1570.67	18.97	29.66	17.51	28.89	17.64
城市商业银行	1276.94	11.82	1239.58	11.77	37.36	13.31	16.17	13.69

续表17

项目	总资产		总负债		所有者权益		税后净利润	
机构	余额	比年初增长（%）	余额	比年初增长（%）	余额	比年初增长（%）	2020年	比2019年同期增长（%）
农村中小金融机构	2107.49	10.28	1934.67	10.35	172.82	9.53	17.60	-2.95
附：法人银行业金融机构	2326.67	10.35	2135.18	10.41	191.49	9.71	17.79	-7.78

【中国农业发展银行泰州市分行】 2020年年末，全行贷款余额245亿元，企事业单位存款时点余额63亿元，国际业务结算量4144万美元。全年投放各项贷款102亿元。投放粮食贷款53亿元，比上年增加16亿元，其中市场化购销贷款23亿元，首次探索成品粮储备、发放贷款720万元，贷款累放累收、市场化业务规模均居全省首位。投放扶贫贷款22亿元，增长10倍。分别投放长江大保护、城乡一体化贷款31亿元、7亿元，分别完成任务113%、171%，开展“长江行”活动，与靖江市政府签订120亿元战略合作协议；投放3.5亿元贷款服务兴化市55万亩高标准农田建设。统贷统管、市县合作投放生猪贷款7600万元，其中使用专项再贷款5000万元；以苏中农业为核心企业，提供供应链融资1000万元，惠及新型农业经营主体；探索“购销企业+加工企业”联合体模式，服务秋粮收购。新营销民营小微企业6家，小微贷款净增2400万元，增长77%。以PPP模式支持泰州市体育公园建设；以“退二优二”模式支持长城汽车项目配套基础设施建设；以“资产收购+建设运营”模式支持靖江市污水管网项目；以“项目收益+股权转让”模式支持泰州医药高新区滨江综合整治。 （骆秀培）

【中国工商银行股份有限公司泰州分行】 2020年，全行实现拨备前利润13.44亿元，比上年增长12.8%；实现净利润8.72亿元，增长7.82%；实现中间业务收入6.32亿元，增长21.29%。年末全行本外币全部存款余额607.94亿元，比年初增加110.47亿元，同比多增65.59亿元；对公存款余额293.97亿元，增加63.31亿元；储蓄存款余额309.2亿元，增加47.59亿元；外币存款余额3.37亿元，增加1.84亿元。年末全行本外币各项贷款余额401.88亿元，增加54.85亿元，同比多增19.32亿元。全年贷款投放259.06亿元，增长17.39%。制造业公司贷款余额62.02亿元，增加8.23亿元；民营企业贷款余额54.26亿元，增加5.89亿元；银保监普惠口径贷款余额29.82亿元，增加8.38亿元，增长39.09%。发放“复工贷”9.72亿元，办理中小微企业临时性延期还本390户、53.5亿元。年末不良贷款3.09亿元，不良贷款率0.77%，分别下降2618万元、0.19个百分点。拨备覆盖率215.3%，提高25.44个百分点。完成潜在风险退转1.09亿元，不良资产表内清收2.38亿元、表外清收0.47亿元。全年工资代发新增1077户、3.14万人，实现代发额121.52亿元，增加17.52亿元；新增收单商户2.32万户，增长127.8%，实现收单额185亿元，增长244%；新开对公账户8006户。5000万以上重点客户拓户315户，落户率30.75%。 （工 行）

【中国农业银行股份有限公司泰州分行】 2020年年末，全行本外币各项存款余额896.74亿元，比年初增加104.96亿元；本外币各项贷款余额505.85亿元，增加73.46亿元。人民币对公存款余额288.8亿元，增加39.15亿元；人民币个人存款余额594.77亿元，增加66.84亿元。实现中间业务收入6.22亿元；实现拨备前利润19.18亿元、拨备后利润15.7亿元；存量对公客户3万户，个人客户340.9万户。年末全市乡镇网点覆盖率61%。办理受疫情影响企业贷款展期、宽限期329户、30.9亿元。推进普惠金融发展，实施“一项目一方案一授权”模式。年末实体贷款余额497.8亿元，增加74.5亿元；普惠贷款余额81.16亿元，增加36.77亿元。开展“百行进万企”“万人进千村”金融服务，至年末，入驻行政村306个，对接客户1.58万户，通过进村入户建档客户1.18万户，授信客户6137户、金额15.08亿元；涉农贷款余额255.27亿元；县域贷款余额335.3亿元。实施金融消费扶贫，实现销售额301.44万元。推进“智慧医院”“智慧校园”“智慧市场”等项目建设，至年末，互联网场景数310个，使用客户数18万户。发展金融投行业务，实现金融市场交易类业务70.73亿元，比上年多销售10.15亿元。年内，连续第11年获评人行反洗钱非现场评估A级行。 （农 行）

【中国银行股份有限公司泰州分行】 2020年，全行实现营业净收入15.37亿元，首次突破15亿元，比上年增长14.49%；实现拨备前利润11.08亿元，增长20.97%；受大额不良增提拨备影响，实现净利润5.57亿元，减少1.63亿元。人民币存款日均余额441.05亿元，比年初增加47.24亿元、增长11.99%，增幅居全省第三位，系统贡献度提高0.08个百分点。人民币贷款余额422.14亿元，比年初增加78.18亿元，增长22.73%，增幅居全省首位，系统贡献度提高0.31个百分点。人民币制造业贷款余额比年初增加17.5亿元，重点领域贷款余额31.11亿元，比年初增加10.59亿元，全年目标完成率108.0%，居全省第三位；人行口径普惠贷款余额30.01亿元，增加10.48亿元，全年目标完成率120.5%，居全省第四位。国际结算业务量41.83亿美元，全口径市场份额34.02%；跨境人民币业务总量87.22亿元，全口径市场份额40.52%。不良余额3.05亿元，比年初增加1.13亿元；不良率0.69%，提高0.15个百分点。全年扶贫贷款新增投放3500万元，余额比年初增加1300万元、增长18%。

（中　行）

【中国建设银行股份有限公司泰州分行】 2020年年末，全行存贷款余额分别突破700亿元、600亿元，其中，贷款新增95.16亿元、存款新增87.6亿元。新增贷款中，基础设施领域贷款27.71亿元，制造业贷款14.77亿元。一般性存款日均余额同业占比27.05%，比年初提高0.22个百分点；各项贷款余额同业占比32.08%。中间业务收入系统贡献度提高0.85%，拨备前利润贡献度提高0.20%。公司机构全量客户数比上年增长18.13%，加权有效客户数增长29.44%，均居系统第二位；对公人民币结算户全量账户同业份额提高1.15%，增幅居系统首位；个人商户增加1986户，增长量居系统第二位。投放江苏省分行首笔并购贷款。联合建信信托实现3000万元股权投资落地。新增非标理财投放19.98亿元，利率债分销12.3亿元，养老金非标投资7亿元。新增精准扶贫贷款1.5亿元。实施电商消费扶贫，全年实现消费扶贫503万元。设立裕农通乡村服务点1587个，覆盖全市全部行政村，裕农通“业主贷”申请客户数居系统首位，授信1074万元。全年新增公租房全流程业务笔数4198笔，居系统首位。建融家园平台新增在线支付金额3004万元。年末，普惠贷款余额89.08亿元，新增36.88亿元；“建行惠懂你”APP授信客户新增3091户，计划完成率140%。金科平台获客约2万人，新增金融总量22亿元。全年办理小微企业贷款延期1518户、1721笔、18亿元，办理完成无还本续贷1289笔、15亿元。上线智慧社区管理平台，赠送1.19万名一线疫情防控人员每人100万元意外伤害及定期寿险保障。与市地方金融监督管理局联合举办泰州市“银行+专业投资机构”暨“建行飞驰”资本市场客户推介会，为全市35家新兴产业、高端制造业企业提供综合金融服务方案；与市国资委联合举办“助力国企转型升级，服务地方经济建设”对接研讨会，推介城镇安置贷、债转股等新产品应用。

（建　行）

【交通银行股份有限公司泰州分行】 2020年年末，全行人民币各项存款日均余额256.35亿元，比年初增加37.68亿元，增长17.23%；人民币各项存款时点余额265.5亿元，比年初增加38.37亿元，增长16.89%。本外币各项贷款时点余额239.97亿元，比年初增加26.66亿元。本外币制造业贷款余额45.74亿元，比年初增加6.59亿元，增长16.8%；制造业客户数128户，比年初增加16户。在手储备制造业贷款16.3亿元，其中泰州市三大先进制造业储备6.3亿元。绿色信贷余额30.04亿元，比年初增加4.57亿元。为泰州医药高新区20家企业开通智慧金服平台业务，办理业务94笔；落地首单地方国有企业并购实体企业并购贷款0.93亿元；落地某石化公司5亿元融资租赁。应延尽延政策惠及小微企业47户，推动普惠贷款延期率77%，新增312户小微企业信用贷3.51亿元，新增普惠信用贷款占比45%。年末普惠“两增”贷款余额16.5亿元，比年初净增6亿元，增长57%；普惠“两增”客户数635户，比年初净增270户，增长66%。全年实现经营利润6.03亿元、经济利润5.42亿元。分行大学城支行入围2020年中银协全国千佳网点候选单位。

（交　行）

【中国邮政储蓄银行股份有限公司泰州市分行】 2020年年末，全行本外币各项存款余额563.49亿元，比年初增加72.30亿元，增长14.72%；本外币各项贷款余额269.85亿元，比年初增加42.13亿元，增长18.50%；不良贷款率比年初下降0.07个百分点。资产总额608.11亿元，比年初增加76.14亿元，增长14.31%。全年投放各类信贷资金162.50亿元（不含票据贴现），增长67.70%，完成五年融资计划51.88%，超序时计划11.88个百分点，重点建设项目、三农、民营企业、中小企业信贷投放占比近三分之二。新增“三大一精”领域授信112.34亿元，新增贷款投放35.75亿元。支持涉农主体信贷，全年投放富农贷85笔、5126万元，农业保险贷22笔、521万元，农担贷42笔、4915万元。推出“泰惠农贷”业务，投放6笔、525万元。支持生猪养殖行业信贷，年末生猪养殖贷款余额2648.34万元，比年初增加1058.11万元，增长66.54%。拓展涉农公司信贷业务，新增授信8亿元，新增贷款投放1.16亿元。实施金融精准扶贫，年末金融精准扶贫贷款（含已脱贫人口贷款）余额3869万元，比年初增加1576万元。年末涉农贷款余额87.99亿元，比年初增加9.68亿元，其中普惠型涉农贷款余额26.22亿元、比年初增加3.38亿元。新增小微企业贷款投放2800户、29.96亿元。推出小微易贷、人才贷、法人保证贷、政银担、信用易贷5个新产品，净增贷款3.88亿元。投放富民创业贷413笔，金额1.19亿元。年末小微企业贷款余额75.50亿元，比年初增长19.31%，其中普惠型小微企业贷款余额48.68亿元，比年初增长39.96%，高出各项贷款增幅21.46个百分点。小额贷款线上支用率超90%，极速贷余额突破11.50亿元、净增9.32亿元，发票贷余额1.56亿元、净增1.3亿元；小微易贷余额2.35亿元。年内，率先建成全省系统试点财富管理中心，率先实现网点办理不动产、车辆抵押登记“一站式”服务，建成全省系统首个集中监控中心、全市首家“交管24小时自助服务区”。

（王海霞）

【江苏长江商业银行】 2020年年末，全行资产总额347.70亿元，比年初增长15.05%；各项存款余额277.65亿元，增长15.39%；各项贷款余额260.16亿元，增长12.99%。不良贷款率1.42%，持续下降。实现利润2.35

亿元，纳税2.19亿元，其中泰州地区纳税1.97亿元。全年新增各类小型、微型企业首贷户1973户，占全年发放贷款户数28.83%，高于全省法人城商行平均水平15.19个百分点。普惠小微贷款余额125.60亿元，增加30.54亿元，增长32.13%，高于各项贷款增幅19.14个百分点；普惠性小微企业贷款2.39万户，增加7146户。推出复工应急贷系列产品，全年发放1.7万笔，37.85亿元。办理企业延期还本7860户，涉及贷款金额43.84亿元；办理企业延期付息57家，涉及贷款余额4.53亿元；提供小微企业低成本信贷资金2412笔、17.25亿元。年内，获评中国银保监会2020年度商业银行小微企业金融服务监管评级一级、中国银行业协会2020年“陀螺”评价体系综合评价规模2000亿元以下城商行综合实力前十名，获澎湃新闻2020金融发展高峰论坛“年度城商行”奖、第五次蝉联《金融时报》中国金融机构金牌榜“年度最具竞争力中小银行奖”，复工应急贷普惠金融案例获第三届中国金融年度品牌案例大奖评选“中融普惠年度案例特别奖”。

（长江银行）

【江苏泰州农村商业银行股份有限公司】2020年年末，全行实现各项收入17.88亿元，人均金融增加值9.43亿元。各项存款余额298.22亿元，比上年年末增长11.18%，市场份额9.38%；各项贷款余额236.28亿元，比年初增加25.39亿元，增长12.04%，市场份额9.22%。净增客户2157户，其中个人客户数净增2017户、企业客户数净增140户。各项贷款日均228.72亿元，增加20.66亿元、增长9.93%。至年末，新增手机银行客户7.04万户，增长40.20%；贷记卡新发卡1.59万张，增长93.09%；优质收单商户4409户，增长63.18%；贷记卡收入991万元，增长31.25%。发放各类支持复工复产贷款1.35亿元。年末涉农及小微企业贷款余额185亿元，比年初增加22.34亿元、增长14%，高于各项贷款增幅15.47百分点；涉农及小微企业贷款占比78.31%，比年初提高1.18个百分点。推出“凤凰快贷”信用产品，至年末，“凤凰快贷”授信401户、授信金额8799万元，用信364 户、用信金额6108万元。

（刘阳洋）

保险业

【概况】2020年，泰州市保险公司64家，其中财产险27家、寿险37家；保险分支机构、营业部365家，其中财产险123家、寿险242家。财产险主体中，外资机构1家；寿险主体中，外资机构6家，比上年增加1家。保险专业中介机构102家，兼业代理机构近500家，保险销售从业人员3.25万人。全年保费收入189.84亿元，比上年下降1.7%。其中，人身险145.43亿元，下降3.3%；财产险44.42亿元，增长4.0%。全年赔付49.41亿元，增长7.8%。其中，人身险赔付20.91亿元，增长7.2%；财产险赔付28.51亿元，增长8.3%。人保财险泰州分公司投入2000多万元建设“三农”保险基层服务网点，在乡镇设立乡镇营业部、“三农”保险服务站，在行政村设立“三农”保险服务点，全市建成乡镇营业部22个、“三农”保险服务站100个、三农保险服务点1600个，市、市（区）、乡镇、村四级联动农业保险服务网络形成。市保险行业协会实施自律管理，下发风险提示函4次。按月分类监测全市27家产险公司综合成本率和累计起保增速。开发泰州市保险从业人员流动和处罚信息查询平台，实现全市保险从业人员全方位常态化管理。开展车险综合成本专项、保险业消费者权益保护自律检查、升级机动车快处快赔中心服务，提升道路交通事故处理和保险理赔服务水平。完善保险纠纷多元化调解机制，全年诉调对接调解成功结案案件252件，调解赔偿2551.97万元，减损1165.47万元，案均赔款10.13万元，案均节约赔款4.62万元，总体减损率31.4%；减少鉴定费、诉讼费支出48.38万元，案均节省1919元。全年处理各类信访投诉455件，比上年增长102%。组织开展“3·15国际消费者权益日”“7·8全国保险公众宣传日”“金融知识普及月”、“文明泰州 幸‘盔’有你”电动自行车交通安全集中整治暨“网上学交规·答题赠头盔”等活动。

（刘逸虹　于会武）

2020年泰州市保险业保费收入分地区情况表

表18　　　　单位：亿元

指标 地区	合计		财产险公司		寿险公司	
	保费收入	比2019年增长（%）	保费收入	比2019年增长（%）	保费收入	比2019年增长（%）
市辖区	114.48	-6.79	23.67	6.57	90.81	-9.74
海陵区	42.32	-2.17	8.29	5.07	34.03	-3.79
医药高新区	43.36	-20.53	7.95	6.56	35.41	-24.82
高港区	7.22	20.28	2.46	8.88	4.76	27.16
姜堰区	21.57	13.61	4.96	8.01	16.61	15.40
靖江市	25.69	5.51	6.65	-3.01	19.03	8.85

续表18

地区＼指标	合计		财产险公司		寿险公司	
	保费收入	比2019年增长（%）	保费收入	比2019年增长（%）	保费收入	比2019年增长（%）
泰兴市	29.57	9.92	6.87	5.60	22.71	11.29
兴化市	20.11	4.92	7.23	5.07	12.88	4.84
全市合计	189.84	–1.75	44.42	4.63	145.43	–3.55

2020年泰州市保险业理赔给付分地区情况表

表19　　单位：亿元

地区＼指标	合计		财产险公司		寿险公司	
	理赔给付	比2019年增长（%）	理赔给付	比2019年增长（%）	理赔给付	比2019年增长（%）
市辖区	28.18	10.52	14.74	13.79	13.44	7.13
海陵区	10.64	—	5.13	13.78	5.51	—
医药高新区	9.39	—	4.57	3.85	4.81	—
高港区	2.01	25.34	1.45	19.53	0.56	43.53
姜堰区	6.15	18.01	3.59	26.82	2.56	7.53
靖江市	6.28	4.23	4.22	1.54	2.06	10.21
泰兴市	8.54	9.91	4.72	6.59	3.82	14.29
兴化市	6.41	2.75	4.82	6.51	1.59	–7.19
全市合计	49.41	8.52	28.50	9.35	20.91	7.40

（于会武）

【农业保险】 2020年，泰州市农业保险发展水平全省领先，年末农业保险深度1.16%，农业保险密度每人827元，保险覆盖率86.72%。全年130家新型农业经营主体与银行达成贷款意向，农业保险保费2.98亿元。（赵　蓉）

【首台（套）保险试点】 2020年，泰州银保监分局制定重点险种情况监测报表，重点监测保险机构首台（套）保险承保情况，推动保险机构协助企业申报补贴。保险公司首台（套）保险续保3笔，实现原保险保费收入2824.07万元，承保金额9.41亿元。

【医疗保险救助“126”模式】 2020年，泰州银保监分局推动中国人寿与政府合作创建精准扶贫126模式（“1”套精准扶贫救助机制，门诊住院就医及救助报销“2”个流程，医疗救助对象库、健康档案库、首选药品耗材目录、首选检查治疗目录库、首选定点医疗机构库和技术合作单位及专家库“6”个目录库）。与靖江市政府联合排查扶贫对象，将低收入农户、低保户、五保户、失独家庭、边缘贫困户、突发重大疾病人员6类群体纳入医疗救助，适当扩大扶贫对象，纳入部分重度精神病患者、特困职工、优抚对象等，靖江市1.61万名扶贫对象全部纳入精准医疗救助。政府统筹民政、慈善总会、红十字会等部门资金，统一投保居民补充医疗保险，中国人寿承担一站式结算软件开发、人力服务、项目宣传等费用，标准保费每人400元。制定保障内容，统筹医疗救助范围、救助内容及救助比例，将特病门诊环节纳入居民补充医疗保险保障范围；扶贫对象定点医疗机构门诊实行“二免一补”，即免一般诊疗费、免三大常规检查费，特殊检查费用补偿报销15%；社会基本医疗保险报销后自负住院费用在用药目录内按80%救助，试点医院靖江市新桥镇新桥城医院扶贫对象基层医院首诊率98%、床位使用率超90%。设定救助流程，建立药品耗材和检查治疗首选目录库，中国人寿开发医疗救助对象身份自动识别及一站式费用报销系统，实现医疗救助对象先看病后付费。至2020年6月，6386人次在靖江市定点医疗机构住院治疗，住院费用4840.1万元，获“126”模式救助费用237.4万元，个人自负费用176.18万元，自负比例3.64%。（刘逸虹）

【中国人寿保险股份有限公司泰州市分公司】 2020年，公司实现保费收入50.76亿元，比上年增长13.5%，增幅高于全省系统平均增幅3个百分点。实现首年保费13.19亿元。其中，首年期交保费10.07亿元，10年及以上期交保费5.53亿元；短期险保费3.12亿元。为全市500多万人提供各类人身保险服务，承担风险保额近1.3万亿元，赔付7.73亿元。辖机构85个，其中市级分公司1个、综合性经营单位5个、营业部或营销服务部79个，有专业销售人员1.01万人。实施"政保网格专员"项目，招募政保网格专员1750人，开展保险宣传、金融防非宣传、保险开拓服务。泰州市中医院开通理赔直付，实现全市寿险市场服务突破。向全市医护人员等捐赠总保额68.35亿元"守护天使"特定保险，赔付1人、50万元。至年末，承办泰州市各级政府委托业务项目20个，项目市场份额64.52%。其中，大病保险承保217万人，赔付2.45亿；创新开展工伤预防项目，承保各市（区）工伤预防项目，开展工伤保险政策宣传；参与长期护理保险试点，自2019年中标泰州市市本级长期护理保险至2020年年末，评估成功1184人，2020年3月成立全市首家长期护理业务结算中心；承办健康扶贫补充保险项目，实现市（区）全覆盖，扶贫保险覆盖建档立卡低收入人口8.95万人，赔付11.09万人次、2510万元，保费规模居全省首位。

（寿　险）

【中国人民财产保险股份有限公司泰州市分公司】 2020年，公司实现保费收入19.32亿元，比上年增长2.03%；保费市场份额43.5%。全年承担风险责任11682亿元，处理各类赔案24.57万件，赔付12.76亿元。为泰兴市智慧城市、兴化市长江引水工程、泰兴经济开发区污水处理及生态环境提升PPP项目等提供工程风险保障；联合靖江市推广综治保险，承保兴化市自然灾害综合保险、泰兴市自然灾害惠民保险等项目；承办健康扶贫保险，推广防贫险；中标泰州市政策性农业保险项目，与市农业农村局、市扶贫办签订战略合作协议；全国首创地方财政补贴型生猪养殖扩展保额保险；实施警保合作，至年末，建成警保联动交通劝导站83个，乡镇覆盖率100%。推出复工保产品，降低保险费率，保期顺延缓解企业资金压力。预警风险，成立风控管理中心。

（窦宝俊）

证券期货业

【概况】 2020年，泰州市有驻泰证券、期货分公司、营业部37家，其中证券分公司3家、证券营业部32家、期货营业部2家。全年全市证券期货交易额10113亿元，发行非金融企业债券741.86亿元，到期（含回售或还本）公司债121.25亿元。

【企业挂牌上市】 2020年，泰州市实施百企上市（挂牌）行动计划，在全省率先联合深交所、全国股转公司在资本市场学院举办创业板注册制、新三板精选层改革培训。制定资本市场促进中心框架方案，成立"上海证券交易所资本市场服务泰州基地""泰州资本市场学院"。推动江苏股交中心设立泰州分中心，新增164家挂牌企业；与江苏省证监局、上交所、深交所、全国中小企业股转系统等建立战略合作关系。全年全市新增科创板上市企业1家、在审企业1家、在辅企业4家；新增创业板过会企业2家、在辅企业2家；新增"新三板"精选层企业1家。其中，森萱医药晋升"精选层"，成为全国首批32家、江苏5家晋层企业之一，首发募资3.24亿元；双乐颜料、扬电科技成为创业板注册制首批受理企业；精锻科技创业板注册制再融资10.08亿元。至年末，全市上市企业17家，其中A股上市企业10家；科创板上市企业数居全省第四位。

【上交所资本市场服务泰州基地】 2020年7月3日，泰州市政府与上海证券交易所在上海市签约，共建"上海证券交易所资本市场服务泰州基地"，发挥泰州市资本市场后发优势，与上交所等交易场所合作，建设长三角先进制造业基地。涪育1000多家在库科创型企业，壮大资本市场"泰州板块"。

【江苏股交中心泰州分中心】 2020年9月16日，江苏股交中心泰州分中心揭牌暨首批企业集中挂牌仪式在泰州市产融综合服务中心举行，首批63家企业在泰州分中心集中挂牌。江苏股权交易中心是省政府授权批准设立的全省唯一一家区域性股权交易市场，注册资本2亿元。挂牌后，分中心为全市创新创业型中小微企业提供挂牌展示、路演融资、投贷联动、上市（挂牌）培育等服务。

【泰州资本市场学院融资路演沙龙】 2020年12月10日，泰州市地方金融监管局、江苏股交中心联合主办泰州资本市场学院融资路演沙龙活动，首次通过"我的泰州""泰企通""创融江苏"3个平台联合直播，企业、投资机构以及3万多名观众在线观看。海汇投资江苏区合伙人围绕企业股权融资关键环节、商业计划书制作等辅导，毅达资本、江苏投资等机构20多位创投嘉宾与10家科创企业代表现场交流。10家企业融资项目股权融资需求近7亿元，通过江苏股交中心"创融江苏"路演平台、"中国高新区科技金融信息服务平台"推送至全国专业投资机构。

（殷荣霞）

责任编辑：张　华

综　述

【概况】2020年，泰州市接待国内旅客1266.96万人次，比2019年下降59.9%。接待过夜入境游客0.91万人次，下降80.6%，其中外国人6946人次、中国香港同胞389人次、中国澳门同胞21人次、中国台湾同胞1790人次。全年实现旅游总收入154.11亿元，下降62.8%；实现旅游外汇收入1604.03万美元，下降66.66%。

【全域旅游创建】2020年，泰州市开展全域旅游创建工作，海陵区、泰兴市被列入第三批省级全域旅游示范区创建单位。姜堰区三水街道小杨村等2个村创成全国乡村旅游重点村，高港区白马镇陈家村等2个村（社区）创成省级乡村旅游重点村。兴化市1个度假区创成省级旅游度假区，2个景区创成AAA级景区，1个镇创成省级旅游风情小镇，2个景区入选首批省级文旅消费集聚区。

旅游资源

【概况】2020年，泰州市有国家A级以上旅游景区39家，其中AAAAA级景区1家，AAAA级景区10家，AAA级景区18家，AA级景区10家。年内，高港区凤栖湖景区、海陵区香草湾景区创成国家AAA级旅游景区，姜堰区小杨村、兴化市东罗村创成全国乡村旅游重点村，高港区陈家村、海陵区麒麟社区创成省级乡村旅游重点村，兴化市乌巾荡度假区创成省级旅游度假区，姜堰区溱潼镇创成省级旅游风情小镇，泰州市凤城河风景区和靖江市滨江新城休闲水街入选首批省级文旅消费集聚区。凤城河景观亮化及水幕秀、溱湖民宿、兴化千垛停车场及景观廊桥等重点项目完工。举办“溱湖八鲜”美食节、兴化品蟹美食节等特色活动。

高港区凤栖湖创成国家AAA级旅游景区　　　　（殷　凯　摄）

2020年泰州市国家AA级及以上旅游景区情况表

表20

等级	市（区）	景区名称	地址
AAAAA	姜堰区	姜堰溱湖旅游景区	姜堰区溱湖大道1号
AAAA	泰兴市	泰兴市新四军黄桥战役纪念馆	泰兴市黄桥镇米巷10号
	兴化市	兴化市李中水上森林景区	兴化市李中镇舜川路东首
		兴化市郑板桥·范仲淹纪念馆	兴化市昭阳镇牌楼北路2号

续表20

等级	市（区）	景区名称	地址
AAAA	海陵区	泰州市凤城河风景区	泰州市海陵区东南园10号
		泰州市秋雪湖生态景区	泰州市秋雪湖大道58号
		泰州市稻河景区	泰州市东进西路（中百一店对面）
	高港区	高港口岸雕花楼景区	高港区金港南路五一桥南侧庆元街76号
	姜堰区	姜堰溱潼古镇	姜堰区溱潼镇人民路10号
		姜堰古罗塘旅游文化景区	姜堰区北大街
	高新区	泰州市天德湖景区	泰州市海军东路1号
AAA	靖江市	靖江市牧城景区	靖江市工农路1号
	泰兴市	泰兴市红枫园景区	泰兴市G40沪陕高速205县道出口
		泰兴市国家古银杏公园	泰兴市宣堡镇张河村
		泰兴市黄桥小南湖风景区	泰兴市黄桥镇祁巷村
		泰兴市马甸水利枢纽风景区	泰兴市滨江镇马甸村双桥路
	兴化市	兴化市沙沟古镇	兴化市沙沟镇
		兴化市施耐庵文化园	兴化市新垛镇
		兴化市乌巾荡湿地公园	兴化市英武北路
		兴化市金东门老街景区	兴化市得胜湖路
		兴化市万亩荷塘景区	兴化市千垛镇刘沟村
	海陵区	麒麟湾景区	泰州市海陵区城西街道麒麟湾
		香草湾景区	泰州市海陵区城西街道麒麟湾
	高港区	引江河风景区	高港区杨湾引江河泰州高港枢纽
		中国人民解放军海军诞生地纪念馆	高港区白马镇
		白马文化旅游区	泰州市高港区白马镇
		泰州市本草养生景区	高港区大泗镇泗白路8号
		泰州市凤栖湖景区	高港区口岸街道张马社区
	姜堰区	姜堰溱湖湿地农业生态园	姜堰区溱潼镇 （溱湖国家湿地公园西侧100米）
AA	靖江市	靖江市生祠镇岳王庙·刘国钧故居	靖江市思岳路南首
		靖江市人民公园	靖江市人民北路56号
	泰兴市	泰兴市独支纪念馆	泰兴市横垛镇醒农路26号
		泰兴市人民公园	泰兴市国庆东路6号
	兴化市	兴化市郑板桥林园	兴化市大垛镇管阮村
		兴化市张郭晨秀园	兴化市张郭镇
	海陵区	泰州市烈士陵园	泰州市海陵区迎春西路115号
		泰州市中医药文化展示馆	泰州市海陵区涵西街17号
	姜堰区	姜堰人民公园	姜堰区古田路1号
		姜堰娄庄烟墨公园	姜堰区娄庄镇娄庄村

【核心旅游集聚区】 2020年，泰州市有三大旅游集聚区，分别是姜堰区溱湖旅游景区、泰州市凤城河风景区、兴化市千垛景区。其中，姜堰区溱湖旅游景区包含国家溱湖国家湿地公园、溱潼古镇、泰州华侨城等景点；泰州市凤城河风景区包含望海楼、桃园、梅兰芳纪念馆、乔园等景点；兴化市千垛景区包含千岛菜花风景区、李中水上森林景区等景点。

溱湖国家湿地公园。溱湖国家湿地公园是江苏省首家、全国第二家国家级湿地公园，以“水、湿地、生态”为主题，园内湖泊、河流等占景区总面积的37%。园内有水环境景区、湿地知识教育培训区、湿地生态区、湿地文化展示区四个版块。拥有麋鹿、丹顶鹤、扬子鳄等国家一级保护动物。2020年，溱湖国家湿地公园举办千人寻味记溱湖八鲜美食节系列活动、溱湖簖蟹品蟹达人争霸赛等活动。

溱潼古镇。溱潼古镇是国家AAAA级景区、中国历史文化名镇、中国民间文化艺术之乡、首批中国特色小镇、全国小城镇建设示范镇、全国重点镇、全国特色景观旅游名镇、中国最美村镇，是央视《跟着书本去旅行》《人间滋味在路边》摄制组取景地。主要景观有东观归渔、院士旧居、花影清皋、中国茶花王、民俗风情馆、禅院古槐、水云楼、契约馆、水上商谈处等，有文物保护单位12处。2020年溱潼古镇接待游客250多万人次。

泰州华侨城。泰州华侨城坐落于溱湖国家湿地公园西侧。建有云海温泉、温泉酒店、云海湿地体育公园、古寿圣寺景区、水岸商业街、纯水岸住宅六大项目，形成“蓝脉绿网、水城小镇”的特色风景。集温泉度假、商务会议、酒店商业、休闲运动、佛学文化及人文居住于一体。2020年，泰州华侨城举办11届亲水节、第11届温泉节等活动。

望海楼。望海楼是凤城河风景区核心景观，始建于宋代，被文怀沙称为“江淮第一楼”。景区有千年州城遗址、宋城古涵、文会堂、“五相树”、范仲淹青铜塑像等景点。2020年1月20日，泰州市委宣传部、“学习强国”江苏学习平台、新华报业传媒集团等主办的2020“城门挂春联 江苏开门红”泰州站启动仪式在望海楼景区举行。

桃园。桃园是凤城河风景区景点之一，是纪念清代戏曲家孔尚任在泰州写作《桃花扇》的主题公园，植有观赏桃3600多株、116个品种，花期从3月中旬持续到4月下旬，每年桃花盛开期间举办桃花节。2020年3月20日~5月5日，恢复开放2020泰州龙凤呈祥灯会（凤城泰州·龙城常州），在望海楼、桃园景区设有34组大型灯组，分为泰有戏、泰有韵、泰有福、泰有才、泰有料、泰有趣、泰有乐7个版块。10月24日，市总工会、共青团泰州市委、市妇联、市文旅集团、泰州广播电视台共同主办的“今世缘”2020泰州广播桃园相亲会在桃园举行，2000多名会员参加。

梅兰芳纪念馆。梅兰芳纪念馆是凤城河风景区景点之一。景区内有梅兰芳坐像广场、梅兰芳史料陈列区、京剧知识长廊、仿古戏台、梅兰芳纪念亭及梅园区、滨河水榭等景点。纪念馆西侧建有滨河水榭，与望海楼、桃园、东河游园、滨河广场等景区组成凤城河景观链。2020年8月11日，2020“梅派传承·经典分享”泰台京剧票友线上交流会在泰州梅兰芳纪念馆举行，泰州京剧票友联谊会与中国台湾中磊文化交流公司、中国台湾京昆剧团的近百位票友在线上交流国粹技艺。

乔园。乔园是明代万历年间修建的私家园林，后为两淮盐运使乔松年所有，故称“乔园”，是苏北地区现存最早的古典园林。核心景区保留原整体风貌，有山响草堂、因巢亭、绠汲堂、松吹阁等。次景区有来青阁、皆绿山房、蕉雨轩、午韵轩、石林别径、二分竹屋等。2020年6月，乔氏宗亲乔东球向泰州乔园捐赠清代大臣、文学家曹秀先书写的“山水之间发清响 古今以上多同人”木质嵌瓷。

千岛菜花风景区。千岛菜花风景区位于兴化市千垛镇，是全球重要农业文化遗产，江苏省四星级乡村旅游点。油菜花观光核心区306.67公顷。景区以江苏里下河地区的垛田景观享誉全球，有“千垛油菜花”地之称。2011年经网络评选，入选中国最具影响力油菜花海第一名。2020年3月18日，2020年千垛菜花旅游推广活动启动仪式在景区举行。

李中水上森林景区。李中水上森林景区是国家AAAA级旅游景区，位于兴化城西北17千米处，是全省最大的人工湿地生态林。景区占地面积103.33公顷，采用林垛沟鱼的立体模式，森林主要以池杉为主，林中鸟最多时有6万多只。园区内有林中水巷、板桥栈道、难得糊涂林、步云桥、垂钓区、娱乐区等一批具有现代水乡风光特色的景点。2020年，李中水上森林景区举办“直通大上海，融入长三角”——长三角主流媒体摄影采风行、夏日森林舞会、2020秋韵诗歌美食文化旅游节暨水上森林红杉节等活动。

旅游项目开发

【概况】 2020年，泰州市围绕田园水乡和生态湿地、文化和红色记忆、健康美食和养生胜地等特色文化旅游资源，开发水城慢生活、醉游泰州、泰田园风光、邂逅泰州亲近大自然、相守千年健康行5条精品线路。推进“文化+”“旅游+”，指导促进工业旅游、健康旅游、自驾游等文旅新业态发展。开展省级工业旅游区复核和申报认定，创建国家中医药健康旅游示范区，建设自驾车旅居车营地。

【项目资金扶持】 2020年，泰州市指导A级旅游景区、重点乡村旅游企业、旅游星级饭店、旅行社和绿色网吧等申报省级纾困资金项目，2家旅游星级饭店、5家乡村旅游企业、7家旅行社、6家绿色网吧获省级纾困资金355万元。开展旅游服务质量保证金暂退工作，暂退724万元，惠及全市65家旅行社。组织专项资金申报，3个项目获省级现代服务业（广播电视）发展专项资金补助资金210万元，4个项目获省文化和旅游产业发展专项资金扶持570万元，2个项目获省级夜间文旅消费集聚区建设引导资金200万元扶持，3个项目获省旅游产业发展基金贷款扶持。

2020年4月29日，泰州“文旅惠民季”活动启动　　（汤德宏　摄）

【文旅基建项目】 2020年，泰州市完成桥梁文化提升工程、三水湾水幕秀项目、环河轻商业布点工程子项目（留芳茶社、原华亿传媒）。推进大运河文化和盐税盐商文化保护传承利用，开工建设古盐运河广场、泰来面粉厂工业遗址文化园核心区。投资6300万元完成内环游步道项目、西城河照明改造工程、西仓桥南侧景观工程3个年度民生项目。推进长岛枫叶岛景观建设、外环游步道及景观、柳园公园改造、光孝寺东西两侧地块整理、城河照明亮化提升、静安路特色商业街建设等项目。开展梅兰芳智能虚拟影像项目前期工作，完成军事文化主题乐园项目策划，启动谋划非遗产业开发项目。注册“冶物”文创品牌商标，完成初代产品开发。注册文旅智慧科技平台，建设造智慧文旅。

【文旅惠民】 2020年，泰州市制定《关于促进全市文化和旅游消费的工作措施》《关于支持旅游发展促进文旅惠民的通知》。实施“文化惠民券”工程，组织开展文化惠民演出2000多场次，实施“万场文化活动进农村”600多场次，惠及群众超40万人次。4~5月，泰州市举办文旅惠民季活动，4月29日，泰州市在天德湖公园举行2020泰州文旅惠民季启动仪式。其间，泰州市发布支持旅游发展促进文旅消费八项政策，包括激发消费潜力、落实奖补政策、景区门票优惠、提升服务水平、消费扩容提质、加强市场营销、文旅融合发展、优化市场环境等。4月29日~7月16日，泰州市通过“祥泰码”小程序，分12轮向泰州市民和游客发放5000万元泰州旅游消费券，在全市A级景区、星级饭店、旅游接待饭店、旅行社、乡村旅游区消费抵用。活动累计报名参与人数100多万人次，直接拉动消费额约2亿元。组织2000名市民参加“惠民互动游”免费游泰州，向62名援湖北医务人员赠送泰州市景区“终身畅游卡”。

【“凤城河夜泰美”夜经济】 2020年，泰州市在静安路街区开展为期3个月的“凤城河夜泰美”夜经济活动，拉动消费800多万元，聚集人气超100万，申报获批为“江苏省省级夜间文旅消费集聚区”。

【泰州早茶项目】 2020年，泰州市文旅集团围绕发展早茶产业，完成泰州早茶集团注册，开设泰州早茶博物馆，推进早茶产业协会筹建、实施“泰州早茶”标准体系制定和“泰州早茶”商标专利申报。举办第二届中国泰州早茶论坛，围绕泰州早茶，规范文旅古月楼项目经营，恢复留芳茶社经营并开设“胡泰泰”社区店和“古月坊”19家。

旅游业态

【假日旅游】 2020年“五一”期间，跨省游尚未开放，市民旅游以省内游、周边游为主。5月1~5日，凤城河风景区、溱湖旅游景区、溱潼古镇、秋雪湖生态景区、兴化李中水上森林、高港口岸雕花楼6家主要景区（点）接待游客5.37万人次，门票收

逛夜市　　（罗卫星　摄）

入118.61万元，分别恢复到2019年同期的24.3%和16.8%。端午节小长假期间，凤城河风景区、溱湖旅游景区、溱潼古镇、兴化李中水上森林、高港口岸雕花楼5家主要景区接待入园游客1.53万人次，门票收入38.74万元。国庆中秋长假期间，落实限量、预约、错峰、有序开放等措施，恢复泰州市旅游市场。8天长假期间接待游客379.36万人次，实现国内旅游收入59.65亿元，分别增长1.3%和1.08%。其中，凤城河风景区、溱湖旅游景区、溱潼古镇、高港口岸雕花楼、兴化李中水上森林5家主要封闭式景区接待入园游客14.12万人次，门票收入535.66万元。

【乡村旅游】 2020年，兴化市千垛镇东罗村、姜堰区三水街道小杨村被评为全国乡村旅游重点村，海陵区城西街道麒麟社区、高港区白马镇陈家村被评为江苏省乡村旅游重点村。至年末，全市有全国乡村旅游重点村3家，分别为泰兴市黄桥镇祁巷村、兴化市千垛镇东罗村、姜堰区三水街道小杨村，江苏省乡村旅游重点村2家，分别为海陵区城西街道麒麟社区、高港区白马镇陈家村。年内"静静带你游乡村"文旅节目上线。

【工业旅游】 2020年，泰州市开展全市省级工业旅游区的调查摸底，完善工业旅游区档案管理；开展省级工业旅游区的复核和申报认定，促进工业旅游新业态创新发展。年内，扬子江药业集团获评省级工业旅游区，至年末，泰州市有省级工业旅游区10个。

【文化旅游】 2020年，泰州市"水城慢生活 湿地仙鹤飞"和"相守千年健康行"2条线路入选"水韵江苏"旅游精品线路，"一河流淌的文明 千年传承的风景"1条线路入选全省大运河文化旅游精品线路，"世界湿地 中国里下河"1条线路参评"水韵江苏"入境精品线路。9月起，泰州市先后在南京市、广州市、佛山市、北京市、福州市、嘉兴市等地区旅游市场举办推介会、路演等。跟随"水韵江苏"推介团先后到杭州市、宁波市、合肥市、黄山市、郑州市等周边市场宣传推广提升泰州市旅游影响力。"晨辰和你聊文博"文旅节目上线，建成"泰周到"文旅小店。

【自驾游】 2020年，泰州市组织学习贯彻《自驾车旅居车营地质量等级划分》《自驾游目的地等级划分》等国家标准，开展自驾车旅居车营地建设和自驾车旅居车营地主题营销活动。

旅游营销

【概况】 2020年，泰州市举办泰州文旅推广季。发布5条精品线路满足后疫情旅游市场需求。围绕沪泰、京泰动车开通，分别在上海市、北京市举办泰州文旅产品推介会，与上海市静安区、中国旅游集团、首旅集团签署战略协议。与江苏旅游新干线旅游共同体城市合作，开展游客互送、恢复旅游市场。在上海市和携程旅游网投放泰州旅游消费券1600万元，其中上海市重点客源市场团队旅游产品补助1000万元、携程旅游网平台补助旅游消费券600万元，带动到泰州旅游人数8.5万。

【旅游会展】 2020年，泰州市拓展国内旅游市场，先后在长三角、华南、华北客源地区旅游市场举办推介会、路演、分享会等活动。参加"水韵江苏"推介团到杭州市、宁波市、合肥市、郑州市等地宣传推广。组织梅派京剧、溱湖船娘唱船歌、"非遗"大师制作木船、千丝等项目参加第二届大运河文化旅游博览会、中国国际旅游交易会、上海旅游节"唐韵中秋"文旅展示等国内重点旅游展会及活动，集中展示泰州市文化、旅游、美食等特色产品。

【旅游宣传】 2020年，泰州市利用媒体平台，组织开展各类旅游宣传营销活动。在《中国旅游报》《新华日报》《扬子晚报》及江浙沪交通广播电台、全国重点城市电梯框架、上海地铁等媒体平台开展宣传，与携程网、同程网、马蜂窝网等在线旅游平台合作，通过线上产品发布、达人直播、攻略发布、微信朋友圈宣传和线下采风、分享会等活动，提升产品知名度与转化率。开通泰州文旅抖音号，组织拍摄制作泰州市美景、美食、美宿、"非遗"等文旅系列短视频，丰富泰州市文化旅游网红打卡元素。策划制作泰州市文旅读本、动车游攻略折页等资料，满足游客需求。

【承办2020年国内旅游宣传推广培训班】 2020年12月13~16日，2020年国内旅游宣传推广培训班在泰州市举行，是泰州市首次承办全国文旅行业会议活动。培训围绕"文商旅融合""短视频与直播助力文旅传播""创新旅游宣传推广""旅游目的地打造"等主题开展授课。全国约150人参加培训。

旅游管理

【概况】 2020年，泰州市推进旅游商品无理由退换，全市有旅游商品无理由退换商店122家。推进全国旅游监管服务平台应用和旅行社管理智慧化，推广使用旅行社电子合同、电子行程单。开展优化"旅游厕所、旅游停车场、旅游标识牌、旅游风景道"四大专项行动，新、改建旅游厕所38座，改扩建城区、景区、游客集中场所停车场，建设立体、生态旅游停车场等新型设施。维护、优化旅游标识牌200多块，旅游景区道路引导标识规划和设置纳入城市道路建设，形成全域旅游指引标识体系。

【旅游饭店和旅行社】 2020年，泰州市有列统旅游星级饭店18家，其中五星级旅游饭店1家、四星级饭店5家、三星级饭店11家、二星级饭店1家。按市（区）分，海陵区4家、姜堰区1家、高港区1家、靖江市3家、泰兴市3家、兴化市6家。2020年，泰州市旅游星级饭店房间数2103间，床位数3491张，全年旅游星级饭店客房出租率43.95%，平均房价每间每天233.39元，比2019年下降14.46%。全市有旅行社137家，各类旅行社分社和营业部293家。

2020年泰州市国家星级旅游饭店情况表

表21

饭店名称	所在区县	星级	客房数（间）	床位数（张）	地址
泰州宾馆	海陵区	五	238	403	泰州市迎宾路88号
泰州市美丽华大酒店	海陵区	四	126	203	泰州市凤凰东路66号
江苏原野大酒店	海陵区	三	252	486	泰州市南通路30号
泰州会宾楼宾馆	海陵区	三	110	168	泰州市济川东路101号
兴化天宝花园大酒店	兴化市	四	203	311	兴化大道99号
兴化市森南大酒店有限公司	兴化市	三	88	157	兴化市英武南路188号
兴化市凤凰大酒店	兴化市	三	56	94	兴化市丰收路181号
兴化市裕华花园酒店	兴化市	三	70	108	兴化市昭阳路482号
兴化市垛田迎宾馆	兴化市	三	89	141	兴化汽车客运站对面、站前路2号
兴化广润大酒店	兴化市	三	72	102	泰州市兴化市周庄镇世纪大道一号
江苏靖江国际大酒店	靖江市	四	208	380	江苏省靖江市人民南路179号
靖江市扬子江酒店管理有限公司	靖江市	四	152	207	靖江市中洲西路28号
靖江南园樱花宾馆	靖江市	三	130	200	靖江市人民南路40号
泰兴银光大酒店有限公司	泰兴市	四	93	141	泰兴市国庆东路91号
泰兴市君悦大酒店	泰兴市	三	32	57	泰兴市大庆东路66号
泰兴市桥缘宾馆	泰兴市	三	84	168	泰兴市黄桥镇永丰桥南路41号
泰州海川餐饮休闲管理有限公司	高港区	三	69	103	泰州市高港区刁铺街道东环城路北侧（观五村）
姜堰新康假日酒店有限公司	姜堰区	二	31	62	姜堰区沈高镇宁盐路88号

【智慧旅游系统建设】 2020年，泰州市建设智慧旅游系统二期平台，并纳入智慧城市建设项目。年内，完成智慧旅游二期平台方案设计和专家评审，争取市智慧城市建设专项资金240万元。完成智慧旅游指挥中心搬迁和系统保障工作。建设全市AAAA级及以上景区门票预约系统，完成AAAA级及以上景区视频监控和客流数据接入省文化和旅游厅智慧旅游系统平台。

【旅游执法】 2020年，泰州市组织旅游市场执法检查，开展旅游包车专项整治、旅游安全生产专项整治、旅游市场无证经营整治等专项行动，专项执法检查游客、市民反映比较集中的问题，全年检查旅行社、旅行社分社及服务网点241家，查处违法违规案件3件，罚款金额3.3万元。全年泰州市文广旅局处理调解各类旅游投诉纠纷100多起，为游客争取赔偿或挽回损失10多万元，法定期限结案率100%。开展A级旅游景区和星级乡村旅游区服务质量暗访和督促整改。

【旅游人才培养】 至2020年年末，泰州市注册导游1170人，其中，中级导游23 人，初级导游1147人，英语语种导游29人，日语语种导游1人。组织2020年全市导游资格考试，188人报名，34人通过考试。举办2020年新增导游岗前培训班，开展新增导游旅游法律法规、职业道德、导游服务规范和带团技能等培训。举办全市旅游行业安全实务暨《中华人民共和国旅游法》学习培训。

（杨俊杰　赖秀娟）

责任编辑：王　卉

房地产开发

【概况】 2020年，泰州市完成房地产开发投资498.47亿元，比上年增长41.4%。商品房施工面积2385.79万平方米、竣工面积449.38万平方米，分别下降8.2%、17.5%。强化房地产项目招商引资，推介优质地块和"净地出让"等政策，吸引中海、佳兆业、宝龙、祥生、蓝光、中骏、新力、中南、绿城、金茂等10多家国内知名房地产企业首次进驻泰州市。5月，苏中片房地产开发企业座谈会在泰州市召开，苏中各市房地产主管部门及27家房地产开发企业代表参会。

【房地产投资】 2020年，泰州市房地产开发完成投资498.47亿元，比上年增长41.4%，增速高于固定资产投资41.2个百分点，高于全省平均水平31.7个百分点。其中，商品住宅类项目完成开发投资409.67亿元，增长43.8%。主城区商品房开发完成投资191.3亿元，增长77.96%，其中商品住宅开发完成投资157.86亿元，增长83.68%。

【房地产施工】 2020年，泰州市完成商品房施工面积2385.79万平方米，比上年下降8.2%，其中商品房新开工面积643.22万平方米，增长3.6%。主城区商品房施工面积778.72万平方米，下降4.98%，其中商品住宅施工面积644.03万平方米，下降5.48%。主城区商品房新开工面积256.2万平方米，增长22.76%，其中商品住宅新开工面积207.58万平方米，增长10.23%。

【房地产竣工】 2020年，泰州市商品房竣工面积449.38万平方米，比上年下降17.5%。主城区商品房竣工面积98.14万平方米，增长76.18%，其中商品住宅竣工面积72.58万平方米，增长37.27%。

（李　杰　殷恒杰）

房地产市场供应

【概况】 2020年，泰州市区经营性用地挂牌出让40宗，出让土地面积201.4万平方米、总成交额216亿元，比上年分别增长25.7%、45.62%。海陵区、泰州医药高新区成交楼面价首次突破1万元/平方米。全市批准商品房预售44465套、面积548.56万平方米、分别下降2.52%、2.35%；累计商品房待售面积234.25万平方米，下降2%。

【经营性用地挂牌出让】 2020年，泰州市区住宅类用地挂牌出让22宗、出让土地面积157.07万平方米（含安置房用地3宗、土地面积18.87万平方米）、成交总额201亿元；商服类用地挂牌出让18宗、出让土地面积44.4万平方米、成交额15亿元。7月2日，位于海陵区青年路和梅兰路交汇处的泰地储告〔2020〕5-1号地块成交楼面价10800元/平方米，成为泰州房地产史上成交楼面价首次"破万"的地块。9月18日，位于海陵区青年路西侧、梅兰路南侧的泰地储告〔2020〕13-1号地块成交楼面价12035元/平方米，成为2020年泰州"地王"。

（李　映　殷恒杰）

【商品房和商品住宅供应】 2020年，泰州市主城区商品房批准预售面积209.37万平方米，比上年增长14.8%。市区商品住宅批准预售面积284.12万平方米，增长10.73%。其中，海陵区、高港区、姜堰区、泰州医药高新区商品住宅批准预售面积分别为165.93万平方米、13.1万平方米、105.09万平方米，分别增长24.04%、-66.2%、25.02%。市区商品住宅批准销售面积293.65万平方米，增长13.97%；销售均价10574元/平方米，增长7.6%。从住宅市场新增供应结构看，90平方米以下户型占住宅供应量的0.68%，90~120平方米户型占比为39.84%，120~144平方米户型占比为40.23%，144~180平方米户型占比为7.92%，180平方米以上户型占比为11.33%。从住宅市场新增供应绝对量来看，90平方米以下户型、144~180平方米户型、180平方米以上户型供应量比上年分别下降52.57%、42.17%、19.31%，90~120平方米户型、120~144平方米户型供应量分别增长77.24%、1.29%。

【商品房和商品住宅库存】 2020年年末，泰州市区商品住宅累计可售面积168.89万平方米，同比下降7.94%，去化周期6.9个月。主城区、高港区商品住宅累计可售面积同比分别下降1.95%、23.61%，姜堰区同比增长13.07%。主城区商品房可售面积216.43万平方米，同比增加10.8万平方米，增长5.25%。市区商品住宅去化周期分区域看，城南区域去化周期最短，为3.9个月；高港区去化周期最长，为18.7个月；城西、城东、城中、城北区域去化周期分别为9.8个月、11.9个月、9.4个月、10.3个月。与上年相比，城西区域、城东区域、高港区的去化周期均有所拉长。

（殷恒杰）

【"五无"净地标准创新实施】 2020年，泰州市出台《关于进一步明确市区房地产用地出让净地标准的通知》，坚持"地上净、地下净、权属净"原则，创新实施"无地上建筑、无地下设施、无权属争议、无土壤污染、无地下文物"的"五无"净地标准，助力推进"交地即发证、拿地即开工"服务模式，防止房地产用地出让后出现的矛盾纠纷。启动实施"交地即发证"工作，市区成交地块宗地交付率88%。为泰州市申和房地产开发有限公司、泰州宇和置业有限公司等26家市场主体现场办理土地交付手续，同步领取不动产权证书。坚持生态环境评价优先，首次开展泰州医药高新区4.67公顷住宅用地土壤污染状况调查。出台《关于进一步加强建设地下文物保护工作的通知》，推进制定地块考古勘查工作前置。

（李　映）

房地产销售

【概况】 2020年，泰州市商品房销售面积751.47万平方米，比上年增长13.9%，高于全省平均增速3.5个百分点，居全省第三位。商品房成交均价9710元/平方米，上涨5.43%。全年存量房网签备案28158套、面积338.26万平方米，分别增长5.89%、下降7.68%；成交总金额243.39亿元，增长12.24%。

【房地产销售面积】 2020年，泰州市办理商品房销售备案47896套、面积617.78万平方米，比上年分别下降3.82%、2.40%。市区商品房销售面积384.78万平方米，增长19.7%。市区商品住宅销售面积293.65万平方米，增长13.97%。市区城南区域、城东区域商品房和商品住宅销量分居前二位。

【房地产销售价格】 2020年，泰州主城区商品房成交均价11804元/平方米，商品住宅成交均价11856元/平方米，比上年分别上涨11.53%、10.40%。高层住宅、多层住宅成交均价分别为11342元/平方米、12501元/平方米，分别上涨13.70%、15.84%；复式叠加住宅、别墅住宅成交均价分别为15410元/平方米、16005元/平方米，分别下跌3.05%、上涨1.90%。

（殷恒杰　季　杰）

【房地产销售结构】 2020年，泰州主城区商品住宅120~144平方米户型成交量最大，市场占比40.73%；90平方米以下户型、90~120平方米户型、144~180平方米户型、180平方米以上户型成交量市场占比分别为1.42%、33.13%、8.96%、15.76%。从商品住宅销售绝对量来看，90~120平方米户型、120~144平方米户型、180平方米以上户型成交量比上年分别增长54.84%、6.01%、35.30；90平方米以下户型、144~180平方米户型成交量分别下降30.00%、25.20%。

【房地产供销关系】 2020年，泰州主城区商品住宅市场供求关系全年波动平缓，年末供销比1.01。分月份看，4月、6月、8月、11月供销比分别为0.97、1.19、1.04、0.85，处于健康合理状态；其他月份均不在0.8~1.2合理范围内，但距离合理范围相差不大。分区域看，年末城中区域供销比0.98，城南区域供销比1.01，城西区域供销比0.58，城北区域供销比0.90，城东区域供销比1.46，高港区供销比0.55。

【二手房交易】 2020年，泰州主城区二手房成交1076[illegible]套，成交面积134.37万平方米，比上年分别增长9.67%、3.25%；二手住宅成交8692套，成交面积97.22万平方米，分别增长14.53%和14.5%。开展房产中介机构办理二手房交易合同网签备案试点工作，参与试点房产中介机构6家。

【房博会】 2020年6月24~30日，由市住建局主办，市城投集团、文旅集团、房地产业协会联合承办的泰州市2020"城建惠民"房地产（家装）博

2020年6月24~30日，泰州市2020"城建惠民"房地产（家装）博览会暨"泰宜居"居住文化节在天德湖公园举行　（市住建局　供图）

览会暨“泰宜居”居住文化节(简称房博会)在天德湖公园南广场举行,共成交商品房446套,成交面积6.33万平方米,成交金额7.95亿元,创历史新高。该届房博会采取搭建篷房、户外办展的方式举行,设置展位27个,展区规模6000平方米,22家房企的24个市区楼盘项目参展,7家房地产中介机构、3家银行以及16家市区家装和建材公司参会,近10万人次到访。首次采取“线上+线下”模式,在泰州房地产信息网“房博会”专题网页和“线上房交会”微信小程序平台同步开启“线上房博会”,累计点击量14.7万次,线上促成商品房成交100多套。展会期间举办主题摄影大赛、首届“百姓满意的十大开发企业”评选、“城建惠民 宜居泰州”夜展歌舞全民嘉年华、“迎七一颂祖国”主题党日活动暨“城建惠民颂歌中国”主题晚会等活动。

【首届“双十一”线上购房节】 2020年11月11~20日,由市房地产业协会主办,泰州房地产信息网承办的2020泰州市首届“双十一”线上购房节举行。泰州房地产信息网开发线上购房节微信小程序,推出网上24小时购房平台,参展楼盘覆盖泰州三市三区及泰州医药高新区。参展的58家房企在楼盘项目优惠基础上,再提供面值分别为3000元、5000元、10000元的购房抵用券。线上购房节期间,成交商品房654套,成交面积8.2万平方米,成交金额近10亿元。

(殷恒杰)

房地产管理

【概况】 2020年,泰州市出台《关于应对新冠肺炎疫情 支持城乡建设企业稳定持续发展的实施意见》,支持房地产企业应对疫情稳定发展。贯彻中央“房住不炒”的定位,编制“十四五”城镇住房发展规划,构建“稳地价、稳房价、稳预期”的长效管理调控机制,全年商品房批准预售面积、销售备案面积比上年分别下降2.52%、2.4%。出台《关于进一步优化住房公积金贷款政策的通知》,放宽贷款担保条件,优化住房公积金贷款流程。调整住房公积金缴存基数,缴存最高基数上限由原来的18000元调整为21500元;下限与2019年度保持不变,市区为2328元,靖江市、泰兴市、兴化市为2299元。

(殷恒杰　石曈曈)

2020年11月11日,泰州市首届“双十一”线上购房节正式上线

(市住建局　供图)

【房地产市场监管】 2020年,泰州市出台《商品房销售现场信息公示导则》《关于进一步规范房地产开发企业经营行为的通知》,涉及商品房预(销)售方案、商品房预(销)售行为、商品房销售人员、商品房销售现场信息公示、车位租售和成品住房预售、商品房买卖合同备案6个方面。专项检查房地产开发企业市场行为,规范房地产开发企业经营行为,保护购房者合法权益。推进房地产经纪机构备案管理,主城区新增备案中介机构22家,培训及继续教育中介从业人员600多人。

(殷恒杰)

【房地产开发用地出让管理】 2020年,泰州市实行住宅类房地产用地计划规模管控,确定2020年度住宅类房地产用地出让规模不超过133.33公顷。完善年度土地收储出让计划,建立住宅类房地产用地拟出让地块项目库(48宗、401.6公顷),对入库地块实行动态管理,构建“以库管地”格局。年内调整和增加安置房用地入库4宗、土地面积30.6万平方米。严格土地出让金的催缴征收,规范用地秩序,收取土地出让金违约金1039.73万元。

【不动产登记】 2020年,泰州市实施不动产登记提档升级,市区自1月1日起全面启用不动产登记电子证照,不动产登记电子证照包括《不动产权证书》《不动产登记证明》,加盖电子印章的不动产登记电子证照与纸质《不动产权证书》或《不动产登记证明》具有同等法律效力。开展不动产预告登记和抵押预告登记,在28家金融机构设立便民服务点,办理“双预告”登记业务2万多件。出台全国首个不动产登记“一窗受理、集成服务”地方标准——《不动产登记“一窗受理 集成服务”服务规范》(DB3212/T 1017-2020),于8月26日正式实施。泰州市不动产交易、登记、纳税一体化平台上线运行,实现市民通过互联网进行不动产业务的线上申请办理;“互联网+不动产登记”一体化平台获评全国2020年数字政府服务能力评估地市级十大优秀创新案例。全年全市不动产登记窗口颁发证书324885本，其中不动产权证书184330本、不动产权证明140555份；市区不动产登记窗口颁发证书100610本，其中不动产权证书58717本、不动产权证明41893份。

【"交验即发证"模式创新】 2020年，泰州市在全省率先出台《不动产登记"交验即发证"实施方案》，将涉及的交地、建设用地规划许可审批、权籍调查审核入库、不动产登记审核等业务全部并联办理，实现"交地即发证""验收即发证""交房即发证"，办证时间缩短20天。全年全市有100多宗土地、3000多套住宅按照"交验即发证"模式完成不动产登记。

（李　映）

【"二十条"新政支持城乡建设企业发展】 2020年2月21日，市政府出台《关于应对新冠肺炎疫情 支持城乡建设企业稳定持续发展的实施意见》，从金融、税费、物业、土地出让等方面给予政策支持，提出20条保障城乡建设企业稳定持续发展的政策措施。在金融方面，引导在泰银行金融机构为企业提供金融保障服务，保持建筑施工企业信贷合理适度增长；根据企业生产经营需要适当延长贷款期限。在税费方面，从税收、社会保险费、住房公积金、城市基础设施配套费、各项保证金、房租等方面给企业减负；房地产开发项目的城市基础设施配套费可申请延期缴纳。在物业方面，鼓励和引导居民提前缴纳物业费，由属地政府对参与防疫的物业服务企业给予适当补助。在土地出让方面，挂牌成交地块可申请延期签订出让合同、延迟交地和延期缴纳出让金；因疫情影响不能按期开工、竣工、交付商品房的，明确期限顺延；用地单位土地出让价款可分期缴纳。在房地产项目预售方面，降低预售资金监管比例、调整预售形象进度要求。

【加装电梯提取住房公积金】 2020年，泰州市调整住房公积金相关政策，从4月16日起，全市既有住宅楼加装电梯可提取住房公积金，提取金额不超过加装电梯总费用扣除政府补贴后的家庭分摊费用。完善住房公积金贷款个人征信标准，明确借款人（含配偶）、其他共同借款人住房公积金贷款不予发放的7种情形；执行国家关于第二次住房公积金贷款利率上浮10%的政策。

（殷恒杰）

物业管理

【概况】 2020年，泰州市有住宅小区（含组团）1773个，建筑面积1.13亿平方米；组建业主委员会622家，组建率35%；有物业企业600多家，从业人员近2万人。出台《泰州市住宅物业管理条例》，完善物业管理体制机制，初步形成"统筹协调在市、责任落实在市（区）、工作推进在街道（乡镇）、化解问题在社区"的四级管理体制。

【《泰州市住宅物业管理条例》出台】 2020年9月25日，省十三届人大常委会第十八次会议审查批准《泰州市住宅物业管理条例》。该《条例》设8章68条，包括总则、业主大会 业主委员会与物业管理委员会、前期物业管理、物业服务与管理、物业的使用与维护、公共收益与住宅专项维修资金、法律责任、附则，全面规范住宅物业管理活动。该《条例》于2021年1月1日起施行。

【党建引领物业管理服务】 2020年，泰州市出台《关于以党建引领全面提升社区物业管理服务水平的实施意见》，明确15项具体工作目标和责任单位；至年末，物业行业党委实现市（区）全覆盖，30%以上的业主委员会党员人数过半，近50家物业服务企业成立党组织。实施全市住宅小区"党建+物业"星级标准提升计划，将全市住宅小区分为一星级（基础类）、二星级（提升类）、三星级（标杆类），实行星级标准管理；在全省率先出台《泰州市住宅区党建引领物业管理星级标准评价导则（试行）》。《评价导则》采用模块化设计，由6个一级指标、24个二级指标、67个三级指标构成，覆盖党建引领物业管理的各方面，应用于社区党组织、业委会和物业服务企业等各类主体。推出"党建+物业"智慧平台，住宅区物业管理服务80%以上的事务通过智慧物业平台办理，居民申请动用住宅专项维修资金时间从过去的1个月左右缩短到2~3天。年内，浙江佳源物业（泰兴市威尼斯城维莱特宫）等7个住宅区被命名为"党建引领物业管理服务工作省级示范点"；泰州市"党建+物业"工作被人民网、"学习强国"平台推介。

【智慧物业】 2020年，泰州市完善"泰优居"智慧物业平台，开通"微客服""微支付""微投票""微监督""微公维""微车管"6项"微服务"，建立物业服务快速响应机制。小区居民通

2020年6月3日，全市物业管理大会召开　　（市住建局　供图）

过手机端办理房屋报修、物业投诉、老楼加梯申报、物业费缴纳等事务，查询物业企业日常服务和信用信息、业主委员会履职情况等。至年末，平台接入全市600多家物业服务企业，有2000多名物业从业人员通过公众号开展日常工作，服务业主近5万人。

（殷恒杰）

房产服务

【概况】 2020年，泰州市组织开展全市既有房屋安全隐患排查专项整治、违规群租房专项整治等行动，消除房屋使用安全隐患。建立健全房屋征收评估机构信用管理体制，制定出台《市区房屋征收评估机构信用管理办法》，实施守信激励和失信惩戒制度，建立评估机构信用档案。建立存量房交易“1个服务中心+N个便民点”的服务体系，打造一批信用好、规模大的便民服务点，提升存量房交易服务效能。试点实施房产中介机构办理二手房交易合同网签备案工作。严格经济适用房上市审核，出台《泰州市区2020年度住房保障范围和标准》，动态调整住房保障标准。

【房屋安全】 2020年，泰州市区办理房屋安全鉴定309项，鉴定房屋608幢，鉴定面积152.2万平方米；办理家装申报登记6873户，覆盖物业服务企业65家、物业管理小区78个。实施全市既有房屋安全隐患排查专项整治，排查范围包括住宅房屋、体育场馆、车站、商场、宾馆饭店、集贸市场、养老福利机构、宗教场所、工业建筑等，排查房屋82.72万栋、面积3.09亿平方米，发现有疑似安全隐患房屋1356栋、面积61.91万平方米；对排查出的隐患房屋实行清单销号式管理，组织“泰房安”专家服务团对疑似安全隐患房屋实施复查复核，采取“留、改、拆”等分类治理措施，分类实施房屋安全隐患专项整治，隐患治理完成率超过97%。开展违规群租房专项整治行动，检查群租房1622户，排查群租房各类安全隐患9412处；开展群租房安全隐患“清零行动”，拆除违建和泡沫夹芯板房970户、面积13.3万平方米，整改治安安全隐患2223处、消防及电力等安全隐患6465处。

【房屋征收】 2020年，泰州市启动实施房屋征收（搬迁）项目71个、面积202.51万平方米，涉及被征收（搬迁）总户数7924户；全年完成房屋征收（搬迁）面积170.12万平方米，涉及被征收（搬迁）总户数7030户。完善集体土地上房屋征收政策，统一集体土地上房屋征收补偿标准。强化房屋征收全过程动态监管，市区实现国有土地上房屋征收项目“阳光征收”平台全覆盖。修订《房屋征收民办非企业单位登记管理办法》，规范从业单位和人员登记管理。举办房屋征收从业人员继续教育培训班7期，培训1200多人。开展房屋征收从业人员岗前培训2期，培训650人，500多人取得培训合格证。

【存量房交易服务】 2020年，泰州市存量房交易中心在服务大厅设置志愿服务岗，为群众免费提供老花镜、手机充电器、急救箱、雨伞等便民物品，开通“老弱病残孕”“绿色通道”。在信誉好、业务量大的房产中介门店设立便民服务网点，试点实施存量房交易网签业务就近在中介机构免费办理，6家试点中介机构办理网签备案与资金监管业务148笔。升级完善存量房交易系统，通过视频、人脸识别等技术，多网点采集交易双方生物信息，实现远程审核服务确认。设置房产中介相关服务奖惩激励机制，并纳入行业信用管理，保障交易双方的合法权益。

【公共维修资金管理】 2020年年末，泰州市公共维修资金余额39.85亿元。开展公共维修资金存储招标工作，全年公开招标4次，储存资金1.73亿元，资金存储利率上浮48%。推进公共维修资金审计整改工作，各市（区）归还拖欠挪用资金1026.98万元。建立公共维修资金掌上报审平台，实现申请使用维修资金随时上报、主管部门即时审核，审核时限压降至41小时。

【经济适用房和公共租赁住房管理】 2020年，泰州市区办理经济适用房上市90起。通过电话告知、上门催缴、书面告知等方式，提升公租房租金收缴率，全年市级政府投资公共租赁住房收缴租金187.74万元，“共有产权、租售并举”公有份额产权收缴租金24.51万元。落实《2020年度泰州市区住房保障范围和标准》要求，调整在保家庭租金收取标准；调整泰美园住宅区“共有产权、租售并举”经济适用房公有份额产权5年期满后的购买价格，办理“共有产权、租售并举”经济适用房共有产权购买134户，回笼资金1212.66万元。实行保障房房源动态管理，开展市区公租房在保家庭复核工作。严格保障性住房使用管理，组织入户巡查，处理转租投诉6起。对市区存量安置房开展调查摸底，筹措保障房房源25套。

（殷恒杰）

责任编辑：叶　彤

开放型经济

参与“一带一路”建设

【概况】 2020年，泰州市出台《关于抗疫情稳外贸的意见》《关于稳外资稳外贸的工作意见》；推进“互联网+”外贸力度，拓宽贸易合作领域；建设交流服务平台，举办中国（泰州）国际医药博览会。全年新备案境外投资项目16个，泰州方协议投资额1.03亿美元；美时医疗、兴达钢帘线等5个项目列入国家、省“一带一路”重点项目库。

国际人文交流。韩国高敞郡、柬埔寨泰州商会向泰州市捐赠口罩，美国纽波特纽斯市、荷兰奥斯市、日本汤泽市、柬埔寨暹粒省等致慰问信。泰州市向受疫情影响的意大利帕维亚省、韩国阴城郡、高敞郡、日本汤泽市致慰问信，向日本汤泽市、韩国阴城郡、高敞郡捐赠口罩、防护服等。硕世生物向荷兰奥斯市、意大利帕维亚省捐赠核酸检测试剂各3000人份。

国际友城云交流。建设“小小外交家”品牌；泰兴市中医医疗小组4人完成柬埔寨吴哥国际医院医疗援助项目，5批次18名泰州市中医针灸、骨伤、急诊为主专家医疗队驻柬埔寨开展中医医疗与养生保健咨询等服务近17个月；召开“一带一路”国际理解教育座谈会，形成“一带一路”国际理解教育校本课程。

【“一带一路”经贸合作】 2020年，泰州市进出口总额146.4亿美元，比上年增长4.6%；实际利用外资14.9亿美元，增长2.8%；新批“一带一路”沿线国家投资企业11家，泰州方协议投资额7881.97万美元，占全市境外投资总额76.89%，比上年提高12.69个百分点。对外承包工程企业在“一带一路”沿线国家营业额1.64亿美元。

【“一带一路”基础设施建设】 2020年，泰州市完成北沿江高铁可研前置要件办理，盐泰锡常宜铁路完成可研报告编制；泰州至上海（始发）动车组列车开通运营；过江通道进入“双通道”建设；高速公路、港航建设推进加快，全年沿江港口货物吞吐量首次突破3亿吨，居全省沿江港口第四位；扬泰机场研究二期扩建工程，兴化通用机场场址获审核同意。 （邵月娥）

长三角区域一体化发展

【概况】 2020年，泰州市出台《〈长江三角洲区域一体化发展规划纲要〉实施方案》《推动长三角区域一体化2020年工作要点》，提出融入长三角四条路径和七大行动。组织开展“走进大上海 融入长三角”系列活动，市政府与静安区政府签订深化友好市区合作框架协议。推动锡常泰跨江融合发展，开展常泰跨江联动研究，召开常泰跨江联动专家研讨会，泰兴市与常州市新北区开展合作。

【江阴—靖江工业园区】 江阴—靖江工业园区围绕江阴市“345”产业体系，建设临江先进制造业基地和现代港口物流基地、跨江融合发展试验区。2020年，园区完成地区生产总值95亿元，规模以上工业产值167.26亿元，全社会固定资产投资18.68亿元，一般公共预算收入7.87亿元，限额以上单位零售额5.58亿元，限额以上单位销售额240亿元，进出口总额1.73亿美元，实际到账外资4009万美元。引进“三个一批”（在建一批、拟建一

江阴—靖江工业园区 （《泰州通讯》 供图）

批、重点意向一批）项目60项，总投资383.23亿元。其中，在建项目13个，总投资102.99亿元；拟建项目12个，总投资88.74亿元；重点意向项目35个，总投资191.5亿元。（毛 璧）

【锡山经济技术开发区—兴化工业园】无锡锡山经济技术开发区兴化工业园重点发展健康食品产业，建设“中国健康食品产业创新基地”、“中国第一、世界唯一”国际调味品产业集聚区。2020年，园区工业产品销售收入36.65亿元，比上年增长12.5%，一般公共预算收入3399万元，增长8.6%。规模以上工业增加值7.23亿元，增长7.8%。

【江阴高新技术产业开发区—黄桥工业园】江阴高新技术产业开发区黄桥工业园重点发展以精密制造、节能空冷、汽车零部件等为主现代装备制造业和以新型建筑墙体材料、纳米材料、隐形材料、光电材料等为主新材料产业。2020年，园区实现工业产品销售收入41.53亿元，规模以上工业增加值10.17亿元，工业企业固定资产完成投资额23.62亿元，一般公共预算收入0.98亿元，吸纳就业5130人。

【昆山高新技术产业开发区—姜堰工业园】昆山高新技术产业开发区姜堰工业园重点发展新能源、机械制造两大主导产业以及大健康、电子信息两大战略性新兴产业，构建“2+2”产业体系，以中来光电科技有限公司、哈工大机器人集团、兰格特自动化设备有限公司为龙头。2020年，园区有企业51家，其中规模以上企业18家；实现工业开票销售收入64.2亿元，比上年增长44.9%；固定资产投资19.49亿元，增长42.3%。（彭国鹏）

利用外资及港澳台资

【概况】2020年，泰州市协议外资及港澳台资47.28亿美元，比上年增长44.29%；实际利用外资及港澳台资16.5亿美元，居全省第七位。中国香港地区是泰州市外资及港澳台资最主要来源地，全市实际利用外资及港澳台资中，中国香港、新加坡、英属维尔京群岛、塞舌尔、法国居前五位，分别占实际利用总额53.45%、13.81%、10.54%、4.76%、3.86%。

2020年泰州市实际利用外资及港澳台资情况表

表22　　单位：万美元

市（区）	2020年	比2019年增长（%）	新增总投资3000万美元以上项目数
靖江市	27826	140.36	6
泰兴市	37587	0.23	21
兴化市	16846	4.12	5
海陵区	16081	-11.05	12
高港区	23044	9.90	18
姜堰区	16313	1.87	15
医药高新区	27294	-3.67	10
全市	164991	10.99	87

【投资项目】2020年，泰州市新批外商及港澳台商投资企业145家；新批及净增资3000万美元以上项目87个，比上年增长55.36%。至年末，18家世界500强企业在泰州市投资企业31家，其中泰州医药高新区11家、海陵区2家、高港区6家、姜堰区1家、靖江市2家、泰兴市9家。

【投资结构】2020年，泰州市制造业实际利用外资及港澳台资7.8亿美元，比上年增长39.3%，占全市实际利用外资及港澳台资总额47.7%。服务业实际利用外资及港澳台资8.6亿美元，增长56.4%，占全市实际利用外资及港澳台资总额52.3%。（朱笑天）

对外及对港澳台贸易

·对外及对港澳台货物贸易·

【概况】2020年，泰州市进出口总额146.43亿美元，居全省第七位，比上年增长1.2%，增幅居全省第八位。出口96.05亿美元，增长0.8%；进口50.38亿美元，增长2.1%。12月完成进出口额15.8亿美元，同比增长36.2%，环比增长14.5%。一般贸易进出口90.0亿美元，增长0.2%，占全市进出口总额61.5%，提高0.5个百分点；加工贸易进出口48.57亿美元，增长1.6%，占全市进出口总额33.5%。高新技术出口成为新增长点，全年全市高新技术产品出口7.5亿美元，增长38.6%，增幅居全省第五位，拉动全市出口增长2.3个百分点。

2020年泰州市进出口完成情况表

表23 单位：万美元

市（区）	进出口完成情况		出口完成情况		进口完成情况	
	进出口额	比2019年增长（%）	出口额	比上2019年增长（%）	进口额	比2019年增长（%）
总值	1464269.21	1.23	960507.96	0.77	503761.25	2.11
靖江市	329871.59	-4.31	252538.19	-1.02	77333.40	-13.68
泰兴市	432754.69	-0.18	248703.74	0.19	184050.95	-0.67
兴化市	73982.51	-1.58	67745.05	-7.12	6237.46	179.47
海陵区	170062.87	-3.09	146929.61	-0.17	23133.27	-18.24
高港区	143468.15	-9.12	37121.14	-30.42	106347.01	1.76
姜堰区	142625.49	8.88	122381.49	12.02	20244.00	-6.87
医药高新区	171503.90	33.22	85088.73	26.94	86415.17	40.04

【进出口企业】 2020年，泰州市有外贸进出口实绩企业2276家，比上年增加102家。重点出口企业有新时代造船、乐金电子、扬虹船舶、爱森絮凝剂等，主要出口船舶、化工、塑料、生物医药、机械设备等；重点进口企业有益海粮油、新浦烯烃、阿斯利康，主要进口大豆、铁矿石、化工等。民营企业进出口64.1亿美元，增长7.8%，占全市进出口总额43.8%，提高2.7个百分点；外商投资企业进出口75.5亿美元，下降8.2%，占全市进出口总额51.6%。

【对外出口市场】 2020年，泰州市出口市场整体稳定，主要出口市场有东盟、欧盟、美国等。全年全市分别出台拉丁美洲、欧盟、韩国9.9亿美元、14.6亿美元、5.7亿美元，分别比上年增长52.3%、2.1%、0.7%；分别出口美国、东盟、日本13.8亿美元、22.2亿美元、4.3亿美元，分别下降6.1%、2.6%、10.4%。

·对外及对港澳台服务贸易·

【概况】 2020年，泰州市服务贸易进出口15.8亿美元，居全省第九位，比上年增长5.6%，增幅居全省第六位。

【对外及对港澳台服务贸易结构】 2020年，泰州市知识密集型服务进出口7.4亿美元，比上年增长25.6%。服务贸易12大类中，运输服务4.4亿美元，增长1.8%；保险1.6亿美元，增长2.4%；电信、计算机和信息服务4.4亿美元，增长76.7%；旅行3.6亿美元，下降13.7%；其他商业服务1.1亿美元，下降27.3%。 （李维桓）

境外经济技术合作

·对外及对港澳台经济技术合作·

【概况】 2020年，泰州市新批境外投资企业24家，泰州方协议投资额3.04亿美元，投资500万美元以上项目7个，其中1000万美元以上项目5个。江苏源清环保科技有限公司在中国香港地区设立的磐固电子有限公司是全年全市最大境外投资项目。

【对港澳台投资和合作】 2020年，泰州市在中国香港地区投资7个项目，泰州方协议投资额1.74亿美元。江苏源清环保科技有限公司在香港地区投资9000万美元设立磐固电子有限公司，属通信设备、计算机及其他电子设备制造业。

【境外承包工程项目】 2020年，泰州市境外承包工程营业额6.6亿美元，居全省第三位。承包工程项目集中在博茨瓦纳、印度尼西亚、新加坡、利比里亚等国家和地区。正太集团有限公司、江苏河海科技工程集团、江苏扬子鑫福造船有限公司、江苏新时代造船有限公司完成外经营业额占全市外经营业总额75%。

2020年泰州市对外及对港澳台直接投资情况表

表24 单位：万美元

市（区）	对外及对港澳台直接投资额	市（区）	对外及对港澳台直接投资额
靖江市	1915.10	高港区	420.11
泰兴市	14266	姜堰区	1323.87
兴化市	1814.86	医药高新区	2658.98
海陵区	2656.68	总额	25825

【境外劳务合作】 2020年，泰州市出境劳务人员实际收入3324万美元，出境劳务人员从以劳动密集型缝纫工、建筑工为主向技术工、特种工转型。全市新签出境劳务人员合同工资26万美元，新派出出境劳务人员55人次。 （韩　晨）

·贸易促进·

【概况】 2020年，泰州市完善签证服务体系，建设“不见面”工作平台，实时在线服务，为29家企业“不见面”办理不可抗力事实性证明34份，涉及直接合同金额1.55亿美元。推介投资环境，参加第十二届中国（江苏）企业跨国投资研讨会，宣传“走出去”优投服务促进项目，推动企业参与“一带一路”建设。举办跨境电商宣讲会，建设专业化签证队伍。年内，市贸促会获优惠原产地证、ATA单证册签字授权和国际商事证明书业务签字权限。

【出证认证服务】 2020年，泰州市贸促会办理出证认证业务1.81万件。其中，一般原产地证1.23万份，优惠原产地证3916份，国际商事证明书1431份（含不可抗力事实性证明34份），代办使领馆认证485份，出具ATA单证册10份。新注册国际商会会员单位97家，年末全市有会员单位1521家。年内，举办线上自贸协定优惠政策、“中国贸促会企业应用自贸协定优惠政策”“企业走出去”等培训。

【经贸交流活动】 2020年，泰州市贸促会组织企业参加中国—泰国商务委员会会议、江苏—拉美国家双向投资合作交流会和广东海事展、淮安食博会、无锡新能源展会等展会。协助华阳集团、德国牙科技术协会投资机构对接医药园区、泰州职业技术学院；服务鲲鱼健康、中慧元通等中国医药城企业寻求境外合作。在环球资源网开辟泰州数字外贸专版，推出数字外贸服务平台免费入驻服务，30多家企业入驻推广；推荐20多家会员企业参加“2020年江苏品牌产品线上丝路行”等活动。 （王　黎）

园区建设

·综述·

【概况】 2020年，泰州市有国家级和省级开发区10家（含筹建2家）。全市国家级和省级开发区（不含筹建开发区）实现地区生产总值3051.7亿元，占全市地区生产总值57.4%，工业产品销售收入5644.2亿元，比上年下降13.9%；规模以上工业增加值1289.0亿元，下降16.8%；地方公共预算收入206.2亿元，下降8.4%；实际到账外资13.8亿美元，下降0.4%，占全市实际到账外资92.4%；进出口总额123.6亿美元，增长3.3%，占全市进出口总额84.4%；出口74.6亿美元，增长0.9%，占全市出口总额77.6%。全市开发区签约5亿元、3000万美元以上项目246个，计划总投资2472.51亿元，占全市5亿元、3000万美元以上项目数80.7%、总投资额85.2%。其中，5亿元以上内资项目189个，计划总投资2122.05亿元，3000万美元以上外资项目57个，计划总投资54.25亿美元。

【园区转型发展】 2020年，泰州市发挥开发园区经济发展、产业集聚、科技创新、对外开放主阵地作用，提升园区核心竞争力和经济贡献度，13个重点园区改革基本完成。实施园区赋权、赋能、松绑，各开发园区实现“两集中三剥离”。规范管理架构，靖江市、泰兴市、兴化市、海陵区、姜堰区基本实现机构设置、职能划转、公司组建、人员调整“四个到位”。精简职能机构，实施改革的13个重点园区中，12个“管委会+公司化管理”园区设置职能机构65个，核定员额1163人，5个原“区政合一”乡镇（街道）设置职能机构44个，园区职能机构减少17个、精简20.73%，员额减少434人、精简27.2%，非经济岗位人员比例均不超过总人数20%。实行全员聘任，海陵新能源产业园区按公司模式聘用，其余12个重点园区均实行竞聘上岗、按岗聘任、合同管理，将社会事务管理职能剥离给属地乡镇（街道），将基础设施建设、国有资产运营等职能剥离给园区集团公司，园区负责招商引资、项目建设、企业服务等。防范化解债务风险，实施改革的13个重点园区均设立风险防范内控机构，全年化解隐性债务96.3亿元，置换存量高成本债务104.12亿元，各园区均完成年度隐性债务化解任务。各重点园区围绕打造三大先进制造业集群明确1个主导产业，推动特色产业集聚。

2020年泰州市部分开发区建设情况表

表25

开发区名称	工业产品销售收入		规模以上工业增加值		地方一般预算收入		进出口总额		出口额		实际到账外资额		全社会固定资产投入	
	2020年（亿元）	比2019年增长（%）	2020年（亿元）	比2019年增长（%）	2020年（亿元）	比2019年增长（%）	2020年（亿美元）	比2019年增长（%）	2020年（亿美元）	比2019年增长（%）	2020年（亿美元）	比2019年增长（%）	2020年（亿元）	比2019年增长（%）
泰州医药高新技术产业开发区	554.30	1.8	188.00	6.6	43.52	6.6	17.15	73.8	8.51	69.5	2.09	-26.1	304.80	-8.6
靖江经济技术开发区	902.39	-4.6	180.26	-36.5	21.98	-27.3	27.10	-11.2	19.75	-12.6	2.22	217.1	120.69	-32.7

续表25

开发区名称	工业产品销售收入		规模以上工业增加值		地方一般预算收入		进出口总额		出口额		实际到账外资额		全社会固定资产投入	
	2020年(亿元)	比2019年增长(%)	2020年(亿元)	比2019年增长(%)	2020年(亿元)	比2019年增长(%)	2020年(亿美元)	比2019年增长(%)	2020年(亿美元)	比2019年增长(%)	2020年(亿美元)	比2019年增长(%)	2020年(亿元)	比2019年增长(%)
泰兴经济开发区	995.24	-11.5	247.31	10.4	43.76	3.6	38.50	4.9	20.50	9.5	3.28	-6.8	439.18	-4.2
姜堰经济开发区	310.62	9.4	76.62	31.7	19.19	6.0	7.31	-0.4	5.52	4.2	1.50	-3.8	84.63	12.5
兴化经济开发区	306.93	-78.3	66.57	-74.7	9.98	-67.6	3.69	-21.7	3.32	-27.0	0.42	-62.2	172.76	-55.0
泰州海陵工业园区	526.06	-0.6	98.73	16.9	12.42	-11.4	14.34	11.9	12.12	14.3	1.93	31.3	123.85	25.2
泰州港经济开发区	1445.00	12.0	336.26	-0.9	44.95	11.9	14.32	-9.8	3.71	-31.9	1.88	-24.5	304.26	10.2
泰兴黄桥经济开发区	603.65	43.1	95.25	-20.8	10.44	17.3	1.23	-33.5	1.21	-30.1	0.48	182.4	176.45	157.0

泰州东部新城发展集团有限公司。2020年8月18日，泰州东部新城发展集团有限公司揭牌。公司以海陵工业园区原泰州鑫鸿文化发展有限公司为基础组建，主要负责海陵工业园区土地开发建设、资产管理运营、投融资、招商引资、产业培育等，注册资本45亿元，市场主体信用评级AA，实体运行全资及控股子公司24家，总资产240亿元。至年末，签约1亿元以上项目22个，实际利用外资3600万美元；新签约5亿元和3000万美元以上项目10个；新开工项目10个。其中，5亿元以上内资项目8个；3000万美元以上项目2个，1亿~5亿元新开工项目9个。与慧钢网合作开展钢贸业务，2个月形成钢材合同贸易额超1亿元。参与成立产业投资基金6个、对外投资13项。完成S231省道（迎春路—海姜大道）两侧绿化工程及17条道路绿化提升工程工作量50%；办理规划支路、横六路、凤凰东路以及钉钉大数据等项目地块农转用报批13.33公顷；收储土地48公顷。

泰州海能新能源集团有限公司。2020年8月18日，泰州海能新能源集团有限公司揭牌。公司依托泰州新能源产业园区原有平台公司组建，承担园区经济发展、开发建设职能，注册资本30亿元，市场主体信用评级AA。实施“公司化运营、企业化管理、市场化运作、专业化服务”运行模式，实行全员聘任制。至年末，光伏产业链初步建成，新能源产业占比42.17%；光伏电池产能7.4GW，组件产能15.4GW，太阳能光伏产业链基本形成，实现90%以上内供给。园区产业规模400亿元，居全国同类型园区前三位。全年新签约1亿元以上项目45个，其中10亿元以上项目7个、5亿元以上项目10个。总投资5.3亿元的索拉特太阳能装备用轻质高透面（背）板制造项目填补苏中地区光伏玻璃深加工空白；总投资50亿元的新能源项目、隆基5GW高效单晶组件、申通智慧物流电商产业园等总投资10亿元以上项目落户；5GW高效单晶组件项目入选省重大项目。与商务部投资促进事务局签署战略合作协议，探索国际合作园区建设。全年新释放土地60公顷和闲置厂房40万平方米。建成电池生产片区、配套生产片区、物流转运片区，启动路网贯通、表面处理中心和污水处理厂扩建等工程。以江苏大学新能源研究院为基础，引进检测、孵化等机构。降低融资成本，非标产品降低至8%以内，集团融资总成本比上年下降13.3%。

【海陵现代农业产业园区】 2020年，海陵现代农业产业园区完成固定资产投资1.12亿元，新签约1亿元以上项目6个。完成泰渔路改建、铁路北侧便道拓宽、麒麟北大河桥新建、吉星园机耕路建设，以及农园路、玫瑰路等道路改建，完成路灯改造、杆线入地工程，安装路灯160盏，覆盖园区主要道路。麒麟河建成环河游步道2500米、亲水平台6座。完成麒麟路、农园路等主次干道污水管网、燃气管道铺设并接入园区核心区。完成园区北大门和景区入口处改造，建成游客集散地，新建2公顷海棠樱花林，完成麒麟河园区段、北星河部分河段清淤除杂、岸坡绿化，新栽北美落羽杉、榔榆等30多树种1000多棵，新铺草坪1万多平方米。（海陵工业园区）

【“三比一提升”行动】 2020年，泰州市开展重点开发园区高质量项目建设“三比一提升”行动。调整项目考核办法，建立健全市党政领导挂钩重大项目机制，落实“五个一”督查推进机制，定期开展项目现场核查认定，全年新开工5亿元以上项目141个，比上年增长188%，总投资180亿元的中海油高端聚烯烃等项目落户，药明康德等50亿元以上项目开工建设，长城汽车整车项目竣工投产。（陈　效）

·省级及以上园区·

【靖江经济技术开发区】 2020年，靖江经济技术开发区实现工业总产值785.93亿元，比上年增长8.33%，工业经济规模占靖江市70%以上；完成商贸服务业开票600.66亿元，增长18.16%；新增规模以上企业94家，新增、净增税收1000万元以上企业23家。开展"企业个性化服务月"活动，减免企业租金近3000万元，帮助沿江企业招聘职工500多人。举办上海（靖江）及北京（央企）投资恳谈会、大湾区投资推介会等专题招商活动。新签约1亿元以上项目173个，总投资627亿元。凯飞航空结构件、捷登环保装备、凯傲宝骊智能工厂、塔勒特种装备等46个5亿元（3000万美元）以上重大项目落户，总投资374亿元。新开工1亿元以上项目59个，其中"三比一提升"重大项目18个，实际利用外资2.25亿美元。智能重装产业园、恒艾大健康产业园投产，中南高科、鼎盛智谷、空调智造等特色区中园建设加快。推动产业向高端制造转型，建成智能生产线12条、智能车间8个。保税物流中心建成验收，喷涂中心建设加快。完成专利申报1300个，授权发明84个，申报泰州市级以上企业中心25个，新增高新技术企业60家。创建国家知识产权示范园区，木材产业"三中心"实质运行，获评省高技术船舶产业园。实施园区改革，调整园区与属地镇、国有企业关系；港口集团、城乡建设公司、北辰公司、润新公司等国有公司实体化运作；经济一线人员配备、占比提升至80%以上，其中管委会招商人员32人，增长52%。实施全员聘任制、岗位薪酬制，实行优绩优酬。港口集团信用等级提升至AA+。行政审批一体化运行，3个项目首次实现"交地即发证""拿地即开工"。沿江封堵排污口15个，关闭化工企业14家，转型升级10家，关停散乱污企业31家，通过省级生态工业园区验收。

（靖江开发区）

【江苏省泰兴经济开发区】 2020年，江苏省泰兴经济开发区完成工业开票销售809亿元，工商税收收入36.1亿元，实际利用外资2.2亿美元，港口货物吞吐量4000万吨。连续第八年居全国化工园区前10强，连续第七年获泰州省级以上开发园区综合考核一等奖，获评泰州市"三比一提升"专项考核一等奖，创成国家绿色化工园区，入选江苏省生态环境政策集成改革试点园区。实施1亿元以上重大产业项目109个，总投资823.8亿元。新开工项目18个，其中3000万美元或5亿元以上项目10个；新竣工项目15个，其中3000万美元或5亿元以上项目5个；新签约项目31个。关停并转低效化工企业4家。实施技改提升项目84个，总投资45.3亿元。精细化工研究院、新材料创新中心一期建成投运，全年招引创新创业项目4个，招引高层次人才项目3个。建设中试孵化产业园，4个创新创业孵化基金运营，建成省级以上研发机构37个，汤臣压克力材料研究院获批省级科研事业单位。完成4条区内河道生态治理，区内37家企业完成VOCs整治，94家企业完成企业危废和暂存库管理问题整改，环境违法行为比上年下降50%。管委会内设机构、员额人数分别精简64%、57%，非经济岗位人员降至12%以下，港口集团、成兴国投、襟江投资3家国有公司按公司模式运营。尤湾路、通园东路等道路竣工通车，实施产业创业中心、工业污水处理厂、人才公寓、福泰商业广场等工程，推进滨江路、瑞祥路、固废公共存储中心、表面处理中心、公共管廊、日化产业园标准厂房和同质污水处理厂建设。

（李　成）

【江苏省兴化经济开发区】 2020年，江苏省兴化经济开发区实现地区生产总值124.57亿元，比上年增长6.8%；税收收入8.77亿元，一般公共财政预算收入5.09亿元，分别增长11.4%、16.3%；工业开票销售151.51亿元，增长8.4%；协议利用外资4121万美元。创建"中国健康食品产业名城"，建设以调味品为支撑千亿级健康食品产业集群，形成以顶康食品、安井食品、五得利面粉等为龙头九大健康食品产业链。至年末，园区有企业800多家，其中食品企业500多家。实施泰州内河港兴化港区经济开发区码头工程，至年末，完成投资4.48亿元，建成1000吨级集装箱泊位2个、散货泊位1个、件杂货泊位3个、待泊泊位1个以及道路、堆场、办公用房等相关配套设施。

（兴化开发区）

【江苏省泰州海陵工业园】 2020年，江苏省泰州海陵工业园实现工业总产值224.2亿元，比上年增长0.6%；工业一般纳税人开票销售246亿元，与上年持平；完成一般公共预算收入5.9亿元，增长9%；征收期工业一般纳税人开票销售220亿元，与上年持平；固定资产投资60亿元，增长20.5%，其中高技术产业投资占固定资产投资总额25%；进出口总额11亿美元，实际利用外资7078万美元；规模以上工业、服务业、批零住企业分别净增加4、4、17家。新签约1亿元以上项目41个，其中10亿元以上项目4个、5亿元以上项目8个；新开工5亿元以上项目8个、3000万美元以上新开工项目2个；实际利用外资8693万美元。扩大垃圾分类工作试点范围，28个小区90个点位设置新型垃圾分类投放站。实施涉农社区生活污水处理工程，辖区内居民生活污水全部接入市区污水处理中心。完成231省道（迎春路—海姜大道）两侧绿化、17条道路绿化提升工程等。

（海陵工业园区）

【江苏省姜堰经济开发区】 2020年，江苏省姜堰经济开发区实现地区生产总值169.7亿元，比上年增长4.4%；工业开票销售231.7亿元，增长7.65%；固定资产投资45.2亿元，增长10.7%；服务业税收5.6亿元，增长24.1%；一般公共预算收入8.5亿元，增长9.3%。全社会研发投入占地区生产总值4.3%，高新技术产业产值占规模以上工业产值69%，高新技术企业数增加至55家。实施1000万元以上技改项目45个，其中1亿元以上项目13个。太平洋精锻、神王集团获评国家级绿色工厂，中来光电获评国家级光伏制造行业规范条件企业，太平洋精锻获江苏省长质量奖，大明波纹管、派斯特容器等获评省级高新技术企业，赛洋机电、兰格特自动化创成省级企业技术中心,中裕软管获评江苏省工业企业质量信用AA级企业。新签约1亿元以上项目48个,总投资235亿,其中5亿或3000万美元以上项目13个,实际到账外资1亿美元;新开工1亿元以上项目20个,其中"三比一提升"项目12个。单体投资额50亿元中车交通超级工厂项目签约,中来三期、哈工大智能制造、大洋精机等5亿元以上项目启动建设,江苏亚电、中泰绿色产业园等项目竣工投产。实施园区改革,9月底123名工作人员竞聘到岗、6个职能部门设立到位,实现职能由"类政府"向"亲市场"转变。发放返乡就业"一封信"3万多份,发布52家企业就业岗位近3000个,招聘员工近1000人。广州路南延、长江路西延建成通车,南京路、天目路拓宽改造工程完成,科技路、四支河滨河路进场开工,城西学校扩建完成,马厂幼儿园、石家岱幼儿园确定选址并开展前期工作,搬迁安置区管网配套、百姓文体游园、体育健身场地、图书阅览室、村庄停车场、百姓大舞台、危房改造、道路维修等民生工程完工,三水公园获评江苏省最美乡村健身公园,三水街道小杨社区创成全国乡村旅游重点村、中国美丽休闲乡村、国家森林乡村,三水街道桥头社区创成全国乡村特色产业亿元村。完成桥头敬老院、德馨敬老院合并升级,为4个居家养老服务中心引入社会化运营模式;在31个村、社区实施网格化管理,建成治安技防监控网。

(卫一飞)

区域合作

【沪泰合作】 2020年7月1~3日,泰州市在上海市举行"走进大上海 融入长三角"系列活动,作泰州城市推介和产业推介,央企、地方国企、上市公司、境外驻沪机构、跨国公司、高校院所140多人出席。签约三大先进制造业集群重大项目30个。其中,产业项目20个,总投资410亿元;科技合作项目8个;高端人才团队合作项目2个。7月1日,泰州(始发)到上海动车组列车开通运营(每天4对)。

(姚梦颖 李 玥)

【京泰合作】 2020年12月6日,泰州市在北京市举行"产业强市·央地合作"推介会,作泰州城市推介和产业推介,发布泰州"产业链图谱""产业投资地图",签约三大先进制造业集群重大项目30个。其中,产业项目20个,总投资328亿元;科技合作项目5个;高端人才团队合作项目5个。2021年1月20日,泰州(始发)至北京高铁动车组列车开通运营(每天1对),动车时间缩短至5.5小时内。

【对口帮扶】 2020年,泰州市帮扶陕西省咸阳市财政资金8727万元,实施扶贫项目83个。其中,省级统筹资金7160万元,实施项目21个,全部开工建设;协调市级以下额外财政资金1566.9万元,比上年增长37%。组织红十字会、慈善总会等社会力量开展捐赠活动,捐资捐物751.27万元。组织企业参与云南省曲靖市会泽县脱贫攻坚,帮扶资金140.4万元。

【对口支援与合作】 对口支援。2020年,泰州市支援西藏自治区拉萨市曲水县9个项目全部开工建设,总投资1.28亿元。确定对口援疆项目26个,总投资5.4亿元。落实对口援助三峡库区财政资金137万元,举办湖北省宜昌市秭归县政法干部培训班。

对口合作。2020年,泰州市与辽宁省本溪市党政干部交流对接122人次,泰州医药高新区、本溪高新区联合编制《生物医药产业战略互补发展规划》。

(邵月娥)

责任编辑:张 华

2020年7月1日,泰州(始发)到上海动车组列车开通运营

(陈丹丹 摄)

泰州港建设与运行

【概况】 泰州港位于长江A、B航区结合部，有长江自然岸线97.8千米（不含天星洲洲岛岸线18.52千米），是江苏省地区性重要港口和苏中苏北地区货物进出重要门户。2020年，泰州港推进基础设施建设，完善港区集疏运体系，实施通用码头专业化改造，推动堆场装卸工艺智能化升级。全年完成港口建设投资10.1亿元，占全市交通固定资产投资8.06%。至年末，有生产性泊位187个。其中，公用泊位140个，非公用泊位47个；万吨级以上泊位64个，其中靠泊能力5万吨级以上码头24个，通过能力1.54亿吨。全年货物吞吐量3.01吨，首次突破3亿吨，比上年增长6.7%，货物吞吐量居全世界第18位、全省第四位。其中，外贸吞吐量2655万吨，下降4.5%；集装箱32.6万标箱，下降7.1%。临港产业集聚发展，至年末，有全国最大民营造船厂新扬子造船、全国十强木材交易港万利木业、长江流域最大大豆进口口岸益海粮油、投资超200亿元中海油一体化项目等规模以上港口企业20多家，形成以石化、电力、船舶制造、粮油、汽车及木材加工为特色沿江产业聚集带。

2020年泰州港分货类吞吐量情况表

表26

分货类货物		单位	吞吐量
集装箱吞吐量		万标准箱	32.6
货物吞吐量总计		万吨	30110
主要货种	煤炭及制品	万吨	8198.5
	石油天然气及制品	万吨	1023.73
	金属矿石	万吨	5626.05
	粮食	万吨	2739.87
	矿建材料	万吨	8318.28
	木材	万吨	832.59

【泰州港规划与建设】 2020年，《泰州港总体规划（修订）》送审稿形成，《泰州港港口岸线整合利用规划（2021~2025年）》通过市政府审查，《泰州内河港总体规划（修订）》编制工作征求意见，《泰州市港航“十四五”发展规划》通过专家审查。《沿江港口锚地规划研究》《港口集疏运专项规划研究》结题。泰州港完成总面积1.67平方千米天星洲海轮锚地工程建设，新建万吨级海轮锚位6个。新民拆船有限公司出运码头增加砂石装卸功能改扩建工程完成。泰兴港区过船作业区滨江通用码头工程码头建成调试，泰兴滨江通用码头工程、七圩作业区公用码头工程、民生港区散货码头工程均按序时推进。煤炭物流靖江基地二期配套码头工程装船码头61根PHC管桩全部完成；装船码头18根系缆墩钢管桩全部完成；装船泊位7榀下横梁全部完成；卸船码头226根钢管桩完成沉桩65根。完成靖江港区罗家桥港工程陆域部分施工图设计技术审查、秦港煤炭物流基地配套码头项目施工图设计审批。永安一期和二期改造项目、六助港港池项目、大明港务码头项目岸线利用申

请通过省交通运输厅审查。泰州内河港兴化港区城南作业区码头建成。

【江海河联运】 2020年，泰州港大宗干散货年吞吐量2.5亿吨，占总吞吐量83%，承担全省沿江港口16.1%的煤炭、9.9%的金属矿石、15.6%的矿建材料、41.6%的散粮转运，成为长江下游江海河中转港、江苏沿江港口粮食运输第一港；靖江港成为全国第三大粮食集散地、全国最大优质小麦集散地。泰州市内河航道通航里程2550.23千米，航道网密度居全省首位，三级航道实现市（区）全覆盖，千吨级船舶航行畅通，高等级航道网初步建成，港口与腹地联动发展。培育集装箱物流企业发展，出台《推进集装箱物流发展的若干奖补政策》，泰州乐金电子冷机有限公司等38家企业获奖补资金511万元。开启公铁水多式联运模式，组建多式联运综合服务部门，泰州国际集装箱码头首次运转206个铁路集装箱。拓展江海联运市场，开通泰州港—洋山港“天天班”直航，扩展直达宜宾等港口上江航线。至年末，泰州港合作的内外贸船公司40多家，开通集装箱支线班轮航线51条，班期密度120班/周，其中内贸支线航班28条、外贸支线航班23条，实现泰州至洋山、泰州至外高桥、泰州至盘锦、泰州至重庆直航，航线网络覆盖全世界150多个国家和地区。 （李 玥）

【泰州港高港港区】 2020年，泰州港高港港区（含高港、杨湾、永安3个作业区）有长江泊位14个，其中万吨级泊位10个。有集装箱、石油制品专用码头各1个，堆场面积64万平方米，其中集装箱堆场面积14万平方米，仓库面积1.2万平方米。有装卸机械300多台（套），最大起吊能力40吨，具备集装箱、件杂、散货、液体等形态货物装卸能力，接卸钢铁、铁矿、煤炭、粮食等主要大宗境外贸易货物种类近20个，与40多个国家和地区的港口有运输往来。全年港口货物吞吐量4397万吨，与上年持平，其中境外贸易吞吐量617万吨、增长19%；装卸自然吨1808万吨，下降2.9%。泰州国际集装箱码头完成集装箱吞吐量32.6万标准箱。泰州港务集团有限公司营业收入2.69亿元，增长10.8%。推进永安作业区一期、二期工程改造，永安作业区污水收集系统改造工程完工。 （季 玲）

【泰州港货物吞吐量突破3亿吨】 2020年12月28日，“泰州港货物吞吐量突破3亿吨”新闻发布会召开。泰州港是江苏省重要沿江港口、苏中及苏北地区货物进出重要门户。2010~2020年，泰州港货物吞吐量年均增长12.1%，高于全省沿江港口吞吐总量年均增速4个百分点。2011年，泰州港货物吞吐量突破1亿吨；2018年，货物吞吐量突破2亿吨；2020年货物吞吐量3.01亿吨，10年实现从1亿吨到2亿吨再到3亿吨“三级跳”。 （史 志）

泰州港货运码头 （《泰州通讯》供图）

江苏泰州港经济开发区

【概况】 2020年，江苏泰州港经济开发区（下辖高新园区、核心港区、临港园区）实现地区生产总值585.6亿元，工业总产值1521亿元，财政收入87.12亿元，税收收入61.51亿元。有高新技术企业101家。新批外商和港澳台商投资企业17家，实际利用外资和港澳台资2.62亿美元，进出口额14.31亿美元。园区首次居全省省级经济开发区综合考评首位。 （李雪云 丁 玲）

【江苏泰州港高新技术开发区】 2020年，江苏泰州港高新技术开发区实现地区生产总值97.2亿元，比上年增长5.6%。工业总产值112.05亿元；开票销售74.8亿元，增长12%；税收3.8亿元，增长35%；利润5.7亿元，增长25.3%。完成一般公共预算收入3.06亿元，实际利用外资和港澳台资1.2亿美元。新签约1亿元以上项目55个，总投资263亿元，其中5亿元和3000万美元以上项目19个。新开工1亿元以上项目18个，总投资87.9亿元，其中5亿元和3000万美元以上项目10个。新增规模以上工业企业18家。获批高新技术企业16家、科技型中小企业32家，省、市级工程技术研究中心各2家；实施技改项目23个、高质量产学研合作项目12个，新建校企联盟5家，引进国家级领军人才3人；万人发明专利拥有量62.5件，高新技术产业产值占规模以上工业产值46%，全社会研发投入占地区生产总值3.5%。总投资80亿元的长城汽车泰州整车项目竣工投产，创造8个月首台白车身下线、9个月整车下线、11个月建成量产“泰州速度”。“泰晶e空间”创成国家级众创空间，至年末，在孵初创企业26家、创业团队12个。泰州兴园科技有限公司、泰州市中优石化有限公司联合出资成立园区首家国资控股混改试点企业江苏鼎实供应链管理有限公司。泰州大自然德森堡木业有限公司“简奢·雅韵”系列获2020年国家优秀工业设计奖。清理整顿固定污染源排污许可，75家企业获排污许可证。完成华创电子信息产业园1~4号厂房、人才公寓、科技孵化器三期项目主体施工。铺设燃气管网2千米、污水管网3千米、供热管网5千米。双创基地一期项目交付使用。江苏张驰轮毂制造有限公司获批省级工业设计中心，江苏苏萨食品有限公司椰子汁饮料生产车间获批省级智能化车间，江苏苏萨食品有限公司获批省级绿色工厂，江苏神驰机电有限公司、泰州永盛包装股份有限公司获批省级企业技术中心，泰州润杰物流安全装备科技有限公司、泰州永盛包装股份有限公司、泰州星瑞精密工业有限公司、江苏星徽精密制造泰州有限公司通过省两化融合管理体系评定。

【泰州港核心港区】 2020年，泰州港核心港区实现地区生产总值128.3亿元、规上工业总产值255.07亿元，分别比上年增长3.46%、33.1%；完成一般公共预算收入2.77亿元；全社会固定资产投资88.39亿元；服务业增加值55.91亿元；高新技术产业产值47.52亿元。新签约1亿元以上项目54个，新开工1亿元以上项目15个，其中5亿元或3000万美元以上项目6个。协议利用外资和港澳台资2.47亿美元，实际到账7162.59万美元。进出口总额11.5亿美元，其中进口额9.45亿美元、出口额2.05亿美元。泰州高港综合物流园连续第三年被评为全国优秀物流园区。新开工1亿元以上项目15个，其中5亿元或3000万美元以上项目6个。龙凤堂五期中药饮片项目2月初复工；益海（泰州）粮油工业有限公司年产15万吨发酵豆粕项目开工建设；泰州市华永医药投资有限公司医药制造公共服务平台项目南片区3幢厂房开工建设；江苏龙凤堂中药有限公司中药提取2号车间竣工投产；高港智能制造产业园竣工投用。总投资70亿元的扬子江生物制药项目、总投资18.7亿元的中科院自动化所泰州智能制造研发中心项目、总投资10亿美元的益海嘉里粮油深加工项目被列入省重大项目。至年末，扬子江生物制药项目、中科院自动化所泰州智能制造研发中心项目完成年度投资计划，益海嘉里粮油深加工项目开工建设。完成科技申报立项61个；新增发明授权专利51件。江苏泰氟隆科技有限公司等5家企业被认定为省高新技术企业。新认定省级技术中心1个、省级众创空间1个、省级星创天地1个。泰州市旺灵绝缘材料厂通过省两化融合管理体系评定。服务业增加值55.91亿元，增长7.81%，服务业增加值占园区地区生产总值比重43.58%，提高1.24个百分点。完成服务业产业投资31.72亿元，增长8.27%；限上批零住餐销售总额270.38亿元，增长26.9%；限上消费品零售总额1.96亿元，增长9.9%。发放引导资金1256万元；培育规模以上服务业企业9家、限上批零住餐企业11家。开通泰州港—盘锦港内贸直航航线，实现泰州港内贸直航航线零突破；开通泰州港—洋山港直航天天班。江苏港瑞供应链管理有限公司实现开票销售71.1亿元，利税739.76万元；江苏瑞泰商业保理有限公司日均保理余额9.23亿元，利税9855.49万元；泰州益嘉物流有限公司获疫情防控期间重点物流企业省级财政奖补资金。完成古马干河北侧益海米厂地块、新型建材产业园地块、明珠大道东延及连接线、鸿兴路西延地块土地利用规划调整。医药制造公共服务平台标准厂房项目E1、E2、E3车间主体封顶，疏港公路古马干河特大桥项目主塔封顶、南北引桥预应力混凝土箱梁浇筑完成；疏港公路配套污水管网建成投用，永安标准厂房区配套道路完工，马永路西延项目、高港大道东侧浑水管网迁改项目开工建设，新型建材产业园码头群项目完成前期决策、评价和设计；永安花苑二期安置房项目完成工程预验收。源头治理废气，排查整治涉及VOCs（挥发性有机物）企业。开展危险废物专项整治，组织省级专家专项排查。建立健全餐厨废弃物收运体系，生活垃圾无害化处理率100%。（李　誉）

【临港经济园区】 2020年，临港经济园区实现地区生产总值161.83亿元，比上年增长6.1%；完成一般公共预算收入2.3亿元。一般纳税人开票销售155亿元，增长12%；规模以上工业总产值129.25亿元，增长15.26%；列统工业增加值34.47亿元，增长8.81%。完成固定资产投资76.49亿元，增长22.3%；工业投资41.11亿元，增长4.8%；服务业投资35.38亿元，增长51.8%。高新技术产业产值43.06亿元。限上批零住餐销售总额382.54亿元；限上消费品零售总额9.35亿元，增长10.3%。实际利用外资和港澳台资7074万美元。建筑业总产值166亿元，入库税收1.77亿元。新增规模以上企业49家，其中工业企业9家、建筑业企业12家、服务业企业11家、贸易企业17家。全年帮助办理私营企业522户、个体工商户7813户，为618家企业提供工商、税务、银行开户变更等服务。新签约50亿元以上项目2个、5亿元以上项目15个、3000万美元以上项目4个、1亿元以上项目30个，完成飞地项目2个。新开工5亿元或3000万美元以上项目5个、1亿元以上5亿元以下项目8个。获批高新技术企业8家，进入省高新技术企业培育库企业8家。完成产学研合作项目12个；技术合同交易额7.29亿元；规模以上工业研发活动企业占比85%，投入强度4%。新增发明专利申请248件，发明专利授权51件，国际专利申请7件。引进高层次人才84人、高技能人才128人，新增国家级人才2人。泰州汇锦电子有限公司获批省级工程技术研究中心，泰州超人汽车电子有限公司获批省级企业技术中心。泰州市创新电子有限公司获国家级专精特新“小巨人”企业称号，泰州市金衡建筑材料检测有限公司获批国家标准化良好行为AAA级企业，江苏昆仑光源材料有限公司、泰州汇锦电子有限公司、泰州三福船舶工程有限公司获批省星级上云企业，扬子江药业集团江苏制药股份有限公司获批省示范智能车间，江苏天华索具有限公司通过省两化融合管理体系评定，泰州苏中天线集团有限公司被认定为省级信用管理示范企业，泰州市榕兴医疗用品股份有限公司、泰州汇锦电子有限公司被认定为2020年市级管理创新先进企业。新增绿色优质农产品2个、水产养殖农业物联网示范基地1个、家庭农场2个。建设引江社区精品农业、凤栖湖景区2条旅游观光路线。 （陈 燕）

【长城汽车泰州智慧工厂竣工投产】 2020年11月24日，长城汽车泰州智慧工厂竣工投产仪式、首款新能源汽车"欧拉·好猫"上市发布会举行。工厂总投资80亿元，占地面积78.2公顷，建设包含冲压、焊装、涂装、总装等全工艺车间，年产能10万辆，2019年11月11日开工建设，2020年7月25日首台白车身下线，2020年9月1日PT（生产线试生产）整车下线。

口岸发展

【概况】 2020年，泰州市有泰州水运口岸、靖江水运口岸2个长江一类水运口岸。泰州水运口岸以泰州港高港港区、泰兴港区为主体，靖江水运口岸从泰州水运口岸单列运行。全市正式开放码头33个、泊位59个，临时开放码头3个、泊位3个。扩大对外开放，泰州国际集装箱码头有限公司一期工程、泰州中航船舶重工有限公司舾装码头1#泊位获批临时启用延期；泰州国际集装箱码头有限公司一期工程通过对外开放市级预验收。实施口岸提效降费，至年末，泰州水运口岸进出口整体通关时间分别为51.79小时、7.88小时，比2017年分别下降61.0%和52.2%；靖江水运口岸进出口整体通关时间分别为49.07小时、1.06小时，比2017年分别下降81.5%、78.5%。组织码头集装箱运营企业申报吊装移位资金，降低外贸企业口岸运营费用。实施口岸通关"两步申报"模式改革，试点企业"两段准入"模式。精简进出口环节监管证件，至年末精简至41种。推进原产地证智能审单，实现证书"秒审秒签"。全年高端装备、关键零部件和重要原材料进口，减免税货值1902万美元，增长27.8%。为8.3亿美元自美国进口商品实施加征关税排除，企业节约关税成本10.5亿元。 （陈 效）

【海关通关管理】 2020年，泰州海关进出口额1014亿元，比上年增长1.7%，居全省第七位。其中，进口额348.6亿元，增长2.5%；出口额665.4亿元，增长1.4%。监管进出境运输工具2221艘次、集装箱10.11万标箱，分别下降9.8%、3.8%；进出口货物1548.4万吨、货值74.1亿美元，分别增长19.1%、8.8%；签发原产地证2.36万份、货值13亿美元，分别下降5.5%、9.9%；入库税收43.1亿元，下降2.5%。开展"国门利剑2020""蓝天2020""守卫"等专项行动，侦办刑事案件5起，涉案货值9333.8万元，涉嫌偷逃税款3373.1万元；调查行政案件95起，涉案货值5549.2余万元，行政罚没入库160.6万元，刑事罚没1038.5万元，补税入库152.4万元。查处全市首个邮递渠道走私固体废物案件，查获废旧电子产品76台。无害化处置涉案冻品258.5吨。

链接：泰州海关建关20周年

2020年是泰州海关建关20周年。2000年12月28日，泰州海关成立。至2020年年末，海关监管货运量从68万吨增长至1421万吨，增长19.9倍；进出口贸易额由104亿元增长至1014亿元，首次突破1000亿元；进出口市场主体由不足100家增长至6000多家，泰州口岸成为全省最大船舶出口基地、粮食进口基地。其间，泰州海关获评"全国文明单位"，南京海关法治文化基地（泰州馆）成为海关系统首批、全市唯一"全国法治宣传教育基地"，建成全国首个口岸外来杂草监测实验站。

【出入境检验检疫】 2020年，泰州海关落实"三查三排一转运"，实施登临检疫、健康申明卡核验、两道测温、流行病学调查、采样检测、信息通报和移交处置"7个100%"。检疫查验和医学巡查出入境船舶1323艘次、出入境人员2.37万人次，办理中国籍船员换班入境948人。截获检疫性有害生物24种、2841种次。 （吉 婧）

【海事管理】 2020年，泰州海事局保障船舶进出泰州港33.06万艘次，到港船舶载货量3.49亿吨。国际航行船舶进出口岸查验2774艘次，外贸货物吞吐量2498万吨。保障国际航行船舶中国籍船员换班超2000人次。保障2421艘次受限船舶进出泰州港。安全维护82艘新造船出江试航，其中维护新造矿砂船试航返厂、

2020年，泰州口岸大豆进口量居全省首位。图为泰州海关关员开展进口大豆表层检疫 （泰州海关 供图）

泰州边检站民警登轮检查船体　　（泰州边检站　供图）

支持企业复工复产做法被央视9个栏目报道10次。专项整治水上交通安全，梳理港航企业安全生产主体责任18类230项。第三方专业化选船机制在辖区危化品码头全覆盖，危化品船舶单船选船率超98%。在靖江市试点建成长江干线首个内河船舶低压岸电使用示范区。船舶污染防治工作成效获省政府主要领导肯定。在长江江苏段率先建设政务自助服务站，完成交通运输部海事局内河船舶、船员“多证合一”改革研究课题。开展船载制式无线电业务审核发证，业务量居全国第四位。落实惠民惠企措施，免征港口建设费9382万元。保障常泰长江大桥、疏浚砂综合利用等重点工程施工建设，参与江阴第二过江通道、盐泰锡常宜铁路过江通道前期论证。推进市三水厂三号取水头部工程等重点涉水工程项目建设。

（桂海滨）

【边防检查】 2020年，泰州边检站构建联控格局，升级管控模式。建立信息“日通报”、数据分析、风险排查、应急处置和闭环管控机制，建立“站、执勤队、码头前沿”三级监控和“现场巡查、应急处突”两支队伍为主的“3+2”模式，建立码头作业人员“三登记三查三通报”制度，研发“上下外轮人员自助申报小程序”，报送《关于近期船员换班带来的境外输入疫情风险提示及建议》。服务企业复工复产，走访20家码头企业、12家代理公司、53家船舶服务公司。每月向市委、市政府提供出入境数据分析和口岸发展建议。

*执法执勤规范化。*建立勤务指挥、勤务组织和执法执勤制度体系，构建指挥中心统领全面、高港泰兴2个综合执勤队控片、3个大型散杂货码头警务室控点“一中心二队三警务室”勤务格局。

*口岸安全管理。*应用“智能精准管控系统”，推进滤网工程，提升码头治理水平。实施“边检主管、码头协管、船舶自管”三方共管机制，逐一签订口岸管控责任书，明确不同主体职责责任。组织开展打击走私和跨境违法犯罪，联合海事、长航公安开展长江水域泰州段执法行动，集中整治重点水域、航道、锚地和“货郎船”“作业船”“供给船”等。建立情报会商、联合执法等协作机制。

*口岸服务。*启动办证大厅前移工程，将窗口服务前移至核心港区，推行“7+24”全天候、国际贸易单一窗口网上申报、入港手续“零跑腿”办理、化工品船舶随到随办、快办快结“两随两快”等服务举措，压缩船舶在港非作业时间，提高码头生产作业效率，为服务对象节省2万小时。推出“骏马服务”和新船出口“定制服务”，为化工产业园、造船基地等重大项目提供便捷通关服务，服务9条新船出口、2座码头临时启用、5座码头对外开放，开启绿色通道6次、救助船员6人，“温暖国门迎您回家”等活动、“互联网+”手续办理等服务措施被《中国移民管理报》《江苏卫视》等媒体报道。

（周泽村）

责任编辑：张　华

交　通

·交通综述·

【概况】 2020年,泰州市完成交通固定资产投资125.3亿元,比上年增长8.86%。新开工项目总投资突破400亿元,创历史新高。

大通道建设。北沿江高铁进入可行性研究报告报批阶段,盐泰锡常宜铁路进入可行性研究鉴修阶段。常泰长江大桥沉井基础施工全面展开,靖江江阴长江隧道主体工程开工建设。

公路网建设。阜溧高速公路建湖至兴化段、常泰过江通道北接线、沪陕高速公路广陵至平潮段扩建工程3条高速集中开工建设,泰州市"两横四纵"高速路网骨架基本成型。站前路快速化改造工程、东环快速路北延改造工程建成通车,姜高路二期、东环高架南延快速化改造等项目启动前期工作,泰州市从构建市区快速路主骨架进入构建"三泰一体"快速路网新阶段。

江海河联动。泰州港年综合通过能力1.54亿吨,万吨级以上生产性泊位64个,两项指标均居全省沿江沿海港口第三位。通扬线三级航道整治工程通过交工验收,启动兴东线航道整治工程前期工作,兴化城南作业区码头建成运营。

交通运输。受疫情影响,全年旅客运输量比上年减少25%,旅客周转量减少40.7%,货物运输量减少5.7%,货物周转量增长2.2%。全年港口货物吞吐量3.23亿吨,增长5.3%,其中外贸吞吐量2655.07万吨,减少4.5%。

交通运输领域营商环境。市交通运输局所有行政审批事项办理时限压缩80%以上,全年办理行政审批服务事项44663件,"即办件"事项由原来的13个增加到36个,"即办件"数量占办件总数的86%。所有许可服务事项全部实现"零差错、零投诉、零复议、零诉讼"。在国务院开发的"监管事项目录清单动态管理系统"上认领市交通运输局监管事项132项,检查实施清单编制完成率、监管行为覆盖率均为100%。

【综合交通规划】 2020年,泰州市开展"十四五"综合交通运输体系规划、综合立体交通网规划(2021年~2050年)、泰州港总体规划(修订)、内河港总体规划(修订)、中长期航空发展规划等一批重大规划编制工作,组织实施泰州铁路枢纽规划以及泰州市域(郊)铁路、泰州港铁路支线、扬泰城际铁路等专项规划研究。淮泰高铁的有关研究意见得到省委、省政府采纳。泰州市与常州市联合开展常泰城际铁路规划审查。

【交通运输服务体系建设】 2020年,泰州市完善客货运服务体系,提升客货运枢纽能级。实现动车"进京达沪",泰州到上海动车组列车于7月1日正式开通,最快通达时间1小时46分钟;与北京的通达时间缩短至不到5个半小时,并实现动车直达天津、深圳、武汉、郑州、成都、西安、杭州、济南等国内主要城市。全面完成创建省公交优先示范城市三年行动计划,市区万人公交车保有量提升至18标台,公共交通出行分担率提高到26%,市区首条公交快线"好巴士"1号线建成并投入运营。镇村公交加快发展,泰兴市、姜堰区入选全省首批城乡公交一体化创建城市。坚持"造路"与"造景"并重,支持加快建设兴化"1号水路"生态旅游航道,通扬线"十里花海"生态航道项目建成开放,姜堰区溱湖水上旅游航线开通运营,兴化市"千垛美路"获评交通运输部"最有人气的路",泰州市被确定为全省"农村公路+生态"交通强国样板试点。

(李　玥)

【市交通产业集团有限公司】 泰州市交通产业集团有限公司成立于1996年,注册资本80亿元,为市国资委全额出资的国有独资公司,主营业务包括交通工程投融资、土地收储开发、交通基础设施建设、交通工程项目代建、物流、城市公交、客运、汽渡运营、驾培、停车场建设、房地产开发、混凝土生产销售、加油加气、充电桩推广及新能源汽车销售等。2020年,公司构建以交通投融资和交通工程建设为主,以交通运输、交通服务、清洁能源为辅的"一主三辅"产业体系,设泰政交通投资、泰政建设管理、泰政交通运输、泰政交通服务、泰政能源等5家管理类公司。年末公司资产总额495.54亿元,净资产170亿元,有全资及控股子公司60多家,在职员工4000多人。全年实现营业收入53.42

亿元、利润总额3.55亿元，其中归属于母公司所有者净利润1.18亿元。

（王睿威）

·公 路·

【高速公路】 2020年，泰州市推进“两纵四横”高速公路网建设，全年完成高速公路建设投资18亿元，占年度交通固定资产总投资的14.37%。阜溧高速公路建湖至兴化段、常泰过江通道北接线、沪陕高速公路广陵至平潮段扩建工程3条高速公路集中开工建设，其中泰州境内高速公路总投资概算173.1亿元。推进兴化至东台高速公路、南京至兴化高速公路、如常高速黄桥至泰兴段、江阴靖江长江隧道（江阴第二过江通道）北接线、盐靖高速公路扩建等项目前期工作。

【国省干线公路】 2020年，泰州市完成普通国省干线公路建设投资21.3亿元，占年度交通固定资产总投资的16.98%。推进全长18.99千米的351省道、231省道兴化市合陈至临城公路（昌荣—204国道）改扩建，全长35千米的504省道泰兴段，全长34.34千米的353省道泰州段，全长17.1千米的高港大道改扩建（356省道高港段）工程建设。全长55.3千米的229省道兴化段改扩建工程、全长15.71千米的232省道泰兴段一期工程先后建成通车。232省道靖江段工程开工建设。至年末，全市普通国有道总里程756.47千米。 （李 玥）

【城市快速路】 参见第189页

（殷恒杰）

【农村公路】 2020年，泰州市完成农村公路投资9.6亿元，占年度交通固定资产总投资的7.66%。完成农村公路建设项目160个，完工里程220.27千米；完成桥梁项目100座。建立路政员、管理员、护路员上下联动的群管养护网络，全市农村公路列养率、经常性养护率均为100%，宜林绿化路段绿化率100%。至年末，全市农村公路总里程9009千米，桥梁6131座，89个乡镇、1682个行政村实现双车道四级路通达率100%，县乡道重大安全隐患治理率100%。8月9日，省政府办公厅授予海陵区、兴化市、靖江市、姜堰区“四好农村路”省级示范县称号，泰州所辖市（区）实现“四好农村路”省级示范县全覆盖。8月17日，省交通运输厅、财政厅、农业农村厅和省政府扶贫办联合授予泰州市2019年“四好农村路”省级示范市称号。

【客货运站场】 2020年，泰州市完成汽车客货运站场建设投资11.2亿元，占年度交通固定资产总投资的8.93%。更新180辆公交车辆。12月30日，“好巴士”1号线全线开通运营，配套工程公交信号灯优先及公交专用道建设同步完成施工。

【公路运输】 至2020年末，泰州市公路总里程9980.47千米，公路密度1.72千米/平方千米。全年全市完成公路客运量4248万人次，比上年减少28.1%；公路客运周转量24.1亿人千米，减少40.1%；公路货运量3041万吨，增长74.96%；公路货运周转量131.8亿吨千米，增长68.1%。

【公路养护】 2020年，泰州市投资1.1亿元实施普通国省道养护大中修工程6项，总里程68千米；完成345国道马甸大桥、345国道高港大桥、231省道泰东河大桥、344国道朱沥沟大桥危桥改造工程，全年危桥处置率100%。建成231省道新通扬运河大桥、231省道泰东河大桥两套桥梁健康监测系统。完成334省道支联河桥安全防护设施改造。投入600万实施328国道1号、2号隧道的提质升级工程；开工建设兴化陈堡养护工区，建成229省道顾高停车区、黄桥停车区两处普通国省道服务设施。提升国省道路况及管理养护水平，全市普通国省道公路MQI值为95，优良路率100%，一、二类桥梁比例超过95%，其中344国道、229省道共74.41千米的市内道路以全优路况通过交通运输部“十三五”国评组的路况检测。农村公路养护列养率和经常性养护率均为100%，农村公路PQI值为82，县道优良路率86%、乡村道优良路率81%。

【3条高速公路集中开工】 2020年12月18日，泰州市交通运输高质量发展暨建兴、常泰北接线、平广高速开工动员会在兴化经济开发区举行。开工建设的3条高速公路是江苏省“六纵十横十五射”高速公路网中的关键工程，也是加快完善泰州市“两纵四横”高速公路网的重要组成部分，项目总里程152.7千米，总投资概算352.2亿元。其中，泰州境内总里程76.16千米，总投资概算173.1亿元，创造泰州市高速公路建设投资新纪录。

阜溧高速公路建湖至兴化段全线设置互通式立交7处，路线全长71.72千米，其中兴化段36.92千米，项目采用双向四车道高速公路标准建设，桥涵设计汽车荷载等级为公路Ⅰ级，建成后将开辟泰州市与苏北地区的交通新通道。常泰长江大桥高速公路北接线全线设置互通式立交5处，路线全

2020年12月18日，泰州市交通运输高质量发展暨建兴、常泰北接线、平广高速开工动员会在兴化经济开发区举行 （市交通运输局 供图）

长31.97千米(不含常泰过江通道公铁合建段),其中泰兴段22.38千米,项目采用双向六车道高速公路标准建设,桥涵设计汽车荷载等级为公路Ⅰ级。沪陕高速公路平潮至广陵段扩建工程路线全长48.97千米,其中泰州段16.87千米,项目采用沿原路双侧拓宽的总体扩建方案,采用八车道高速公路标准扩建,新建桥涵设计汽车荷载等级为公路Ⅰ级。(李　玥)

【“泰美农路”建设】 2020年,泰州市围绕农村公路“一县一品牌、一镇一环线、一线一风景”目标,推进“四好农村路”工程建设,形成以“泰美农路”为总品牌,靖江市“靖善靖美·马洲农路”、泰兴市“径美泰兴”、兴化市“千垛美路”、海陵区“风城漫道·康享海陵”、高港区“一路高畅”、姜堰区“三水乐途”为子品牌的“1+6”农村公路品牌集群。“泰美农路”获评全国交通运输行业首届优质文化品牌“政务品牌十佳”、第八届江苏交通优质服务品牌,兴化市长安北路获评全国“最具乡愁的路”,兴化市千垛美路获评全国“最有人气的路”,靖江市芦东路获全省“江苏最美小康路”提名奖,海陵区麒麟路获评2020年度江苏省“最美农路”十大自驾主题线路。

【兴化市“千垛美路”获评全国“最具人气的路”】 2020年11月27日,交通运输部发布2019年度“十大最美农村路”名单,兴化市“千垛美路”获评“我家门口那条路——最具人气的路”,成为全国3条入选公路之一。兴化“千垛美路”全长66千米,以西北部生态发展为核心,内联千垛菜花、水上森林等知名风景区、景点和多个行政村,外与国省道、高速互联互通,是一条集文化、旅游、生态于一体的水乡景观大道,先后入选省交通运输厅“最美农路”“最美自驾游线路”。

(殷恒杰)

·铁　路·

【高铁建设】 2020年,泰州市推进高铁建设前期工作。北沿江高铁建设可行性研究报告通过国铁集团审查和审议,上报国家发展改革委并启动可行性研究报告审查程序。盐泰锡常宜铁路建设通过省发展改革委预可研审查,完成可行性研究报告编制,并由国铁集团鉴定中心开展可行性研究报告评审,进入鉴修阶段。

【铁路运输】 2020年,由宁启铁路与新长铁路构成“一横一纵”铁路主骨架泰州境内总长度100.4千米,其中宁启铁路42.4千米、新长铁路58千米。全年泰州火车站发送旅客165.48万人次,到达旅客161.1万人次。泰州至上海动车组列车于2020年7月1日开通运营,日发送动车最多22趟,最快运行时间1小时48分。泰州(始发)至深圳北的D3125次动车组列车于2020年7月10日开通运营,每天开行1班,运行时间13小时47分。泰州(始发)至北京高铁动车组于2021年1月20日开通运营,每天开行G882/G881 1对,运行时间在5个半小时以内。

【铁路安全】 2020年1月,泰州市交通运输局成立铁路运输安全生产专项整治工作组,开展铁路沿线环境安全隐患整治活动,现场核实安全隐患181处,实行“挂图作战、销号推进”。联合市城建办、应急管理局等部门开展现场督查,建立健全路地“双段长”工作责任制。年内,泰州市境内宁启铁路沿线140处、新长铁路沿线41处安全隐患全部完成整治。新长铁路线路安全保护区完成划定工作。

·航　空·

【机场建设】 2020年,泰州市向扬州泰州国际机场累计拨付航线培育资金2.48亿元。完成泰州市中长期航空发展规划和通用机场项目国土空间规划编制工作。启动扬州泰州国际机场二期扩建工程前期工作。规划新建的兴化通用机场完成机场规划选址并通过相关审核。

【航空运输】 2020年,扬州泰州国际机场旅客吞吐量237.2万人次,比上年减少20.4%,其中国际旅客吞吐量3.09万人次;旅客吞吐量在全国运输机场排名由上年的57位上升为51位。货邮吞吐量1.25万吨,增长1.1%。全年航空运输21569架次,减少5.1%;平均客座率70.9%。至年末,扬州泰州国际机场与国内外12家航空公司建立合作关系,累计开通国内外通航点54个,运营航线38条,其中国际(地区)航线8条。(李　玥)

【扬州泰州国际机场二期扩建项目】 2020年1月18日,泰州市政府、扬州市政府与东部机场集团在南京市签署战略合作协议,推动扬州泰州国际机场二期扩建项目。6月2日,召开二期扩建工程领导小组一次会议。8月14日,二期扩建工程预可研报告通过专家评审。11月20日,省发展改革委正式批复二期扩建工程,拟新建1条3200米平行滑行道及相应的滑行道系统,新建9.7万平方米的T2航站楼,新增机位40个。2021年2月18日,省政府办公厅将扬州泰州国际机场二期扩建项目工程列入全省交通重点项目前期工作三年滚动推进计划。

【“空运联程”国际货运模式开通】 2020年11月28日,由扬州泰州国际机场始运、发往马来西亚吉隆坡的一票国际货物,搭乘深圳航空公司ZH9610航班,经深圳中转,于11月30日抵达吉隆坡,扬州泰州国际机场开启国际货运“提前出口,空运联程”模式。至年末,扬州泰州国际机场国际货物运输有“通关一体化”“空运联程”两种模式供各企业选择,货物经深圳中转至曼谷、吉隆坡、雅加达、胡志明市、金边、首尔、东京等地。

(史　志)

·水　路·

【航道建设】 至2020年末,泰州境内航道总里程2550.23千米,航道网密度居全省第一,内河营运船舶数量、注册船员数量等水运行业指标占全省的四分之一以上。其中,三级航道规划里程215.53千米,实际里程178.16千米;四级航道规划里程

77.45千米，实际里程9.42千米；五级航道规划里程133.9千米，实际里程25千米；六级航道规划里程84.79千米，实际里程203.3千米；七级航道和其他等外级航道实际里程2134.35千米。全年完成航道建设投资2亿元，占年度交通固定资产总投资的1.62%。通扬线泰州段三级航道整治工程通过交工验收，交工航道里程40.57千米。其中，姜堰段于6月28日通过交工验收，交工航道里程22.14千米；兴化至海陵段于12月25日通过交工验收，交工航道里程18.43千米。盐邵线三级航道兴化段完工，基本达到三级航道标准。启动兴东线航道整治工程前期工作，工程可行性研究、土地专项、水利专项进入招投标程序。兴化"1号水路"完成6.8千米生态航道驳岸工程。

【航闸养护】 2020年，泰州市交通运输局实施航闸养护改善工程项目5个，完成投资2773万元。建口线生态航道护岸工程投资850万元，按照V级航道标准新建航道护岸5千米，于9月30日完工。周山河船闸下游驳岸工程投资580万元，新建驳岸104.6米，于12月16日完工。南官河航道蔡滩段护岸工程投资642万元，新建C20模袋砼护坡1.2千米，于12月16日完工。口岸船闸下游引航道东侧护岸加固工程投资624万元，对210米原护岸实施加固施工，于12月16日完工。泰东线长江口门示位标工程投资77万元，按三级航道标准配布航道示位标1座，示位标高度15米，于12月16日完工。

【港口建设和营运】 2020年，泰州市完成港口建设投资10.1亿元，占年度交通固定资产投资的8.06%。推进通扬线、疏港南路等疏港航道、疏港公路项目建设，组织编制《泰州内河港总体规划（修订）》。姜堰港、中交（兴化）港开港运营，兴化港区城南作业区码头建成运营。泰州港泰兴港区七圩作业区公用码头首次泊船试机成功，项目基本具备运营能力。全年沿江港口完成货物吞吐量3.01吨，比上年增长6.7%；内河港完成吞吐量2316万吨。

泰州港核心港区　　（《泰州通讯》 供图）

【水路运输】 2020年，泰州市完成水路货运量1.78亿吨，比上年减少8.7%。周山河船闸和口岸船闸全年累计安全放行40763闸次。其中，周山河船闸累计安全放行18763闸次，通过各类船舶82035艘，总通过量3291万吨，货物通过量1746万吨，优良闸次率100%，征收过闸费1660万元；口岸船闸累计安全放行22000闸次，通过各类船舶94400艘，总通过量3840万吨，货物通过量2000万吨，优良闸次率100%，征收过闸费1347万元。

【通扬线航道整治】 2020年12月25日，通扬线泰州段航道整治工程完成交工验收，全年总交工航道里程40.57千米，其中兴化至海陵段18.43千米、姜堰段22.14千米。至年末，74千米航道全线达标，累计新建护岸68.05千米、疏浚河道土方412万立方米。建成桥梁6座并通过交工验收。泰东垃圾填埋场项目HD-B2标段于7月完成招标工作，2021年1月19日完成最后一节帽梁浇筑。

（李　玥）

【泰州市首个内河集装箱港开港】 2020年5月18日，泰州市首个内河集装箱港——姜堰港开港。姜堰港码头位于姜堰经济开发区，拥有内河深水航道岸线429米，集装箱作业泊位3个、待泊泊位3个，陆域面积6万平方米，前期设计吞吐能力10万标箱，由优力博集团运营管理。

【中交（兴化）港开港运营】 2020年8月6日，中交海洋建设开发有限公司建设运营的中交（兴化）港开港运营。该项目位于省级航道南官河与北澄子河交界处，总投资10.8亿元，规划用地总面积80公顷，分两期建设。投资4.38亿元、用地面积32.4公顷的一期工程全部竣工，依托南官河航道建设1000吨级泊位7个（散货泊位1个、钢材泊位1个、件杂货泊位2个、集装箱泊位2个、待泊泊位1个），设计年通过能力230万吨。中交（兴化）港开港运营，结束兴化市"有河无港"的历史。

（徐　震）

·过江通道·

【过江通道建设】 2020年，泰州市完成过江通道建设投资20.52亿元，占年度交通固定资产总投资16.38%。常泰过江通道沉井基础施工取得关键突破。全市首条过江隧道——靖江阴长江隧道工程于4月28日开工建设。江阴第三过江通道、张皋过江通道前期工作按序时推进。

【常泰长江大桥建设】 2020年1月16日，常泰长江大桥主航道桥主塔基础6号墩首节钢沉井成功着床。3月26日，主塔基础钢沉井首次水上接高施工全面展开。6月6日，主桥基础钢沉井首次取土下沉施工全面开始。9月，大桥普通公路接线工程泰兴段以及宏达码头正式交地，接线工程进入施工阶段。10月30日，大桥首根主桥水上钻孔灌注桩建设启动。12月29日，大桥5号墩钢沉井顺利终沉。

链接：

常泰长江大桥（含一级公路）是长江干流第一座集高速公路、普通公路、铁路"三位一体"的跨江大桥，是世界最大跨度公铁两用钢桁梁斜拉桥，主塔设计总高352米，为世界第一高桥塔。大桥起自泰兴市六圩港大道，跨长江主航道，经录安洲，跨长江夹江，止于常州市新北区港区大道，路线全长10.03千米，建设工期66个月，主桥水上施工于2019年10月26日正式启动。

靖江江阴长江隧道工程（江阴第二过江通道）位于江阴长江大桥和泰州长江大桥之间，南连江阴市，北接靖江市，距江阴长江大桥5千米，距泰州长江大桥54千米，全长11.8千米，其中过江隧道长6408米，是全国排名第二的长江隧道。采用高速公路标准兼城市快速路设计，行车道采用双向六车道，接线设计速度100千米/小时（主线）和50千米/小时（辅线），过江段隧道设计速度80千米/小时。该工程是继江阴长江大桥、泰州长江大桥、常泰过江通道后的泰州第四条过江通道，也是泰州境内首条过江隧道，项目总投资141.48亿元，主线预计于2025年12月建成通车。

【泰州市首条过江隧道建设】 2020年3月25日，泰州市境内首条过江隧道——江阴第二过江通道可行性研究报告获批，被列入省交通建设投资计划。4月28日，全省重点交通工程集中开工暨江阴第二过江通道隧道工程开工动员大会在靖江市举行，省长吴政隆出席动员会。10月1日，过江隧道主体工程开工建设。12月7日，过江隧道首幅钢筋笼入地。（李　玥）

·公共交通·

【公交建设】 2020年，泰州市推进公交优先示范城市创建工作，出台《泰州城区公交线网优化实施方案》，建设新型公交站台406座，扩大公交线网对新建小区、工业园区的覆盖。新建城东公交枢纽站，新辟、优化公交线路18条。推广应用新能源公交车，新增180辆新能源公交车投入运营，新能源公交车占比提高到76.5%。织密海陵区、高港区之间的公共交通联系网，建成"好巴士"中运量公交1号线、公交信号优先及公交专用道建设，新增公交专用道49千米，市区公交专用道基本实现成环成网。全面升级改造GPS智能监控中心，实现从传统手工发车模式向智能发车模式的转变。至年末，全市城市公交线路86条，城市居民每万人拥有公交车18.5标台，公交站点500米覆盖率95.5%，公共交通乘客满意度98%。推动城市公交向乡镇延伸，延伸城市公交线路12条，开通镇村公交线路26条，实现镇村公交全覆盖。周山河公交停保场、刁铺公交枢纽站建设完成前期工作。（李　玥　邵月娥）

2020年12月29日，常泰长江大桥5号墩钢沉井顺利终沉

（市交通运输局　供图）

【公交融合发展】 2020年，泰州市推动以城乡、客运旅游为主的深度融合发展，拓展公共交通的辐射带动面。开通泰州客运南站至大丰荷兰花海大洋湾旅游专线、溱湖湿地公园乡村旅游专线等。开辟兴化市"1号水路"水上旅游和姜堰区溱湖水上旅游等旅游航线，形成集观光旅游、体育休闲、参与体验于一体的生态旅游航线。（李　玥）

【公交出行】 2020年，泰州市交通运输局合理安排班次，采取区间车、加班车等形式，保证公交客运通畅。对市区392座公交站台实施出新维修，解决安全隐患风险；完成公交站台广告载体LED屏测试。创新公交支付和换乘模式，建成公交智能化运营调度管理系统和公众出行信息服务平台，实施"公交一小时内免费换乘"。推出公交年卡，为市民乘坐公交提供便利。实现住建部版泰州通卡、交通运输部版泰州通卡、交通运输部标准NFC卡、泰州市民卡、支付宝等多种支付方式并行。（李　玥　王睿威）

【"好巴士"公交1号线开通运营】 2020年9月，泰州市"好巴士"中运量公交1号线工程启动建设。12月30日，工程全线开通运营。该工程总投资6697万元，路线里程25千米，设38个公交站点，铺设16.5千米的公交彩色专用道，采用先进的公交信号优先控制系统，公交车运营速度从17千米/小时提高到25千米/小时，新购置投放新能源公交车36辆。"好巴士"1号线工程是2020年市委、

2020年12月30日，“好巴士”公交1号线全线开通运营

（市交通运输局　供图）

市政府公布实施的十大改善民生实事之一，新改建项目包括公交专用道及交通安全设施建设、沿线公交站台改造、交通信号系统升级、主要交叉道口渠化改造等，涉及青年路（海阳路—永定路）、泰州大道（永定路—高港北汽车站）、扬子江大道（高港汽车北站—港口路）3段公交线路改造。

（殷恒杰）

·交通运输管理·

【公路行业管理】 2020年，泰州市交通运输局办理公路行政许可122件。整治普通国省道“马路市场”、违法广告、非法搭接道口等，改善路域环境。市政府将超限超载治理工作纳入各市（区）及职能部门年度管理目标；推进治理超限超载路警联合执法，交警驻站率100%。全年完成国省道公路车辆通行费征收2610万元；免费放行“绿色通道”车辆3.9万辆，减免通行费93.81万元；春节、清明节、“五一”节、国庆节期间放行车辆7.24万辆，减免通行费70.1万元。

【公路安全保障】 2020年，泰州市投资820万元实施普通国省道安防工程，全年处置道路隐患里程26.84千米，包括523国道全线和333省道部分路段。封闭中分带及侧分带开口95处，改造平交道口1处，新增波形梁护栏15.38千米。投入1026万元完成普通国省道标志标线更新改造工程，漆划热熔标线21.9万平方米，铲除原有路面标线5600平方米，新增单柱标志155套，更换单柱标志板面51块，更换单柱杆件及基础13套，新增单悬臂标志22套，更换单悬臂标志板面86块，指路标志板面更换反光膜76块。完成232省道兴化段养护大中修临水临河路段护栏施工项目，新建波形梁护栏5.21千米、护栏立柱430根、护栏端头梁334块、反光膜80.16平方米。

【超限超载专项整治】 2020年，泰州市出台《道路货物装载源头超限超载管理办法》，严格规范道路货物装载源头单位装载配载行为。市交通运输和公安交警部门联合查处违法超限超载车辆4978辆次，其中“百吨王”车辆42辆，交通运输部门卸驳载5.34万吨，公安交警部门罚款549.81万元，对驾驶证共记分27126分。全年超限率0.52%，低于2%的省控线。将341家货物装载源头单位纳入监管名录，各市（区）向社会公示重点货物装载源头单位108家。市交通运输局开发建设超限超载货物装载源头治理监管平台，并逐步接入全市重点货物装载源头单位出厂数据。约谈高频超限超载运输企业45家，对96家达到“一超四罚”情形的运输企业实施停业整顿的行政处罚。

【客运市场管理】 2020年，泰州市排查整治省市际包车从事班线运输、“非营运”“营转非”大客车非法经营行为。开展“两客一危”清理整顿，清理客车346辆。提供国庆节期间旅游包车安检进站、发车服务，抽查旅行社及旅游客运公司车辆使用情况，国庆节期间进站发车177辆、发送旅客6290人。安装公交车驾驶员安全防护栏2216辆，安装率100%。鼓励运输企业购置和使用新能源客车，淘汰能耗高、技术状况差、营运成本高的车辆，全年更新中高级以上客车14辆。市区新购新能源公交车239辆，报废柴油公交车30辆。

【货运物流市场管理】 2020年，泰州市发展“互联网+货运物流”新业态、新模式，江苏云配通科技有限公司网络货运业户通过省交通运输厅验收，江苏顺邦物云网络科技有限公司和泰兴市经纬物流有限公司申请验收。开展柴油货车污染治理攻坚战，淘汰国三及以下排放标准营运中型、重型柴油货车2235辆。规范危险废物安全处置，对37家从事常压罐车和罐式集装箱运输的危险品运输企业的476辆常压罐体车辆、162辆罐式集装箱车辆清洗进行规范。全面建成并实施“两客一危”运输企业风险管控和隐患排查治理双重预防机制，聘请第三方机构开展安全检查。开展道路危险货物运输挂靠车辆清理工作，核查辖区内危险品运输车1120辆，清理危化品运输挂靠车辆62辆。

【出租车行业管理】 2020年，泰州市出租车企业每车减免租赁承包费6600元；采取“以奖代补”形式，企业对驾驶员进行考核评比，合格者每月给予100元~150元奖励。维护火车站出租汽车营运秩序，明确上下客、候客区域等规定，设立禁令标志牌，划定出租车禁行区域。打击非法营运网约车，维护出租汽车行业稳定。许可“江苏罗伦士出行”“山东及时雨”“重庆渐臻”“辽宁途途”“滴滴出行”“永安行”“昆明盛智易联”7

家网约车服务平台公司。全年取得从业资格证的网约车司机2480人，考试通过率95.24%。

【汽车维修市场管理】 2020年，泰州市有汽车维修企业654家，其中一类维修企业115家、二类维修企业118家、三类维修企业421家，全年维修车辆106.5万辆次，实现汽车维修总产值13亿元。有汽车综合性能检测企业22家，均实现交通、公安、环保“三检合一”和检测结果互认。全年汽车综合性能检测站检测营运车辆29418辆次。推动互联网与汽车维修行业深入融合和创新发展，建设汽车维修电子健康档案系统，全市一、二类重点维修企业完成与省电子档案平台对接工作，上传维修记录250万多条。实施汽车维护与检测（I/M）制度，排放检验机构（I站）检测排放不合格的车辆到具有资质的维修单位（M站）进行维修治理，全市49家I站和26家M站均实现与省汽车尾气检测和治理平台联网，全市M站累计治理尾气不合格车辆2768辆次。

【驾培管理】 至2020年年末，泰州市有驾校60家、教练员3604人，教练车2550辆，其中B2以上大型货车教练车156辆、C照小型教练车2550辆。全年报班学员66138人，科一合格率88%、科二合格率70%、科三合格率55%、科四合格率92%。通过银行进行“第三方托管”的学员10679人，托管金额4938.47万元。完成兴化市第三方资金托管平台的应用，基本实现“先学后付”。投入人脸识别车载终端53台，飞鹿驾校10台机器人教练智能化电子教学系统设备投入使用。完善学时对接系统，实现驾驶培训监管服务平台与公安部门考试预约“12123”系统对接。升级智能化管理系统，自动扣除的违规学时累计27480分钟。启动“星级教练员”评定和教练员“黑名单”制度，对全市所有驾校、教练车、教练员进行检查，停训有问题的教练车111辆、教练员421人，对安全员证过期或缺少的7家驾校下达限期整改通知。

【内河航政管理和航闸服务】 2020年，泰州市坚持依法治航，审核航道通航条件影响评价31件。梳理与现行政策不符的法规、规章和规范性文件，完善省投资项目在线审批监管平台权力事项清单。运用新版水上ETC，过闸船舶实现远程申报、登记、缴费，缩短待闸时间。运用混合排序系统，保持航闸畅通。通过微信公众号为过闸船舶提供导航、水位、天气、ETC软件指导等服务。

（李　玥）

【港口船舶污染治理】 2020年，泰州市开展长江经济带船舶和港口污染突出问题整治，累计检查船舶15519艘，处罚743艘；抽检船舶燃油937艘，处罚62艘；400总吨以上船舶生活污水处理装置铅封583艘；船舶封舱检查18189艘次，封舱情况良好。推进400总吨以下船舶生活污水防污改造，累计改造安装5067艘。对400总吨以下货运船舶、公务船和工程船免费安装生活污水储存柜。对辖区注册登记的水路运输经营者主要负责人落实污染防治第一责任的情况实施检查，督促97家航运公司落实防污主体责任。

（张　俊）

【船舶检验和船员管理】 2020年，泰州市完成船舶建造检验659艘、42.5万总吨、21.3万千瓦，船舶营运检验8017艘、425.1万总吨、208.4万千瓦，产品检验18025台（套），图纸审查220套。举办各类船员培训班25期，培训1943人次；组织各类船员考试1851人次；核发船员证书、证件3793本。（李　玥）

水　利

·水利综述·

【概况】 2020年，泰州市级水利建设完成总投资6.5亿元。其中，省级水利重点工程累计到位资金2.55亿元，实施省重点平原洼地治理、古马干河整治工程，完成蚌蜒河整治工程；城市水利工程累积到位资金1.57亿元，实施送水河北闸站、2019年度水生态河道治理、中干河水生态修复、城区河道清淤轮浚、城区河道活水工程；农村水利建设计划完成投资2.38亿元，实施农村河道疏浚、中小河流重点县等工程项目。

【市管河道保护规划】 2020年，泰州市对列入《江苏省骨干河道名录》中的65条河道开展河道保护规划编制工作。编制印发《泰州市管河道保护规划》，规划范围为车路河、上官河、西塘港、下官河等15条市管河道。该《规划》共7章26条，明确河道管理（保护）范围、河道功能保护、河道水域岸线保护、河道范围内重要基础设施保护、河道空间管控。

【农业水价综合改革】 2020年12月，泰州市农业水价综合改革通过省级验收，全面完成24万公顷农田的农业水价改革任务。2019年度泰州市节约农业用水0.86亿立方米，亩均节水24立方米，节约灌溉用电0.48亿度，节约电费1700万元，农田水利设施长效管护率100%，农业供水水费收缴率96%，群众满意度超过95%。

·城乡水利建设·

【省级水利重点工程建设】 2020年，泰州市列入省水利重点工程考核的工程有4项，分别是淮河流域重点平原近期洼地治理、古马干河泰兴段、古马干河闸外段、蚌蜒河整治工程。淮河流域重点平原近期洼地治理工程兴化段向阳河、杨家河完成整治，下官河整治及4座跨河桥梁开工建设；海陵段新建的大寨河涵闸、后塘河涵闸、大冯闸完成工程主体施工；姜堰段套闸除险加固工程完成水下主体。蚌蜒河（渭水河—西堤港段）整治工程通过完工验收，共疏浚整治蚌蜒河中段10.6千米，拆建闸（站）2座、桥梁2座。古马干河闸外段整治工程完成排泥场施工围堰、搅拌桩施工和混凝土方桩预制。古马干河泰兴段完成全线清杂工作。

【城市水利建设】 2020年，泰州市送水河北闸站工程、城市水生态河道治理工程基本完成，整治老东河、茶庵桥河、中桥河支河、黄舍西河等7条河道，实施戴集中沟控制闸工程以及老通扬运河（吴陵路—鲍九路）南岸、许郑河闸站管理区绿化改造工程。启动实施中干河水生态修复工程，清淤疏浚河道2.1千米，维修两岸挡墙3.6千米，新建生态护岸530米，实施河道景观绿化11万平方米。实施城区河道清淤轮浚工程，对城区景庄河、城南河、中子河等8条河道实施清淤疏浚。启动城区河道活水工程，疏浚整治中子河、西景河、跃进河，新建狮子河闸站、蚂蚁坝河闸站及南塘中沟闸站。

【农村水利建设】 2020年，泰州市以兴化市圩里灌区建设为重点，整合利用往年小农水重点县项目结余资金以及农业水价综合改革奖补资金，实施小农水设施建设，重点整治干渠、支渠以及电灌站等田间工程。投入1900万元，新建和改造农田小沟级以上建筑物500座，其中中沟级以上建筑物454座。投资2.38亿元，疏浚整治各级农村河道953条，其中县级河道9条、乡级河道39条、村庄河道（河塘）905条（面），疏浚河道土方1050万立方米；治理生态河道50条。完成水土流失综合治理面积3.91平方千米。（陈建勋　李　想）

·水利工程管理·

【河道工程管理】 2020年，泰州市“城建惠民”行动涉及的59条河道实现管护保洁全覆盖；8月26日，市环卫处与苏州金港物业管理有限公司就市直管河道保洁服务项目举行签约仪式，从9月1日起，苏州金港物业管理有限公司承担市区S231省道以西、引江河以东、周山河以北、新通扬运河以南范围内的59条河道管护保洁工作，涉及河道总长134千米。开展水利工程安全鉴定工作，评定一类工程10座、二类工程5座。老东河闸站、智堡河闸站通过省三级水管单位复审。

（陈启鑫　陈建勋　李　想）

【水利工程调度】 2020年，泰州市围绕“度汛安全、水源保证、水位可亲、水体流动、水质改善”的调度目标，合理调度引水、防洪、排涝、水生态环境工程。城区调水泵站全年开机138天，向主城区生态补水7478万立方米。利用沿江各通江口门抢潮引水，增加内河水源补给，通过口岸闸、马甸闸、过船闸、夏仕港闸等向通南地区引水11.15亿立方米。高港枢纽开机15天，动力抽引江水6900万立方米，向通南地区生态补水；高港枢纽节制闸向里下河地区自流引水50.82亿立方米，保证里下河地区枯水期生态基流。

【里下河退圩（渔）还湖工程】 2020年，《里下河腹部地区（泰州市姜堰区）湖泊湖荡退圩还湖专项规划》获省政府批复，《喜鹊湖退圩还湖工程实施方案》获省水利厅批复，《花粉荡退圩还湖实施方案》通过省水利厅组织的审查。全面完成省高质量发展考核里下河退圩还湖个性指标，其中陈堡草荡退圩还湖工程通过完工验收，恢复自由水面302.47公顷，成为全省首个通水的退圩还湖样板工程；得胜湖工程清退圩区2.6平方千米；完成蜈蚣湖二期工程，恢复自由水面167.67公顷。（陈建勋　李　想）

·水利监察·

【水行政执法】 2020年，泰州市围绕长江、市级以上骨干河道等重点水域，实施河湖“三乱”专项整治，全市557个河湖“三乱”问题全部完成整改，其中市级自查499个、省级交办58个。开展4场“以案释法基层行”专场宣传活动。建设“智守长江”执法信息化平台，实现实时监控长江河道、跟踪记录执法过程、网上审批水事案件、动态监管采砂船舶、远程指挥执法活动等功能。全面推行重大水事违法案件挂牌督办工作机制，打击非法采砂行为。开展水利执法巡查2000多次，出动执法人员11000多人次，纠正和处理水事违法行为44起，立案查处水违法案件22起。

【水行政许可】 2020年，泰州市推进水土保持区域评估工作，组织评审《泰兴虹桥工业园水土保持区域评估报告》《泰兴滨江工业园区水土保持区域评估报告》《江苏省姜堰经济开发区水土保持区域评估报告》《泰州市姜堰区现代科技产业园水土保持区域评估》。根据部、省、市、县“四级四同”的要求，动态调整行政权力清单，调整后的市水利局行政权力事项清单181项，明确项目编码、执法事项名称、执法主体、承办机构或处室、执法依据、办理时限等要素。全年办理涉水行政许可事项86件，其中生产建设项目水土保持方案审批37件、取水许可5件、河道管理范围内建设项目44件。

【水利普法宣传】 2020年，泰州市水利部门结合第28届“世界水日”、第33届“中国水周”以及“国家宪法日”等宣传主题，集中宣传涉水法律法规。在《泰州日报》开辟“世界水日”专版，“中国水周”期间组织网上法律法规知识问答，印发《泰州市节约用水办法》《泰州市水土保持管理办法》宣传册。在《泰州日报》、泰州广电台开辟“河长在行动”专栏。

（陈建勋　李　想）

·引江河建设和管理·

【工程管理】 2020年，江苏省泰州引江河管理处（简称管理处）开展工程巡视检查和维修养护工作，全年工程设备设施保持完好。开展安全生产专项整治行动，提升工程安全标准化水平，全年开展安全检查39次、特别检查4次，查出隐患均完成整改。编制《泰州引江河高港枢纽闸站下游段堤防应急加固工程可行性研究报告》，开展双电源供电改造前期研究，补齐工程短板。推进智慧水利建设，船闸“不见面服务、不上岸过闸”管理模式和闸口抓拍系统分别获全国水利职工创新成果一等奖和优秀奖。全年获发明专利1项、实用新型专利9项，出版发行技术专著3本。

【引水排涝】 2020年，管理处落实防汛防旱责任制，强化工程控制运用，服务地区经济发展和城乡居民用水，全年执行省水旱灾害防御调度指令37次。高港枢纽向苏北及里下河地区大流量引水290天，累计引长江水50.8亿立方米。高港泵站冬春枯水期7次向通南地区开机送水6900万立方米，拉马河闸累计引水1217万立方米。高港泵站开机排涝4607台时，抽排涝水6.32亿立方米。汛期开展防汛巡堤查险工作，组织1038人次对江堤实行24小时巡检，及时处置管涌点6个，保障堤防安全。

【船闸管理】 2020年，管理处优化高港船闸运行调度流程，推行过闸船舶实名认证。全年高港船闸开闸3.2万闸次，放行单机船14.7万艘，船队1700多个，船舶通过量1.56亿吨。

【里下河湖区河湖管理】 2020年，管理处推行里下河湖区网格化巡查制度，全年开展里下河河湖巡查37次；涉湖4市9县湖泊管理单位巡查519次、巡查里程4160千米，53名网格员巡查610次，巡查里程2750千米。新增违法行为明显减少，里下河湖区遥感监测变化点数量比上一年减少50%。发挥里下河腹部地区湖泊湖荡管理与保护联席会议作用，推进退圩还湖工程建设，兴化市平旺湖一期工程（141.33公顷）、陈堡草荡退圩还湖工程（302.47公顷）、蜈蚣湖退圩还湖一期工程（93.33公顷）以及盐都大纵湖、兴化蜈蚣湖二期工程、得胜湖、宝应兰亭荡、广洋湖二期退圩还湖工程（1000公顷）基本完成，全年全湖区退出自由水面20.69平方千米。

【河湖“两违三乱”整治】 2020年，管理处组织开展河湖“两违”整治攻坚战，全面完成管理范围内的6个“两违”整治项目。开展省级河湖“三乱”整治项目核查验收销号工作，全年有37个省级河湖“三乱”整治项目完成整改并通过验收，有9个整治项目通过现场验收，其中引江河、通榆河“三乱”整治项目全部通过销号验收。开展通榆河盐城段20个“三乱”整治点现场复核和南通地区40个“两违”整治情况暗访，对南通、泰州境内重点河湖违建别墅实施暗访调查。

（王昕炜　万　静）

高港枢纽新貌　　（引江河管理处　供图）

能　源

·能源综述·

【能源安全】 2020年，泰州市制定完善电力、天然气供应应急预案，推进煤电油气产供储销体系建设，提升供给保障能力，全市成品油、电煤库存在15天以上，达到能源保障安全储备标准。组织开展电力、油气管道安全风险排查整治，排查整治电力安全一般风险隐患572处、长输油气管道一般风险隐患74处。全年全市未发生较大能源安全事故。　（邵月娥）

【天然气设施建设和管理】 2020年，全市天然气管道总长度8100多千米，其中公用燃气压力管道3500千米。全年管道天然气供应量7.62亿立方米，用气人口146万人。全市有管道燃气企业14家，其中国有或国有控股企业3家、民营企业3家、法人独资企业1家、中外合资及外商独资企业7家。泰州港华燃气有限公司建有年供气规模3.5亿立方米的天然气门站和天然气压缩母站各1座、天然气加气站3座，全年维护地下燃气管网1080千米、阀门2400多个、调压设施1200多台，日均供气45万立方米。推广安装燃气泄漏安全保护装置，全市餐饮场所燃气泄漏安全保护装置安装率99.2%，基本实现应装尽装。年内，泰州城投天然气管网有限公司完成高港科思燃气公司100%股权收购，泰州港华燃气有限公司、泰州永安港华燃气有限公司获评港华集团2020年度“供应管理特优企业”。　（殷恒杰　王睿威）

2020年泰州市签订燃气特许经营协议企业情况表

表27

企业名称	是否使用上游管输气	企业性质	特许经营年限	市（区）
泰州港华燃气有限公司	是	中外合资	2013年9月1日至2043年8月31日	医药高新区
泰州中石油昆仑燃气有限公司	是	国有控股	2013年8月23日至2043年8月22日	

续表27

企业名称	是否使用上游管输气	企业性质	特许经营年限	市（区）
泰州永安港华燃气有限公司	是	中外合资	2013年9月1日起至2043年8月31日	高港区
泰州科思燃气有限公司	是	国有控股	2013年1月1日起至2042年12月31日	
泰州华润燃气有限公司	是	国有	2006年9月26日起至2036年9月25日	姜堰区
泰州中油燃气有限责任公司	是	法人独资	2006年8月1日起2036年7月31日	兴化市
兴化新奥燃气有限公司	是	外商独资	2002年2月22日起至2032年2月21日	
昆仑燃气（兴化）有限公司	是	民营	2014年9月17日起至2044年9月16日	
兴化东方燃气有限公司	是	外商投资、非独资	2016年3月30日起至2046年3月29日	
靖江天力燃气有限公司	是	民营	2005年1月8日起至2035年1月7日	靖江市
泰兴新奥燃气有限公司	是	中外合资	2007年2月4日起至2032年2月3日	泰兴市
泰兴新奥燃气发展有限公司	是	中外合资	2011年3月23日起至2036年3月22日	
泰兴中燃燃气发展有限公司	是	外商独资	2014年4月18日起至2044年4月18日	

（殷恒杰）

【江苏省煤炭物流靖江基地项目二期工程】 2020年10月8日，江苏省煤炭物流靖江基地项目二期工程零米以下基础开工。该项目是长江大保护政策实施以来江苏省批准新建的重点港口项目之一，被省“十四五”规划《纲要》列入能源基础设施建设重点工程。工程由江苏国信秦港港务有限公司投资建设，项目总投资11.82亿元，建设周期18个月。建设内容包括新建10万吨级煤炭卸船泊位1个，对已建5万吨级煤炭卸船泊位进行局部改造，增设装船功能，满足10万吨级散货船靠泊要求；将现有3000吨级重件泊位改扩建为2万吨级煤炭装船泊位，新增通过能力995万吨。工程建成后，煤炭基地一、二期工程合计年通过能力2000万吨、煤炭储备能力103万吨。

【《江苏省电力条例》在泰州市率先落地】 2020年4月21日，泰州市出台《关于明确〈江苏省电力条例〉实施后输变电建设工程相关审批业务办理的通知》（以下简称《通知》）。《通知》是全省首个贯彻落实《江苏省电力条例》的配套政策文件，对电网工程建设项目的规划许可、开工条件、消防验收等作出全面精简优化；对于电网基建工程在建项目，从工程质量监督到设计审查（备案）及验收均由供电公司直接向住建部门“一站式”申请办理；对于未开工项目，开辟证照办理“绿色通道”，简化输变电建设工程审批手续，缩短新建变电站从核准至开工的时间。（史　志）

·电力设施建设·

【电力开工项目】 2020年，泰州市电力基础设施项目计划新开工35千伏及以上输电线路长度249.24千米，其中220千伏线路40.6千米、110千伏线路207.44千米、35千伏线路1.2千米，计划新增主变容量153.05万千伏安。全年新开工220千伏项目5个，开工变电容量84万千伏安，开工线路长度40.6千米；新开工110千伏项目18个，开工变量容量69.05万千伏安，开工线路长度207.44千米；新开工35千伏项目1个，开工线路长度1.2千米。

【电力投产项目】 2020年，泰州市电力基础设施项目计划投产35千伏及以上输电线路长度140.08千米，其中110千伏线路131.23千米、35千伏线路8.85千米，计划投产主变容量38万千伏安。全年投运110千伏项目16个，变电容量34万千伏安，线路长度131.23千米；投运35千伏项目3个，变电容量4万千伏安，线路长度8.85千米。

【电力业扩】 2020年，国网泰州供电公司受理各类客户电力业扩报装申请99895户，比上年减少8.15%；申请电力增容353.69万千伏安，减少4.55%。完成电力业扩报装98687户，减少6.05%；完成电力增容300.12万千伏安，减少2.09%。全年减容用电27525户次，减容量461.59万千伏安，增长10.53%；复容户数3400户，容量378.75万千伏安，增长12.06%。

【农电精品工程】 2020年，国网泰州供电公司深化“全能型”供电所建设，新增五星级供电所1个、四星级供电所4个。完成174万户农村用户入户调查。供电所“三量三价”台区管理权竞拍入选《国网公司三项制度改革百问百答》案例。推动乡村电气化，实施乡村电气化与电能替代、综合能源服务深度融合，完成泰州所有AAAA级及以上景区全电气化改造。利用台区经理网格化管理优势，面向乡村消费人群推广生产生活电气化产品。

·电网发展·

【电网规模】 至2020年末，泰州电网有35千伏及以上变电站176座、输电线路5862.79千米（含电缆），以500千伏变电站为支撑电源点，形成南北两个分区高可靠性220千伏双环网结构。有110千伏及以上变电站160座、主变容量2919.7万千伏安、输电线路（含电缆）5446.87千米。其中，500千伏变电站2座、变压器7台、主变容量625万千伏安、架空线路887.27千米；220千伏变电站34座、变压器59台、主变容量1014万千伏安、架空线路2034.81千米；110千伏变电站124座、变压器243台、主变容量1280.7万千伏安、输电线路（含电缆）2524.8千米；35千伏变电站15座、主变容量51万千伏安、输电线路（含电缆）415.91千米。有10（20）千伏变压器37026台、主变容量1429.6万千伏安、输电线路（含电缆）24903.62千米。

【电网建设】 2020年，国网泰州供电公司完成固定资产投资总额19.66亿元，全员年劳动生产率224.18万元/人。完成《泰州市“十四五”电网规划》编制，投资54亿元的电网项目纳入国网投资范围。开工建设江苏凤城—梅里500千伏线路长江大跨越工程。启动500千伏海阳变电站可行性研究工作。建成31项迎峰度夏工程，保障高峰用电需求。500千伏泰兴变电站全站动力电缆更换工程通过现场竣工验收，全省首座超高压变电站电缆消防隐患治理专项工作试点成功。年内，国网泰州供电公司获“江苏省省长质量奖提名奖”；两项工程分获国网江苏供电公司输变电优质工程金奖、银奖，两项工程获国网江苏供电公司“流动红旗”。

2020年国网泰州供电公司固定资产投资完成情况表

表28

指标名称	投资计划（万元）	完成投资（万元）	完成率（%）
固定资产投资	196613	196613	100
电网基建项目	176827	176827	100
大中型基建（35千伏及以上）	53447	53447	100
配网基建（10千伏及以下）	123380	123380	100
小型基建项目	165	165	100
生产技改项目	16526	16526	100
生产辅助技改项目	295	295	100
电力营销资本项目	672	672	100
零星购置项目	2129	2129	100

【智能电网】 2020年，国网泰州供电公司探索“5G+智能电网”融合实现路径，制定共建共享实施方案，建立柔性工作团队，开展电力基础资源盘点，完成全市2967个站所的富余空间排查，初步梳理出116处可共享站所，其中主城区61处、泰兴市19处、姜堰区17处、兴化市10处、靖江市9处，形成具有优先级顺序的共享资源清单。开展多站融合共建、杆塔综合共享等业务试点运营。与三大通信运营商及铁塔泰州市分公司举行“电力+5G”基础设施融合建设战略合作协议签订仪式。与泰州移动公司联合开展“5G+”试点工程建设，在市区莲花一区建成全国首家“配电房+5G机房”，获央视等13家主流媒体报道。打造“变电站/供电所+5G机房”2类基础资源复用样板，全年完成15座多站融合建设、70基杆塔综合利用。

【用电服务】 至2020年年末，国网泰州供电公司电力客户营业户数273.18万户，同比增长2.56%；用电容量3881.69万千伏安，增长5.97%。推广“互联网+”办电应用，在全省率先完成地方政务服务APP办电入口建设，实现身份证明、营业执照、不动产证等办电电子证照的线上共享与查验，推行“刷脸办电”“一站办电”，全面实现“零证办电”。推进“开门接电”，主动接入政府工程建设审批管理系统，提前开展配套工程建设。推行低压小微企业“三零服务”（零上门、零审批、零投资），提升低压供电容量标准至200千伏安，为10（20）千伏项目（不含居配、临时用电）配套建设外线电气至资产分界点，取消计量装置赔偿费等业务费用，推广临时用电租赁服务。落实阶段性降价电费优惠政策，减少用户电费支出5.68亿元。全年处理“95598”故障工单10538张，比上年减少18.5%。处理投诉举报57起，减少64.38%，万户投诉率为全省最低。做好重点防疫企业、场所电力保障，完成市两会及政府各项重大活动保电任务68起，实现电力保障“零”失误。“网上国网”累计注册用户70万，线上办电率99.19%。在全省率先消除长期高损台区，存量高损台区总量压降60%，同期线损“全国百强所”获评总数为全省最多。

【全社会用电】 2020年，泰州市全社会用电量306.88亿千瓦时，比上年增长3.68%，增速居全省第五，比全省平均值高1.93个百分点。工业用电量221.14亿千瓦时，增长4.13%，比全省平均值高2.57个百分点。城乡居民用电量42.38亿千瓦时，增长6.04%，比全省平均值高2.11个百分点。其中，城镇居民用电量16.92亿千瓦时，增长4.81%；乡村居民用电量25.46亿千瓦时，增长6.88%。各市（区）全社会用电量均保持增长，其中市区增速最大，全社会用电和工业用电分别为76.54亿千瓦时、51.03亿千瓦时，分别增长6.96%和9.95%。

分产（行）业用电方面，全年第一产业用电量3.37亿千瓦时，比上年增长12.13%；第二产业用电量224.12亿千瓦时，增长3.90%；第三产业用电量37.02亿千瓦时，减少0.82%，比全省平均值低1.39个百分点。全市十大制造业中7个行业电量同比增长。其中，医药制造业用电量增长26.64%、专用设备制造业用电量增长12.46%、农副食品加工业用电量增长9.91%、通用设备制造业用电量增长14.05%、非金属矿物制品业用电量增长11.77%、橡胶和塑料制品业用电量增长7.57%、金属制品业用电量增长0.13%。从用电量看，金属制品业用电量最多，为50.02亿千瓦时；从增速看，医药制造业增长最快，增速26.64%。

【泰州电网步入“500+”时代】 2020年，泰州电网调度负荷首次突破500万千瓦，用电负荷5次刷新历史记录，最高用电负荷526.3万千瓦（8月17日），同比增长7.12%。日供电量创历史新高，最高日供电量1.11亿千瓦时（8月19日），比上年最高日供电量增长6.33%，并创下连续8天日供电量破亿的新纪录。8月1日～19日，全市供电量累计19.57亿千瓦时，同比增长14.96%，日均供电量超过1亿千瓦时。（史　志）

·地区电厂及新能源发电·

【发电装机规模】 至2020年年末，泰州地区电厂发电装机总容量696.94万千瓦，其中公用电厂647.63万千瓦、自备电厂（含分布式装机容量）49.31万千瓦。全年电厂累计发电量312.7亿千瓦时，比上年增长0.24%。年末全市新能源装机容量83.14万千瓦，同比增长28.11%。全年新能源累计发电量11.27亿千瓦时，增长7.99%。（供　电）

【国家能源集团泰州发电有限公司】 国家能源集团泰州发电有限公司位于高港区永安洲镇，总装机容量400万千瓦，是江苏省装机容量最大的火力发电厂。至2020年末，公司连续安全生产无事故4606天。全年累计完成发电量199.33亿千瓦时，超年度计划发电量9.33亿千瓦时；累计对外供热646.19万吉焦，比上年增加41.09万吉焦。

【大唐泰州热电有限责任公司】 大唐泰州热电有限责任公司是中国大唐集团有限公司“十三五”期间开工建设的首个燃机项目，是国内首家智慧电厂，公司注册资本2.4亿元，建成两台9E级燃气—蒸汽联合循环热电联产机组，平均供热量超过100吨/小时。2020年公司实现开票销售9.12亿元，至年末累计发电57亿千瓦时、供热477万吉焦。年内，公司成为系统内首家检修体制改革的试点企业，率先实施设备自主维护；中国电力企业联合会公布2019年度全国燃气发电机组能效水平对标结果，公司1号、2号机组获评18万千瓦“E”级供热燃机5A优胜机组，成为全国唯一一家“双5A”级燃机企业。（邵月娥）

2020年泰州市全社会用电分类情况表

表29　　　　单位：万千瓦时、%

指标名称	2020年	比2019年增长	占比
全社会用电总计	3068794	3.68	100.00
A.全行业用电合计	2645005	3.31	86.19
第一产业	33688	12.13	1.10
第二产业	2241156	3.90	73.03
第三产业	370161	-0.82	12.06
B.城乡居民生活用电合计	423789	6.04	13.81
城镇居民	169191	4.81	5.51
乡村居民	254598	6.88	8.30
一、农、林、牧、渔业	55462	8.66	1.81
二、工业	2211409	4.13	72.06
三、建筑业	30800	-10.15	1.00
四、交通运输、仓储和邮政业	24788	3.12	0.81
五、信息传输、软件和信息技术服务业	24776	12.86	0.81
六、批发和零售业	77726	-1.07	2.53

续表29

指标名称	2020年	比2019年增长	占比
七、住宿和餐饮业	26509	−5.05	0.86
八、金融业	6679	−0.18	0.22
九、房地产业	42663	0.12	1.39
十、租赁和商务服务业	16978	−11.87	0.55
十一、公共服务及管理组织	127215	−2.41	4.15

2020年泰州市十大制造业用电情况表

表30

行业名称	用电量（万千瓦时）	比2019年增长（%）
金属制品业	500185	0.13
化学原料和化学制品制造业	440279	−2.40
通用设备制造业	210337	14.05
农副食品加工业	86892	9.91
铁路.船舶.航空航天和其他运输设备制造业	83287	−4.73
橡胶和塑料制品业	79593	7.57
非金属矿物制品业	65423	11.77
医药制造业	56612	26.64
电气机械和器材制造业	58157	−0.14
专用设备制造业	54491	12.46

（供　电）

【泰州发电二期工程获"中国工业大奖表彰奖"】 2020年11月2日，中国工业经济联合会发布第六届中国工业大奖获奖名单，国家能源集团泰州发电有限公司二期工程2×1000MW二次再热燃煤发电机组获"中国工业大奖表彰奖"，为全国唯一获奖的火力发电企业和项目。该二期工程两台1000MW二次再热燃煤发电机组是世界首个百万千瓦二次再热发电项目，由国家能源集团牵头，会同中国电力工程顾问集团公司、上海电气集团股份公司共同研发实施，被列为科技部"十二五"科技支撑计划项目和国家能源局高效煤电示范项目；工程于2013年6月28日开工建设，两台机组分别于2015年9月25日、2016年1月13日通过168小时满负荷试运，投入商业运行。中国工业大奖是国务院批准设立的工业领域最高奖项，每两年评选表彰1次。（国　电）

·绿色能源·

【电能替代】 2020年，泰州市完成电能替代电量23亿千瓦时。加快港口岸电系统建设和使用，委托天津水科院开展优化方案技术研究，在全市5万吨级及以上干散货专业化码头泊位岸电100%覆盖的基础上，推进岸电设施建设和升级改造，建设港口岸电设施106套，实现沿江泊位岸电系统全覆盖；全面启动泰州港岸电示范区建设，先行先试高压岸电。挖掘农业存量电能替代市场，在全省率先开展粮食电烘干"共享替代"，建成粮食电烘干设施182套，覆盖农田1.13万公顷。年内，姜堰区星联农机专业合作社达成江苏能源云网首笔粮食电烘干项目交易。（李　玥　供　电）

【综合能源】 2020年，泰州市全面开展餐饮电气化推广工作，推动能源消费革命，在全省首家实现餐饮"瓶改电"专项政策市、县、镇层面全覆盖；对政府机关、学校、医院、宾馆酒店、临街商铺、居民家庭等重点开展"瓶改电"专项推广，在姜堰区打造全电厨房示范学校10家，在全市建成全电星级宾馆51家、特色早茶全电厨炊店18家。推广智慧全电水产养模式，定制项目育苗水面700亩，养殖水面达到6500亩。开展亦鲜大闸蟹智慧养殖，实现自动增氧、自动投食及各类生产参数的精准控制。完成兴化千垛菜花风景区乡村电气化示范区建设、姜堰溱潼古镇全电气化改造，全市

AAAA级及以上景区实现全电气化。（邵月娥）

【海陵区新能源产业】2020年，泰州市海陵区围绕“打造‘太阳城’，建全产业链”，形成以太阳能光伏、动力与储能电池、新能源装备制造等为特色的三大战略产业格局，被科技部认定为国家火炬计划新能源特色产业基地。年末全区光伏电池产能7.4吉瓦，组件产能15.4吉瓦，新能源产业占比超过40%。江苏（泰州）新能源产业园区产业规模400亿元，全年新签约亿元以上项目45个。总投资5.3亿元的索拉特太阳能装备用轻质高透面（背）板制造项目成功签约，填补苏中地区光伏玻璃深加工空白；总投资50亿元的一道新能源项目开工，该项目计划用地面积26.67公顷，建设5吉瓦单晶高效太阳能电池和5吉瓦高效太阳能组件项目，分两期建设，一期建设3吉瓦单晶高效太阳能电池和1吉瓦高效太阳能组件。（海陵）

新基建

【5G网络建设】2020年，泰州市建成覆盖城区、景区等流量热点区域和高等院校的5G网络。9月9日，市政府与省电信、移动、联通、铁塔4家通信基础运营单位签订《推进泰州5G网络建设及应用战略合作》协议，就构建泰州5G网络建设、“5G+产业”，共同推进5G基础建设、5G智慧泰州、5G智慧产业、5G智慧民生等领域开展5G智慧应用达成战略合作。至年末，泰州电信公司累计建成开通5G基站1500多个，5G用户超50万人，实现市县城区和重点乡镇5G全覆盖；在全省率先完成200M CA（载波聚合）试点；成立网络实验室，在全省率先完成A+P（有源+无源设备）试点。泰州移动公司累计投入4.3亿元，开通5G基站1800多个，5G客户达60万，率先完成市县城区和7个热点乡镇5G覆盖，核心城区连续覆盖率超98%，商圈、景区、交通枢纽、高校、重点楼宇等室内外覆盖率100%。泰州联通公司和泰州电信公司5G共建共享累计建设完成5G基站1282个，其中宏基站1186个、室分96个，实现主城区及县城重点区域的连续覆盖；开通LTE站点98个，开通地下停车场网络信号50个。

【5G融合应用】2020年，泰州市签约5G融合应用项目116个，其中电信5G应用项目43个、移动5G应用项目64个，涉及工业互联网、智慧电网、车联网、政务服务、生态环保等领域。

泰州电信公司在全省首创“泰企通”疫情防控平台，助力企业复工复产。推进泰州“千企上云”行动计划，破解企业上云迁移难题，建成“云上泰州”运营体验中心。兴化千垛菜花节首次实现“5G+云+全景VR”直播，打造5G云上旅游、直播“5G看泰州”，全景直播千垛菜花、梅兰芳纪念馆、溱湖湿地公园等景点。联合市卫健委共同发布“卫生健康信息平台”。与扬子江药业集团围绕5G+工业互联网、智能视频等开展信息化合作交流。与国家能源集团泰州发电有限公司合作，打造5G+MEC智慧电厂标杆。举办“全民用5G”发布会、“中高考学子心理辅导公益讲座”“企业家公益讲座论坛”等公益活动，全程向市民5G直播。

泰州移动公司推进5G+工业互联网、视频云、数据中心等新基建领域发展。投资500万元建成泰州本地“工业云”，搭建市级工业互联网平台，为产业互联网发展、企业数字化提供基础能力。参与智慧城市建设，承建信息化项目超过3亿元。承建的江苏兴达钢帘线有限公司“5G智慧工厂”项目在第三届5G应用征集大赛中获优秀奖，为苏中地区运营商唯一获奖项目。联合市住建局、市装饰装修协会、南京银行泰州分行启动“智慧家装公益项目”。打造“三千兆”智慧家庭全光网络，推动全市超过95%的小区具备“千兆到户”能力，移动宽带用户数超90万，成为泰州地区最大的宽带运营商。探索基层社会治理，采用“云管边端”的四级架构，建设新一代智慧社区综合服务管理平台，在姜堰区、泰州医药高新区打造一批智慧社区样板工程。服务智慧城市和社会治理，建成政务智能视频云，汇聚公安、城管、水利等单位4万多路监控点位。（王有为　沈小娟　马　骏）

【充电桩】2020年，泰州市推广新能源汽车，加快布局“互联网+充电桩”。推进新能源汽车及充电设施运营监测平台建设，实现公共服务领域充电设施和新能源用车数据全覆盖，充电电量412.15万千瓦时，比上年增长140%。泰州供电公司联合市市场监管局组建全市首家充电桩检验监测中心，创先发布5项“泰州地方标准”；将地方标准、居住区充电设施指导意见、车—网柔性互动等民生关注问题纳入地市充电设施规划，统筹布局城乡充电基础设施，创建“乡镇3公里充电圈”；推动“城市绿色货运配送工程”“居住区充电设施指导意见”等属地政策。全年泰州供电公司投资建设充电站82座、运维充电桩453台，其他社会主体投资建设充电站128座、运维充电桩1483台，实现充电桩高速公路全覆盖、乡镇全覆盖及“城区3公里充电圈”。（供　电）

【工业互联网】2020年，泰州市工信局组织开展以“工业互联、智造凤城”为主题的系列活动，引导企业智能发展。组织638家规模以上企业参加“两化融合”（工业和信息化融合）评估诊断和对标引导工作，全年通过国家“两化融合”管理体系贯标企业73家，28家企业获评省“两化融合”管理体系贯标试点企业。万向精工江苏有限公司入选工信部2020年制造业与互联网融合发展试点示范名单，扬子江智能制药工业互联网平台获评省重点工业互联网平台，江苏艾兰得营养品有限公司成为全省唯一同时获评省重点工业互联网平台、省工业互联网标杆企业的单位，江苏泰州港经济开发区获评省工业互联网示范工程“互联网+先进制造业”基地培育对象。新增省级示范智能车间18个。新增星级上云企业140家，其中三星级上云企业117家、四星级上云企业19家、五星级上云企业4家。组织两期工业互联网标杆工厂研习活动，举办工业互联网区县行暨5G+工业互联网研习活动、华为中国生态之行2020（泰州站）暨泰州市工业互联网提档升级专项活动。联合省企业信息化协会面向全国征集信息化服务商，建立全市企业信息化服务商资源池。开展全市企业信息化建设情况调研工作，累计安排专家诊断活动30多场，近200家企业参加。（王　磊）

【农业物联网】 2020年，泰州市加大物联网技术的推广应用力度，加快现代信息技术与农业产业融合，全市规模设施农业物联网技术应用面积占比达25%。金源农博农业科技发展有限公司等41个基地被认定为2020年市级农业物联网应用基地。姜堰区沈高镇冯庄村现代渔业产业园、泰兴市黄桥现代农业产业园区、泰州市仙岛农业科技有限公司、泰州我农电子商务有限公司、江苏毅成生态农业开发有限公司、泰州市土得很食品有限公司等6家单位被认定为2020年度全省数字农业农村基地。农业农村部种植业物联网区域试验工程项目建设通过省级验收，建成市级设施园艺农业物联网服务平台和示范点5个。（赵　蓉）

【能源互联网】 2020年，国网泰州供电公司“能源配置高智效”城市能源互联网建设方案首批通过评审。建成220千伏及以上输电线路数字孪生电网。完成电力无线专网二期工程建设，新增基站137座。物联网建设获国网公司专项表扬。国网系统首家智能运检中心于6月24日挂牌成立。组建不停电作业中心，实现市（区）供电公司不停电作业全覆盖，用户平均停电时间压降至3.43小时。依托能源互联网，通过应用无人机、物联网等技术实现电网巡检全智能化，隐患发现数量提升3倍，设备故障下降40%。（供　电）

2020年泰州市获评省级示范智能车间情况表

表31

企业名称	获评车间
泰州中来光电科技有限公司	500MWN型单晶双面太阳能组件生产车间
江苏泰隆减速机股份有限公司	减速电机金工车间
江苏大中电机股份有限公司	数字化有绕组铁心生产车间
格林美（江苏）钴业股份有限公司	锂电池级高活性球形四氧化三钴制造车间
华达汽车科技股份有限公司	汽车总成冲焊车间
扬子江药业集团有限公司	冻干粉针剂3号生产车间
江苏金迪克生物技术股份有限公司	四价流感疫苗生产车间
江苏勃林格殷格翰生物制品有限公司	VMF活疫苗冻干生产车间
江苏兆胜空调有限公司	船用防爆控制柜生产车间
丰益生物科技（江苏）有限公司	食品添加剂生产车间
泰州市舜光服饰有限公司	服装成衣缝制车间
泰兴联创绝缘材料有限公司	PET保护膜生产车间
泰兴汤臣压克力有限公司	阻燃隔音屏蔽障高性能压克力声屏板生产车间
五得利集团兴化面粉有限公司	五得利面粉生产二车间
江苏苏萨食品有限公司	椰子汁饮料生产车间
中兵航联科技股份有限公司	连接器用针孔生产车间
江苏恒义汽配制造有限公司	新能源汽车动力电池托盘制造车间
扬子江药业集团江苏制药股份有限公司	中成药固体制剂生产车间

（王　磊）

责任编辑：叶　彤

城市建设

综　述

【概况】 2020年，泰州市围绕形成优质均衡的城市功能配套，组织实施城建重大项目建设。推进体育公园建设，体育场土建工程基本完工，体育馆、游泳馆、健身馆外装工程完成过半。实施城建惠民工程，完成7条道路破旧立面专项整治、9条道路通信杆线专项整治、5条道路慢行系统建设。完善城市路网，市区新增和改造城市道路面积4.8万平方米。

城市生态环境建设。推进国家生态园林城市创建，完成园林绿化提升项目33个，运河路绿化、海军东路绿带、西南城河风光带（西仓桥南侧）、永定路西段景观绿化等项目完工。确定11处绿化地块为第三批城市永久性保护绿地。实施“畸零地添绿”项目，入选江苏省美丽宜居城市建设试点。完成市区30家单位“拆墙透绿”工作。实施天德湖公园生物多样性培育工程示范项目建设，获省优质工程奖并在全省推广。在全省率先实行园林绿化工程规划方案联合审查及缺陷责任期管理，实现绿化工程建设全流程管理。

宜居住宅小区建设。全年棚户区改造新开工20164套（户）、基本建成10944套（户），上争中央和省补助专项资金1.3亿元，发行棚改专项债20亿元。对84个老旧小区实施综合整治，建成并投入使用老楼加装电梯62台，加梯数量居全省第三位。开展物业管理服务水平大提升行动，制定出台“党建+物业”实施意见和星级评价标准，完善“泰优居”智慧物业平台。开展宜居品质提升和美丽泰州建设两项行动。开发全国首个住宅小区人防车位租金监管系统。年内，泰州市、泰兴市入围“2020中国宜居宜业城市榜”。（殷恒杰　邵月娥）

夜色下的永定路立交桥　　（时　永　摄）

【城市快速路建设】 2020年，泰州市推动构建“三泰一体”的快速路网，全年完成城市快速路建设投资14亿元，占年度固定资产总投资的11.18%。站前快速路（江洲路至京泰路）于1月21日实现主线高架桥通车，整体项目于6月10日建成通车。东环高架北延快速化改造工程（海姜大道至站前路）于1月21日实现主线高架桥通车，整体项目于11月30日全面建成并通过交工验收，12月5日工程全线建成通车。站前路与长江大道互通工程一期项目于12月29日通过交工验收。姜堰南绕城快速化改造工程完成年度建设目标。东风北路快速化改造工程完成图纸审查。

【海绵城市建设】 2020年，泰州市完善海绵城市建设管理机制，出台《海绵城市建设工程专项竣工验收暂行办法》，建立海绵城市建设评审专家库。

全年主城区累计完成海绵城市专项设计项目38个、总面积1.7平方千米，在建海绵城市项目10个。推进海绵城市试点工程，在凤凰路与东风路路口、迎春路（东风路—春兰路）、引凤路（永晖路—梅兰路）等路段采用初期雨水净化消纳技术，累计改造人行道2.9万平方米，解决传统透水铺装长期使用后的透水失效问题。至年末，达到建成区20%面积具备海绵功能要求。

（殷恒杰）

城镇规划

【国土空间总体规划】 2020年，泰州市加强全市国土空间规划体系建设支撑，出台《关于建立全市国土空间规划体系并监督实施的意见》，提升国土空间治理。完善国土空间总体规划初步方案，开展国土空间规划城市体检评估工作，形成《泰州市国土空间规划城市体检报告》并上报自然资源部。推进全国第三次土地调查工作，完成筹备策划、调查实施、全面建库、县级自查、市级复核、整改完善等阶段性任务，形成图斑调查84.84万个、举证照片240多万张。完成资源环境承载能力和国土空间开发适宜性评价以及规划实施和灾害风险评估成果，开展城区范围划定工作，形成国土空间总体规划编制方案。

【专项规划】 2020年，泰州市自然资源和规划局注重各专项规划与国土空间总体规划的衔接，保障各类专项设施在国土空间总体规划中的用地布局，推进各类专项规划编制工作。全年完成12个专题研究和21个专项报告。编制综合交通、总体城市设计、林地保护、产业集聚区、地下空间开发利用、生态修复和国土空间综合整治、轨道交通线网、历史文化名城保护、湿地保护、矿产资源保护利用等10多个专项规划。

【控制性详细规划】 2020年，泰州市实施控制性详细规划调整工作规范化管理，出台《市区控制性详细规划调整管理办法（试行）》。推进姜堰区溱潼镇、白米镇、娄庄镇、俞垛镇、张甸镇等5个镇的控制性详细规划编制工作，其中溱潼镇、白米镇、娄庄镇控制性详细规划获市政府批准。编制完成靖江市中心城区控制性详细规划并通过专家评审。对17个街区（镇）地块单元的控制性详细规划实施调整，为长顺健康智慧产业园、凤凰小学南校区、好巴士公交站和消防站等一批产业项目、公共服务设施、民生工程提供控制性详细规划服务保障。

【规划核实】 2020年，泰州市自然资源和规划局规划核实项目68个，总建筑面积384.46万平方米。其中住宅类项目建筑面积196.67万平方米、商业/办公类项目建筑面积47.96万平方米、地下项目建筑面积75.31万平方米，地上机动车停车位2642个、地下机动车停车位13802个，道路1488.19米。复核各市（区）工业项目61个，总建筑面积137.93万平方米。

（李　映）

【历史文化名城保护规划编制】 2020年6月，泰州市启动《历史文化名城保护规划》（2020~2035年）编制工作，规划编制单位为苏州市规划院。召开规划编制工作对接会、座谈会，调研城中、涵东、渔行水村3个历史文化街区和高港区认定的5处历史建筑，形成《关于泰州市历史文化名城保护利用存在的问题及相关建议》。撰写完成《泰州市历史文化名城保护工作自查报告》。（殷恒杰）

【规划服务】 2020年，泰州市自然资源和规划局梳理协调立项用地规划许可阶段和工程建设规划许可阶段涉及的13个相关部门、52个许可事项，出台《关于梳理“多审合一、多证合一”相关事项的通知》，简化审批环节流程，用地预审与选址意见书审批时间压缩至3个工作日，用地规划许可证办理时间压缩至4个工作日，工程规划许可证办理时间压缩至10个工作日，合计审批时间比机构改革前缩短三分之二以上。服务重大项目落地建设，国药康养医药、华信国际精准医疗中心、梧桐湾棚改保障房等38个重大产业和民生工程项目、共257.16公顷的项目用地获批按“一致性处理”原则解决规划矛盾图斑。开展土地利用总体规划实施评估，加大流量指标上争力度，保障全市产业项目、基础设施、民生工程等建设用地需求。年内，省自然资源厅在原规划下达4166.67公顷的年度流量指标基础上，追加泰州市1400公顷流量指标。加大实施城乡建设用地增减挂钩工作力度，全年归还流量指标5666.67公顷。至年末，全市可使用规划空间5893.33公顷，可使用新增建设用地规模3386.67公顷。针对因机构改革、规划体系重构而存在的历史遗留问题，开展“多规合一”过渡期内规划管理历史遗留问题分类处理工作，梳理出的134宗规划历史遗留问题全部办结。

（李　映）

市政设施

【老旧小区改造】 2020年，泰州市投资2.7亿元，整治改造老旧小区84个，改造面积317.71万平方米，惠及28849户。投资1.4亿元，完成省下达泰州市的25个老旧小区改造整治目标任务，其中兴化市8个、海陵区7个、高港区1个、姜堰区9个，涉及7014户居民、建筑面积55.8万平方米；累计上争中央补助资金3646万元，其中中央财政保障性安居工程补助资金3213万元、中央预算内投资433万元，上争省级财政引导资金507万元。建立老旧小区改造定期督查和通报制度。

【老楼加梯】 2020年，泰州市推进老楼加装电梯工作，探索“租赁式”或“免费式”加梯、“公交式”乘梯做法。调整住房公积金相关政策，明确既有住宅楼加装电梯可提取住房公积金，完善住房公积金贷款个人征信标准，执行第二次住房公积金贷款利率上浮10%的政策。至年末，全市加装电梯205台，其中建成并投入使用62台、已施工尚未投入使用62台、办理加装前期相关手续81台。

【城市照明管理】 2020年年末，泰州市城区管理范围内照明10.75万盏、景观照明19.02万盏，功能照明线路4584.6千米，功能照明功率1.69万千瓦、景观照明功率2878千瓦。全年维修功能照明9336盏、景观照明2632盏，亮灯率99%、照明设施完好率98%。编制完成《泰州市城市照明管理办法》，推动城市照明行业管理规范化、制度化。提升城市公共空间照明水平，完成8个照明亮化提档升级项目建设，实现街巷照明全覆盖，亮灯率超过95%。

【城市道路和桥梁建设】 2020年，泰州市完善城市路网，推进城市道路成环成网，全年市区新增和改造城市道路面积4.8万平方米。京泰路南延、东周港路、海军南路等市政道路建成，智堡路北延、运辉路等道路“微循环”项目竣工通车。实施道路“白改黑”提升改造工程，永兴路完成沥青摊铺，梅兰路完成北半幅下面层沥青摊铺，鼓楼路文昌桥至人民路完成东半幅底层沥青摊铺，海姜大道完成EPC工程总承包招标、施工图设计送审工作，启动江洲路车道“四改六”“白改黑”改造工程。推进青年路北延、东进路改造、济川路改造等工程建设。实施道路破旧立面专项整治，对主要道路沿街的破旧立面进行整修、粉刷、出新，完成海陵区公园路、税务桥西街、五一路、府前路，姜堰区三水大道，高港区扬子江北路，泰州医药高新区姜高路（口泰路以东寺巷段）7条道路专项整治。按照“依法依规、减量整合、外观美化”的原则，产权单位自行拆除废弃、停用的杆线，对影响视线、市容的杆线实施移位；完成海陵区公园路、税务桥西街、府前路、五一路，姜堰区淮海路（三水大道—人民路）、海姜大道（中干河—上海路）、人民北路（鸡鸣路—天目路），高港区高港大道，泰州医药高新区海军大道（祥泰路—泰州大道）9条道路通信杆线专项整治。推进步道、骑行道等慢行系统建设，完成5条道路慢行系统建设。凤城河内环游步道建成投用，累计新建桩基游步道1840平方米、浮桥栈道3590平方米、滨水绿地（含绿道）1.16万平方米。对建成区盲道、公厕等无障碍设施实施改造提升，完成11条道路无障碍设施提档升级。《泰州市城市立体过街设施（万达广场）工程可行性研究报告》获批，项目估算总投资890万元。

【黑臭水体整治】 2020年，泰州市采取清淤疏浚、污水截流、滨河绿化、河道保洁等举措，实施城市黑臭水体整治。建立长效管理制度，出台《泰州市城市黑臭水体整治长效管理工作方案》，明确各河道的责任单位、保洁频次、资金渠道、活水补水周期以及违法排污查处部门。全年开展巡河检查6次、检测水质4次、印发问题通报4期。市区32条黑臭水体整治通过省住建厅、生态环境厅组织的联合督查考核。推进县级市黑臭水体整治，投资1920万元，实施4条黑臭水体整治，其中泰兴市1条、靖江市3条。

【地下管网建设和管理】 2020年，泰州市注重截流控污能力提升，完成53个住宅小区的雨污分流改造。调查建成区范围内住宅小区内部管网雨污分流情况，排查检测170千米的老旧污水管网运行状况，整改管网破损、脱节、错位等问题隐患。完善城市污水管网，新建污水管网83千米，基本消除污水管网“空白区”。

对地下管材生产、销售企业实施监管，全年市市场监管局查处不合格管材货值297万元，罚没101.8万元，移送司法机关追究刑事责任1件。实施建设单位工程质量首要责任制，制定“只检一次”、联审联验、二维码铭牌等制度，有99个地下管线工程信息录入全市地下管线信息管理系统，制作安装二维码铭牌4693块，管材抽检不合格率比上年减少60%以上。靖江市、兴化市、海陵区、高港区和泰州医药高新区为地下管线工程办理施工许可证，新建工程全面纳入工程质量监督。

【污水处理】 2020年，泰州市推进污水处理提质增效，完成5座城市污水处理厂“一厂一策”的编制和评审。提升污水收集处理水平和截污纳管成效，全市9座生活污水处理厂年污水处理总量12800万吨，比上年增加1000吨；平均运行负荷率81%，增长7%。

（殷恒杰）

【供水】 2020年，泰州市用水总量22.72亿立方米，单位地区生产总值用水量比上年下降5.68%；市水务公司实现供水1.04亿吨、售水7295万吨。推进自来水深度处理改造工程建设，累计投入8.78亿元对6座供水厂实施深度处理改造，其中泰州二水厂、泰州三水厂、泰兴市杨庄水厂自来水深度处理改造工程完工并投入试运行，高港区口岸水厂、靖江市江防水厂改造工程基本完工，靖江市合兴水厂完成主体工程。全年新建供水管网89千米，改造老旧供水管网51千米。

（李　想　殷恒杰）

【供气】 2020年，泰州市天然气供应服务对象有居民、车辆加气站等；液化石油气基本采用瓶装供应方式，供应对象有居民和部分商业用户。全年全市管道天然气供应量76161万立方米，用气人口146万人；液化石油气供应量5.48万吨，用气人口55万人；天然气使用占比72.6%，液化石油气使用占比27.4%。完善城镇燃气安全隐患排查整治周报制度，全市排查城镇燃气企业隐患1736处，整治率100%。在全市开展住宅小区车库和餐饮场所燃气安全使用专项整治，累计排查整治车库瓶装液化气用户42787户，清理钢瓶44074只，排查整改车库管道燃气用户5220户，整改率100%。在餐饮场所推广安装燃气泄漏预警系统，主城区安装率率先达到100%，涉及餐饮营业用气单位1993家，其中使用管道燃气338家、瓶装液化气1655家。推进瓶装液化气安全监管平台建设，全市瓶装液化气企业累计录入用户信息5万多条、液化气钢瓶信息139万多条、瓶装液化气运输车辆信息98条。

（殷恒杰）

2020年泰州市城市（县城）燃气普及情况表

表32　　单位：%

地区	燃气普及率	天然气普及率	液化石油气普及率
全市	100	85.18	14.82
市区	100	79.71	20.29
兴化市	100	84.60	15.40
靖江市	100	80	20
泰兴市	100	96.41	3.59

2020年泰州市民用天然气价格表

表33

地区		价格（元/立方米）	用气量（立方米/年）
泰州市区	海陵区	2.68	≤300
		2.95	>300且≤600
		3.75	>600
	医药高新区	2.68	≤300
		2.95	>300且≤600
		3.75	>600
	高港区	2.68	≤300
		2.95	>300且≤600
		3.75	>600
	姜堰区	2.68	≤300
		2.95	>300且≤600
		3.75	>600
兴化市		2.83	≤300
		3.4	>300且≤600
		4.25	>600
靖江市		2.46	≤300
		2.95	>300且≤600
		3.69	>600
泰兴市		2.68	≤300
		2.95	>300且≤600
		3.75	>600

（殷恒杰）

【供电】2020年，泰州市供电量286.10亿千瓦时，比上年增长3.44%，居全省第五位，增速比全省平均值高1.50个百分点；累计售电量278.15亿千瓦时，增长3.45%，比全省平均值高1.47个百分点。全年全社会用电量306.88亿千瓦时，增长3.68%。最高调度用电负荷526.3万千瓦（8月17日），增长7.12%；累计线损率2.78%。年末用电营业户数273.18万户，增长2.56%。全市未发生大面积停电事件。城市供电可靠率99.98%，电压合格率100%；农村供电可靠率99.95%，农村电压合格率99.99%。

2020年泰州市分市（区）用电情况表

表34　　单位：万千瓦时

	全社会用电量		工业用电量	
	实绩	比2019年增长（%）	实绩	比2019年增长（%）
全市	3068795	3.68	2211409	4.14
市　区	765406	6.96	510341	9.95
兴化市	695503	4.47	518628	3.82
靖江市	457643	1.90	320526	2.21
泰兴市	803369	2.33	627050	2.51
姜堰区	346874	4.82	234864	4.10

（徐　捷）

城市园林绿化

【国家生态园林城市创建】 2020年，泰州市成立创建国家生态园林城市工作领导小组，召开创建国家生态园林城市动员大会，印发《创建国家生态园林城市实施方案》，对照国家生态园林城市涵盖的109个评价指标，明确51家单位（部门）的创建责任清单。启动《泰州市城市绿地系统规划（2020~2035年）》《泰州市绿道规划（2020~2035年）》《泰州市湿地保护和利用规划（2020~2035年）》《泰州市蓝线、绿线、紫线控制规划（2020~2035年）》等专项规划的编制工作，《泰州市公园体系规划》完成初步调研。

【园林绿化工程建设】 2020年，泰州市实施主城区园林绿化提档升级工程，完成园林绿化提升项目33个，其中公园项目3个、景观大道绿带项目5个、游园项目25个。推进"畸零地添绿"项目建设，累计利用畸零地块建设街头游园100多个，新增绿化面积20万平方米；该项目入选江苏省美丽宜居城市建设试点项目。祥泰公园、智堡公园等11处绿化地块被确定为泰州市第三批城市永久性保护绿地。完成市区3批、30家单位"拆墙透绿"工作。完成天德湖公园生物多样性培育工程示范项目建设，获省优质工程奖并在全省推广。执行园林绿化工程规划方案联合审查、施工图审查、工程质量监督及缺陷责任期管理等一体化制度，实现绿化工程建设闭环管理。

【拆墙透绿】 2020年，泰州市实施市区"拆墙透绿"改造项目，建设没有围墙的花园城市。该项目分3批实施，涉及30家单位，累计拆除围墙4800多米，改造提升景观绿地近10万平方米，增加停车位210多个、游步道4000多米，铺设雨污管道1500多米。该项工作在全省推广，央视《新闻联播》栏目宣传推介。

【绿地保护】 2020年，泰州市启动第三批永久性保护绿地的申报工作，7月8日向市人大常委会提交《市政府关于提请批准第三批城市永久性保护绿地的议案》。8月28日，市五届人大常委会第二十九次会议批准确定第三批城市永久性保护绿地名单。第三批永久性保护绿地有11处，分别是祥泰公园、智堡公园、南山寺、乔园、吴同甲游园、中草药植物园、医学之路主题园、高港生态公园、刁东路河滨公园、罗塘公园、润景花园西侧滨河游园，总面积67.22万平方米，其中海陵区5处、高港区2处、姜堰区2处、泰州医药高新区2处。至年末，全市有永久性保护绿地30处。

链接：

2014年，泰州市按照"成熟一批、确定一批、公布一批、保护一批"的原则，启动永久性保护绿地工作。2015年3月24日，经市四届人大常委会第十九次会议审议通过，天德湖公园、泰州人民公园、泰山公园、凤城河风景区、梅兰芳纪念馆、泰州市革命烈士纪念馆、高港银杏广场、高港太阳广场、姜堰人民公园、老通扬运河风光带等10处绿化地块为第一批城市永久性保护绿地。2017年4月25日，经市五届人大常委会第二次会议审议通过，泰州人民广场、泰州文昌游园、泰州海曙园、泰州康桥园、泰州迎春游园、高港港城公园、高港口岸雕花楼景区、姜堰万竹园、姜堰体育公园等9处绿化地块为第二批城市永久性保护绿地。

【园林绿化管理】 2020年，泰州市住建局建立完善园林绿化工程方案设计审查、施工图审查、工程质量监督、工程缺陷责任期管理等制度，全年完成11个政府项目初步设计方案、34个开发项目审查、35个项目施工图审查。《泰州市园林绿化工程质量监督管理办法（试行）》于2020年1月1日执行。完成全市首个园林绿化工程质量监督项目——凤城河内环步道工程，受理京泰路绿带项目工程质量监督。园林绿化工程缺陷责任期实行季度考核，105个园林绿化工程项目处于缺陷责任期。实施园林绿化企业信用管理，深化评价结果运用。推行"绿格长"管护模式，应用生物治虫、物理治虫新技术，规范行道树修剪。

【绿化职业技能】 2020年，泰州市住建局、总工会、人社局联合举办全市园林绿化行业绿化工职业技能竞赛，全市25家企业的106名选手参赛。承办江苏省2020年度园林绿化行业花卉工职业技能竞赛，全省13个地级市的65名选手参赛，泰州市代表队获第一名。（殷恒杰）

市容管理

【城市垃圾分类和处理】 2020年，泰州市推进垃圾分类达标小区建设，新增垃圾分类达标小区137个、垃圾分类单位302个、垃圾分类设施200个；112个省级垃圾分类达标小区通过省住建厅验收，比省定目标超额完成29个。市区、市（县）垃圾分类设施投放覆盖率分别为100%和90%以上。泰州医药高新区、高港区、海陵区率先开展垃圾分类收集“两定一撤”试点工作，49个达标小区完成全面撤销单元垃圾桶、实行定时定点投放收运。全市日均3500吨生活垃圾全部实现无害化处理，其中日均外运无害化处理垃圾700吨。推进垃圾收运体系建设，新增各类垃圾收运车800多辆。规范化处置全市所有拆迁工地产生的废弃砖瓦、混凝土块等可资源化利用的建筑垃圾，全年资源化处置建筑垃圾23.6万吨。查处违规处置餐厨废弃物行为，建立餐厨废弃物收运处置日报制度，全年餐厨废弃物日均资源化处理180吨，处置率100%。生活垃圾焚烧发电二期项目开工建设，垃圾分类收集后端处理工程项目实施招投标，固化飞灰填埋场封场工程完工。将生活垃圾分类工作纳入“红黑榜”考核，采取第三方测评的方式，对街道、社区、运营企业实施日常考核。开展垃圾分类知识“进学校、进机关、进社区”等宣传活动849次，发放宣传手册15万份。《泰州市生活垃圾分类管理办法》于2020年11月16日经市政府第48次常务会议审议通过，2021年2月1日正式施行。

海陵区中铁溪源住宅小区的五色垃圾零碳回收小屋

（市城管局　供图）

【城市道路管理】 2020年，泰州市在海陵区城南街道和泰州医药高新区凤凰街道先期试行的基础上，向全市推广“路长制”。至年末，有19个街道实施“路长制”，设立路长1000多人。在每条道路设立“三级路长”，总路长由街道主要负责人担任，一级路长由街道和城管工作人员担任，二级路长由社区干部、数字化监督员、环卫人员担任；建立“二级路长每日巡查、一级路长每周检查、总路长每月督查”机制。统筹处置地面、立面、屋面问题，推行“自行处置”“派单处置”“执法处置”，建立日常问题“微执法”处置机制，全年下发《路长提醒告知单》1500多份，办理“非现场执法”案件57起。实施道路“快速修复+系统修复”，市区133条道路修复破损缺失5119处，处置时间缩短三分之一。在全省率先推行“党建+路长制”，组建党建联盟、商户联盟、志愿者联盟，形成多元共治、常态长效的工作格局。实施《泰州市市容环境卫生责任区管理办法》，明确市容环境卫生责任人和责任区，市区市容环卫责任书签约21500份，签约率98%。央视《新闻直播间》栏目专题报道泰州市“党建+路长制”工作。

【道路扬尘管控】 2020年，泰州市城管局印发《关于提升城市道路机械化清扫率和推进环卫新能源车辆使用的通知》，综合治理道路扬尘，全年市、市（区）道路机械化清扫率均在90%以上。实施洗扫车、洒水车联合作业，市区主次干道机械化洗扫、洒水频次达2小时一次。治理柴油环卫车污染，全面淘汰国Ⅲ及以下排放标准的柴油环卫车，全市淘汰国Ⅲ及以下排放标准柴油环卫车44辆，新增、更新使用新能源或清洁能源轻型环卫车辆67辆。

【渣土管理】 2020年，泰州市城管局对渣土运输车辆实施提档升级，渣土车密闭形式确定为轨道式自动伸缩篷布形式，全部淘汰废弃硬质盖板；市区22家渣土企业、503辆环保渣土车完成全密闭更新改型，淘汰老旧车型渣土车297辆。开展渣土运输联合整治行动，实施拆迁工地、在建工地执法检查792次，顶格处罚38起违法行为。启用“智慧渣土”综合监管平台，实行渣土车24小时远程监管。

【户外广告管理】 2020年，泰州市城管局实施市区户外广告规范提升行动，累计拆除各类违法违规户外广告设施509处，面积1.9万平方米。开展户外广告设施安全隐患排查整治行动，拆除存在安全隐患的户外广告和店招设施144处。在主城区设置城市小品、公益广告2394处，其中大型城市小品9处、中小型城市小品80处、小型落地广告2255处、围栏广告50处。完成抗击新冠肺炎疫情、打击非法集资、创建全国文明城市等20多项重大活动的公益广告布点设置任务，制作安装高炮公益广告6座、楼顶公益广告5座、落地灯箱公益广告40座。严把广告店招技术勘查关，全年办结户外广告设施设置许可事项9件、店招标牌备案告知239件，所有许可（备案）事项均按时办结。

【流动摊点管理】 2020年，泰州市城管局发布《疫情防控期间城市管理领域执法工作指引》，制定“六适度一坚持”措施（在坚持安全优先，不占用盲道和消防通道，不影响城市交通和环境卫生，不侵害公众和他人利益，不造成环境污染的前提下，适度允许设置临时便民疏导点、适度允许流动摊点占道经营、适度允许大型商场占道促销、适度允许临街店铺外摆位经营、适度减免审批费用、适度调整数字化城管案件采集范围、坚持服务为先和首次不罚）。建设万达商圈“星空集市”、凤城河“夜太美”等特色夜市，升级“民主摊点”55处，查处流动摊点案件2800多件，解决安置水果、蔬菜、小吃、小百货等临时摊点600多个。按照“主干道严禁、次干道严控、背街小巷规范”的原则，针对城市主次干道、商业街区、老旧小区、医院、农贸市场、校园周边等重点区域存在的流动摊点、占道经营问题开展集中整治行动，先后取缔海陵区南园路、森北路、东风北路等处的“马路市场”，姜堰区殷唐路、姜官路、府东路等处的违章占道摊点，高港区义乌大市场临时疏导点，市人民医院西侧夜市摊点群。

【违法建设治理】 2020年，泰州市城管局查处违法建设1400多处，拆除违法建设面积11.3万平方米。集中清理市区群众反映强烈的莲花六号区、中铁溪源小区别墅违法建设，拆除违章搭建17处。完成违法建设专项治理“五年行动”，累计治理新增违法建设36.27万平方米，查处存量违法建设140.32万平方米。

【公厕管护和改造】 2020年，泰州市落实“四不一有”（地面不滑、气味不臭、光线不黑、蚊虫不叮、如厕有纸）公厕管护措施，全年全市完成499座公厕的人性化改造。投放装配式厕所，并纳入数字化城管“微修复”体系。鼓励城市街道周边机关企事业单位、服务窗口等对外开放厕所，弥补和解决城市局部区域公厕数量不足、新建选址困难等问题。

【停车便利化】 2020年，泰州市实施停车便利化工程，出台《泰州市停车场管理办法》，发挥立法对停车便利化工作的引领、推动和保护作用。全市新建停车场7处，新增各类停车泊位78000个，开放共享停车泊位3000个，机动车停车泊位与机动车拥有量之比提高到1.37∶1。市区新建南园停车楼、桃园停车场等大型停车设施23个，提供停车泊位5000多个；在商建项目规划条件中设置公共停车场配建要求，新增配建车位6万个。将暂未使用的拆迁地块、零散用地改造为临时停车场，利用老旧厂房、边角地块增设公共车位，改造、开放人防工程用于地下停车，利用主次干道划定临时停车泊位。依托“党建+路长制”，成立党建联盟，整合各类停车资源。优化老旧小区停车资源，开展老旧小区“微整治”，实施道路维修、“绿改停”等工程，增加停车泊位4600个。结合机关事业单位“拆墙透绿”工程，增设生态停车泊位400个。成立“党建+错时共享”停车联盟，签订错时停车公约、停车服务管理协议，开放各类错时共享车位3000个。利用收费价格杠杆，实行差别定价政策，引导停车供需平衡，实现停车资源使用最大化；市区停车泊位日周转率平均为4.8次，居全省前列。创新发行停车场建设专项债券，累计核准发行专项债券16亿元用于公共地下停车场项目建设。实施“交通零距离换乘”新模式，在新建的停车场周边建设公交站台、公共自行车点、共享单车站点等配套设施。市区投放共享单车（助力车）15000辆，建设借还点920处，日运营3万多次。专项整治停车秩序，组建城管、公安联合执法整治组，全年查处违停3万多起，拖离机动车9000多辆、非机动车3000多辆。泰州市“停车便利化工程”获省考核“优秀”等次。在2020中国最具幸福感城市评选中，泰州市“交通出行幸福度”排名全国第三位。

（陈启鑫）

停车便利化工程改造后的五一路停车场　　（市城管局　供图）

责任编辑：叶　彤

综　述

【概况】 2020年，泰州市坚持农业农村优先发展，推进乡村振兴。全面完成稳产保供任务，全年粮食总产280.79万吨，亩产499.51千克，居全省首位；生猪恢复生产势头良好，年末生猪存栏量同比增长3.7倍，其他农产品市场供应充足。

全面落实强农惠农富农各项政策措施，全市农村常住居民人均可支配收入增幅6.5%，高于城镇居民人均可支配收入增幅，城乡居民收入比由上年的2.04∶1缩小至1.99∶1。监督管理农民负担，印制《农民负担监督卡》124万份，全市农民卡内负担未突破20元。泰州市防止因病致贫救助机制被国家医保局向全国推广，兴化市农业农村局获全省脱贫攻坚组织创新奖。

全域推动农村人居环境整治，实现“整洁村”全覆盖，并通过国家和省考核验收。深化“万企联万村 共走振兴路”行动，组织实施农业农村重大项目，项目建设成果获全省第一等次。创新推进农村集体“三资”监管，中纪委、国家监委向全国推介泰州经验。一批特色农产品品牌建设获国家认可，泰兴市姚王镇获批建设国家农业产业强镇。改善农业生态环境，姜堰区创成全国首批农作物病虫害“绿色防控示范县”。

全面发展农村教育、文化、卫生等社会事业。全面完成农村集体产权制度改革，农村承包地流转工作的经验做法入选农业农村部典型案例。培育新型农业经营主体，全年培训职业农民2.25万人，创成省级示范家庭农场48家、农民专业合作社示范社20家。发展村级集体经济，全年村级集体经营性收入21.42亿元，比上年增长3.61%。

泰州市获省2020年度乡村振兴战略实绩考核设区市综合排名第一等次，姜堰区、兴化市、泰兴市获县级综合排名第一等次，高港区、靖江市获县级年度重点任务完成第一等次。

（游春红　徐　震）

【18个农业农村重大项目集中开工】 2020年3月31日，省委、省政府召开全省农业农村重大项目建设现场推进会，泰州分会场有18个农业农村重大项目集中开工，总投资23.99亿元。其中，现代种养类项目6个、总投资5.23亿元；农产品加工流通类项目6个、总投资10.42亿元；农业现代服务类项目4个、总投资2.41亿元；农业基础设施类项目1个、总投资4.15亿元；农村人居改善类项目1个、总投资1.78亿元。

（华　松）

【姜堰区入选全国农村创业创新典型县】 2020年12月31日，姜堰区入选农业农村部公布的第三批全国农村创业创新典型县名单。年内，姜堰区聚焦本地农业产业特点，出台扶持政策，构建“1核14点多基地支撑”的区、镇、村三级联动农村“双创”工作推进模式。区级层面建成1个全国农村创业创新示范园区，14个镇街各建成1个镇级双创园区，村级借助村企联建双创基地，累计建成农村创业创新孵化实训基地45个，8个镇（街）、56个村（社区）创成省级创业型镇、村（社区），培育农村创业创新主体3944家，带动就业3.2万人。全区建有3家院士工作站，在稻麦种植、蔬菜种植、肉羊养殖等行业设立种植实验基地、现场教学基地、毕业生实训基地、新品种新技术试验示范基地，河横稻麦基地创成国家级科技综合展示基地。成立“创富姜堰”导师团，开展创业培训200多场次，培养创业创新优秀带头人26人，创业创新产业带动3.2万户农民就业。　（徐　震）

镇村建设

【镇村规划】 2020年，泰州市优化完善镇村布局规划，各市（区）镇村布局规划（2019版）均取得市政府批复文件，规划成果报省自然资源厅备案入库，涉及行政村（涉农社区）1387个、自然村7870个。结合美丽宜居乡村等试点示范，组织开展70个行政村的实用性村庄规划编制工作。其中，先期试点的10个“多规合一”实用性村庄规划形成规划成果，启动后期22个“多规合一”实用性村庄规划编制工作，结合实际组织编制实用性村庄规划38个。　（李　映）

【镇村基础设施】 2020年，泰州市投资9.6亿元，实施农村公路建设项目160个、完工里程220.27千米，实施桥梁项目100座，“四好农村路”省级示范县实现市（区）全覆盖。完善镇村公交网，全市行政村双车道四级公路覆盖率100%，镇村公交开通率100%；泰兴市、姜堰区入选全省首批城乡公交一体化创建城市。实施农村河道疏浚、中小河流重点县等水利工程项目。推进农村环境卫生基础设施建设，301个行政村生活污水治理通过省级销号，农村生活污水处理设施行政村覆盖率67%；全市所有村卫生室均达到省建设标准，建成省级示范村卫生室198个。扶持农村薄弱学校建设，2019年和2020年累计投入7.3亿元改善薄弱学校办学条件，完成校舍建设面积13.89万平方米、室外运动场建设面积11.59万平方米、采购教学设施设备价值1.08亿元。

（李　玥　徐　震）

2020年，兴化市千垛镇东罗村获评全国文明村、全国乡村旅游重点村

（顾祥忠摄）

【镇村公共服务】 2020年，泰州市1224个村、213个涉农社区全面建成综合服务中心。完善农村医疗卫生服务体系，高港区许庄街道、永安洲镇，姜堰区白米镇，靖江市新桥镇，泰兴市姚王镇、宣堡镇6个镇（街）被命名为国家卫生乡镇（县城）。提升农村义务教育服务保障水平，全市农村义务教育学校标准化建设基本达标率100%。健全完善农村生活垃圾收运处置体系，全市涉农镇（街）、涉农村（社区）全部做到“村村有保洁员、镇街有中转收运”，由市（区）集中焚烧处置或卫生填埋生活垃圾，行政村垃圾无害化处理率100%。建成覆盖市（区）、乡镇（街道）、村（社区）的新时代文明实践中心（所、站）1196家、“百姓大舞台”870个，基层综合性文化服务中心和乡风文明志愿服务站实现村居全覆盖。建立全市乡村治理体系建设联席会议制度，靖江市新桥镇获批全国乡村治理示范乡镇，姜堰区溱潼镇西陈庄村、兴化市昌荣镇安仁村、泰兴市滨江镇仁寿村获批全国乡村治理示范村；泰兴市元竹镇蒋堡村入选首批全国村级“乡风文明建设”优秀典型案例。

【美丽乡村建设】 2020年，泰州市有48个镇、21个村创成省级生态文明建设示范乡镇（街道）、村（社区），建成美丽宜居村庄399个。23个村获省特色田园乡村命名，启动实施39个特色田园乡村试点创建工作。实现干净整洁有序的行政村占比达100%，实现“整洁村”全覆盖。泰兴市黄桥镇祁巷村、曲霞镇印达村，高港区许庄街道蔡庄村，靖江市新桥镇德胜村、马桥镇徐周村，兴化市陈堡镇唐庄村，姜堰区三水街道小杨村、淤溪镇周庄村，海陵区城西街道麒麟社区9个村（社区）入选“美丽家园”省级示范点。兴化市千垛镇东罗村、泰兴市曲霞镇印达村、靖江市生祠镇东进村，姜堰区溱潼镇西陈庄村获评全国文明村。泰兴市黄桥镇祁巷村、兴化市千垛镇东罗村、姜堰区三水街道小杨村获评全国乡村旅游重点村。

（顾　飞　殷恒杰）

【特色田园乡村建设】 2020年，泰州市制定出台《特色田园乡村创建工作方案》《特色田园乡村建设工作考核办法》《特色田园乡村创建验收考核办法》，探索可复制的特色田园乡村建设示范样本。发挥省、市财政奖补资金激励作用，推动特色田园乡村建设工作由“试点示范”转向“面上创建”，市级财政安排奖补资金2800万元，设立创建村庄建设进度奖、建设成效奖。全年有4批次、23个村被命名为省特色田园乡村，实现省级特色田园乡村市（区）全覆盖。兴化市昌荣镇安仁村、高港区大泗镇霍堡村实现“当年创建、当年通过省级验收”。新增市级特色田园乡村创建村22个，命名市级特色田园乡村17个。年内，泰州市被省政府表彰为“2019年特色田园乡村建设真抓实干、成效明显地区”。至年末，全市累计有26个村被命名为省特色田园乡村，总量居全省第三位。

2020年泰州市获批江苏省特色田园乡村情况表

表35

乡村名称	获批类型	获批批次	获批时间
姜堰区桥头镇小杨村小杨	省级试点村庄	第二批次	2020年4月
姜堰区溱潼镇湖南村湖南	省级试点村庄	第二批次	2020年4月
姜堰区沈高镇河横村河横	省级试点村庄	第三批次	2020年7月
兴化市海南镇刘泽村刘泽	省级试点村庄	第三批次	2020年7月

续表35

乡村名称	获批类型	获批批次	获批时间
兴化市大垛镇管阮村镇管阮	省级试点村庄	第三批次	2020年7月
兴化市新垛镇施家桥村施家	省级试点村庄	第三批次	2020年7月
姜堰区溱潼镇西陈庄村西陈庄	省级面上创建村庄	第三批次	2020年7月
泰兴市宣堡镇银杏村银杏	省级面上创建村庄	第三批次	2020年7月
靖江市马桥镇徐周村徐周	省级面上创建村庄	第三批次	2020年7月
姜堰区淤溪镇周庄村周庄	省级试点村庄	第四批次	2020年9月
兴化市千垛镇徐圩村圩岸	省级试点村庄	第四批次	2020年9月
靖江市新桥镇德胜村王家湾、弯刀圩、新义圩、义新圩、倪家圩	省级试点村庄	第四批次	2020年9月
兴化市沈土仑镇崇禄村崇禄	省级面上创建村庄	第四批次	2020年9月
兴化市周庄镇胡官村胡官	省级面上创建村庄	第四批次	2020年9月
兴化市昌荣镇盐北村万昌	省级面上创建村庄	第四批次	2020年9月
泰兴市曲霞镇印达村芮音圩、褂扣圩	省级试点村庄	第五批次	2020年12月
高港区大泗镇霍堡村霍堡	省级面上创建村庄	第五批次	2020年12月
兴化市昌荣镇安仁村邹罗	省级面上创建村庄	第五批次	2020年12月
兴化市沙沟镇官河村官庄	省级面上创建村庄	第五批次	2020年12月
靖江市季市镇安武村弯腰沟埭、岸东埭、刘动如埭	省级面上创建村庄	第五批次	2020年12月
靖江市生祠镇东进村周家埭、倪家埭、十三圩	省级面上创建村庄	第五批次	2020年12月
靖江市生祠镇利珠村前进埭、东进埭、顾东埭、顾西埭、短埭、新东埭	省级面上创建村庄	第五批次	2020年12月
泰兴市宣堡镇郭寨村郭东	省级面上创建村庄	第五批次	2020年12月

2020年，泰州市实现省级特色田园乡村市（区）全覆盖。图为新获批的省特色田园乡村——刘泽村（市住建局 供图）

【传统村落保护发展】 2020年，泰州市修缮印庄巡检司、卢氏宗祠等一批历史建筑。全市有9个村庄被纳入省级传统村落保护项目，累计上争资金1800万元用于传统村落历史文化保护和环境整治。在公布的3批江苏省传统村落名录中，靖江市季市镇季东村等31个村入选，总数居全省第四位；在公布的江苏省传统建筑组群目录中，泰兴市黄桥镇等29处传统建筑组群入选，总数居全省第三位。

2020年泰州市入选江苏省传统村落名录

第一批（9个）

靖江市季市镇季东村
兴化市大垛镇管阮村
兴化市千垛镇东罗村
高港区许庄街道蔡庄村
姜堰区溱潼镇湖南村
姜堰区兴泰镇西陈庄村
姜堰区俞垛镇仓场村
姜堰区俞垛镇花庄村
姜堰区淤溪镇杨庄村

第二批（7个）

兴化市沙沟镇石梁村
兴化市陶庄镇焦庄村
兴化市陈堡镇唐庄村
兴化市陈堡镇蒋庄村
兴化市周庄镇边城村
海陵区苏陈镇苏陈社区
海陵区苏陈镇张家院社区

第三批（15个）

泰兴市黄桥镇祁巷村祁家庄
泰兴市曲霞镇印达村挂口圩
泰兴市宣堡镇银杏村银杏
兴化市安丰镇安东村王许
兴化市海南镇刘泽村刘泽
兴化市新垛镇施家桥村施家
兴化市千垛镇徐圩村圩岸
兴化市千垛镇黑高村黑高
兴化市周庄镇东许村胡官
高港区白马镇白马社区老庄
姜堰区淤溪镇马庄村马庄
姜堰区淤溪镇靳潭村靳潭
姜堰区淤溪镇周庄村周庄
姜堰区溱潼镇三里泽村兴东
姜堰区三水街道小杨村小杨

2020年泰州市入选江苏省传统建筑组群名录

靖江市季市镇

季东村东街88号巡检司旧址传统建筑群
季东村东街146号朱氏老宅传统建筑群
季东村东街112、114号胡家大院传统建筑群
季东村东街109号传统建筑群

泰兴市黄桥镇

米巷10号通如靖泰临时行政委员会旧址传统建筑组群
何氏宗祠传统建筑组群
丁西林故居传统建筑组群
韩秋岩故居传统建筑组群
朱履先故居传统建筑组群
裕泰和茶叶店传统建筑组群
珠巷70、72、74、76、78号传统建筑组群
珠巷102、104、108、110、112、114、116号传统建筑组群
珠巷82、84、86号传统建筑组群
米巷10号传统建筑组群

兴化市沙沟镇

市政府旧址传统建筑组群
后大街24号苏中公学旧址传统建筑组群
工会巷3号望火楼传统建筑组群
姜家巷45号传统建筑组群
韦庵巷4号传统建筑组群
姜家巷40、42号传统建筑组群
赵家巷6、7、8号传统建筑组群
益民巷8号传统建筑组群
韦庵巷1号传统建筑组群

姜堰区溱潼镇

绿树院巷22号传统建筑组群
人民路25号山茶院传统建筑组群
人民路12号朱氏住宅传统建筑组群
李氏院士旧居传统建筑组群
李氏宗祠传统建筑组群
麻石街22号传统建筑组群

【蒋堡村入选首批全国村级乡风文明建设典型】 2020年4月，泰兴市元竹镇蒋堡村入选农业农村部发布的21个首批全国村级乡风文明建设优秀典型案例，为全省唯一入选典型。蒋堡村传承和发扬非物质文化遗产（泰兴鼓儿书），用泰兴鼓儿书传唱村规民约、红色文化和民间传说，推进乡风文明建设；采取筹资筹劳、村民自治等方式推进移风易俗，先后获全国文明村、国家级生态村等称号。 （殷恒杰）

乡村产业发展

【农业农村重大项目建设】 2020年，泰州市启动“农业农村项目突破年”活动，全年实施农业农村重大项目91个，总投资189.1亿元；年度计划投资69.4亿元，完成投资72.7亿元，完成计划投资的104.8%。成立农业农村重大项目建设专班，建立领导挂钩联系机制，实行项目挂钩联系保证金制度。建立例会调度制度，市农业农村局召开项目推进工作例会12次，市委、市政府分管领导每两个月召开1次例会，全年召开现场观摩推进会3次。建立督查通报制度，实行重大项目实施情况月报制度，督查结果通报至各市（区）党委、政府主要负责人和分管负责人。建立考核推进机制，将重大项目建设纳入2020年度农业农村重点（特色）工作和综合目标考核。 （华　松）

【“万企联万村　共走振兴路”行动】 2020年，泰州市全面推进“万企联万村　共走振兴路”行动，围绕乡村产业振兴、农业园区转型升级、龙头企业培育，招引建设一批现代农业产业项目、高科技农业项目和产业链项目，全年实施100万元以上企村联建合作项目1141个。年末企村联建覆盖率97.7%，“万企联万村　共走振兴路”行动综合排名居全省第二位。 （顾　飞）

【农村一二三产融合发展】 2020年，泰州市以规模龙头企业为核心，建设农业产业化联合体10个，其中4家单位入选第三批农业产业化省级示范联合体名录。5个省级农产品加工集中区实施提档升级，入驻企业157家，实现农产品加工产值385亿元；泰兴市农产品加工园区创成全市首家国家级农村产业融合发展示范园。发挥5个国家级、省级农村一二三产业融合发展先导区创建的示范带动作用，推进全市一二三产业融合发展先导区建设，培育生产、加工、流通、物流、体验、品牌、电商于一体的产业集群；泰州市现代农业综合开发一二三产业融合发展先导区被认定为省级产业融合发展先导区。至年末，全市有省级及以上农村一二三产业融合发展先导区6家，其中国家级2家，实现省级及以上农村一二三产业融合发展先导区市（区）全覆盖。 （潘迎辉）

【特色专业村镇建设】 2020年，泰州市挖掘乡土特色产业资源，培育主导产业突出、创新创业活跃、联农带农紧密的“一村一品”专业村镇。泰兴市姚王镇东林村（河蟹）、高港区胡庄镇宗林村（河蟹）被认定为第十批全国“一村一品”示范村镇。兴化市垛田镇、安丰镇入选2020年全国乡村特色产业十亿元镇名单，姜堰区桥头镇桥头村、兴化市千垛镇东旺村、泰兴市黄桥镇祁巷村入选2020年全国乡村特色产业亿元村名单。至年末，全市创成全国“一村一品”示范村镇16个（示范村11个、示范镇5个），市级“一村一品”示范村镇49个。培育乡土特色产业品牌，打造罡杨鲜花、三水特色菌菇、溱湖八鲜、黄桥烧饼、泰兴银杏、靖江休闲食品等“十大乡土特色产业”。围绕“十大乡土特色产业”，组织开展技术需求调研，梳理技术需求45项；遴选涉农专家，按照产业组建专家服务小组10个，举办技术

服务推广活动26次、人才服务产业专项活动65次。（智　亮）

【乡村产业服务】 2020年，市农业农村局开展乡村产业分析研究工作，完成各类产业统计报表65份、乡村产业调研报告15篇。开展产销对接活动，举办泰州绿色优质农产品（上海）推介会，达成销售合同21个；组织100多家企业参加第十八届中国国际农产品交易会、第十八届江苏名特优农产品（上海）交易会等。举办第四届全省农村创业创新项目创意大赛泰州选拔赛，向国家、省推荐创业创新典型案例6个，姜堰区获批第三批全国农村创业创新典型县。

【新型农业经营主体】 2020年，泰州市引导农村土地规范有序流转，培育壮大新型农业经营主体队伍，发展农业适度规模经营，新型农业经营体系初步形成。全市农业适度规模经营水平达83.8%，获全省设区市乡村振兴考核满分。培育各级家庭农场、农民合作社等新型农业经营主体，至年末，全市发展家庭农场1.22万家，创建各级示范家庭农场1000多家；发展农民合作社5183家，创建各级示范农民合作社1052家。全年发放新型农业经营主体贷款32.45亿元，贷款余额30.86亿元。组织130多家新型农业经营主体与金融机构达成贷款意向2600多万元；市农业农村局与泰州邮政分公司、邮储银行泰州分行签订三方协议，为全市示范农民合作社、家庭农场提供惠农金融、惠农保险、农村电商、农村物流、线下推广、电商培训等惠农服务。开展"农副产品社区行机关行活动"，累计帮助销售各类农产品200多万元。（赵　蓉）

【农民合作社和家庭农场示范创建】 2020年，泰州市组织实施农民合作社、家庭农场示范创建，全年新增省级农民专业合作社示范社20家、市级农民专业合作社示范社96家，新增省级示范家庭农场48家、市级示范家庭农场112家、市级绿色家庭农场71家。高港区光普家庭农场入选全国第二批家庭农场典型案例，为全市首家；泰兴市张桥镇旭日丰家庭农场、靖江市诚祥家庭农场、海陵区野山沟家庭农场、高港区孔氏家庭农场、高港区森禾家庭农场、姜堰区井贤家庭农场入选2020年度全省家庭农场典型案例，入选数量居全省首位。新增由家庭农场共同参与的市级产业化联合体21家。（林　锐）

【凤栖小镇两项目获评江苏特色小镇创新创业大赛"十佳项目"】 2020年10月15日，首届江苏特色小镇创新创业大赛颁奖仪式在南京市举行，全省200多个项目报名参赛，泰兴市凤栖小镇成为唯一一家有两个项目入选"十佳项目"的小镇。入选项目分别是掺杂型纳米碳化物涂层技术在导电分离材料中的应用项目、高效大转矩永磁电机研发及产业化项目。（史　志）

2020年，泰兴市凤栖小镇两个项目被评为首届江苏特色小镇创新创业大赛"十佳项目"（《泰州通讯》供图）

农村改革

【集体产权制度改革】 2020年，泰州市全面完成农村集体产权制度改革，全市91个乡镇（街道、园区）、1436个涉农村（居）全部完成清产核资、成员身份界定、股份量化、登记赋码、系统录入、证书发放6项重点工作任务，量化集体经营性资产54.19亿元；确认集体经济组织成员398.6万人，发放股份证书117.5万份。各市（区）农村集体产权制度改革经验做法被人民网、《新华日报》等媒体报道。

【集体产权交易】 2020年，泰州市规范农村产权交易体系建设，基本建成四级农村产权交易市场服务网络体系。全面推进农村集体产权线上交易，全市线上交易账户于5月底前全部开通。至年末，全市农村集体产权交易项目73167个，成交总金额91.6亿元，溢价金额4.7亿元，溢价率5.5%；成交线上交易项目3858个，成交总金额8.2亿元，溢价金额3908.1万元，溢价率5.0%。全年全市产权交易总量居全省第二位，省农村产权交易市场监测评价排名设区市第六位，泰兴市、姜堰区在全省县级市排名中居前十位，泰兴市黄桥镇在全省乡镇排名中居首位。

【集体"三资"管理】 2020年，泰州市开展农村集体资产年度清查工作，更新完善农村集体"三资"（资金、资产、资源）台账信息，实行动态管理。完善"三资"平台数据分析统计、村级资金结报、纪检监督、部门监管等应用功能，推动基于大数据的农村集体"三资""事前、事中、事后"全程监管。摸底调查村级债务，规范村级举债审批流程，控制新增村级不良债务。建立"市及市（区）抽审、乡镇一年一轮审"制度，审计村级财务日常收支；实施村干部任期和离任经济责任审计和村级重大投资项目工程审计，建立审计问题移交和责任追究制度。开展农村产权交易、农村集体产权制度改革、农村集体“三资”管理等市级专题培训4次，培训1000多人次。年内，《中国纪检监察报》以《干部规矩 群众服气》为题，介绍泰州市农村集体“三资”监管模式；中纪委、国家监委网站推出《构建“三资”监管体系 为乡亲们算本“明白账”》泰州专题片。 （崔 振）

【承包地确权登记和宅基地盘活利用】 2020年，泰州市组织开展农村承包地确权登记颁证“回头看”工作，解决1759户农户证书未发放到户问题，解决2943户农户确权信息不准确问题；解决2.46万户农户暂缓确权的问题，涉及承包地面积6400多公顷。认定“三权分置”改革示范乡镇12家。泰州市农村承包地流转工作的经验做法入选农业农村部典型案例，并向全国推广。在泰兴市选择5个行政村作为农村宅基地和农房利用现状调查试点，涉及农户4133户。推进闲置宅基地和农房的盘活利用试点，靖江市徐周村、泰兴市祁巷村、高港区大马村成为市级试点村，参与改革的农户309户、1191人，涉及宅基地面积10.34万平方米、房屋面积9.9万平方米，带动就业239人，参与改革的农户人均增收1.3万元，村集体村均增收8.03万元。 （林 锐）

【集体经营性建设用地入市试点】 2020年，泰州市选择兴化市、泰兴市为农村集体经营性建设用地入市试点地区。在集体土地上市需求较大的兴化市戴南镇、张郭镇开展前期工作，将初步筛选出的66.67公顷集体经营性建设用地纳入预备项目库；12月9日，全市首宗农地入市项目——兴化市千垛镇东罗村集体经营性建设用地入市签约，村集体每年可增收8万元。泰兴市首批10宗共31.33公顷农村集体经营性建设用地于12月11日入市成交，首批成交地块用途涵盖工业、商业服务用地等；有40多宗农村集体经营性建设用地在江苏土地市场网上公开挂牌。 （李 映）

脱贫致富奔小康工程

【建档立卡】 按照省、市建档立卡标准，2016年泰州市有建档立卡低收入农户7.09万户、11.72万人；经济薄弱村（居）665个。经过历年人口自然变更和行政村区划调整，至2020年年末动态调整结束，全市建档立卡户61385户、104864人收入水平全部稳定在市定人均年收入7000元的脱贫标准之上，全市606个经济薄弱村收入水平全部稳定在省定年18万元经营性收入和市定年35万元可支配收入的脱贫标准之上。其中，建档立卡低收入对象人均年收入13293元，比2016年增长134.8%；建档立卡经济薄弱村村均年经营性收入49万元，比2016年增长138.4%。

【两不愁三保障】 2020年，泰州市将“两不愁三保障”问题作为脱贫任务重要核心指标，落实各项保障措施。

“两不愁”方面。落实建档立卡低收入农户吃、穿、用水、用电及入户通道等基本生活需求，完善农村低保、特困人员救助供养、临时救助等保障性扶贫措施，全市低保标准提高至710元/月。对因年老、因病、因残等情况丧失劳动能力的低收入农户，制定和实施财政常态化扶持托底政策，全面落实重残、重病“单人保”政策，扩大低收入农户享受低保待遇的规模。至年末，建档立卡低收入农户中低保对象2.65万人，特困救助供养对象1.74万人。

教育保障方面。实现所有学段、公办与民办学校、家庭经济困难学生教育资助“三个全覆盖”，市直各学段特困学生的资助标准上调50%。脱贫攻坚三年行动期间，全市累计资助建档立卡困难学生2.07万人次。全市建档立卡适龄儿童除449人因个人身体原因实施送教上门服务外，其他全部在校就读。

医疗保障方面。构建基本医疗保险、大病专项救治、医疗托底救助、健康扶贫补充保险、慈善医疗救助等多重医疗保障体系，建档立卡低收入农户参加城乡基本医疗保险和健康扶贫补充保险由财政全额承担保费。落实“先诊疗后付费”政策，提高各报销段报销比例，大病保险起付标准比普通参保患者降低50%，取消健康扶贫补充保险起付线；建档立卡低收入人口政策范围内住院费用个人自付比例降低到10%以内，政策范围外个人自付比例降低到8%以内。

住房安全保障方面。全面完成农村危房改造，累计改造农村危房8681户，所有建档立卡户住房安全均得到保障。开展危房改造等级鉴定和改造对象认定工作，执行监督公示制度。

【挂钩帮扶】 2020年，泰州市全面实施四级书记“遍访”行动，建立挂钩帮扶体制机制。全市700多家机关部门与606个经济薄弱村开展挂钩帮扶，3.9万名党员干部结对帮扶低收入农户。通过“泰州阳光扶贫”手机APP和阳光扶贫系统，实现全市低收入农户挂钩帮扶全过程监管。

【防贫减贫】 2020年，泰州市以乡镇为单元，明确镇、村两级责任主体，动态更新监测人群，建立提前发现、及时预警、快速处置的防贫减贫动态监测处置工作机制。全市排查出的脱贫不稳定户、边缘易致贫户401户、835人全部落实帮扶措施，消除返贫风险，纳入“泰州阳光扶贫”和国家扶贫系统实施动态监测管理。至年末，全市所有监测对象中有2831人次得到救助（不含因病返贫专项救助），救助总金额169.78万元。建立因病致贫返贫救助机制，出台《关于建立防止因病致贫、因病返贫预警机制的通知》，设立个人自付医疗费用3条预警线，对于参保人员因当年累计自付医疗费用超过预警线导致可能 “因病致贫、因病返贫”的对象给予精准救助。推进防贫保险试点工作，制定防贫综合保险方案，明确保障人群、保障范围、保障标准和保障方式，实现国家现有保障政策与地方保障政策的无缝衔接，解决因“收入骤减”“支出骤增”导致的贫困难题。至年末，全市有42个乡镇开展防贫综合保险试点，实现保费521.86万元，提供风险保障35.09亿元；发生理赔案件60人（起），理赔金额30.07万元。

【扶贫资产管理】 2020年，泰州市构建“产权清晰、权责明确、经营高效、管理民主、监督到位”的扶贫资产管理体制和运行机制。建立健全扶贫产业带贫减贫机制，创新扶贫产业利益联结方式，让低收入农户通过资产收益、入股分配、劳务联结、订单代销、项目带动等方式获取收益，全年扶贫资产收益6772.94万元。 （王　恒）

农村人居环境

【农村人居环境整治三年行动】 至2020年年末，泰州市1362个行政村和涉农社区全面完成农村人居环境整治三年行动目标任务，农村无害化卫生户厕普及率97.41%，农村生活垃圾集中收运率100%，农村生活污水处理设施行政村覆盖率65.32%，畜禽粪污综合利用率98.58%。三年行动以来，全市累计投入各类农村人居环境整治资金118.71亿元；投入财政资金22.11亿元，其中市本级3.34亿元、各市（区）18.77亿元。2020年，全市农村人居环境整治投入各类资金48.96亿元；投入财政资金7.32亿元，其中市本级0.68亿元、各市（区）6.64亿元。 （顾　飞）

【农村垃圾治理】 2020年，泰州市健全完善“户投放、组保洁、村收集、镇转运、市（区）处理”的农村生活垃圾收运处置模式，全市涉农镇（街）、村和涉农社区全部做到“村村有保洁员、镇街有中转收运”。农村生活垃圾收运处置体系覆盖全市所有行政村，农村生活垃圾无害化处理率100%，实现“日产日清”。新增农村垃圾分类试点乡镇14个，其中省级试点乡镇2个；全市累计有31个乡镇、700个行政村（涉农社区）开展生活垃圾分类试点，实施垃圾分类的行政村（涉农社区）占比超过50%；海陵区实现农村垃圾分类镇村全覆盖。建成农村有机易腐就地处理设施40座。 （顾　飞　陈启鑫）

【农村“厕所革命”】 2020年，泰州市实施农村无害化卫生户厕改厕，完成省定民生项目农村改厕15489座、自筹资金民生项目农村改厕23900座，全市农村无害化卫生户厕普及率98.77%。全年新改扩建农村公共厕所772座，建成乡村旅游厕所13座。 （顾　飞）

【农村危房改造】 2020年，泰州市组织开展农村危房改造实施情况“回头看”工作，全面排查已实施改造（置换）的四类重点对象现有住房的质量安全隐患，排查发现的573户C级、D级新增农村危房全部完成改造。检查贫困户住房安全隐患和“三通”（通电、通水和通路）保障，对发现的问题实施整改。启动农村房屋安全隐患排查整治，建立联席会议制度和牵头部门分区督导机制。 （殷恒杰）

【村庄绿化】 2020年，泰州市按照“一村一规划、一村一图纸、一村一方案”的要求，因村制宜推行园林型、林果型、苗圃型、生态型村庄绿化模式，实施庭院、村内沟塘及公共绿地、村庄“四旁”绿化、农田林网等建设。推进国家森林乡村、省级绿美乡村建设，累计建设国家森林乡村28个、省级绿美乡村40个。靖江市实施珍贵用材树种“进村入镇”行动，栽植珍贵用材树种10多万株。 （李　映）

【农村污水治理】 2020年，泰州市按照“规模化建设、专业化管护、一体化推进”的模式，推进农村生活污水治理。完成317个行政村（涉农社区）的生活污水治理任务，全市村庄生活污水治理行政村覆盖率67%。推进乡镇污水处理厂配套管网建设，开工建设200毫米以上管径的污水主管网505千米，其中建成445千米、在建60千米；启动乡镇污水处理厂改造，引入专业技术单位，实行市场化、专业化运行管理。高港区获评“全国农村生活污水治理试点县（市、区）”，泰兴市、靖江市、姜堰区、兴化市被列入省生活污水治理试点县。排查黑臭农村河道179条，泰兴市申报省农村黑臭河道治理示范市。 （顾　飞　殷恒杰　张　俊）

【农业废弃物资源化利用】 2020年，泰州市实现农作物秸秆禁烧国家、省通报“零火点”，秸秆综合利用率96.29%。畜禽粪污综合利用率98%。推进农业面源污染治理，农药、化肥使用量比上年分别下降2.07%、1.48%。建成镇村级废旧农膜回收网点236个，废旧农膜回收率86%。建成农药包装废弃物回收网点367个，全年回收农药包装物260吨，回收率84.8%。 （赵　蓉）

【高港区获评全国农村生活污水治理示范区】 2020年12月2日，高港区入选住建部公布的2020年全国农村生活污水治理示范县（市、区）名单。年内，高港区按照“五水共治　治污先行”的总体部署，实施农村生活污水治理。遵循“统一规划、统一建设、统一运维”的原则，采用政府与社会资本合作的“PPP模式”，对全区75个规划发展村实施治理，项目总投资4.3亿元。至年末，高港区农村生活污水治理覆盖率87%，累计敷设污水管网782千米、建设污水处理设施340座，全区规划发展自然村生活污水治理覆盖率87%。 （徐　震）

责任编辑：叶　彤

综　述

【概况】 2020年，泰州市完善环境基础设施，实施生态环境治理，被列为全省生态环境保护工作督查激励地区，获奖励资金1000万元。区域生态环境质量连续5年居全省前列，中央环保督察交办问题市级销号率100%，2019年度污染防治攻坚战考核得分居全省第三位。创成全省第三家国家生态文明建设示范市。开展“天空地一体 守护泰州蓝”行动，空气质量优良率83.9%。在全省率先出台《幸福河湖建设实施意见》，省考及以上断面优于Ⅲ类水质比例100%。举办首届健康长江（泰州）高峰论坛，运行“健康长江泰州行动”大数据平台和指挥中心。完成长江干流岸线清理整治任务63项，长江禁捕退捕工作居全省前列。开展环保“绿岛”建设试点，危废集中处置能力提高到14.3万吨/年。健全生态机制，启动建设生态安全缓冲区8个，调整划定19条国家级生态红线，生态空间保护区域面积占比27.27%。严格生态文明建设考评和责任追究，建立“专家治厂、科学治污”长效机制。查处环境违法案件838件。

【“天空地一体 守护泰州蓝”专项行动】 2020年，泰州市创新实施“天空地一体 守护泰州蓝”专项行动，改善大气环境质量。投资5000多万元实施大气监管项目建设，利用卫星遥感、无人机、铁塔视频、移动走航设备等全方位监控大气质量。在重点区域定期通过无人机遥感监测可见性污染源和疑似大气污染源，发现环境问题76处，移送案件线索19件。在公务用车、执法车辆、主要交通干线公交车安装移动式微站40套，在重点区域布设270个微型和5个小型细颗粒物热点网格监测站点，建成乡镇大气自动站73个，实现“测、管、治”联动。建立拉网督查、交办通报、专家会商、应急管控、部门联动5项机制，组织开展工业企业稳定达标排放、餐饮油烟整治“回头看”、重点区域露天烧烤“清零”、施工扬尘污染、汽修行业挥发性有机物污染5个专项治理“百日攻坚行动”。组建青年大气管控突击队，对1684家工业企业实施“拉网式”督查，移交案件线索50件，立案22件，下发整改通知书223份。核查建成区范围内的餐饮服务行业经营单位，确保废气稳定达标排放。排查空气质量国控站点1千米区域内的露天烧烤行为，取缔13家露天烧烤点。遥感监测市区规模以上建筑工地和裸露地块扬尘污染源，对发现的201个疑似问题进行核实整改。对国控站点范围内涉喷涂喷漆等工艺的汽车维修店实施执法检查，责令关停无废气治理设施的汽修店喷漆工序。该项创新举措得到省领导肯定并在全省推广，央视《新闻联播》栏目进行专题报道。

【园区生态环境政策集成试点】 2020年，泰兴经济开发区作为全省产业园区生态环境政策集成改革试点园区，在环境准入管理、绿色金融服务、生态环境监管等方面实施改革试点，解决园区项目落地、治理成本、环保基础设施、执法监管等方面难题，促进园区绿色发展。5月10日，泰兴药妆产业集聚区规划环境影响评价通过审查；5月12日，全省产业园区生态环境政策集成改革试点现场推进会在泰兴市召开。泰兴经济开发区生态环境政策集成改革试点获评省2020年度“十佳环境保护改革创新案例”。

建设以精细化工为支撑、新材料和健康美丽产业为主导、生产性服务业为保障的“1+2+X”现代产业体系，培育生态环保、智慧透明、循环发展的现代产业园区。解决历史累积问题，滨江污水公司暂存污泥、一号桥地块污染等中央环保督察反馈问题完成整改销号；按照“国家级生态园区”创建要求，推进沿江生态、生活、生产规划建设，新建区域退出长江1千米，建成沿江12千米长、150米宽的绿色廊道和生态湿地工程。在创成“中国智慧化工园区试点示范单位”基础上，汇集安全、环保、港口等11个方面资源，实现重点防控面的智能预警和分析评价；完善信息化封闭管理系统，实现化工园区封闭管理。通过产品之间循环、项目之间配套、产业之间关联，形成“企业内小循环、企业间中循环、园区内大循环”的三级循环发展模式；建成精细化工及新材料、医药等特色产业集群，化工产业精细化率52%、产业关联度66%。

【在全省率先出台《幸福河湖建设实施意见》】 2020年10月14日，泰州市在全省率先出台《幸福河湖建设实施意见》，明确分3个阶段实施幸福河湖建设，2021~2025年为实施建设阶段、2026~2030年为逐步见效阶段、2030~2035年为全面建成阶段，建设“安全之河、健康之河、宜居之河、生态之河、文化之河、富民之河”。按照系统谋划、试点先行、分段实施的原则，“十四五”期间选择一批河湖作为先行试点，积累经验；至2030年，完成市及市（区）两级骨干河流幸福河湖建设，形成泰州市骨干幸福河湖网络；推动乡镇及村级幸福河湖建设，力争到2035年基本覆盖全市域河湖。

【省生态环境保护督察反馈问题整改】 2020年，泰州市落实省生态环境保护督察反馈问题整改要求，至年末，18项整改任务中，按时完成整改12项，其他6项按序时推进。泰州市先后成立市委生态文明建设与环境保护领导小组、市向环境污染宣战指挥部，落实环境保护“党政同责、一岗双责、终身追责”要求。设立由党代表、人大代表、市民代表和政协委员组成的“督察百人团”，定期开展现场督查。针对省生态环境保护督察反馈意见，制定整改措施清单。实施舆论监督，定期曝光负面案例，累计曝光各类环境问题135期，解决一批群众反映强烈的问题。推进污染防治综合监管平台应用，累计录入各类污染问题线索3万多条。严格责任追究，53名责任人被追责问责。

【省级环境数据归集共享工作试点】 2020年，泰州市生态环境局编制环境数据汇集共享试点工作方案和进度计划，落实省监测监控数据清单需求。至10月，完成106项环境数据的汇集共享与数据互通，成为全省唯一数据归集与视频联网均实现联动的地级市。在全省率先对辖区内污染源监控、秸秆禁烧监控、码头监控等视频资源进行技术汇聚和智能识别，实现数据分析、视频监控和大数据分析的融合。30路秸秆禁烧视频监控、43路长江沿线视频监控、685路企业监控、127路码头视频监控实现智慧环保平台汇聚，并与省生态环境厅视频监控平台无缝衔接。

【市第三届环保人才供需洽谈会暨环境技术交流会】 2020年12月，由泰州市政府主办，市生态环境局、人社局、人才办公室联合承办的泰州市第三届环保人才供需洽谈会暨环境技术交流会以网络形式举办。400多家企业、近600个需求岗位参与在线招聘，24家环境治理企业及“环保管家”团队参与在线技术交流，2831名环保人才在线注册，投递应聘简历4533人次。至2021年1月，有163名环保人才、36家（次）环境治理企业及“环保管家”团队达成意向性协议或签订合同。 （张　俊）

健康长江泰州行动

【概况】 2020年，泰州市以长江入河排污口排查整治和生态环境遥感监测两项全国试点为契机，创新实施“健康长江泰州行动”。设立“健康长江泰州行动”指挥中心，统一协调管理长江泰州段生态环境保护工作。组织实施长江生态修复、沿江水体治理、沿江地区农业农村污染治理、沿江地区污水治理、排口核查整治、沿江化工行业整治、港口船舶治理、沿江危废整治、沿江船舶整治、长江十年禁捕、非法采砂整治、“三无”船舶整治共12项专项行动。举办第一届健康长江（泰州）高峰论坛。生态环境部卫星环境应用中心长江生态监控基地在泰州市揭牌。开展长江饮用水水源保护区突发环境事件应急演练。“健康长江泰州行动”项目入选“江苏省2019年度十佳环境保护改革创新案例”，“健康长江泰州行动”大数据平台入选“2020数字江苏建设优秀实践成果”。建立“专家治厂、科学治污”长效机制，连续3年举办环保人才和技术交流洽谈会，累计引进环保专业人才近1000人、“环保管家”团队100多家。

【长江入河排污口核查整治】 2020年，泰州市推进长江入河排污口分类整治工作，建设长江入河排污口信息系统，建立排污口电子台账，构建排污口电子地图，实施排污口信息化管理。核实排污口溯源信息，排查统计排污口1054个，其中工业企业排污口134个、污水集中处理设施排污口8个、农业农村排污口491个、雨洪径流排污口217个、溪流（沟渠、河港）等159个、港口码头排污口32个、其他排污口13个，所有排污口均设立带有二维码的标识牌。按照“取缔一批、整治一批、规范一批”的原则，对溯源的排污口实施分类整治。

【长江生态修复】 2020年，泰州市开展靖江市固废综合处理工程、华汇城市污水处理三期扩建工程、生活垃圾焚烧发电厂配套填埋场（含飞灰）项目，泰兴市工业污水厂排口及生态湿地工程、成兴青山船舱废水废液处理、危废焚烧处置项目，高港区柴墟河环境提升工程、农村生活污水治理项目、胡庄镇污水处理厂改造及管网配套工程等20个项目的前期工作。完成靖江市和泰兴市长江岸线造林绿化工程，推进靖江市西片区水系联通工程、高港汽渡周边综合环境整治工程、南官河生态绿化三标段工程等项目建设。

【沿江水体治理】 2020年，泰州市实施沿江水体治理，完成50条农村生态河道建设，疏浚整治河道45.7千米、土方105.7万立方米，新建生态护岸82千米，栽植绿化10.69万平方米。开展河湖“两违”“三乱”专项治理，完成骨干河湖2117项“两违”整治任务以及各地排查上报的县、乡河湖2312项“两违”整治任务。实施长江岸线清理整治，完成泰州中航船舶重工有限公司、江苏东方造船有限公司等5个项目的整改规范工作。开展饮用水源地巡查，一级保护区逐日巡查，二级保护区、准保护区不定期巡查。全市6个国考断面水质优Ⅲ比例、24个省考以上断面水质优Ⅲ比例均为100%。

【沿江地区农业农村污染治理】 至2020年年末，泰州市沿江地区畜禽养殖场污染治理率100%，畜禽粪污综合利用率100%，畜禽规模养殖场粪污处理设施装备配套率100%。清退高港区永正水源地保护区水产养殖生产单位，沿江地区生态健康养殖面积占比超过90%。全年沿江地区化肥施用量4.54万吨、农药使用量（商品量）1529吨，比上年分别下降5.9%和10.6%；废旧农膜、农药包装物回收率分别为86.96%、85.16%。

【沿江地区污水治理】 2020年，泰州市开展沿江地区污水治理专项行动，新建污水管网37千米，其中靖江市12千米、泰兴市8千米、高港区11千米、泰州医药高新区6千米。实施老旧小区雨污分流改造项目31个，其中泰兴市20个、靖江市6个、高港区3个、泰州医药高新区2个。整治黑臭水体4条，其中靖江市3条、泰兴市1条。（张　俊）

【沿江化工行业整治】 2020年，泰州市推进沿江低端低效化工产能退出，关闭退出化工企业39家，超额完成省下达目标任务。实施化工行业安全生产专项整治行动，累计开展安全检查督查87次，排查隐患2004项（含4项重大隐患），全部完成整改。实施省攻坚行动反馈问题隐患整改，整改率99.88%，部门确认审核率99.28%，均居全省首位。组织开展化工行业清洁生产审核，强制性清洁生产审核71家企业，60家企业完成清洁生产中期评估工作。实施泰兴经济开发区循环化改造，完成滨江工业园区和高永化工集中区园区循环化改造实施方案的论证工作。（张　俊　王有为）

【沿江危废整治】 2020年，泰州市实施沿江危险废物处置整治，涉及15家企业的89项生态环境类问题隐患全部完成整改，108项危险废物管理问题有104项完成整改，8项重大隐患问题全部完成整改，28项危险废物超期问题有27项完成整改，99项贮存不规范问题有95项完成整改。全面排查沿江危险废物，发现一般隐患459个，完成整治456个，整治率99.3%；发现的7个重大隐患全部完成整改。专项排查污染防治设施（储罐），检查企业160家、储罐1099个；检查发现11家企业存在环保问题，涉及储罐36个，其中9家企业完成整改；检查发现45家企业存在安全问题，涉及储罐281个，其中42家企业完成整改。

【沿江船舶污染整治】 2020年，泰州市整治船舶污染突出问题，重点检查船舶污染物收集处理设施配备、维护、使用情况，打击各类不按规定收集、违规排放和处置垃圾和污水的行为，检查船舶6215艘，检测船舶燃油554次，监测生活污水、油污水和压载水等25次，处罚违反防污染规定的船舶616艘次。组织开展夜间22时至凌晨5时载运化学品船舶禁行、淘汰单壳化学品船和油船、严格管控危险货物船队拖驳数量等工作，累计保障11497艘次危化品船舶、2028.2万吨危化品安全进出泰州港。推广“零排放、全接收”污染防治模式，实现船舶污染物自主接收和过驳区污染物应收尽收，全年接收船舶生活垃圾103565次，接收量1588吨；接收船舶生活污水56032次，接收量22719立方米。

【长江泰州水域“三无”船舶整治】 2020年，泰州市在长江泰州水域全面开展“三无”（无船名船号、无船籍港、无船舶证书）船舶专项整治行动，出动船艇390多艘次，出动执法人员1360人次，摸排登记“三无”船舶153艘。市生态环境局、交通运输局、公安局、水利局、农业农村局等部门开展“三无”船舶联合整治30多次，建成“三无”船舶临时扣押点4个，累计扣押船舶98艘，对68艘“三无”船舶实施劝解拆解，劝返劝离“三无”船舶85艘次，实现长江泰州辖区“三无”船舶阶段性“清零”目标。

【第一届健康长江（泰州）高峰论坛】 2020年12月12~13日，由生态环境部、省政府指导，中国生态文明研究与促进会主办，泰州市委、市政府和省生态环境厅承办的第一届健康长江（泰州）高峰论坛在泰州市举行。论坛以“共抓大保护、不搞大开发”为主题，研究探讨长江保护修复的新模式、新途径、新机制。与会代表考察工业“绿岛”项目、工业展览馆、生态缓冲区项目、长江生态修复项目、长江入河排污口整治工作和健康长江泰州行动指挥中心，并就长江经济带高质量发展、生态修复、治理信息化、入河排污口整治进行专项研讨。论坛现场播放《健康长江泰州行动》纪实片，运行演示“健康长江泰州行动”大数据平台。生态环境部、中国社科院、中国生态文明研究与促进会、省政府、省生态环境厅、泰州市等相关部门单位的领导和专家参加论坛。

12月13日，省环境经济技术国际合作中心主办、市生态环境局承办的健康长江（泰州）高峰论坛水环境国际分论坛举行，100多名国内外水环境治理专家和学者参加论坛。5名专家分别围绕水生态环境治理技术、污泥热风干燥资源化技术、生态矿物

2020年12月12~13日，第一届健康长江（泰州）高峰论坛在泰州市举行

（顾祥忠　供图）

净化材料在城市黑臭河道中的应用、微生物快检技术在环境治理上的应用等议题进行交流；论坛就环境领域的先进技术和解决方案进行现场提问和交流。（张　俊）

生态环境质量

【水环境质量】2020年，泰州市主要河流水质考核断面涉及34条江河的56个断面。其中，6个国家“水十条”考核断面（简称国考断面）、24个省水环境质量考核断面（简称省考断面）、9个长江干流及入江河流考核断面水质优Ⅲ类比例均为100%，国考断面、省考断面水质达标率、优良率首次实现“双百”目标，“优Ⅲ好水”比例居全省首位；56个市考断面中有54个断面水质达标，达标率96.4%。2个列入国家地表水重金属考核断面、4个省重点区域重金属地表水考核断面均达到地表水重金属监测标准与要求。县级以上城市集中式饮用水源地达标率100%，泰州市长江永安洲永正水源地、靖江市长江螃蜞港水源地2个城市集中式饮用水源地全年取水总量30036万立方米、水质达标率100%。

【大气环境质量】2020年，泰州市环境空气优良天数296天，优良率81.1%，细颗粒物浓度35微克/立方米，比上年下降14.6%，细颗粒物浓度和空气优良率均创历史最好水平。其中，4个国控点优良天数307天，优良率83.9%，增加8.6个百分点，居全省第四位；细颗粒物浓度37微克/立方米，下降15.9%，改善幅度居全省第三位。全市平均降尘量3.3吨/月·平方千米，各市（区）降尘量介于每月每平方千米1.8吨~4.1吨，均达到考核目标。全年首要污染物为臭氧，占环境质量综合指数的26.8%；其他污染物占比分别是：细颗粒物占比25.6%、可吸入颗粒物占比20.5%、二氧化氮占比16.3%、一氧化碳占比7.3%、二氧化硫占比3.5%。各市（区）降水酸碱度均值在5.70~6.88之间，兴化市出现6次酸雨，其他各市（区）均未出现酸雨。

【声环境质量】2020年，泰州市声环境质量总体保持稳定。全市城市区域环境噪声平均等效声级为54.0分贝，处于“较好”等级；各市（区）环境噪声平均等效声级在52.6分贝~56.3分贝之间，泰兴市处于“一般”等级，其他各市（区）均处于“较好”等级。全市道路交通噪声平均等效声级为64.2分贝，处于“好”等级；各市（区）道路交通噪声平均等效声级在56.3分贝~66.8分贝之间，均处于“好”等级。全市有功能区噪声监测点位38个，功能区噪声昼间达标率97.4%，比上年下降1.3个百分点；夜间达标率91.4%，下降5.3个百分点；除在3类区（工业集中区）噪声未发生超标外，其余各类均发生不同程度超标。

2020年泰州市地表水环境质量情况表

表36

市（区）	水质综合指数	市（区）	水质综合指数
靖江市	4.5742	高港区	3.9116
泰兴市	4.9840	姜堰区	5.1141
兴化市	5.2838	医药高新区	3.8718
海陵区	3.9367		

2020年泰州市环境空气质量情况表

表37　单位：微克/立方米

市（区）	优良天比例（%）	细颗粒物平均浓度
靖江市	80.6%	36
泰兴市	76.2%	34
兴化市	81.4%	33
海陵区	83.3%	38
高港区	82.5%	36
姜堰区	83.9%	34
医药高新区	80.4%	36

2020年泰州市城市区域环境噪声监测情况表

表38

市（区）	网格大小		网格总数（个）	2020年		2019年	
	长（米）	宽（米）		平均等效声级（分贝）	评价结果	平均等效声级（分贝）	评价结果
靖江市	600	600	122	52.8	较好	53.1	较好
泰兴市	400	400	215	56.3	一般	56.6	一般

续表38

市（区）	网格大小		网格总数（个）	2020年		2019年	
	长（米）	宽（米）		平均等效声级（分贝）	评价结果	平均等效声级（分贝）	评价结果
兴化市	400	400	134	52.6	较好	50.5	较好
海陵区	960	960	72	52.6	较好	54.5	较好
高港区	960	960	14	54.0	较好	55.7	一般
姜堰区	400	400	103	53.8	较好	53.3	较好
医药高新区	960	960	61	53.8	较好	55.1	一般

【土壤环境质量】 2020年，泰州市布设土壤环境质量监测点位10个，其中粮食产地布设点位5个、菜篮子基地周边布设点位5个。10个监测点位有机无污染地块和无机无污染地块占比均为100%，土壤质量总体无污染，所有点位综合污染指数属于清洁（安全）等级。（张　俊）

生态创建

【创成"国家生态文明建设示范市"】 2020年2月26日，市政府办印发《2020年泰州市创建国家生态文明建设示范市攻坚方案》，列出生态文明理念宣传和制度建设、国土空间开发格局优化调整等6大类、20项重点工作。4月，召开创建工作联络员会议，补充完善台账支撑材料，编制工作报告、技术报告等资料，做好宣传片、声像片等技术支撑工作。5月，创建情况通过省生态环境厅专家预审，入选省第四批国家生态文明建设示范市推荐名单。5月21日，召开全市创建国家生态文明建设示范市暨长江大保护推进会。6月6日，通过生态环境部专家组现场核查。10月9日，泰州市被生态环境部授予第四批"国家生态文明建设示范市"称号，为苏中地区首家、全省第三家创成的地级市。

2020年10月9日，泰州市被生态环境部授予第四批"国家生态文明建设示范市"称号

（市生态环境局　供图）

【国家生态园林城市创建】 参见第193页

【省生态文明建设示范镇村创建】 2020年12月9日，省生态环境厅发布第三批江苏省生态文明建设示范乡镇（街道）村（社区）名单，泰州市有14个乡镇（街道）、15个村（社区）入选，分别是：靖江市斜桥镇，泰兴市古溪镇、根思乡、元竹镇，兴化市大垛镇、安丰镇、陈堡镇、垛田街道、千垛镇，高港区刁铺街道、许庄街道，泰州医药高新区明珠街道、凤凰街道、野徐镇以及靖江市西来镇西来村，泰兴市古溪镇周庄村、元竹镇双赵村、新街镇吴岱村，兴化市大垛镇双石村、千垛镇东旺村、钓鱼镇八尺沟村、沈坨镇姜朱村，海陵区九龙镇姚家社区、城东街道唐甸村，高港区口岸街道引江社区、大泗镇前进村，姜堰区罗塘街道银穆村、张甸镇杨俞村、大坨镇朱宣村。至年末，全市累计有47个镇（街道）、21个村（社区）创成省级生态文明建设示范镇村，数量居全省第三位。（张　俊）

【国家生态工业示范园区创建】 2020年12月30日，泰州医药高新区《国家生态工业示范园区建设规划》通过专家评审，成为江苏省唯一通过论证评审的国家生态工业示范园区。2016年，泰州医药高新区启动国家生态工业示范园区创建工作，成立创建领导小组，委托南京大学环境规划设计院集团编制《泰州医药高新区国家生态工业示范园区建设规划》（简称《规划》）。2016年12月，《规划》通过省环保厅、科技厅和商务厅审核并报送环保部。2018年2月，《规划》通过由环保部、科技部、商务部联合组织的专家论证。2020年12月30日，《规划》通过生态环境部、科技部、商务部组织的专家评审，泰州医药高新区成为《国家生态工业示范园区标准》（新版）出台后全省首家通过论证评审的示范园区。（徐　震）

【绿色创建】 2020年，泰州市组织开展省级"绿色学校"创建工作，7所学校创成省级"绿色学校"，分别是泰兴市第四高级中学、姜堰区娄庄中心小学、泰州市孔桥小学、靖江市御水湾幼儿园、泰州医药高新区康居新城幼儿园、兴化市景范幼儿园、泰州市渔行实验学校；泰兴市洋思中学创成"国际生态学校"。推进绿色制造体系示范创建，12家企业入选省第一批"绿色工厂"名单，分别是环球传动泰州有限公司、江苏申源集团有限公

司、江苏华脉光电科技有限公司、江苏科兴电器有限公司、格林美（江苏）钴业股份有限公司、益海（泰州）粮油工业有限公司、江苏苏萨食品有限公司、江苏锁龙消防科技股份有限公司、济川药业集团有限公司、中裕软管科技股份有限公司、靖江国林木业有限公司、亚罗斯建材（江苏）有限公司，入选企业数居全省第二位。开展星级“绿色港口”创建工作，扬子江港务、国信电厂通过省交通运输厅复核验收。

（张　俊　王有为　李　玥）

污染防治

【水污染防治】 2020年，泰州市落实治水措施，压实各级政府水污染治理的主体责任，对“流域地表水”等水体水质和“工业污染防治”等重点工作实施考核。制定出台《2020年碧水保卫战强化攻坚方案》，围绕24个国考、省考断面开展水质达标可达性分析，专项督查通扬运河崔母大桥、兴盐界河民主村等不能稳定达Ⅲ类水质标准的区域补偿断面水环境质量改善整治工作，实施34项水污染防治工程建设。推动长江保护修复9大类、27项重点任务的开展，组织开展省级以上工业园区污水处理设施整治专项行动；排查通江支流水质，排定46条通江支流建设小型国标法水质在线监测站，并与“健康长江泰州行动”大数据平台实现联网。完成对通扬运河所有涉水排口的摸底排查工作，排查排口3083个，初步建立通扬运河入河排污口名录。强化饮用水源地水质安全，对全市集中式饮用水源地环境状况实施调查评估，形成市级、市（区）级评估报告；专题调研兴化市饮用水源地汛期水质异常问题并开展现场督查；推进水源保护区标准化矢量地图库建设，全市10个集中式饮用水源地全部完成矢量图库建设。

【大气污染防治】 2020年，泰州市开展夏季臭氧污染原因分析和挥发性有机物监测分析，强化臭氧污染应急管控。全市87家挥发性有机物重点监管企业编制综合整治方案，评估整治方案实施情况。推进夜间错峰加油，鼓励“三桶油”和民营加油站出台夜间加油优惠政策，市区部分加油站夜间每升汽油直降0.8元，优惠幅度为全省最大。开展挥发性有机物专项执法检查，督查市区1684家涉气企业，下发整改通知书223份。对重点区域餐饮油烟和露天烧烤进行排查，交办整改问题82个。专题拍摄建筑工地“六个百分百”措施落实不到位的行为，并在泰州电视台《263在行动》栏目曝光8期，涉及建筑工地19个。在重点时段和重点区域加大洒水频次，降低道路积尘负荷。开展应对气候变化工作，编制《控制温室气体排放目标责任落实情况自评估报告》，全市单位地区生产总值二氧化碳排放比上年下降4.1%。核查国家能源集团泰州发电有限公司、梅兰化工集团有限公司等9家企业碳排放数据，完成重点排放单位碳排放权注册、交易系统的信息填报。

【土壤污染防治】 2020年，泰州市土壤环境质量保持稳定，全市污染地块安全利用率100%。推进全市重点行业企业用地土壤污染状况调查，有1330个地块纳入调查，采样分析177个地块。全市有36个地块纳入全国污染地块土壤环境管理信息系统，确定污染地块11个，其中有4个地块完成修复并移出名录。调查评估已收回、拟收储及变更为居住、公共用地的地块。实施土壤环境重点企业监管，全市88家土壤环境重点监管企业签订《土壤污染防治责任书》并向社会公开，对23家省级重点监控企业实施周边监督性监测。开展土壤环境隐患排查，监测重点企业周边土壤和地下水环境质量。年内全市有14个土壤省控点位被列入省控监测任务，14个点位的8种重金属污染物和3种有机污染物均未出现超标数据，14个点位的土壤综合污染指数评价均为“清洁”。

【固体废物管理】 2020年，泰州市专项治理固体废物及污染地块，排查整治固体废物违法违规堆存、倾倒、填埋等环境隐患，核实销号251处，销号率99.6%。开展固体废物排查整治专项行动，核查各类取土场（坑）、复垦地块和其他地块3915处，发现存在问题的24处复垦地块和14个其他类型地块全部完成整改。开展危险废物处置专项整治，发现56家企业危险废物贮存场所不规范、99家企业危险废物贮存场所污染防治设施不齐全问题，排查问题隐患289个，整改率均为100%。

推进危险废物集中处置能力建设，泰州淳蓝工业废弃物处置有限公司12吨/日医疗废弃物高温蒸煮技改项目及1.5万吨/年危废焚烧处置项目年内建成并取得《危险废物经营许可证》，靖江市固体废物综合处置中心一期4万吨/年危险废物焚烧处置项目完成桩基施工，泰州润泰固废处理有限公司刚性安全填埋场一期项目环评通过专家复评审。开展危险废物处置“绿岛”建设试点工作，推进姜堰区小微企业危险废物收集暂存中心、靖江市电镀集中区危险废物暂存库等一批危险废物集中收集项目建设。对全市40家危险废物经营单位实施考核，38家达标、1家基本达标、1家不达标，达标率97.4%。举办全市固体废物环境管理培训班，500多人参加培训。开展《固体废物污染环境防治法（2020年修订）》普法宣传，发放“口袋书”和《企业危险废物和环境治理设施环保安全管理温馨提示》1800册、《危险废物管理台账》1700套。

【核与辐射安全监管】 2020年，泰州市辐射环境质量保持在天然本底水平，核与辐射安全稳定可控，实现辐射环境安全“零”事故。审批核技术利用项目及电磁辐射项目环境影响评价文件，监督管理建设项目环境影响评价技术单位，规范环境影响评价技术单位从业行为。开展全市通信基站环境保护工作情况评估、输变电工程建设项目环境保护“三同时”和竣工环境保护验收情况专项核查，落实环境保护主体责任。更新维护国家核技术利用辐射安全管理系统和省政务服务平台信息数据，全市辐射工作单位的辐射安全许可、环评文件审批、放射性同位素转让审批、转移备案及回收备案的办结率均为100%。向102家辐射工作单位发放辐射安全许可证，对6家16枚放射源转让、转移、收贮实施审批和备案，对8家39枚放射性同位素转移实施备案，对6家15枚废旧放射源收贮实施备案，审批25家辐射工作单位辐射项目环境影响评价文件。（张 俊）

节能减排

【工业节能与综合利用】 2020年，泰州市推进工业企业绿色发展，全市规模以上工业累计综合能耗905.7万吨标准煤，比上年下降0.6%；规模以上工业万元产值能耗0.16吨标准煤，下降8.2%；全年单位地区生产总值能耗下降3.5%。实施工业节能改造项目150个，竣工后年节能19万吨标准煤。对40家企业及非工单位实施节能专项监察，其中工信部下达计划3家、省工信厅“双随机”下达计划6家；对33家企业实施能源审计，对25家企业实施节能监测。推进绿色制造体系示范储备、培育、创建，江苏一鸣生物股份有限公司、江苏太平洋精锻科技股份有限公司、江苏神王集团钢缆有限公司创成国家级“绿色工厂”，9种绿色设计产品、1个绿色供应链管理企业进入工信部“绿色制造名单”；济川药业集团有限公司、环球传动泰州有限公司等12家企业入选省第一批“绿色工厂”名单，入选企业数居全省第二位。全年完成节能量交易10笔，获《节能量交易证书》10张。（王有为）

【建筑节能】 2020年，泰州市在全面执行一星级绿色建筑的基础上，提高二星级及以上绿色建筑比例。全年累计新增绿色建筑与建筑节能建筑面积835.89万平方米，其中二星级绿色建筑面积451.47万平方米；实现城镇绿色建筑占新建建筑比例100%的目标，超额完成省定96%的任务。实施建筑节能与绿色建筑扁平化管理，落实雨水回收利用、能耗分项计量、楼面保温隔声、标准化外窗、太阳能光热光伏等绿色建筑技术措施，各项强制性标准落实到位。兴化香格里拉大酒店合同能源管理示范项目、兴化市人民医院综合效能提升项目通过省级验收。发挥能耗监测平台作用，对建筑能耗数据进行分析研究，全年完成既有建筑节能改造21.31万平方米。落实“新建政府投资公共建筑、大型公共建筑应当至少利用一种可再生能源”的要求，推进可再生能源系统同步设计、同步施工、同步验收，全年新增可再生能源建筑面积530.9万平方米、浅层地能建筑面积5.05万平方米。推进墙体材料革新改革，通过省级“禁粘”考核的城区及乡镇无反弹现象；全市新墙体材料年产量13.5亿标砖，城区在建项目新墙体材料应用率100%。建立绿色建筑专项信息管理平台，对绿色建筑（装配式建筑、BIM技术应用）政策性指标和要求实施联合审核，建设绿色建筑、装配式建筑与BIM技术应用融为一体的系统运行模式。出台《市区绿色建筑材料登记管理暂行办法》《关于加强新建民用建筑绿色设计方案审查工作的通知》，全面实施绿色建筑65%强制性节能标准。（殷恒杰）

【绿色交通】 2020年，泰州市实施长江经济带船舶和港口污染突出问题整治，400总吨以下船舶生活污水防污改造数量居全省首位，港口粉尘在线监测系统、原油成品油码头油气回收、港口码头船舶污染物接收转运等设施加快建设。维护通航安全和水域环境，组织开展“三无”船舶整治联合执法85次，排查“三无”船舶835艘，拆解673艘。沿江41家、内河135家港口企业均建成船舶生活污水自主接收设施，配备垃圾接收设施。推广使用“船E行”信息系统，实现船舶污染物接收转运处置全过程动态监管。沿江41家持证港口企业全部通过港口码头环保设施的核查认定；内河135家持证港口企业中，有122家通过环保设施的核查认定、10家淘汰关闭、1家停产、2家停业整顿。开展长江泰州段水上过驳专项整治，累计驱离或拆解流窜浮吊74台，集中看管和处置40条过渡经营的浮吊，实现长江泰州段水域水上过驳取缔工作浮吊淘汰“清零”目标。推进岸电设施建设和升级改造，实现沿江泊位岸电系统全覆盖。全面启动泰州港岸电示范区建设。泰兴水上化学品洗舱站建设通过航道影响论证评审。开展星级绿色港口创建工作，扬子江港务有限公司、国信电厂2家港口企业通过省交通运输厅复核验收。（李 玥）

【公共机构节能】 2020年，泰州市围绕“绿水青山 节能增效”主题，开展“节能宣传周”活动。组织开展国家级、省级公共机构节能示范单位、国家公共机构能效领跑者等创建活动，市住建局、民政局被国家发展改革委评为节约型公共机构示范单位，泰州市第四人民医院被评为公共机构效能领跑者；市司法局、市级机关后勤管理中心、泰州市第三人民医院、高港区住建局、兴化市交通运输局、靖江市检察院、泰兴市第二高级中学、泰兴市第三高级中学、省姜堰第二中学、泰州市第二人民医院被评为2020年度省公共机构节能示范单位。举办全市公共机构节能减排知识讲座、公共机构建筑节能技术论坛、公共机构能耗统计工作培训班、节能示范创建交流会等活动。（陈 兵）

【污染物减排】 2020年，泰州市水主要污染物化学需氧量、氨氮、总氮、总磷排放量比2015年分别削减14.89%、14.87%、10.97%、12.15%；大气主要污染物二氧化硫、氮氧化物、挥发性有机化合物排放量比2015年分别削减26.67%、22.56%、57.87%。（张 俊）

【园区循环化改造】 2020年，泰州市在全省率先实现省级以上园区循环化改造全覆盖。泰兴经济开发区放大“国家循环化改造示范园区”效应，建立“企业内小循环、企业间中循环、园区内大循环”的循环经济体系，建设上下游一体化的循环经济产业链，化工产业关联度66%，形成以精细化工为主导、以新材料和健康美丽（医药日化）为两翼、以生产性服务业为保障的“1+2+X”现代产业体系；静脉产业园形成年11万吨危废集中处置能力，基本满足园区内企业需求。姜堰经济开发区围绕资源能源“减量化、高效化、再利用”，推动实施总投资24.3亿元的7个重点项目，其中基础设施提升项目2个、公共服务设施建设项目1个、关键补链项目4个；至年末，完成污水处理升级改造项目、水质自动监测项目、印染食品行业整治项目、化工企业关闭搬迁及升级改造项目、智能型旋转叶片式气液联动项目建设，改造后园区一般工业固体废物年综合利用量4.43万吨，工业固体废物综合利用率超过95%。海陵工业园区引导园区企业将生产体系向研发设计和销售服务延伸，提升循环化发展水平；园区企业泰州乐叶光伏有限公司通过实施5亿元技改项目，引进机器人与自动焊接系统，形成高效光伏组件产品智能化生产能力；云涌电子科技股份有限公司研发推出边缘物联代理、新一代配网自动化加密终端等产品，降低社会成本和资源消耗。泰州港经济开发区实施建筑节能、节水、危废处理处置等项目，提升资源利用率及污染治理集中化水平；园区所有使用燃煤锅炉的企业均替换为燃气锅炉，全年减少煤炭消耗1.2吨、二氧化氮排放100吨、二氧化硫排放130吨、二氧化碳排放3万吨、烟尘排放32.5吨；园区企业实现年中水回用1.6万吨，节约运行成本近1000万元。市级园区中，泰兴虹桥工业园区编制的园区循环化改造实施方案通过评审；滨江工业园区和高永化工集中区园区循环化改造实施方案通过论证。

（王有为　邱宏武）

生态环境监管

【环境执法】 2020年，泰州市制定《环境污染防治设施专项整治行动方案》，在全市开展环境污染防治设施专项整治行动，检查企业776家、污染防治设施1442个，87家企业完成环境问题整改。实施环境污染防治设施（储罐）专项排查，检查企业160家、储罐1099个，5家企业完成环境问题整改，40家企业完成安全问题整改。推进“散乱污”企业专项整治验收销号，全市累计排查“散乱污”企业835家，全部完成整治任务并通过各市（区）组织的验收销号；9月，申请省级销号。检查重点园区、重点行业企业挥发性有机化合物管控措施落实情况，立案查处95家企业涉挥发性有机化合物排放典型案件。组织开展环境质量攻坚“百日会战”专项执法行动。成立执法小分队，执法检查各地突出环境问题，全年出动执法人员5904人次，检查点位2767处，发现各类环境问题739个，发现环境违法问题187个。推进生态环境赔偿制度改革工作实践，累计结案5件，赔偿金额4100多万元。打击环境违法行为，全年立案查处环境违法行为838件，处罚金额7851万元；用《中华人民共和国环境保护法》配套办法查处环境违法案件356件，其中查封扣押250件、限产停产21件、移送行政拘留47件、移送刑事侦查38件。

【环境监测】 2020年，泰州市生态环境局出具空气、水、噪声、土壤、生物生态等环境要素各类监测数据150多万个，其中手工监测数据近10万个，各类监测报告、报表1000多份。实施环境空气挥发性有机化合物监测、环境空气颗粒物组分测试、“南水北调”水环境质量、区域补偿、省级重点区域土壤回顾性监测、重金属污染综合防治重点区域环境质量、黑臭水体监测、农村环境质量、生态生物质量等专项环境质量监测，完成污染源监督监测、“零点行动”及交叉互查等执法监测，完成生态环境部委托的二噁英类年度监测任务，开展生态遥感监测国家试点年度工作。组织参加中国环境监测总站、省环境监测中心、生态环境部标准样品研究所组织的能力验证、测量审核活动14次。推进环境监测能力建设，环境监测业务全部通过实验室管理系统（LIMS系统）流转，投入近3000万元用于土壤重点实验室建设、挥发性有机化合物自动监测能力建设，投入近300万元用于环境应急监测能力建设。承担的生态环境部课题《水质 苦味酸的测定 气相色谱法》《水质 内吸磷的测定 气相色谱法》2个课题年内提交征求意见稿。

【生态空间管控】 2020年1月，省政府印发《江苏省生态空间管控区域规划》，确定泰州市9大类、59块生态空间保护区域，总面积1172.88平方千米，占全市面积的27.27%，比全省平均占比高4.78个百分点。其中，风景名胜区9个、森林公园6个、湿地公园3个、饮用水水源地保护区9个、重要湿地6个、清水通道维护区14个、生态公益林1个、重要渔业水域保护区1个、种质资源保护区10个。泰州市调整划定19条国家级生态红线，动态巡查生态保护红线区域，排查全市生态红线范围内企业行为，掌握红线范围内开发建设情况。建成生态红线地理信息系统，通过实时定位、边界查询、距离和面积测定等功能，提升生态空间管控区监管工作的移动化和信息化水平。实施自然保护地监督检查专项行动，查处涉自然保护地各类违法违规行为。开展全市生态红线区域监督管理评估考核工作，根据生态红线范围、保护级别和类型等安排生态补偿资金，全年分配下发省级安排重点功能区转移支付资金1684万元、市级生态补偿资金840万，用于环境保护、生态修复和生态补偿等。开展环保“绿岛”建设试点，全市14个“绿岛”建设项目被纳入省级项目库。

【生态安全缓冲区建设】 2020年，泰州市启动生态安全缓冲区建设，建成生态安全缓冲区8个。其中，生态净化型2个：泰兴经济开发区污水处理厂、海陵区九龙污水处理厂；生态涵养型6个：姜堰区城区污水处理厂、高港区港城污水处理厂、第一城南污水处理厂、第四城北污水处理厂，泰州医药高新区凯发新泉污水处理厂、亚同污水处理厂。完成生态安全缓冲区标志牌设置。对全市59家城镇污水处理厂的设计规模、处理规模、生活污水和工业污水的比例、各污染物排放浓度、周边土地利用等情况实施调研和摸排，排查出实际处理规模500吨/日以上的污水处理厂26家。

（张　俊）

【生态保护红线评估调整】2020年，泰州市自然资源和规划局组织开展生态保护红线评估调整工作，重点评估生态保护红线划定基础数据的真实准确性、划定界线的合理性、应划尽划情况和矛盾冲突情况。经省、部逐级审核，确定全市国家级生态保护红线19条，总面积113.23平方千米。编制《泰州市生态保护红线评估调整后涉及永久基本农田补划方案》，兴化市、姜堰区完成永久基本农田的补划工作。开展永久基本农田和城市开发边界划定工作，初步成果上报省厅。

（李　映）

【生物多样性保护】2020年，泰州市对典型生态系统、珍稀濒危物种、重要遗传资源和古树名木实施重点保护。推进长江禁捕退渔工作，实施山水林田湖草生态保护修复工程试点，探索生态安全缓冲区建设，麋鹿、丹顶鹤、鸳鸯及银杏、水杉、香樟等国家重点保护野生动植物保护率100%。在全省率先编制完成自然资源资产负债表，2019年全市自然资源总资产26806亿元，比2015年增长6.11%；生态价值资产20919.4亿元，比2015年增长6.6%。姜堰区完成生物多样性本底调查试点工作，并通过省生态环境厅评审验收。举办"国际生物多样性日"主题宣传活动，提升公众保护生物多样性的意识和水平。联合生态环境部南京环境科学研究所对靖江市马洲岛开展首次生物多样性现状调查。

【环境信访】2020年，泰州市受理环境信访4527件，比上年减少5.39%。按受理途径分，来信75件、来访69件、电讯4383件；按污染类型分，废水类628件、废气类2014件、噪声类1786件、固废类95件、建设项目类62件、其他48件；按区域分，市本级69件、靖江市625件、泰兴市758件、兴化市380件、海陵区1382件、高港区304件、姜堰区637件、泰州医药高新区372件。海陵区、高港区、姜堰区、泰州医药高新区信访总量均下降10%以上。

【环境宣传教育】2020年，泰州市开展"6·5"生态环境宣传教育周系列活动，举办1个主场活动及多个配套活动。首次举办"云看环保"主题宣传直播活动，直播收看人数24万+。通过"泰州生态环境"官方微信公众号开展"六五环境日环保知识竞答"活动。开展环保设施集中开放活动10多次。组织《江苏生态文明20条》主题宣传活动。

（张　俊）

生态资源保护

·水资源管理与保护·

【取用水监管】2020年，泰州市实行最严格水资源管理制度考核，全面完成取水工程（设施）核查登记整改提升工作，累计实施3个退出类工程和126个整改类工程。严格取水许可审批和延续取水换证，完成14家单位新发证及15家单位取水许可变更及延续工作。推进电子证照应用，为兴化市自来水总公司、泰州华侨城有限公司等11家单位发放取水许可电子证照。

【水资源配置和监管】2020年，泰州市分配河湖水量，确定生态流量（水位），市级完成泰州市可用水量分配暨周山河水量分配、生态流量（水位）确定研究工作，县级完成7条河（湖）的生态流量（水位）确定。实施水资源监管，严格用水效率和总量控制。完善水资源规费征收管理，全市征收水资源费8111.3万元，比上年增长33.29%，其中市本级征收水资源费2149.71万元，增长16.6%。实施用水统计调查制度，建立全市用水统计工作名录库，组织全市自备水源用水户按时填报统计表，及时预警超计划用水户，全年用水量不超过总量控制指标。

【水源地保护】2020年，泰州市实施水源地管理和保护，除经省政府同意不再进行达标建设的水源地外，全市其余5个集中式饮用水源地均完成达标建设。开展水源地水质月度监测，编发《集中式饮用水源地水文情报》，全年集中式饮用水源地水质达标率100%。年内，泰兴市两泰官河苏余应急备用水源地建成通水；核销兴化市横泾河开发区水源地。

【地下水管理与保护】2020年，泰州市开展地下水压采和封井工作，在完成省定173个封井工作任务且无置换井的基础上，超额完成封井工程36个，压减水量2219万立方米。开展《泰州市地下水利用与保护规划》编制工作。每月对全市49眼地下水位观测井实施定期监测和数据汇总，防范地质灾害发生。

【节水型社会建设】2020年，泰州市入选第十批（2020年度）国家节水型城市公示名单，兴化市、泰兴市、姜堰区通过水利部组织的国家级节水型社会建设达标县复核，高港区通过省水利厅组织的国家级县域节水型社会达标建设验收。推进节水型企业、节水型单位、节水型社区等节水载体建设，全年建成省级节水型企业10家、省级节水型社区8家、省级节水型单位6家、省级节水型学校12家。至年末，累计创建省级节水型企业60家，覆盖率38.05%；省级节水型单位48家，涵盖教育、卫生、旅游、商贸等行业，覆盖率38.43%；对建成区范围内的小区进行非节水器具改造和更换，创成省节水型居民小区48个，覆盖率10.6%。实施水效领跑者引领行动，开展市级水效领跑者创建评选活动，评选市级水效领跑者2批共12家；江苏兴达钢帘线股份有限公司被评为第二批省级水效领跑者。围绕"世界水日""中国水周""全国城市节水宣传周"等重大活动节点，开展节水宣传"进企业""进机关""进学校""进邮路"活动，发放《江苏省节约用水条例》《泰州市节约用水办法》5000多份，举办"节水大使"评选活动，各市（区）全部建成节水教育基地。

【水资源制度建设】2020年，泰州市实行水资源管理行政首长负责制，将水资源管理与保护纳入各地及有关部门绩效考核的重要内容。出台《泰州市建设项目节水设施"三同时"实施细则》，严格项目立项、审批、竣工等环节节水要求，实行事前、事中、事后全过程监管。完善用水管理制度，控制用水效率，对直接取用地表水、地下水和使用公共供水年用水量5万立方米以上的非居民用水户实行计划用水管理。（张　俊　陈建勋）

【河长制工作】 2020年，泰州市全面推行河长制，出台全市河湖长制工作意见和考核细则。县、乡、村三级河长开展巡河、管河、治河活动，全年市级河长巡河履职49次，县级河长巡河履职566次，乡级河长巡河履职4万多次，解决涉河问题1.8万个。建立河湖长制责任落实督查体系，组建6个市级督查组，赴各市（区）开展常态化督查，全年通报重点问题35个，点名曝光县级河长15人、乡级河长40人、村级河长29人。发挥市河湖长制管理信息平台作用，实时更新河湖长履职情况，畅通问题督查交办和群众投诉举报渠道。推进河长制“一法一校一会”建设，市人大常委会讨论通过，全省首部河长制地方性法规《泰州市河长制工作条例》立法计划经全国首家河长制学校泰州市河长制学校在市委党校挂牌成立，全国首家河长制研究会泰州市河长制研究会吸收会员近100人、会员单位13家。

【河湖空间管控】 2020年，泰州市在全省率先完成长江干流岸线整治清零目标，全市列入长江干流岸线清理整治任务的63个项目全面完成整改，先后通过市级、省级和长江水利委员会三级现场复核验收，销号率100%。推进“两违”专项整治，完成全市骨干河湖2117项“两违”整治任务，销号率100%。将“两违”整治向县、乡河道拓展延伸，排查整治县、乡河道“两违”问题2312项，全部完成整治。

【河湖生态治理】 2020年，泰州市投入8.5亿元，实施里下河平旺湖、陈堡草荡、得胜湖等5个湖泊湖荡的退圩还湖工程。泰兴市两泰官河应急备用水源地基本建成。实施城乡活水工程，打造畅流活水。在全省率先出台《幸福河湖建设实施意见》，投入7.1亿元，建设261条、678千米的生态样板河道，其中市级河道3条、县级河道50条、乡级河道97条、村级河道111条。实施市管河湖定期无人机巡测，建成并投入运行市级骨干河湖水质自动化监测站22个。

【河湖保护共建共治】 2020年，泰州市人大组织人大代表就高质量推动河长制工作开展专题调研并提出意见。市政协组织政协委员举办“有事好商量”协商议事活动，为河湖保护治理建言献策。全市近1000名民间河长和1万多名志愿者开展“巡河护河”活动。开展“河长在行动”专题报道，组织“基层河长一线风采”系列宣传活动，设立“河长手记”简报栏目，全年推出市级宣传报道280多期，省及以上新闻媒体专题宣传报道190多篇，营造社会共治氛围。推进河长制主题公园建设，建成主题公园9个、在建主题公园12个。各地健全完善“党员河长”“巾帼河长”“乡贤河长”“义务监督员”等民间河湖监督管理形式，营造全民爱水护水氛围。

（陈建勋　李　想）

【获评国家节水型城市】 2020年6月，泰州市通过省住建厅、发展改革委、工信厅联合组织的创建国家节水型城市初审。10月，通过国家节水型城市考核组的现场考核。2021年1月6日，泰州市被住建部正式命名为第十批（2020年度）国家节水型城市。

链接：

泰州市年平均降雨量1029毫米，年人均水资源量439立方米，其中市区年平均降雨量1021毫米，年人均水资源量328立方米，属于缺水型城市。2018年，泰州市启动国家节水型城市创建工作，从节水载体建设、水体治理、水资源管理、技术改造等方面推动节水工作。至2020年年末，累计打造节水型企业60家、节水型单位48家。

（殷恒杰）

【全市首个合同节水管理项目签约】 2020年9月9日，泰州中来光电科技有限公司纯水站中水回用合同节水项目签约，项目合作方为上海米韵能源科技有限公司。该项目是全市首个合同节水管理项目，项目总投资500万元，满负荷生产时年回收利用中水超过50万吨，回收后的废弃水到废水站集中处理后全部接管排入城区工业污水处理厂，实现纯水站的中水零排放。（陈建勋　李　想）

·森林资源保护·

【森林资源管理】 至2020年年末，泰州市森林覆盖面积12.67万公顷，森林覆盖率17.74%。实施国土绿化重点生态工程，提升森林资源总量，全年完成成片造林面积2447公顷、森林抚育面积5000公顷。控制森林资源消耗，规范林地征占用、林木采伐审核审批，打击盗伐滥伐林木、无证运输等违法犯罪活动。开展防止森林火灾和有害生物监测、预警、防治（扑救）工作，全市森林资源消耗总量控制在166公顷以内。

【造林绿化】 2020年，泰州市实施绿色通道、江河湖渠防护林、村庄绿化、高标准农田林网等造林绿化重点工程建设，全年完成成片造林面积2447公顷，占全年目标任务的244.9%。推进“四旁”（宅旁、村旁、路旁、水旁）绿化，全年“四旁”植树369.92万株。新建完善农田林网1.14万公顷。

【义务植树】 2020年，泰州市参加义务植树236.1万人，植树总数717.7万株，其中直接植树315.8万株、折算植树401.9万株。组织开展“新冠肺炎抗疫纪念林”“巾帼纪念林”“青蕴·公益植树”“青春泰兴”等现场植树活动107场次，参与人员1.63万人次，栽植各类树木11.36万株。新建义务植树基地29个，建设各类纪念林109个。

（李　映）

·湿地资源保护·

【湿地公园建设】 至2020年年末，泰州市有省级及以上湿地公园4个，分别是姜堰溱湖国家湿地公园、兴化里下河国家湿地公园、泰州春江省级湿地公园、泰兴长江天星洲省级湿地公园，其中泰兴长江天星洲省级湿地公园年内获批建设。对早期建成的3个省级及以上湿地公园建设管理情况实施评估，完善提升计划。启动湿地公园规划调整修编，优化湿地公园规划布局。

【湿地保护小区建设】 2020年，泰州市实施湿地保护小区建设管理和巡护，初步构建自然湿地保护网络体系。至年末，全市累计建成湿地保护小区75个，并全部通过省级部门核准，计入自然湿地保护率指标。靖江市争取省级专项资金，探索开展湿地保护小区巡护工作。

【湿地修复保护】 2020年，泰州市通过采取沟通水系、河道清淤、水环境治理、植被恢复、小微湿地打造等措施，实施长江、里下河等重点区域湿地修复，完成湿地修复面积506.67公顷。年末全市湿地保护率30.9%、自然湿地保护率55.5%。泰兴市划出50%的长江岸线实行永久性保护，在虹桥镇、滨江镇打造跨度12千米的长江生态湿地和绿色廊道；靖江市沿江岸线推进牧城公园、“城市阳台”“东线第一帆”纪念公园等生态项目建设，在2千米断面的江滩栽种芦苇等各种湿生水生植物。开展省级重要湿地标识标牌设置工作，完成1.59万公顷省级重要湿地标识标牌的制作安装，设置湿地总体介绍牌19个、行为提示和安全警示标识51个、湿地范围界限牌172个、规范制度标识牌51个、解说牌2个。至年末，全市湿地保有量维持在10.33万公顷。

【湿地科普宣教】 2020年，泰州市围绕“国际生物多样性日”“世界环境日”“世界湿地日”“地球日”“爱鸟周”，开展生物多样性保护宣传活动。靖江市在沿江音乐花海湿地公园开展保护生物多样性涂色活动，组织环保讲师团进行主题讲座。溱湖国家湿地公园建立宣教场地，建设“1+6+N”宣教站点体系（中国溱湖湿地科普馆为宣教主体，湿地体验区、湿地迷宫、湿地动物区、湿地生态监测站、湿地植物园、湿地水禽园6个宣教点，N个湿地保护宣教人员）。通过展示湿地生物多样性、示范湿地水生态修复、开展湿地自然学校教育等方式，提升公众保护生物多样性的意识。策划“如何保护野生动物”研学课程，制作宣传展板，张贴宣传海报，发放倡议书，增强公众对于野生动植物的保护意识。

【泰兴长江天星洲省级湿地公园获批建设】 2020年10月21日，省林业局批复同意建设泰兴长江天星洲省级湿地公园，规划总面积1085.50公顷；原则同意《江苏泰兴长江天星洲省级湿地公园总体规划（2020~2024年）》。该湿地公园位于泰兴市虹桥镇，规划建设湿地保育区、恢复重建区、合理利用区3个功能区。（李　映）

·野生动物保护·

【野生动物市场监管】 2020年，泰州市开展野生动物巡查监管，对前期依法核发野生动物人工繁育许可的67家单位场所采取严格封控管理措施，对场所内部及周边实施卫生消毒，严禁转运、交易、利用人工养殖的野生动物及其产品。全市自然资源和规划系统累计出动检查人员7891人次、车辆3702台次，检查人工繁育场所1430家次，检查餐馆等经营户116家次。

【禁食陆生野生动物人工繁育场所退出补偿】 2020年，泰州市食用类陆生野生动物繁育场所共15家，主要繁育王锦蛇、滑鼠蛇、眼镜蛇、蓝孔雀、骨顶鸡、斑嘴鸭和鸿雁等野生动物品种。开展陆生野生动物人工繁育单位退出补偿及动物处置工作，对繁育场所的存栏动物实施放归自然、转作他用、无害化处理等处置措施。落实补偿资金，签订退出补偿及野生动物处置协议书，全年发放补偿资金900多万元。（李　映）

·地质矿产资源保护·

【矿产资源管理】 2020年，泰州市制订出台《关于进一步完善矿产资源管理的通知》，建立健全矿产资源规范管理相关制度，开展矿业权出让前现场踏勘工作，推动建立矿业权审批会办会商和“净矿”出让机制。至年末，全市持有有效期内采矿许可证企业7家，全年实现矿产资源工业总产值8526.04万元。二氧化碳气开采量3.2亿立方米，产量58.6万吨，主要用于食品保护焊接和化工等领域。开发利用矿泉水资源0.64万吨。年内，全省首个干热岩验证孔落户兴化市。

【全省首个干热岩验证孔落户开钻】 2020年4月30日，“苏热1井”落户兴化市兴东镇钻探。该井位是全省首个干热岩预查验证孔，设计孔深4500米~5000米。至年末，“苏热1井”钻探至4125米，温度140℃。2021年1月，“苏热1井”实现完井，孔深约5000米，成功探获碳酸盐岩热储层，井底温度155℃，首次证实苏北盆地蕴藏丰富的干热岩资源。“苏热1井”将利用干热岩资源实行供暖、供电，预计年分别降低燃料消耗1.65万吨、2.96万吨，分别降低燃料成本660万元、1185.6万元。（李　映）

责任编辑：叶　彤

综　述

【研发投入】2020年，泰州市全社会研发投入138.50亿元，占地区生产总值比重2.61%，实现高新技术产值2677.36亿元，占规模以上工业产值比重45.9%，新认定高新技术企业450家。R&D（创新型研究与试验发展）经费占地区生产总值2.7%以上。

【科技奖补】2020年，泰州市印发《关于科技创新支撑复工复产和经济平稳运行的实施方案》《泰州市科技计划项目管理办法》，落实研发费用加计扣除税收优惠政策，全市享受优惠政策企业1221家，比2019年增长42.14%，研发费用加计扣除金额47.01亿元，增长32.36%。发放高新技术企业培育资金1.17亿元，惠及企业400多家。泰州市高新技术创业服务中心等8家孵化器为300多家在孵企业减免租金611.5万元。印发《关于下达2017-2019年结转科技项目资金的通知》，发放2019年度13家企业大型仪器设备共享服务使用市级配套补贴28.22万元，发放2家企业研发机构能力提升验收项目后补助资金152.77万元。

【科技人才】2020年，泰州市遴选高层次人才申报省级人才计划，全年入选省科技副总项目39个，美凤力医疗陈迈团队和迈博太科药业王皓团队入选省“双创团队”。10人当选“最美泰州人”——双创之星。招募会计师事务所和高校院所专家，新增财务专家126人，技术专家544人。

【科技创新积分管理】2020年3月27日，泰州市出台《泰州市企业科技创新积分管理办法》，引入科技创新积分制，创新资源、创新政策、创新服务向企业集聚，建设积分管理工作信息平台，实现企业在线填报、部门在线审核、全流程网上办理，指标量化式综合评价企业创新能力，并向各市（区）开放。至年末，全市2151家企业在平台申领本年度创新积分共70806.48分。央视新闻频道“朝闻天下”栏目、“学习强国”《新华日报》、新华网、中国江苏网、省科技厅网站等媒体先后报道泰州市科技创新积分管理工作，省委深改办、省政府办公厅分别以简报、专报形式介绍经验做法，并上报国务院办公厅。

科研机构与条件

【创新平台建设】2020年，泰州市组织申报省级创新能力建设计划项目。申报企业重点实验室2家、新型研发机构研发经费奖补项目2家，其中泰州赛宝工业技术研究院有限公司、复旦大学泰州健康科学研究院2家新型研发机构立项，获省奖补资金130万元。完成2017年立项建设的13家省级工程技术研究中心验收工作，12家合格、1家不合格；完成企业申报2020年省级工程技术研究中心项目推荐工作，全市推荐省级工程技术研究中心19家，立项建设14家；1家省级企业院士工作站立项建设；完成装备制造、现代农业领域建设期满54家省级工程技术研究中心的绩效考评工作，淘汰不合格4家。

【重点实验室建设】2020年，泰州市开展应用基础研究和核心关键技术研发，全市建有国家企业重点实验室1家，省级企业重点实验室6家。年内，申报2家企业重点实验室研发经费奖补项目。

【重大研发载体建设】2020年，泰州有市属科研院所3家、事业单位新型研发机构6家。组织考评全市新材料、节能环保领域市级以上工程技术研究中心，省列统新型研发机构，市级以上科技公共服务平台三类研发载体平台，认定优秀工程技术研究中心49家、优秀科技公共服务平台4家、优秀新型研发机构3家、良好新型研发机构1家。年内，泰州医药高新区智能电力装备制造特色产业基地获批国家火炬特色产业基地。中崇信诺生物科技泰州有限公司作为第二完成单位，获国家技术发明奖二等奖。政府引导建设的10家重大研发载体通过年度目标考核。

【企业研发机构建设】2020年，泰州市实施《推进企业研发机构建设工作（2018~2020年）三年行动计划》，制定《2020年推进规模以上工业企业研发机构开展研发活动工作方案》，推动规上工业企业研发机构开展研发活动。江苏硕世生物科技股份有限公司与江苏省产业技术研究院签订共建协议，泰州市首家“企业联合创新中心”

启动建设。引导、推动龙头骨干企业主导建设新型研发机构，姜堰经济开发区注册成立“南芯中来光电科技发展（江苏）有限公司”1家新型研发机构。9家新型研发机构集聚研发团队14个，研发人员334人，其中博士（流动为主）128人，转化科技成果100多项。

【科技孵化器】 2020年，泰州市31家省级以上孵化器全部通过省级绩效评价，其中泰州医药高新区医药创业服务中心等2家孵化器评为优秀，泰兴市科技创业服务中心等7家孵化器评为良好，获省科技型创业企业孵育计划资金151万元。

2020年泰州市省级以上科技企业孵化器情况表

表39

孵化器名称	运营单位	级别
泰兴科技创业服务中心	泰兴市科隆科技创业园有限公司	国家级
姜堰区高新技术创业中心	泰州市姜堰区高新技术创业中心	国家级
泰州市高新技术创业服务中心	泰州华诚高新技术投资发展有限公司	国家级
泰州市海陵区高新技术创业服务中心	泰州市华海高新技术创业有限公司	国家级
靖江市华信科技创业园有限公司	靖江市华信科技创业园有限公司	国家级
江苏华创医药研发平台管理有限公司	江苏华创医药研发平台管理有限公司	国家级
兴化市科技创业中心	兴化市科技创业中心	国家级
泰州市高港区高新技术创业服务中心	泰州市鼎顺创业投资有限公司	国家级
泰兴黄桥现代装备科技企业孵化器	泰兴市黄桥投资发展有限公司	省级
兴化市竹泓木船文化科技创业园	兴化市竹泓木船文化产业有限公司	省级
江苏骏龙光电科技股份有限公司	江苏骏龙光电科技股份有限公司	省级
泰州市智谷软件园科技孵化器	泰州市智谷软件园有限公司	省级
江苏戴南科技创业园	江苏戴南新材料科技有限公司	省级
泰州市华航科技企业孵化器	泰州市华强照明器材有限公司	省级
达模科技企业孵化器	达模科技泰州有限公司	省级
江苏张郭科技园	兴化市张郭镇朝阳投资有限公司	省级
泰兴市新竹科技企业孵化器	泰兴市新源农产品加工投资发展有限公司	省级
泰兴市虹桥科技企业孵化器	泰兴市双越投资有限公司	省级
靖江电商创业中心	创智同赢电子商务靖江有限公司	省级
泰州经济开发区科技创业中心	泰州鑫泰集团有限公司	省级
兴化开发区电子商务产业科技企业孵化器	兴化市经济发展有限公司	省级
泰州市新能源科技创业园	泰州市海鑫高新技术投资发展有限公司	省级
江苏兴化精密锻铸造科技创新创业园	兴化市精密铸锻造产业研究院有限公司	省级
兴化市安丰科技创业园	兴化市安丰小城市投资发展有限公司	省级
泰州市泰州港核心港区科技企业孵化器	江苏永兴港口开发有限公司	省级
晟芯科技企业孵化器	江苏晟芯微电子有限公司	省级
泰兴经济开发区精细化工产业科技企业孵化器	泰兴市成兴国有资产经营投资有限公司	省级
泰州医药园区医疗器械创业服务中心	泰州华诚医学投资集团有限公司	省级
泰州医药园区生物制品研发创业服务中心	江苏华泰疫苗工程技术研究有限公司	省级
泰州国科创业服务中心	泰州众创空间企业孵化器有限公司	省级

续表39

孵化器名称	运营单位	级别
泰兴人才科技广场科技企业孵化器	泰兴市智光人才科技广场管理有限公司	省级
兴盛军民融创科技企业孵化器	江苏泰州军民结合产业研究院有限公司	省级
华越医疗器械供应链创业服务中心	江苏华越医疗器械投资有限公司	省级

【众创空间建设】 2020年，泰州市服务、指导已认定市级众创空间、孵化器，指导申报国家、省级众创空间、孵化器。组织开展2019年度泰州市众创空间绩效评价，4家众创空间被评为示范，13家众创空间被评为优秀。华越医疗器械供应链创业服务中心等2家孵化器获批省级孵化器，晟芯微等5家众创空间获批省级众创空间，靖江暖通装备等2家众创社区获批第四批省众创社区备案试点，泰晶e空间获批2020年度国家级众创空间备案。

2020年泰州市众创空间情况表

表40

众创空间名称	运营主体	级别	地区
壹能时空	壹能企划咨询江苏有限公司	国家级	泰兴市
智汇谷众创空间	泰州众创空间企业孵化器有限公司	国家级	医药高新区
泰晶e空间	泰州市鼎顺创业投资有限公司	国家级	高港区
泰州医药高新区医药众创空间	江苏华创医药研发平台管理有限公司	省级	医药高新区
启萌沃土	兴化市企盟计算机软件有限公司	省级	兴化市
歌德创梦空间	江苏歌德电子商务有限公司	省级	海陵区
华航智慧光电创新工场	泰州市华强照明器材有限公司	省级	高港区
润泰蜂鸟众创空间	江苏润泰企业孵化器有限公司	省级	高港区
戴南书院蜂鸟驿站创客中心	兴化市青创文化传播有限公司	省级	兴化市
虹桥创客中心	泰兴市双越投资有限公司	省级	泰兴市
黄桥高端装备智造众创空间	泰兴市黄桥投资发展有限公司	省级	泰兴市
楚慧谷	兴化市经济发展有限公司	省级	兴化市
智谷创业空间	泰州市智谷软件园有限公司	省级	姜堰区
高创·众创空间	泰州高教创业服务有限公司	省级	医药高新区
楼友会泰兴慧创空间	泰兴颐高互联网科技有限公司	省级	泰兴市
靖江市青商.青创中心	靖江市青商众创空间有限公司	省级	靖江市
骏龙优客社	江苏骏龙光电科技股份有限公司	省级	靖江市
靖江创客工场	靖江联纵创客服务有限公司	省级	靖江市
智汇众创空间	达模科技泰州有限公司	省级	姜堰区
华威创新谷众创空间	泰兴市华威云创电子商务有限公司	省级	泰兴市
泰州凤城创客空间	泰州市中兴科技咨询有限公司	省级	医药高新区
农特创客中心	泰州市溱湖农特优选电子商务有限公司	省级	姜堰区
沃客众创空间	泰州艾博网络科技有限公司	省级	医药高新区
青柠众创空间	泰州青柠众创空间有限公司	省级	海陵区

续表40

众创空间名称	运营主体	级别	地区
三水创客汇	泰州华昱创业服务有限公司	省级	姜堰区
禾依众创空间	禾依创业园（泰兴）有限公司	省级	泰兴市
襟江合众创空间	江苏泰州精细化工产业研究院有限公司	省级	泰兴市
泰兴凤栖众创空间	泰兴市智光人才科技广场管理有限公司	省级	泰兴市
“新苗汇”创新创业站	江苏华泰疫苗工程技术研究有限公司	省级	医药高新区
泰州市中科智能制造众创空间	江苏中科智能制造研究院有限公司	省级	高港区
晟芯微众创空间	江苏晟芯微电子有限公司	省级	姜堰区
麦创空间	泰州麦创商务秘书有限公司	省级	海陵区
智汇柠檬众创空间	泰州智汇柠檬信息科技有限公司	省级	海陵区
黄桥创智众创空间	创智同赢（泰兴）电商运营管理有限公司	省级	泰兴市
泰兴西安高校产业园众创空间	泰兴市智光环保科技有限公司	市级	泰兴市
靖江中等专业学校星火众创中心	江苏省靖江中等专业学校	市级	靖江市
乐创客众创空间	泰州市高港区乐村淘电子商务有限公司	市级	高港区
泰顺创客空间	泰州泰顺创客文化有限公司	市级	海陵区
常州大学怀德学院骥江创客街区	常州大学怀德学院	市级	靖江市
华信创客中心	靖江市华信科技创业园有限公司	市级	靖江市
琴韵小镇	江苏琴韵小镇众创空间有限公司	市级	泰兴市
兆丰众创空间	兆丰科技（泰兴）有限公司	市级	泰兴市
泰兴市电子商务服务中心	江苏云拍档咨询管理有限公司	市级	泰兴市
江苏省产业互联网示范中心	泰兴市他拍档网络科技有限公司	市级	泰兴市
壹能创业超市	壹能信息产业园（泰兴）有限公司	市级	泰兴市
泰州市职工众创中心	泰州海歌电子商务有限公司	市级	海陵区
泰州市金马智汇谷众创空间	泰州市老行当文化发展有限公司	市级	高港区
泰州医药园区医疗器械众创空间	泰州华诚医学投资集团有限公司	市级	医药高新区
南京理工大学泰州科技学院科创空间	泰州能创企业孵化器管理有限公司	市级	医药高新区
美达众创空间	泰州美达商务秘书有限公司	市级	农业开发区

科技创新

【创新项目研发】 2020年，泰州市组织申报2020年度科技创新能力建设项目，全市企业申报项目261项，立项建设市级工程技术研究中心93家、市级企业重点实验室2家、市级科技公共服务平台5家。2个项目获批省重点研发计划（产业前瞻与共性关键技术）项目。实施市级科技支撑计划（产业关键技术研发）项目、科技型中小企业孵育计划项目，立项市级科技支撑产业关键技术研发项目53项、科技型中小企业孵育计划项目42项。博英生物科技有限公司“基于微流控芯片技术的智能传感即时床旁快检”项目获批国家高端外国专家引进计划新冠肺炎防控专项。

【创新型企业培育】 2020年，江苏兴达钢帘线股份有限公司等6家企业入围2020年江苏省民营企业创新百强，江苏硕世生物科技股份有限公司、江苏云涌电子科技股份有限公司在科创板上市，金迪克生物在科创板首次公开发行注册，上市申请获上交所受理。

2020年，江苏兴达钢帘线股份有限公司入选“2019年江苏省百强创新型企业”　（时　永　摄）

2020年泰州市“十佳科技创新企业”名录

江苏亚星锚链股份有限公司
济川药业集团有限公司
江苏扬子鑫福造船有限公司
江苏兴达钢帘线股份有限公司
泰州隆基乐叶光伏科技有限公司
江苏罡阳股份有限公司
泰州市创新电子有限公司
五行科技股份有限公司
江苏太平洋精锻科技股份有限公司
扬子江药业集团江苏海慈生物药业有限公司

【高新技术产业发展】 2020年，泰州市申报国家高新技术企业832家，比2019年增长29.19%，新认定450家高新技术企业。1435家企业通过科技型中小企业评价，增长57.64%；542家企业入选省高新技术企业培育库，增长49.72%，增幅列全省第2位。出台《2020年推进国家高新技术企业培育工作方案》，组织国家高新技术企业模拟评审。扬子江药业集团有限公司等4家企业入选2019年省百强创新型企业。江苏亚星锚链股份有限公司、济川药业集团有限公司等企业入选2019年市“十佳科技创新企业”。

科技合作及成果转化

【概况】 2020年，泰州市上争国家、省级各类科技项目、奖励2988项，上争资金12954万元。其中，省重大成果转化项目获批资金2800万元；省科技创新团队2项，获批资金600万元；省重点研发计划项目21项，获批资金1410万元；科技助力经济2020重点专项4项。省科技创新能力建设计划项目17项，获批资金197万元。全年组织开展企业院校行、成果对接会、专家巡诊团等产学研对接活动146场次，服务企业1000多家次，签订合作项目382项，共建科技创新平台18个。

2020年泰州市获批省重点研发计划立项项目情况表

表41

项目名称	承担单位	拨付金额（万元）
产业前瞻与关键核心技术		
先进制造业生产工艺环境控制与节能关键技术研发	江苏水木清能科技有限公司	15
超精密锥体零件加工专用机床关键技术研发	哈工大机器人集团（江苏）华粹智能装备有限公司	120
社会发展		
治疗老年功能性便秘中药新药复方蓉术颗粒的研究开发	扬子江药业	100
基于血管形态—功能—生物力学超声多模态体系探讨“滋肾养肝、化痰消瘀法”防治SubAS的多中心临床研究	泰州中国医药城中医药研究院	50
重大传染病特异性诊断试剂开发与标准化示范	泰州医药城医学检验所有限公司	140
重组人源化抗1L-17A单克隆抗体注射液的研究开发	江苏荃信生物医药有限公司	200
多模式超声强化生物转化高效制备RebD关键技术研发	兴化格林生物制品有限公司	50
湿性愈合水胶体敷料的开发和产业化	江苏诺瓦立医疗用品有限公司	75
现代农业		
包馅类鱼糜制品提质加工关键技术研究与应用	泰州安井食品有限公司	50

续表41

项目名称	承担单位	拨付金额（万元）
基于纳米结构脂质载体的叶黄素高生物利用度稳态产品研发	江苏艾兰得营养品有限公司	50
特色蔬菜智能机械化精准可控变量施肥技术与装备研发	泰州樱田农机制造有限公司	50
非洲猪瘟疫苗及其生物安全防控关键技术研发	江苏农牧科技职业学院	150
农业科技社会化服务后补助		
兴化特种水产产业分店	江苏红膏大闸蟹有限公司	30
兴化设施蔬菜产业分店	兴化市绿禾食品有限公司	30
兴化淡水水产产业分店	江苏板桥控股集团有限公司	30
泰州农开区主要农作物产业分店	泰州苏中农业发展有限公司	30
鸿程香菇星创天地	江苏鸿程食用菌科技有限公司	20
泰州油恒生态农业星创天地	泰州油恒油气工程服务有限公司	20

【科研院所合作】 2020年，泰州市开展中科院泰州中心首批高层次人才项目评审，8个入选项目落户中科院泰州高新产业孵化园（高港园），其中1个项目完成公司注册并开户，1个项目设备入场。水力机械空化理论与关键技术及应用等10个项目获省科学技术奖，其中一等奖2个、二等奖4个、三等奖4个。4月16日，泰州市政府与中科院新一轮合作备忘录签约仪式暨中国科学院泰州应用技术研发及产业化中心第六届理事会第一年次会议举行。中科院大化所中国医药城生物医药创新研究院与苏中药业集团签订战略合作协议。

2020年泰州市获江苏省科学技术奖情况表

表42

项目名称	完成单位
一等奖	
水力机械空化理论与关键技术及应用	江苏大学，北京理工大学，黄河水利委员会黄河水利科学研究院，江苏振华海科 装备科技股份有限公司
小麦镰刀菌毒素污染风险形成机制及管控关键技术研究与应用	江苏省农业科学院，江苏省植物保护植物检疫站，上海市农业科学院，南京农业大学，溧阳中南化工有限公司，泰州市姜堰区农业技术推广中心
二等奖	
低成瘾性多靶点阿片类镇痛药地佐辛产业化和临床应用	扬子江药业集团有限公司，天津药物研究院有限公司，中国科学院上海药物研 究所，中国人民解放军东部战区总医院，中国医学科学院肿瘤医院，扬子江药业集团江苏海慈生物药业有限公司
高效环保智能化双层就地热再生装备的关键技术研发与工程应用	江苏奥新科技有限公司，交通运输部公路科学研究所，苏交科集团股份有限公 司，东南大学，重庆文理学院，江苏省泰州市公路管理处
高性能纤维立体间隔织物机织装备关键技术研发及产业化	江南大学，江苏友诚数控科技有限公司
动力总成低摩擦功能表面设计制造关键技术及装备	江苏大学，常柴股份有限公司，江苏飞船股份有限公司，南京江峰微特精密机械 科技有限公司
三等奖	
基于多重荧光定量PCR技术的核酸分子快速诊断平台的建立及应用	江苏硕世生物科技股份有限公司，清华大学

续表42

项目名称	完成单位
高效多模式新能源汽车动力传动系统关键技术及应用	南京理工大学，东南大学，江苏太平洋精锻科技股份有限公司，南京依维柯汽车有限公司，苏州绿控传动科技股份有限公司
资源节约型高效环保灭火技术创新及产业化应用	江苏锁龙消防科技股份有限公司，应急管理部天津消防研究所
车用高比能动力电源系统关键技术研究与工程应用	江苏春兰清洁能源研究院有限公司，江苏大学

【产学研合作】 2020年，泰州市组织"产业强市·央地合作"装备制造及高技术船舶产业科技专题活动、精准医学与健康医疗大数据发展高峰论坛、中国泰州（高港）智能制造系列论坛、江苏省紧固件产业高质量发展大会暨泰州市高性能紧固件产业技术创新战略联盟成立大会、南京航空航天大学产学研对接会暨专家巡诊姜堰专场、江苏大学产学研对接暨专家巡诊团活动高港专场、江苏师范大学·泰州校地合作座谈会等活动。上海城市推介会集中签约科技合作项目8个，其中5个进入实施阶段。靖江亚泰特种材料与同济大学合作工业化装配式钢结构建筑项目投产。北京推介会集中签约科技合作项目5个。

【重大科技成果转化项目】 2020年，泰州市推荐榕兴医疗用品等4家企业技术成果转化项目落地。"科技助力经济"2020重点专项获批资金250万元。围绕5G通信关键芯片、生物医药及高性能医疗器械、新能源、极端环境合金材料等技术瓶颈，推荐企业申报省重大科技成果转化项目16项，其中"呼吸系统儿科特色中药品质提升创新技术研发及产业化"等3个项目获省专项资金2800万元。围绕三大产业集群组织实施市级重大科技成果转化项目，受理市级重大科技成果转化项目48项，43项进入评审阶段，32项进入现场评估，29项立项。

科技服务

【科技服务平台建设】 2020年，泰州市科技服务业收入347亿元。督导江苏大学泰州新能源研究院、哈工大机器人泰州智能制造研究院、中科院自动化所泰州智能制造研究院等新型研发机构建设情况。"专家会诊"重大研发载体，指导市（区）新型研发机构建设，服务企业1000多家次，孵化企业2家，招引集聚科技型企业23家，2020年实现技术服务到账资金收入1500多万元。启用"泰企云"服务管理平台，开展项目申报服务工作，受理各类科技计划项目717项，立项447项。

2020年泰州市新建省级工程技术研究中心情况表

表43

项目名称	承担单位	所属市（区）
江苏省高温高压泵工程技术研究中心	江苏飞跃机泵集团有限公司	靖江市
江苏省低温绝热特种气瓶工程技术研究中心	江苏民生重工有限公司	靖江市
江苏省环氧树脂材料工程技术研究中心	江苏泰特尔新材料科技股份有限公司	泰兴市
江苏省高比能锂离子电池工程技术研究中心	长虹三杰新能源有限公司	泰兴市
江苏省高性能陶瓷型芯工程技术研究中心	兴化市兴东铸钢有限公司	兴化市
江苏省嵌入式系统应用工程技术研究中心	江苏云涌电子科技股份有限公司	海陵区
江苏省潜水轴流泵工程技术研究中心	江苏泰丰泵业有限公司	海陵区
江苏省航空安全紧固器工程技术研究中心	泰州润杰物流安全装备科技有限公司	高港区
江苏省汽车轮毂轴承单元工程技术研究中心	万向精工江苏有限公司	高港区
江苏省屏显多功能支架工程技术研究中心	泰州汇锦电子有限公司	高港区
江苏省高强度长寿命链条工程技术研究中心	环球传动泰州有限公司	姜堰区
江苏省（神王）钢缆新材料工程技术研究中心	江苏神王集团钢缆有限公司	姜堰区
江苏省（大同盟）药品制剂工程技术研究中心	江苏大同盟制药有限公司	医药高新区
江苏省（康为）基因诊断工程技术研究中心	江苏康为世纪生物科技有限公司	医药高新区

【科技惠民】 2020年，泰州市率先在全省启动新冠肺炎疫情防控专项项目申报工作，设立新冠肺炎专项科研资金200万元，重点支持基层一线防控诊疗急需的快速诊断技术及产品、临床诊疗技术等，获省科技厅肯定和推广。硕世生物等四家企业获省科技厅200万元专项支持，获批企业数和资金数均居全省首位。泰州博英生物科技有限公司获批国家高端外国专家引进计划新冠肺炎防控专项。推进“科技惠农助农”，建设“星创天地”，形成以农业科技项目为引领、科技特派员为纽带、农村科技服务超市和“星创天地”等服务平台为支撑的农业科技立体化服务体系。央视“农业农村”频道和“学习强国”对泰州市农业科技立体化服务体系建设工作做报道和刊载。全年获批省级农业科技型企业6家，累计82家。

【科技信贷】 2020年，泰州市向年销售5000万元以下的科技型中小企业发放“苏科贷”2.3亿元。市科技局、南京银行泰州分行开展泰州市“鑫高企·鑫未来”科技金融服务活动。组织企业参加省科技金融进孵化器行动，开展上市培育企业入库工作，泰州海陵液压机械股份有限公司、泰兴汤臣亚克力有限公司等5家企业列入省科技企业上市培育计划入库企业，江苏云涌电子科技股份有限公司在科创板上市，成为泰州市第二家科创板上市企业。

【泰州市科技创新综合服务平台】 2020年，泰州市科技创新综合服务平台征求园区企业技术需求251项，发布科技成果11607项，落地项目133项，合同金额1.52亿元。泰州市技术交易市场登记合同交易额101.1亿元，比2019年增长182%。全年泰州市科技创新综合服务平台在线交易149项，合同金额1.6亿元，实际履约5700万元，成交项目带动投资4.1亿元。兑现企业科技人才专员、高校科技专员、平台运营商奖励金额217.01万元。其中，企业科技人才专员申报奖励144个，申报奖励金额56.7万元；高校院所科技专员申报奖励32个，申报奖励金额15.1万元；平台运营商奖励145.22万元。 （林晓芬）

行业科技

【农业科技】 2020年，泰州市获批2020年中央农作物秸秆综合利用重点县建设项目2个（泰兴市、姜堰区），上争财政资金约2000万元，获批省级生态循环农业试点村建设项目2个（靖江市生祠镇东进中心村、姜堰区大坨镇朱宣村）。8月19日，2019年度省产业技术体系基地7个主任项目通过验收。推行“专家定点联系到县、农技人员包村联户”工作机制和“科技专家+试验示范基地+技术指导员+科技示范户+一般农户”农业科技推广模式，全年全市建立试验示范基地12个，选聘技术指导员400多人，遴选农业科技示范户4870户。开展点对点农技推广服务，全市农业主推技术入户率和到位率超95%。举办基层农技推广人员培训班5期，培训市县乡三级农技人员668人。举办新型职业农民培训班187期，培训农民2.61万人。推行农技推广线上服务，全年“农技耘”注册用户1.8万多人，其中农技人员注册安装率超90%。 （赵　蓉）

【工业科技】 2020年，泰州市推动低端产能有序退出，全市规上工业单位实施节能改造项目150个。创建绿色制造示范体系，12家企业入选省级绿色工厂名单，数量位列全省第二。推进技术创新促转型，34项新技术新产品被列入省重点推广应用新技术新产品目录，107项新产品通过省级鉴定。全市新认定省级企业技术中心31家，市级企业技术中心65家。全市认定各级企业技术中心累计813家，其中：国家认定企业技术中心8家、省认定企业技术中心182家、市认定企业技术中心623家。全年通过省级鉴定新产品122个，列入省重点推广应用的新技术新产品34个。 （卢震华）

【建筑科技】 2020年，泰州市出台《蒸压加气混凝土内墙隔板通病专项治理技术措施》，对装配式内墙隔板安装中防裂缝措施详细规定，解决蒸压加气混凝土内墙隔板安装质量问题。全市在建住宅工程均采用“新三板”（预制内外墙板、预制楼梯板、预制楼板）装配技术。发展绿色建筑和建筑节能，建立泰州市绿色建筑专项信息管理平台。全年新增绿色建筑与建筑节能建筑面积约601.30万平方米，其中二星级绿色建筑面积294.92万平方米，实现城镇绿色建筑占新建建筑比例100%目标。全年完成既有建筑节能改造15.79万平方米。完成兴化香格里拉大酒店合同能源管理示范项目和兴化市人民医院综合效能提升项目省级验收。全年新增可再生能源建筑面积320.93万平方米，浅层地能建筑面积3.51万平方米。通过省级“禁粘”考核的城区及乡镇无反弹现象，全市新墙材产量13.5亿标砖，城区在建项目新墙材应用率100%。海陵区中城建第十三工程局总部大楼与泰兴市曾涛路南侧商业综合体入围省级BIM技术集成应用示范工程。至年末，全市特级施工企业均掌握与使用BIM技术。 （殷恒杰）

【水利科技】 2020年，泰州市利用信息网络、卫星遥感等先进技术，构建覆盖江河水系、水利基础设施体系、管理运行体系的网络平台，推进河长制综合信息服务平台、防汛防旱信息系统升级改造项目建设。年内，市管河道水质自动化监测系统项目（一期）引江河、周山河等10个站点建成，实现水质实时监测。

（陈建勋　李　想）

责任编辑：王　卉

教 育

综 述

【概况】 2020年,泰州市有各级各类学校702所,其中幼儿园347所、小学149所、初中148所、特殊教育学校5所、普通高中34所、中等职业学校12所(不含技工学校)、高等院校7所。有在校生624746人,其中幼儿园113090人、小学235632人、初中109301人、特殊教育学校1535人、普通高中71176人、中等职业学校25170人、全日制高等学校68842人。有专任教师45760人,其中幼儿园7189人、小学14245人、初中11984人、特殊教育学校155人、普通高中7028人、中等职业学校1759人、高等学校3400人。2019年度教育现代化监测得分88.66分,居全省第七位。

2020年泰州市教育事业情况表

表44

学校类别	学校数(个)	学生数(人)			教职工数(人)	
		毕业生	招生	在校生	计	专任教师
普通高等学校	7	17738	21731	68842	4328	3400
普通中学	182	57452	60363	180477	24524	19012
高中	34	20279	24131	71176	7920	7028
初中	148	37173	36232	109301	16604	11984
小学	149	36194	38826	235632	11355	14245
特殊教育	5	255	343	1535	168	155
幼儿园	347	38767	37541	113090	12575	7189
中等职业学校	12	9443	8983	25170	2063	1759
调整后中职	1	775	790	2059	211	195
中等技术学校	7	6164	6571	17783	1510	1318
职业高中	4	2504	1622	5328	342	246

注:小学专任教师含九年一贯制学校和十二年一贯制学校中的小学专任教师

【教育改革】 2020年,泰州市实行义务教育公民同招和网上阳光招生,规范体育艺术特长生专业加试工作和优秀运动员加分录取,全市民办学校电脑随机派位录取比例100%,义务教育招生工作零举报。推进高考综合改革选科评估与指导工作,消除化学选科空白学校。规范国际班办学,调整普高国际班布局规划,实施普通高中国际班登记备案制度。改革教师管理体制机制,出台《关于推进义务教育学校教师"县管校聘"管理体制改革的实施意见》《泰州市高层次教育人才考核奖励暂行办法》,研究制定公办幼儿园教师备案制管理制度。

【师资队伍建设】 2020年,泰州市开展有偿补课治理专项行动,全年查处典型案例10起。启动"四有"(有理想信念、有道德情操、有扎实学识、有仁爱之心)好教师团队建设,评选市首批“四有”好教师建设团队35个。组织“关爱留守学生，争做教师妈妈”活动，评选表彰优秀教师、优秀校长、优秀教育工作者，健全学校、学生、家长和社会四级监督网络。实施中小学卓越教师、校长培养工程，开发“泰州师说”课程资源，组织全市约4万名专任教师网上学习，培训合格率98.2%。构建“全员参与、专家引领、团队合作”教师学习共同体，“泰州教育生活云”平台在线研修项目18个、教师8723人、研修工作坊241个。全市37个名师工作室开展主题研修活动418次，开设市（区）级以上公开课、讲座约500场次。新建成市和市（区）两级乡村骨干教师培育站18个，遴选培育站导师45名、市和市（区）两级培育站学员510名。开展“牵手农村教育”送教活动，参训乡村学校教师2000多人次。

【教育质量提升】 2020年，成立新高考研究专项组，研究不同层级学校新课改下的管理策略以及新增内容、新增题型和变化内容的教学策略、解题策略和应试策略，编制相关小专题等教学资源下发至学校。针对高考强项计划，研究高水平学生培养机制和提升学科竞赛成绩的方式方法。专家组“送研到校”活动由“月月行”转为“周周行”，指导交流教科研工作。暑期开展教材网上专题培训近40场，参培教师近万人。

【教育科研】 2020年，泰州市新申报省级基础教育内涵建设项目24个。至年末，全市创成省级内涵建设项目163个，其中基础教育前瞻性教学改革实验项目17个、中小学生品格提升工程项目14个、幼儿园课程游戏化建设项目16个、小学特色文化建设工程项目21个、薄弱初中质量提升工程项目28个、普通高中课程基地30个（其中高峰项目1个）、特殊教育发展工程项目37个。

【教育督导】 2020年，泰州市完成市对市（区）政府教育履职考评。健全“市—县—责任区—责任督学”四级管理体制，完善责任督学挂牌督导工作制度，出台《泰州市中小学责任督学管理办法》，规范全市中小学校责任督学挂牌督导工作。全市2019年度教育现代化监测年度综合得分88.66，2020年义务教育优质均衡达标率89.28%。高港区创成省义务教育优质均衡发展区，达到申报国家县域义务教育优质均衡发展督导认定要求（苏中苏北唯一）。全市2020年县域学前教育普及普惠26个观测点达标率80.77%。

【依法治教】 2020年，泰州市排查建市以来至2018年度发布涉及教育的文件排查，清理政策文件738个。开展第四批“泰州市法治校园”创建活动，命名表彰“泰州市法治校园”67所。开展“家校共同发展论坛”活动，全市各级各类学校举办“家校共同发展论坛”200多场。推进“互联网+监管”工作，完成“四级四同”权力清单调整和标准化清单建设。开展青少年法治教育，组织青少年法治征文评选，组织参加“学宪法、讲宪法”省级决赛和教育部“宪法小卫士”活动，获省特等奖1个、一等奖2个。

2020年12月3日，泰州市海陵区苏陈镇司法所工作人员在大冯中心小学开展普法教育 （汤德宏 摄）

【校园安全】 2020年，泰州市率先在全省出台《泰州市校园重点部位安全风险隐患排查指南》，在全市各级各类学校建立微型消防站，接受国家和省、市三级安全生产及消防安全专项整治巡查督导。泰州市教育局联合四部门出台《泰州市学校实验室危险化学品安全管理规定》，建立实验危险化学品安全管理部门协同工作机制。实现全市学校安全督查检查全覆盖，排查安全隐患3721个、突出问题1项，整改安全隐患3627个、突出问题1项，投入安全风险防控和隐患整治经费2亿元。

【教育交流】 2020年，泰州市组织市第三高级中学、康和实验学校与友好学校开展线上交流活动。开展“携手战役·泰有家”在泰州市外国人短视频大赛。遴选靖江市第一高级中学和省泰中附中参加中法、中英伙伴学校交流计划。推进国际化应用技能型人才培养，鼓励职业院校借鉴和引进国际权威的职业资格证书体系、办学模式和考核标准。开展全市中小学“一带一路”国际理解教育活动。

【语言文字工作】 2020年，泰州市组织选手参加国家第二届中华经典诵写讲大赛。泰州实验学校1名教师获“迦陵杯·诗教中国”诗词讲解大赛全国总决赛小学组一等奖，为全省唯一。开展推普周活动，组织“说普通话·读经典书·诵爱国情”网络诵读活动。开展普通话水平测试工作，全年测试各类人员6050人。

【学生资助】 2020年，泰州市通过“泰州教育发布”微信公众号、以发放学生资助政策手册、开展在线政策问答、"教育服务进社区"以及家庭经济困难学生大走访等形式,宣传各学段家庭经济困难学生资助政策。疫情防控期间,市教育局联合民政局、残联、慈善总会、泰州移动、泰州电信等部门为279名特殊困难家庭学生提供智能手机、电脑等设备,为1402名特殊困难家庭学生提供流量补贴、宽带等网络支持用于参加线上学习。全年发放各级各类政府资助资金1.02亿元,受惠学生12.27万人次;发放生源地助学贷款887.82万元,受惠学生1009人。

【卓越教育体系】 2020年,泰州市组织卓越教育体系培植项目评审,评审公布2019年度37个卓越教育体系培植项目考核结果,评审确认2020年度卓越教育体系培植项目40个。实施中小学卓越教师、校长培养工程,完成第四期中小学教师卓著和第二期校长卓培工程各项研修任务。开展第五期中小学卓越教师培养工程培养对象遴选,择优选定培养对象51名。

2020年度泰州市卓越教育体系培植项目情况表

表45

项目名称	负责人	申报单位
"三度三融合"打造中职"双创"卓越品牌	翁光明	泰州机电高等职业技术学校
传家乡文化 润泽童趣课程	张　斌	靖江市阳光幼儿园
"珠心算"特色文化课程建设	窦　平	泰州市海光中心小学
国粹铸魂、梅韵育人——梅兰芳美育思政研究与实践	陈　熔	江苏农牧科技职业学院
泰州市中学生五项学科奥赛教练员专业素养提升工程项目	徐俊生	泰州市教育局教研室
牧沙学院教师发展项目	刘云松	靖江市滨江学校
文林鼓韵	徐　顺	兴化市实验小学
面向新高考评价方式变革的教师专业素养提升项目	戴　荣	泰州市第二中学
数学思维能力的培养与提升	毛金余 丁家明	江苏省泰州中学附属初中
基于本土民间游戏传习的幼儿园"户外混龄野趣"课程体系创建	樊志红	兴化市楚水幼儿园
让学习真正发生:建构指向核心素养的"主体参与课堂"升级版	杨建忠	泰州实验中学
"五育并举,以劳促全"劳动教育课程建设	朱雨红 缪春娣	泰州市九龙实验学校
后"疫"情时代下的"至善"德育课程的开发与实施	方咏梅	靖江市斜桥中学
依托国学经典建设"臻善"课程	傅春阳	兴化市楚水小学
卓越视野下的农村初中青年教师成长	徐秀峰 王华军	兴化市戴泽初级中学
'一个核心、三个面向、三种能力'构建文艺学创新教学体系建设	胡吉星	泰州学院
基于融合教育的个别化教育	张　琴	泰州市扬桥中心小学
巧用思维导图进行英语阅读教学,促进学生思维多元发展	李金莲	靖江实验学校天水分校
传承书院文化,涵养"三德"学子	陆　璐	江苏省泰州中学
海军文化建设	缪红云	泰州市海军中学
基于教学改革、融合信息技术的新型教与学模式研究	单平宏	泰州市姜堰区教育局
基于新课程的"三导四步"教学策略优化研究项目	黄永健 卢春建	泰兴市第一高级中学
口岸虎头鞋 学子非遗情	蒋振兴	泰州市高港实验小学
"强基计划"背景下高中数学竞赛教学体系的架构研究	邱晓昇	江苏省姜堰中学
工业机器人1+x教学团队能力提升项目	陈爱午	江苏省泰兴中等专业学校

续表45

项目名称	负责人	申报单位
核心素养培育导向的进阶式探究课程建设和实施	钱琴红	泰兴中学
“美课程育人”——以“美”构建学校育人体系的实践探索	焦　卉	泰州医药高新区实验小学
红色文化浸润下的农村九年一贯制学校学生坚毅品质养成实践研究	刘付刚	泰州市姜堰区克强学校
沐出彩文化　塑美好人生	肖维松	泰州市姜堰区城西实验学校
“童真同创”少年科学院特色课程的研发与实施	蒋　华	泰州市姜堰区梁徐中心小学
“核心素养”背景下高中物理实验教学的实践研究	鲁世明	江苏省姜堰中学
“丁西林剧场”教育戏剧课程群的建构与实施	章素娟	黄桥小学教育集团
以“问题链”教学为核心的“未来教室”建构研究	游　忠	江苏省姜堰第二中学
构建基于土壤实践活动的课程体系	孙友新	江苏省姜堰中学
基于新课程的“三自”管理策略优化研究	黄永健 叶副权	泰兴市第一高级中学
趣味足球　健康成长	高　山	泰兴市实验幼儿园
基于长江文化的学校特色文化建设	张　晖	泰州市口岸实验小学
打造家校教育特色，擦亮“红黄蓝路径品牌”	彭小燕	泰州医药高新区第一实验学校
游学正品：“访学周”课程主题实践	高金凤	泰州市姜堰区实验小学教育集团
新媒体视域下的美育课程开发研究	潘双林 叶恋花	泰州市姜堰区教师发展中心

【集团化办学】 2020年7月22日，泰州市出台《关于进一步深化推进全市集团化办学的意见》。11月12日，泰州市召开全市集团化办学工作推进会，部署集团化办学工作。泰州市集团化办学工作列入省、市深化改革年度重点任务，工作经验获教育部肯定，《人民教育》《中国教育报》《新华日报》、江苏省教育厅《专报信息》《江苏教育报》报道。

学前教育

【概况】 2020年，泰州市有幼儿园347所，比2019年增加10所。招收幼儿3.75万人，增加1768人；在园幼儿11.31万人，增加940人；毕业幼儿3.88万人，减少1182人；学前三年毛入园率98.9%。有专任教师7189人，增加242人。

【学前教育优质普惠发展】 2020年，泰州市完成城镇新建居住小区配套幼儿园治理任务，全市普惠性幼儿园覆盖率90.19%，比2019年上升7个百分点。其中，公办幼儿园覆盖率71%，超出国家标准21个百分点。3所幼儿园接受省评估院现场评审，新增市优质园12所，完成32所省优质园复审。年内，全市省、市优质园覆盖率93.73%，超出省定标准3.73个百分点。

2020年，泰州市开展全市幼儿园课程评价专题研训活动

（市教育局　供图）

义务教育

【概况】2020年，泰州市新（改扩）建中小学28所，新增优质学位1万多个。全市有小学149所，比2019年增加2所；初中148所，与2019年持平。小学招生3.88万人，减少1932人；在校生23.56万人，增加3066人；毕业生3.62万人，减少1379人；专任教师1.42万人，减少16人。初中招生3.62万人，减少1275人；在校生10.93万人，减少1066人；毕业生3.72万人，减少1009人；专任教师1.2万人，减少57人。小学初中在校生中女生比例43.66%，九年义务教育巩固率100%。

【义务教育学校标准化建设】2020年，泰州市367所义务教育学校达省定建设标准，占比97.61%，比2019年提高5.53个百分点，居全省第四位。义务教育优质均衡达标比例提高10.87个百分点，高港区创成省义务教育优质均衡发展区（全省仅3家）。实行大班额销号管理，控制起始年级班额。年内，全市66人以上超大班额“清零”，基本消除56人以上大班额。实行义务教育公民同招、网上阳光招生、民办学校电脑随机派位录取、均衡编班，全市义务教育招生工作零举报、民办学校电脑随机派位录取比例100%，泰州市3个典型做法入选省先进典型案例。

【素质教育】2020年，泰州市开展素质教育“5+2”工程建设，遴选市直级工程项目34个。推进“关爱留守学生，争做教师妈妈”活动，表彰泰州市十佳“教师妈妈”10名，优秀“教师妈妈”50名。召开全市教育系统学生心理健康教育工作专题会议，构筑“班主任和任课教师责任包保”“学生联组联防互帮互助”“家校紧密沟通协作”三项心理稳控干预机制，推进中小学心理健康教育工作，保障学生身心健康。加强心理健康特色校建设，全市新增32所心理健康教育特色校。实施体育中考改革，在全市70多所初中开展体育过程性评价市级督查，组织拍摄体育中考项目系列练习视频。加强学生体质健康工作，联合7部门出台《关于加强儿童青少年近视综合防控工作的实施办法》，儿童青少年近视防控工作经验作为国家教育行政学院培训教材。

2020年8月，泰州市表彰2019年度泰州市十佳“教师妈妈”、优秀“教师妈妈”。图为“教师妈妈”辅导学生　　（市教育局　供图）

【教育信息化】2020年，泰州市创成市级智慧校园95所，其中示范校园8所、优秀校园15所、合格校园72所。全市有市级智慧校园244所、省级智慧校园示范校6所。推进“泰微课”建设应用，年内建成“泰微课”微视频16220条，微测试题44984条，导学案314例，“泰金课”专题资源474节，优质资源规模继续保持国内领先地位，全年学生访问量1752万。姜堰区参加全国“基于教学改革、融合信息技术的新型教与学模式”实验区遴选，获教育部批准立项。泰州市海军小学等4个教育案例入选2020中国国际教育装备（上海）博览会“赋能教育”专题云展。

【泰州实验学校】泰州实验学校是地级泰州市成立后组建的第一所市直属义务教育学校，有教学班级75个、在校学生3746名、在编教职工220名，江苏省特级教师2名、正高级教师1名，泰州市名校长1名、名教师2名，市级以上骨干教师比例20%。学校先后获评“江苏省文明校园”“江苏省教育工作先进集体”“江苏省示范家长学校”“江苏省心理健康教育示范校”“全国安全教育实验示范校”，以及全国青少年足球、乒乓、篮球、柔道、机器人项目的“特色学校”。2020年，江苏省中小学品格提升工程项目学校“小海豚德育剧场建设——情境德育的实践探索”、江苏省内涵建设（课程基地）项目“幸福球小学特色文化建设”以优秀等第成果结项。

【江苏省泰州中学附属初级中学】江苏省泰州中学附属初级中学位于凤凰东路凤凰游园东侧。以“让每一个生命美好生长”为目标，构建“三和”（融和、和谐、和美）文化校园。学校有在职在编教职工318人，江苏省特级教师1人、后备人才2人，泰州市市直以上骨干教师28人、泰州市“311”工程培养对象5人，泰州市卓越教师培养对象7人；9人获国家级赛课奖项，29人获江苏省优质课和基本功竞赛一等奖，52人获泰州市优质课和基本功竞赛一等奖。学校先后获全国首批教育信息化试点优秀单位、江苏省文明单位、江苏省平安校园、创新教育摇篮奖、第32届江苏省中小学生金钥匙科技竞赛“团体一等奖”等荣誉。

2020年，学校加强师资培训、文化学习、课程建设、国际理解教育等，营造学校发展增长点，促进学校教育事业持续、协调、健康发展。

普通高中教育

【概况】 2020年，泰州市有普通高中34所，与2019年持平，新增四星高中1所。高中阶段优质学校比例88.64%。普通高中招生2.41万人，比2019年减少685人；在校生7.12万人，增加3562人；毕业生2.03万人，减少520人；专任教师7028人，增加105人。2020年，泰州市高考本一达线人数7078人，全市考分420分以上人数列全省第一。全省理科前100名中，泰州市14人，文科前100名中，泰州市11人。

【高中办学品质建设】 2020年，泰兴市第二高级中学晋升为省四星级高中，兴化市楚水实验学校通过四星级高中复审。2所四星（泰兴第三高级中学、兴化戴南高级中学）、2所三星（姜堰溱潼中学、兴化文正高级中学）接受星级高中复评。全市三星级以上优质高中占比100%，居全省首位，其中四星级高中19所、占比57.58%。制定《泰州市普通高中特长生自主招生工作实施办法》，推动普通高中学校多样特色发展办学。

【江苏省泰州中学】 江苏省泰州中学有迎春西路老校区和海军东路新校区两个校区，先后获省属重点中学、省四星级高中、国家级示范高中、全国文明单位、全国教育系统先进集体、全国文明校园等称号，2019年获批省首批高品质示范高中建设立项学校（全省20所，全市唯一）。2020年，2人获奥赛全国一等奖、4人获全国二等奖、24人获省一等奖；在全省“中学生与社会”作文大赛、“苏教国际杯”中学生阅读与写作大赛中，2人获特等奖、5人获一等奖；2人分获全省青年教师基本功大赛一、二等奖，1人获全省优质课评比一等奖、全省高中化学实验教学技能大赛二等奖。新增“苏教名家”

江苏省泰州中学新校区　　　　　　　　（顾祥忠　摄）

培养对象1名（泰州唯一）、正高级教师1名、特级教师后备人才2名、泰州市优秀教师1名、市第五期卓越教师培养对象5名。“新时代安定先生好教师团队”入选江苏省重点培育团队。学校被评为北京大学优质生源基地、江苏省智慧校园示范校、江苏省普通高中新课程新教材实施省级示范校。

特殊教育

【概况】 2020年，泰州市有特殊教育学校5所，培智班办学点1个。全市接受特殊教育学生2009人，其中学前教育166人、义务教育1699人、高中教育144人。全市特殊教育专任教师155人，其中中级、高级职称教师98人，占教师总数63.23%；本科及以上学历教师136人，占87.74%。

【融合教育】 2020年，泰州市建成“普特融合”资源中心277个，比2019年增加116个，基本实现所有乡镇（街道）学前、小学、初中和各中等职业学校融合教育资源中心全覆盖，方便残疾儿童少年就近入学。334名学生分布在115所小学随班就读、185名学生分布在82所初中随班就读；449名义务教育阶段学生接受送教上门服务。

中等职业教育

【概况】 2020年，泰州市有中等职业学校12所，在学生2.52万人，专任教师1759人。创成省现代化示范性职业学校2所、省优质特色职业学校1所。首次实施中职招生平台录取管理，进行网上填报志愿和招生录取。全年全市招生10212人，其中“3+4”项目132人，“3+3”项目398人，职业中专4013人，职业高中2483人，成人中专268人，技工学校1427人。招生完成率88%。

【职业学校现代化建设】 2020年，泰州机电高等职业技术学校、省靖江中等专业学校、省泰兴中等专业学校被列为省领航学校建设单位（全省50所）。省兴化中等专业学校、省高港中等专业学校建成省现代化示范性学校，泰州市博日电脑建成省优质特色职业学校。泰州市建成省现代化示范性实训基地2个，省现代化专业群2个，省学业水平考试考点2个。3所学校被认定为省中小学生职业体验中心。全市6所公办学校均成为教育部第三批“1+X”证书制度试点院校。调研全市职业教育专业结构与产业结构吻合度情况，备案全市职业学校2020年开设的176个专业，其中，新增专业23个。

【职教人才培养】 2020年，泰州市2个中等职业学校教师教学创新团队被评为省级教师教学创新团队。年内，泰州市组织参加省技能大赛获省一等奖4个、二等奖7个、三等奖30个；参加省教学大赛获二等奖3个、三等奖5个；参加省创新创业大赛获一等奖1个、二等奖7个、三等奖7个，1所学校获优秀组织奖。21个第四期省教改课题(重点课题7个)完成中期检查;培育全国优秀教材江苏推荐项目1个(全省中职11个),全国教材建设先进个人江苏推荐对象1个(全省中职1个)。全年组织1000多名教师参加92个项目的国家和省级培训。全年获批“3+4”项目4个,“3+3”项目33个,3所学校开设五年制高职。其中,“3+4”项目转段学生数249人,转段率98.42%;对口单招本科上线121人;中职学校就读高一级学校升学率超70%。

高等教育

【概况】 2020年,泰州市有普通高校7所,与2019年持平。其中公办本科院校1所、独立学院4所、高职院校2所。普通高等教育招生2.17万人,比2019年增加1761人,其中普通本科招生1.2万人、增加187人;普通专科招生9676人、增加1574人。全日制普通高校在校生6.88万人,增加3049人,其中普通本科在校生4.49万人、增加371人;普通专科在校生2.39万人、增加2678人。普通高校专任教师3400人,增加83人。

【普通高等教育】 2020年,泰州市启动高等教育“十四五”规划编制工作。泰州首所本一层次高校——南京中医药大学泰州校区实现落地招生,首批4个医药类专业,计划招生407人,实际报到390人,文理科录取分数线均为351分。完成南师大泰州学院、南理工泰科院、翰林学院3所独立学院转设工作建议方案。全市新增7个江苏省一流本科专业建设点;南理工泰科院申报《Java 程序设计》课程入围首批国家一流本科课程,为全省唯一获评独立学院。9月1日前毕业生就业率77.92%(毕业生18098人,就业人数14102人)。组织第五届高校青年教师优质公共课竞赛,评选一等奖11名,二等奖13名。

【高等职业教育】 2020年,泰州市有江苏农牧科技职业学院和泰州职业技术学院2所高等职业学院,全日制在校生2.39万人、专任教师1083人。泰州职业技术学院国控口腔医学专业获批并招生。

【成人高等教育】 2020年,泰州市成人高等教育招生12396人,比2019年增加157人;成人高等教育在校生约3.7万人。年内,开展全国成人高校招生考试工作,设市直、兴化市、靖江市、泰兴市、姜堰区5个考区11个考点413个标准化考场,15703名考生报名参加考试,与2019年基本持平。

(孙迎迎)

【南京理工大学泰州科技学院】 2020年,南京理工大学泰州科技学院(简称南理工泰科院)有院内实验中心10个,纸型藏书87万多册,电子图书157万多种,电子期刊2.8万多种;设有6个二级学院和基础科学部,开设28个本科专业。年内,录取新生3261人,普通高考新生报到率97.5%,在校生1万多人。南理工泰科院双师双能教师比例47%。智能制造学院机器人技术与应用教学团队入选江苏省青蓝工程优秀教学团队,为全省独立学院唯一获公费支持教学团队。1人入选省青蓝工程优秀青年骨干教师培养对象,1人入选省“紫金文化人才培养工程”文化优青。获批全省独立学院唯一江苏省政策引导类(软科学研究)项目1项,获批全市高校唯一泰州市科技计划委托研究项目1项。至年末,学院与企业共建研发机构4个。机械工程、软件工程2个专业入选江苏省一流本科专业建设点;机械工程、机械电子工程2个专业被江苏省教育厅认定为星级专业;累计有江苏省一流本科专业建设点6个、江苏省专业综合评估星级专业6个。获批省级大学生创新创业训练计划项目45项,获省高校创新创业“金种子”孵育项目1项。1人获“中国大学生自强之星”称号,4人获“大学生志愿服务苏北计划优秀志愿者”称号,6人获“江苏省志愿服务纪念奖章”。

(唐雯竹)

2020年8月16~18日,泰州机电高等职业学校参加2020年省职业院校创新创业大赛 (市教育局 供图)

【南京师范大学泰州学院】 2020年,南京师范大学泰州学院(简称南师大泰州学院)有二级学院12个,有经教育部备案的本科专业48个,在校生1万余人。2020届毕业生3070人,授予学位2970人,毕业率98.60%,学位授予率96.74%。全年新增硕士生导师3人,新聘任副高职称21人,新聘教师19人。小学教育、生物技术、数学与应用数学3个专业被确定为江苏省一流本科专业建设点;工商管理、计算机科学与技术、通信工程、行政管理、英语等专业被评为江苏省独立学院星级专业。获批江苏省首批语言文字推广基地;在全省率先推行“4+1”跟岗见习实践教学模式,被

《中国教育报》报道。4名学生分获美国大学生数学建模竞赛国际一等奖、2019年度"中国电信奖学金""江苏省优秀共青团员"、全国大学生"自强之星"称号，3名学生分获2020年全国大学生英语竞赛全国总决赛各组别国家级一等奖。学院获批省部级项目2项（教育部人文社会科学基金一般项目1项、江苏省自然科学基金项目1项）、教育部2019年度第二批产学合作协同育人项目5项、2020年度江苏省教育科学"十三五"规划课题2项。（李　照）

【泰州学院】　2020年，泰州学院设12个院部，有本科专业29个，建有省级重点建设学科3个、江苏省一流本科专业建设点3个，省级重点实验室1个、省级实验教学与实践教育中心1个、省级人文科学重点研究基地1个。新生录取2591人，全日制在校学生9418人。全院教职工756人，其中教师550人，入选省突出贡献专家1人，省青蓝工程项目带头人1人、骨干教师3人，市突出贡献专家1人、市311人才资助项目1项。新增学士学位授权专业10个，新增省高校重点建设立项教材3部、省一流课程1门、省高校"大学素质教育与数字化课程建设"专项课题1项；获省高教学会专项课题1项；建成运行省在线开放课程12门，获省《毛泽东思想和中国特色社会主义理论体系概论》课教学展示特等奖1项。学生获省部级以上学科竞赛奖245人次、省师范生教学基本功大赛奖项11项；立项大学生创新训练计划省级以上项目52项。获批省高校哲学社会科学优秀创新团队1个、省社科普及示范基地建设资助1项。立项国家级科研项目3项、省级科项目21项，立项教育部产学合作协同育人项目1项。（贾荣圣）

【常州大学怀德学院】　2020年，常州大学怀德学院（简称怀德学院）设有7系2部、24个招生专业。全日制在校生近万人。2020届毕业生毕业率99.02%，学位授予率98.85%。怀德学院有教职工563人（专职专任教师485人），其中硕士及以上学位者占91.34%、高级职称者占40.41%。获省高校微课教学比赛团队获二等奖1个、团队获三等奖3个。有江苏高校"青蓝工程"优秀青年骨干教师培养对象1人。获发明专利授权3项。组织学生参加各类学科竞赛与创新创业大赛。获第11届"挑战杯"江苏省大学生创业计划竞赛金奖1项、银奖2项；获第12届"挑战杯"中国大学生创业计划竞赛铜奖1项。入住骥江创客街区的2个项目入选省级大学生优秀创业项目；获省高等教育科学研究成果评奖二等奖1项。建设"智慧校园"，应用人工智能AI，建立校级人脸库，率先推出基于人脸识别技术教务自助打印系统、一卡通补换卡系统等应用。校园消费引入第三方支付，开通校园收费大厅、阿里校园卡等。建设录播教室30个，实现线上线下混合式教学。（解　凌）

【南京中医药大学翰林学院】　2020年，南京中医药大学翰林学院（简称翰林学院）有图书馆、基础部、体育部、档案馆（挂牌）4个直属单位，医学院、药学院、护理学院、卫生经济管理学院4个二级学院。翰林学院现设有中医学、针灸推拿学、护理学、康复治疗学、应用心理学、中药学、药学、生物制药、制药工程、药物制剂、中药资源与开发、药事管理、公共事业管理、国际经济与贸易、市场营销、信息管理与信息系统等18个本科专业。具有相关专业独立学士学位授予权、高校教师资格认定权和高校教师高级职称评审权。（朱美桥）

【南京中医院大学泰州校区】　南京中医药大学是国家双一流建设高校，江苏高水平大学建设高校，教育部、国家中医药管理局、江苏省人民政府共建高校，泰州校区是南京中医药大学重要组成部分和办学分支机构，与南京中医药大学一体化发展、同质化管理。南京中医药大学泰州校区是泰州市首个本一高校。2020年10月12日，南京中医药大学泰州校区首届390名本科新生入学。（史　志）

【江苏农牧科技职业学院】　2020年，江苏农牧科技职业学院（简称江苏牧院）设有11个学院1个部，有专业42个。新增纸质图书33927册（过刊2172册），纸质图书馆藏121.12多万册。全年征订期刊1086多种、报纸323多种，外文期刊6种。全院报到新生4966人，毕业生总人数3972人，就业率96.42%。获国家级精品在线开放课程1门、国家"十三五"规划教材10部、获批科技部国家重点研发计划项目1项、江苏省重点研发计划项目1项、农业技术推广奖二等奖2项和三等奖1项、入选首批国家示范性职教集团、首批"江苏省大学生职业生涯教育示范基地"、江苏省高校统一战线同心教育实践基地。获省"互联网+"大学生创新创业大赛一等奖2项、二等奖6项，青年红色筑梦之旅

南京中医药大学泰州校区2020年开学典礼

（南京中医药大学泰州校区　供图）

赛道实现省赛金奖突破，获“挑战杯”省大学生创业计划竞赛决赛银奖1项，省职业规划大赛创新创业赛道一等奖1项，省青少年科技创新大赛二等奖2项。获市厅级教学成果二等奖2项，教学能力大赛国家三等奖1项、省一等奖1项、二等奖3项，省微课教学比赛一等奖4项，金砖国家技能发展与技术创新大赛一等奖1项、二等奖1项，全国宠物行业职业技能竞赛宠物训导师特等奖2项。（奚　旺）

【泰州职业技术学院】 2020年，泰州职业技术学院（简称泰职院）设九院一部，设置专业44个。有教职员工653人，专任教师425人（高级职称教师203人，其中正高教师29人；硕士及以上学位教师293人），专任教师中双师素质教师367人，占86.35%。各类全日制在校生11032人。泰职院建有国家级重点建设专业2个、省级特色专业5个，省级重点建设专业群3个、省级骨干专业3个。建有国家级实训中心2个、省级实训基地3个，省级产教深度融合实训平台2个，省级智能制药产教融合集成平台1个，校内实践实训中心64个，与企事业单位共建校外实践实训基地408家，校企双主体学院5个。建有江苏省固体制剂工程技术研发中心等省、市级工程技术研发中心10个。泰职院入选江苏省职业技能提升行动首批推荐面向全省开展职业技能培训单位目录，成立江苏省医药职工职业技能竞赛基地。成立江苏省机电职业教育行业指导委员会制造服务化专业委员会，成立泰州网格学院。工业机器人技术实训基地获批江苏省中小学生职业体验中心。申报智能控制技术、中药学等4个新专业，建设具有“智能+”和“医药+”特色的专业群。获批1+X证书项目10个，涵盖专业18个，5个证书项目开展考试认证，平均通过率81%。与泰州医药城科技型企业合作，立项科研项目省级18项。依托AHA全球授权心血管急救培训中心（泰职院）开展BLS救护培训，244名学员获BLS救护证书和导师证书，被遴选为“江苏德国高职教育合作联盟”院校。（张明森　张　晨）

社会教育

【概况】 2020年，泰州市规范民办教育，评估年检9所民办高中阶段学校情况。实施校外培训机构监管，巩固校外培训机构专项治理成果。开展社区教育特色创建。举办泰州市暨海陵区全民终身学习活动周活动，构建全民终身学习体系。

【校外培训监管】 2020年，泰州市印发《泰州市校外培训机构长效管理实施办法（试行）》，常态化开展校外培训机构专项治理。利用“江苏省校外培训机构管理信息平台”，实现全程信息化管理。实行“双随机、一公开”监管模式，抽查培训机构安全、授课内容、收费等。按照“统一缴费、控制余额、分期拨付、大额预警”方式，开展校外培训机构资金监管试点。

【社区教育】 2020年，泰州市新建省标准化社区教育中心4个，教育服务“三农”高水平示范基地2个，省级社区教育特色品牌项目5个。全市90个乡镇街道社区教育中心全覆盖，82家达到省标准化社区教育中心建设要求。10月31日，泰州市暨海陵区全民终身学习活动周开幕，活动周以“全民智学，助力‘双战双赢’”为主题，运用“互联网+社区教育”模式，开展国情教育、科学普及、创业再就业、职业技能提升、抗疫防疫、环境保护讲座、培训、展览等活动。（孙迎迎）

2020年10月31日，泰州市暨海陵区“全民终身学习活动周”开幕式在海陵区城南街道莲花社区广场举行（市教育局　供图）

责任编辑：王　卉

文化设施

【概况】 至2020年年末，泰州市有公共图书馆7个，其中市级馆1个、县（区）级馆6个，图书总藏量387万册（件），电子图书343.2万册（件），全年公共图书馆服务群众392.91万人次。全市有备案博物馆18个，美术馆3个；文化馆7个，其中市级馆1个、县（区）级馆6个，7个文化馆均为国家一级馆；有乡镇综合文化站90个。年内，举办泰州市图书馆“凤城讲坛”、姜堰区图书馆“三水讲坛”、靖江市图书馆“绘本讲读”、兴化市图书馆“一点村色”等品牌文化活动。

【泰州市图书馆】 至2020年年末，泰州市图书馆有馆藏图书79万多册，其中古籍5.9万册、善本3000多册、新版地方文献约2500册。建成图书馆分馆38家，其中24小时自助分馆3家，持证读者7.3万人，年总流通人次78万、外借图书22.8万册次、网站访问量近6万人次，微信公众号订阅用户2.2万人。全年举办各类线上、线下读者活动100多场次，3万多人次参加。举办讲座11场次、文化展览11场次。

【泰州市科技馆】 参见第81页

【泰州市文化馆】 2020年，泰州市文化馆创作小品《团圆年》、舞蹈《大辫子姑娘》获第十四届江苏省五星工程奖。举办“快乐过大年·幸福‘鼠’于你”泰州市首届乡村春晚、泰州市第十一届戏曲票友大赛、泰州市“国庆乐·中秋情”戏曲演唱会、“美丽新乡村 脱贫奔小康”第四届“吉祥泰州”摄影展等文化活动。开展在校学生“走进文化场馆”研学游活动，联合泰州市老干部大学等5家单位成立泰州市老年大学公益培训联盟，推出“掌上文化馆”网上平台提供网上剧场、网上展厅、文雅慕课等服务。市文化馆建筑面积1.39万平方米，全年提供线下服务21万人次、线上服务278万人次。

【泰州美术馆（书画院）】 2020年，泰州美术馆（书画院）组织“江苏省抗疫主题美术书法精品展”“筑梦丹青——2020第二届江苏省中小学教师优秀美术作品展”“硕果——毕宝祥师生作品展”“南山云起——吴俊圣山水画展”“泰州小康路上——全市主题创作美术书法作品展”等展览17场；策划“万物生机”——泰州美术馆馆藏中国画展、“月圆逢国庆 佳兴共丹青”——泰州美术馆馆藏作品系列展等书画作品巡展3场；举办“多彩夏日”“缤纷冬日”等公共美术教育讲座11场。2人入选“雨山问道”——江苏省书法院中青年学术提名展；张丹作品《绣红旗》入选第二届“乡风墨韵”全国中国画作品展；孙志勇作品《徐同华〈太常引·祈佑平安〉》、郑剑君作品《同心抗疫》、梅德君作品《万里山川共一家》、赵飞作品《夜战》、张丹作品《感恩有你》、黄鑫作品《庚子春日有怀》入选“江苏省抗疫主题美术书法精品展”。

【泰州市博物馆】 泰州市博物馆展览厅面积约6000平方米，是以收藏历史文物为主的综合性博物馆。有各类藏品近万件，其中经鉴定的国家一、二、三级珍贵文物800多件。馆藏明代服饰是国内保存最为集中和完好的明代民用（相对于皇家）纺织品，有全世界唯一一具较完整的雄性康鹿化石。2020年，泰州市博物馆策划推出“璀璨群星”——泰州博物馆科举人物文物展、“经纬绵延”——纤维艺术文化图片展、“英石上年华”——泰州市博物馆藏古代碑帖交流展等展览活动。开展“回家过年”春节系列活动、国际博物馆日主题专场活动、“明服工坊”“归去来兮”——生态变迁下的麋鹿回乡之路等社教活动和“小小状元郎”“泰博学——我是泰博小主播”等线上活动。与泰州交通广播电台合作《倾听——文物》系列节目，承办“后疫情时代博物馆新媒体新技术应用”研讨会。1个展览入选国家文物局“弘扬优秀传统文化，培养社会主义核心价值观”主题展览推介项目，1个系列入选江苏省博物馆优秀社会教育项目库。

【江苏盐税博物馆】 2020年5月18日，江苏盐税博物馆在泰州开馆，“中共国家税务总局党校现场教学基地”同时揭牌。江苏盐税博物馆是全国唯一一家以盐税文化为主题的博物馆，位于泰州城河北岸旧泰坝衙署西南侧，系古代泰州上河运盐屯船码头处，占地17285平方米。展览分为盐税的起源、盐税的变革、盐税的贡献、盐税与江苏四个版块，陈列文物史料

2000多件。

【中国评书评话博物馆】 中国评书评话博物馆位于国家AAAA级凤城河景区的柳敬亭公园内，为国内唯一的评书评话博物馆、泰州首个国字号博物馆。2011年，市政府与中国曲艺家协会签订共建协议。2016年4月18日正式开馆。博物馆建筑面积2200多平方米，占地1100多平方米，分地上2层半、地下1层，主体建筑采用后现代建筑风格，并注入泰式民居的元素，与之相配的景点有柳敬亭旧居、打鱼湾、柳堤、柳亭、饮香书场等。2020年4月24日，镌刻《柳公祠记》60吨巨石落户柳园。

【中国科举院试博物馆】 中国科举院试博物馆位于海陵区府前路泰州学政试院旧址。学政试院是全国重点文物保护单位，为全省唯一保存较为完整的试院。2005年，学政试院经大规模修缮改建后命名为"中国科举院试博物馆"。2008年7月30日，中国科举院试博物馆开馆。博物馆占地面积5200平方米，设科举文化、科举简史、学政院试、科举教育、泰州名人、科举奇闻六大基本陈列，通过实物与画面、场景相结合的方式介绍中国科举院试制度、科举程序、科举沿革、科举考试录取率和社会意义等。2020年，中国科举院试博物馆为8~12周岁儿童开设传统文化公益班。

【中国人民解放军海军诞生地纪念馆】 中国人民解放军海军诞生地纪念馆（简称海纪馆）位于泰州市白马镇，分中国人民解放军第三野战军渡江战役指挥部旧址和海军诞生地新馆两部分，占地2.3万平方米。1989年2月17日，中央军委颁发命令确定1949年4月23日为中国人民解放军海军诞生日，江苏泰州白马庙为中国人民解放军海军诞生地。1982年海纪馆被公布为江苏省文物保护单位；1996年和1997年相继被公布为江苏省全民国防教育基地和爱国主义教育基地；1999年4月29日，海纪馆新馆落成开馆。2006年被公布为全国重点文物保护单位。2020年，海纪馆举办"蓝色梦想"研学实践、"苦难·辉煌——舰证中国海军百年展"特展等活动，开发"假如我是鲁滨孙""探究船舶的构造""探究海水"三门研学课程，全年接待游客约56万人次。

（杨俊杰）

【泰州早茶博物馆】 2020年10月19日，泰州早茶博物馆开馆，位于凤城河风景区老街，由泰州市文旅集团与文旅古月楼餐饮有限公司共同合作建设，是国内第一家系统展示泰州地区早茶文化的专业博物馆。泰州早茶博物馆面积1300平方米，分早茶起源、早茶老字号、早茶典故、早茶饮食等展区，展示从汉代至今，与早茶文化相关不同年代瓷器、实物等文物300多件。

（赖秀娟）

【城市书房及农家书屋建设】 2020年，泰州市完成市图书馆24小时城市书房扩建改造，全市建成城市书房30多家，"泰州掌上图书馆"手机移动阅读APP投入使用，实现江苏"文化云"资源联动共享。升级改造农家（社区）书屋，建成数字农家书屋1633个，开展"一点村色"等主题阅读活动2000多场。

（颜培照）

公共文化服务

【概况】 2020年，泰州市公共文化场馆全年服务群众2078.82万人次，人均接收文化场馆服务4.48人次。开展"百姓大舞台""文化百场""送戏下乡"等惠民文艺演出和群众文化活动，组织"万场文化活动进农村"四类主题文化活动3000多场、"文化惠民券""精品剧目下基层"等文化惠民活动2000多场。开展惠民文化活动、"万场文化活动进农村"活动，推进"文化惠民券"工程，惠及群众超40万人次。

【文化活动】 2020年，泰州市组织"快乐过大年·幸福'鼠'于你"泰州市首届乡村春晚、"我们的中国梦"文化进万家优秀群众文艺走进新时代文明实践中心巡演、"奋进小康路·幸福水天堂"2020紫金文化艺术节泰州市广场演出、泰州市第11届戏曲票友大赛等文化活动。举办"国庆乐·中秋情"戏曲演唱会、"万众一心 战胜疫情"泰州市群众书画摄影主题作品展、"美丽新乡村 脱贫奔小康"第四届"吉祥泰州"摄影展等展演活动。

【文化惠民】 2020年，泰州市组织实施"文化惠民券"工程，开展"精品剧目下基层"活动，支持乡镇（街道）购买专业文艺院团的惠民演出，全年完成点单演出1257场，累计使用文化惠民券961.6万元，惠及群众约30万人次。

【公共文化服务网络建设】 2020年，泰州市健全市、区、镇（街）、村（居）四级公共文化服务网络，完成基层综合性文化服务中心建设，实施文化场

2020年10月21日，紫金文化艺术节泰州专场活动在天德湖公园举行

（市文广旅局 供图）

馆提升改造工程，推行公共图书馆、文化馆总分馆制建设，全市“三馆一站”覆盖率162.5%。建设泰博体验馆、智能文化馆、数字美术馆等数字文化工程。至年末，全市有基层综合性文化服务中心1733家，人均拥有公共文化设施面积0.37平方米。推行公共数字文化服务，推广数字图书馆、数字文化馆，推进公共图书馆、县级文化馆总分馆制建设，乡镇（街道）图书馆总分馆实现全覆盖。

【全民阅读】 2020年，泰州市建设书香城市，市县联动举办泰州胡瑗读书节、靖江马洲读书节、泰兴朱东润读书节、海陵红粟读书节、高港柴墟读书节、姜堰王栋读书节等特色读书节，形成一地一品特色品牌阅读活动。

（杨俊杰）

文学艺术

【文艺精品创作】 2020年，泰州市实施艺术精品创作工程，开展政府文艺奖评选、新创文艺节目调演等文化艺术精品创作展示活动，组织作品参评第十四届江苏省“五星工程奖”，9件作品获奖，数量居全省地级市第二位。扶植精品舞台剧创作，投拍现代淮剧《大喇叭开始广播啦》在2020年第八届中国淮剧艺术节首演，原创京剧《梅兰芳·蓄须记》参加省紫金文化艺术节演出，入选省舞台艺术精品工程扶持剧目。

【文艺作品展演】 2020年，泰州市开展“打赢疫情防控阻击战”艺术作品主题创作和展演，创作展演音乐《我就在你身旁》《我是党员我先上》、绘画《战“疫”系列之—阻击、防控》、曲艺《我不是天使》等文艺作品265部。选送文艺作品参加“庆祝中国共产党成立100周年舞台艺术精品创作工程”、“百年征程——江苏省庆祝中国共产党成立100周年美术书法精品展”“大运河专题文艺作品展览”等各类展演、展览及文艺演出活动，举办“奋进小康路·幸福水天堂”2020紫金文化艺术节泰州市广场演出、“亲语连廉”廉洁文化周、“万物生机”泰州美术馆馆藏中国画精品展、全市优秀美术书法作品展等。《梅兰芳·蓄须记》《大喇叭开始广播啦》入选省建党百年优秀剧目展演；锡剧《望岳情》、淮剧《雪域烛印》等新创剧目参加省基层院团优秀剧目展演。

【文化品牌】 2020年，泰州市组织原创京剧《梅兰芳·蓄须记》全国巡演暨文旅推介、经典剧目展演、“梅派艺术”传承发展研讨会等七大系列10多项活动，举办第二届“梅兰芳华”全国少儿京剧大赛、首届“梅兰芳杯”全国京剧票友大赛。举办泰州学派学术峰会，运行泰州学派网，与上海市儒学研究会签订战略合作协议。举办第八届全国里下河文学流派研讨会、里下河名家讲坛、“文昌水秀·祥泰之州”全国自然文学研讨会，实施《里下河文学流派作家·星书系》《里下河生态文学写作计划》。组织“文学名家看泰州”活动，出版《幸福水天堂》，创作“幸福水天堂”主题城市宣传歌曲，推出“跟着名家逛梅乡，幸福水天堂粉丝团”旅游线路。兴化市获评“中国文学之乡”称号。

【小说、散文、报告文学创作】 2020年，泰州市3人加入中国作协，5人加入省作协。泰州市作家协会出版各类作品30多部，其中包括刘仁前中篇小说集《香河四重奏》、长篇纪实文学作品集《大潮奔涌》（与刘良鸣合著），庞余亮长篇小说《看我七十三变》，顾坚长篇小说《火苗》，何雨生长篇小说《十月风生》等。何雨生作品入选省作协第十五批重点扶持项目，戴琰签约贵州作家网。庞余亮、黄跃华、陆秀荔、刘华君获江苏省第七届紫金山文学奖，王玉兰获第四届施耐庵文学奖特别奖。

【文艺评论】 2020年，泰州市文艺评论家协会有会员125人、评论小组6个。年内，会员出版个人专著和文艺作品20多部，在《人民日报》《光明日报》《文艺报》等报刊发表文艺评论100多篇。年内，举办文学艺术讲座60多场，与《泰州晚报》“坡子街”专栏联合举办杨明散文集《那年明月》作品研讨会。1人获江苏省第七届紫金山文学奖，《忘言集》获泰州市政府文艺奖。

【诗歌创作】 2020年，泰州市诗人协会报送长诗《蓝色交响》创作项目。顾红干获“上海好童诗奖”“世界华语”童谣童诗大赛成人组铜奖。疫情防控期间，诗协会员创作发表诗歌作品135首。周波《武汉，今夜我在想你》获武汉市“希望，在等待中闪亮”抗疫诗歌征集一等奖。毛秋水《燕子笺》《南方》、顾平祥《柔软》、袁军《冬天：一朵云的责任》分别在《诗刊》发表。毛秋水《界限》在《星星》诗刊发表。袁军《时间不停被照亮》《诸生灵》在《中华文学》发表。蒋康政《绣球花》、邵满意《你并不能收回所有饱含泪水的事物》在《中国诗歌网》刊登，《你并不能收回所有饱含泪水的事物》入选美国同道出版社英译作品，诗歌《把你比作一个夏天》在《中国诗人》发表，诗词《卜算子·晏卧蓬蒿梓》《巫山一段云》在《陕西文学》发表。吴卓明《老物件》在《鸭绿江·夏季卷》发表。杨留碗《小满》获中国·汨罗江文学奖之香草美人奖首届青年三行诗大赛三等奖、第二届中国“黄土情杯”三行诗赛一等奖。

【诗词楹联创作】 2020年，泰州市诗词协会收集130多位会员300多首（副）抗疫诗词楹联作品制作成《抗击疫情 共度时艰》美篇。组织会员参加《联斋》“把最美楹联，送给武汉骑单车女医生甘如意”“把最美楹联写给庚子春天”征联；参加江苏省楹联研究会与湖北省楹联组织的抗疫楹联书法展，3人楹联作品入展。组织会员参加省诗词协会“望月楚山·江苏抗疫诗词书法展”，4人诗词入展。收集100多位会员200多首（副）作品制作成小康建设美篇，4人咏小康社会诗词作品选入光明网，5人诗词楹联作品入展“小康墨韵——决胜全面建成小康社会江苏省书法名家主题作品邀请展电子作品集”。举办“全面建成小康社会诗书画展”，展出作品60幅，其中诗联书法37幅，诗画23

幅。参加投稿“2019对联中国”，7人获佳作奖，37人获优秀奖。

【美术书法创作】 2020年，泰州市新增中国美术家协会会员12人、省美术家协会会员80多人。年内，泰州市美术家协会举办悟道归真——徐文藻工作室山水高研班传统山水临摹作品展、大地歌者——郑剑军中国画作品展、泰州二届美协会员作品展等展览。梅德君《风雨兼程战疫忙》、郑剑君《逆行者》、周洋《勇士》、王庆军《保护大武汉决胜雷神山》、刘争鸣《春风源泉》入选同心战疫江苏省美术书法主题展并被江苏省现代美术馆收藏。泰州市书法家协会举办各类活动10多项，5人加入中国书法家协会、28人加入省书法家协会；省第十二届新人书法篆刻作品展入展28人，获奖4人；《“强基工程”结硕果》获评全市文联系统文艺工作创新成果提名奖。

【摄影创作】 2020年，泰州市摄影家协会组织会员影友参加第二届泰州摄影奖评选表彰暨第五届“祥泰之州”美术书法展、摄影展，收到作品676幅，评选泰州摄影奖10名、摄影提名奖10名。陈富平《山村菊园》获“长三角城市摄影家联盟绩溪PK赛”图片类作品收藏奖。顾祥忠获“金镜头”（2019年度）新闻摄影作品突发新闻类组照金奖；余宁台获江苏摄影奖提名奖；鲁孝祖作品入选2020年第四届深圳国际摄影大展。组织参加《我眼中的全面小康》《2020紫金文化艺术节——“小康光景”江苏摄影大展》摄影展。联办“幸福河湖”摄影作品展、凤城河夜泰美 夜经济摄影大赛、纪念人民防空70周年摄影展、第三届中堡镇大纵湖捕捞节暨第二届“醉美中堡”摄影比赛等活动。

【音乐舞蹈创作】 2020年，泰州市音协作者创作歌曲《我就在你身旁》《等你归来》《我是党员我先上》《一艘红船入梦来》《剪去长发的姑娘》等10多首作品分别在“学习强国”“先锋泰州”“微泰州”等平台展播；歌曲《杨根思》《我们永远这样亲》《吉船下水》获第十四届江苏省“五星工程奖”，《小康大道上》获2020年江苏文艺大奖·音乐奖三等奖，《最贴心的人》获首届长三角流行歌曲大赛银奖。创作歌曲《幸福水天堂》《寻梦水天堂》。2020年，泰州学院星光合唱团获第十五届北京国际合唱节青年学组金奖、第六届江苏省大学生艺术展演合唱比赛专业组特等奖。泰州市舞蹈家协会选送舞蹈作品《点红》（兴化市）《莲湘花开》（姜堰区）《徽娘》（泰州市）入选江苏省第九届少儿舞蹈大赛暨社会舞蹈大赛，靖江市编创歌舞《小康大舞台》、兴化市编创歌舞《吉船下水》获第十四届江苏省“五星工程奖”。

【戏剧曲艺创作】 2020年，泰州市淮剧团表演的《赵五娘》入选国家文旅部像音像工程资助项目。谭步权主演原创大型现代淮剧《大喇叭开始广播啦》获第八届江苏省淮剧艺术节优秀剧目奖。小品《让爱回家》、评书《苏中红嫂》获第十四届江苏省“五星工程奖”。小戏《船娘》获第十四届江苏省“五星工程奖”、泰州市新创文艺调演金奖，大型淮剧《雪域烛印》省文旅厅选调参加江苏省基层文艺单位优秀剧目展演。焦志祥创作、张喆录制的评书《疫情不灭不退休》入选“江苏曲艺”平台，被“曲艺杂志融媒”推送；道情《曙光》、歌曲《你的背影》《你的笑容最最甜》《用生命守候》在“学习强国”平台发布；歌曲《用生命守候》在央视频发布；快板《我是党员我先上》获江苏省第三届快板大赛作品奖；微电影《地盘》获江苏省污染防治攻坚故事微电影版一等奖。

（周卫彬）

【多件作品获省“五星工程奖”】 2020年，泰州市组织参评第十四届江苏省“五星工程奖”。全市四类众文化节目入选第十四届江苏省“五星工程奖”初赛，12件作品进入决赛，9件作品获奖。其中音乐作品3件，为女声独唱《我们永远这样亲》《杨根思》和男女声对唱《吉船下水》；舞蹈作品1件，为群舞《大辫子姑娘》；4件戏剧作品，为小品《团圆年》《让爱回家》《相思树》和小淮剧《船娘》；曲艺作品1件，为扬州评话《苏中红嫂》。《苏中红嫂》同时获网络最佳人气奖。

【政府文艺奖】 2020年，泰州市组织开展市政府文艺奖评选工作，129部作品申报参评，广播剧《马语启示录》、长篇小说《半个父亲在疼》、歌曲《舞龙灯》等91件（部）作品入围参加评审，评选出政府文艺奖特别奖1件、金奖作品8件、银奖作品18件、铜奖作品25件。

2020年，群舞《大辫子姑娘》获第十四届江苏省“五星工程奖”

（市文广旅局　供图）

2020年泰州市政府文艺奖获奖名录

政府文艺奖特别奖（1名）

广播剧《马语启示录》 泰兴市融媒体中心

文学类（12名）

金奖（2名）

《半个父亲在疼》 庞余亮

《香河纪事》 刘仁前

银奖（4名）

《老河西》 李明官

《海棠汤》 陆秀荔

《蓼莪》 严尔碧

《五条巷》 肖 放

铜奖（6名）

《忘言集》 周卫彬

《玉兰和她的孩子们》 王玉兰

《杂牌军》 陈建波

《兴化修辞》 汪夕禄

《玉骨》 易 康

《梅兰芳》 徐同华

音乐类（6名）

金奖（1名）

《舞龙灯》 沈小兵

银奖（2名）

《网的个日子叫小康》 董景云 周宝书

《老家北大街》 高秀春

铜奖（3名）

《吉船下水》 姚绍宏

《吴韵汉风》 张 海

《问春风》 高港区文体旅局

舞蹈类（3名）

银奖（2名）

《点红》 兴化市文化馆

《幸福莲湘》 海陵区文化馆

铜奖（1名）

《宫灯情缘》 高港区文体旅局

戏剧曲艺类（6名）

金奖（1名）

《远去的吆喝声》 泰州湖润乡土文化艺术团

银奖（2名）

《望岳情》 靖江市锡剧团

《船娘》 兴化市淮剧团

铜奖（3名）

《半天经理》 海陵区戏剧曲艺家协会

《暖春》 泰兴市歌剧团

《苏中红嫂》 泰州湖润乡土文化艺术团

影视类（6名）

金奖（1名）

《香河》 泰州市量润影视文化

银奖（2名）

《建筑师》 泰州市量润影视文化

《为“智慧中国”导航》 姜堰区融媒体中心

铜奖（3名）

《海军诞生地为什么是泰州》 泰州市广电台

《乡里画意》 泰州市广电台

《竹泓港》 泰州市广电台

美术类（6名）

金奖（1名）

《高原新时代》 郑剑君

银奖（2名）

《一树花开》 黄 平

《广陵忆》 邹国美

铜奖（3名）

《多彩江南》 曹 滨

《静塘幽语》 曹 滨

《盛夏之末》 黄 平

书法类（6名）

金奖（1名）

《虞世南书论六则》 孙志勇

银奖（2名）

《前贤题画诗选录》 邹国美

《六代论》 周 宇

铜奖（3名）

《隶书对联》 常 秦

《唐太宗论书二则》 刘小洁

《青城山长联》 王 峰

摄影类（6名）

金奖（1名）

《追梦（组照）》 时 永

银奖（2名）

组照《大雪中的坚守》《公路餐厅》 王剑锋

《工地圆舞》 时 永

铜奖（3名）

《田园协奏曲》 殷 凯

《科技保障品质》 时 永

《溱湖春色》 郑文才

【2020中国泰州梅兰芳艺术节】 2020年9月28日~12月，江苏省文化和旅游厅、泰州市政府主办2020中国泰州梅兰芳艺术节（简称梅艺节）。梅艺节有七大主题活动：开幕式、经典剧目展演、原创京剧《梅兰芳·蓄须记》城际巡演暨文旅推介活动、全国少儿京剧和京剧票友大赛、戏曲文化体验活动、桃园精品实景庭院戏、致敬大师。9月28日，首次在户外凤城河水上舞台举办梅艺术节开幕式。9月29日~10月31日，泰州大剧院开展经典剧目展演。9月11日，原创京剧《梅兰芳·蓄须记》全国巡演暨泰州文旅推介系列活动在南京保利大剧院举行，启动北京、上海、天津等12个城市巡演。

2020中国泰州梅兰芳艺术节经典剧目展演情况表

表46

演出单位	剧目	场次	领衔主演	团队人数	演出时间
江苏省京剧院	京剧《梅兰芳·蓄须记》	2场	傅希如	80人	9月29日 9月30日
江苏省昆剧院	昆剧《梅兰芳·当年梅郎》	1场	施夏明	80人	10月11日

续表46

演出单位	剧目	场次	领衔主演	团队人数	演出时间
国家京剧院二团	"梅派"经典折子戏 专场 《天女散花》 《宇宙锋》 《黛玉葬花》	1场	刘 铮 郭 宵 刘 琪	50人	10月23日
国家京剧院二团	"梅派"经典折子戏专场 《霸王别姬》 《游园惊梦》 《贵妃醉酒》	1场	刘 铮 郭 宵 刘 琪	50人	10月24日
北京京剧院	京剧《穆桂英挂帅》	1场	胡文阁	70人	10月30日
北京京剧院	京剧《凤还巢》	1场	胡文阁	70人	10月31日

2020年9月11日，原创京剧《梅兰芳·蓄须记》城际巡演暨文旅推介系列活动首场表演在南京保利大剧院举行　　　　　　　　（市文广旅局　供图）

文化遗产保护

【概况】 2020年，泰州市9个建设项目通过省文物局考古调查勘探申请批复。编制日涉园、崇儒祠等10处省级以上文保单位保护规划。完善非物质文化遗产（以下简称"非遗"）名录体系，加强非遗项目展览展示。至2020年年末，泰州市累计发现不可移动文物近800处，其中全国重点文物保护单位9处、省文物保护单位42处。有各类登记备案博物馆18家，征集收藏文物近4万件，其中国家一级文物19件（套）。"非遗"代表性项目300项，"非遗"项目传承人241人。

【物质文化遗产保护】 至2020年年末，泰州市有全国重点文物保护单9处，分别为：泰州城隍庙、姜堰天目山遗址、人民海军诞生地、泰州日涉园、学政试院、兴化上池斋药店、泰兴黄桥战斗旧址、蒋庄遗址、兴化垛田。有省文物保护单位42处。年内，泰州市开展全市革命文物现状调查，形成泰州市革命文物名录，全市现有不可移动革命文物44处，可移动革命文物520件（套）（不含泰兴市）。明确5万平方米以上建设用地的文物考古调查、勘探工作要求，海陵工业园区凤凰东路北侧地块项目、海陵区九龙镇中天新能源有限公司用地项目等9个项目通过省文物局考古调查、勘探申请批复。开展第四批全国博物馆定级评估，兴化市博物馆被核定为二级博物馆，姜堰区博物馆、泰兴市博物馆、中国人民解放军海军诞生地纪念馆被核定为三级博物馆。泰州市博物馆《那年、那河、那些事——千年古运盐河历史文化展》入选国家文物局2020年度"弘扬优秀传统文化、培育社会主义核心价值观"主题展览推介项目，《"子城碑"的诉说》入选2020年度全省博物馆教育示范项目；姜堰区博物馆馆藏文物展陈提升入选2020年度全省博物馆陈列展览提升工程项目。

【非物质文化遗产保护】 2020年，泰州市17名"非遗"代表性传承人入选第五批江苏省"非遗"代表性项目代表性传承人，其中传统技艺类5人，传统医药类4人，传统美术类3人，民间文学类、传统音乐类、传统舞蹈类、传统戏剧类和传统体育、游艺与杂技类各1人。至年末，泰州市"非遗"代表性项目300项，其中国家级项目7项、省级项目33项、市级项目74项、县（区）级非遗项目186项。"非遗"代表性项目代表性传承人241人，其中国家级非遗代表性传承人5人、省级26人、市级64人、县（区）级146人。年内，开展"非遗"项目线上展示、"非遗"进课堂、"非遗过大年，文化进万家""网上非遗节"等活动。建立"非遗"数据库电子档案。姜堰区"借势溱潼会船 彰显非遗魅力"案例入选全国2020"非遗"与旅游融合发展优秀案例。

2020年泰州市非物质文化遗产代表性项目情况表

表 47

序号	项目名称	项目编号	项目类别
国家级（7项）			
1	宝卷（靖江宝卷）	Ⅰ-13	民间文学
2	茅山号子	Ⅱ-150	传统音乐
3	淮剧	Ⅳ-102	传统戏剧
4	盆景技艺（扬派盆景技艺）	Ⅶ-94	传统美术
5	传统木船制造技艺	Ⅷ-137	传统技艺
6	清明节（溱潼会船）	Ⅹ-2	民俗
7	清明节（茅山会船）		
省级（33项）			
1	施耐庵与《水浒》传说	JSⅠ-17	民间文学
2	道教音乐（泰州道教音乐）	JSⅡ-11	传统音乐
3	板桥道情	JSⅡ-26	
4	民歌（兴化民歌）	JSⅡ-4	传统舞蹈
5	莲湘（姜堰滚莲湘）	JSⅢ-18	
6	龙舞（沙沟板凳龙舞）	JSⅢ-8	
7	花鼓（泰兴花鼓）	JSⅢ-14	
8	杖头木偶戏	JSⅣ-11	传统戏剧
9	淮剧	JSⅣ-5	
10	兴化锣鼓书	JSⅤ-20	曲艺
11	泰兴麻将雕刻	JSⅥ-36	传统美术
12	面塑（姜堰面塑）	JSⅥ-45	
13	木雕（泰州木雕）	JSⅥ-34	
14	泥塑（孤山泥狗子）	JSⅥ-20	
15	溱潼砖瓦制作技艺	JSⅦ-33	传统技艺
16	黄桥烧饼制作技艺	JSⅦ-51	
17	靖江肉脯制作技艺	JSⅦ-62	
18	兴化水车制作技艺	JSⅦ-78	
19	汤包制作技艺（靖江蟹黄汤包制作技艺）	JSⅦ-68	
20	渔具制作技艺（兴化渔具制作技艺）	JSⅦ-45	
21	传统绳带编制技艺	JSⅦ-91	
22	高港宫灯制作技艺	JSⅦ-95	
23	蒸馏酒酿造技艺（泰州白酒酿造技艺）	JSⅦ-29	
24	雅妙河戴氏中医喉科疗法	JSⅧ-8	传统医药
25	许氏正骨疗法	JSⅧ-15	
26	正骨疗法（许氏正骨疗法）		
27	针灸（陈氏针灸）	JSⅧ-30	
28	膏药制作技艺（邱氏烫伤膏制作）	JSⅧ-2	

续表47

序号	项目名称	项目编号	项目类别
29	儿科疗法（兴化史氏中医幼科疗法）	JSⅧ-12	传统医药
30	撂石锁（海陵撂石锁）	JSⅨ-4	传统体育、游艺与杂技
31	撂石锁（姜堰撂石锁）		
32	元宵节（沙沟游走灯会）	JSⅩ-2	民俗
33	庙会（茅山东岳庙会）	JSⅩ-4	
市级（74项）			
1	兴化韩乐吾的故事	TZⅠ-1	民间文学
2	靖江“生祠堂与白衣堂”的传说	TZⅠ-2	
3	吉高的传说	TZⅠ-3	
4	郑板桥的故事	TZⅠ-4	
5	季三鞑子的传说	TZⅠ-5	
6	刘氏兄弟状元的故事	TZⅠ-6	
7	“棋圣”黄龙士的故事	TZⅠ-7	
8	白马庙的传说	TZⅠ-8	
9	庆云禅寺的传说	TZⅠ-9	
10	姜堰天目山的传说	TZⅠ-10	
11	储巏的故事	TZⅠ-11	
12	岳飞泰州抗金故事	TZⅠ-12	
13	“六书”（乐书）音乐	TZⅡ-1	传统音乐
14	茅山佛教音乐	TZⅡ-2	
15	海陵唱凤凰	TZⅡ-3	
16	溱潼窑工号子	TZⅡ-4	
17	靖江民歌	TZⅡ-5	
18	兴化判官舞	TZⅢ-1	传统舞蹈
19	千户狮子	TZⅢ-2	
20	兴化高跷龙舞	TZⅢ-3	
21	牵驴花鼓	TZⅢ-4	
22	泰兴说唱	TZⅣ-1	曲艺
23	靖江竹编	TZⅤ-1	传统美术
24	戴窑砖瓦雕刻	TZⅤ-2	
25	兴化麦秸工艺	TZⅤ-3	
26	泰州糖塑（兴化糖塑、白米糖塑）	TZⅤ-4	
27	兴化面塑	TZⅤ-5	
28	口岸虎头鞋	TZⅤ-6	
29	毛庄石雕	TZⅤ-7	
30	孙氏纸扎	TZⅤ-8	
31	高港根雕	TZⅤ-9	

续表 47

序号	项目名称	项目编号	项目类别
32	泰兴砖雕	TZⅤ-10	传统美术
33	泰兴银杏木雕	TZⅤ-11	
34	中庄醉蟹制作技艺	TZⅥ-1	传统技艺
35	兴化湖彩蛋制作技艺	TZⅥ-2	
36	溱潼鱼饼、虾球制作技艺	TZⅥ-3	
37	沙沟鱼圆制作技艺	TZⅥ-4	
38	宣堡小馄饨制作技艺	TZⅥ-5	
39	泰州干丝制作技艺	TZⅥ-6	
40	兴化匾额制作技艺	TZⅥ-7	
41	青布挑花技艺	TZⅥ-8	
42	银杏嫁接技艺	TZⅥ-9	
43	昌荣传统儿童玩具制作技艺	TZⅥ-10	
44	兴化锡器制作技艺	TZⅥ-11	
45	泰州小磨麻油制作技艺	TZⅥ-12	
46	泰州嵌桃麻糕制作技艺	TZⅥ-13	
47	兴化三腊菜制作技艺	TZⅥ-14	
48	季市老汁鸡制作技艺	TZⅥ-15	
49	竹泓制香制作技艺	TZⅥ-16	
50	兴化家具传统制作技艺	TZⅥ-17	
51	兴化米甜酒制作技艺	TZⅥ-18	
52	靖江金波酒酿造技艺	TZⅥ-19	
53	泰州丝光薄荷糖制作技艺	TZⅥ-20	
54	姜堰薄脆制作技艺	TZⅥ-21	
55	梁徐董记牛肉制作技艺	TZⅥ-22	
56	桥头纸牌制作技艺	TZⅥ-23	
57	曲霞蟹黄汤包制作技艺	TZⅥ-24	
58	兴化木杆秤制作技艺	TZⅥ-25	
59	兴化猪头肉卤制技艺	TZⅥ-26	
60	兴化大麦酒酿造工艺	TZⅥ-27	
61	兴化铜器制作技艺	TZⅥ-28	
62	高港江鲜烹饪技艺	TZⅥ-29	
63	姜堰酥饼制作技艺	TZⅥ-31	
64	姜堰大炉烧饼制作技艺	TZⅥ-32	
65	黄桥卤菜制作技艺	TZⅥ-33	
66	兴化木塔寺卞氏眼科疗法	TZⅦ-1	传统医药
67	潘氏喉科疗法	TZⅦ-2	
68	许氏正骨疗法	TZⅦ-3	
69	兴化夏氏针灸疗法	TZⅦ-4	

续表47

序号	项目名称	项目编号	项目类别
70	左氏正骨疗法	TZⅦ-5	传统医药
71	泰兴斗金叶子	TZⅧ-1	传统体育、游艺与杂技
72	兴化都天庙会	TZⅨ-1	民俗
73	田河建房“说鸽子”	TZⅨ-2	
74	海陵唐甸庙会	TZⅨ-3	

2020年泰州市非物质文化遗产项目传承人情况表

表48

序号	项目名称	项目类别	传承人	公布批次
国家级（5人）				
1	传统木船制造技艺	传统技艺	周永干	第三批
2	泰州淮剧	传统戏剧	陈德林	第四批
3	靖江宝卷	民间文学	张东海	第五批
4	茅山号子	传统音乐	陆爱琴	第五批
5	扬派盆景技艺	传统技艺	曹季德	第五批
省级（26人）				
1	靖江宝卷	民间文学	王国良	第二批
2	靖江宝卷		刘正坤	第五批
3	姜堰滚莲湘	传统舞蹈	李道功	第四批
4	泰兴花鼓		李震霞	第五批
5	淮剧	传统戏剧	黄素萍	第四批
6	兴化淮剧		汤宏英	第五批
7	杖头木偶戏		徐金凤	第四批
8	茅山号子	传统音乐	张卫华	第五批
9	扬派盆景技艺	传统美术	尤六扣	第三批
10	泰兴麻将雕刻		刘　军	第四批
11	泰州木雕		帅春燕	第五批
12	面塑（姜堰面塑）		王洪祥	第五批
13	孤山泥狗子		钱伯平	第五批
14	靖江蟹黄汤包制作技艺	传统技艺	陶晋良	第四批
15	兴化水车制作技艺		徐长龙	第四批
16	传统绳带编制技艺		孙学仁	第五批
17	靖江肉脯制作技艺		褚洁明	第五批
18	黄桥烧饼制作技艺		张天勇	第五批
19	扬派盆景技艺		罗玉燕	第五批
20			宋年红	第五批

续表 48

序号	项目名称	项目类别	传承人	公布批次
21	许氏正骨疗法	传统医药	王 铠	第四批
22	许氏正骨疗法		许 勇	第五批
23	邱氏烫伤膏制作		邱海辰	第五批
24	雅妙河戴氏中医喉科疗法		戴永星	第五批
25	姜堰陈氏针灸疗法		陈 宁	第五批
26	姜堰撂石锁	传统体育游艺与杂技	姜宝洪	第五批
市级（64人）				
1	储罐的故事	民间文学	储有勋	第四批
2	吉高的传说		张从义	第四批
3	兴化韩乐吾的故事		陈钟石	第四批
4	郑板桥的故事		张培元	第二批
5	靖江宝卷		马国林	第三批
6	淮剧	传统戏剧	韦锡峰	第一批
7			李加虎	第一批
8			谭步权	第三批
9	兴化淮剧		陈 波	第三批
10	溱潼砖瓦制作技艺	传统技艺	孙鞋根	第一批
11			刘宝庆	第一批
12	靖江蟹黄汤包制作技艺		叶 建	第一批
13			缪祥宏	第三批
14	泰州嵌桃麻糕制作技艺		戚根森	第二批
15	泰州干丝制作技艺		张锦秀	第二批
16			刘明喜	第三批
17			周银喜	第三批
18			阎继山	第三批
19	黄桥烧饼制作技艺		李 建	第二批
20	宣堡小馄饨制作技艺		马振亚	第二批
21	泰州小磨麻油制作技艺		丁秋根	第二批
22	兴化匾额制作技艺		袁桂宏	第二批
23	金波酒酿造技艺		贾 彤	第三批
24	泰州白酒酿造技艺		赵 巍	第三批
25	桥头纸牌制作技艺		王希曾	第三批
26	姜堰薄脆制作技艺		严奇平	第三批
27	溱潼“鱼饼”、“虾球”制作技艺		段瑞龙	第三批
28	梁徐董记牛肉制作技艺		董元林	第三批

续表48

序号	项目名称	项目类别	传承人	公布批次
29	兴化湖彩蛋制作技艺	传统技艺	陈跃华	第三批
30	兴化传统家具制作技艺		李照明	第三批
31	兴化米甜酒制作技艺		邹贻争	第三批
32	曲霞汤包制作技艺		殷和明	第三批
33	季市老汁鸡		陈琴华	第四批
34			李建平	第四批
35	泰州丝光薄荷糖制作技艺		袁国庆	第四批
36	高港宫灯制作技艺		芮春生	第四批
37	高港江鲜烹饪技艺		袁国湘	第四批
38	兴化铜器制作技艺		蒋德宽	第四批
39	泰兴花鼓	传统舞蹈	朱　峰	第一批
40			朱　凤	第一批
41	高跷龙舞		张祥根	第二批
42	姜堰滚莲湘		张进军	第四批
43	板桥道情	传统音乐	徐枫树	第二批
44			吕冠杰	第二批
45	六书（乐书）音乐		闵正国	第二批
46	兴化民歌		周粉兰	第四批
47	泰州木雕	传统美术	帅文峰	第四批
48	口岸虎头鞋		邓小华	第二批
49	高港根雕		袁永亮	第三批
50	靖江竹编		张建清	第三批
51			张建国	第三批
52	孙氏纸扎		孙素林	第三批
53	兴化糖塑		虞国桂	第三批
54	兴化面塑		黄宝富	第三批
55	泰兴河失砖雕		刘明宏	第三批
56	泰兴银杏木雕		陆克正	第三批
57	白米糖塑		谢荣安	第三批
58	史氏幼科疗法	传统医药	史来恩	第三批
59	许氏正骨疗法		许　靖	第四批
60			宋　震	第四批
61	兴化锣鼓书	曲艺	程永贵	第二批
62	泰兴说唱		傅文章	第三批
63	斗金叶子	传统体育游艺与杂技	傅文章	第二批
64	海陵撂石锁		王秉荣	第四批

【文物保护单位管理】 2020年，泰州市上争国家、省文物保护专项资金891万元。泰州市城隍庙消防、高港区雕花楼修缮、泰州市博物馆馆藏出土明代纺织品文物保护修复、中国人民解放军海军诞生地纪念馆可移动文物数字化保护等17项文物保护工程项目获省文物局批复，日涉园、崇儒祠等10处省级以上文物保护单位保护规划编制完成，日涉园消防、梅亭整体纠偏、红卍字会修缮竣等8项工程竣工验收。开展城中、涵东、八字桥、邑庙街等历史街区整治中文物保护，推进吉祥文化街区、泰来面粉厂、乔园东宅西园项目和泰州市烈士陵园陈列馆顶部改造工程项目。建立文物安全联合检查监督机制，常态化开展文物安全检查。 （杨俊杰）

史志档案

【党史工作】 2020年，泰州市党史部门编写《中国共产党泰州历史》《中国共产党泰州历史大事记》《中国共产党泰州历史人物传》。《中国共产党泰州历史大事记》上限起自1996年，下限至2016年。《中国共产党泰州历史人物》收录党史人物100位。发行《实干之路——中国共产党泰州历史专题集（1996—2016）》《一切为了胜利——渡江战役支前文献汇编》；完成江苏国家级开发区专题之《泰州医药高新区的特色发展历程》内容修改。征集泰州市第二届红色故事大赛脚本。《春华秋实40年》获全省党史著作一等奖。开展红色文化、优秀传统文化和社会主义核心价值观宣传，重新布展中国共产党在泰州图片展内容，充实党史教育基地展览陈列。组织宣讲小分队开展“七进”活动、设立城市书房和社区图书角、赠送党史书籍，宣传泰州“四史”（党史、新中国史、改革开放史、社会主义发展史）。市党史方志办在《泰州日报》开设专栏，发表《黄桥战役是党的“三大法宝”的创造性运用》《统战艺术的典范：黄桥决战前后的统战工作》《陈毅三进泰州城》《黄桥战役中的军事斗争谋略》《黄桥决战中的“民心”》等系列文章。

【地方志工作】 2020年，泰州市在编名镇名村志77部，其中完成终审6部、复审24部。泰州方志馆全年上架志书1511本。泰州市、市（区）两级7部地方综合年鉴2020卷出版，乡镇年鉴《大泗年鉴（2018）》出版，《永安洲年鉴》逐年编纂。《泰州年鉴（2019）》获评全国地方志优秀成果（年鉴类）奖二等年鉴、江苏省2020年度年鉴质量评审一等年鉴。《高港年鉴（2019）》《兴化年鉴（2019）》获评江苏省2020年度年鉴质量评审二等年鉴。年内，泰州市开展方志文化“六进”（进机关、进企业、进农村、进社区、进校园、进军营）活动，在泰山公园城市书房开展“六进”活动赠书仪式，向泰州军分区等单位赠送地情书，开展团市委系统泰州市历史文化宣讲。完成泰州市历史文化展布展大纲脚本初稿。

2020年6月10日，市党史方志办在海陵区泰山公园城市书房开设“史志”专栏 （市党史方志办 供图）

【档案工作】 2020年，泰州市有综合档案馆6个，其中国家综合一级馆3个、二级馆1、三级馆1个，有专门档案馆（城建档案馆）5个。档案库房面积0.98万平方米，馆藏全宗1256个，纸质档案182.07万卷179.38万件，照片2.67万张，录音录像带715盘，实物1770件。其中，市档案馆馆藏全宗394个13.80万 卷26.96万 件，图书、资料26733册。年内，市档案馆新查阅服务中心投入使用，全年接待查档1326人次。市党史方志办创建“泰好查”查档服务品牌，提供窗口查档、电话查档、微信查档、网站查档等服务，异地查档省内即时出证，长三角跨省查档邮寄送达。兴化市周庄、沈坨等14个村镇创成省一级村镇建设档案室，兴化市垛田镇创成省特级村镇建设档案室，实现村镇建设档案室全覆盖。全市各综合档案馆馆藏档案累计数字化7571万页，档案数字化率93.1%。12月25日，泰州市数字档案馆通过省AAAAA数字档案馆验收。全市有江苏省中小学档案教育社会实践基地4个，泰州市中小学档案教育社会实践基地6个。市党史方志办渡江战役档案图片展和《一切为了胜利—渡江战役支前文献汇编》《一切为了胜利—渡江战役泰州支前档案见证》获2020年度江苏省档案开发利用成果一等奖。

【《泰州市防控新冠肺炎疫情实录》发行】 2020年10月26日，泰州市举行《泰州市抗击新冠肺炎疫情实录》发行座谈会。该书由泰州市党史方志办公室编纂，为全省第一本发行的抗疫专题志书，设八个版块，近40万字，收录图片250多幅，链接音视频41个，展示泰州市抗疫经过与成果，获全省地方志工作年度创新奖第一名。

【首次以重大事件单设档案全宗】 2020年，市党史方志办首次以重大事件单设档案全宗，征集62名援鄂医务人员档案。接收个人捐赠疫情防控照片、日记、文学作品等12件。征集防疫宣传系列漫画20件、硕世生物、康为世纪、默乐生物等企业生产的新冠肺炎检测试剂产品实物；征集居住证、出入证等实物50多件；征集一办十组各防控机构及成员单位电子照片1000多张，音、视频1500多个、实物40多件，各类抗疫主题作品300多件，网页信息及社交媒体类文件400多件。

（顾　伟）

社会科学研究

【概况】 2020年，泰州市编制《泰州市哲学社会科学“十四五”（2021~2025）规划》。修订《泰州市决策咨询优秀成果奖励办法》，完成2019年度“泰州市决策咨询优秀成果奖”和“泰州市第十二届哲学社会科学优秀成果奖”评奖工作。创办“泰州知道”微信公众号，宣传推介城市文化、传播人文知识、培育人文精神。年内，开展“泰州江海文化基因溯源”“泰州市健康服务业发展情况调查分析及对策研究”“后疫情时代泰州工业企业稳定产业链供应链情况的调查与分析”“泰州人力资源供给与产业发展需求匹配性研究”等课题研究工作。完成“优化商圈布局　完善商业业态”“引进主流高端品牌　完善中心城市功能”等课题；组织“开展关于泰州‘打造城市硬核，塑造都市功能’的对策研究”前期研究工作。联合省社科院社会所开展泰州民生发展指数研究。

【决策咨询研究】 2020年，泰州市社科联完成《建议疫情防控与经济发展“两手硬”》《疫情冲击下建议出台对房地产业的支持措施》《疫情下复工企业面临的困难及建议》《近期中央出台的政策将对泰州产生深远影响》《深化人口要素市场化改革对泰州的影响及政策建议》等报告。提出土地审批权下放、要素市场化配置改革、城镇化等方面建议。市社科联协同新一线城市研究所，完成《泰州〈城市商业魅力排行榜〉2019年数据分析》《基于城市商业魅力排行榜数据，泰州对标常、镇、通、扬、盐五城市的整体表现与发展趋势分析》2篇报告。完成《泰州市区房地产土地招挂牌供给规模研究》《关于在古盐运河广场增建“文园”的建议》等专题报告。

【社科普及】 2020年，泰州市完善管理制度、整合各类资源、优化载体平台和创新工作方法，提升社科普及程度。推动社科普及品牌化，打造“一会一旬一普及”品牌，各学会、基地开展抗疫自愿活动和线上科普宣传，全年完成科普活动180场次。

【学会建设和管理】 2020年，泰州市制度化推进学会管理，改进市级社科类学会建设与管理，修订学会管理和考核办法，建立学会（基地）联系制度和社科普及联席会议制度。召开学会和社科普及基地工作会议，表彰2019年度先进学会和学会工作先进个人，举办学会秘书长培训班，完成学会年检、换届工作。

【泰州学派研究】 2020年，泰州市推动泰州学派城市文化品牌建设。举办泰州学派学术高峰论坛。启动建设泰州学派文献馆，建设全国有影响的“泰州学派文献中心”。由南京大学泰州学派研究中心发布《2021年度泰州学派研究课题指南》。泰州市与上海市儒学研究会签订战略合作协议，建设泰州城市文化品牌。（张荣良）

大众传媒

【概况】 2020年，泰州市组织抗疫专题“好记者讲好故事”选拔和巡讲，泰州广电台融媒体抗疫宣传案例“声音的力量”获江苏广电媒体融合优秀案例奖。开展“双胜利”和全面小康优秀新闻作品评选，推选《曲霞，“合伙人”搅活“一池春水”》《省级贫困村突围记》等作品。参与“走进大上海 融入长三角”、2020中国幸福城市论坛、“产业强市·央地合作”、医博会、梅艺节等重要活动，策划“泰州—静安·双城记”等系列宣传活动，组织“沪泰动车组”开通仪式全媒体宣传。开设“聚焦医博会”“直通梅艺节”等专栏。创作黄桥战役胜利80周年、抗美援朝出国作战70周年、杨根思烈士牺牲70周年等融媒体产品。

【广播电视】 2020年，泰州广播电视传媒集团（台）广播平均每日播音54.18小时，全年自制节目17709小时；电视平均每周播出449.78小时，全年自制节目12686小时。全年在中央广播电台用稿23条，用稿量连续3年进入地市台“十强”；央视用片88条；江苏省广播电视总台用片1000余条。“学习强国”泰州平台在江苏平台用稿量居全省第二位。专题片《亲语连廉》获省级现代服务业发展专项资金扶持。公益广告《爱的回答》入选国家广电总局扶持项目。3件作品入围全国税收公益广告扶持项目。1件作品获中国广播电视大奖·广播电视节目奖（2017-2018年度）电视消息类提名奖；参加江苏广播电视政府奖评比，2件作品获广播电视作品奖，1件作品获广播电视科技成果奖，1人获优秀广播电视人物奖；在2019年度全省优秀广播电视节目奖评选中，获一等奖5个、二等奖16个、三等奖17个。11月4日，泰州广播电视台二、三频道高清节目正式上线。泰州广播电视台三个自办频道的节目全部实现高、标清同步播出。（叶　萍）

【报纸】 2020年，泰州报业传媒集团有《泰州日报》《泰州晚报》。《泰州日报》每日对开8版（双休日为4版），每周48版；《泰州晚报》每日四开16版（周日为8版），每周104版。

《泰州日报》。2020年，《泰州日报》推出“走向我们的小康生活”“纪念抗美援朝出国作战70周年”“大兴实干之风 致力高质量发展·聚焦‘三比一提升’”“大兴实干之风·奋力书写‘一高两强三突出’新答卷”等栏目。推出“坚决打赢疫情防控阻击战”专题版面，编印《新型冠状病毒知识30问》宣传折页280多万份。开设“打好脱贫攻坚战 全面建成小康社会”专栏，推出“镇村行”系列报道。开设“走向我们的小康生活”专栏，下设“镇村行”“故事”“人物”“攻坚”等子栏目。

《泰州晚报》。2020年，《泰州晚报》副刊《坡子街》2020年起改版，由原来的每周1至2个版，增加至每天2个版。年内，《泰州晚报》开设“泰州市按下省运会筹备‘快进键’新建、改建16个场馆，竞赛项目及赛场已初步安排”“泰州市建小轮车、轮滑运动中心 承担省运会赛事并向市民开放”“省青少年篮球后备人才基地落地兴化 将为泰州市打造10支省运会篮球参赛队伍”等专题报道。开展“记者带你有江苏”“融入长三角 采风兴化行”“首届百家健康老人大赛”等活动。成立‘晚报创客中心’，推出“打造泰州创客 助力创业富民”创新项目。（王长中）

【新媒体】 2020年，泰州报业传媒集团有泰州新闻网、“泰州发布”“微泰州”微信公众号、“最泰州”“驰新闻”抖音号等新媒体平台。泰州广播电视传媒集团（台）有“我的泰州”APP、“泰州微视听”微信公众号、凤城泰州网、公共信息联播网、LED户外大屏联播网、“泰好看”抖音号等新媒体平台。6月16日，“驰新闻”“最泰州”抖音号创办。‘驰新闻’发布全球新闻，日均更新5条，篇均播放量超30万，影响力在江苏省位居前5位。“最泰州”发布本土新闻，日均更新2条，篇均播放量超20万。“泰好看”抖音号开通视频直播，上线“商品橱窗”等功能，全年发布视频4056个，粉丝数超210万，播放量过亿条数11条。

“泰州发布”是中共泰州市委宣传部主办的公众号，粉丝量约60万。全年阅读量超2807万，比2019年增加132.32%，全年点赞总量超23万，增加75.44%，传播指数增加15.91%。

“一端三微”。“我的泰州”APP客户端集新闻资讯、智慧城市、生活服务于一体，接入28个智慧政务和便民服务功能，用户197万，获评“全国地市最强融媒品牌”和“创新榜”2020年度广播影视业管理创新团队奖。“泰州微视听”公众号定位于新闻类媒体公众号，以“懂泰州，更懂你”为办号理念，以新闻资讯引领媒体发展，扩大主流舆论版图。2020年发布文章4026篇，累计阅读量4789万。“微泰州”公众号贴近社会民生，满足用户多样化、个性化、多元化需求，2020年阅读量超10万文章583篇，粉丝量120万。

【媒体融合发展】 2020年，泰州市通过“机构整合+媒体融合”的方式，探索县级融媒体中心建设路径。县级融媒体中心提前实现全部挂牌成立，7月，泰兴市融媒体中心通过全省首批验收，靖江市、兴化市、姜堰区3家融媒体中心12月接受第二批省级验收。年内，泰州报业传媒集团建成集团融媒体指挥中心及泰州新闻发布演播厅项目，完善“中央厨房”指挥功能和新闻发布功能。形成“报、网、微、号”全媒体立体式宣传格局。“微泰州”公众号入驻《人民日报》客户端、“新华社”客户端和“今日头条”客户端、视频号等全国性网络平台，推送各类宣传报道216篇。注册上线“驰新闻”和“最泰州”2个抖音号，采用“5G+4K+VR”全新报道手段，用于新媒体内容生产。承办“学习强国”泰州学习平台，筹办“新泰州”APP。“创新融合发展思路，助推地方主流媒体公众号跃居全省第一”项目入选中宣部2020年中国报业深度融合发展创新案例并获奖励资助。泰州广播电视传媒集团（台）融媒体栏目《主播悦读》抗疫宣传特别专栏“声音的力量”获评江苏省广播电视媒体融合优秀案例奖。“泰州微视听”推出《祥泰之州》系列、《泰州，一分钟》《城市有了烟火气》《洪泽湖舰荣归海军诞生地》《“狙击英雄”张桃芳》《特级英雄杨根思》、30集微视频《幸福水天堂》。“泰州微视听”推出“视频号”。全年开展手机直播300多场。

（卢仲云 姜景旸 刘 涛 陈丽君）

文化产业

【概况】 2020年，泰州市文化产业产值占地区生产总值的比重为3.73%。至年末，全市有规模以上文化企业472家，有国家文化出口重点企业5家、省级以上文化产业示范园区2个、省级以上文化产业示范基地5个。扬子江药业集团创成省工业旅游区，“靖江文化中心建设”等6个项目获省文化和旅游产业发展专项资金扶持770万元，电视片《亲语连廉》等3个项目获省级现代服务业（广播电视）发展专项资金扶持210万元。

2020年9月30日，古盐运河文创节在泰州市柳园文化街区开幕

（顾 俊 摄）

【文旅产业融合】 2020年，泰州市实施文化产业“1133工程”（支持10个重点园区和10个特色产业街区加快发展，扶持30个重点文创企业和30个文化产业项目发展和建设），建立文化产业重点项目库，开展特色文化产业统计调查，泰州文化创意产业园、中国黄桥乐器文化产业园通过省级文化产业示范园区复核，泰州早茶博物馆正式开馆。组织参加中国（南京）文交会、第二届长三角文博会。开展文旅惠民季活动，推进夜间文旅消费集聚区建设，泰州凤城河风景区和靖江滨江新城休闲水街入选首批省级文旅消费集聚区。

【文化企业发展】 2020年，泰州市组织2020年度市区文化产业发展专项资金申报，“广电云上直播平台及应用”“泰州报业教育文化产业园泰州广场分园”等31个项目获扶持资金681万元。举办2020古盐运河文创节，组织企业参加第九届苏州文化创意设计产业交易博览会、第二届大运河文化旅游博览会、第九届全国自驾车旅游发展峰会等。

【泰州市文化创意园】 2020年，泰州市文化创意园完成核心区7千米道路、桥梁、水系和15万平方米景观绿化工程建设，建成6万平方米文创产业孵化区，入驻阿米检测、泰科检测、中铁八局、智慧公社、亿蜂国际化产业创新示范基地等项目。落户营运大鹏影视、丁文剑影视工作室、量润影视等影视企业项目。体育特色小镇建设年与国家体育总局下属北京中体明星产业公司成立合资公司。引进电商企业、电商服务企业及其关联产业，落户歌德电商生态园、跨境电商（泰州）孵化基地、安途通电商等。

【古盐运河文化带建设】 2020年，泰州市编制出台《泰州市大运河文化保护传承利用实施规划》，在泰来面粉厂、南山寺景区、望海楼景区导入应用大运河国家文化公园标识形象系统。泰来面粉厂工业遗址文化复兴项目施工，涵东历史文化街区保护提升项目规划编制通过审查，完成搬迁。筹建省大运河（泰州）文化旅游发展基金，建立古盐运河文化带泰州区域文化遗产资源基础数据库，完成区域省级以上文物保护单位保护规划编制，组织开展沿线历史文化遗迹“两线”划定。9月30日~10月8日，举办“中国盐 东方韵”的2020古盐运河文创节，推出“泰有戏”“东方韵”“墨彩京谱”“又见梅郎”四个版块，展示运河文化。举办文博文创集市、手作天工集市、市民文化夜市、梅派经典唱段表演、梅兰芳京剧艺术展示、京剧票友互动演出、淮剧经典剧目展演、里下河文学分享、古盐运河人文影视欣赏、非遗创意美食、艺术生活分享等活动。 （颜培照　杨俊杰）

文化市场管理

【概况】 2020年，泰州市推进文化市场综合执法改革，开展文化和旅游无证经营、互联网文化市场、旅游包车、校园周边环境集中整治，危险化学品等专项整治行动，查办文化市场综合执法领域行政处罚案件91件，没收非法出版物和印刷品6000多本（件），泰州市文化市场综合执法支队被国家版权局表彰为“查处重大侵权盗版案件有功单位”。

【发行版权管理】 2020年，泰州市完善版权社会服务，全市有版权工作站14家，版权作品登记数量超2万件，新增培育版权保护联盟组织1个（泰州沃桐工社摄影版权保护联盟）。印发出台《关于加强印刷复制发行企业暨连续性内部资料出版物监管工作的通知》《泰州市知识产权质押贷款管理办法》等文件。常态化开展“正版正货”评选活动，扶持引导版权企业健康发展。联合市文化行政综合执法支队，依法查处违法违规行为。完善非法出版物鉴定流程和报刊、内部资料性出版物审读流程，调整审读队伍。

【扫黄打非】 2020年，全市查处“扫黄打非”行政案件74起，建立网上“扫黄打非”联席会议制度，向省“扫黄打非”办报送大案要案15起，备案敏感案事件12起。2起案件被列为国家级督办案件，6起被列为省级督办案件，办结网上侵权盗版行政案件3起。年内，全市“扫黄打非”基层站点建设覆盖率100%，建成功国家级示范点2个，省级示范点9个，邮政系统首家“扫黄打非”示范点创建工作成为全国典型。

【广电管理】 2020年，泰州市修订完善《泰州市境外电视传播秩序专项整治工作联席会议制度及工作规则》，泰州市文广旅局、泰兴市文体旅局、兴化市文体旅局获评2020年度全省境外卫视传播秩序专项整治工作先进单位，55件广电作品在全省优秀广播电视节目评选中获奖，其中一等奖9件。

【电影市场管理】 2020年，泰州市争取各类补助资金1531.12万元，全年电影票房超2亿元，比2019年增长10.4%。全市新增城市影院4个，新建乡镇影院7个。全年放映农村公益电影1.8万多场，发放电影惠民兑换券约2万张。泰州市文旅集团、兴化市文旅集团、江苏全线影视文化有限公司联合出品的电影《垛上花》杀青；全程在泰州取景拍摄的电影《小事》入围意大利远东国际电影节、平遥国际影展；由泰州电影家协会主席丁文剑编剧并导演的电影《建筑师》入围平遥国际影展。 （颜培照）

责任编辑：王　卉

综　述

【概况】 2020年，泰州市推进疫情防控工作和医疗卫生事业发展，开展抗击新冠肺炎疫情、推进健康泰州建设、提升医疗水平行动、改善医疗卫生服务工作。泰州市成为全省首家本地确诊病例全部治愈出院和全省首批所辖市区全部为低风险地区的设区市。制定出台《落实健康中国行动推进健康泰州建设的实施方案》，实现省级以上“慢性病综合防控示范区”全市全覆盖，泰州市严重精神障碍患者管理治疗工作综合评分全省第一，计生特殊家庭心理援助工作经验在全国推广。构建市级医疗服务体系基本架构，实施基层医疗机构建设提升工程，健全危急重症救治体系。创新推出智慧医疗服务，推进“蓝盾卫健”，实施“双百工程”。年内，市疾控中心获评“全国抗击新冠肺炎疫情先进集体”，市卫健委、市人民医院获评“全省新冠肺炎疫情防控先进集体”，11人获评“全省抗击新冠肺炎疫情先进个人”。

【医疗卫生机构】 至2020年年末，泰州市医疗卫生机构总数2134个，比2019年增加16个。其中，医院91个、基层医疗卫生机构1999个、专业公共卫生机构31个、其他卫生机构13个，与2019年比较，医院增加4个、基层医疗卫生机构增加10个。医院中，公立医院26个、民营医院65个。医院按床位数分：100张床位以下医院53个，100～199张的医院18个，200～499张的医院12个，500～799张的医院4个，800张及以上医院7个。基层医疗卫生机构中，社区卫生服务中心（站）105个，乡镇卫生院114个，诊所、卫生所和医务室561个，村卫生室1091个，门诊部128个。专业公共卫生机构中，疾病预防控制中心7个，专科疾病防治院（所、站）3个，妇幼保健院（所、站）7个，卫生监督机构6个，计划生育技术服务机构3个，急救中心2个，采供血机构3个。

【医疗卫生人员】 2020年年末，泰州市卫生人员总数40985人（包括村卫生室人员），比2019年增加1682人，增长4.3%。卫生人员中：卫生技术人员33071人，其他技术人员2642人，管理人员1080人，工勤技能人员2413人。卫生技术人员中：执业（助理）医师14029人（其中执业医师11156人），增加720人，增长5.4%；注册护士13728人，增加465人，增长3.5%；药师1833人，增加57人，增长3.1%；技师1533人，增加132人，增长9.4%。卫生人员机构分布：医院22581人，占55.1%，基层医疗卫生机构16129人，占39.4%，专业公共卫生机构2039人，占5.0%。每千人口执业（助理）医师3.1人，每千人口注册护士3.0人。

【医疗费用】 2020年，泰州市医院次均门诊费用326.7元，人均住院费用9981.8元。医院次均门诊药费149.6元，占45.4%，与上年基本持平；医院人均住院药费3577.4元，占30.9%，下降1.6个百分点。各级公立医院中，三级医院次均门诊费用342.2元，上涨18.4%，三级医院次均住院费用12716.8元，人均住院费用增长8.0%。

【医疗卫生体制建设】 2020年，泰州市召开全市医联体工作座谈会，明确全市深化医改年度重点工作任务及分工。泰州市通过国家、省两级公立医院综合改革效果评估。年内，推行公共场所卫生行政许可告知承诺审批制度和“不见面”审批模式，实行二级及以下医疗机构设置审批与执业登记“两证合一”，取消各类申报材料48件，完成审批事项1294件，邮寄送达各类证照135件。

【卫生健康队伍建设】 2020年，泰州市组织卫生专业初中级技术资格考试13234人次，护士执业资格考试2592人次，卫生高级实践能力考试1510人。开展农村订单定向医学生免费培养，本一批次录取53人，本二批次录取13人，专科批次录取107人。新招录住院医师245人，紧缺专业76人。新招收2020级定向免费医学大专生参加助理全科培训46人，2019级全科转岗结业合格52人。新进基地全科转岗培训42人。组织参加规培考试149人。

【无偿献血及采供血】 2020年，泰州市无偿献血14196人次，采集全血22888.75单位，血小板采集2894个治疗量，冷沉淀制备9175.75单位，检测样本47753人份，供应红细胞类22851.5单位，血小板2889个治疗量，冷沉淀4865.75单位，血浆31181.5

单位。全市2571人获全国无偿献血奉献奖，其中金奖688人，银奖457人，铜奖1426人。组织“世界献血者日”座谈会，采集新冠肺炎康复者恢复期血浆1600毫升。

【卫生信息化建设】 2020年，泰州市建成互联网医院7家，启动二、三级医院医疗废弃物管理（监管）系统建设工作，45家医疗机构建成医疗废物监管信息系统。开展二级以上医院电子病历系统应用水平和医院智慧服务分级评价，6家医院电子病历系统应用水平达4级，泰州市人民医院、靖江市人民医院均达5级。举办“健康泰州”（泰康云平台、基卫云系统、健康泰州APP）建设一期成果上线，基本完成全市公立医院及基层医疗机构数据初步标化治理，101家医疗机构上线，上线副主任及以上医生2238名，“健康泰州”APP用户注册量超30万。

【健康扶贫】 2020年，泰州市健康扶贫工作考核成绩居全省前列。全市救治建档立卡低收入大病患者17671人次。148家公立医院全部落实县域内低收入人口“先诊疗后付费”及“一站式”结算工作，低收入人口在县域内住院，免收住院押金，实行先诊疗后付费。居民医保、大病保险、健康扶贫补充保险、医疗救助“一站式”报销服务窗口全覆盖。全市建档立卡低收入人口数97720人中，在知情同意前提下，实现家庭医生签约服务建立电子健康档案全覆盖，完成建档立卡低收入人口免费体检78078人。

2020年5月11日，泰州市举行“5·12国际护士节”纪念活动

（市卫健委　供图）

医疗卫生服务

【门诊医疗】 2020年，全市医疗卫生机构总诊疗人次2303.9万人次，比2019年减少294.8万人次。总诊疗人次中，医院943.2万人次、基层医疗卫生机构1290.0万人次、专业公共卫生机构70.6万人次；公立医院诊疗人次865.3万人次、民营医院77.9万人次；乡镇卫生院和社区卫生服务中心（站）诊疗人次达705.6万人次，减少102.2万人次。乡镇卫生院和社区卫生服务中心（站）诊疗人次占诊疗总量30.6%。

【住院医疗】 2020年，泰州市医疗卫生机构入院人数81.4万人，比2019年减少7.3万人。其中，医院62.4万人、基层医疗卫生机构17.8万人、专业公共卫生机构1.2万人，分别减少4.8万人、1.2万人、0.2万人。医院入院人数中，公立医院55.5万人，民营医院6.9万人。全市医院病床使用率78.9%，其中，公立医院84.0%。医院病床使用率比2019年降低7.5个百分点（其中公立医院降低9.4个百分点）。医院出院者平均住院日为9.7日（其中公立医院9.6日），医院出院者平均住院日比2019年略有上升。

【医疗急救】 2020年，泰州市急救中心新招聘医护人员18名，健全调度员质控考核体系，启用“120”智慧指挥分级调度中心。泰州市急救中心成立市医疗急救培训基地，承办2020年扬州泰州地区院前急救学术年会。2020年，泰州市急救中心完成中高考、职称考试、医药博览会、梅兰芳艺术节等各类现场疫情保障任务65批次。

【护理服务】 2020年，泰州市确定急诊护理、危重症护理、手术室护理、母婴护理（助产）4个护士专科培训基地、实践基地。开展“5·12”护士节、中国医师节系列活动。市卫健委与市人社局联合开展全市急危重症护理技能护理岗位技能竞赛。泰州市开展“护理抗疫微视频”征集活动，评选表彰9个微视频、20个“巾帼文明岗”、76名“巾帼建功标兵”、8名“优秀护理标兵”。

【基层医疗卫生机构建设】 2020年，泰州市开展城乡基层医疗卫生机构标准化建设，解决海陵区城南社区卫生服务中心建设不达标和姜堰区城区区划调整后社区卫生服务中心按规定设置、标准化建设问题，建成海陵区城南街道、高港区刁铺街道社区卫生服务中心和姜堰区顾高镇中心卫生院（新址）等社区卫生服务机构。

【基层医疗服务】 2020年，泰州市基本公共卫生服务项目经费补助标准人均80元。组织乡镇卫生院和社区卫生服务中心参加申报省“优质服务基层”活动，经审核验收，达优质服务基层行推荐标准的基层医疗卫生机构17家，占比12.5%。启动新一轮优秀基层卫生骨干人才遴选，各市（区）按照不低于乡镇卫生院、社区卫生服

2020年7月14日，泰州市卫健委、泰州市中医药健康服务协会组织专家到泰兴市济川街道房元村开展义诊活动　　（市卫健委　供图）

务中心卫技人员总数8%的比例（泰兴市10%）遴选，推荐省优秀基层卫生骨干人才180名。

【三级甲等医院】　泰州市人民医院。该医院是泰州地区集医疗、教学、科研、预防为一体的唯一的国家三级甲等综合性医院，建设面积约42.2万平方米。二期规划建设泰州市妇幼保健院（泰州市人民医院妇幼分院）、科研教学中心（一基地六中心）。2020年，门急诊109.5万人次，出院11.40万人次，手术例数3.4万例。编制床位3818张。全院在职职工2972人，卫技人员2698人，高级职称606人（正高215人，副高391人）。博士生导师6人，硕士研究生导师78人。成立院士11个、名医工作站。有省级临床重点专科16个、泰州市重点专科37个，市医学重点学科7个，省医学重点学科培育点1个。

泰州市中医院。该医院是国家三级甲等中医院，在全省率先成立中医经典科，"许氏正骨疗法"被列入江苏省非物质文化遗产名录。2020年，全院有编制床位1500张，国家级重点专科2个，省级重点专科4个，省级重点学科1个，市级重点专科20个，市级重点学科7个。有高级职称近300人，博硕士200多人；全国及江苏省老中医药专家学术经验继承工作指导老师4人，全国中药特色技术传承人4人，国家优秀中医临床人才1人，全国中医临床特色技术传承骨干人才1人，江苏省优秀中医临床人才1人，江苏省"333"高层次人才7人，江苏省"六大人才高峰"2人，江苏省青年医学人才1人，江苏省高层次卫生人才"六个一工程"拔尖人才2人，江苏省名中医4人。

疾病预防与控制

【疾控体系建设】　2020年，泰州市新增疾控人员编制88人。市及各市（区）按标准要求分级分类组建成新冠肺炎疫情处置队伍，组建市级专家队伍30人，流行病学调查队伍856人，核酸采样检测人员270人，环境消杀队伍591人，心理健康服务队伍210人。

【预防接种】　2020年，泰州市132家一般预防接种单位儿童预防接种子系统正常运行。各市（区）电子询问诊和电子知情告知率超90%。全市疾控机构、一般预防接种单位、产科预防接种室、狂犬病暴露预防处置门诊、成人预防接种单位疫苗管理子系统正常使用。全市各预防接种单位实施适龄儿童11种疫苗免疫接种，全市各预防接种门诊接种668.7万剂次，其中卡介苗2.5万人次、脊灰疫苗12.0万人次、百白破制剂11.3万人次、麻风疫苗1.1万人次、乙肝疫苗7.8万人次、乙脑疫苗6.1万人次、A群流脑疫苗5.5万人次、流脑A+C群疫苗7.4万人次、甲肝疫苗6.4万人次、麻腮风疫苗4.9万人次，白破疫苗3.7万人次，报告接种率超95%，乙肝疫苗接种及时率超90%。

【慢性病防治】　2020年，泰州市高血压、糖尿病规范管理率分别为69.3%、69.7%。完成心血管病高危人群早期筛查与综合干预项目筛查任务，项目初筛4057例，高危筛查1020例，短期随访1000例，长期随访1461例。在册患者报告患病率4.6‰，在册患者规范管理率98.0%。在册患者服药率86.5%。

【职业病防治】　2020年，泰州市组织实施尘肺病防治攻坚行动，543家冶金、化工、建材等行业企业纳入专项治理，新增7家职业健康检查、2家职业病诊断机构，职业健康检查劳动者15.3万人次，随访调查职业性尘肺病患者373人，随访率95.2%。全市尘毒专项执法检查2989户次，下发监督意见书1318份，立案69件，罚款169.5万。

【病媒生物防制】　2020年，泰州市开展春秋季大规模突击灭鼠，公共环境灭蚊蝇活动以及夏季灭蟑活动，投放灭鼠药物4吨、灭蚊蚴药物3吨、灭蝇药物3吨、灭蟑药物8万袋。全年开展各类病媒消杀活动5625次，新置（增补）毒饵站50596个，其中农贸市场新置（增补）毒饵站4648个。

妇幼保健

【妇幼健康服务体系】　2020年，泰兴市妇幼保健院投入使用。靖江市妇幼保健院开工建设，姜堰区妇幼保健院建设纳入姜堰区政府重点督查项目。年内，创成省级妇幼健康规范化门诊7家。命名确认市级妇幼健康规范化门诊6家，其中2家为省级基层医疗卫生机构妇幼健康规范化门诊示范单位。建制镇妇幼健康规范化门诊达标率75%。

【妇幼健康检查】 2020年，泰州市孕产妇系统管理率92.7%，孕产妇死亡率4.3/10万，婴儿死亡率1.9‰，5岁以下儿童死亡率3.4‰。开展妇女"两癌"免费筛查，发放"两癌"防治宣传资料13万份，检出HPV阳性4333人。

【出生缺陷综合防治】 2020年，泰州市婚前医学检查率86.0%，产前筛查率99.1%，确诊先心患儿182人。确诊先天性甲低患儿9人，高TSH血症患儿23人，轻度高苯丙氨酸血症患儿4人，先天性肾上腺皮质增生症患儿2人，确诊听力障碍儿童11人，先天性心脏病心超确诊率94.4%，确诊先心患儿182人。市妇保所成立新生儿疾病筛查治疗补偿专项资金，年内救助新筛阳性患儿4人，发放补助资金10万多元。国家出生缺陷（遗传代谢病）救助项目申请患儿救助43人，完成救助2人，发放救助资金约2万元。

人口与家庭发展

【母婴设施】 2020年，泰州市在全省率先开通母婴设施互联网位置查询服务。全年新增标准母婴设施37处，全市规定场所建成母婴室178处，总建设面积2726平方米，配置率100%。

【托育服务】 2020年，泰州市推动婴幼儿照护服务规范发展，开展0～3岁婴幼儿托育机构基本情况调查，组织实施婴幼儿照护服务示范试点工作。印发《2020年普惠托育民生实事项目方案》，建成县级指导中心1个、示范托育机构1家、普惠托育机构12家（含省级普惠托育机构3家）。

【计生特殊家庭帮扶】 2020年，泰州市开展计划生育特殊家庭"三个全覆盖"专项行动。市区计生特殊家庭对象住院护理及大病保险项目新增3项免费人身保障内容，特殊家庭对象住院保险赔付率主城区为200%。全市新建"连心家园"3个，泰兴市"连心家园"获评全省优秀示范项目点。完成2019年中央对地方转移支付区域（项目）计划生育六类奖励扶助绩效目标自评工作，累计发放各类计划生育奖励扶助3.8亿元。

健康促进

【公共卫生创建】 2020年，泰州市建成国家卫生镇4个，省级卫生镇2个，省级卫生村63个。开展健康细胞建设，建成省级健康镇2个、省级健康村36个、省级健康社区2个。

【控烟工作】 2020年，泰州市开展无烟党政机关建设工作，全市建成无烟党政机关180多家，覆盖率超30%。开展公共场所控烟督查，下达整改意见书700多份。

中医药事业

【中医业务建设】 2020年，泰州市开设中医经典床位271张，收治患者3000多人次。年内，对照省标准组织专家评估4所三级中医院中医经典病房。组建以泰州市中医院骨伤科（国家中医重点专科）为主的市级中医骨伤专科联盟。创建中医护理省级培训基地，年内招生32人。组建市级中医应急医疗专家库（急诊、危重症、呼吸、感染、外科、骨伤）、药事管理专家库、护理专家库及院感专家库。

【基层中医馆建设】 2020年，泰州市完成2019年31个中医馆及2020年列入新建项目的10个中医馆验收。提供0～3周岁儿童、65周岁以上老年人中医药基本医疗服务包。

【中医药文化宣传】 2020年，泰州市制定《中医中药中国行——2020年中医药健康文化推进行动实施方案》，开展泰州市中医药宣传月活动。成立泰州市中医药健康文化宣讲团，开展中医药宣讲"六进"（进机关、进企业、进学校、进社区、进农村、进军队）活动；以"治未病"为主题，开展全市第十届"中医药就在你身边"健康巡讲活动。市卫健委围绕"一园一区一课堂"（中药种植园、中医药展区和中医药文化特色课堂）建设，联合教育局、团市委等部门在泰州市实验小学和泰州市高港实验小学试点建设"岐黄学园"；指导江苏中药科技园创成江苏省中医药文化宣教基地。泰州市中医院通过全国中医药文化宣教基地初审；参与编撰出版《泰州市名中医传》。

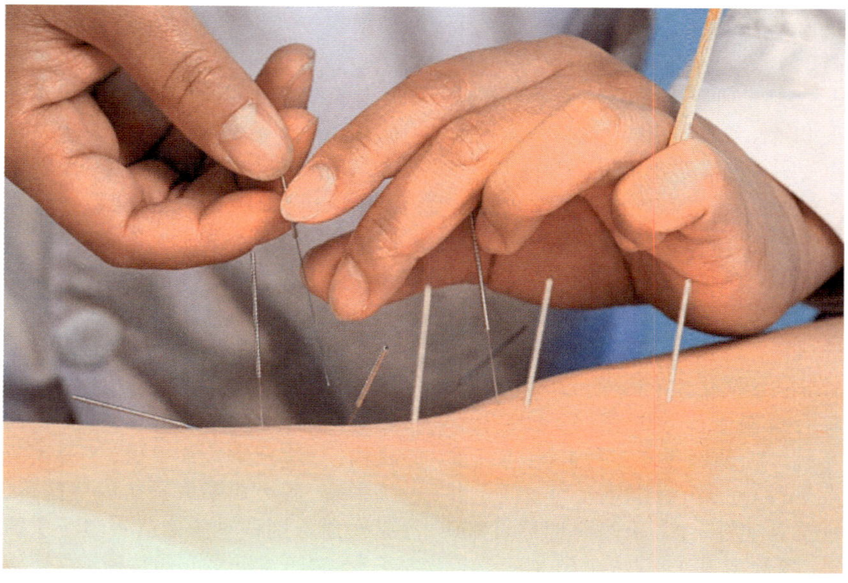

中医针灸　　（王永刚　摄）

医疗卫生监督

【卫生监督执法】 2020年，泰州市完成“双随机、一公开”抽查任务1995件，抽查完结率100%、规范率100%、公开率100%。专项监督疫情防控期间卫生领域违法行为，立案查处不合法消毒液案等52件。开展“蓝盾卫健”四号行动，检查医疗机构314家，发现并整改问题65个。查处非法医疗美容乱象等违法行为，下达卫生监督意见书18份，立案3件。泰兴市卫生监督所被列为省卫健委“信用+综合监管”试点单位。修订出台《行政执法公示办法》《行政执法全过程记录办法》《重大行政执法决定法制审核办法》三项制度，完善行政执法程序，规范行政执法行为。

【食品饮用水监测】 2020年，泰州市开展对辖区三市三区63家经营、加工、存储进口冷冻冷藏食品的重点场所（农贸市场、大中型超市、加工存储企业、宾馆饭店等餐饮服务单位）、冷库进口冷冻冷藏食品、重点环境和从业人员新冠病毒应急监测工作，采集标本15231份，检测结果均阴性。启动冷链食品、环境及从业人员常态化监测工作，每周一轮，每轮食品标本和环境采样各不少于100份，从业人员咽拭子采样不少于30份，实现县（市、区）全覆盖。泰州市辖区三市三区采集冷链食品（含包装）标本2976份、环境标本2581份、从业人员咽拭子标本9674份，计15231份标本，新冠病毒核酸均为阴性。市本级三家哨点医院完成471例食源性疑似病例粪便标本采集，病原检出10例病毒，9株致病种，总检出率4%。 （葛　静）

【全省首部传染病防治卫生管理政府规章出台】 2020年9月8日，泰州市政府第46次常务会议讨论通过《泰州市传染病防治卫生监督管理办法》（简称《办法》）。《办法》自2020年10月18日起施行。《办法》共8章31条，分为总则、医疗卫生机构、公共场所、生活饮用水、学校及校外培训机构、集中空调通风系统、消毒服务单位、法律责任、附则。该《办法》是全国首部将医疗行业、公共场所、生活饮用水、教育机构、集中空调、消毒机构等传染病防治重点行业和部门的传染病防控卫生监督统一纳入的政府规章，也是全国首部将校外培训机构等新兴行业传染病防控纳入监管范围的政府规章。 （日　报）

医疗卫生管理

【医政管理】 2020年，泰州市建成泰州市肿瘤、心衰、房颤专科联盟和泰州市胸痛、创伤、卒中、高危孕产妇、新生儿危急重症救治联盟。申报省级临床重点专科19个，组建骨伤中医、肿瘤、房颤、心衰等专科联盟4个。泰兴市人民医院、泰州市第四人民医院通过省防治卒中中心认证，兴化市人民医院获评国家标准化房颤中心示范中心，成为“全国县级医院心电生理与起搏论坛”（国家级）永久会址。泰州市中医院、靖江市人民医院创成省平安示范医院，靖江市中医院被推荐申报省平安医院。年内，泰州市4名医务人员援疆、5名医务人员援藏、51名医务人员援陕，接受20名昭苏县医务人员到泰州市进修学习。

【药政管理】 2020年，泰州市建立基本药物配备使用监测机制，基层医疗机构基本药物配备使用比超55%，二、三级医疗机构基本药物配备使用比稳步上升。市卫健委审核全市二级及以上医院抗菌药物目录、肿瘤治疗及其辅助药目录、医用耗材分级管理目录备案，纠正问题22项。开展2020年全市药事管理、高值耗材管理专项检查，列出问题清单35条并整改。

【医院感染管理】 2020年，泰州市召开全市院感防控工作会议，在全市范围内开展医疗机构感染防控排查整治及血透专项督查工作。新冠肺炎疫情防控期间落实各医疗机构坚持“院内零感染”目标。开展泰州市医疗废物专项整治工作，建设医疗机构医疗废物监管信息系统。建立双月通报制度，全市二级以上医疗机构全部纳入医疗废物监管信息系统。

【卫生医疗行风建设】 2020年，泰州市第二人民医院、泰州市第四人民医院开展医院巡查活动。年内，泰州市完善第三方满意度调查结果运用动态管理机制，全市二级以上公立医院建立“一站式”医患沟通机制，出院患者及时回访率100%。泰州市第二人民医院门诊患者总体满意度得分94.1分，居全省二级及以上公立医院第一位；姜堰中医院员工总体满意度得分90.2分，居全省第四位。泰州市省三级医疗机构出院患者满意度得分95.8分，居全省综合满意度地区第四位，靖江市人民医院“护士服务和技术”得分99.7分，居全省第一位。

（葛　静）

责任编辑：王　卉

体育

江苏省第20届运动会筹备

【组织建设】 2020年2月25日，泰州市召开省运会泰州市筹备委员会第二次全体会议。10月13日，召开省运会泰州市筹委会首批集中办公动员会，专班运行，完成任务书、时间表、责任体系，邀请专家指导。11月4日，召开省运会泰州市筹备委员会第二次主任会议，要求细化量化任务明确到月份和人，扩大宣传。

【场馆建设】 2020年，泰州市投入资金45亿元，构建“17+1”赛事场馆布局，新、改建场馆18个。市体育中心田径场等8个项目完工，泰州市体育公园“一场三馆”（一座可容纳3万人的大型体育场、一座可容纳6000人的体育馆、一座现代化游泳馆和一座全民健身馆）、兴化水上运动中心等8个项目按序时推进。至年末，泰州体育公园项目完成“一场”钢结构施工，“三馆”钢结构施工基本完成；市体育中心四块篮球场完成改造；泰州医药高新区体育文创中心作为2021年跆拳道和空手道的省运会测试赛场馆投入运营。

【备战省运会】 2020年，泰州市以市体校为主，“省市联办、市队县办、兄弟市联办、社会化办队”四种形式联合办队为补充，组建59支省运会参赛运动队。5月15日，省第20届运会泰州市备战竞赛工作会议在高港区召开。12月26日，泰州市举办“碧桂园杯”泰州市第一届大众跆拳道锦标赛暨20届省运会选拔赛。

体育设施

【全民健身场地设施建设】 2020年，泰州市，构建“10+3+3+1”（10个国有场馆、3个学校场馆、3个社会场馆、1个体育训练馆）体育场馆分布格局。投入资金1500万元，在社区街道建设改造体育设施，完善城乡“15分钟健身圈”。投入资金1.5亿元，均衡布局小型体育设施，建设50个公园群以及共建共享体育资源。建立线上查询报修、线下专业维护队伍，保障公共体育设施和群众健身安全。

【全民健身智能健身步道】 2020年10月，泰州市启用首批3处全民健身智能健身步道，分别位于海陵区人民公园、人民广场、智堡公园内，总里程3380米，其中人民公园1800米，人民广场1000米，智堡公园580米。智能健身步道是利用园内原有普通健身步道加装智能设备升级而成，可利用人脸识别、智慧计算、大数据分析等功能，将运动人员运动里程、运动速率、消耗热量及排名情况等数据，按日、周、月时间段反馈给用户，并提供运动健身建议。

【体育为民驿站】 2020年11月26日，泰州市“体育为民驿站”揭牌成立，泰州市主城区36家体育为民驿站运营，为市民免费提供体质监测、健身指导、便民服务等10多项公益服务。36家体育为民驿站（6家旗舰站、30家分站）主要分布在海陵、高港区和泰州医药高新区，每家驿站开放面积超20平方米。

群众体育

【全民健身指导】 2020年，泰州市发布《关于推广居家科学健身的倡议书》，在“泰州e体育”微信公众号推出《居家健身小课堂》栏目，安排课程26期。开展“居家健身小视频人气评选”活动，上传视频177个。泰州市承办并参加江苏省第八届全民健身运动会，获体育道德风尚奖、最佳组织奖、最佳赛区奖，泰州医药高新区环天禄湖跑步线路、人民广场健身步道获“魅力江苏 最美体育”2020全省最美跑步线路。

【全民健身专业培训】 2020年10月15~16日，泰州市举办市二级体育社会指导员排舞培训，围绕排舞基础知识，巩固基本舞步、舞姿，学习4支优秀排舞作品，提高排舞表演技能和学教能力授课，全市骨干学员100多人参加培训。10月19~20日，泰州市举办市二级社会体育指导员（柔乐球）项目技能培训班，全市基层一线社会体育指导员110人参加培训。

【全民健身智慧化服务】 2020年12月2日，泰州市智慧体育平台上线，该平台成为全市统一线上体育服务网络，提供场馆预订、赛事管理、培训指

2020年10月13日，江苏省第八届全民健身运动会老年人桌上冰壶球比赛在泰州市举行 （市体育局 供图）

导、群众健身指导、体质检测等便民服务。平台内设场馆预定管理系统、体育公共设施管理系统、国民体质监测管理系统、体育协会（俱乐部、体育指导员）登记系统、体育活动管理系统、运动地图管理系统、赛事活动及培训系统、统计分析与决策系统8个应用子系统，市民可通过平台实时查询到周边体育设施、运动项目的分布情况，在线预约运动课程。

【全国第五次国民体质监测抽样工作（泰州站）】 2020年8月19日~10月，泰州市开展全国第五次国民体质监测抽样工作（泰州站）。全国国民体质监测每5年举行一次，泰州站监测内容为体质监测和问卷调查，监测指标包括身体形态、身体机能、身体素质三大类，涉及身高、体重、体脂率、肺活量、握力等25个检测指标。监测样本3200个（幼儿640人、成年人1920人、老年人640人），取自于靖江市、泰兴市、海陵区和高港区，监测对象年龄为3~6周岁以及20~79周岁。全国第五次国民体质监测抽样工作（泰州站）将监测群体年龄上限从69周岁调整到79周岁。

【参加省第八届全民健身运动会】 2020年8月29日，泰州代表队参加省第八届全民健身运动会“体彩杯”三人篮球比赛暨江苏省三人篮球联赛获金牌。9月18日，泰州代表队参加省第八届全民健身运动会航空模型比赛，获奖牌22个。9月25日，省第八届全民健身运动会航海模型比赛在泰州高港区凤栖湖生态区举行，全省11支队伍214名运动员参赛。该比赛是泰州高港区凤栖湖生态区首次承办航海模型比赛。10月13日，江苏省第八届全民健身运动会老年人桌上冰壶球比赛暨2020江苏省桌上冰壶球俱乐部联赛（泰州站）在泰州市举行。比赛设4人混合团体赛、男子个人赛、女子个人赛三个项目，全省18支代表队、150多名运动员参加。

【健身气功·八段锦网络比赛】 2020年4月22日，由江苏省体育总会主办，省社会体育管理中心承办的“中国体育彩票杯”江苏省体育系统战“疫”健身气功·八段锦网络比赛举行，泰州市体育局系统队伍获集体三等奖。

【承办江苏省首届健身瑜伽城市邀请赛】 2020年12月5~7日，2020年江苏省首届健身瑜伽城市邀请赛苏中站在泰州市举行。全省28支代表队160人进行单人项目、双人项目、集体项目等多个项目比赛。泰州市30人分别获女单大众组、男单大众组、女单元老组、女子双人组、混合双人组前8名。

【元旦长跑】 2020年，泰州市连续第22年举办元旦骑跑活动。2020年迎新长跑主题为“全城跑起来、全城动起来、全城乐起来”，分精英跑、健身骑跑和群众体育展示三个部分。健身骑跑由骑行方阵和健康跑方阵组成，市级机关各部门、驻泰部队、市直企

2020年12月5日，江苏省首届健身瑜伽城市邀请赛苏中站在泰州市举行 （市体育局 供图）

业、高校以及群众约8000人参加。

体教融合

【体育特色项目学校创建】 2020年，泰州市推动青少年文化学习和体育锻炼协调发展，整合体育和教育资源，拓宽体育后备人才培养渠道。12月18日，泰州市举行体育特色项目学校创建工作会议暨首批创建学校授牌仪式。泰州市实验学校、靖江市滨江学校、泰兴市实验初级中学、兴化市楚水初级中学、泰州市智堡实验学校、姜堰实验初级中学、泰州市大泗学校、泰州市明珠实验学校8所首批体育特色项目创建学校正式授牌。

【体教融合工作推进】 2020年6月23日，泰州市市体育局、教育局联合召开全市体教融合发展工作座谈会。9月23日，泰州市召开体教融合工作推进会，并举行江苏省青少年篮球后备人才基地签约揭牌仪式。

【防溺水游泳安全进校园公益宣讲】 2020年6月19日，市体育局、市教育局、市公安局联合举行2020年泰州市防溺水游泳安全进校园公益宣讲活动启动仪式。宣讲活动从6月中旬至7月上旬，讲师团成员由8名救生员组成，21个中小学校5万多名学生受益。

竞技体育

【专业技术培训】 2020年，泰州市组织省一级裁判员培训7期520人，市二级裁判员培训10期380人。举办3次全市省运会参赛人员和管理人员的反兴奋剂培训工作。全市注册队员“纯洁体育”手机APP全线学习率100%。

【跆拳道锦标赛暨20届省运会选拔赛】 2020年12月26日，泰州市举行第一届大众跆拳道锦标赛暨20届省运会选拔赛，全市400多名运动员参赛。

【举办及参加青少年各类锦标赛】 2020年8月12~14日，江苏省青少年摔跤锦标赛在泰州市举行。全省13个设区市参赛，竞赛组别为17~18岁组，竞赛项目为男子古典式17~18岁组、女子自由式17~18岁组。

8月19日，江苏省青少年足球锦标赛（13岁组）在泰兴市举行，泰州市体育运动学校足球队获铜牌。

9月25~28日，“中国体育彩票”杯江苏省青少年举重锦标赛（15~16岁组）在泰州举行。比赛设20个组别。全省13个市100多名选手参赛。

10月14日，江苏省青少年山地自行车锦标赛在高港区凤栖湖生态区国家级山地自行车场地举行。比赛设男、女山地越野赛和混合团体接力等组别，全省4支代表，29名运动员参赛。

【参加全国击剑锦标赛】 2020年11月29日，全国击剑锦标赛暨全国青年击剑锦标赛在广东肇庆新区体育中心体育馆闭幕。本次比赛共7天，进行24个小项，产生84枚奖牌。泰州市选手钱佳睿获成年组女子佩剑个人赛季军、成年组女子佩剑团体金牌赛冠军。

【电子竞技俱乐部联赛】 2020年10月24~25日，2020年江苏省电子竞技俱乐部联赛线下总决赛在泰州市智力竞技产业基地进行，全省13个设区市代表队参赛，苏州代表队获王者荣耀组冠军，无锡队获英雄联盟冠军。

【中甲联赛】 2020年9月13日，2020赛季中甲联赛第一阶段首轮比赛在成都进行。泰州远大足球俱乐部1:0战胜苏州东吴。

【沈龙元获奥林匹克选手协会认证】 2020年7月2日，泰州远大足球俱乐部一线队球员沈龙元获世界奥林匹克选手协会认证证书，可在名字后加“OLY”身份标识。

2020年泰州市运动员参加全国赛事成绩情况表

表49

赛事	项目	小项	组别	姓名	名次	所属市（区）
全国少年儿童跳水冠军赛	跳水	一米板	乙A	张佳浩	3	海陵区
全国少年儿童跳水冠军赛	跳水	五米台双人	乙A	张佳浩　李新想	3	海陵区
全国少年儿童跳水冠军赛	跳水	五米台	甲A	王丽华	1	海陵区
全国田径锦标赛	田径	400米栏	女子	陆长薇	2	兴化市
全国田径锦标赛	田径	400米栏	女子	黄　妍	3	泰兴市
全国田径锦标赛	田径	4×400米	女子	黄　妍	2	泰兴市
全国田径锦标赛	田径	4×400米	女子	陆长薇	2	兴化市
全国举重锦标赛	举重	抓举	102kg级	张新明	7	海陵区
全国举重锦标赛	举重	总成绩	102kg级	张新明	8	海陵区
全国举重锦标赛	举重	体能比赛	102kg级	张新明	3	海陵区

续表 49

赛事	项目	小项	组别	姓名	名次	所属市（区）
全国乒乓球锦标赛	乒乓球	团体	—	钱天一	3	靖江市
全国乒乓球锦标赛	乒乓球	混双	—	钱天一	3	靖江市
全国青少年乒乓锦标赛	乒乓球	混双	—	陈垣宇	1	海陵区
全国青少年乒乓锦标赛	乒乓球	单打	—	陈垣宇	1	海陵区
全国击剑冠军赛	击剑	女子佩剑个人	成人	钱佳睿	2	姜堰区
全国击剑冠军赛	击剑	女子佩剑团体	成人	钱佳睿	1	姜堰区
全国击剑锦标赛	击剑	女子佩剑个人	成人	钱佳睿	3	姜堰区
全国击剑锦标赛	击剑	女子佩剑团体	成人	钱佳睿	1	姜堰区
全国冠军赛	摔跤	女子	65kg级	张　颖	3	姜堰区
全国青年自行车公路锦标赛	自行车	男子青年个人计时赛	男子青年组	李继泽	3	高港区
全国田径锦标赛	田径	铁饼	男子	王禹涵	3	靖江市
全国柔道锦标赛暨冠军赛	柔道	男子-66kg	成人	吴志强	1	兴化市
全国青年少年柔道锦标赛	柔道	男子-60kg	青年	王元涛	1	靖江市
全国青年少年柔道锦标赛	柔道	男子-66kg	青年	申一杰	1	泰兴市
全国青年少年柔道锦标赛	柔道	女子-52kg	青年	李文雅	2	靖江市
全国青年少年柔道锦标赛	柔道	女子-78kg	青年	屠文静	3	兴化市
全国锦标赛	赛艇	女子八人单桨	—	汤永娜	8	海陵区
全国青年锦标赛	赛艇	女子双单	—	张萌哲　张萌轩	6	靖江市
全国青年赛	赛艇	女子双单	—	沈慧雯	7	海陵区
全国青年锦标赛	赛艇	男子八人单桨	—	李　貌　石　凯	5	海陵区　泰兴市
全国青年锦标赛	赛艇	男子四人双桨	—	高佳棋	1	靖江市
全国青年锦标赛	赛艇	女子八人单桨	—	汤永娜　郑佳瑶	2	靖江市
全国青年锦标赛	赛艇	女子四人单桨	—	郑佳瑶	3	靖江市
全国青年锦标赛	帆船	男子	—	鹿永政	5	泰兴市
全国青年锦标赛	帆船	男子激光级	—	谷志豪	2	泰兴市
全国青年锦标赛	帆船	男子激光级	—	蒋鸿堃	3	泰兴市
全国青年锦标赛	摔跤	女子跤	—	谢小敏	3	泰兴市

2020年泰州市运动员参加省级锦标赛成绩情况表

表 50

赛事	项目	小项	组别	姓名	名次	所属市（区）
省锦标赛	足球	男子足球07年组	u13	—	3	海陵区
省锦标赛	足球	女子足球07年组	u13	—	5	海陵区
省锦标赛	田径	400米全能	男子18岁组	王亚进	1	姜堰区
省锦标赛	田径	4×100米	男子18岁组	王亚进 戴林波 孙友亮 邓佳伟	1	姜堰区 靖江市 兴化市 靖江市

续表50

赛事	项目	小项	组别	姓名	名次	所属市（区）
省锦标赛	田径	4×400米	男子18岁组	王亚进 戴林波 孙友亮 邓佳伟	3	姜堰区 靖江市 兴化市 靖江市
省锦标赛	田径	200米全能	男子19岁组	戴林波	7	靖江市
省锦标赛	田径	400米全能	女子18岁组	周　进	2	泰兴市
省锦标赛	田径	200米全能	女子18岁组	周　进	4	泰兴市
省锦标赛	田径	200米全能	女子18岁组	刘玲妤	6	靖江市
省锦标赛	田径	100米全能	女子18岁组	刘玲妤	6	靖江市
省锦标赛	田径	100米全能	男子17岁组	刘毅丰	8	靖江市
省锦标赛	田径	4×100米	男子17岁组	高　杨 陈品元 刘毅丰 刘俊茜	3	靖江市 兴化市 靖江市 靖江市
省锦标赛	田径	4×400米	男子17岁组	高　杨 陈品元 刘毅丰 刘俊茜	4	靖江市 兴化市 靖江市 靖江市
省锦标赛	田径	110米栏全能	男子17岁组	刘俊茜	1	靖江市
省锦标赛	田径	4×400米	男子16岁组	王周洋　张全顺 孔昊宇　季灿钰	6	靖江市
省锦标赛	男子甲组橄榄球	橄榄球	男子甲组	张佳晨　蒋　坪 王骏源　栾宏立 齐志豪　张溢宇 李鹏程　刘星岐 张唐杰　陈文杰 尤乃明　周仕鹏	1	靖江市
省锦标赛	田径	10千米竞走全能	16岁组	邓肖静	1	靖江市
省锦标赛	田径	5千米竞走全能	16岁组	邓肖静	3	靖江市
省锦标赛	田径	5千米竞走全能	16岁组	郭佳恒	2	靖江市
省锦标赛	田径	10千米竞走全能	16岁组	郭佳恒	3	靖江市
省锦标赛	田径	5千米竞走	16岁组	周　菲	4	泰兴市
省锦标赛	田径	10千米竞走	16岁组	周　菲	5	泰兴市
省锦标赛	田径	5000米	17岁组	叶鹏飞	4	泰兴市
省锦标赛	田径	5000米全能	17岁组	叶鹏飞	4	泰兴市
省锦标赛	田径	10千米竞走	18岁组	赵士豪	8	靖江市
省锦标赛	散打	—	男子甲组60kg级	刘　欢	1	靖江市
省锦标赛	散打	—	男子甲组75kg级	范城龙	1	靖江市
省锦标赛	散打	—	男子甲组90kg级	吴建生	2	靖江市
省锦标赛	散打	—	男子甲组52kg级	王远康	2	靖江市

续表50

赛事	项目	小项	组别	姓名	名次	所属市（区）
省锦标赛	散打	—	女子甲组56kg级	马华杰	2	靖江市
省锦标赛	散打	—	女子甲组70kg级	范钰轩	2	靖江市
省锦标赛	散打	—	男子甲组60kg级	凌　锋	3	靖江市
省锦标赛	散打	—	男子甲组75kg级	张永健	5	靖江市
省锦标赛	散打	—	男子甲组56kg级	李子俊	5	靖江市
省锦标赛	散打	—	男子甲组60kg级	于子昂	5	靖江市
省锦标赛	散打	—	男子甲组70kg级	郭永棋	5	靖江市
省冠军赛	空手道	组手	–61kg	姜智健	3	兴化市
省冠军赛	空手道	组手	团体	何佳乐 于　吉 葛一衡	2	兴化市 海陵区
省锦标赛	举重	+102kg级	15～16岁组	曹　杰	4	兴化市
省锦标赛	举重	89kg级	15～16岁组	韩晨宇	7	兴化市
冠军赛	拳击	乙组	48kg	冯青彪	2	泰兴市
冠军赛	拳击	乙组	57kg	李朕霆	3	泰兴市
省锦标赛	手枪	男子10米气手枪	15、16岁	王凯伦	2	泰兴市
省锦标赛	手枪	10米气手枪跑射	15、16岁	王凯伦	7	泰兴市
省锦标赛	手枪	女子10米气手枪	17、18岁	徐湘云	4	泰兴市
省锦标赛	手枪	女子10米气手枪跑射	15、16岁	朱文慧	4	海陵区
省锦标赛	射击步	10米气步枪个人	—	游晨璐	2	兴化市
省锦标赛	射击步	10米气步枪团体	—	朱佳钰 万敬豪	3	兴化市 靖江市
省锦标赛	射击步	10米气步枪团体	—	董一涛 曹柯铭 陈靖南	3	兴化市 靖江市 泰兴市
省锦标赛	射击步	50米口径团体	—	游晨璐　朱佳钰　万敬豪	3	靖江市
省锦标赛	射击步	10米气步枪个人	—	董一涛	4	泰兴市
省锦标赛	射击步	10米气步枪个人	—	曹柯铭	5	靖江市
省锦标赛	射击步	步枪冲刺射击	—	董一涛	8	靖江市
省锦标赛	射击步	步枪冲刺射击	—	万敬豪	8	泰兴市
省锦标赛	击剑	男子花剑个人	甲组	袁和兴	1	兴化市
省锦标赛	击剑	男子花剑个人	甲组	周乐恒	5	海陵区
省锦标赛	击剑	男子花剑个人	甲组	凌万煜	7	靖江市
省锦标赛	击剑	女子重剑个人	甲组	陈玲珑	6	兴化市
省锦标赛	击剑	女子重剑个人	甲组	龚睿瑜	8	靖江市
省锦标赛	击剑	女子重剑个人	甲组	张佳丽	2	兴化市
省锦标赛	击剑	女子花剑个人	甲组	王烨繁	5	兴化市

续表50

赛事	项目	小项	组别	姓名	名次	所属市（区）
省锦标赛	击剑	男子花剑团体	甲组	袁和兴 凌万煜 周乐恒	4	兴化市 靖江市 海陵区
省锦标赛	击剑	女子重剑团体	甲组	陈玲珑　徐雨薇 张佳丽　龚睿瑜	4	兴化市 靖江市
省锦标赛	击剑	男子花剑个人	甲组	巫泽同	3	海陵区
省冠军赛	击剑	女子重剑个人	甲组	徐雨薇	2	兴化市
省冠军赛	击剑	女子重剑个人	甲组	陈玲珑	5	兴化市
省冠军赛	击剑	女子重剑团体	甲组	徐雨薇　张佳丽　陈玲珑	4	兴化市
省冠军赛	击剑	男子花剑个人	甲组	袁和兴	5	兴化市
省冠军赛	击剑	男子花剑个人	甲组	凌万煜	6	靖江市
省冠军赛	击剑	男子花剑个人	甲组	周乐恒	8	海陵区
省冠军赛	击剑	男子花剑团体	甲组	凌万煜 周乐恒	2	靖江市 海陵区
省锦标赛	自行车	山地女子个人越野赛	甲组	王美琪	2	高港区
省锦标赛	柔道	男子甲组-66kg	—	王晨阳	1	泰兴市
省锦标赛	柔道	男子甲组-71kg	—	孙　楠	8	靖江市
省锦标赛	柔道	男子甲组-76kg	—	陈流星	2	靖江市
省锦标赛	柔道	男子甲组-76kg	—	公　钰	5	靖江市
省锦标赛	柔道	男子甲组-73kg	—	薛振豪	5	靖江市
省锦标赛	柔道	女子甲组+78kg	—	龚睿瑜	1	兴化市
省锦标赛	柔道	女子甲组-70kg	—	孙佳茹	2	靖江市
省锦标赛	柔道	女子甲组-78kg	—	曹艺馨	1	兴化市
省锦标赛	柔道	柔道个人	女子甲组-65kg级	孙佳茹	5	靖江市
省锦标赛	柔道	柔道个人	男子甲组-83kg级	薛振豪	5	靖江市
省冠军赛	柔道	柔道个人	男子甲组-76kg级	郑　通	2	靖江市
省冠军赛	柔道	柔道个人	男子甲组-71kg级	孙　楠	2	靖江市
省冠军赛	柔道	柔道个人	男子甲组-71kg级	罗国瑞	1	兴化市
省冠军赛	柔道	柔道个人	男子甲组-83kg级	薛振豪	2	靖江市
省冠军赛	柔道	柔道个人	女子甲组-78kg级	居文静	1	兴化市
省锦标赛	游泳	女子16～17岁组100米自由泳	16～17岁组	吴　月	1	兴化市
省锦标赛	游泳	女子16～17岁组100米仰泳	16～17岁组	吴　月	2	兴化市
省锦标赛	游泳	女子16～17岁组自由泳全能	16～17岁组	吴　月	1	兴化市
省锦标赛	游泳	女子13～14岁组200米仰泳	13～14岁组	赵　敏	6	兴化市
省锦标赛	游泳	女子13～14岁组200米蝶泳	13～14岁组	赵　敏	4	兴化市
省锦标赛	游泳	女子13～14岁组100米蝶泳	13～14岁组	赵　敏	6	兴化市
省锦标赛	赛艇	2000米单人双桨	2004年	蔡厚宏	1	靖江市

续表50

赛事	项目	小项	组别	姓名	名次	所属市（区）
省锦标赛	赛艇	2000米单人双桨	2005年	张自亳	1	靖江市
省锦标赛	赛艇	2000米双人双桨	2004年	李光耀　邵舒磊	3	靖江市
省锦标赛	赛艇	2000米四人双桨	2004年、2005年	王家辉	4	靖江市
省锦标赛	赛艇	4000米单人双桨	2004年	蔡厚宏	1	靖江市
省锦标赛	赛艇	4000米单人双桨	2004年	华文浩	7	兴化市
省锦标赛	赛艇	2000米双人双桨	2004年	田　烨 袁俊杰	8	靖江市 海陵区
省锦标赛	赛艇	2000米双人单桨	2004年	耿启润　刘国奇	3	靖江市
省锦标赛	赛艇	2000米双人单桨	2004年	张凯杰 刘国旺	7	海陵区 靖江市
省锦标赛	赛艇	2000米双人单桨	2005年	朱镇烯 徐宁	3	靖江市
省锦标赛	赛艇	2000米四人单桨	2004年、2005年	刘国奇　耿启润 朱镇烯　徐　宁	3	靖江市
省锦标赛	赛艇	2000米单人双桨	2004年	刘　陈	3	兴化市
省锦标赛	赛艇	4000米单人双桨	2004年	刘　陈	2	兴化市
省锦标赛	赛艇	2000米单人双桨	2005年	王佳美	2	靖江市
省锦标赛	赛艇	2000米双人双桨	2005年	王　絮	2	靖江市
省锦标赛	赛艇	2000米双人双桨	2004年	何　月　张文菲	5	靖江市
省锦标赛	赛艇	2000米四人单桨	2004年、2005年	何　月　张文菲 瞿晶晶	2	靖江市 兴化市
省锦标赛	赛艇	2000米单人双桨	2005年	瞿晶晶	5	兴化市
省锦标赛	皮划艇	200米单人皮艇	2003年	王浩宇	1	靖江市
省锦标赛	皮划艇	1000米单人划艇	2004年	严　宇	3	兴化市
省锦标赛	足球	女子	14～15岁组	章炤瑜等21人	6	姜堰区
省锦标赛	足球	男子	14～15岁组	董　鹏等26人	5	姜堰区

体育产业

【概况】 2020年，泰州市9个体育产业项目获省500万元发展专项资金。社会足球场地建设完成85片，完成既定目标123%，居全省第四位。全年体育彩票销售9.2亿元，市场份额为70%，居全省第八位，比2019年上升1位。全年百万元以上大奖12个，千万元以上大奖6个。年内，泰州市5个体育产业项目获省级表彰，其中，江苏皇仕堡健身管理有限公司、江苏永益铸管股份有限公司、泰州市姜堰溱湖风景区开发建设有限公司获评江苏省体育产业基地（2020–2022年度），靖江市体育中心获评江苏省体育服务综合体，中国溱潼会船节——龙舟赛被长三角地区体育产业协会评为长三角地区精品体育旅游线路。

【体育彩票品牌地推活动】 2020年4月22日，泰州市体育彩票销售中心在海陵区邑庙街和高港区口岸镇开展“加油中国 光芒焕新”品牌地推活动。通过扫码关注体彩微信公众号、转发体彩“加油中国光芒焕新 体彩大乐透”“七位数”派奖活动等方式进行推广。

【高危险性体育项目安全检查培训】 2020年7月10日，泰州市体育局在市体育学校召开全市经营高危险性体育项目安全检查培训会议。发放《泰州市体育局关于进一步加强全市游泳场所安全管理工作的通知》，对照《体育场所开放条件与技术要求第1部分：游泳场所》，讲解游泳场所19个常见问题及整改意见。　（丁玲玲）

责任编辑：王　卉

就业与社会保障

劳动就业

【概况】 2020年，泰州市开展“线上春风行动”，城镇新增就业10.17万人，年末城镇登记失业率1.76%。出台《市政府关于落实就业优先政策进一步做好稳就业工作的实施意见》稳就业、保就业，提出21条政策措施，落实一次性吸纳就业补贴（每人1000元）、提高高校毕业生租赁补贴（博士2000元、硕士1500元、学士800元）、增加就业见习补贴。

【就业创业】 2020年，泰州市出台失业保险稳岗返还政策，放宽中小微企业裁员率标准，“免申报、零材料、零跑腿”服务模式获市政府“骏马奖”。开展“2020年离校未就业高校毕业生服务季”“走进本地高校助力就业创业”活动，制定就业困难人员就业援助实施办法，开展返乡农民工留泰就业专项服务行动。完成长江禁捕退捕渔民就业安置任务。拓展培训补贴证书范围及职业工种目录范围，提高各项补贴标准。全年落实以工代训补贴政策，发放资金1.46亿元。落实富民创业贷款政策，开通贷款申请绿色通道，发放贷款11亿元。

【就业帮扶】 2020年，泰州市人社局、市财政局发布《泰州市区技能提升培训职业（工种、项目）和补贴标准目录》，提高各项补贴标准。针对职业技能培训给予补贴，培训合格按每人300元标准给予企业培训补贴。支持企业开展以工代训，按照每人每月300元标准给予以工代训补贴。企业开展新型学徒制培训，分别给予每人每年4000～8000元培训补贴。实施“互联网+职业技能培训计划”，扩大线上培训免费范围，开展建档立卡低收入农户劳动力“五包”技能培训（包学习耗材、包食宿交通、包学习技能、包考核鉴定、包推荐就业）帮扶就业脱贫。全市有建档立卡退捕渔民1801人，通过各种渠道转产安置1800人，退捕渔民就业安置率99.94%。

2020年5月26日，“春风行动”网上就业创业招聘会启动

（市人社局　供图）

【创业富民服务】 2020年，泰州市创建省级创业型社区（村）686个、街道（乡镇）42个和园区4个。年内，举办第四届“中国创翼”创业创新大赛江苏选拔赛泰州初赛。评选表彰“十佳创业明星”。筹建创业富民志愿团。落实“创业富民30条”。富民创业贴息贷款个人贷款额度从30万元提高到100万元，全市发放富民创业贷款3757笔，提供创业资金8.19亿元。建设创业孵化载体，提供零成本场地支持、指导服务和政策扶持，给予创业孵化基地资金奖补。年内新增省大学生优秀创业项目30个、市级优秀创业项目58个。发挥“千人创业导师团”作用，创建创业沙龙、创业大讲堂等创业社交平台，建立网络创业互动平台、网上创客空间等。

【和谐劳动关系】 2020年，泰州市开展治欠保支整治，实现全市所有在建工程两个“全覆盖”（实名制考勤、工资专户开设、总包代发工资三项制度全覆盖；工资支付信息动态化监管全覆盖）。开展人力资源市场秩序清理整顿、夏季高温用工、化工产业保留生产企业用工等系列执法检查，维护市场秩序和用工环境。实施劳动关系协调"350工程"（评选50家劳动保障诚信示范企业、培养50名金牌劳动关系协调员，创建50个"党员+能人"劳动争议调解工作室）化解劳动争议风险。出台《国有企业工资决定机制实施办法》，推动全市国企薪酬改革工作。联合中级人民法院和总工会多元化解劳动争议。

【线上供岗】 2020年，泰州市通过各类网上渠道向企业征求用工信息，通过各类网络平台发布用人单位招工信息。全市发布用工信息65批次，服务企业6728家，征集推送优质就业岗位16.87万个。建立重点企业用工服务线上专区。专题发布长城汽车、扬子江药业、乐叶光伏等13家重点企业用工信息。在"泰企通"平台发布384家规模企业1.9万个用工岗位。开展泰州市网上人才招聘鹊桥会活动，发布2022家单位1.18万个岗位，求职人数2.3万人。举办线上双选会，发布188所全国高校空中双选会信息。

【政策减免促进就业】 2020年，泰州市落实阶段性减免社保政策，累计为全市参保单位减少用工成本37.71亿元；阶段性降低社会保险费率，累计为全市参保单位减少用工成本15.02亿元。

【返乡农民工和外来用工就业专项服务行动】 2020年，泰州市利用全市四级人社服务平台发布《致返乡务工人员的一封信》，鼓励就地就业，全年转移农村劳动力164.82万人，农村劳动力转移率78.11%。点对点服务外来用工，通过线上平台，向22个市外劳务合作基地、55家市外合作职业院校和203家市外人力资源合作机构推送泰州市用工岗位，促进外地务工人员到泰州就业。指导全市77家重点人力资源服务机构为企业输送外来人力资源。安排劳务输出地员工集中返岗，发出用工专列3次、大巴包车591次。 （陈海泉）

收入与消费

【概况】 2020年，泰州市居民人均可支配收入39701元，比2019年增长5.1%。海陵区城镇居民人均可支配收入51062元，增长4.2%；高港区全体居民人均可支配收入40915元，增长5.3%；姜堰区全体居民人均可支配收入38511元，增长5.2%；兴化市全体居民人均可支配收入34312元，增长5.1%；靖江市全体居民人均可支配收入43027元，增长5.1%；泰兴市全体居民人均可支配收入38556元，增长5.3%。

泰州市全体居民人均消费支出22886元，下降1.0%。海陵区城镇居民人均消费支出28088元，下降0.7%；高港区全体居民人均消费支出24896元，下降0.7%；姜堰区全体居民人均消费支出21839元，下降0.6%；兴化市全体居民人均消费支出18908元，下降1.1%；靖江市全体居民人均消费支出28086元，下降1.3%；泰兴市全体居民人均消费支出21983元，下降0.8%。

2020年泰州市城乡居民生活情况表

表51

指标	单位	全市居民	比2019年增长（%）	城镇常住居民	比2019年增长（%）	农村常住居民	比2019年增长（%）
调查户数	户	1040	0.0	640	0.0	400	0.0
平均每户家庭人口	人	3.1	-1.4	3.2	-0.7	3	-0.7
平均每户就业人口	人	1.8	-4.7	1.8	-3.0	1.9	-2.2
每一就业者负担人口	人	1.7	2.1	1.8	3.6	1.6	2.9
年末人均住房建筑面积	平方米	63	6.4	59	7.0	70	6.4
人均可支配收入	元	39701	5.1	49103	4.0	24615	6.5
人均消费支出	元	22886	-1.0	27123	-0.6	16085	-3.1
#食品支出	元	6849	2.5	7857	2.2	5232	2.3
教育文化娱乐服务支出	元	2556	-8.6	3093	-9.7	1695	-7.0
年末百户家庭耐用消费品拥有量							
1.家用汽车	辆	58	3.6	66	4.8	46	4.5
2.摩托车	辆	19	7.9	16	0.7	24	17.1
3.电冰箱（柜）	台	126	3.3	119	1.5	136	5.9
4.洗衣机	台	109	1.6	109	0.9	110	2.9

续表51

指标	单位	全市居民	比2019年增长（%）	城镇常住居民	比2019年增长（%）	农村常住居民	比2019年增长（%）
5.热水器	台	119	1.0	124	-1.2	112	5.4
6.空调	台	241	2.2	263	0.3	206	6.2
7.彩色电视机	台	205	1.4	215	0.0	189	4.2
8.照相机	部	13	-1.2	17	-4.2	8	10.3
9.计算机	部	76	2.0	87	0.0	59	7.3
其中：接入互联网的计算机	部	73	2.1	85	-0.3	53	8.8
10.中高档乐器	台	10	7.3	12	5.2	7	13.0
11.固定电话	台	25	-5.7	23	-7.0	29	-4.0
12.移动电话	台	277	0.5	280	0.5	271	0.6
其中：接入互联网的移动电话	架	239	4.1	256	2.6	211	7.0

【居民收入及构成】 2020年，泰州市城镇常住居民人均可支配收入49103元，增加1887元，增长4.0%。全市农村常住居民人均可支配收入24615元，增加1498元，增长6.5%。

从泰州市居民可支配收入的构成看，工资性收入是收入主体，占比61.3%；财产净收入和转移净收入占比分别为9.8%和14.0%。分城乡看，城镇常住居民四项收入构成：工资性收入占比为62.1%，经营净收入占比为12.4%，财产净收入占比为11.6%，转移净收入占比为13.9%。农村常住居民收入构成：工资性收入占比为58.5%，经营净收入占比为22.8%，财产净收入占比为4.2%，转移净收入占比为14.5%。

工资性收入。泰州市居民人均工资性收入24327元，增加973元，增长4.2%，拉动居民人均可支配收入增长2.6个百分点。其中，城镇常住居民人均工资性收入30509元，增长3.0%；农村常住居民人均工资性收入14408元，增长5.7%。

经营净收入。泰州市居民人均经营净收入5920元，增长175元，增长3.0%。其中，城镇常住居民人均经营收入6112元，增长1.9%；农村常住居民人均经营净收入5613元，增长4.9%。

财产净收入。泰州市居民人均财产净收入3891元，增长339元，增长9.5%。其中，城镇常住居民人均财产净收入5674元，增长8.1%；农村常住居民人均财产净收入1030元，增长12.1%。

转移净收入。泰州市居民人均转移性净收入5563元，增加441元，增长8.6%。其中，城镇常住居民人均转移净收入6809元，增长7.1%；农村常住居民转移净收入3564元，增长11.1%。

【居民消费及构成】 2020年，泰州市城镇常住居民人均消费支出为27123元，比2019年下降0.6%。城镇居民衣食住行消费总体平稳。人均食品消费支出7857元，增长2.2%，占人均消费支出比重的29.0%；人均衣着类消费支出2087元，下降2.6%，占比7.7%；人均居住类支出6664元，增长3.2%，占比24.6%；人均生活用品及服务支出1358元，增长2.8%，占比5.0%；人均交通通信支出3392元，下降3.3%，占比12.5%；人均教育文化娱乐服务支出3093元，下降9.7%，占比11.4%；人均医疗保健支出1867元，增长3.0%，占比6.9%；人均其他用品和服务支出807元，下降14.7%，占比3.0%。

泰州市农村常住居民人均生活消费支出为16085元，下降3.1%。农村常住居民衣食住行消费总体平稳。人均食品消费支出5232元，增长2.3%，占人均消费支出比重的32.5%；人均衣着类消费支出1060元，下降7.5%，占比6.6%；人均居住类支出2955元，下降7.0%，占比18.4%；人均生活用品及服务支出910元，下降2.7%，占比5.7%；人均交通通信支出2489元，增长0.1%，占比15.5%；人均教育文化娱乐服务支出1695元，下降7.0%，占比10.5%；人均医疗保健支出1239元，下降4.8%，占比7.7%；人均其他用品和服务支出505元，下降18.5%，占比3.1%。

2020年泰州市市区居民消费价格分类指数情况表

表52

指　标	2020年	比2019年增加
居民消费价格总指数	102.9	-0.3
一、食品烟酒	109.9	3.0

续表52

指　标	2020年	比2019年增加
粮食	99.3	-3.8
鲜菜	110.9	5.1
畜肉	142.5	18.4
水产品	107.6	6.2
蛋	91.2	-13.3
鲜果	89.8	-21.1
二、衣着	97.9	-4.4
三、居住	100.1	-1.5
四、生活用品及服务	100.8	-2.4
五、交通和通信	95.8	-4.2
六、教育文化和娱乐	102.7	0.6
七、医疗保健	102.1	0.9
八、其他用品和服务	104.4	-0.2
商品零售价格总指数	101.7	-1.3

（薛　燕）

社会保险

【概况】 2020年，泰州市各项社保基金收入约196.38亿元，征缴收入比2019年减征33%，净争企业职工养老保险省级财政补助22.19亿元，支出233.81亿元，上升7%，结余95.74亿元。其中，市区各项社保基金预计收入71.79亿元，征缴收入减征35%，净争企业职工养老保险省级财政补助14.79亿元，支出85.12亿元，上升12%，结余18.30亿元。落实阶段性减免社保政策，全市各项保险新增参保人数均达既定目标。年内，两次提高城乡居民基本养老保险基础养老金水平，连续第16年调整企业退休人员养老金，连续第5年调整机关事业单位退休人员养老金。共享部门数据，将困难群体全部纳入社会保险覆盖范围。开展机关事业单位之间基本养老保险和职业年金转移接续工作。靖江市、泰兴市、高港区职业年金待遇全部发放到位，其中，靖江市为全省首个职业年金待遇落地的县级统筹区。

【医疗保险】 2020年，泰州市开展DRG（一种以疾病诊断为主要分类轴、将住院病人进行分类和分组的方法，根据住院病人患病类型、病情严重程度、治疗方法以及病人个体特征、合并症、并发症、住院转归等因素，将患者分为不同的“疾病诊断相关组”，并以组为单位打包确定价格、收费、医保支付标准等）付费省试点工作，全市27家二级以上医院纳入DRG付费试点范围。新增单病种付费49个，累计超270个，按病种付费统筹基金支出占住院统筹基金支出的30.2%。

参保情况。至2020年年末，泰州市基本医疗保险参保人数457.3万人，参保覆盖面超98.54%。其中参加职工基本医疗保险人数152.71万人，比2019年同期增加5.83万人，增幅3.97%；参加职工基本医疗保险人数中，在职职工109.2万人，退休职工43.6万人，分别增加3.5万人和2.4万人。参加城乡居民基本医疗保险人数304.59万人，比减少3.13万人，降幅1.04%。全年生育保险参保人数78.33万人，增加10.05万人，增幅14.7%。生育保险待遇支出8000千万元，减少12.2 %。

医保基金情况。全年基本医疗保险基金（含生育保险）总收入、总支出分别为91.64亿元、87.46亿元，年末基本医疗保险（含生育保险）累计结存138.59亿元。全年职工基本医疗保险基金（含生育保险）收入61.54亿元，下降5.9%；其中，征缴收入（含生育保险）56.99亿元。基金（含生育保险）支出57.47亿元，增长6%。职工基本医疗保险基金（含生育保险）年末累计结存116.67亿元，其中统筹基金累计结存76.08亿元，个人账户累计结存40.59亿元。全年城乡居民基本医疗保险基金收入30.1亿元，增长9.3%；支出29.99亿元，下降2.6%。年末累计结存21.92亿元。

跨省异地就医直接结算。至2020年年末，住院费用跨省直接结算定点医疗机构231家，比上年增加33家，增长16.67%。国家平台累计直接结算2.15万人次，涉及医疗总费用5.71亿元，医保基金支付3.81亿元。开展门诊费用直接结算试点工作，开通联网定点医疗机构231家，门诊费用跨省累计直接结算4.55万人次，涉及医疗总费用1800万元，医保基金支付780万元。

职工医保补充保险。7月1日，泰州市市区正式实施职工医保补充保险，至年末，职工医保补充保险基金支出1849万元，累计54519名参保职工受益，实际报销比例提高2个百分点，减轻参保人员医疗费用负担。

长期护理保险。2020年，泰州实施市区长期护理保险制度，实现与基本医疗保险互补衔接。至年末，长期护理保险基金支出2221万元，4818名参保人员经评估认定享受长期护理保险待遇。

【养老保险】 2020年，泰州市出台《关于提高全市城乡居民基本养老保险基础养老金的通知》，年内两次提高城乡居民基本养老保险基础养老金水平，市区标准提高到每人每月185元，靖江市每人每月185元，泰兴市每人每月180元，兴化市每人每月177元。全市城乡居保基础养老金最高水平较2019年同期提高27元，增长率17%。调整企业退休人员养老金，全市月人均2545元；调整机关事业单位退休人员养老金，全市月人均5867元。泰州市全年为3.51万名贫困人员代缴养老保险费，代缴总金额517.57万元，6.11万名贫困人员享受基本养老保险待遇。落实基本养老金调整政策，补发全市47.45万符合条件退休人员养老金5.21亿元。启动职业年金征缴归集工作。全市92737人参加职业年金缴费，参保率100%，至年末，征收职业年金39.55亿元。落实被征地农民社会保障，被征地农民社会保障人数114356人，保障率91.83%。

【失业保险】 2020年，泰州市发放失业保险金、临时价格补贴及代缴医疗保险费用2.19亿元。实施失业保险扩围政策，发放失业补助金1411.37万元，惠及6万人。

【工伤保险】 至2020年年末，泰州市工伤保险参保人数85.08万人，新开工工程建设项目参保率90%以上。工伤预防培训人数12980人次，其中市本级3577人次。累计办结工伤认定案件5634件，行政复议和诉讼141件，其中，市本级累计办结工伤认定案件1243件，工伤保险行政复议和诉讼35件，继续保持"零败诉"。完成劳动能力初次鉴定3529人次，再次鉴定申请率0.68%；完成工伤康复312人（市本级69人）。年内，围绕"以企业为基点，以工地为重点，以社区为纽带，以医疗机构为核心"开展工伤预防宣传，泰州市本级发生工伤事故的企业数量占比由9.99%下降至7.74%，工伤事故发生率由1.05%下降到0.97%，工伤保险基金减少支出3600万元。（陈海泉　丁　荣）

社会救助

【城乡居民最低生活保障】 2020年，泰州市保障城市低保对象3421户4681人，月人均低保标准由2019年的680元提高到710元，支出资金2683万元。全市保障农村低保对象25251户37193人，月人均低保标准由2019年的680元提高到710元，支出资金20759万元。

【医疗救助】 2020年，泰州市资助17.1万贫困人口（含动态调出）参加基本医疗保险，资助参保缴费支出5398万元，人均资助317元，参保率100%。各项医保扶贫政策累计惠及贫困人口就医101.45万人次，减轻贫困人口医疗费用负担3.01亿元。

【临时救助】 2020年，泰州市临时救助164263人次，其中低保对象53548人次、特困人员28822人次、其他人员81893人次，支出资金6946万元。

【特困人员供养】 2020年，泰州市供养特困人员28246人，其中城市特困人员320人，农村特困人员27926人。特困人员供养标准按照当地上一年度城镇居民和农村居民人均可支配收入45%确定，靖江市、海陵区、高港区、泰州医药高新区特困供养人员基本生活标准不低于低保标准1.3倍，兴化市、泰兴市、姜堰区特困供养人员基本生活标准不低于低保标准1.2倍。

【困境儿童保障】 至2020年年末，泰州市有农村留守儿童11344人，比2019年减少1510人；有困境儿童11650人，其中孤儿327人，事实无人抚养儿童409人，重残重病儿童及流浪儿童2178人，贫困家庭儿童7976人，其他需要帮助的儿童760人。全市有专兼职儿童工作人员1978人，其中乡镇（街道）督导员101人、村（居）儿童主任1877人，全部纳入江苏省未成年人社会保护信息系统实名制管理。泰州市民政局建立"3+4+N"困境儿童精准排查和保障模式被评为2020年度全省高质量民政事业发展创新成果和泰州市改革创新一等奖。出台《泰州市困境儿童分类保障和关爱服务办法》，建立孤儿基本生活费补贴标准与最低生活保障标准相衔接的自然增长机制，社会散居孤儿基本生活费补贴标准不低于低保标准的2.4倍，事实无人抚养儿童、低保和低收入家庭重病重残儿童、其他家庭重病重残儿童和低保家庭中非重病重残儿童，保障标准分别按照散居孤儿基本生活费补贴标准的100%、60%、50%执行；低收入家庭中非重病重残儿童，保障标准按低保标准50%执行。

【流浪乞讨人员救助】 2020年，泰州市救助生活无着流浪乞讨人员1003人，其中救助流浪未成年人20人，疑似精神病人、智障人员、危重病人、肢体残疾人285人。（丁　荣　陈　红）

【慈善救助】 2020年，泰州市慈善总会募集款物15862.19万元，其中市本级1519.7万元，靖江市8109.6万元，泰兴市1496.2万元，兴化市129.95万元，海陵区3484.04万元，高港区84.72万元，姜堰区1037.98万元。全年，市和各市（区）慈善总会投入1.3亿元实施救助帮扶项目110多个。"佑护万家""牵手夕阳""牵手困境儿童"3个慈善惠民保险赔付率均超80%。开展以"助力脱贫攻坚，共建幸福城市"为主题"泰有爱·慈善一日捐"活动，市本级募集企业善款674万元。举办"99公益日"网络募捐活动，全市17个项目募集公众捐款405.3万元；泰兴市接受线上捐款310多万元；获腾讯和省慈善总会配捐款18万多元。开展"情暖江苏·爱在泰州"送温暖活动，市和各市（区）慈善总会配套资金

507万元，8340名贫困对象受益，100万元支持黄桥地区实施助困助医助学助残系列帮扶项目；全市慈善系统援助120万元（市慈善总会50万元、靖江市慈善总会20万元、泰兴市慈善总会30万元、姜堰区慈善总会20万元）支援陕西省咸阳市脱贫攻坚，2000多户受益。开展抗击新冠肺炎疫情捐赠款物工作，接受捐赠款（物）近600万元。将非定向捐赠款376.26万元支援湖北省黄石市和泰州市4所医院援鄂医疗队、87个乡镇（街道）敬老院、2个儿童福利院。（张瑞峰）

社会福利

【儿童福利】 2020年，泰州市有儿童福利机构4家，分别是泰州市社会福利中心，现有床位数80张；靖江市儿童福利院，现有床位数100张；泰兴市儿童福利院，现有床位数20张；兴化市儿童福利院，现有床位数2张。全市建成省级儿童"关爱之家"7个。5月30日，市民政局设立"龙凤堂·幸福童享"基金，协助政府构建困境儿童关爱保护体系。至年末，基金会募集资金3453.14万元。

2020年泰州市获省级儿童"关爱之家"名录

靖江市斜桥镇港阜社区居民委员会儿童关爱之家

泰兴市虹桥镇同德村村民委员会儿童关爱之家

泰兴市新街镇中心幼儿园儿童关爱之家

兴化市中堡镇人民政府儿童关爱之家

兴化市安丰镇人民政府儿童关家之家

姜堰区锦联社区青少年之家儿童关爱之家

姜堰区淤溪镇儿童关爱之家

【老年人福利】 2020年，泰州市建成养老机构157家（公办95家、民办62家）、老年人日间照料中心23家、标准化社区居家养老 服务中心941家（城市390家、农村551家），养老床位总数56469张，千名老年人拥有养老床位42.3张。年内，开展政府购买居家

老人在市区适老化改造体验馆体验电动轮椅带来的便利

（市民政局　供图）

养老上门服务提标扩面工程，全市接受上门服务居家老人数35.69万。实施特殊困难老年人家庭适老化改造工程，全年适老化改造3076户。

【残疾人福利】 至2020年年末，泰州市有49693名困难残疾人享受生活补贴，发放补贴资金36073.76万元；48395名重度残疾人享受护理补贴，补贴资金4597.60万元；累计发放"两项补贴"资金共40671.36万元。（朱　俊）

【福利彩票】 2020年，泰州市实现福利彩票销售收入3.72亿元，其中电脑型彩票销售3.16亿元、网点即开票销售1986万元、"中福在线"销售3610万元。兴化市、泰兴市、靖江市、姜堰区分别实现福利彩票销售8062万元、8495万元、4075万元、5757万元。全年市级福利彩票公益金支出1204.05万元，其中扶老助残救孤济困经费471.23万元，养老服务体系建设专项支出702.82万元，市博爱关心下一代基金会30万元。海陵区、高港区、泰州医药高新区开展"牵手贫困学子"福彩·慈善助学活动，全年资助具有泰州市区户籍、2020年被公办普通本（专）科高校录取的孤儿和城乡低保家庭子女39人，资助学费金额19.45万元。

2020年泰州市福利彩票支出项目情况

牵手困境儿童保险项目	58万元
儿童关爱之家	35万元
儿童暑期活动经费	12万元
牵手贫困学子福彩慈善助学	9.73万元
"慈善小屋"试点项目	35万元
公益创投项目	81.3万元
扶贫专项	80.26万元
助残专项	10万元
救助家庭认定系统提档升级	11.4万元
政府购买社会救助服务示范项目	38.54万元
临时救助基金	20万元
医疗救助资金	80万元
福利中心养老服务质量提升（社会福利中心）	64.04万元
老年文体活动与培训（老年活动中心）	19.28万元
牵手夕阳保险项目	160万元
基层老年社会组织建设	20万元

海陵区省级居家养老示范区建设　100万元
养老服务设施专项规划编制经费　50万元
养老护理员能力提升　10.35万元
养老服务组织奖补　138.53万元
老人精神关爱专项　20.92万元
养老服务评估、验收及决算审计费　30.74万元
市民卡民政项目建设、运营及配套费　9.4万元
敬老月活动专项经费　30.67万元
养老机构消防安全能力提升　10万元
养老服务产业专项经费　38.39万元

（陈　勇　周　娟　刘银林）

住房保障

【保障房供应】 2020年，泰州市完成新开工各类保障性住房18623套、基本建成10920套，分别占省下达年度目标任务的172.44%、455%，超额完成省、市下达的住房保障目标任务。省高质量考核棚户区改造覆盖率居全省第五位。

【保障房管理】 2020年，泰州市完成8个棚改专项债项目8902套申报，棚改专项债总需求70.13亿元，其中，2020年需求额度38.1亿元。全市获棚改专项债额度20亿元，其中市区17亿元。6个棚改安置房配套基础设施建设项目获中央预算内投资计划资金6426万元，其中，海陵区鑫东花苑安置区获补助资金2276万元，姜堰区溱潼望湖景苑安置区等2个项目获补助资金754万元，兴化市陈口安置房二期获补助资金884万元，深业公司凤凰三居苑C区获补助资金1168万元。

【公租房配租管理】 2020年，泰州市降低市区住房保障门槛，公共租赁住房覆盖人均住房建筑面积18平方米以下的低保和特困职工家庭、人均月收入3200元以下的中等偏下收入无房家庭、新就业无房职工以及外来务工人员，实现"应保尽保"。完成泰美园"共有产权、租售并举"经济适用房公有份额产权购买价格调整方案。完成全国公租房系统培训和督查。

【房改工作】 2020年，泰州市完成79家单位359名老职工一次性住房补贴审核，补贴面积20101.07平方米，补贴金额1236.12万元。开发房改业务线上审核系统，完成房改业务"不见面审批"。（殷恒杰）

【住房公积金缴存与提取】 2020年，泰州市住房公积金实缴单位7155家，实缴职工39.74万人，缴存70亿元，比2019年增长17.86%。新开户单位1061家，新开户职工4.35万人。至年末，泰州市累计归集住房公积金总额473.04亿元，归集余额174.9亿元，分别增长17.37%、9.8%。全年提取54.39亿元，提取占当年缴存额比率77.7%，比2019年同期提高4.56个百分点。至年末，提取总额298.13亿元，增长22.31%。

【住房公积金贷款】 2020年，泰州市发放个人住房贷款1.18万笔31.36亿元。回收个人住房贷款25.64亿元。全年支持职工购建房147.92万平方米。至年末，全市发放个人住房贷款14.4万笔340.68亿元，贷款余额161.63亿元，分别比上年增长9.01%、10.14%、3.68%。个人住房贷款率92.41%，下降5.46个百分点。

（石曈曈）

2020年，市住房公积金管理中心开通预约上门服务，为困难职工提供住房公积金业务上门办理　（市公积金中心　供图）

责任编辑：王　卉

社会组织管理

【概况】 2020年，泰州市有社会组织总数7683个，其中社会团体3973个、社会服务机构3687个、基金会23个，市本级社会组织583个。年内，开展行业协会商会与行政机关脱钩改革，146个市属行业协会商会完成脱钩123个，列入暂不脱钩16个、工商联主管不脱钩7个。建成社会组织孵化培育平台19个。

【社会组织监管】 2020年，泰州市制定《泰州市社会组织财务管理工作指引》，完善社会组织负责人任前公示制度，开展社会组织年检、换届、财务抽查和专项检查、等级评估等工作。年度检查社会组织357个，年检合格338个，年检合格率94.68%。委托会计师事务所对23家行业协会商会专项财务审计。全年评定等级社会组织50个。公告116个未按照规定参加2017、2018年度检查的市属社会组织名单，撤销登记市通信学会、汽车流通行业协会等8个多年未年检的社会组织。

【社会组织孵化培育】 2020年，泰州市建设社会组织孵化平台，创建社会组织培育、咨询服务、交流合作、品牌推介等多位一体服务平台。年内，提供65万元资金扶持评估验收的1个市（区）级社会组织孵化培育平台和3个街道（乡镇）社会组织综合服务中心。市级累计投入资金295万元。年内，验收通过社会组织孵化培育平台19个，其中市区级8个，乡镇级9个，社区级2个。

【社会组织服务功能】 2020年，泰州市开展“福彩慈善·助力社区”公益创投活动，投入218万元扶持22个社区公益服务项目。组织第二届“四型”（平安型、服务型、生态型、文化型）特色社区公益服务项目。年内，市民政局征集“四型”特色社区公益服务项目108个，引导社会组织开发社区公益服务品牌，投入360多万元扶持公益服务项目60个，开展各类社区公益服务活动，覆盖100多个社区，服务受益2万多人。泰州市引导市级社会组织参加咸阳泰州扶贫协作，落实扶贫项目22个、扶贫资金200万元。开展“千社联动·幸福童享”新春关爱行动，组织捐赠善款45万元，结对帮扶1500名困境儿童。 （戴祝英）

社区建设

【基层政权建设】 2020年9月，泰州市启动全市第十二届村（社区）“两委”换届工作。12月8～29日，全市8个试点镇街87个村民委员会、27个居民委员会完成换届。至2021年1月，全市1688个村（居）民委员会（其中村委会1165个、居委会523个）全部完成换届选举，1657个村（社区）实现党组织书记和村（居）委会主任人选“一肩挑”，占全市村（社区）总数98.16%。靖江市“改革赋动能 服务‘靖快好’”作为江苏省唯一案例，入选第二批全国乡镇政府服务能力建设典型经验。靖江市区块链赋能社区“智”理新家园获2018～2019年度江苏基层社会治理创新成果奖。

【社区治理】 2020年，泰有爱“小巷大爱”社区品牌获全省现代民政创新成果奖。泰州市投入近1.2亿元，实施社区综合服务设施达标建设，新增社区服务用房面积2.5万平方米。投入400万元，奖补市区社区重点“微治理”项目56个。落实城乡社区工作者、网格员、辅警、志愿者等人员疫情防控工作性补助近2亿元。举办泰有爱·城乡社区优秀服务品牌擂台赛，评选产生全市十佳、优秀社区服务品牌22个。出台《关于加强泰州市新型农村社区建设的实施方案》，配套制定《泰州市新型农村社区治理与服务“四新四化”创新突破年行动方案》，召开全市新型农村社区建设现场推进会，巩固新型农村社区治理服务工作基础。开展全市基层治理“三评三促三提升”评选活动，评选“微自治”示范（优秀）村（社区）17个、基层治理和社区防控示范（优秀）案例17个、示范（优秀）村规民约（居民公约）27个。编制《美丽的“约定”——泰州市新型农村社区治理与服务创新与实践》。

2020年泰州市“十佳社区”服务品牌名录

跃进幸福联盟
——泰兴市济川街道跃进社区

长安365
——兴化市昭阳街道长安社区
和邻驿家
——医药高新区寺巷街道康和社区
爱心储蓄所
——海陵区城南街道莲花社区
“俏婆婆”帮帮团
——医药高新区明珠街道丹凤社区
大院养老
——海陵区城西街道林机社区
飞针走线绣芳华
——姜堰区溱潼镇苏庄村
党润古巷创业情
——海陵区城中街道钟楼社区
情“润”万家 最“洲”到
——高港区永安洲镇润洲社区
“红色管家、帮您到家”—“春风送岗”
——泰兴市黄桥镇永丰社区
人居康乐，你我同心
——高港区大泗镇康乐村

2020年泰州市“优秀社区”服务品牌名录

三井茶话坊
——泰兴市济川街道鼓楼社区
“南街晴雨”民生工作坊
——泰兴市济川街道南街社区
茶韵话事
——医药高新区野徐镇褚雅社区
文化润民 幸福沧浪
——兴化市昭阳街道沧浪社区
“智慧圩岸”社区服务
——高港区刁铺街道圩岸社区
“三星”暖童心
——高港区许庄街道三星社区
“三圈”朝阳“链”上公益
——靖江市滨江新区朝阳社区
123打造环境整治封家模式
——靖江市西来镇封家村
“最后一米”美好生活链
——靖江市斜桥镇阜康社区
香樟讲坛
——兴化市周庄镇东浒村
和谐暮年 余热增辉
——靖江市滨江新区兴阳社区
（沈　慧）

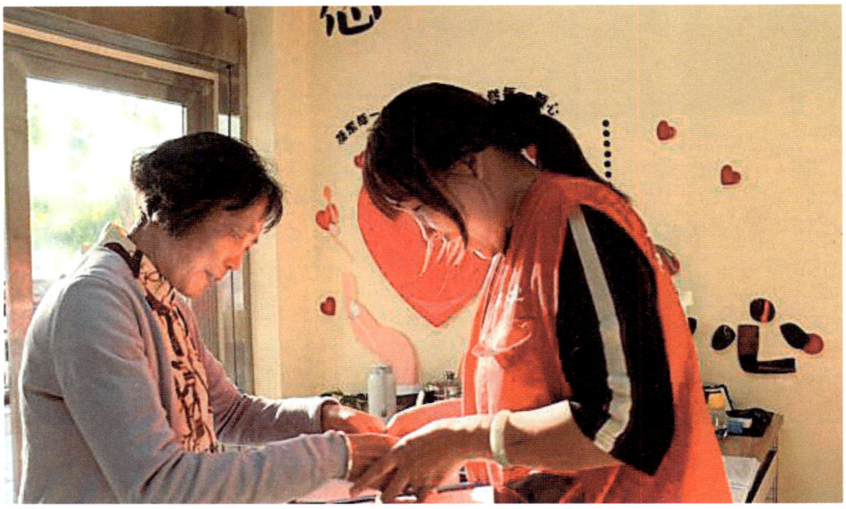

“泰有爱”慈善小屋　　（市民政局　供图）

【慈善社工融合发展】2020年，市民政局、市慈善总会开展“泰有爱·慈善小屋”试点工作，升级“慈善超市”，融合发展慈善、社工和志愿服务，该做法获2020年度江苏民政高质量发展优秀成果。9月19~20日，市委组织部、市民政局、市文明办、市慈善总会联合举办2020年“泰有爱”公益日暨公益慈善夜市活动，现场发布“泰有爱·慈善小屋”形象标识和公益慈善精准对接项目60个。至年末，首批6家“慈善小屋”配备专兼职社工23名，招募志愿者353名，对接发布慈善需求57个，入户走访122户，接受款物捐赠6.57万元，建立困难群众档案86户，提供服务1216人次。

【社会工作】2020年，泰州市开设“凤城社工”云课堂，首次成体系、全方位开展社会工作培训，涵盖儿童、老年、社区、残疾人等领域，在线听课超1.9万人次。年内，新增持证社工1000人。全市持证社工4025人，每万人有持证社工8人。组建“凤城社工”儿童专业队伍救助保护困境儿童，培养65名持证儿童社工。30人入选第三批市“百名优秀社工人才”。2人获评第二届省“最美社工”。靖江市骥江社会工作事务所“护苗乐成长 柳暗花更明”、泰州市乐助社会工作事务所“希望与未来——发展性社工介入困境儿童服务”、靖江市京师社会工作事务所“儿童公益四点半学堂”分获2019年度省优秀社会工作案例二等奖、三等奖、项目三等奖。（戴晓玉）

婚姻 收养 殡葬

【婚姻登记管理】2020年，泰州市办理结婚登记29836对，办理离婚登记10393对，婚姻登记合格率100%。初婚平均年龄26.5岁，其中男方27.3岁、女方25.6岁。离婚平均年龄37.6岁，其中男方38.4岁，女方36.8岁。

【收养工作】2020年，泰州市出台《泰州市困境儿童分类保障和关爱服务办法》，规定“民政部门长期监护的儿童可以通过收养等方式妥善安置。依法收养应当进行收养评估”。落实“逢收必评”，确保儿童利益最大化，年内，全市办理孤儿、弃婴家庭收养人数60人。

【殡葬管理】2020年，泰州市有殡仪馆9家，经营性公墓9个，公益性公墓883个。全年火化遗体37657具，遗体火化率100%，其中市区火化遗体13705具、靖江市火化遗体4710具、泰兴市火化遗体9435具、兴化市火化遗体9807具。清明节期间，全市殡葬服务单位接待祭扫群众52万人次。全市惠民殡葬投入4022万元，惠及37441人。年内，市民政局编制出台殡葬设施布局专项规划，新建、改扩建公益性殡葬服务设施27个，乡镇公益性骨灰安放设施覆盖率100%。（钱志宇）

区划和地名管理

【区划调整】 2020年，变更泰兴市济川街道行政区域，设立延令街道。行政区划变更后，泰兴市辖2个街道、14个镇、1个乡。泰兴市政府驻延令街道，办公地址为泰兴市国庆东路118号。开展变更申报撤销姜堰区溱潼镇、沈高镇、设立新溱潼镇，兴化市撤销戴南镇、张郭镇、茅山镇、设立新戴南镇，泰兴市姚王镇撤镇设街以及滨江镇张庄、郭庄、向阳三村划归济川街道管辖行政区划等相关工作。

【地名管理】 2020年，泰州市清理整治不规范地名。全年命名住宅小区31个，商区5个，道路21条，桥梁5座。下发不规范地名整改通知书149份，不规范地名标准化处理72个。开展《国家标准地名志》《国家标准地名词典》《江苏省标准地名词典》《江苏省标准地名志》词条编撰整理工作，收录泰州词条549条。完成市及各市、区《地名录》基本编撰工作。完成泰州市政区图、泰州市市区图编制更新工作。部署开展全国地名大会试题征集工作，整理上报泰州地名大会试题69条。

【界线管理】 2020年，泰州市实施第四轮界线联检，完成常州市、泰州市界线界桩联合检查；联合检查泰州市海陵区与姜堰区县际界线界桩。开展行政区划变更后行政区域界线勘定工作。勘定行政区划变更后扬州市与泰州市际界线，签订协议书。

（刘少峰）

妇女儿童事务

【“家安”行动】 2020年，泰州市妇联印发《“安家”行动实施方案》，开展“恒爱筑网”“法佑港湾”“花开向阳”3项计划10项举措。市妇联联合市法院、检察院、公安局、司法局成立“幸福护航”巾帼法律专家联盟，100名女法官、女检察官、女警官、女律师开展法治宣传、咨询服务、结对关爱等服务。10月21日，泰州市召开维护妇女儿童合法权益联席会议暨“家安”行动推进会，表彰维护妇女儿童权益先进集体、先进个人，授牌标准化家事调解工作室。

【未成年人校外特色实践基地建设】 2020年，泰州市开展校外实践基地建设、未成年人保护委员会建立、未成年人保护中心转型等工作。2月5日，市民政局下发《关于申报“成长护航”未成年人社会实践教育基地的通知》，统计各市（区）未成年人校外实践基地。2月8日，市民政局与市教育局就“未保中心+学校+实践基地”运行机制达成初步意见。在市两会期间，市民政局、市法院提交《关于建立校外实践基地，促进未成年人全面发展》提案。

【“双特双助”未成年人关爱工程】 2020年，泰州市龙凤堂幸福同享儿童基金会和市博爱关心下一代基金会联合投入80万元，对父母一方死亡、失踪、服刑收监、重度残疾，另一方不履行监护、抚养责任，导致儿童生活、安全和发展陷入困境，且未享受政府保障政策的未成年人和遭遇重病、突发事件、意外伤害、其他特殊困难陷入困境的未成年人，按照学龄前儿童2000元、小学生3000元、中学生4000元、大学生5000元标准进行资助。联合退休老干部结对关爱，协助申请保障和法律援助。

（陈小磊）

青年事务

【青年群体服务】 2020年，泰州市建成枢纽型青年社会组织——泰州市青益加青年服务中心，为入驻市青年社会组织孵化基地30多家青年社会组织提供服务，被授予“长三角青年社会组织联合发展基地”称号，泰州团市委举办“青缘汇”主题社交活动30多场，服务单身青年超1500人次。开展“轻松备考·12355与你同行”中高考减压行动，开展送心理减压课程进学校活动12场，开通24小时中高考心理问题咨询专线。联合公安局、检察院、法院等部门及社会组织，启动青少年阳光健康成长营。

【“联青服务站”建设】 至2020年年末，泰州市建成“联青服务站”94个，实现乡镇（街道）全覆盖。全年开展联青服务4期，累计参与服务人数1103人次、联系服务青少年人数2073人次。

（吴海棠）

关心下一代工作

【预防和减少青少年违法犯罪】 2020年，泰州市未成年人犯罪数比2019年

团泰兴市委“联青服务站”　（团市委　供图）

减少36人，靖江市、高港区连续10多年无在校生犯罪。全市2115名“五老”帮教失足青少年，转化率提升1.2个百分点。各级关工委协同公安部门建成基层派出所关爱工作站107个。兴化市分类落实驻站民警以奖代补政策。兴化市青少年法制教育及戴南镇派出所关爱工作站做法被省推广。

【校外教育辅导站建设】 2020年，泰州市出台《在新冠肺炎疫情防控常态化形势下稳慎有序开展校外教育辅导活动的指导意见》。全市有辅导站点1428个（其中“校站结合”694个），“五老”4657人和进站在职教师2829人。评选“泰州市第三批示范辅导站”40个、优秀辅导员200个。靖江市获全省校外辅导站优秀活动视频展播特等奖和一等奖。全市校外辅导站开展活动3万多次，进站66万人次。泰兴市推广基层“一式三要”做法（即在职教师进站辅导实行乡定课程、统一选聘、巡回辅导、动态管理方式，向校站结合、五老管理、三段式辅导要质量）。高港区许庄、口岸等街道开设国学、劳动、法治等辅导课程；高新区关工委指导镇（街）建设“留守儿童之家”，开展校外教育与托管服务；兴化市钓鱼镇关工委开办“留守儿童驿站”，免费提供延时辅导服务。

【青少年关爱服务】 2020年，泰州市完成“十百千万五老关爱三年行动”关爱目标。全市782名老农科专家帮扶青年农民创建示范基地136个、新型经营组织181个。各市（区）关工委协同民政部门分类精准帮助困境儿童11356名，姜堰区张甸镇关工委“四色管理”做法被民政部推广。市教育系统关工委联合市委教育工委开展“争做教师爸妈”活动，为42426名留守学生提供课后辅导、生活救助、心理疏导、情感抚慰等关爱服务。姜堰区俞垛镇关工委与妇联帮助340名留守流动儿童实现“微心愿”。市广电集团关工委帮助500多名困境儿童实现“微心愿”。

【青少年思想道德主题教育】 2020年，泰州市组织38.6万名青少年参与“爱党爱国、立德立行”主题教育活动。姜堰区青少年教育讲师团开展17个主题宣讲；靖江市编写主题教育15讲；泰兴市黄桥镇编写红色文化教材；市总工会、教育关工委开展“劳模进校园”活动；高港区开展“海魂育人”品牌，赋能主题教育活动。靖江市老少同台演讲获省特等奖。

【“1＋4＋N”青少年普法泰州模式】 2020年，泰州市开展“关爱明天、普法先行”活动，全市183个法治宣讲团、237名“五老”法制副校长作法治教育报告1005场，受益师生44万人次，形成青少年普法“1＋4＋N”模式（1个载体即青少年法治教育宣传月活动，4项举措即法治校园创建活动、中考增加法治内容、配齐兼职法治副校长、打造青少年普法阵地，N种形式即通过组织法治第一课、开辟法治宣传栏、召开法治主题班会、法治征文比赛、“带法回家”等）。靖江市司法局培育“童享阳光”青少年法治宣传教育品牌。“青少年普法‘1+4+N’新模式”被评为2016~2020年度泰州市十大“谁执法谁普法”创新创优成果。

（姚东社　卞冬梅）

老龄事务

【老年人关爱】 2020年，泰州市完成老龄事业发展“十三五”规划评估。发布《2019年泰州市老年人口信息和老龄事业发展状况报告》。开展老年人健康体检，完成体检数122701人，老年人意外伤害承保率超70%。举办泰州市首届百佳健康老人评选活动，全市800多名老年人参赛，近50万人在线参观，评选“健身之星”“才艺之星”“养生之星”“公益之星”“长寿之星”各20名。

【养老服务保障】 2020年，泰州市制定泰州市基本养老服务指导性目录，明确普惠性养老服务、政府购买养老服务、政府兜底养老服务、老年人优待服务四大类服务项目对象、内容标准、办理程序、资金来源、政策依据。实施特困人员供养服务设施“双改造、双提升”工程，建成泰州祥和老年康乐中心、姜堰溱湖康养护理院2家特困人员集中供养服务机构，建成江苏康鸿医养健康护理院、兴化昌荣养老服务中心2家农村区域性养老服务中心。

【养老服务创新】 2020年，泰州市开展省级创新示范地区试点，在海陵区开展“家庭养老床位”试点，全年建成家庭养老床位100张。开展特殊困难老年人家庭适老化改造工程，全年为经济困难的高龄、失能、重度残疾等老年人家庭适老化改造3076户。建立居家探访制度，开展探访帮扶服务独居、空巢、失能（失智）、计划生育特殊家庭等困难老年人，居家探访制度实现市区全覆盖。开展智慧养老服务，运用“泰有福”智慧养老平台，提供“点菜式”就近便捷养老服务，全市接受上门服务居家老人35.69万，占老年人口总数26.75%。创新出台《关于提升居家养老上门服务质量的实施意见》，规范内容和服务，预约上门，建立线上回访制度，全年回访量超3万单。

【老年大学服务】 2020年，泰州市老年大学本部开设班级63个，培训学员1000多人。姜堰区和泰州医药高新区新开分校4家，累计建成老年大学分校11所，实现市区全覆盖。

（葛　静　史海春）

民族宗教事务

【概况】 2020年，泰州市有53个少数民族、3.8万人，其中常住人口1.5万人、流动人口2.3万人。有市级民族社团1个、市级宗教团体6个，县级宗教团体16个，依法登记宗教活动场所226处，其中寺观教堂35处。经认定备案的宗教教职人员564人，信教群众13.2万人。6月9日，泰州市伊斯兰教协会召开第二次代表会议。

【民族团结进步创建】 2020年，泰州市印发《关于全面深入持久开展民族团结进步创建工作铸牢中华民族共同体意识的实施方案》。年内，举办以"民族团结一家亲,小康路上心连心"为主题的"民族团结进步宣传月"活动;开展"民族团结一家亲,同心共筑中国梦"在泰州市新疆维吾尔族代表联谊等活动;完成第四届"丝路信使"自行车赛事,形成"丝路红石榴"特色品牌。创建"解语花"服务品牌,帮扶少数民族妇女。泰州市公安局、靖江市民宗局获全省民族团结进步模范集体称号,4人获全省民族团结进步模范个人称号,8家单位获首批全省民族工作"红石榴家园"称号。

【宗教活动场所认定管理】 2020年,泰州市有星级宗教活动场所194家。新认定泰州观音寺、靖江市新桥基督教福音堂为四星级宗教活动场所;靖江城隍庙、姜堰溱潼基督教堂、姜堰沈高基督教堂为三星级宗教活动场所。推进民间信仰规范化管理,年内,确定民间信仰活动场所321处,其中86处建档。

【宗教活动场所安全管理】 2020年,泰州市完成整治乱建庙宇三年行动计划,整治乱建佛教道教活动场所300多处。年内,开展全市宗教活动场所消防应急救援综合演练暨集中观摩活动1场,举办全市宗教活动场所安全工作专题培训班2期,组织安全培训教育180多场次,发放宣传资料1.8万份;投入人力3800多人次、资金1200多万元,排查整治一般隐患3299处、重大隐患18处,关停场所14家。市民宗局编发《泰州市宗教活动场所安全工作指导手册》口袋书,确立15项安全工作基本制度;下发《进一步加强宗教活动场所安全生产规范化管理的通知》,细化五个方面42条安全管理标准和要求。

【宗教文化建设】 2020年,泰州市宗教文化研究中心形成《关于新时代宗教中国化的若干思考》《泰州学派与泰州佛教儒学化初探》等研究成果10个。举办以"放大吉祥基因,构建幸福城市"为主题的"2020·泰州优秀宗教传统文化与文化名城建设论坛"。泰州市佛教协会完成《江苏佛教通史·泰州分卷》初稿编纂工作。靖江市宗教界开展原创现代锡剧《母亲的心愿》巡演。

【民族宗教政策法规宣传培训】 2020年,泰州市建成宗教活动场所政策法规宣传教育基地18处。年内,在《泰州日报》开设"民族宗教政策法规解读"专栏,组织开展"民族宗教政策法规学习月"、《江苏省宗教事务条例》网上答题、民族宗教法律服务指导中心"五进"等活动,1万多名学生参与全市中学生民族宗教政策法规知识竞赛。

【"红石榴"系列品牌】 2020年,泰州市开展民族团结进步创建活动,创建"凤城红石榴家园"少数民族服务品牌,建设"石榴籽工作室"7家、"石榴籽驿站"3家、"红石榴"家园14家,开展"石榴籽"护佑、"丝路红石榴"等系列行动。泰州市在全市公安系统推广"石榴籽工作室",《新华日报》《中国民族报》《江苏法制报》等媒体予以报道。泰州市公安局、靖江市民宗局获全省民族团结进步模范集体称号,4人获全省民族团结进步模范个人称号;靖江市孤山镇蹑云社区、靖江市滨江新区朝阳社区、泰兴市黄桥镇祁巷村、泰兴市姚王小学、兴化市昭阳街道文峰社区、海陵区城东街道春晖社区、高港区胡庄镇人民政府、姜堰区张甸镇人民政府8家单位获首批全省民族工作"红石榴家园"称号。

（胡克文）

消费者权益保护

【消费投诉】 2020年,泰州市各级市场监管部门、消协组织受理消费者投诉10996件,涉及金额1774.7万元,为消费者挽回经济损失413.4万元。其中商品类消费投诉6425件,占整个消费投诉量58.4%,包含食品类2218件,交通工具类1313件,医疗器械类771件,家用电器类667件,家居用品类555件。服务类消费投诉4571件,占整个消费者投诉量41.6%,包含餐饮和住宿服务类945件,美容、美发、洗浴服务类432件,制作、保养和修理服务类364件,文化、娱乐、体育服务类320件,专业技术服务类152件。

【消费维权】 2020年,泰州市围绕"凝聚你我力量"消费维权年主题,发布十大消费维权典型案例、十大消费维权故事,发布消费警示、提示。市市场监管局发布《优化消费环境提升城市品质——2019年市市场监管局消费维权工作回顾》《泰州市2019年消费投诉举报情况分析白皮书》维权报告。

【放心消费创建】 2020年初,泰州市制定培育计划,拟培育省级放心消费示范、先进单位33家,市级放心消费示范、先进单位78家。8月20日,市市场监管局组织全市140家拟申报及拟培育单位参加全市放心消费创建现场推进会。12月,开展年度放心消费创建督查。全市18家单位获江苏省放心消费创建先进示范单位,63家单位获泰州市放心消费创建先进示范单位,其中,泰州市静安路商旅文街区被评为江苏省品牌消费集聚区放心消费创建示范单位,泰州市装饰装修行业协会获评江苏省放心消费创建先进行业。在全市商贸流通实体零售企业推行"线下实体店无理由退货"承诺,251家商场、超市、市场等企业主体公开承诺实施"七天无理由退货"。

【消费环境建设】 2020年,泰州市市场监管局围绕网络主播、游戏充值等网络消费维权问题参加泰州电视台"有事大家帮"专题访谈节目。年内,开展预付费消费知识宣传,在"6·18""质量月"、重阳节、"双11"等活动期间开展消费提示。开展"3·15"消费者权益日等重点节日开展消费知识宣传,与泰州报业集团等媒体合作,通过公众号等新媒体资源,开展消费知识答题活动,全国近5000人次参加有效答题。（赵　凡）

人力资源管理

【人才招引】 2020年,泰州市提高市区高校毕业生住房租赁补贴标准,连续三年补贴本科及以上高校毕业生每月800~2000元房租。增设校园工作站建设、就业见习指导2个补贴项目。设立高校人才服务校园工作站，分三年给予每家10万元经费补贴；每组织一名见习人员给予单位每月100元见习指导管理费用。全市开发高校毕业生就业见习岗位5522个，2423人参加就业见习。年内，泰州市引进高层次人才2118名，新增留学回国人数188名。

【人力资源服务】 2020年，泰州市举办第七届中国(泰州)国际医药高层次人才创新创业大赛、2020生物医药50峰会、第八届中国(泰州)国际医药人才智力交流大会等人才活动。136名海内外高层次人才参加双创大赛，30个项目进入决赛，16个项目签订意向合作协议。推荐市双创大赛项目参加第八届中国江苏人才创新创业大赛，2人分获二、三等奖。开展“第六届百名硕博暑期实践泰州行”“第六届千名硕博看泰州活动”和北京、西安人才专项活动。协办2020年“百名海外博士江苏行”活动。

【职业技能鉴定和等级认定】 2020年，泰州市新增专业技术人才2.36万人，完成专业技术人员知识更新工程培训16.8万人次。开展高层次和急需紧缺人才中、高级职称考核认定，68人通过中级职称认定初审，36人推荐申报高级职称考核认定。开发建设试运行专业技术人员继续教育学时线上审验和职称证书电子化，5959人完成继续教育学时不见面审验。落实新冠肺炎疫情防控一线医务人员人才人事激励措施，8名援鄂一线医务人员和15名泰州市疫情防控一线医务人员做好提前1年参加卫生专业技术资格考试服务工作，22名一线医务人员做好提前1年预申报评审高一级职称服务指导工作。年内申报评审高级职称人员中，44名疫情防控一线医务人员，其卫生专业实践能力考核视同合格，4名直接推荐提前1年申报评审高一级专业技术资格，3人被推荐申报正高级职称。完成泰州市乡土人才评委专家库人选遴选，首次开展乡土人才中级职称评审工作，27人获乡村振兴技艺师中级职称。

【人才载体建设】 2020年，泰州市组织锦鸡染料等11家单位申报国家博士后科研工作站，达成博士后引进意向近20个，5人进站、4人办理手续；泰兴高新区入选省级留学人员创新创业示范基地，获100万元资金支持；与省内外10所重点高校建立战略合作关系，提供3年10万元建设经费设立泰州人才服务校园工作站，建设校园引才前沿阵地。年内，申报各类人才项目20项，其中中博基金项目6项，省博士后科研资助项目11项，国家留学人员回国创业启动支持计划项目2项，国家高层次留学人才回国工作资助项目1项。宏大特钢2名博士后获中博基金项目资助，济川制药4名博士后获省博士后科研项目资助。

（陈海泉）

2020年9月18日，2020生物医药50峰会在泰州市举行

（市人社局　供图）

信用泰州建设

【信用监管】 2020年，泰州市出台《加快推进社会信用体系建设构建以信用为基础的新型监管机制的实施意见》。在医疗卫生、交通、住房保障、环保、社会组织、安全生产等10多个领域引入信用评分评级。评选诚信企业、诚信经营户、诚信市场、最美纳税人以及劳动保障、农产品、文化旅游诚信示范单位，评定守重企业、诚信之星等。推广“信易贷”，全年信用贷款超340亿元。在不动产交易、机关事业人员招录、行政审批等工作中开展信用联合奖惩，清理党政机关被执行人和国企拖欠民营企业款项案件，实现“清零”任务。出台《泰州市政务机构和工作人员失信行为清单》，全年发布10期诚信红黑榜，其中守信法人121个，守信自然人101个，失信法人303个，失信自然人839个。

【信用服务】 2020年，泰州市出台《政务服务信用承诺制实施办法》。培育贯标企业112家，市级示范21家，省级示范2家，复核通过示范企业33家。全年开办10期信用修复培训会，免费为800多家企业提供信用政策和修复流程讲解，修复行政处罚信息906条。

【公共信用信息平台建设】 2020年，泰州市出台《深入推进社会信用体系建设三年行动计划》《2020年社会信用体系建设工作要点》。上线市信用信息服务平台升级项目，归集涵盖全市54万家企业和501万个人2.11亿条信息，年报双公示数据172万条。出具资金应用、评先评优、示范创建、招投标、稳岗返还等审查报告1071份，查询报告530份，第三方信用报告325份，扣减或取消失信企业财政资金、取消评先评优资格、限制参与投标，发挥信用系统作用。

（邵月娥）

责任编辑：王　卉

自然灾害

【概况】 2020年，泰州市气象灾害主要有暴雨、强对流、寒潮、雨雪冰冻、台风、高温、连阴雨、雾和霾等，有3次台风对全市产生风雨影响，发生两起1.9级地震，未发生突发性地质灾害，汛期水情总体平稳，林业有害生物发生面积比上年下降20%。全年“护佑万家”市区自然灾害保险人身保险赔付金额20.94万元，房屋保险赔付金额10.42万元。

（刘华炜　钱　琨　李　映）

【气象灾害】 暴雨和强对流。受冷暖气流共同影响，2020年3月25~26日泰州市出现较强降水，并伴有雷电和大风，中部地区出现暴雨；25日20时到26日20时各地雨量分别为：泰州58.1毫米、兴化27.5毫米、姜堰65.0毫米、泰兴54.6毫米、靖江20.8毫米，其中姜堰和泰兴日最大降水量刷新3月份的历史记录，泰州日最大降水量为历年3月份的第三高值。6月12~18日，全市自北向南出现持续性强降水天气过程，全市大部出现暴雨，并伴有雷雨大风和短时强降水等强对流天气，最大风力20.9米/秒（9级，12日下午出现在泰兴元竹站），最大小时雨量46.7毫米（13日19时~20时出现在姜堰王石站）。受江淮气旋影响，6月27~29日全市出现持续强降水和大风天气，其中6月27日泰州中南部出现大暴雨，局部大暴雨，最大降水量150.5毫米（出现在泰兴曲霞站），最大小时雨量82.2毫米（11时~12时出现在泰兴曲霞站）；6月28日夜间全市普降大到暴雨，北部局地大暴雨，最大降水量132.4毫米（出现在兴化缸顾站），29日中午前后出现6级阵风，全市有42个站点极大风速达到7级，最大风力17.8米/秒（8级，出现在泰州大桥）。7月14日夜间泰州中南部地区出现大到暴雨，14日20时至15日20时各地雨量分别为：海陵22.2毫米、高港25.7毫米、姜堰19.8毫米、兴化8.4毫米、泰兴45.3毫米、靖江104毫米；全市有16个站点雨量超过50毫米，最大降水量104毫米（靖江站）。7月17日全市出现大到暴雨，17日8时至18日8时各地雨量分别为：海陵62.6毫米、高港74.3毫米、姜堰59.5毫米、兴化31.4毫米、泰兴63.1毫米、靖江38.2毫米；全市有32个站点雨量超过50毫米，最大降水量91.2毫米（姜堰桥头站）。7月18日夜间泰州中北部地区出现大到暴雨，局地大暴雨，18日20时至19日20时各地雨量分别为：海陵66.6毫米、高港39.8毫米、姜堰77.1毫米、兴化72.8毫米、泰兴24毫米、靖江19.6毫米；全市有61个站点雨量超过50毫米，其中有9个站点雨量超过100毫米，最大降水量133.7毫米（兴化老圩站）。受高空槽和切变低涡共同影响，8月7~9日全市出现连续性强降水过程，6日20时至9日20时各地过程累积雨量分别为：海陵52毫米、高港41.6毫米、姜堰38.7毫米、靖江34.4毫米、泰兴14.9毫米、兴化144.8毫米，最大累积雨量320.7毫米（出现在兴化老圩站）；期间伴有短时强降水，最大小时雨量69.2毫米（9日9时~10时出现在兴化西鲍站）；全市极大风速普遍6到7级，最大风速20.6米/秒（8级，8日11时2分出现在靖江站）。

寒潮和雨雪冰冻。受北方强冷空气影响，2月14~16日全市出现大范围寒潮、雨雪天气，日最低气温48小时降幅在13℃左右；15~17日偏北风较大，全市极大风速均在6到7级；16~18日最低气温降至在0℃以下，最低气温-5℃（18日出现在兴化）；15日傍晚起全市自北向南出现雨夹雪或雪天气，16日3时前后雨雪过程结束；15日8时~16日8时各地雨雪量分别为：泰州9.6毫米、姜堰9.9毫米、靖江12.2毫米、泰兴11.3毫米、兴化11.8毫米，各地最大积雪深度分别为：泰州1.4厘米、靖江2厘米、泰兴1厘米、兴化7厘米；由于前期基础气温较高，该次过程没有造成严重道路结冰。受强冷空气影响，12月29~31日全市出现大范围寒潮天气，并伴有雨雪和大风天气过程；29日下午全市自北向南出现雨转雨夹雪或雪天气，纯雪量达中雪到大雪，最大积雪深度2厘米~4厘米，全市大部分地区出现7级~8级偏北大风，有31个站点出现8级及以上大风，最大风速22.3米/秒（9级，出现在姜堰溱湖站），全市48小时最低气温降幅8.4℃（泰州）~10.2℃（靖江），72小时最低气温降幅8.2℃（兴化）~10.9℃（靖江），31日最低气温降至-8.8℃（泰州）~-6.9℃（泰兴）；该次低温雨雪过程最低气温低且低温持续时间长，全市出现严重冰冻，暴雪、大风、低温冰冻对露地蔬菜、设施农业生产不利，部分地区出现灾情。

梅雨。全市6月9日入梅，7月21日出梅，梅雨期持续43天，是常年的近2倍（常年平均23天），为历史第二长（仅次于1991年的57天）。全市梅雨量474.3毫米（兴化）~639.7毫米（姜堰），是常年的2倍~2.6倍，其中海陵、姜堰梅雨量为历史第二多。梅雨期出现8次区域性暴雨，单日最大雨量150.5毫米（出现在泰兴曲霞站）。

高温。2020年全市各地高温日分别为：海陵14天、兴化10天、姜堰14天、泰兴22天、靖江15天。8月1~25日全市出现持续高温天气，其中8月15~19日为高温强度最强时段，8月15日大部分地区出现年极端最高气温，全市年极端最高气温38.6℃（出现在泰兴）。

雾和霾。2020年全市各地雾日分别为：泰州62天、兴化66天、姜堰19天、泰兴25天、靖江34天；各地霾日分别为：泰州37天、兴化27天、姜堰58天、泰兴49天、靖江38天。主要雾和霾过程出现在1月12~14日、1月20~21日、2月12~15日、12月11~13日和12月28日。

连阴雨。前冬（2019年12月）~2020年2月全市阴雨绵绵，日照总时数为323.9小时（兴化）~369.8小时（泰州），比常年同期偏少1到3成，各地降水日数为28天（兴化）~40天（靖江）；全市出现4段连阴雨过程，分别是2019年12月17~26日、2019年12月29日至2020年1月17日、2020年1月21~27日和2月11~16日，其中2019年12月29日至2020年1月17日的连阴雨过程持续20天，为1961年以来入冬之后同期持续时间最长的一次过程。持续阴雨寡照使得农作物苗体素质下降，对蔬菜及初冬作物生长较为不利。11月18~27日全市出现持续10天的连阴雨天气，累计雨量为63.4毫米（靖江）~75.6毫米（泰兴）。

（刘华炜　汤　敏）

【洪涝灾害】 2020年，泰州市汛期降水量及梅雨量比常年同期明显偏大，水情总体平稳，里下河地区略微超警。长江大通来量比常年同期偏多两成，沿江潮位7月至9月超警戒潮位。

汛期全市面平均降水量851.1毫米，比常年同期（684.7毫米）偏多24.3%，里下河地区面平均降水量849.8毫米，通南地区面平均降水量852.8毫米。里下河地区、通南地区汛期单站日最大降水量分别为中堡站115.5毫米（6月28日）、黄桥站106.0毫米（6月28日）。汛期全市出现13场暴雨、大暴雨过程，大部分为局部暴雨或大暴雨。

梅雨期全市面平均梅雨量536.0毫米，是多年平均（234.5毫米）的2.3倍。里下河地区面平均梅雨量517.5毫米，是多年平均（234.5毫米）的2.2倍，单站最大为港口站（612.0毫米）；通南地区面平均梅雨量549.4毫米，是多年平均（234.6毫米）的2.3倍，单站最大为泰州（通）站（604.5毫米）。梅雨期有6次全市范围降雨过程，分别是6月12~18日，12~13日由北向南大到暴雨，15日中部及沿江地区暴雨，其他时间普降中到大雨；6月23日中到大雨；6月27日中部地区大到暴雨，其他地区小到中雨，28日普降暴雨、局部大暴雨；7月11日中到大雨；7月14日中到大雨，局部暴雨；7月17~18日由南向北大到暴雨，18日局部大暴雨。

汛期内河水情总体平稳，里下河地区代表站（兴化站）最高水位2.21米（6月29日），通南地区代表站（黄桥站）最高水位3.33米（6月29日）。中心城区汛期水位基本保持在正常状态，平均水位2.66米，最高水位3.07米（6月27日），最低水位2.29米（6月28日）。

汛期长江大通平均流量48900立方米/秒，比常年同期（40600立方米/秒）偏多20.4%，最大流量84600立方米/秒（7月13日），最小流量19300立方米/秒（5月8日）。5月至6月沿江各站潮位均低于警戒潮位。7月至9月，口岸闸日最高潮位超警戒水位有9天（7月20~26日、8月4~5日），过船港闸日最高潮位超警戒水位有5天（7月21~25日），夏仕港闸日最高潮位超警戒水位有22天（7月20~26日、8月4~7日、8月19~23日、9月2~4日、9月18~20日）。（陈建勋　李　想）

【台风灾害】 2020年有3个台风对泰州市产生风雨影响。

8月4日3点30分前后，4号台风“黑格比”在浙江省乐清市沿海登陆，登陆后向偏北方向移动，经江苏省东部，于5日早晨从盐城市进入黄海境内；受高空槽和台风残留低压影响，全市大部分地区出现小到中雨，极大风速普遍5到6级，有3个乡镇极大风速达到7级，最大风速16米/秒（7级，5日21时出现在姜堰区蒋垛镇）。

8月25~26日，受高空槽和8号台风“巴威”外围共同影响，全市出现明显降水，期间伴有短时强降水，最大小时雨量80.7毫米（26日15时~16时出现在兴化市老圩镇），极大风速普遍5到6级，有5个乡镇极大风速达到7级，最大风速16.7米/秒（7级，25日18时10分出现在兴化市钓鱼镇）。

9月1日，受9号台风“美莎克”外围及高空槽共同影响，泰州北部出现大雨，并伴有短时强降水及雷雨大风等强对流天气，全市大部分地区极大风速达6到7级，有3个乡镇极大风速达到8级，最大18.9米/秒（8级，出现在兴化市钓鱼镇）。

（刘华炜　汤　敏）

【地质灾害】 2020年，泰州市未发生突发性地质灾害，缓变性地质灾害监控正常。全市唯一的突发性地质灾害隐患点位于靖江市孤山，以滑坡崩塌为主，经过2017~2020年三期工程治理后已通过验收，孤山地质灾害隐患点按照程序予以核销。地面沉降缓变性地质灾害是地质灾害主要类型，开采孔隙水是地面沉降的主要原因；通过生产转型、封闭地下水井等措施，地下水年开采量压降到千万立方米量级，主城区、兴化戴南等地下水降落漏斗区持续缩小，地面沉降速率趋缓。

【林业生物灾害】 2020年，泰州市林业有害生物发生886公顷，其中轻度发生面积766.67公顷、中度发生面积93.33公顷、重度发生面积26公顷，全部为虫害发生。从历年数据分析来看，全市林业有害生物发生情况近3

年得到明显抑制，发生面积控制在2万亩以下。

美国白蛾。全年美国白蛾发生面积59.53公顷，比上年上升14.6%（增加的发生面积在姜堰区），显著轻于2018年，无成灾发生。发生区域主要分布在兴化市全域（轻度发生）、姜堰区（较重发生，集中在溱湖国家湿地公园）、海陵区（轻度发生，集中在华港镇）。全市无新增疫区和疫点，美国白蛾快速蔓延势头得到遏制。2020年全市美国白蛾第三代发生情况比上年上升63.3%，主要分布在姜堰溱湖风景区；根据越冬蛹调查结果，姜堰溱湖风景区越冬蛹密度较高，2021年姜堰溱湖风景区有成灾风险，姜堰区为重点防控区域。

杨树食叶害虫。全年杨树食叶害虫发生面积262.93公顷，比上年下降62.7%，整体为轻度发生，姜堰区有较重发生。发生区域主要分布在姜堰区全域（较重发生，集中在溱湖风景区、淤溪镇、沈高镇）、泰兴市全域（轻度发生），兴化市部分乡镇有零星发生。

银杏超小卷叶蛾。全年银杏超小卷叶蛾发生面积550.93公顷，比上年上升75.8%，危害程度较重，成灾面积23.73公顷。发生区域主要分布在泰兴市全域（重度发生，集中在黄桥镇、古溪镇、分界镇）、高港区全域（轻度发生）。

桑天牛。全年桑天牛发生面积6.85公顷，为轻度发生，发生区域主要零星分布在泰兴市全域。

白蜡蚧。全年白蜡蚧发生面积4公顷，为轻度发生，发生区域主要零星分布在姜堰区北部乡镇。

（李　映）

防灾减灾

·防灾减灾综述·

【概况】 2020年，泰州市围绕防范化解自然灾害重大风险，建立健全全市减灾工作运行机制。推进防灾减灾基础能力建设，实施全市减灾示范社区创建。清明节、秋冬季节等重点时段专项督查森林防灭火工作；强化火源管控，实施为期3个月的打击森林违法用火行为专项行动。开展防汛物资采购、应急救灾物资储备、汛前检查、风险监测预警等工作，重点做好长江防汛抗洪提升至Ⅱ级响应后的应对措施，汛期对江堤险段、闸口港口、码头实行每日监测。制订《泰州市查灾核灾工作规程（试行）》，明确“分级负责、属地管理”的要求，建立健全灾情现场核查机制。

【事故灾害信息联动共享机制】 2020年，泰州市应急管理局印发《关于加强和规范重要紧急信息报送工作的通知》，建立重要紧急信息必报制度，形成“首报快、续报准、续报全”的工作机制。推进突发事件、应急救援信息联动机制建设，建立健全数据共享和信息服务机制，完善联合会商和应急响应机制、基层防灾减灾队伍和综合减灾示范社区联合创建机制、科普知识联合宣传机制以及突发事件预警信息联合发布机制。建成涵盖各市（区）政府、市安委会成员单位、省级以上开发区管委会、市各乡镇（街道、园区）、市危化品生产和储存企业，重点化工企业、规模以上工贸企业、烟花爆竹批发企业、造（拆）船企业等相关负责人共4800多人的安全生产领域突发事件预警信息发布网络。举办市突发事件预警信息系统专项培训。市应急管理局、泰州军分区联合印发《军地联动应急处突协作机制》，健全全市处置突发事件应急指挥机制。在全市应急管理系统推广使用应急指挥综合业务信息系统，录入全市应急系统人员信息、通讯录、值班表等基础数据，提升事故灾害信息报告处置能力。

【兴化市被列为第一次全国自然灾害综合风险普查试点县市】 2020年，兴化市被列为2020~2022年第一次全国自然灾害综合风险普查122个试点县市之一，普查范围包括8992万平方米房屋、118座桥梁、73条道路、5座自来水厂和220千米供水管线。10月9日，泰州市成立第一次全国自然灾害综合风险普查领导小组，在兴化市开展第一次全国自然灾害综合风险普查试点工作。年内，基本完成应急行业领域普查数据的收集、汇总和调查表填报，对相关数据实施质量审核和系统录入。

（钱　琨）

·气象防灾减灾·

【气象防灾减灾体系构建】 2020年，泰州市建成市、市（区）两级、多部门共享共用的突发事件预警信息发布平台，织密由平台、短信、“96121”系统、网站、手机APP、电视广播、电子显示屏、大喇叭等组成的气象信息发布和传播网。推进气象防灾减灾标准化建设，编制《基层推进气象防灾减灾“六个一”标准化建设市、市（区）任务清单》，形成全市气象灾害数据库，制作包含遥感影像图、气象防灾减灾信息的分市（区）防灾减灾图，织密突发事件预警信息发布网，形成气象灾害预警、分级防御服务规范等制度，健全基层气象防灾减灾队伍，拓展数据综合显示分析、气象防灾减灾产品制作、系统留痕、阈值自动报警等功能服务平台，全年基层气象防灾减灾数据库更新入库4347人。落实基层基本公共气象服务，市、区两级政府修订印发《气象灾害应急预案》。推进防灾减灾部门应急联动，市气象局与市应急管理局、生态环境局、农业农村局、消防救援支队签订部门合作协议，构建气象防灾减灾应急处置机制，开展地方应急演练救援活动。推进全国减灾示范社区创建，10个社区（村）减灾示范创建提请省减灾委验收。

【气象保障服务】 2020年，泰州市气象局强化决策气象服务，制作发布决策气象服务材料150期，发送决策气象服务短信159条，受众52.4万人。提前预警2月中旬降温过程和入梅时间，为疫情防控一线采取防寒保温措施及夏收夏种、防汛工作争取时间。建立重污染天气监测预警预报机制，发布重污染天气监测预警预报信息，制作空气扩散气象条件专报10期。组织开展沿江、城市、特色农业生态环境研究，编制《沿江风光带生态旅游气象评价报告》《泰州市城市热

2020年泰州市平均气温情况表

表53

台站	2020年平均气温（℃）	常年年平均气温（℃）	历史最高年平均气温（℃）及出现年份
海陵	16.4	15.4	16.9（2007年）
姜堰	16.7	15.2	16.9（2017年）
兴化	16.1	15.3	16.4（2007年）
泰兴	17.0	15.8	17.2（2007年）
靖江	17.2	16.0	17.6（2007年）

岛分析报告》《河蟹养殖保险调研报告》。组织实施人影作业2次。开展油菜花期预报，跟踪农业生产动态。拓展专项气象服务，提供大雾、强雨雪、道路结冰等极端天气的预报预警服务，开展农业气象指数保险服务。市级发布公共气象服务短信1436条，受众2878万人次。推出“凤城风雨365 阴晴冷暖护大家”直播栏目。“泰州气象”发布微博4480条、微信1800多条。

【防雷安全监管】 2020年，泰州市气象局组织开展全市防雷安全生产专项整治行动，检查加油加气站、燃气液化气、烟花爆竹、危险化学品等易燃易爆化工场所的500家防雷安全监管重点企业，发现防雷安全隐患199处，下发整改意见书106份。开展雷电防护装置检测单位“双随机、一公开”检查，检查雷电防护装置检测服务企业7家次。实施雷电防护装置设计审核与竣工验收审批，推进“互联网+监管”平台应用。举办全市气象法治建设（防雷监管）培训班，开展防雷执法检查“互评互学”活动。

（刘华炜　汤　敏）

·防汛防旱防台·

【汛前检查和除险消险】 2020年3月6日，泰州市防汛防旱指挥部（简称市防指）发文要求各地各部门加强安全度汛风险防控和隐患治理，做好汛前检查工作。3月中旬到4月上旬，市防指现场抽查各市（区）汛前检查工作。4月9日，召开全市防办主任会议。4月15日，根据汛前检查结果，通报防汛减灾薄弱环节和风险隐患并提出除险消险要求。各地组织实施度汛隐患除险消险，投入627万元整修堤防50.5千米，加固改造圩口闸160座、排涝站48个、涵洞13座。海陵区实施老328国道沿线控制性建筑物改造工程，推进沿线周边区域排水管网建设，完善海陵区九龙镇防洪排涝体系。泰州医药高新区完成南官河闸外港堤提升工程，防洪标准提升至百年一遇。靖江市投入1081万元实施长江堤防水毁工程修复。

【防汛物资储备和预案修订】 2020年，泰州市储备防汛块石5.5万吨、“三袋”275万只、土工布10.5万平方米、木材1148立方米。修订完善《泰州市防御台风应急预案》，通过司法审查。组织开展城区应急排涝演练防汛抢险军地联合演练，提升应急抢险救援队伍对江堤渗漏、管涌、内涝等紧急状况的处置能力。

【长江防汛应急响应】 2020年7月6日18时，泰州市启动长江防汛Ⅳ级应急响应。7月11日17时，泰州市长江防汛应急响应由Ⅳ级提升至Ⅲ级。7月12日20时，泰州市长江防汛应急响应由Ⅲ级提升至Ⅱ级。7月28日22时，泰州市长江防汛应急响应调整至Ⅲ级。8月9日20时，泰州市长江防汛应急响由Ⅲ级调整为Ⅳ级。8月15日14时，泰州市结束长江防汛Ⅳ级应急响应。全市维持防汛应急响应59天，其中Ⅱ级响应16天。健全防汛防旱指挥系统，初步建成市、县、乡三级视频会商系统。7月13日，市应急管理局、气象局、水利局、住建局、交通局、农业农村局等市防指成员单位组成3个督导组，赴沿江地区督查指导防汛抗洪工作，全市累计派出督导组、专家组、工作组183组次。防汛应急响应期间，长江流域泰州段累计有4万多人次巡堤，累计巡堤8000多千米，Ⅱ级应急响应期间长江堤防坚持24小时值守。汛期共发现10处险情，险情第一时间发现、第一时间妥当处置。

【汛期沿江引水涵闸调度】 汛期泰州市沿江主要口门（高港节制闸、口岸闸、马甸闸、过船闸、夏仕港闸）自流引水量28.54亿立方米，是常年同期的1.7倍；自流排水量3.7亿立方米。江都枢纽自流引水83天，向里下河地区送水15亿立方米。6月5~6日，因长江低潮无法自流引水，高港枢纽开机向里下河地区送水196万立方米。汛期引江河城区调水泵站开机运行27天，向中心城区补水1142万立方米。高港枢纽4次开机抽排里下河地区涝水6.32亿立方米。江都枢纽6月25日~7月6日开机抽排里下河地区涝水3.02亿立方米。

【防台】 2020年，4号台风“黑格比”、8号台风“巴威”、9号台风“美莎克”对泰州市产生风雨影响。受台风“黑格比”影响，泰州市于8月4日11时30分启动防台Ⅳ级应急响应，8月5日9时解除Ⅳ级应急响应；台风“黑格比”未造成人员伤亡和灾害损失。

（陈建勋　李　想）

·防震减灾·

【地震事件】 2020年，泰州市发生两起1.9级地震。6月7日23时08分，泰州市姜堰区（北纬32.57度，东经120.10度）发生1.9级地震，震源深度9千米。11月4日17时08分，泰州市姜堰区（北纬32.44度，东经120.16度）发生1.9级地震，震源深度10千米。两次地震均未造成人员财产损失。

【抗震管理】 2020年6月19日，市地

2020年5月12日，市住建局在姜堰区罗塘街道幸福村开展第12个“全国防灾减灾日”宣传活动　　　　（市住建局　供图）

震局揭牌成立。修订《泰州市地震应急预案》，开展全市建设工程地震安全监管检查。做好震情监视跟踪和应急准备工作。建立完善上下衔接工作联系网络，规范统一全市强震动观测台检查记录及上报。做好地震异常零报告工作，完成对市数字测震台的信息网络技术改造，兴化市地震台新建工程通过省专家组验收。统计汇总全市应急避难场所基础数据，掌握全市应急避难场所底数。完成地震行政权力事项标准化建设工作。开展2020年度省级防震减灾科普教育基地认定工作，泰州防震减灾科普馆评为国家防震减灾科普教育基地。开展2020年“全国防灾减灾日”防震减灾科普宣传活动。完成“全国综合减灾示范社区”审查验收。在兴化市开展地震灾害风险普查试点工作。

（钱　琨）

【地震应急避难场所】 2020年，泰州市开展《市区地震应急避难场所的布局规划（2011~2020年）》调整工作，完善应急避难场所改造方案设计，建成中心避难场所6个、固定避难场所35个。首次出台针对全市范围内应急避难场所建设管理工作的规范性文件——《关于加强应急避难场所建设的指导意见》，明确12项具体要求，推动建立系统完备、运转顺畅的应急避难工作机制。

（殷恒杰　钱　锟）

·地质灾害防治·

【地质环境监测】 2020年，泰州市实施地下水日常动态监测，优化完善地下水监测井65个，其中国家级14个、省级4个、市县级47个，布设水位单测井60个、水质水位共测井5个。分析监测数据，编制完成《2020年度泰州市地质环境状况通报》季报和年报。开展2020年度地质环境（地下水、地面沉降）和土壤地球化学动态监测与评价工作，完成全市644个农用地土壤环境监测点、重要湖泊湿地（溱湖湿地）监测点以及重点产业园区（泰州医药高新区）监测点采样，采集样品900多件。

【地质灾害防治】 2020年，泰州市政府办公室下发《地质灾害防治应急预案》，编制印发《2020年度地质灾害防治方案》，在汛期（5~9月）开展地灾隐患排查、巡查和应急模拟演练，强化应急值班、险情速报工作。全年累计完成压矿查询135宗，有12个开发区完成地质灾害危险性区域评估。完成靖江孤山地灾隐患点治理三期工程并通过验收，孤山地质灾害隐患点从江苏省地质灾害隐患点数据库予以核销。

【地质灾害危险性评估】 2020年，泰州市规范地灾评估管理，市区完成建设项目地质灾害危险性评估167宗。组织地灾评估专项检查，根据专项检查结果和日常监管情况对市（区）地质灾害评估名录库实施维护和更新。组织开展泰州市建设项目批后监管地灾评估综合评价与检查，随机抽取16个全年实施的地灾评估项目进行检查和分析。

·林业灾害防治·

【林业有害生物防控】 2020年，泰州市以美国白蛾为防控重点，落实监测预警、检疫御灾、防治减灾等措施，全年林业有害生物总发生面积比上年下降20%，发生率1.42%，成灾率0.04%，防治率100%，无公害防治率91%，产地检疫、调运检疫率100%。

【林业有害生物监测】 2020年，泰州市在美国白蛾重点防控区域建成兴化、泰兴和姜堰3个国家级测报中心，布设性诱、光诱和靶向等监测点位。注重林业有害生物监测的软硬件建设，推进标本室、实验室和智能虫情测报站建设，购置虫情自动测报灯、太阳能全谱纳米诱捕灯等器械，提升林业有害生物监测效率。完善监测预报网络构建，形成以国家级测报点为骨干，乡镇监测点为依托，美国白蛾监控为重点的市、市（区）、乡镇三级监测预报网络。姜堰区国家级中心测报点被评为全国先进测报点，兴化市国家级中心测报点先后在全国、省级林业有害生物监测预报会议上进行典型交流发言。

（李　映）

【森林防火】 2020年，泰州市有森林防火重点（单位）区域8个，分别是泰兴国家古银杏公园、姜堰溱湖国家湿地公园、兴化里下河国家湿地公园、高港春江省级湿地公园、海陵国营泰州林场、国营姜堰区林业总场（通扬河林场、周山河林场）、靖江市孤山和万林木业。全年全市未发生森林火灾和人员伤亡事故。制定森林防火专项整治实施方案，开展森林防火行业领域专项整治行动。召开全市森林防火专项整治推进暨主题宣讲会，印发《泰州市林业系统森林防火工作预案》，将“森林防火”作为“一票否决项”列入对各市（区）年度工作考核内容。组织开展关键时期、重点区域的火源管理、隐患排查治理工作。4~9月开展森林防火专项整治，严查火灾隐患，杜绝野外违法用火；做好秋冬季森林火灾防控工作，10~12月开展为期3个月的打击森林火灾违法行为专项行动。组织开展火灾隐患排查整治和督查检查，全年检查森林防火重点单位50家次，排查并督促整改隐患3项，其中重大隐患1项。开展“森林防火宣传月”、防灾减灾和“安全生产月”等宣传活动，举办森林防火学习宣讲和业务培训，推出森林防火宣传报道60多篇，张贴宣传、警示标语标识500多个，印发宣传资料7800份。“互联网+森林草原防火督查”系统开始使用，“防火码”在全市自然保护地得到应用和宣传。

（钱　琨　李　映）

【姜堰区获评国家级林业有害生物中心先进测报点】 2020年，姜堰区建立健全区、镇、村三级监测预警体系，在已有区国家级林业有害生物中心测报点的基础上设立镇级监测点16个，聘请兼职监测员42人。创新林业有害生物监测预报模式，将单纯的人力监测传统模式转变为智能机器设备监测为主、人力监测为辅的模式；配置虫情测报仪器、太阳能杀虫灯、美国白蛾性诱捕器以及昆虫识别软件、远程诊断终端等设备，提升监测预警的覆盖度和精准度。开展美国白蛾和杨树食叶害虫为主的生物学特性课题调研。12月26日，姜堰区被国家林草局评为2020年度国家级林业有害生物中心先进测报点，为全省林业测报工作考核第一名。（史　志）

安全生产

【安全生产形势】 2020年，泰州市发生列统（工商贸、建筑、道路交通、农业机械）生产安全事故97起、死亡68人，亿元地区生产总值生产安全事故死亡0.013人，事故起数、死亡人数比上年分别下降65.48%、64.4%，事故起数为全省最低，死亡人数绝对量居全省后3位。其中，商贸制造业发生事故8起、死亡12人，分别下降61.9%、42.86%；建筑业发生事故12起、死亡12人，分别下降61.29%、63.64%；道路交通行业发生生产经营性道路交通事故77起、死亡44人，分别下降66.2%、67.6%；农林牧渔业发生事故1起、死亡1人。较大及以上事故1起，死亡3人，事故起数持平，死亡人数下降4人。

（钱　琨　黄志光）

【安全生产责任】 2020年，泰州市委办、市政府办制订《党政领导干部安全生产责任制实施办法》《市委常委会成员、市政府班子成员2020年度安全生产重点工作清单》等文件，建立党政领导挂钩化解重大安全风险隐患机制。市党政主要领导挂钩化解14个重大安全风险隐患；各市（区）和市级部门领导干部挂钩210个重大（较大）安全风险隐患，整改完成208个，整改率99%。一批重大安全风险隐患得到解决，高永化工集中区关闭退出具有爆炸特性化学品生产装置，泰兴经济开发区对涉硝工艺装置实施整改提升。印发《市级部门及驻泰有关单位安全生产工作职责任务清单》，推动部门安全责任的法定化、具体化、清单化。设置16个安全生产专业委员会，实现重点行业领域全覆盖。以市政府令的形式发布《泰州市生产经营单位安全生产主体责任规定》，明确生产经营单位建立安全生产责任体系、保障安全生产投入、开展安全生产培训、实施风险分级管控与隐患排查治理、完善设备设施与作业安全管理以及履行应急救援和事故报告义务等6大项安全生产主体责任内容。开展落实企业主体责任集中宣讲“春风行动”“百团进百万企业”活动，建立企业安全生产重大事项报告、“双重预防机制+网格化+实名制+公告栏”等制度。开展安全生产“示范班组”创建活动，在3486个化工班组开展“星级班组”创建，在工贸企业开展“安全示范班组”评比。

【安全生产监管执法】 2020年，泰州市开展“安全生产行政执法年”系列活动，全市应急管理系统共执法检查企业2462家、立案处罚942件、罚款总额2982万元，检察机关办理涉及安全生产类刑事案件27件34人，司法机关追究刑事责任19人。11~12月，开展安全生产“双月会战”专项执法行动，检查企业1325家，发现问题隐患2780起，立案501件。

【安全生产巡查督导】 2020年，国务院和省督导组先后巡查督导泰州市安全生产工作。国务院督导组移交5批次、329个安全生产类问题隐患，省督导组移交14个责任不落实问题、30个重大安全风险隐患，年内全部完成整改。建立安全生产三级巡查督导机制，组织52个巡查督导组，巡查督导107个重点部门、104个镇街（园区）安全生产工作。

【危化品安全】 2020年，泰州市实行重大安全风险“一票否决”；危险化学品项目做到“三个一律不批”（即一律不批新的化工园区，一律不批区外化工生产企业，一律不批氯气生产、涉及光气新、扩建项目），新建危化品建设项目原则上要求投资额不低于10亿元。全年否决1个重污染化工项目，取消靖江新港园区、泰兴虹桥化工集中区、兴化茅山化工园区（集中区）、姜堰经济开发区的化工园区定位。至年末，泰州市保留化工园区2个（江苏省泰兴经济开发区、泰州滨江工业园区），危化品企业从2018年底的1596家减少到1198家，其中化工（危化品）生产企业由526家减少到189家。推动新建（含搬迁）化工项目进入已依法完成规划环评审查的化工园区，全市化工生产企业入园率55.1%，比2018年提高21.8个百分点。实施城镇人口密集区危化（化工）企业搬迁工程，督促梅兰化工、泰州石化、中海沥青（泰州）3家企业搬离主城区。

创新实施危化品企业违法违规

行为积分动态管理制度，累计对322家（次）危化品生产经营企业的340项（次）违法违规行为进行记分，对28家累计记12分的企业责令停产整顿，对13家记6分~12分的企业进行集中约谈、挂牌督办。制定《关于压实企业主体责任 提升本质安全水平的16条措施》，形成《危化品（化工）企业主要负责人安全生产记分标准》。在泰兴经济开发区开展压实危化品（化工）企业安全生产主体责任试点，检查企业78家，发现问题隐患391条，下达整改文书71份，累计记分515分。

推进危化品安全监管执法队伍建设，市级危化品监管执法人员编制20个；化工重点县靖江市、泰兴市分别组建不少于10人的危化品监管执法队伍。投入1521万元，初步建成市危化品重大危险源管理监测平台暨应急救援中心（安全生产信息中心）。市级危化品重大危险源监测预警系统覆盖全市61家危化品（化工）重大危险源企业，216处重大危险源在线监测监控率100%。在全省首创视频点调系统，实现值班人员与企业值班人员现场连线，及时处置安全隐患。开展危化品企业本质安全诊断治理，全市涉及“两重点一重大”的化工装置和储运设施自动化控制系统装备使用率100%。

严格事前执法，未批先建、违规动火作业的危化品企业一律依法给予停产整顿、上限处罚等处理。全年全市应急管理系统执法检查企业2462家，立案处罚942件，罚款总额2982万元，事前立案数、事前罚款数比上年分别上升4.4%、24.4%。开展化工园区以及化工企业“大评估、大排查、大整治”行动，江苏省泰兴经济开发区、滨江工业园区编制安全风险评估报告、实施隐患排查整改，并完成省现场评审；对全市82家危化品生产企业实施分区分级安全风险评估和隐患排查治理，专项检查新浦烯烃（泰兴）有限公司、新浦化学仓储（泰兴）有限公司等9家一、二级重大危险源企业。完成全市危化品（化工）企业安全生产条件“回头看”复核工作。修编《泰州市危险化学品事故应急预案》，组织开展危化品事故应急演练。

【工贸安全】 2020年，泰州市开展全市工贸行业安全生产专项整治，检查工矿企业12737家，约谈53家，责令停产整顿46家，停止作业或设备使用97家，立案处罚889家，处罚1974万元。排查问题隐患10.7万项，其中453项重大隐患全部完成整改。

开展涉炉企业安全生产专项治理行动，实施涉炉等金属冶炼项目立项及安全设施“三同时”审查；年末全市有涉炉企业934家、各类熔炉4283台。开展有限空间作业安全生产专项整治，核查、检查涉有限空间作业企业188家，发现隐患问题838条，处罚企业18家，处罚金额30万元；年末全市有涉有限空间企业843家，其中有附属污水处理设备设施企业269家，涉及造纸企业3家、酱腌菜企业6家，辨识有限空间12000处。开展重点粉尘涉爆企业专项整治，对全市84家铝镁金属粉尘、其他涉爆粉尘（粉尘作业场所 30 人以上）企业实施专项执法检查。开展“小字头”企业排查整治，排查“六小”（小冶炼、小电镀、小喷涂、小印染、小涉爆粉尘和各类小散乱污企业、作坊、窝点）企业110621家（次），排查问题225项，全部完成整治。严格危废固废和环保设施源头管控，全市工贸企业涉及危废固废场所604家，各类环保设施918个，所有涉及危废和易燃易爆固废企业均开展安全现状评价，涉及易燃易爆环保设施均开展安全设施“三同时”诊断。

建设深井铸造专项整治“省级样板”，对全市17家深井铸造企业实施停产整改并完成整改验收；牵头举办全省铝加工（深井铸造）企业主要负责人、应急管理部门监管人员、省级专家等人员安全管理知识与能力培训班。推行企业安全生产“双审计”，完成主要负责人履职评估审计380家、标准化运行质量审计243家。开展工贸企业安全生产标准化“回头看”，撤销15家安全生产不达标企业的标准化三级达标等级。组织专家对红橙风险企业开展集中核查审议，制作“一图两单”手册（重大风险分布图、重大风险管控清单、重大隐患排查治理清单），全市排查红色风险企业242家、411处，排查橙色风险企业685家，1543处。

推动企业落实主体责任，督促企业推行安全总监制度，全市341家从业人员100人以上或规模以上的非煤矿山、金属冶炼及粉尘涉爆、涉氨制冷企业配备安全总监，1055家重点行业领域企业购买“安全生产责任保险”，12737家企业建立并落实全员安全生产责任制。推行重大风险、重大隐患、重大事项“三重大”报告制度，全市企业主动报告重大风险400多项、重大隐患26项、重大事项39项。开展安全生产示范企业创建工作，40家企业通过“0523示范班组”创建；以113家在泰央企、省企及重点行业典型企业为试点，推行机械化换人、自动化减人和智能化管人的“三化工程”。 （钱 琨）

【建筑施工安全】 2020年3月，泰州市住建部门组织开展全市建筑施工节后复工安全生产专项整治，对全市纳入安全监管范围的房屋建筑、市政基础设施及装饰装修工程实施检查，检查在建工地安全事项263项，排查各类安全隐患1312条，停工整顿在建工地14家，通报批评存在重大安全隐患的14个项目及相关单位。4~5月，对全市纳入监管范围的涉及危险性较大的深基坑、高支模的建设工程项目开展督查。6月，开展“安全生产月”系列活动，召开全市建筑施工安全生产培训会，实施建筑施工领域综合大检查暨安全生产大提升专项行动，市住建局、市消防救援支队联合开展消防应急演练。7月，召开“BIM+智慧工地”现场观摩会，推进建筑施工安全生产标准化、信息化、智能化和绿色化发展。8月，开展建筑起重机械安全生产专项整治，检查市直项目43个，涉及各类建筑起重设备213台（塔式起重机128台、施工升降机85台），发现一般安全隐患373项、重要安全隐患110项、重大隐患5项，下发停工整改通知书5份，责令立即拆除极度危险的建筑起重设备1台。9月，开展建筑施工扬尘管控暨围挡提档升

级专项行动。10月下旬~11月末，开展全市建筑工地消防安全专项整治活动。（殷恒杰）

【海事安全】 2020年，长江泰州段船舶载运危险货物吞吐量2037.6万吨，比上年增长8.4%。其中，散装油类和散装液体化学品吞吐量1772.5万吨，占危险货物总吞吐量的86.9%。散装液体化学品中"X类有毒液体物质"吞吐量38.3万吨，下降34.2%。内贸1000载重吨以下小型液货船占液货船总数的59.3%。外贸货物吞吐量575.8万吨，增长16.6%；散装液化气外贸进口量大幅上升，达228.1万吨。

泰州海事局组织开展水上交通安全专项整治，梳理港航企业安全生产主体责任18类、230项；取缔水上过驳作业，长江泰州段"三无"船舶存量实现历史性"清零"。落实防汛抗台措施，水上交通事故件数、死亡失踪人数、沉船艘数以及直接经济损失4项指标保持低位运行。保障危化品水上运输安全，在全省率先开展船载危化品管理"江苏模式"先行试验区建设，实行危险品集中申报审批制度，全年办理船舶载运危险货物申报审批11550艘次；完善危化品货主（码头）高质量选船机制，推动第三方专业化选船机制在辖区危化品码头全覆盖，危化品船舶单船选船率超过98%。推进船舶污染防治"江苏模式"建设，推广使用新型船舶污染物一体化处置装置，船舶尾气移动遥感监测系统在全国首次正式运用，长江干线船舶水污染物联合监管与服务信息系统累计使用超过13万单；开展长江经济带船舶和港口污染突出问题整治，查处涉污违法行为616件。推进码头污染物自主接收能力建设，实现辖区所有装卸作业码头100%具备污染物自主接收能力。（肖文斌）

【安全生产"一年小灶"专项整治】 2020年，泰州市市及市（区）成立党政主要负责人任组长的安全生产专项整治领导小组，制定形成"1+24+194+N"的专项整治方案体系，将24个子方案分解为277项具体整治任务，实行整治任务清单化管理。建立健全统计、通报等10多项制度，编印工作简报38期、印发通报57次。实施危化品、道路交通、建筑施工等重点行业领域安全生产专项整治。组织3.5万个检查组，开展"小化工"整治和违法违规"小字头"及停产停业企业专项整治，排查企业144843家次，整改175家；排查"六小"企业107564家次，整改问题228项。推进小区车库燃气使用安全专项整治，排查整治车库瓶装液化气4万多户，排查发现问题226204项，整改222720项，整改率98%。推广运用安全生产问题处置监管平台，实现问题隐患处置的全流程监管，累计录入数据量居全省首位。

在全国率先升级安全生产领域有奖举报，创新搭建"一主多辅"、快速办理的举报受理平台，将原"86896030""89891234"安全生产举报专线并入"12345"政务平台，开通"12350"24小时专线，设立500万元安全生产有奖举报专项资金。全年全市受理安全生产类举报1.4万件，发放奖励462.4万元，根据举报线索查办案件129起。在全省率先建立"安全生产人民监督员制度"，选聘30名安全生产人民监督员参与行风评议、明查暗访、执法监督、巡查督导等活动。（钱　锟）

农业安全

【农产品质量安全】 2020年，泰州市推进农产品质量安全示范建设，靖江市通过省级农产品质量安全县考评验收，姜堰区通过国家农产品质量安全县年度现场复核，兴化市获批省级农产品质量安全县创建试点单位。

开展乡镇农产品质量安全监管标准化提升工作，达到三星级建设标准59个，评出21个四星级乡镇。农产品质量巡查、快检、主体名录、信用管理等信息数据实时上传，全年上传平台巡查7548次。组织实施农产品质量安全监测及产地环境监测，完成市级农产品例行监测871批次，合格率99.2%；蔬菜速测24.63万批次，合格率99.99%。开展农产品质量安全专项整治"利剑"行动。强化农业主体自查、日常巡查、责任告知承诺、检打联动、农业投入品监管，出动监管执法人员5097人次，检查生产经营主体4297家次，开展监督抽查655批次，查处问题21起；全市未发生等级以上农产品质量安全事件。

推进农产品质量追溯建设，全市统一使用省农产品质量追溯平台，有1989家农业主体入网注册，建立电子生产档案3372份，可溯源产品累计3366个，追溯产品批次累计5473个，打印追溯二维码标签累计202.33万张，通过平台开具合格证135.22万张，附带合格证上市农产品285.66万吨。健全农产品质量检测体系，"1+4"（泰州市及兴化市、泰兴市、靖江市、姜堰区）农产品专业检测机构均通过农产品质检机构考核省级复评。举办第五届泰州市农畜水产品质量安全检测技能竞赛。开展"质量兴农环泰行"宣传推广活动9场次。举办市级绿色食品"五员"业务、绿色优质农产品基地建设业务等培训活动4场、培训600多人次。

【农作物种子质量安全】 2020年，泰州市农业农村部门开展种子"双打"专项行动和"农作物种子质量年"专项行动，检查种子生产基地70多个次，检查种子门店900多个次，抽取农作物种子样品60多份，常规指标检测合格率超过99.5%。组织种子技术人员对繁殖的38个稻麦品种、5600多公顷种子田实施"踏田"检查，淘汰不达标田块318.7公顷。推进种子生产经营备案工作，全市累计备案单1893份、备案网点402个。（赵　蓉）

【粮食安全】 2020年，泰州市落实粮食安全责任制，完善粮食和物资分类管理、收储轮换、监督检查制度。开展地方储备粮、政策性粮食库存专项检查，摸清政策性粮食库存底数。组织实施夏秋两季政策性粮食市场化收购"四不两直"抽查、最低价粮食收购专项检查7次。监管粮食流通企业运营，抽查11家列统企业国家粮食流通统计制度执行情况，督查2019年全国粮食库存大清查中存在问题整改情况。全面完成粮油质监体系建设，全市6家粮食质量检验机构建设项目均通过省级验收，投入资金1730万元，获国家和省财政补助资金1570万元，配套投入160万元。开展粮食质量安全监测工作，采集上报省级样品56份，市本级完成粮食质量安全监测170份样品的采集与检测工作。粮食质量监测工作首次实现由原来的生长收获环节，延伸为生长、收获、收购和仓储环节。（邵月娥）

【农资安全】2020年，泰州市推广新农药新技术，综合采取绿色防控、统防统治等措施，全年农作物农药使用量4353吨，比上年下降2.1%。开展"科学安全用药进万家"行动，提高农民用药水平。举办专题培训班46期，培训相关责任人4000多人；发放病虫防治信息、"明白纸"5万多份。推进植保机械升级换代，提升专业化服务水平，沿江地区专业化统防统治覆盖率超过65%。建设绿色防控示范区9个，低毒、低残留农药以及生物农药、性诱剂等绿色防控技术得到普及，绿色防控产品使用面积占比稳步上升。开展化肥减量增效行动，出台《百村千户十企化肥减量增效行动方案》，举办化肥减量技术培训班30期，培训基层农业技术推广人员和种植大户3000多人；沿江市（区）有机肥替代化肥技术推广面积1.42万公顷，应用有机肥13万多吨。

（李杰 赵蓉）

【农机安全】2020年，泰州市农机安全生产形势稳定向好，姜堰区获评2019年度全国"平安农机"示范县，兴化市获评2020年度全国"平安农机"示范县。至年末，全市累计创成国家级"平安农机"示范县5个。开展农机安全生产专项整治行动，在全省首创农机安全生产专项整治排查整改"7张清单"。筑实镇村属地管理责任，全市92个乡镇（街道）明确党委政府、农服中心、村（社区）农机安全责任人1798人。采取差异化补偿等措施，淘汰报废变型拖拉机，9月实现全市存量变型拖拉机全部"清零"。推进农机报废更新、政策性保险工作，报废更新机具116台，投保各类农业机械8197台套，占年检机具的95%。完善农机安全生产联合监管网络，构建市、县、镇、村、农机经营服务单位五级农机安全生产组织体系。全市农机安全监管部门出动检查督察组706组、2187人次，其中市（厅、局）领导11人次、县处级91人次、专家20人次、工作人员2065人次，检查企业1562个次，排查隐患800项，整改率100%。承办全省"铁牛卫士"农机安全执法行动推进会。

【农业安全生产专项整治】2020年，泰州市建立健全"2+1+N"农业安全生产专项整治工作机制，在突出渔业、农机两个重点领域专项整治的同时，将农药作为重点领域，兼顾农村能源、农产品质量、休闲旅游农业、高标准农田建设等领域。围绕农机安全监管责任、无牌无证农机、无证驾驶农机、粮食烘干、变型拖拉机、农机回收维修、农机惠农政策等整治重点，全年出动检查组846组、2586人次、检查企业1669家（次），排查整改安全隐患832项，变型拖拉机全部淘汰清零，全市92个镇街构建两级监管网络。开展全市渔业安全执法检查，出动执法人员6713人次，检查渔业生产单位（船舶）1611家（艘），扣押船舶89艘，排查整改渔船问题隐患393个。实施全市农药安全生产应急演练和培训，开展限制使用农药经营企业（门店）安全生产专项检查。在重大节日、旅游旺季、施工适期等关键时期对休闲农业景区、农村能源及高标准农田建设等方面安全生产进行检查督查。

【畜禽屠宰企业安全生产】2020年，泰州市严格生猪屠宰环节风险管控，对辖区内所有生猪定点屠宰企业实施全面"体检"，推动屠宰企业在农业农村部规定时间内配齐检测仪器设备，改造实验室，并配备专职技术人员，做好检测记录和样品留样工作。全市9家正常生产的生猪定点屠宰企业共派驻官方兽医61人，新建洗消中心9个。推进牛羊禽屠宰企业"集中屠宰，集中检疫"，在全市3家家禽屠宰企业、1家牛羊屠宰企业派驻官方兽医7人。推进养殖屠宰环节病死畜禽无害化处理信息化监管，完善无害化处理与保险联动机制；强化病死猪申报、收集、运输和处理等各环节监管，打击非法收购、贩卖、屠宰和随意抛弃病死畜禽行为，全市9家生猪屠宰企业保处联动信息系统总体应用覆盖率100%，养殖屠宰环节病死猪无害化处理率100%。开展畜禽屠宰企业标准化创建活动，提高设施装备标准化水平和屠宰质量安全管理能力，江苏百汇农业发展有限公司、江苏天之邦食品有限公司、兴化市合塔供销合作社迅达食品加工冷冻厂3家企业获评为"省级生猪屠宰标准化示范企业"，2家企业通过市级创建试点验收。

【动物疫病防控】2020年，泰州市春秋防动物免疫抗体合格率高于国家标准，非洲猪瘟等重大动物疫病疫情保持稳定控制，全年未发生重大动物疫情。开展春夏秋三大集中防疫行动，各类重大动物疫病强制免疫病种应免密度100%，抗体水平保持在85%以上，均超过省平均水平。推进年出栏1万头以上生猪养殖场、生猪屠宰企业、病死动物无害化处理中心三类重点场所生猪运输车辆综合洗消中心建设，建立消杀效果监测评估制度和车辆凭清洗消毒证出场（厂）制度，累计建成各类综合洗消中心27家。制定《泰州市犬类管理办法》，明确市区大型、凶猛类宠物禁养区域和大型、凶猛类犬的标准。

实施水生动物疫病防控，设立水产养殖病害测报点28个，发布测报预警信息9期，完成水生动物重大疫病专项监测抽样38个、实验室病样检测236个，开展药敏试验45批次，举办主要水产养殖病害防控专题培训班，对高温季节水产养殖病害进行防控指导，全年未发生重大水生动物疫病。实施水产养殖用药减量行动，举办水产养殖规范用药、减量用药科普下乡活动，编制印发《水产养殖规范用药宣传手册》"水产养殖用药明白纸"。在全市示范推广水产养殖用药减量技术6940公顷，建立500亩以上集中连片用药减量示范基地10个，培育用药减量示范户292个，示范单位渔药使用量比上年下降8.08%、抗生素使用量下降26.3%。

率先在全省完成产地检疫申报呼叫中心语音通道建设，屠宰环节实现“瘦肉精”定量检测。开展生猪产地检疫出证排查，基本形成生猪由产地到屠宰的闭环监管。开展为期两个月的违法违规调运生猪专项整治行动和违法违规调运生猪百日专项打击行动，全市设置临时检查卡口28个，安排上岗检查人员130人，检查生猪运输车辆1037台。严格动物检疫监督执法，打击无检疫证明出售动物产品、私屠滥宰等违法行为，保障畜产品质量安全，全年查处各类违法案件32件。

【兽医实验室建设】 2020年，市农业农村局推进兽医实验室能力建设，市、市（区）两级兽医机构均获得非洲猪瘟检测授权。推进县级兽医实验室绩效管理和指导，组织开展非洲猪瘟、小反刍兽疫、牛结节性皮肤病、高致病性禽流感等专项监测活动。推进兽医实验室生物安全管理，制定备案管理制度，完成16家实验室的电子备案，开展生物安全专项检查活动。全年完成近4万份样品的各项监测和流调工作任务，其中市本级完成2210份样品的免疫抗体监测和3200份的病原学监测。（赵 蓉）

食品药品安全

【食品安全监管】 2020年，泰州市出台《关于深化改革 加强食品安全工作的实施方案》《党政领导干部食品安全工作责任清单》《市级部门以及驻泰有关单位食品安全监管事权清单》，首次将食品安全保障能力纳入市政府对各市（区）高质量发展考核范畴。全市所有市（区）均制定《党政领导干部食品安全责任制清单》，94个基层乡镇（街道）成立食品安全委员会。严格食品安全全过程监管，推进产地食用农产品附带合格证上市，累计开具食用农产品质量合格证86.04万张。全市1073家在产食品生产企业全部实施风险分类分级监管，全年检查重点品种和高风险（C、D级）生产企业923家次，登记备案食品小作坊1139家，614家学校食堂全部实现“明厨亮灶+信息化”监管。南京中医药大学泰州校区第一食堂、第二食堂等83家单位获“江苏省餐饮质量安全示范食堂”称号，泰州盈航商业运营管理有限公司（万家福广场）、泰州兴化新城吾悦广场、泰州瑞虹商业管理有限公司（天虹广场）获评“江苏省餐饮质量安全示范街（区）”。开展食品安全放心工程“十大攻坚行动”，排查各类经营主体3.5万户次，发现整改问题1250个。全年食品违法行政处罚立案747件，刑事立案45件，抓获犯罪嫌疑人166人。

【食品安全抽检】 2020年，泰州市实施普通食品和食用农产品安全抽检，抽检样品22540批次，其中抽检普通食品14591批次、抽检食用农产品7949批次。经检测，有288批次样品不合格，抽检不合格率1.28%。从抽检品类来看，抽检32个大类，其中抽检数量最多的是食用农产品，为7949批次，占比35.27%；抽检数量最少的是可可及焙烤咖啡产品，为3批次，占比0.01%。食用农产品、酒类、糕点、炒货食品及坚果制品、水果制品、餐饮食品、豆制品、肉制品、蔬菜制品、调味品、食用油油脂及其制品、饼干、薯类和膨化食品、茶叶及相关制品、淀粉及淀粉制品、冷冻饮品、粮食加工品、方便食品、食糖和饮料20个大类的食品存在不合格样品，炒货食品及坚果制品不合格率最高，为2.69%。不合格项目包括农药残留、兽药残留、食品添加剂、微生物、质量指标、污染物、真菌毒素等。其中，检出批次数最多的为农药残留，占比42.81%；其次为兽药残留，占比21.24%。省市场监管局在泰州市抽检食品891批次，合格率99.78%。

【药品安全监管】 2020年，泰州市对全市7个疾控机构、154个疫苗接种点实施疫苗专项检查，检查内容包括疫苗储存、运输、预防接种环节冷链管理等，督促各疫苗使用单位强化质量管理。全市检查零售药店1562家、医疗机构1931家，检查覆盖率均为100%。制定推荐性地方标准《诚信药店创建示范单位评价规范》，开展2020年度“诚信药店创建示范单位”评定工作。疫情防控期间，组织全市药械监管系统开展针对疫情防控产品的监督检查，严查产品进货关、质量关；严格执行零售药店销售退热、止咳药品实名信息登记报告制度。全市累计出动执法人员2.5万人次，检查药店、器械经营企业1.5万家次。

2020年度泰州市“十佳诚信药店创建示范单位”名录

泰州普安大药房医药连锁有限公司泰安店
泰州市张氏医药连锁有限公司靖江永和店
泰州市九州医药连锁有限公司康华大药房
泰州市平民大药房有限公司溱潼店
江苏仁源生医药连锁有限公司仁爱大药房
京东大药房泰州连锁有限公司高新区店
泰州市益丰大药房连锁有限公司百姓人金港店、上海大花园店
泰州市隆泰源医药连锁有限公司泰兴隆泰大药房
泰州市国泰大药房连锁有限公司康之缘店
北京同仁堂泰州药店有限责任公司兴化店

【医疗器械安全监管】 2020年，泰州市实施医疗器械经营企业分类分级监管，监督检查无菌、植入和体外诊断试剂等重点品种。全年检查三级监管医疗器械批发企业1026家，检查覆盖率100%。开展一类医疗器械产品备案工作，新增第一类医疗器械产品备案959件，变更321件，取消备案38件，不予备案872件；完成第一类医疗器械生产备案159件；完成医疗器械网络销售备案355件。

【化妆品安全监管】 2020年，泰州市新增化妆品生产许可证2张。有化妆

品生产企业17家，生产普通化妆品品种1106个，产品类型有一般液态单元、膏霜乳液单元、气雾剂及有机溶剂单元、牙膏类等。39家化妆品经营企业全年新增普通化妆品备案344个。全年化妆品工业完成总产值1.4亿元、销售收入1.24亿元，实现利税1674万元。开展化妆品经营环节专项整治，累计出动执法人员1654人次，检查化妆品经营单位758家、使用单位128家，责令整改86家次；查处"4·26"生产销售不符合卫生标准化妆品案，捣毁非法制售化妆品窝点7处。开展化妆品"线上净网、线下清源"第一阶段专项行动，组织36家化妆品电子商务经营者开展自查。开展化妆品非法添加快筛快检专项行动，对面膜类、护肤类、抑制祛痘类等产品进行针对性检测筛查，抽样227批次。开展化妆品不良反应监测，全年上报化妆品不良反应报告357份，每百万人口78份。组织开展"国际爱肤日"和新版《化妆品监督管理条例》宣传培训活动，培训18场次、4000多人次，发放宣传手册6000多本。

【食品安全"阳光系列"惠民工程】 2020年，泰州市创新实施食品安全"阳光系列"惠民工程，探索建立标准化、规范化食品安全长效监管机制；该工程被列入市委、市政府十大民生工程。对公共服务中心、养老中心、社区（村）文化活动中心等场所实施改造，建成标准化农村集体聚餐"阳光宴会厅"113家，实现农村集体聚餐由松散式、自发式管理向集中式、标准化管理转变。制定"阳光菜篮子"市场标准，实施农贸市场智慧化管理，建成智慧农贸市场"阳光菜篮子"26家，实现食用农产品在流通领域各个环节的"阳光"运行。搭建食品安全智慧监管阳光平台，构建政府监管、企业自律、公众参与的食品安全社会共管共治体系，建成阳光食堂（厨房）1200家，实现传统"明厨亮灶"向"互联网+明厨亮灶"提档升级。在全省率先出台《泰州市食品小作坊集中加工中心管理办法》，实施统一进货查验、出厂检验、人员健康体检和培训等管理制度，建成"阳光食坊"（食品小作坊集中加工区）3个。在高校、大型企业周边划定食品小摊点集中区，实施给排水、餐厨废弃物处置、油烟排放、人员健康体检、食品安全备案登记等统一管理，建成小餐饮小摊贩集中管理区6个，管理"阳光餐车"700多个。开展食品安全"阳光抽检"3.4万批次，抽检率7.57批次/千人，覆盖30个大类，向社会公示抽检信息18次，对不合格（问题）食品核查处置率100%。

【食品安全"双安双创"】 2020年，泰州市推进"双安双创"工作，指导农产品质量安全县和食品安全示范城市创建与跟踪评价。开展企业主体责任年活动，全市食品生产企业自查率和自查报告率、食品安全管理人员抽考覆盖率和合格率均为100%，大型食品生产企业责任保险覆盖率80%，学校食堂、中央厨房、集体用餐配送单位、农村集体聚餐点责任保险覆盖率100%；成立食品生产企业联盟；与美团、饿了么外卖平台建立"政企共治协作机制"，投放食安封签10万多份。组建食品安全专家智库，为公众答疑解惑；在全省率先建成食品安全主题公园3个，开展"食品安全宣传周""食品安全知识进校园"等宣传活动30多场次；受理食品类投诉举报1935件；2020年食品安全工作群众满意度达85.4分。 （赵　凡）

公共卫生安全

【公共卫生事件】 2020年，全市累计确诊新冠肺炎病例38例（境外输入1例）、无症状感染者13人（境外输入2人），无死亡病例。全年全市报告其他法定传染病21种、5778例。其中，乙类传染病14种、3755例，发病率81/10万，比上年下降13.99%；丙类传染病7种、2023例，发病率43.6/10万，下降57.7%。全年结核病信息管理系统登记录入活动性肺结核1044例，下降7.9%，其中病原学阳性肺结核525例、病原学阳性率54.0%。发现利福平耐药肺结核19例，15例病人纳入项目治疗，纳入治疗率78.9%。全市未发生学校结核病聚集性疫情。开展春季查螺工作，完成血清学查病18685人，检出阳性人数25人；粪检查病910人，未检出阳性者。全年实施关爱治疗救助晚血病人32例。

【公共卫生管理】 2020年，泰州市出台《全市卫生健康系统安全生产专项整治实施方案》《全市卫生健康系统危险化学品安全综合治理方案》，组织实施危险化学品安全综合治理、打通"生命通道"集中治理等专项行动，排查整改安全隐患154条。围绕结核病人发现、归口诊治、入户随访等环节，推进高一及住宿制初中新生结核病筛查，全市未发生学校结核病聚集性疫情。加大艾滋病宣传教育力度，增强公众艾滋病防治意识；推进全市艾滋病检测网络建设，扩大检测服务覆盖面。组织开展以查灭螺、查治病为重点的血吸虫病防治工作，全市有47个乡镇（街道）、305个行政村开展春季查螺工作，查螺面积4140.29万平方米，巩固灭螺面积46.48万平方米。举办泰州市健康促进和健康教育技能大赛。推进健康促进医院创建，全市5家医院通过省级健康促进医院建设评估。强化食品安全风险监测，完成省下达的食源性疾病监测、食品中微生物及其致病因子监测、食品化学污染物及有害因素监测任务。组织开展"全民营养周""全国学生营养日""食品安全周"等宣传活动。全市中小学、幼儿园、职业技术学校缺课监测实现全覆盖。

【公共卫生应急】 2020年，泰州市启动《突发公共卫生事件应急预案》《突发事件医疗卫生救援应急预案》修订编制工作。组织开展卫生应急物资储备体系调研，拟制全市卫生应急物资三级储备建议目录。推进卫生应急基层建设，出台《关于推进乡镇（街道）卫生应急规范化建设工作的指导意见》。参与全市大面积停电、重特大交通事故等应急演练2次，应对泰兴"6·07"住户煤气爆炸医疗救援等突发事件3起。组织泰州市局部聚集性新冠肺炎疫情处置应急演练，推动跨部门、多专业联合练兵。

环境安全

【环境风险隐患排查整治】 2020年，泰州市完善环境应急预案体系，编制市、市（区）政府及生态环境部门突发环境事件应急预案，完成全市8个省级及以上工业园区的环境风险评估、应急预案编制和备案工作。开展突发环境事件隐患排查整治行动，成立专项行动领导小组，落实各市（区）政府、生态环境部门、工业园区（含化工园区）、应备案企事业单位环境安全主体责任，排查并整改环境安全隐患，降低环境风险，维护环境安全。推进重点风险企业应急预案备案工作，全面实现电子化备案管理。全市388家涉危涉重环境风险企业，除4家搬迁、停产、破产、兼并外，其余全面完成涉危涉重企业应急预案备案和录入工作。

【环境应急】 2020年，泰州市推进长江流域应急管理与应急保障能力建设，实体化运行"健康长江泰州行动"指挥中心，组建长江生态环境监管队伍，建设无人机无人船巡查基地。规范环境应急管理机制，健全"全面排查、消除隐患、事件防范、保障安全"的隐患排查机制、"启动预案、采取措施、消除污染、降低损失"的应急处置机制和"统一指挥、协同联动、快速响应、高效办结"的快速响应机制。组织开展泰州市长江饮用水水源保护区突发环境事件应急演练桌面推演。妥善处置"5·12"瑞昌复合材料装置起火事故、"8·26"中海特种油有限公司火灾事件、"8·27"泰州市龙沟电镀科技有限公司火灾事故、"9·27"泰兴市利农物资有限公司农资仓库火灾事故等。

【突发环境事件应急演练】 2020年12月17日，泰州市政府组织开展长江饮用水水源保护区突发环境事件应急演练。演练由市生态环境局承办，市住建局、市水利局、泰州海事局、江苏省泰州环境监测中心、滨江园区管委会等单位参演，各市（区）政府分管负责人和市环境应急指挥部成员单位分管负责人现场观摩，省生态环境厅环境应急中心负责人现场指导。演练假想一艘油船发生燃料油泄漏后导致饮用水水源保护区突发环境事件为背景，以室内桌面推演形式展开，分为应急启动、应急响应、应急处置、应急终止4个阶段，检验突发环境事件应急预案及饮用水水源专项预案的可操作性，提升各部门联合联动和应急处置能力。（张　俊）

2020年12月17日，市政府组织开展长江饮用水水源保护区突发环境事件应急演练桌面推演（市生态环境局　供图）

道路交通安全

【道路交通安全管理】 2020年，泰州市发生一般程序道路交通事故879起、死亡292人，比上年分别下降11.3%、11.25%，未发生一次死亡3人及以上交通事故。发生生产经营性交通事故77起、死亡44人，分别下降66.2%、67.6%。

全市公安交管部门针对农村交通管理短板弱项，开展农村交通安全管理进网格工作，推动管理力量向社区下沉、向网格延伸；完善县、乡、村三级农村交通安全管理组织架构，推进农村地区警保合作劝导站建设，健全农村交通安全劝导站运行机制。会同交通运输等部门推进路口"三个一"工程和"千灯万带"工程建设。开展公交车安防攻坚行动，推动公交车安防提档升级，全市6家公交企业、近1800辆城市公交车全部完成一键报警、自动灭火、自动破玻安装。开展校车行车路径、国省道事故多发路段、平交道口、平安物流等交通安全隐患专项排查整治。完成国务院督导组交办的G2京沪高速、231省道兴化段、334省道泰兴段等7项道路安全隐患整改工作。建立交通事故深度调查机制，成立"深度调查队"。（黄志光　钱　锟）

【道路交通安全整治】 2020年，泰州市公安交管部门组织开展工程运输车、电动三四轮车、行人和非机动车等交通违法集中整治行动以及酒驾醉驾集中整治、超限超载联勤整治、"两客一危"等攻坚行动，全年排查整改交通安全隐患223个，查处酒驾、超载等易致祸交通违法行为2.3万多起，侦办全省首例"百吨王"团伙违法犯罪案件。增设非机动车闯红灯、逆向行驶抓拍点，开展"一盔一带"（佩戴安全头盔、使用安全带）安全守护行动，从8月1日起实施全市范围内驾驶、乘坐电动自行车按照规定佩戴符合安全标准的安全头盔。实施电动自行车交通安全"百日整治"专项行动，开展交通不文明行为"随手拍"活动，曝光违法案例。

【车辆管理】 2020年，泰州市公安交

警支队车辆管理所完善每月工作例会机制、源头管理专班机制、隐患数据清零推送机制、动态信息反馈机制等6项机制，形成严管重点运输单位、严治重点隐患车辆、严查重点违法行为、严密重点对象宣传的“四严工作法”。在全省率先使用“泰平安”APP重点车辆源头管理系统，监管重点车辆、重点单位、重点人员源头安全，规范管理机动车登记查验和驾驶人考试。建成全省最大的面积3000平方米车辆登记通道，提档升级“一号窗口”为“交管服务中心”。在全省率先推行微信、支付宝等缴费支付电子化，实现18类业务“一证即办”、普通业务“一窗通办”。以全国首批试点应用交管业务综合监管系统为契机，建设车管业务“智慧监管”，实现机动车、驾驶证业务数据跨平台汇聚分析、异常业务预警信息“一键体检”，证芯管理由传统人工统计向系统精细管控新模式转变，实现统一数据资源分析前提下的机动车社会检验机构规范管理和窗口业务人证比对。落实便民利民举措48项，构建“警税互通”“警邮共建”“警保联动”“警银合作”“警医共享”“警店一体”等融合协作机制，在全市设立车管服务网点280家，打通服务群众“最后一公里”。年内，泰州市公安交警支队车辆管理所获评“全国优秀车辆管理所”，靖江市公安交警大队车辆管理所获评“全国优秀县级车辆管理所”。

（黄志光）

【路网出行服务】 2020年，泰州市交通运输局采集上报路网信息192条，通过电台、报纸、微博、微信、可变情报板等渠道发布路网出行信息29052条。全市普通国省道高速出入口、重点景区、易积水路段、易结冰重大桥梁等关键区域实现运行监测全覆盖，干线公路重要节点运行实时监测覆盖率超过95%，特大型桥梁、长大隧道实时监测覆盖率100%。全市普通国省道有交调设施53套、视频监测点418个，视频上云达70%，可在“江苏路网”微信公众号实时查看。全面建成“1+5”的市县两级路网指挥、调度体系。

（李　玥）

消防救援

【灭火救援】 2020年，泰州市发生火灾669起，直接经济损失721.28万元，比上年分别下降34.9%和68.33%，火灾事故造成的直接财产损失为全省最低；全年未发生亡人火灾事故，高层、地下、大型商业综合体、大型医疗建筑等高风险建筑和人员密集场所未发生火灾事故。

市消防救援支队全年接警出动5195起、3.6万人次，抢救疏散被困群众500多人，抢救保护财产价值12.5亿元。完成“8·26”中海特油油罐车、“9·27”利农物资仓库火灾事故处置以及增援镇江江心洲和徐州沂沭泗抗洪抢险任务。加强灭火救援能力建设，推进消防治理体系和治理能力现代化。举办集训轮训10批次、拉动演练23次，全员综合考核达标率97.6%、优秀率69.9%。探索建立“消防+交警”工作机制，实现“消防车无障碍通行”。组建防汛抢险、高层、化工、水域、地震、疫情处置等专业救援队伍。市消防救援支队被省消防救援总队评为全省消防救援队伍先进支队，被省减灾委员会评为“防灾减灾能力提升先进集体”。

【消防设施】 2020年，泰州市投入消防经费2.11亿元，比上年增长26.35%。启动消防队站建设项目20个、入驻投勤项目2个。开展消防车辆装备评估论证，编制《消防车辆装备建设2021~2023年三年规划》。投入5700万元购置消防车14辆，配齐特种装备器材4478件（套）。

【消防安全管理】 2020年，泰州市推进单位微型消防站实体化运行，分9类场所制定个性化单位管理标准，创新“扫码即学”二维码建设。落实政府“为民办实事”项目，在住宅小区推广安装建设低费用电动车集中充电桩，为分散供养特困老人住宅免费安装点式报警和简易消防设施。开展消防安全专项整治，重点实施消防车通道、大型商业综合体和大型医疗建筑、“九小场所”、群租房、高层建筑等领域治理。推动政府购买第三方服务，聘请驻点专家排查社会单位消防安全隐患。全年检查单位1.51万家次，发现消防隐患2.48万处、督促整改隐患2.46万处，查处违法行为1146起。政府新挂牌督办重大火灾隐患22家，集中攻坚整改销案16家，其他6家按序时推进整改。

【消防执法机制调整】 2020年，泰州市在全省率先出台《关于全面深化消防执法改革的实施意见》，明确14项改革任务。结合园区“去行政化”改革，在泰州医药高新区开展综合行政执法试点工作，探索将消防执法融入综合执法机制。在靖江市探索试点消防执法“四步法”。将“十四五”消防救援事业规划作为重点专项规划进行编制。

【基层消防治理】 2020年，泰州市政府与各市（区）政府签订消防工作目标管理责任书，率先在全省建立乡镇（街道）消防安全管理新机制，明确街镇行政编制或事业编制专职消防管理人员78人、消防辅助人员98人。实施“党建+消防”项目，将消防工作纳入乡镇（街道）“书记项目”。推进村、社区微型消防站和消防体验室（点）一体化建设，建设社区消防体验点45个。消防工作纳入《2020年泰州市公安局县级公安机关绩效管理实施细则》，实体化运行市、区两级派出所消防工作指导办公室，将消防工作纳入各地高质量发展考评，考核等次与各镇街、部门安全生产履职保证金考核发放挂钩。

【消防宣传教育】 2000年，泰州市组建市消防救援支队全媒体中心，深入社区、农村、沿街门店开展“走村进（社）区入户宣传”“送消防知识上门”等消防宣传活动。市消防救援支队联合南京师范大学泰州学院建立高校消防宣传教育学分奖励机制。全市首个商业综合体消防体验馆在天虹购物广场建成开馆。升级改造7个消防科普教育馆，建设3个消防主题公园，在2路、20路公交线路上投放“定制”版消防主题公交车，命名10家单位（场所）为“泰州市应急消防科普教育基地”。

【打通“生命通道”集中治理行动】2020年，泰州市组织开展打通“生命通道”集中治理行动，解决消防车通道违规占用、消防设施缺配损坏、电动车“飞线充电”等顽疾。将打通“生命通道”项目纳入“党建引领+基层治理”书记项目，落实“一区一策”，明确由乡镇（街道）制定解决路径，社区制定个性化解决方案。成立联合执法工作组，结合梳理形成的小区充电桩建设、消防车道标识化等15项重点工作，逐项排查全市2700家消防安全重点单位、23个大型市场、1773个物业小区的消防车通道畅通情况，拆除坡子街、稻河街区等重点场所占用消防通道的固定桩、石墩等，施划消防安全重点单位720家、标志标线2697处，设置警示标牌1879个，拆除违章建筑物1309处，办理“占用消防车通道”类案件203起。实施“泊车革命”“治堵保畅”工程，优化老旧小区停车资源。跟踪曝光住宅小区堵塞“生命通道”现象，建立健全单位和个人占用、堵塞、封闭消防车通道等严重失信行为披露、曝光制度。开展“随手拍”活动，将火灾隐患举报纳入安全生产有奖举报内容，全年受理举报投诉88起，查实64起，奖励金额3万多元。（张　波）

网络信息安全

【新型网络违法犯罪打击】2020年，泰州市组织开展“净网2020”专项行动，全市公安机关侦破新型网络犯罪案29起，抓获网络犯罪嫌疑人175人，其中公安部挂牌督办案件1起，国家版权局、全国“扫黄打非”工作小组办公室、公安部、最高人民检察院四部门联合挂牌督办1起。打击非法侵入计算机信息系统、非法获取计算机信息系统数据等犯罪，摧毁1个利用黑客手段非法窃取数字货币并以区块链交易平台为依托实施销赃获利的犯罪团伙。打掉网络黑灰产违法犯罪团伙16个。

【侵害民生网络犯罪打击】2020年，泰州市公安机关侦办涉疫网络诈骗、网上制售假冒伪劣抗疫医用器材和网上非法贩卖野生动物等案件56起，抓获违法犯罪嫌疑人118人。破获一批侵犯公民个人信息案，抓获犯罪嫌疑人109人，打掉多个侵犯公民个人信息犯罪团伙。

【平安互联网】2020年，泰州市推进联网单位安全保护措施建设和管理，全市网络围栏建设6583台，宾馆酒店等重点场所落实安全审计技术措施2.1万间，中小场所安装安全审计设备5815台。全市备案网站5229家，备案审核处置率、存量网站开办地处置率、存量网站接入地处置率均为100%。对全市网站和重要信息系统开展网络安全技术检测和安全检查，累计检查互联网服务单位662家，发现并整改网络安全隐患470处。全面推进“一案双查”，行政处罚不履行网络安全义务的单位576家（次），停机整顿、停止联网7家（次）。发布《网络与信息安全情况通报》5期，通报处置各类网络安全事件93次。组织网络安全应急演练2次。高校网安智融新警务改革创新项目被确定为首批省级网络素养教育基地建设单位。

【网络安全宣传和网络文化活动】2020年9月14~20日，泰州市委网信办、市公安局、市教育局、市通管办、人行泰州中心支行、团市委、市总工会、市妇联等部门举办以“网络安全为人民，网络安全靠人民”为主题的网络安全宣传周活动，开展“校园日”“电信日”“法治日”“金融日”“青少年日”“个人信息保护日”等系列主题宣传活动，组织网络安全进社区、进企业、进机关、进校园、进农村、进家庭、进军营等活动。举办以“E路奔小康 实干创辉煌”为主题的网络文化季活动，推出4个篇章、近80个活动项目。市委网信办、兴化市委网信办、兴化市供销总社、“太灵通”网站共同举办泰州网红直播助农公益行动暨2020泰州网络文化季活动。

【“网信能力素质提升月”活动】2020年11月，泰州市委网信办邀请省委网信办、南京市委网信办、东南大学、国家计算机中心江苏分中心以及泰州市公安局的负责人、专家集中开展“网信能力素质提升月”系列专题培训，全市各地各部门网信分管负责人和业务骨干150人参加培训。活动设“网络意识形态”“网络安全”“网上传播能力建设”“互联网行业党建”等专题，南京市委网信办、新华社江苏分社、省互联网行业“e企学习”红色讲师团成员相关领导和专家授课。组织实施网络安全应急攻防演练，以远程木马攻击、信息泄露攻击、网站页面信息篡改等3个典型网络安全事件为演练科目，提出防范网络安全风险漏洞的应对要求。（汤希龙）

【第十届泰州网民春晚】2020年1月17日晚，由泰州市委网信办主办、以“实干当先锋 共筑同心圆”为主题的第十届泰州网民春晚在泰州大剧院举行。该届网民春晚有12个节目，涵盖歌舞、小品、相声、达人秀、器乐演奏等，分为“十年·我们”“聚力·实干”“礼赞·家乡”“筑梦·远航”4个篇章，200多名网民参演。现场公布2019年度泰州市“十佳网络公益活动”“十佳微信公众号”“十佳网络帖文”“十佳网络图片”“十佳网络好新闻作品”“十佳新媒体创新作品”“十佳微信作品”“十佳好网民”“十佳网评员”“十佳网络卫士”获奖名单。（史　志）

社会治安综合治理

【社会治安防控体系】2020年，泰州市推进升级版“技防城”“雪亮技防工程”建设，建设环市域、环县域、环城镇“三道防控包围圈”，自建监控点位2.41万个，初步形成“人车留影、信号留痕”的智慧网；“雪亮技防工程”通过省级验收。推进“站所队”警务融合，建成应用警务工作服务站12座，实行巡特警、交警“双驻站”机制；健全完善跨区域调警机制，形成“1分钟”快速反应处置圈10个、“3分钟”快速反应处置圈11个、“5分钟”

2020年，市公安局建立“数据赋能勤务”快速反应“雄鹰”铁骑队，成为驰骋在城市道路上的“轻骑兵”　　（市公安局　供图）

快速反应处置圈15个，全市“两抢一盗”案件比上年下降7.2%。开展平安互联网创建活动，常态开展网上公开巡查执法；构建网络社会群防群治新机制的经验做法被公安部推介。2家派出所、3名民警分别被命名为省级“学习枫桥经验优秀派出所”“李树干式派出所民警”。

【网格化基层治理】 2020年，泰州市推进“警格+网格+水格”融合建设。至年末，全市6852个综治网格和822个警务网格、335个水上网格实现无缝对接，749名社区民警、1503名辅警进网入格；“平安义工”22万多人，线上线下交联27.1万次，其中1.2万条线索发挥成效。全年网格内联合调处化解矛盾纠纷10.4万起，化解成功率99.4%，未发生有影响的“民转刑”案件。成立泰州网格学院，表彰30名“泰州最美网格员”。

【公共安全监管】 2020年，泰州市公安机关推进道路交通、危险物品、群租房、寄递物流、水域等“六大公共安全专项整治”，国家和省、市三级安全生产督导巡察反馈的42个问题全部整改到位。全年安全生产态势总体向好，未发生群死群伤的恶性交通事故及危险物品、反恐目标单位等公共安全监管责任事故，14场大型活动、110批次警卫任务（交办勤务）全部实现安保“零失误、零事故”。组织开展危险物品排查列管、安防设施评估、从业人员审查、流向监控、打击查处等工作，参加违法违规“小化工”专项整治行动，检查危化品单位2321家次、查改隐患4316处，处罚危化品单位176家次；收缴各类枪支21支、管制刀具68把、仿真枪72把，销毁非法烟花爆竹8000多件、炮弹112枚、废旧子弹9538发。围绕城郊接合部、城中村、大型企业周边等流动人口聚集地，全面开展实有房屋、实有人口等基础情况摸排和群租房隐患整改；在全省率先完成群租房安全隐患数据对接和业务协同工作，实现数据流转闭环处置；检查群租房1622户，登记租住人员3.42万人，查改隐患3878处。会同邮管部门开展寄递物流安全和“清风·2020”专项整治行动，摸排寄递企业87家、分支机构219家、末端网点957家、智能快件箱728个，查改安全隐患428处，办理寄递行业违法经营行政处罚案件211起。会同交通、水利等部门排查整改交通安全隐患223个，受案查处危害生产安全刑事案件153起。会同水上行政执法部门开展“蛟龙行动”“梳源清零”“净水护渔”“统一清江”“三无”船舶整治、长江禁捕等联合行动187次，检查涉水单位和设施1865处、船舶3850艘、渡口140次，查改风险隐患432处，整治“三无”船舶675条，侦破刑事案件51起、抓获犯罪嫌疑人110人，查处行政案件73起、处罚73人。

【突出治安问题打击整治】 2020年，泰州市公安机关组织开展涉枪涉爆、“黄赌毒”“盗抢骗”、跨境网络赌博、长江非法捕捞等专项打击行动10多个。打击非法集资犯罪，非法集资立案数、参与人数、涉案金额比上年分别下降25%、49%、17%。打击治理通信网络诈骗等犯罪活动，市、县两级公安机关全面建成反诈中心和合成作战中心，综合运用公安大数据、技网侦、图像技术等手段，破获通信网络诈骗案件396起，挽回经济损失2506万元，分别上升31.56%、184.77%。打击“黄娼赌”违法犯罪，实施“扫黄禁赌、扫黄打非”专项行动，查处“黄娼赌”刑事案件190起、治安案件1015起，抓获违法犯罪嫌疑人4507人，破获“3·17”特大跨境网络赌博案、“3·30”特大网络赌博案等大要案。严格全市娱乐服务场所治安管控，创新推出《娱乐服务场所分类分级治安管控办法》，排查登记娱乐服务场所1311家，从业人员2万多人、派驻保安2195人；责令限期改正336家次，罚款156家，责令停业整顿74家；首轮评定C类场所39家、B类场所551家。打击涉假违法犯罪，开展“蓝剑1号”专项行动，公诉制售假犯罪嫌疑人66人。保障农民工工资支付，查处拒不支付劳动报酬案件16起，抓获犯罪嫌疑人10人，协助追回拖欠工资300多万元。

（黄志光）

应急管理

【应急值班值守和预警】 2020年，泰州市应急管理局实行局主要负责人任总值班长、分管负责人24小时带班值班、1名中层干部和1名工作人员24小时在岗值班以及驾驶员AB岗的两级值班工作机制。推进应急指挥中心建设，建成指挥大厅，完成应急调度指挥中心改造。完善安全生产领域突发事件预警信息发布网络。举办市突发事件预警信息系统专项培训。在高温、台风、雨雪冰冻等恶劣天气期间，及时发布预警信息。

【应急预案】 2020年，泰州市应急管理局组织修编《突发公共事件总体应急预案》《较大及以上生产安全事故应急预案》《危险化学品事故应急预案》3个应急预案，通过专家评审和法制审核；组织修订《地震应急预案》《地质灾害应急预案》。各行业部门编制《突发公共卫生事件应急预案》《突发公共事件医疗卫生救援应急预案》《气象灾害应急预案》《交通运输综合应急预案》等10多个专项预案。完善应急预案体系建设，形成市、市（区）级专项预案统计台账和各行业应急预案体系建设调查台账，建立健全“1+34”的市级应急预案体系。

【应急物资】 2020年，泰州市编制《2020年泰州市救灾应急物资购置计划》，基本完成储备仓库的装修。制订出台《泰州市市级救灾物资调拨规程（试行）》。组织应急装备企业将相关产品、种类、型号等录入应急管理部应急装备综合信息服务网，抽查验收106家应急装备企业录入情况。

【应急管理基础设施】 2020年，泰州市投资1500多万元，完成市安全生产信息中心建设，实现危化品重大危险源监测预警、安全生产警示教育体验、安全生产考试考核等功能。建立市安全生产应急救援指挥中心，完成视频会议项目改造建设。投资1000万元，初步建成智慧泰州应急综合管理平台（一期），年末完成7.9万条数据接入。推进危化品安全生产风险监测预警系统建设，覆盖全市61家危化品（化工）重大危险源企业。在全省首创危化品重大危险源企业视频点调系统，实现与全市44家一、二、三级重大危险源企业及2个化工园区的互联互通。

2020年6月18日，中国（泰州）智能应急产业园开园

（应急产业园　供图）

【应急演练】 2020年，泰州市各层级组织开展各类应急演练项目163个，其中市政府和市级各部门牵头组织开展泰州市2020年大面积停电事件应急演练、公路隧道突发事件综合应急演练、南山寺消防火灾应急演练、油气输送管道泄漏火灾事故应急演练、江阴大桥危化品运输车辆交通事故应急演练等综合演练36个。首次开展以预拍与直播相结合展示方式的危化品事故应急演练。针对企业主要风险点和应急预案，开展现场无脚本应急拉练25家次。

【应急救援队伍】 2020年，泰州市开展城市应急救援队伍调查摸底和督促指导工作，推进化工园区专业应急队伍、重点企业应急队伍和蓝天、红十字会等社会救援队伍建设。至年末，全市有城市救援专业队伍94支、5100多人，配备应急装备2500多台（套），救援队伍主要集中在供水、供电、供气、通信和道路、桥梁、隧道等建设施工领域。

（钱　琨）

【智能应急产业园】 2020年6月18日，中国（泰州）智能应急产业园开园仪式暨首批入驻优质项目集中签约开工仪式举行。该园区由姜堰经济开发区管委会与上海爱就投金融信息股份有限公司合作新建，拥有高标准现代化厂房12万平方米、公共配套设施8万平方米、专项扶持资金10亿元，主要发展安全、应急两大类产业，细分感知预警类、预防和防护类、救援和处置类、应急服务类四大板块。开园活动现场集中签约项目8个，计划总投资6.4亿元，其中生产型企业项目5个、科技转化平台项目1个、大型集采平台项目2个，涉及5G移动通信、医疗自动化装备核心部件、消防机器人、消防安防无人机等领域。

（史　志）

责任编辑：叶　彤

靖江市

【概况】 靖江市总面积655.58平方千米，年末户籍人口65.00万人。辖1个国家级经济技术开发区（靖江经济技术开发区）、1个省级开发区（江阴—靖江工业园区）、8个镇、1个街道和3个办事处，181个村、73个社区。2020年全市实现地区生产总值1004.8亿元，比2019年增长3.0%。按常住人口计算全年人均GDP为146772元。分产业看，第一产业实现增加值27.15亿元，增长3.0%；第二产业实现增加值537.77亿元，增长2.4%；第三产业实现增加值439.88亿元，增长3.7%，三次产业占比为2.7∶53.5∶43.8，第三产业增加值占GDP比重比上年提高1.6个百分点。全年实现财政总收入236.97亿元，增长44.8%。实现一般公共预算收入68.67亿元，增长3.1%。全年完成财政总支出223.96亿元，增长67.3%。新增民营企业和个体工商户21074户，注册资本金327.74亿元。全年新开工亿元以上项目59个，其中“三比一提升”重大项目18个，实际利用外资2.25亿美元。

【第一产业】 2020年，靖江市实现农业总产值44.38亿元，比2019年增长5.3%。全年粮食播种面积3.66万公顷，粮食总产量26.91万吨，基本持平，其中夏粮10.1万吨，秋粮16.8万吨；粮食综合亩产489.6千克。油料作物播种面积1977.33公顷，产量0.55万吨。蔬菜及食用菌种植面积6813.33公顷，产量24.54万吨。年末生猪存栏7.15万头，全年生猪出栏5.26万头，家禽出栏130.25万只，禽蛋产量4505吨，水产品产量9933吨。新增高标准农田面积1933.33公顷，新增综合种养项目680公顷。建成361个美丽宜居乡村，建成率78%。长江靖江段全面实现禁捕，4736名渔业人口全部退渔上岸，渔民实现就业率、渔民基本养老保险参保率100%。

【第二产业】 2020年，靖江市实现工业开票1334.94亿元，比2019增长1.7%；全年工业用电量32.05亿千瓦时，增长2.2%；规上工业总产值991.44亿元、增加值212.38亿元，分别增长5.3%、4.1%。年造船完工量1000万载重吨，占全球十分之一、全国四分之一。实现规上工业产值195.57亿元，增长0.7%；汽配产业实现规上工业产值150.39亿元，增长

靖江市城市新貌 （《泰州通讯》 供图）

11.7%；金属材料、通（专）用设备、工程机械、（大健康）生物医药全年规上工业产值分别增长15.3%、11.4%、12.4%、31.2%。规模以上工业企业实现营业收入963.28亿元，增长1.2%；实现利润78.71亿元，下降3.3%，产销比为97.16%。分行业看，新兴产业实现利润6.88亿元，增长17.4%；传统产业实现利润11.00亿元，下降8.2%；沿江产业实现利润59.59亿元，下降4.8%，其中船舶产业实现利润49.27亿元，下降7.4%。全市共有建筑企业252家，其中特级资质企业2家，一级资质企业28家。实现建筑业总产值722亿元，承接工程施工面积3642万平方米，承接规模工程1532个。创国优工程项目2个、省优工程项目1个、泰州市“梅兰杯”奖项目10个。

【第三产业】 2020年，靖江市完成社会消费品零售总额197.5亿元，比2019年下降2.5%。限额以上批发、零售、住宿企业分别实现商品销售额284亿元、47亿元、1.3亿元，增长9.2%、10.4%、22.3%，限额以上餐饮业实现营业额3.9亿元，下降10.9%。批发业销售额为539.6亿元，增长5.6%；零售业销售额为141.4亿元，增长1.2%；住宿业营业额为1.9亿元，下降14.5%；餐饮业完成营业额16.7亿元，下降20.5%。全年新增限上批零住餐企业98家，增长145%。全年接待游客123.5万人次，实现旅游业总收入10.64亿元。完成涉旅项目总投资33.37亿元。

【社会民生】 2020年，靖江市新增泰州市各类安全先进学校18所，1所幼儿园获评2020年全国足球特色幼儿园，6所中小学校获评省体育特色学校，1所学校获评省中小学艺术教育特色学校，7所学校获评泰州市首批传统文化特色校园。人均接受文化场馆服务次数4.28次，建成西来镇文化艺术中心、东线第一帆纪念馆、水街城市书房等一批文化设施，全年完成送戏下乡惠民演出421场。全年门诊救助57678人次，救助金额146.3万元。住院救助8845人次，救助金额652.5万元。全市居民家庭医生签约率43.6%、重点人群签约率68.3%。全市基本医疗保险参保人数61.38万人，其中城镇职工基本医疗保险参保人数33.84万人，城乡居民医保参保人数27.54万人，基本医疗保险参保率为98.42%。6月，开通与省内及长三角地区异地就医门诊费用直接结算，启用国家异地就医备案小程序，实施江苏医保云APP线上备案申请。全市公共体育设施总面积234万平方米，人均拥有体育场地面积3.42平方米。有非学校类市属公共体育场2个、体育馆1个、游泳馆1个。养老、失业、工伤保险参保人数分别19.39万人、14.93万人、19.3万人，被征地农民参加基本生活保障117752人，城乡居民养老保险参保4.22万人。举办各类招聘会114场次，提供岗位2万多个，进场求职1.8万多人次，实现新增就业1.01万人，城镇登记失业率1.78%。

（靖江市政府办）

泰兴市

【概况】 泰兴市总面积1172.27平方千米，辖14个镇、1个乡。全市家庭总户数39.41万户，户籍总人口115.85万人。2020年，泰兴市全市实现地区生产总值1127.47亿元，比上年增长3.9%。第一产业增加值69.51亿元，增长3.0%；第二产业增加值564.97亿元，增长3.6%；第三产业增加值492.99亿元，增长4.5%。三次产业增加值比例为6.2∶50.1∶43.7。连续20届跻身全国县域经济基本竞争力百强县（市）行列，排名第22位，比2019年前移6位。

【第一产业】 2020年，泰兴市实现农业总产值109.10亿元，比2019年增长5.6%。全年粮食总产量63.18万吨，增长0.7%，全市粮食种植面积8.47万公顷，粮食单产497.07千克。2020年上市生猪55.27万头，增长27.8%；家禽出栏769.19万羽，下降14.5%；羊出栏8.39万只，下降42.2%；禽蛋4.63万吨，下降11.1%；水产品2.08万吨，增长1.1%。全市林木覆盖率26.31%。全市新增高效

泰兴市城市新貌　　（《泰州通讯》供图）

设施农业面积820公顷，新增高标准农田4333.33公顷。全市现有规模养殖场（户）1242家。推进农业机械化，全市有农机总动力63.18万千瓦，各式大中型联合收割机保有量达1895台，插秧机保有量达标准2195台，75马力以上大中型拖拉机配套秸秆还田机械保有量达2385台套，粮食烘干机745台。

【第二产业】 2020年，泰兴市全年规模以上工业增加值可比增长6.4%。规模以上工业总产值1252.75亿元，增长7.5%，其中，轻工业增长18.1%，重工业增长3.3%。全年规模以上工业企业实现主营业务收入增长3.6%；利润总额增长1.9%。新增规上工业企业115家。机电、化工、医药三大支柱产业实现规模以上产值增长8.0%。泰兴经济开发区创成国家绿色化工园区，黄桥经济开发区获批筹建中国生物发酵与未来食品城，泰兴高新区创成国家绿色产业示范基地，虹桥工业园区获批省示范物流园区，农产品加工园区创成国家农村产业融合发展示范园，城区工业园区创成省级军民融创科技企业孵化器。全年建筑业完成总产值917亿元，增长12.8%；建筑业完成税收18.12亿元，增长29.5%。新增总承包一级资质企业3家，获国家优质工程奖1项。全市有施工总承包一级资质以上企业24家，有一级建造师899名，二级建造师3040名。

【第三产业】 2020年，泰兴市实现社会消费品零售总额274.73亿元，比2019年增长0.2%。按行业分，批发业销售额666.93亿元，增长0.6%；零售业销售额236.55亿元，增长12.1%；住宿业营业额3.31亿元，增长1.2%；餐饮业营业额31.59亿元，下降9.5%。全年实现限额以上社会消费品零售总额75.54亿元，增长7.2%。

【社会民生】 2020年，泰兴市有普通中等专业学校1所，在校学生4111人，毕业生1455人；普通中学44所，在校学生41295人，毕业生13542人；小学43所，在校学生49038人，毕业生7567人；幼儿园69所，在园幼儿数24258人。有文化馆（站）17个，图书馆1个，博物馆数7个，剧场影剧院1个，图书总藏量423千册。有省级文化产业示范基地1个。建成村（社区）综合文化服务中心建设334家，实现行政村居全覆盖。全年新增健身网点102个、篮球场31个、室外乒乓球场38个、足球场7个。新增创业17554人，带动就业19924人；新增城镇就业38393人，城镇登记失业率1.78%。城乡居民医疗和养老保险参保基本实现全覆盖。企业职工养老、医疗、工伤、失业参保人数分别为19.46万人、27.93万人、15.87万人、14.04万人。城乡居民养老保险参保24.71万人，被征地农民纳入社会保障10万人；基本社会保险覆盖率98%以上，建设工程项目工伤保险参保率98%以上。

（泰兴市政府办）

兴化市

【概况】 兴化市面积2393.35平方千米，年末户籍人口152.75万人，辖24个镇、1个乡、3个街道，523个村。2020年实现地区生产总值900.92亿元，比2019年增长3.0%。其中，第一产业增加值133.96亿元，增长3.2%；第二产业增加值347.63亿元，增长2.8%；第三产业增加值419.33亿元，增长3.0%。按2019年常住人口计算，人均地区生产总值72608元。全年三次产业增加值比例调整优化为14.9∶38.6∶46.5，第三产业增加值占GDP比重提高0.8个百分点。

【第一产业】 2020年，兴化市实现农林牧渔业总产值232.11亿元，增长3.1%；实现农林牧渔增加值140亿元，增长3.1%。全年粮食播种面积16.20万公顷，增长0.4%；粮食总产量124.25万吨，增长0.1%。其中夏粮产量44.16万吨，下降1.2%；秋粮产量80.09万吨，增长0.9%。棉花产量76吨，下降22.4%；油料产量2.71万吨，增长1.9%。全年建设高标准农田5533.33公顷，新增规模高效设施农业基地35家，新增家庭农场156家，农业规模经营比重51.1%。年末设施农业面积2.25万公顷，设施渔业面积1.42万公顷，分别增长6%、4.3%；年末有效灌溉面积11.97万公顷。年末全市机械总动力129.04万千瓦，增长1.7%。

【第二产业】 2020年，兴化市实现第二产业增加值347.63亿元，增长2.8%。其中，工业增加值241.55亿元，增长3.6%；建筑业增加值106.2亿元，增长0.4%。全年规模以上工业增加值113.3亿元， 增长6%；规模以上工业总产值593.37亿元，增长10.8%；规模以上工业营业收入593.45亿元，增长8%；规模以上工业利润总额26.74亿元，增长35.9%。

兴化垛田秋色　　（顾祥忠　摄）

规模以上工业三大主导产业完成产值460.98亿元，增长12%。其中：不锈钢制品产业完成产值250.41亿元，增长12.5%；健康食品产业完成产值139.7亿元，增长13.4%；装备制造产业完成产值70.87亿元，增长7.9%。建筑业从业人员18.32万人，增加0.8万人；施工面积5418.13万平方米，增长7.9%；建筑业总产值525.07亿元，增长4.6%。建筑业工程结算收入408.96亿元，增长36.9%；完成税收5.45亿元，增长13.5%。新增资质等级建筑业企业44家，获评国家优质工程1项。

【第三产业】 2020年，兴化市实现社会消费品零售总额240.02亿元，下降3.3%。从限额以上单位看，全年限额以上社会消费品零售总额38.88亿元，增长2.5%。按经营单位所在地分，城镇消费品零售额219.86亿元，下降3.4%；农村消费品零售额20.15亿元，下降1.8%。从行业看，批发业销售额259.66亿元，下降6.6%；零售业销售额196.17亿元，下降1.9%；住宿业营业额2.92亿元，下降4.1%；餐饮业营业额24.83亿元，增长0.8%。实现第三产业增加值415亿元，占地区生产总值比重46.1%，提高0.5个百分点；社会消费品零售总额244亿元，服务业固定资产投资增长31.7%。新增规模以上服务业企业20家以上。实现服务业税收收入21.1亿元，下降3.6%，房地产业、租赁和商务服务业分别增长18.4%和71.5%。

【社会民生】 2020年，新兴化中学基本建成，制定出台《优教八条》《招贤六条》，实行义务教育课后延时服务。兴化中等专业学校创成省现代化示范性职业学校。推进陈堡草荡水上运动中心和新区体育馆改造项目、新区体育中心建设。启动妇女儿童健康服务中心和公共卫生服务中心项目。建成运行发热门诊7家、核酸检测中心2家。完成农村无害化户厕改造1万座。成立紧密型医共体2家。全年新增城镇就业1.78万人，新增创业1.84万人，组织创业培训5900人；新增创业孵化基地6家，创建泰州市示范基地2家；发放“富民贷”1.57亿元；各类企业稳岗返还资金2319.7万元，“以工代训”补贴1891.9万元；城镇登记失业率控制在1.8%以内。全市社会保障卡持卡143.8万人，新增持卡2.3万人。

（兴化市政府办）

海陵区

【概况】 海陵区总面积370平方千米，辖4个镇、6个街道、4个园区（海陵工业园区、泰州市新能源产业园、城北物流园、现代农业产业园）。至2020年末，全区户籍总人口46.72万人。全区实现地区生产总值620.19亿元，按可比价格计算，增长3.5%。其中，第一产业增加值13.57亿元，增长3.1%；第二产业增加值253.22亿元，增长2.9%；第三产业增加值353.40亿元，增长3.9%。按2019年常住人口计算，全区人均地区生产总值11.93万元/人，增长3.4 %。全区三次产业结构调整为2.2 : 40.8 : 57.0，服务业增加值占地区生产总值比重为57.0%，比2019年占比提升1.1个百分点。

【第一产业】 2020年，海陵区实现农林牧渔业总产值21.7亿元，增长2.83%，实现增加值14.3亿元。培育新型职业农民1092人。现有农业产业化联合体2个（泰州市梅香农产品加工产业化联合体、泰州市苏中农副产品批发交易产业化联合体），新增市级农业龙头企业1个（良药控股集团江苏有限公司）。新建（扩建）规模以上农业项目25个，实施农业农村重大项目9个。全区20家农业龙头企业销售总额超过44.23亿元，增长6.02%；实现农产品出口约5200万美元。全区农村人居环境长效管护行政村占比100%。农村生活垃圾集中收运率100%，无害化处理率100%；农村无害化卫生户厕覆盖率97.56%，基本实现行政村（涉农社区）公厕全覆盖；已实施村庄生活污水处理行政村（涉农社区）占比80%。

【第二产业】 2020年，海陵区实现工业总产值470.1亿元，增长7.2%，规模以上工业增加值增长5.5%，制造业增加值占地区生产总值比重28%；工业入库税收17亿元，增长2.3%。工业企业亩均税收增长36.5%。全年新增国家级专精特新小巨人企业1家，省级专精特新小巨人企业2家；创建省、市企业技术中心6个，省、市示范智能车间4个；通过省级鉴定新技术新产品23个，列入省新技术新产品推广应用目录6个；新增2家两化融合贯标试点企业，3家省级三星级上云企业，2家一星级工业信息安全防护企业。全年实施节能改造项目16个。完成建筑业总产值417.07亿元，完成建筑业增加值122.93亿元，工程结算收入295.54亿元，分别上升6.7%、20.96%和5.71%，地方入库税收5.94亿元，增长4.7%；在建工程施工面积

海陵区城市夜景　　（《泰州通讯》供图）

3431万平方米，增长3.06%，其中2020年新开工面积1019万平方米，从业人数25.38万人。省内完成施工产值267.74亿元，增长5.81%。其中泰州完成施工产值218.96亿元，增长6.25%，完成出省施工产值149.33亿元，增长8.06%，出省施工人数达5.97万人。全年共创江苏省安全生产标准化示范工地6项、泰州市安全生产标准化示范工地11项、创江苏省"扬子杯"5项、市"梅兰杯"13项。至年末，有企业库152家、技经人员及建造师4253人、项目库72项。全年获省级QC奖2项、发明专利11项、实用新型专利4项、省级新技术应用示范工程2项。

【第三产业】2020年，海陵区为苏中农贸市场上争省农商互联完善农产品供应链项目补助资金150万元，留缘照相馆、老港口植物油厂入选第二批"泰州老字号"。全年新增限上批零住餐企业124家，实现社会消费品零售总额214.55亿元，下降5.9%。限额以上单位全年实现限额以上社会消费品零售总额111.03亿元，下降4.3%。基本生活类商品消费呈上升趋势，限额以上粮油食品类、饮料类和烟酒类消费分别增长2.0%、8.9%、28.4%。通信器材、汽车类、家具类消费分别增长32.6%、6.0%、5.2%；石油制品类、中西药品类、服装鞋帽类分别下降2.8%、6.7%、19.1%。

【社会民生】2020年，海陵区义务教育阶段学生入学率、巩固率持续达100%，学前教育三年毛入园率保持100%。全区教育经费总投入9.25亿元，其中财政性教育经费支出7.31亿元。全年完成文化惠民点单演出397场，引进精品剧目下基层20场，兑付金额298.95万元。新建笼式足球场3片、笼式篮球场3片、乒乓球场地1片、羽毛球场地6片，新增健身路径6073件，实现室外健身路径建设公园游园全覆盖、城市小区全覆盖、自然村组全覆盖，每万人拥有体育设施数220.99件。全区有医疗机构185所，其中政府办医疗机构84所，分别为二级甲等综合医院1所，预防保健机构1所，妇幼保健计划生育机构1所，卫生院6所、社区卫生服务中心6所，村卫生室56所、社区卫生服务站13所；社会办医疗机构101所，分别为二级专科医院1所，一级综合医院4所，一级中医医院1所，一级口腔医院1所，护理院2所，门诊部23所，诊所60所，其他类别医疗机构9所。编制床位数1683张，实际开放床位数1897张，卫生专业技术人员2101人。

（海陵区政府办）

高港区

【概况】高港区总面积286.84平方千米，辖4个镇、3个街道。全区家庭总户数80169户，户籍总人口26.04万人。2020年，高港区实现地区生产总值634.97亿元，比2019年增长4.1%。其中，第一产业增加值14.4亿元，增长3%；第二产业增加值328.31亿元，增长2.9%；第三产业增加值292.26亿元，增长5.6%。全年经济运行总体保持平稳增长态势。年内，高港区获评全国农村生活污水治理示范区、全省法治政府建设示范县（市、区），河道长效管护工作连续4年获全省一等奖。泰州港经济开发区在全省91家省级开发区中排名首次跃升至第一位。

【第一产业】2020年，高港区实现农业总产值15.91亿元。粮食播种面积1.33万公顷，增长1.2%；粮食总产量9.23万吨，增长1.6%；其中秋收粮食总产量5.56万吨，增长2.8%。新认定农业产业化省级示范联合体1个，新增省级农业龙头企业1个，新增市级农业龙头企业2个。新建高标准农田面积600公顷，新增农业物联网应用基地4个。胡庄镇宗林村入选第十批全国"一村一品"示范村，高港区光普家庭农场入选全国家庭农场典型案例。江苏上膳源生态农业发展有限公司被生态环境部有机食品发展中心认定为符合《国家有机食品生产基地考核管理规定》，成为有机食品生产示范基地。

【第二产业】2020年，高港区规模以上工业产值比2019年增长8.9%，其中民营工业产值增长8.4%。全区规模以上工业企业高新技术产业产值增长11.3%，高新技术产业产值占规模以上工业产值比重为56.7%；工业战略性新兴产业产值占规模以上工业产值比重为66.8%，分别比上半年、上年度提高1.5个、0.1个百分点。泰州大自然德森堡木业有限公司的简奢·雅韵系列获2020年国家优秀工业设计奖，泰州市创新电子有限公司获国家级专精特新"小巨人"称号，江苏张驰轮毂制造有限公司获批省级工业设计中心。高港区入选2020年"中国工业百强区"榜单。完成建筑业总产值599.42亿元，比上年增长5.8%；竣工产值461.94

高港长江湿地　　（顾祥忠　摄）

亿元，下降14%，竣工率77.1%。建筑业企业房屋建筑施工面积3859.34万平方米，增长7.9%，其中新开工面积1776.24万平方米，增长18%；竣工面积1387.14万平方米，下降21%，其中住宅竣工面积1204.66万平方米，下降25.7%。创成市级文明工地10个，江苏省星级工地5个。创成国家级优质工程2项、省级优质工程3项、市级优质工程10项；创建省级工法2项，获省级QC奖3项，获发明专利15项、实用新型专利17项；创成省级绿色施工示范工程2个。

【第三产业】 2020年，高港区实现服务业投资143.28亿元，比2019年增长22.8%；营利性服务业地区生产总值48.92亿元，增长11.4%。批发业销售额810.29亿元，增长5%；零售业销售额79.15亿元，增长11.8%；住宿业营业额1.78亿元，下降12.5%；餐饮业营业额8.96亿元，增长6.3%。全区新增规模以上服务业企业39家、限额以上批发零售业企业83家、住宿餐饮业企业2家。泰州高港综合物流园连续三年获评全国优秀物流园区。新开通泰州港至洋山港天天班直航、至盘锦港内贸直航航线，全年集装箱吞吐量达32.6万标准箱。

【社会民生】 2020年，高港区有各级各类学校39所（不含市属高中），其中幼儿园17所，小学11所，初中9所，九年一贯制学校1所，中等专业学校1所。学龄儿童入学率、小学毕业升学率、初中学生毕业率均为100%。有各类卫生机构90个，其中医院4个、卫生院（社区卫生服务中心）9个、疾病预防控制中心1个、妇幼卫生保健机构1个。各类卫生机构设置床位数1430张，其中医院965张、卫生院（社区卫生服务中心）465张。卫生技术人员1376人，其中执业医师、执业助理医师581人，注册护士571人。医院卫生技术人员769人，其中卫生院（社区卫生服务中心）卫生技术人员457人，疾病预防控制中心卫生技术人员9人，妇幼卫生保健机构卫生技术人员16人。全区新型农村合作医疗覆盖面100%。永安洲镇、许庄街道被命名为国家卫生乡镇。年内，高港区新增文化企业29家。组织各类大型文艺演出30多场，完成送戏下乡活动14场，“文化惠民券”点单演出201场。新建成塑胶健身步道1000米，增加大型体育运动标识8处，二代健身路径1套。实施“城区10分钟体育健身圈”“农村15分钟体育健身圈”建设，新增健身路径109套。城镇新增就业14097人、新增创业11175人；支持成功自主创业2543人，帮助失业人员再就业12479人，城镇登记失业率1.7%。养老保险参保人数11.72万人，工伤保险参保人数4.89万人。城乡居民基本养老保险基础养老金提高至每人每月185元。 （高港区政府办）

姜堰区

【概况】 姜堰区总面积857.75平方千米，辖10个镇、4个街道，1个省级经济开发区和1个风景区。家庭总户数25.08万户，户籍总人口73.13万人。实现地区生产总值687.49亿元，可比增长3.8%。其中：第一产业增加值47.46亿元，可比增长3%；第二产业增加值316.59亿元，可比增长3.4%；第三产业增加值323.44亿元，可比增长4.2%。三次产业结构调整为6.9∶46.1∶47。

【第一产业】 2020年，姜堰区实现农林牧渔业总产值74.91亿元，比2019年增长5.97%。全年粮食播种面积为62.63千公顷，粮食产量46.32万吨。粮食单产7394.64千克/公顷。成片造林面积453.2公顷，森林覆盖率27.28%。年末生猪饲养量18.64万头，全年生猪出栏26.72万头，增长24.51%。家禽饲养量424.4万只，下降16.84%，家禽出栏852.28万只，下降7%。全区高标准农田面积4.38万公顷，新增设施农业面积653.33公顷，新增设施渔业面积120公顷。种植业绿色优质农产品面积占比保持100%。全省首创稻麦“四合一”千亩示范方建设模式，高标准农田覆盖率94.5%；溱湖簖蟹获国家农产品地理标志登记证书，获第十四届有机食品博览会金奖；姜堰大米连获三个金奖：第18届国际粮油产品展示会金奖、第21届中国绿色食品博览会金奖、第二届中国“好米榜”金奖；农业水价综合改革全国、全省会议作经验交流，创成全国平安农机示范区、首批全国农作物病虫害绿色防控示范区。

【第二产业】 2020年，姜堰区390家规模以上工业企业产值增长8.8%。其中，轻工业产值增长4.6%，重工业产值增长10.5%；国有工业增长8.1%，集体工业增长26.7%，股份制工业增长9.1%，外商及港澳台投资工业增长8.7%。从主要行业看，纺织业产值下降26.9%，橡胶和塑料制品业产值增长8.3%，金属制品业产值增长0.3%，通用设备制造业产值增长12.1%，专用设备制造业产值增长8.3%，电气机械和器材制造业产值增长26.4%。在规模以上工业中，18家支柱工业企业、30家重点工业企业、40家成长型工业企业产值分别增长15.7%、9.5%、7.6%。2020年全区规模以上工业企业实现营业收入增长7.4%，实现利润下降7.6%。高新技术产业产值增长14.2%。全区新增一级资质企业8家、二级资质企业4家，年末具有资质等级的总承包和专业承包建筑企业240家，其中特级、一级和二级资质企业183家。建筑业企业完成施工总产值846亿元，增长5.3%。

【第三产业】 2020年，姜堰区社会消费品零售总额161.35亿元，比2019年增长0.2%。按规模分，限额以上社会消费品零售总额46.93亿元，增长8.7%；限额以下社会消费品零售总额114.43亿元。限额以上批发业销售额182.98亿元，增长15%；限额以上零售业销售额33.37亿元，增长1%；限额以上住宿业营业额1.18亿元，增长29%；限额以上餐饮业营业额2.27亿元，下降7.7%。推进全域旅游，全年接待游客460万人次，实现旅游直接收入12亿元。小杨村获评“全国乡村旅游重点村”。溱潼会

姜堰区城市新貌　　　　（《泰州通讯》 供图）

船入选全国“2020非遗与旅游融合发展优秀案例”，溱潼会船龙舟赛入选“2020年度长三角地区精品体育旅游项目”。

【社会民生】 2020年，姜堰区现有中小学、幼儿园102所，有学生数87009人，全区学龄儿童入学率100%，初中毕业生升学率98.2%，高中阶段教育毛入学率98%。姜堰中学获评第二届“全国文明校园”，兴泰小学获评“中国书法（写字）特色学校”，实验小学教育集团北街校区获评省中小学艺术教育特色学校，姜堰中学、东桥小学教育集团、梁徐小学等3所学校建成省课程基地，东桥小学教育集团“舒心服务留守儿童”获评全省“一校一品”党建特色品牌。高考高分层人数列全省县中第一位。有各类卫生机构292家，各类卫生机构实有床位4315张，有卫生技术人员4556人。乡镇卫生院18个，床位1039张，卫生技术人员966个；乡村医生和卫生员人数414人。新型农村合作医疗人口覆盖率100%。新增加乡镇全民健身路径10套。全区居民人均可支配收入38576.8元，增长5.2%。农村居民人均可支配收入24243.4元，增长6.4%。城镇新增就业7589人，城镇登记失业率1.75%；新增创业16289人，创业培训5707人；新生代农民工职业技能培训7328人。出台“春风惠企十八条”政策援企稳岗，发放各类稳岗返还资金3851万元、惠及职工5万多人。

（姜堰区政府办）

责任编辑：王　卉

2020年全国劳模和先进工作者

黄　俊　　蔡　伟　　丁雪其
凌建军　　刘中华　　钱维胜
蔡国栋　　王小莉

黄　俊　男，汉族，1977年12月出生，中共党员，大专学历，江苏恒力制动器集团首席高级技师。2016年被评为江苏省劳动模范，同年5月，被泰州市总工会授予黄俊劳模创新工作室。主攻研发便捷、实用、高精度数控加工设备，先后对公司现有100台设备进行数控自动化改造，实现工人一键启动，多机操作；实施马蹄加工中心液压夹具进行技改，变手动夹紧为液压自动夹紧，生产效率提高2倍；设计制造全自动制动器底板群钻群攻机14台，实现自动化加工，生产效率提升300%。技术改革和技术创新，降低工人劳动强度，为企业带来每年3000多万元经济效益。黄俊带领工作室成员累计获实用新型专利14项，发明专利3项、泰州市十大先进操作法3项、泰州市科技进步奖1项、中国设备管理创新成果三等奖1项、发表省级以上论文12篇、获机械工业高技能人才优秀论文优秀奖和二等奖各1项、江苏省机械科技进步二等奖1项。2020年11月，被评为全国劳模和先进工作者。

蔡　伟　男，汉族，1966年7月出生，中共党员，研究生学历，扬子江药业集团有限公司药物研究院常务副院长，获江苏省科技进步三等奖、江苏省“九五”企业技术创新先进个人、江苏省优秀新产品金牛奖设计人员。30多年来，他曾先后参与主持超过50个药物研究与申报，为集团研发加罗宁（地佐辛注射液）、盐酸右美托咪定注射液、蓝芩口服液、百乐眠胶囊等产品。2017年以来，累计获生产批件30多件，累计申报仿制药、一致性评价项目110多个，促进18个一致性评价品种陆续获批，在江苏省推进药品一致性评价中名列前茅。2020年11月，被评为全国劳模和先进工作者。

丁雪其　男，汉族，1964年7月出生，中共党员，泰兴市黄桥镇祁巷村党委书记。丁雪其是一名残疾人，80年代和父亲创办泰兴县第一家个体猪鬃家庭作坊，吸纳40多名本村残疾人就业，解决200多人就业和养老保险问题。带动120个农户参与家庭猪鬃加工产业，每户年收入5万元以上，就地转移农村劳动力1000多人。经过19年，他将一个负债280万元的“贫困村”嬗变为全国有名的“富裕村”“旅游村”“文明村”。公益捐款200多万元。先后获全国农业劳动模范、江苏省优秀党员、江苏省最美基层共产党员、江苏省劳动模范等称号，2017年当选江苏省人大代表。2020年11月，被评为全国劳模和先进工作者。

凌建军　男，汉族，1975年11月出生，中共党员，本科学历，江苏泰隆机械集团公司技能考评办主任，高级工程师、高级技师，获2017年全国五一劳动奖章。他创新开拓主导开发核电齿轮箱机组、机器人关节用精密减速机等新产品，并顺利投产。与同事创新性编辑坐标系转换程序，仅需一次校调完成，所有坐标自动后台换算，此项技术在2012年被评为第四届江苏省职工“十大先进操作法”。编辑多个扩展深化程序，其中，自动对中、自动分度等程序在企业广泛应用，同时推广到合作用户中。他创造独特操作法和编辑加工工艺使公司多个新产品顺利投产，累计为企业创造出千万元经济效益。利用“劳模工匠创新工作室”推广新技术，为企业培养储备专业技术人才。凌建军被评为“加工中心高级技师”“企业首席技师”；获第二届“江苏技能状元”职工组加工中心（四轴）大赛获二等奖；2017年获全国“五一劳动奖章”，2018年被江苏省人民政府授予“江苏工匠”“江苏省技能大师”等称号。2020年11月，被评为全国劳模和先进工作者。

刘中华　男，汉族，1969年10月出生，中共党员，博士研究生学历，江苏硕世生物科技股份有限公司副总经理兼技术总监高级工程师，2016年江苏省劳动模范。2005年获西安交通大学博士学位，先后在中国医学科学院、中国协和医科大学工作，2010年起任硕世生物技术总监，主要负责产品的研发、生产、质检工作。获发明专利14项、实用专利16项、软著4项；取得医疗器械注册证/备案凭证53个。刘中华主导研发传染病系列病原体核酸检测试剂盒，成为疾控领域核酸类检测产品主流品牌，针对新型冠状肺炎疫情研发新型冠状病毒核酸检测试剂盒，向29省市区约350家CDC及医疗机构供应超过60万人份；研发创新性阴道微生态检测系统以及用子宫颈癌检测和筛查的HPV核酸检测试剂获国内外专家认可。主导研发产品累计销售超过10亿元。2020年11月，被评为全国劳模和先进工作者。

钱维胜 男，汉族，1976年8月出生，中共党员，本科学历，泰州市大泗学校副校长，高级职称，2019年全国模范教师，2019年江苏省优秀共产党员。2014年，钱维胜援藏支边，一留再留，在高原奉献了五年三批。在为输血式向造血式援藏教育发展中倾尽心血，藏族孩子称呼他为“爸啦”，多次开设市级示范课和讲座，帮扶青年教师获省市级教学竞赛一等奖三个，主持《在援藏区开展“五步助学式”课堂教学的实践研究》等多项省市级课题，教学业绩名列前茅，进藏前母亲住院开刀，但五年未请过一天假。西藏自治区教育厅、泰州市高港区委组织部和宣传部先后发文号召向钱维胜学习，其援藏事迹被央视和多家省市级媒体报道。2020年11月，被评为全国劳模和先进工作者。

蔡国栋 男，汉族，1966年11月出生，大专学历，兴化市公安局刑警大队一级警长，2016江苏省劳模。参加公安工作以来，蔡国栋一直战斗在打击犯罪工作一线。2011年，他牵头成立“老蔡工作室”，集“刑侦、图侦、技侦、网侦、情报信息侦”为一体合成作战模式，先后侦破一批有影响的重大恶性案件。2017年，在侦破“1993.4.23”命案积案中，利用图侦锁定嫌人轨迹并抓获嫌疑人，攻克24年陈年积案。工作室先后破获系列性侵财案件160多件，涉案1800多起，抓获刑事作案成员600多名，总结一批技战法被部、省厅采用推广。“老蔡工作室”被泰州市局确定为“随岗培训点”，被评定为公安工作创新奖一等奖。2014年，蔡国栋被省委授予“江苏最美法治人物”称号，被省公安厅表彰为“江苏最美警察”（记一等功），2015年被江苏省委政法委表彰为“人民满意的政法干警”。2016年被评为省劳动模范。2020年11月，被评为全国劳模和先进工作者。

王小莉 女，汉族，1982年2月生，中共党员，苏州大学和香港城市大学法学双硕士研究生，现任江苏省泰州市法院民三庭庭长，一级法官。工作10多年来，王小莉以成长为一名让人民群众满意的专家型优秀法官为职业目标，维护弱势群体合法权益、实现公平正义，展示一名新时代青年法官牢记宗旨、奉献法治的精神风貌，是一名践行和传递法治正能量的“阳光法官”。先后立一等功一次、二等功两次、三等功三次，获江苏省自强模范、江苏省优秀女法官、江苏省三八红旗手、江苏最美法官、全国自强模范、全国模范法官等称号。2020年11月，被评为全国劳模和先进工作者。

全国抗击新冠肺炎疫情先进个人

马智龙　　陈霞云

马智龙 男，1964年6月出生，中共党员，市疾病预防控制中心微生物检验科科长。新冠肺炎疫情发生后，身先士卒，带领科室人员24小时候全天候开展新冠病毒检测工作，共检测各类样本2.5万多份，其中确认阳性样本51份。2020年9月，被党中央、国务院、中央军委授予全国抗击新冠肺炎疫情先进个人称号。

陈霞云 女，1975年12月生，中共党员，泰州市海陵区城南街道锦绣社区党总支副书记。因患肺癌做过肺部切除手术。在新冠肺炎防控中，从大年初二起连续31天“连轴转”奋力冲在防疫最前线，为社区群众撑起一把防疫“保护伞”。2020年9月，被党中央、国务院、中央军委授予全国抗击新冠肺炎疫情先进个人称号。

中国好人

助人为乐好人：段成林　陶慎元
马晓兵
敬业奉献好人：张竹山　张　强
见义勇为好人：王向阳

段成林 男，1964年12月生，泰州市海陵区城东街道东安社区段成林志愿服务站站长。在新冠肺炎疫情防控中，段成林宣传防控知识、发放出入券、劝导居民佩戴口罩、疫情防控卡口夜班值守，承担辖区内7个防控卡口集装箱电灯安装、线路维修工作。成立“鲁班80365工作室”，在疫情防控期间保持24小时“开机”，随时上门帮助孤寡老人维修家电、疏通下水道、更换水龙头等，自垫材料费，帮助近60户居民解决实际困难。段成林被中央文明办评为2020年“中国好人（2~7月）”。

陶慎元 男，1966年2月出生，中共党员，兴化爱心之家公益协会会长。2015年，陶慎元接任兴化爱心之家公益协会会长。在他的带领下，协会志愿者队伍从10多人发展到100多人，开展志愿服务11520人次，帮扶困难家庭39户，累计捐助钱物80多万元。协会活跃在敬老助残、扶危济困、捐资助学、公益环保等志愿服务前沿，通过实际行动成为带动全市公益志愿服务的领头雁和动力源。2018年5月，协会成立兴化首个群团组织党支部，增强协会组织力和凝聚力。陶慎元被中央文明办评为2020年“中国好人（8~9月）”。

马晓兵 男，1976年4月生，泰州市姜堰先锋单车俱乐部理事长。1999年捐助一名渔家女孩后，马晓兵就一直践行公益之路。2009年，他组建姜堰先锋单车俱乐部，多年来累计为16个省、市、自治区10000多人次孤寡老人、3500多名藏族孩子、343名孤贫孩子、115名贫困白血病重症患者提供长期、无偿服务。新冠肺炎疫情防控期间，马晓兵第一时间将筹款及数万只口罩、额温枪、消毒液等物资捐赠给湖北抗疫一线以及姜堰区本地60所中小学。他先后获全国向上向善好青年、中国青年志愿者优秀个人、江苏好人、江苏最美志愿者等称号。马晓兵被中央文明办评为2020年“中国好人（10月）”。

张竹山 男，1963年11月生，泰州市高港区口岸街道引江社区党总支书记。新冠肺炎疫情防控期间，张竹山拟定三个“必须”防疫战略，48小时无休带领全体党员干部摸排辖区678户，2523人详细信息，将防控知识宣传到每户每人；连夜在辖区设置检查点，协同志愿者、党员骨干冲锋在前，查严查实每个过卡人员信息；带头捐赠筹集款项，保证物资供应；兼职“伙食长”，关心辖区值勤人员衣食，用实际行动诠释实干书记责任和担当。张竹山被中央文明办评为2020年“中国好人（2~7月）”。

张　强　男，1968年2月生，国网泰兴市供电公司职员。1990年张强从武警部队退役后，苦练抢修技术，成为泰兴市供电公司第一个获高级技师职称的工人，花多年时间用双脚丈量出一幅泰兴市城区所有公用配变线路巡视作业“作战图”。疫情防控期间，他投身到新冠肺炎疫情防控电力保障和供电服务，全天候受理居民用电报修业务。张强被中央文明办评为2020年“中国好人（12月）”。

王向阳　男，1945年10月生，原兴化市百货公司退休职工，兴化市防溺水志愿者。2020年8月31日，76岁的王向阳在市锦绣文华小区西大门西侧直港河岸边巡逻时，发现有溺水者，他带着救生圈跃入水中，游到溺水小伙身边时，身高180、体重200斤小伙已处于半昏迷状态无法动弹，王向阳在他身后，一边游，一边推，游过一百多米到岸边时候，王向阳已经完全虚脱，小伙成功获救。王向阳被中央文明办评为2020年“中国好人（11月）”。

江苏好人

丁　俊　王小莉　陈同锁
黄佑山　姚恒章　张竹山
李　正
国网泰州市姜堰区供电公司
“繁星花”共产党员服务队
陶慎元　罗宝田　张　强
吴敏秋　徐碗林　黄顺梦
宋美云　凌粉忠　王向阳
王永红　唐粉英　白国龙
商黎明
汤汝华、朱林妹夫妻　李廷胜

丁　俊　男，1972年8月生，泰州市第四人民医院泌尿外科主任医师。2017年，他参加泰州援疆医疗队，为汉族老大爷解决困扰多年的血尿，为少数民族兄弟切除体内巨大肿瘤。多次参与各级医疗卫生主管部门组织的送医下牧区义诊活动，义诊人数上百例，免费发放药品1000多元。他把多年临床工作经验，教给当地医生，培养一支“带不走”的医疗队伍。2020年1月被江苏省委宣传部、江苏省文明办评为“江苏好人”。

王小莉　2020年1月被江苏省委宣传部、江苏省文明办评为“江苏好人”。（参见第297页）

陈同锁　男，1968年6月生，中共党员，兴化市荻垛镇卫生院预防保健所所长。在抗击新冠肺炎疫情时期，陈同锁在母亲离开人世的最后时刻还在防疫一线，在简单处理完老人后事后，就立即返回防疫岗位。为了支持疫情防控工作，母亲的后事他一切从简，连远在外地女儿想要回家吊唁，也被他严辞拒绝。2020年2月被江苏省委宣传部、江苏省文明办评为“江苏好人”。

黄佑山　男，1981年5月生，中共党员泰州市公安局海陵分局指挥室副主任。从警16年来，黄佑山始终奋斗在公安实战一线，先后参与近百起重大案事件的指挥处置工作，破获大批大要案件，5次获省市表彰，2018年被表彰为省厅指挥情报条线先进个人，2017年因抓获故意杀人嫌疑人荣立个人三等功一次。2020年2月被江苏省委宣传部、江苏省文明办评为“江苏好人”。

姚恒章　男，1972年4月生，中共党员，研究生学历，泰兴市鼓楼小学教育集团联合党总支书记、总校长。新冠肺炎疫情期间，他牵头成立集团联盟学校应对新冠肺炎疫情工作领导小组，制定疫情防控预案，组建由学校、社区、派出所、医院组成的联动防疫机制。2020年3月，被江苏省委宣传部、江苏省文明办评为“江苏好人”。

张竹山　2020年3月被江苏省委宣传部、江苏省文明办评为“江苏好人”。（参见第297页）

李　正　1975年2月出生，中共党员，永安洲镇永胜社区居民，退伍军人。抗疫期间，李正将自家仓库中所有防菌帽和防护服以及购买的40件反光背心捐给社区。建起一个专做公益的微信群，96位爱心人士先后加入，资助困难儿童29名。抗疫期间，他的“助飞希望”微信互助群变成了抗疫爱心群，群内的爱心人士捐钱捐物、奉献爱心。2020年3月，被江苏省委宣传部、江苏省文明办评为“江苏好人”。

国网泰州市姜堰区供电公司“繁星花”共产党员服务队　成立于2011年11月，现有核心队员29名。多年以来，服务队践行“踏实工作、用心服务、奉献社会、电靓堰城”的责任担当和初心使命，扶贫济困、播撒爱心、服务企业，处处争当电力系统新时代“雷锋”。面对新冠肺炎疫情，“繁星花”队员投身镇街社区、乡村路道。2020年3月，被江苏省委宣传部、江苏省文明办评为“江苏好人”。

陶慎元　2020年4月被江苏省委宣传部、江苏省文明办评为“江苏好人”。（参见第297页）

罗宝田　男，1962年12月出生，中共党员，兴化市千垛镇东罗村党支部书记。2005年，罗宝田被选为东罗村村委会主任。2006年接任村党总支书记。他带领村“两委”一班人探索“工商资本+地方政府+村集体”建设乡村的模式，使东罗村成为中央及地方党委政府、社会各界和专家学者的关注焦点，被誉为可复制的乡村振兴“东罗样本”。东罗村先后被表彰为“江苏省文明村”“江苏省法制示范村”“泰州市文明村标兵”“基层党建工作示范村”、泰州市特色村。他个人先后获评江苏省农村基层党建工作特出贡献奖、泰州市第一届“骏马奖”、中国最美村镇产业兴旺奖、江苏省首批“百名示范”村支书。2020年1月被授予江苏省“最美基层干部”。2020年5月，被江苏省委宣传部、江苏省文明办评为“江苏好人”。

张　强　2020年6月被江苏省委宣传部、江苏省文明办评为“江苏好人”。（参见第298页）

吴敏秋　男，1963年生，江苏农牧科技职业学院教授。2011年年末，吴敏秋患上“原发性肝癌”急需肝移植，全校师生和他的老师、学生筹款50多万元。吴敏秋谢绝捐赠郑重写下一张张借条，并在上面签下一家三口的名字。术后第70天，吴敏秋就重新走上讲台，他说："既然我闯过来了，那么我最大的快乐就是工作，就是给学生上课。"康复后吴敏秋还清20多张借条欠款。2020年6月，被江苏省委宣传部、江苏省文明办评为"江苏好人"。

徐碗林　男，1952年生，泰州市海陵区苏陈镇张家院社区居民。2020年5月10日，一名儿童落水，10多年前做过食道癌手术的徐碗林跳进河中，救出落水儿童。2020年7月，被江苏省委宣传部、江苏省文明办评为"江苏好人"。

黄顺梦　女，1989年生，泰州市姜堰区张甸镇"解语花"社会服务中心副理事长。2010年，彝族姑娘黄顺梦从四川凉山远嫁到泰州市姜堰区张甸镇，多年如一日待公婆如亲生父母。2018年，黄顺梦发起成立张甸镇第一个女性公益组织——"解语花"社会服务中心，先后开展"母亲邮包、快乐传递""民族一家亲共建幸福家"等系列志愿服务活动，为急需帮助的少数民族困难家庭排忧解难。2020年7月，被江苏省委宣传部、江苏省文明办评为"江苏好人"。

宋美云　女，1986年7月生，泰州市姜堰中医院ICU护士长。在泰州市姜堰中医院，宋美云是重症监护室的副护士长，是危重病人的贴心人；在武汉体育中心方舱医院，她是感染风险最高岗位咽拭子采样组成员，是与病毒"零接触"的筛查勇士。20多天里，她和采样组10多人，累计采集1290多人次咽拭子样本，最多时，一天采集160多人次。踏上武汉战场后，她立即提交入党申请书，深刻认识到"作为党员，就要在火线上做中流砥柱"。2020年8月被江苏省委宣传部、江苏省文明办评为"江苏好人"。

凌粉忠　男，1971年3月生，泰州市罡杨镇杨庄社区居民。凌粉忠是罡杨镇一位本土民营企业家，经营一家汽车配件厂。他自小喜欢传统戏剧，工作后爱上扬剧，他自编、自导、自演《中国进入新时代》《罡杨明天更辉煌》等扬剧小品先后获奖。他自筹资金成立国内首家扬剧戏迷网友协会，并个人出资送戏到村头、养老院，公益演出40多场。从2008年开始，他成为海陵区罡杨学校等学校校外辅导员，担任学校戏曲辅导课程老师，传承扬剧艺术，实现他"将最美好的艺术献给孩子"梦想。2020年8月，被江苏省委宣传部、江苏省文明办评为"江苏好人"。

王向阳　2020年9月，被江苏省委宣传部、江苏省文明办评为"江苏好人"。（参见第298页）

王永红　女，1968年2月生，泰州市高港区永安洲镇零散税收代征办办事员。王永红心悉心照顾患病卧床的丈夫，创造从"瘫痪终生"到"重获新生"的奇迹。从1998年收养第一位孤儿开始，此后20多年间，她累计资助照顾20多名困难儿童。让原本的四口"小家"变成了20多口"大家"，用家庭小爱凝聚了社会大爱。2020年9月，被江苏省委宣传部、江苏省文明办评为"江苏好人"。

唐粉英　女，1937年8月生，泰州医药高新区野徐镇唐家社区居民。64年前，时任唐家村妇女主任年仅20岁的唐粉英领养智力残疾、生活完全不能自理6岁孤儿，几十年如一日照顾他的生活起居，经常奔走十几千米寻找走失养子。如今养子70岁，唐粉英83岁，她拒绝与亲儿子搬到城里共享天伦，仍留在老家照顾养子，用真情守护智障养子64年，诠释"阿姨妈妈"的伟大。2020年10月，被江苏省委宣传部、江苏省文明办评为"江苏好人"。

白国龙　男，1971年7月生，泰兴市信访局科员。2008年，白国龙因意外事故导致高位截瘫。申请到窗口接访，在信访维稳工作岗位上，白国龙创立"五心"工作法，深化信息预警制度，推动建立矛盾纠纷多元化解机制和分层过滤体系，形成"接待调处回督"工作闭环。他设立"白国龙亲民工作室"，在乡镇（街道）设立联接联调工作站、村（居）建立接访驿站，与基层干部、中心户长、社会管理网格员共同搭建起沟通、交流、商谈平台，打通服务群众"最后一公里"。2020年10月，被江苏省委宣传部、江苏省文明办评为"江苏好人"。

商黎明　女，1975年7月出生，靖江市城南中心卫生院眼科副主任医师。2009年5月获造血干细胞志愿捐献者荣誉证书；2019年11月获靖江市红十字会工作先进个人；2020年8月获泰州市"医德楷模"称号。2020年11月3日晚，商黎明乘坐靖江开往江阴的公交车回家，途经江阴市政府准备换乘36路车时，发现车上一名男性侧身倒地，面色灰暗，口唇紫绀，她跪地进行心肺复苏不停歇，直至救护车赶来。2020年11月被江苏省委宣传部、江苏省文明办评为"江苏好人"。

汤汝华　男，1954年生；**朱林妹**　1957年生，夫妻二人均为泰州市海陵区城东街道迎春社区"鲁班80365"志愿服务工作室志愿者。他们义务照顾孤寡邻居17年，帮助社区打扫卫生、解决居民纠纷。2017年6月，政府对东郊新村片区实施棚户区改造，夫妻俩带头签约交房，只提出一个"要求"：继续做社区志愿者。新冠肺炎疫情防控期间，他们一起加入疫情防控志愿者队伍，帮助社区开展疫情防控工作。在区红十字会登记，成为遗体捐献志愿者。2020年12月，被江苏省委宣传部、江苏省文明办评为"江苏好人"。

李廷胜　男，1963年生，兴化市大营镇联镇村"第一书记"。李廷胜2019年来到经济薄弱村联镇村任职，经过调研，提出"礼盒+网络"销售创意。在他的策划下，村里的特产红皮洋葱迅速"走红"，一年来成功化解村级债务90多万元，增加村集体收入80多万元，帮助村民销售红皮洋葱等农产品155吨。2019年，联镇村人均收入比2018年增加近1000元。2020年10月，李廷胜获"2020年江苏省脱贫攻坚奖"脱贫致富奖。2020年12月被江苏省委宣传部、江苏省文明办评为"江苏好人"。　（史　志）

责任编辑：王　卉

组织机构及负责人

·中国共产党泰州市委员会·

书　记　史立军
副书记　朱立凡
　　　　张　迅（至2020-10）
常　委　汤成快
　　　　常胜梅（女，至2020-08）
　　　　张余松
　　　　孔德平
　　　　曹卫东
　　　　张志洋（至2020-12）
　　　　张小兵
　　　　梁三元（2020-08任）
　　　　刘　霞（女，2020-08任）
　　　　廖　鹏（2020-12任）
秘书长　张余松
副秘书长
　　　　刘文来
　　　　姜文湘（至2020-06）
　　　　张玉萍（女）
　　　　董维华
　　　　王　钟
　　　　徐小明
　　　　包　亚
　　　　陶　旭（2020-06任）

市委工作机构、直属单位

市委办公室（市委机要局、市国家保密局、市国家密码管理局、市档案局）
主　任　刘文来
副主任　高红亮
　　　　冀建军
　　　　孟鸿彬（2020-06任）
　　　　刘明高（2020-10任）
　　　　孙鹏建（2020-10任）
市档案局
副局长　潘晓健（女，2020-10任）
四级调研员
　　　　王　涛（女）
市委组织部（市委非公有制企业和社会组织工作委员会、市委党的建设工作领导小组办公室、市公务员局、市考核工作委员会办公室）
部　长　曹卫东（至2020-07）
　　　　梁三元（2020-08任）
常务副部长
　　　　查学斌（女）
副部长　于顺华
　　　　赵荣华
　　　　鞠林红
部务委员
　　　　卢　洁（女）
市党建办
主　任　赵荣华
市考核办
主　任　曹卫东（至2020-07）
　　　　梁三元（2020-08任）
副主任　冯海镛
市委宣传部[（市精神文明建设指导委员会办公室、市人民政府新闻办公室、市新闻出版局（市版权局）]
部　长　常胜梅（女，至2020-08）
　　　　刘　霞（女，2020-08任）
常务副部长
　　　　任国平（至2020-10）
副部长　吉志铭（2020-10任）
　　　　殷　俊
　　　　孟国平
　　　　王　飞
　　　　高宇彤（女，2020-12任）
市文明办
主　任　殷　俊
副主任　刘文杰
　　　　覃海平（2020-10任）
市新闻办
副主任　卢春燕（女）
二级调研员
　　　　顾夏良（女）
讲师团
副团长　凌　健
市委统一战线工作部（市政府侨务办公室）
部　长　张　迅（至2020-10）
　　　　张小兵（2020-12任）
常务副部长
　　　　戴庆柳
副部长　陆国富
　　　　孙　琦
　　　　王　强
　　　　孙正龙
市政府侨务办
副主任　王　强
部务委员
　　　　沈洪泽（2020-06任）
四级调研员
　　　　项卫东
市委政法委员会
书　记　孔德平
副书记　陈明冠
　　　　陈金观
　　　　李　向

何银海
杭春宏
周德建
邓宏林
政治部主任
朱广洲
市法学会
专职副会长
吕道龙（2020–06任）
四级调研员
朱荣华
刘　沛
市委研究室
主　任　倪郭明
副主任　杨恒龙
王　桂
市委网络安全和信息化领导小组办公室（市互联网信息办公室）
主　任　孟国平
副主任　朱明华
尹　俊
市互联网信息办
主　任　孟国平
四级调研员
陈国华
市委机构编制委员会办公室（市事业单位登记管理局）
主　任　陶　玲（女）
副主任　刘　磊
孙　兰（女）
梁晓斌
市事业单位登记管理局
局　长　陶　玲（女）
副局长　王友茂
四级调研员
严文忠
市委台湾工作办公室（市人民政府台湾事务办公室）
主　任　王晓梅（女）
副主任　史庆胜
王　浩
余良霁（女）
韩瑞铭
市政府台办
主　任　王晓梅（女）
四级调研员
朱　耀

市委市级机关工作委员会
书　记　程荣稳
副书记　周　勇
朱　峰（2020–10任）
纪工委书记
汤益民
二级调研员
夏红鑫
丁国和
四级调研员
周　汉
曹吉华
市委巡察工作办公室
主　任　王中庆（女）
副主任　王圣彪
陈林峰
市委第一巡察组
组　长　钱宏琦
副组长　成玉贯
朱　望
市委第二巡察组
组　长　蒋仲伟
副组长　薛如耀
蒋善坤
许均国（2020–10任）
市委第三巡察组
组　长　陆啸峰
副组长　瞿玉金
陈文学
陈礼鸿
市委第四巡察组
组　长　刘青萍
副组长　吴正涛
戈　炜（女）
市委第五巡察组
组　长　冯广振
副组长　翟宏毅
二级调研员
尹友平（2020–08任）
市委第六巡察组
组　长　于　庆
副组长　周雅俊
李春海
二级调研员
裴家泰
市委老干部局（市委离退休干部工作委员会）
局　长　于顺华

工委书记
于顺华
副局长　陈宇清（女）
戴古发
二级调研员
毛振宏
市党史方志办公室（市档案馆）
主　任　张士林
副主任　叶建国
戴志勇
吴学华
朱　庆
市档案馆
馆　长　张士林
副馆长　朱　庆
二级调研员
陈　维
市委党校（市行政学院、市社会主义学院）
校　长　曹卫东（至2020–07）
梁三元（2020–08任）
副校长　王　龙
张国祥
沈炳华
景云祥
市行政学院
院　长　梁三元（2020–08任）
副院长　王　龙
市社会主义学院
副院长　王　龙
四级调研员
周春前
史　锋
泰州报业传媒集团（泰州日报社）
党委书记、董事长　曹茂良
社　长　曹茂良
总编辑　杨　勇
副社长　苏元华
祝伟民
刘保华（女）
副总编辑
张建兰（女）
翟　明
纪委书记
周根成
▲泰州晚报社
总编辑　翟　明

泰州广播电视传媒集团（泰州广播电视台）
党委书记
万永良（至2020-10）
王　飞（2020-12任）
董事长　万永良（至2020-10）
王　飞（2020-12任）
台　长　万永良（至2020-10）
王　飞（2020-12任）
总编辑　杨富年
党委副书记
杨富年
纪委书记
张建国
副台长　李　晋
朱建珊
孙小平
副总编辑
冯晨光

·泰州市人大常委会·

主　任　史立军（2020-01任）
常务副主任
王　建（至2020-01）
杨　杰（2020-01任）
副主任　周绍泉
孙耀灿
邹祥凤（女）
臧大存
秘书长　李卫国
副秘书长
王宏玖
杨延慧（女）
陈扣喜
陈学东
高卫东（2020-10任）
张金华

市人大常委会办公室、各工作委员会

办公室
主　任　王宏玖
副主任　朱承敏
王　嵘
黄海民
二级调研员
陈春红（女）

人事代表联络工作委员会
主　任　孙　平
副主任　钱龙华
监察和司法工作委员会
主　任　黄书华（至2020-12）
副主任　窦文喜
吴　杰
经济工作委员会
主　任　戈　琦
副主任　吴文斌
教科文卫工作委员会（民族宗教侨务台湾外事工作委员会）
主　任　薛　敏
副主任　臧桂龙（至2020-08）
陈怀荣
农村工作委员会
副主任　陆仁峥
赵金洪
社会和环境资源与城乡建设工作委员会（环境资源城乡建设工作委员会）
主　任　葛银余
副主任　孙苏平
卞新峰
法制工作委员会
主　任　钱　刚
预算工作委员会
主　任　丁卫平
副主任　吉江平（女）
信访室
主　任　戴秀芳

·泰州市人民政府·

市　长　朱立凡（2020-01任）
副市长　王学锋（女）
陈明冠
陈金观
徐克俭
张育林
徐文进（挂职，2020-06任）
曹卫东（2020-07任）
秘书长　沈明刚
副秘书长
沈惠彪
周天云
戚才俊
刘剑波（至2020-06）
刘江明
全冬明
杨益华（2020-08任）
陶德喜（2020-08任）

市政府工作部门、派出机构、直属单位

市政府办公室（市政府研究室、市大数据管理局）
主　任　沈惠彪
副主任　李　恺
吴艳华（女）
陶　旭（至2020-06）
解中东
陶德喜（至2020-08）
严　炜（2020-10任）
市政府研究室
主　任　沈惠彪
市大数据管理局
局　长　沈惠彪
副局长　储建华（2020-10任）
三级调研员
徐友宏（2020-07任）
四级调研员
刘丰圣
市政府驻北京办事处
主　任　耿晓利
副主任　吕天玉
▲市政府驻上海办事处
（主要负责人空缺）
▲市政府驻南京办事处
（主要负责人空缺）
市发展和改革委员会（市粮食和物资储备局）
主　任　祝　光
副主任　朱应才
卞赋章
邵剑峰
王洪兴
高永康
史凯忠
夏朝云（援疆）
市粮食和物资储备局
局　长　祝　光
副局长　陈文炉
李　勇
市军民融合发展办公室
副主任　陈海俊

二级调研员
朱建华
四级调研员
戴道友
市推动长江经济带发展服务中心
主　任　邵剑峰
副主任　周玲洁
朱红喜
市教育局（市委教育工作委员会）
局　长　奚爱国（至2020–10）
万永良（2020–10任）
副局长　吉志铭（至2020–10）
万　琳（女，至2020–07）
董　健
王俊鹏
李新荣（女，2020–12任）
工委书记
吉志铭（至2020–10）
工委副书记
董　健
主任督学
万　琳（女，至2020–07）
副处级干部
季新明（2020–08任）
丁　骏（2020–08任）
一级调研员
万　琳（女，2020–07任）
二级调研员
管文华
四级调研员
朱三峰
赵国全
市科学技术局
局　长　丁志强
副局长　王本富
丁　骅
童　宁（女）
黄卫平
唐　伟（挂职）
二级调研员
季开桢（2020–08任）
四级调研员
张荣进
尤时日
▲市生产力促进中心
主　任　李国平（2020–12任）
市工业和信息化局
局　长　刘秋平（女）
副局长　王亚明
朱嘉浩
朱亚坤
黄卫民
董　皓（挂职）
二级调研员
蔡勇根（至2020–03）
四级调研员
陈玉明
市民族宗教事务局
局　长　孙　琦
副局长　殷荣领
杨爱明
叶少华
市公安局
局　长　陈金观
常务副局长
徐生炉
副局长　张卫东
张　涛
徐　军
赵旭晴
周如勇
杨　明（挂职）
市民政局
局　长　李志高（至2020–06）
封新华（2020–06任）
副局长　朱　莹
孙　雷
郑永寿
曹戎健
三级调研员
张阿晓（至2020–10）
四级调研员
陈庭文
李中林（至2020–07）
市司法局（市委全面依法治市委员会办公室）
局　长　孔德峰
副局长　杨　歆
施志斌（至2020–07）
丁正林（至2020–10）
沙文高
张　晶（女）
林　政
赵　峰
王高法（挂职）
朱颖杰（2020–10任）
市委依法治市办
主　任　丁正林（2020–10任）
仲裁委秘书处
秘书长　李　煜（2020–12任）
二级调研员
施志斌（2020–08任）
四级调研员
丁晴远
陆虎臣
市财政局
局　长　张长平（至2020–06）
戚才俊（2020–08任）
副局长　谢成建
尤玉华（女）
王金云
李宏森
二级调研员
蒋爱民
三级调研员
田　宏（2020–07任）
四级调研员
朱长贵
▲市国库集中收付中心
主　任　屈耕乾
市人力资源和社会保障局
局　长　王明根（至2020–06）
姜文湘（2020–06任）
副局长　严俊武（至2020–07）
乔和平
钱筱湄（女）
金茂荣
二级巡视员
王明根（至2020–06）
二级调研员
陆　玲（女）
严俊武（2020–08任）
夏志明（2020–08任，至2020–09）
四级调研员　魏爱春
▲市人才服务中心
主　任　陈文根
▲市劳动就业管理中心
主　任　黄东平
四级调研员
沈满涛
▲社会保险管理中心
主　任　徐究兵

四级调研员

李建平

市自然资源和规划局（市林业局）

局　长　李兴国

副局长　徐　兵

何文忠

潘金华

刘银发

吴　皓

丁晓鹏

陆　俊

庞佑林

总规划师

朱根山

市土地开发储备中心

主　任　周海滨

四级调研员

刘　缨（女）

朱　兵

黄仲梅（女）

市生态环境局

局　长　钱　忠

副局长　颜忠林

何如松

吴建伟

陈玉琴（女）

吴小平（2020–04任）

总工程师

刘荣禄（2020–04任）

四级调研员

朱　靖

▲市环境执法局

局　长　张建军

四级调研员

徐志明

市住房和城乡建设局（市人防办、市园林局）

局　长　高卫东（至2020–10）

许向前（2020–10任）

副局长　孙建兴

孙建华（女）

周国翠（女）

焦斐虎

翟　健

总工程师

于　路

市人防办

主　任　高卫东（至2020–10）

许向前（2020–10任）

副主任　王一平

马生荣

刘俊雄

市园林局

局　长　高卫东（至2020–10）

许向前（2020–10任）

副局长　王文官

市住房事业发展中心

主　任　杨　坤

二级调研员

封伯平

四级调研员

陈靖云（2020–03任）

刘秀泰（2020–03任）

杨宝龙

张照平

陈　平

市城市管理局（市城市管理行政执法局）

局　长　孙桂银

副局长　高　斌

夏建洲

孙荣贵

夏隽莹

市城市管理行政执法局

局　长　孙桂银

副局长　董同成（2020–12任）

王小兵（2020–10任）

二级调研员

赵继年（2020–08任）

四级调研员

赵大燕

黄顺宏

数字化城市管理中心

副主任　纪广田

王茂坤

▲市城市管理行政执法支队

支队长　董同成（至2020–12）

张　春（2020–12任）

市交通运输局（市地方铁路建设办公室）

局　长　李龙根

副局长　马庆生（至2020–07）

张新民

孔　元

周进华

王乐勤（2020–07兼）

总工程师

刘　婷（女）

市地方铁路办公室

主　任　李龙根

副主任　丁永巍

一级调研员

马庆生（2020–07任）

二级调研员

曹其平（2020–04任，至2020–06）

四级调研员

刘成峰

许建军

▲市公路事业发展中心

主　任　周进华

▲市公共交通服务中心

主　任　窦顺东

▲市港航事业发展中心

主　任　朱怀荣

▲市交通运输综合行政执法支队

支队长　李　康

三级调研员

范友方

四级调研员

陆华庆

张华清

钟　翔

申元昌（至2020–10）

陈亚平

市水利局

局　长　胡正平（至2020–12）

葛志晖（2020–12任）

副局长　蔡　浩

高　晔

高　宏

总工程师

钱卫清（至2020–12）

二级巡视员

胡正平（2020–10任）

一级调研员

龚荣山（2020–03任，至2020–06）

二级调研员

钱卫清（2021–01任）

田　波（2020–08任，至2020–09）

四级调研员

朱晓春

▲市水利工程建设处

主　任　祁海松

四级调研员
　　张　荣
市农业农村局（市政府扶贫办公室）
局　长　毛正球（至2020-12）
　　蒋向荣（2020-12任）
副局长　胡志鸿
　　智俊忠
　　彭德旺
　　缪玉江
　　范　琦
　　王桂宝
市扶贫办
主　任　毛正球（至2020-12）
　　蒋向荣（2020-12任）
副主任　陈嵘嵘
　　吴存发（2020-12任）
市委农工办
副主任　王晓秋
总畜牧兽医师
　　夏新山
总农艺师
　　季祖平（2020-10任）
二级巡视员
　　毛正球（2020-10任）
一级调研员
　　姚灿华（2020-07任）
二级调研员
　　邱　江
　　曲　波
　　陶进春（至2020-03）
四级调研员
　　吴生岭
　　曹宏祥
市商务局（市口岸办公室）
局　长　黄红旗
副局长　吴　娓（2020-10任）
　　韩　润
　　姜志新
市口岸办
主　任　黄红旗
二级调研员
　　蔡迎春
四级调研员
　　杨　俊
▲国际贸易促进委员会泰州市支会
会　长　唐　驰
市文化广电和旅游局（市文物局）
局　长　钱建网
副局长　许　晶
　　江晓琴
　　王立新
　　黄正良
　　赵　忠
　　王　瑾（女）
市文物局
局　长　钱建网
副局长　钱志强（2020-10任）
二级调研员
　　季　彬
　　曹家为
四级调研员
　　杨松杰
　　冯永凤（女）
▲市文化市场综合执法支队
支队长　蒋建兴（2020-12任）
市卫生健康委员会（市中医药管理局）
主　任　刘宏鸣
副主任　杨建国
　　翟德祥
　　孙正太
　　江义舟（至2020-12）
　　邵　骅（女）
　　浦政轶（2020-12任）
二级调研员
　　徐志明（女，2020-08任）
　　周卫兵（2020-04任，
　　　至2020-09）
三级调研员
　　王　彬（2020-07任，
　　　至2020-10）
四级调研员
　　吕海涛
▲市疾病预防控制中心
主　任　张　翔
▲市卫生监督所
所　长　叶东进（2020-12任）
四级调研员
　　杜　江
市退役军人事务局
局　长　张永生
副局长　沈洪喜
　　王　玮
　　张亚坤
一级调研员
　　马新亮（2020-03任，
　　　至2020-05）
四级调研员
　　翁　平
市应急管理局（市地震局）
局　长　陈忙耕
副局长　李　濮
　　华正迁
　　王建春
　　刘红官
总工程师
　　柴锡陵（2020-06任）
市安委办
专职副主任
　　张　鹏（2020-06任）
市安监支队
支队长　柴锡陵（至2020-06）
　　刁红兵（2020-06任）
二级调研员
　　吴卫宁（至2020-10）
　　汪亚强（2021-01任）
四级调研员
　　曹爱民
市审计局
局　长　周小慧（女）
党组书记
　　王根余
副局长　叶　兵
　　张连璋
　　顾　军（女）
　　于　飞
总审计师
　　孙宏伟
市政府外事办公室（市政府港澳事务办公室）
主　任　何　军（至2020-06）
　　张兆洋（2020-06任）
市政府港澳事务办公室
主　任　何　军（至2020-06）
　　张兆洋（2020-06任）
副主任　魏杰钢
　　唐　晶（女，2020-12任）
　　顾兴国
四级调研员
　　唐建新
　　邵宝顺
市国有资产监督管理委员会
主　任　戚才俊

副主任　张　纯（至2020–12）
许时阳
刘新华
四级调研员
邹贵宾
葛沁春（女）
市行政审批局（市政务服务管理办公室）
局　长　邹　晶
副局长　朱　化
谢雪锋
陆乔松
沈长江
张　辉（2020–10任）
市政务服务管理办公室
主　任　邹　晶
总工程师
张　辉（至2020–10）
陈长明（2020–10任）
四级调研员
陈　炜
▲市政务服务中心
副主任　周　民
▲市公共资源交易中心
主　任　陈长明（至2020–10）
刘晓冬（2020–10任）
市市场监督管理局（市知识产权局）
局　长　顾维中
副局长　许爱庆（至2020–12）
唐龙础（至2020–12）
江　峰
李　萍（女）
王　坚
于世生
朱君贤
市知识产权局
局　长　顾维中
副局长　黄雨祥
食品安全总监
张　洁（女）
总工程师
孔春红（2020–10任）
二级调研员
蔡忠云（至2020–08）
四级调研员
许德和
翟华兵
姚久松
魏文灿
葛　琪
张　勇
市体育局
局　长　董维华
副局长　徐　刚
王学标（至2020–12）
洪　澄
李铁军
薛佳俊（2020–12任）
一级调研员
潘　强（至2020–03）
二级调研员
樊　蓉（至2020–02）
四级调研员
秦国梁
市统计局
局　长　傅　升
副局长　徐　龙（至2020–08）
戴国平
黄　斌
马　林
樊留国（2020–12任）
总统计师
陈毓康（2020–12任）
四级调研员
薛凤琴
市医疗保障局
局　长　陈正泉
副局长　韩金虎
张国祥
王学军
周春林
市医保中心
主　任　何尔龙（2020–12任）
市信访局（市委信访局）
局　长　姜文湘（至2020–06）
王　钟（2020–06任）
副局长　常爱国
卞德才
于春祥
李　明
信访督查专员
王贵绪
周旺根
谢凤友
四级调研员
陈建生
张竞荣
市地方金融监督管理局（市政府金融工作办公室）
局　长　申　强
副局长　张宇明
李金兵
张健羽
王　汉（挂职）
市金融办
主　任　申　强
市机关事务管理局
局　长　封新华（至2020–06）
何　军（2020–06任）
副局长　王　平
王如铭
潘智民
秦金平
吉锦忠
四级调研员
刘小东
王　俭
市供销合作总社
理事会主任
周书清
副主任　顾　建
许国兵
监事会主任
朱余昌
二级调研员
何飞跃（至2020–02）
三级调研员
李金鸿（2020–07任）
四级调研员
李晓荣
▲市住房公积金管理中心
主　任　匡章斌
江苏省现代农业综合开发示范区管理委员会（红旗良种场）
主　任　张　彧
副主任　柏长春
柳林景
黄银琪
何　明
纪工委书记
张国武（至2020–07）
二级调研员
张国武（2020–08任）
四级调研员
王根林

唐正勇

周山河街区管理委员会

书　记　陈　林

副主任　许立新

丁银存

翟荣明

市人民医院

党委书记

黄俊星

院　长　朱　莉（女）

党委副书记

朱　莉（女）

王　华（2020-12任）

副院长　孔旭辉

桂　春（至2020-12）

吴　健

田为中

朱　俊（2020-12任）

李海俊（2020-12任）

纪委书记

顾成兴

总会计师

王红扣

市中医院

院　长　王　华（至2020-12）

党委书记

王　华（至2020-12）

江义舟（2020-12任）

党委副书记

孙晓军（2020-12任）

市技师学院

院　长　殷荣安

副院长　王一平

高卫军

党委副书记

朱必森

省农科院泰州农科所

所　长　陈应柳

党委书记

陈应柳

副所长　秦晓平

陈志德

市城市建设投资集团有限公司

董事长　朱建和（至2020-06）

陈　军（2020-06任）

党委书记

朱建和（至2020-06）

陈　军（2020-06任）

总经理　吴　琥（至2020-10）

田光明（2020-10任）

副总经理

程小平

赵　进

宫建勇

陈红林

纪委书记

赵永钢（2020-03任）

市交通产业集团有限公司

董事长　许向前（至2020-10）

刘广宏（2020-10任）

党委书记

许向前（至2020-10）

刘广宏（2020-10任）

总经理　刘广宏（至2020-10）

顾鹏程（2020-10任）

副总经理

陈建华（至2020-12）

张志华

吴海明

纪委书记

翁光明（2020-03任）

市文化旅游发展集团有限公司

董事长　张爱华

党委书记

张爱华

总经理　宋　羽

副总经理

叶慧莲（女）

周　建

马文宁

攀　峰（2020-12任）

纪委书记

张爱民（2020-03任）

市金融控股集团有限公司

董事长　陈　军

党委书记

陈　军

总经理　张九龙（2020-06任）

副总经理

张九龙（至2020-06）

刘正芳

陆　波（2020-10任）

康传国（挂职）

纪委书记

夏军联（女，2020-03任）

现代农业发展集团有限公司（新成立）

董事长　张　纯（2020-12任）

党委书记

张　纯（2020-12任）

总经理　陈建华（2020-12任）

泰州市委医药高新技术产业开发区工作委员会、泰州医药高新技术产业开发区管理委员会

书　记　张小兵（至2020-12）

叶冬华（2020-12任）

主　任　孙宏建（2020-12任）

副书记　孙宏建（2020-12任）

副主任　潘爱民（女）

李金兵

王　平

纪工委书记

江福斌

副书记　顾宝林

张明俊

监察工委

主　任　江福斌

副主任　顾宝林

张明俊

人大工委

主　任　任志强

政法委书记

任志强

四级调研员

高明岗

组织部部长

葛立网

人武部部长

陆　波（至2020-10）

李苏华（2020-10任）

法院院长

胡欣荣（女）

四级调研员

谢俊义

检察院检察长

张　蓉（女）

四级调研员

朱德富

杨金霞（女）

党政办公室

主　任　赵荣林

发展改革委

主　任　朱海涛

公安分局
局　长　王　平
政　委　高　君
住房建设局
局　长　朱叶青
财政局
局　长　周同山
科技教育局
局　长　马扬光
人力资源社会保障局
局　长　王　敏
市场监管局
局　长　孙　静（女）
政务服务管理办公室
主　任　吴　诗
泰州医药高新技术产业园区管理委员会
（市委医药高新技术产业园区工作委员会）
副书记　吴　翔
副主任　吴　翔
史献辞
周继红
邓大伟（挂职）
翟霁东（挂职）
纪工委书记
徐永千
泰州经济开发区管理委员会（市委经济开发区工作委员会）
书　记　陈　磊
主　任　陈　磊
副主任　华晓明
朱桂五
蒋　鹏
二级调研员
王昌林（至2020-02）
霍雨霞（2020-07任，至2020-08）
四级调研员
周　杰
综合保税区管理委员会
主　任　陈　磊
副主任　严春荣
杨学进
高等教育园区管理委员会
书　记　葛立网
副主任　陈　正
四级调研员
丁建中
祝灯山
▲数据产业园区管理委员会
主　任　魏昌东
四级调研员
黄　亮
▲滨江工业园区管理委员会
主　任　潘小泉

·地方协管部门（单位）·

国家税务总局泰州市税务局
局　长　徐祖跃（至2020-09）
何晓华（2020-11任）
副局长　王新业（正处级）
王昌银（至2020-06）
毛祥林（至2020-06）
彭祖光（至2020-06）
邱俊华
万小春
吉秋根
纪检组长
陈　宏（女，至2020-11）
施忠华（2020-11任）
总经济师
艾永美（女）
总会计师
王平生（至2020-06）
总会计师
冯健男（至2020-06）
总经济师
李　进
督　办　徐祖跃（2020-05任）
二级高级主办
王昌银（2020-05任）
毛祥林（2020-05任）
彭祖光（2020-05任）
王平生（2020-05任）
冯健男（2020-05任）
邹　鹤（2020-05任）
三级高级主办
顾学群（2020-04任，至2020-06）
四级高级主办
金来喜
封春海
中国人民银行泰州市中心支行
行　长　李　军（至2020-11）
副行长　周晓刚（2020-11任，主持工作）
副行长　顾玉清
褚应前（女）
姚金楼
副调研员
刘艳霞
纪委书记
周宜强
中国银行业监督管理委员会泰州监管分局
局　长　胡　宏（至2020-09）
仇海华（2020-09任）
副局长　刘维民
施　靖
纪委书记
杨　光
一级调研员
胡　宏（至2020-09）
中国工商银行股份有限公司泰州分行
行　长　李　杰（至2020-11）
陈　杰(2020-11任）
党委书记
李　杰（至2020-11）
陈　杰(2020-11任）
副行长　邓　纯
于其冰
商　凯
陆正宏（至2020-03）
纪委书记
王春松
资深经理
王春荣（至2020-02）
中国建设银行股份有限公司泰州分行
行　长　缪学田
高级客户经理
闫道祥
副行长　翁　颖（至2020-10）
刘汉文
叶　军（2020-04任）
王月卉（女，挂职，至2020-04）
王士辉（挂职，至2020-07）
范德玲（女，挂职，2020-04任）
纪检组长
田振林（至2020-05）
合规官　赵　强（至2020-01）
唐海林（2020-04任）

高级专员（副处级）
翁 颖（2020–10任）
田振林（2020–05任）

中国银行股份有限公司泰州分行

行 长 王 俊（2020–03任）
纪委书记
万 泓
副行长 邵永平
石海港（至2020–03）
魏懋疆
刘 沁
申如峰（2020–03任）
高级经理
姬 海

中国农业银行泰州市分行

行 长 朱炳忠
副行长 顾俊飞
王 炜
潘丽丽（女）
党委副书记
顾俊飞
纪委书记
王峰涛

中国农业发展银行泰州市分行

行 长 徐 睿
副行长 陈履庭
肖葆华
施 扬（2020–06任）
丁 丁（女）（至2020–06）
纪委书记
陈履庭

交通银行泰州分行

行 长 吴志军
副行长 陈荣璜（至2020–04）
徐江萍（女）
束 东
陶亦涵
侯 亮
行长助理
闫国强（2020–07任）

中信银行泰州分行

行 长 黄建伟
副行长 袁志勇
宦文锋（至2020–04）
朱欣百（至2020–03）
杭 江
王 荃（2020–04任）
纪委书记
朱欣百（至2020–03）
袁志勇（2020–06任）

中国人民财产保险股份有限公司泰州市分公司

总经理 王晓文
副总经理
田 彪
许如宏
征兆同（2020–03任）
徐桂芝（2020–03任）

中国人寿保险股份有限公司泰州市分公司

总经理 许 震（至2020–05）
卞武军（2020–08任）
副总经理
赵珏云
廖卫兵
李 俊
刘智章
石宏英
纪委书记
赵珏云

中国电信股份有限公司泰州分公司

总经理 陈勇刚
副总经理
张 俊
张建齐
何 奇（至2020–09）
徐 焕
郑勇斌（2020–09任）
纪委书记
张建齐

中国邮政集团公司泰州市分公司

总经理 俞泽昕
副总经理
马兴军（女）
李 强
姜诚义（至2020–05）
杭 坚（2020–05任）
郭 权
纪委书记
郭 权

中国移动通信集团江苏有限公司泰州分公司

总经理 凌 峰
副总经理
朱 烨
总经理助理
薄 斐
姜田先
纪委书记
朱 烨
工会主席
薄 斐

中国联通有限公司泰州分公司

党委书记
陈庆荣（2020–01任）
副总经理
邵振锋
顾 炼
杨 帆
纪检组组长
郝 勇（2020–06任）

国网江苏省电力公司泰州供电公司

总经理 龙 禹（女，至2020–09）
徐春社（2020–09任）
党委书记
徐春社（至2020–09）
沈培锋（2020–09任）
党委副书记
龙 禹（女，至2020–09）
副总经理
姚 军（女）
季昆玉
胡亚山（至2020–06）
白少锋（2020–06任）
纪委书记
金岳军（至2020–12）
朱云山（2020–12任）
工会主席
胡亚山（至2020–06）
金岳军（2020–06任，至2020–12）
朱云山（2020–12任）
总会计师
王 飞
祥泰实业董事长、党委书记
范正满
二级协理
朱承志（至2020–05）
金 炎
封志宏（至2020–03）

泰州市气象局

局 长 秦士春

副局长　赵　蓓（女）
纪检组组长
聂德勇
江苏省泰州市烟草专卖局（公司）
局　长　刘　磊
总经理　刘　磊
副经理　朱玉乔
纪检组组长
刘　伟
泰州市盐务管理局（江苏省苏盐连锁有限公司泰州分公司）
局长、总经理
王　平（2020-02任）
副局长、副总经理
张惠明
赵　亮
中华人民共和国泰州海关（2018-12-28机构改革，与泰州出入境检验检疫局合并，重新组建）
关　长　庄保才（至2020-03）
徐建中（2020-03任）
副关长　刘　进（至2020-09）
高振兴
周和明
陈爱华
缉私分局局长
秦敬兵（至2020-05）
吕红星（2020-08任）
纪检组副组长
陈道亮（至2020-10）
殷律律（女，2020-10任）
驻泰兴办事处
主　任（副处级）
钱中华
副主任（副处级）
刘小平
政　委　王伟民（2020-08任）
副局长　李振国（2020-08任）
二级高级主办
崔　鸿
刘　进（2020-09任）
徐建胜（2020-09任）
三级高级主办
金长泰（2020-12任）
四级高级主办
徐利国
中华人民共和国泰州海事局
局　长　王　林
政委、党委副书记
陶东华（2020-05任）
纪委书记
陈俊杰（至2020-05）
陶东华（2020-05任）
副局长　陈建新
丁　波
景生成
江苏省泰州引江河管理处
主　任　唐荣桂（至2020-09）
姚俊琪（2020-09任）
副主任　徐　明
张桂荣
陈建标
赵林章
纪委书记
黄亚明（至2020-11）
马卫兵（2020-11任）
江苏林海动力机械集团公司（林海股份有限公司、苏美达林海有限公司）
董事长　孙　峰（兼）
党委书记
卢中华
副董事长
陈文龙（至2020-09）
常康忠（2020-09任）
袁　伟（2020-09任）
总经理　陆　莹
党委副书记
陈文龙
袁　伟
陆　莹（兼）
纪委书记
袁　伟
总工程师
高　峰（2020-09任）
副总经理
高　峰（至2020-09）
袁瑞明
袁　伟（至2020-09）
吴　俊（至2020-09）
泰州石油化工有限责任公司
总经理　韩　哲
副总经理
沈　艺（至2020-12）
宋双明
党委副书记
韩　哲
鲍阅兵（主持党委工作，2020-05任）
纪委书记
鲍阅兵
总会计师
王安宁（至2020-05）
工会主席
鲍阅兵
四级协理员
沈　艺（2020-12任）
中国石化销售有限公司江苏泰州石油分公司
经　理　刘照江（至2020-03）
吴建斌（2020-03任）
副经理　刘照江
黄晓梅（女）
周家俊
李　松（2020-08任）
纪委书记
刘照江（至2020-03）
黄晓梅（女，2020-03任）
国电泰州发电有限公司
董事长　刁保圣（2020-12任）
总经理　陈旭伟（至2020-09）
蒋欣军（2020-12任）
党委书记
高瑞斌（至2020-12）
刁保圣（2020-12任）
党委副书记
陈旭伟（至2020-09）
蒋欣军（2020-12任）
副总经理
高瑞斌（至2020-12）
侯海宏
王　强
于修林（2020-12任）
纪委书记
顾贤根
工会主席
王　强
总会计师
卢　迅（女，至2020-12）
王　祥（2020-12任）
总工程师
陈宏伟（2020-03任）
国家统计局泰州调查队
队　长　申炳龙
副队长　朱瑞华

仲庆国
纪检组组长
顾德富（至2020–11）
陈 超（女，2020–11任）
一级调研员
申炳龙
二级调研员
李 越（女）

江苏泰州农村商业银行股份有限公司

董事长 赵 波
行 长 华 飞
党委书记
赵 波
党委副书记
华 飞
孔令平（2020–11任）
监事长 姜跃华（女，至2020–11）
童雪松（2020–11任）
副行长 张 杰（至2020–11）
丁 胜
张青海
周 伟（2020–11任）
纪委书记
童雪松（2020–11任）

省信用再担保公司泰州分公司

总经理 许 正
副总经理
房健康
党支部副书记
房健康
丁 静（女，2020–08任）

中国铁塔股份有限公司泰州市分公司

总经理 丁 静（至2020–07）
叶 路（2020–07任）
副总经理
张庆明
蒋小勇
纪委书记
张庆明

泰州市邮政管理局

党组书记
王乐勤（2020–07任）
副局长 周 军（至2020–05）
王宏标（2020–05任）
纪检组组长
周 军（至2020–05）
王宏标（2020–05任）

·政协泰州市委员会·

主 席 卢佩民
副主席 黄立红（女）
奚爱国
蔡德熙（至2020–01）
陆晓声
缪云忠
王金国
颜忠林
刘汉秋
赵 叶（2020–01任）
党组书记
卢佩民
党组副书记
蔡德熙（至2020–01）
陆晓声（2020–06任）
秘书长 刘建邦
副秘书长
吴建华
徐国平
徐洪涛（至2020–06）
朱建和（2020–06任）
徐 强（2020–06任）

市政协办公室、各专门委员会

办公室

主 任 刘建邦
副主任 徐 强（至2020–06）
李春寅
季 平（2020–06任）
二级巡视员
刘建邦
二级调研员
钱跃明
四级调研员
王秀华

提案委员会

主 任 王 林
副主任 陈 铭（女）

学习文史联络委员会

主 任 申俊才
副主任 李 良
郭 健

经济科技委员会

主 任 丁亚明
副主任 樊宝剑

文教卫体委员会

主 任 蒋建华（至2020–08）
任国平（2020–10任）
副主任 许 佳（至2020–08）
黄红华（女）
徐 龙（2020–08任）

社会法制委员会

主 任 徐国平
副主任 丁 旭

城乡建设委员会

主 任 徐朝铭
副主任 钱跃明（至2020–07）

港澳台侨委员会

主 任 顾永伯
副主任 徐学存

·纪委监委·

中共泰州市纪律检查委员会

书 记 汤成快
副书记 王海波
丁 斌
常 委 汤成快
王海波
丁 斌
王中庆（女）
于 庆
肖志勇
田春荣
朱云桦（女）

泰州市监察委员会

主 任 汤成快
副主任 王海波
丁 斌
委 员 汤成快
王海波
丁 斌
于 庆
肖志勇
田春荣
丁军青

纪委监委工作部门

办公室主任
朱云桦（女）
组织部部长
黎大春（2020–06任）

宣传部部长
黄泽南
法规研究室主任
蒋 曦
党风政风监督室主任
彭 飞
信访室主任
刘 禅
案件监督管理室主任
朱 征（女）
第二审查调查室主任
常 军
第四审查调查室主任
胡日华
第五审查调查室主任
郁艳清（女）
第六审查调查室主任
戴小俊
第七审查调查室主任
杨小慧（女，2020-12任）
第八审查调查室主任
刘晓昕
监督审查技术室主任
陈咏梅
案件审理室主任
张国胜
纪检监察干部监督室主任
董建国
二级调研员
栾建中（2020-08任）
刘金发（2020-08任）
陆铁宏（2020-08任）
汤日宏（2020-12任）
汤 波（2020-12任）
第一派驻纪检组
组 长 王德太
第四派驻纪检组
组 长 凌云志
第五派驻纪检组
组 长 包继春
第七派驻纪检组
组 长 殷宏俊
第八派驻纪检监察组
副组长 周惠明
第九派驻纪检组
组 长 王明华
第十派驻纪检组
组 长 张谦恒
第十一派驻纪检组
组 长 王卫兵
第十二派驻纪检组
组 长 张建强
第十四派驻纪检组
组 长 顾宏伟（女）
第十五派驻纪检组
组 长 陆彩鸣
第十六派驻纪检组
组 长 杨基全
第十七派驻纪检组
组 长 王 蕾（女）
第十八派驻纪检组
组 长 史 卫
第十九派驻纪检组
组 长 朱马鸿
第二十派驻纪检组
组 长 顾贤卫
第二十一派驻纪检组
组 长 曹洪春

·法院 检察院·

泰州市中级人民法院
院 长 徐 军
副院长 纪阿林
冯 毅
宋亚平
陈卫兵
殷继东（2020-10任）
政治部主任
刘 瑛（女）
审判委员会专职委员
丁正明
陈富贵
执行局局长
丁明霞（女）
四级调研员
刁志华
张 军
三级高级法官
任晓龙
瞿廷颖
四级高级法官助理
吴 军
田志友
王家太

泰州市人民检察院
检察长 李 军
丁海涛（2020-06任）
副检察长
何建明
苍月岚
陆红梅（女）
邹云翔
蔡红卫
政治部主任
陈海峰
检查委员会专职委员
华为民
刘 贵
三级高级检察官
洪 春
四级高级检察官助理
彭国栋
周美华
四级调研员
刘 军

·民主党派 工商联·

中国国民党革命委员会泰州市委员会
主任委员
奚爱国
副主任委员
童 宁（女，兼）
夏道忠（女）
中国民主同盟泰州市委员会
主任委员
臧大存
副主任委员
王晓洪（女，兼）
徐兴海（兼）
戴金龙
中国民主建国会泰州市委员会
主任委员
卞赋章
副主任委员
薛晨光（兼）
杨延慧（女，兼）
殷红兰（女）

中国农工民主党泰州市委员会
主任委员
黄立红（女）
副主任委员
王　涓（女，兼）
高军业（兼）
汪正九（兼）
杨芙蓉（女）
九三学社泰州市委员会
主任委员
徐小芳（女）
副主任委员
洪　澄（兼）
卞新峰（兼）
袁　强（兼）
四级调研员
魏友圣

·群众团体·

市总工会
主　席　曹卫东（至2020–07）
邹祥凤（女，2020–08任）
党组书记
马雅斐（女）
副主席　马雅斐（女）
邱　健（女）
朱秀宏
李　楠（挂职）
韩金虎（兼职）
张冬梅（女，兼职）
二级调研员
杨世民（2020–08任）
三级调研员
张　霖（2020–07任）
四级调研员
杨小敏
共青团泰州市委员会
书　记　翟文周
副书记　唐　晶（女，至2020–12）
贺　骏
张鹏飞（2020–12任）
朱　杰（兼职）
鞠　鑫（兼职）
曹　承（2020–12任）
市妇女联合会
主　席　黄海燕（女）
副主席　黄云平（女）
唐银华（女）
李　燕
朱　尧（女，挂职，至2020–08）
陈燕萍（女，兼职）
张海霞（女，兼职）
四级调研员
吴秋娣（女）
董赛昭（女）
市文学艺术界联合会
主　席　刘仁前（至2020–12）
庞余亮（2020–12任）
副主席　王树桃
万　琳（女，兼）
冯晨光（兼）
刘亚华（兼）
曹家为（兼）
温潘亚（兼）
翟　明（兼）
二级巡视员
刘仁前（2020–10任）
四级调研员
谢翠竹
市科学技术协会
主　席　杨国华
副主席　谷少平
李　进
朱　莉（女，兼）
朱善元（兼）
罗　进（女，兼）
周建超（兼）
黄文军（兼）
董元华（兼）
二级调研员
朱红灿
四级调研员
姚洪生
陈　波
市哲学社会科学界联合会
主　席　张　涛
副主席　窦立成
曹宝林
张　群
陈方根（兼）
贾　拓（兼）
郭宁生（兼）
王　龙（兼）
魏桂军（兼）
市归国华侨联合会
主　席　蔡吉圣（至2020–12）
吉江平（女，2020–12任）
副主席　吴　焱（女）
陈　妍（女，兼）
宗义正（兼）
一级调研员
蔡吉圣
四级调研员
宗　斌
市残疾人联合会
名誉主席
卢佩民
主　席　陈明冠
副主席　奚爱国
周天云
栾　斌
王明根
叶海波
蔡德熙
徐洪涛
封红年
理事长　栾　斌
副理事长
赵幼林（至2020–12）
薛明生
封红年
四级调研员
蒋金林
窦国荣
朱于才
市红十字会
会　长　王学锋（女）
党组书记
缪俊豪
副会长　缪俊豪
梅有宏
李进强
兼职副会长
刘宏鸣
王海波
徐洪涛
刘建邦
张　涛
王晓梅（女）
孙　平

叶跃华

市工商业联合会（挂"泰州商会"牌子）

主　席　刘汉秋（女）

党组书记

戴庆柳（至2020–12）

蔡秋云（2020–12任）

副主席　戴庆柳（兼）

卢均一

刘春堂

于　勇

郑红卫（兼）

殷爱国（兼）

戴香玲（女，兼）

赵　良（兼）

徐　杰（兼）

葛江宏（兼）

秦伯进（兼）

陈　杰（兼）

吕　麟（兼）

徐丽琴（女，兼）

杨屹峰（兼）

李焕军（兼）

王正宇（兼）

龚朝晖（兼）

·学校·

泰州职业技术学院

党委书记

陈士宏

院　长　徐庆国

党委副书记

徐庆国

钟文乐

副院长　綦博华

陈红秋

陈　芷（女）

纪委书记

黄建平

泰州学院

党委书记

赵茂程

院　长　徐向明

党委副书记

徐向明

邓友祥

王美林

副院长　王美林

张曙光

周建超

赵云燕（女）

鲁学军

纪委书记

吴　菁（女）

江苏农牧科技职业学院

党委书记

何正东

院　长　朱善元

党委副书记

朱善元

蒋春茂

副院长　郑　义（女）

朱国奉

刘俊栋

纪委书记

毕德全

江苏省泰州中学

校　长　封留才

党委书记

封留才

副校长　季新明（至2020–08）

夏淑萍（女）

蔡长春

陆　瑢（女）

许志勤（2020–08任）

▲江苏省口岸中学

校　长　丁　骏（至2020–08）

朱　尧（2020–08任）

▲泰州机电高等职业技术学校

校　长　翁光明

·市（区）·

靖江市

中共靖江市委员会

书　记　赵　叶（至2020–06）

张长平（2020–06任）

副书记　陈锋剑

赵国庆（至2020–12）

常　委　张长平

陈锋剑

何卫东

王　权

包国芳（女）

申晓勇

潘企根

沈南松

史骥涛

罗晓东

靖江市人大常委会

主　任　尤　红

副主任　丁少华

黄文龙

叶丽华（女）

季士发

靖江市人民政府

市　长　陈锋剑

副市长　沈南松

周如勇（至2020–06）

邵春宁（女）

曹　祥（2020–06任）

姚东辉

赵建国

张佳炜

张　昆（挂职）

潘政宗（挂职，至2020–12）

于　政

王　瑾（女，挂职，2020–06任）

政协靖江市委员会

主　席　范　敏（女）

副主席　毛雨华

庞余亮

王绍斌

李建新

中共靖江市纪律检查委员会、靖江市监察委员会

书记、主任

王　权

靖江市人民法院

院　长　许　飞

靖江市人民检察院

检察长　刘　贵（至2020–01）

钱　飞（2020–01任）

泰兴市

中共泰兴市委员会

书　记　张　坤

副书记　刘文荣

张红霞（女）

常　委　刘　辉

夏万云

谢红官
张　军
王　亮（女）
吉　勇
冯海镛
王建武

泰兴市人大常委会

主　任　刘荣华
副主任　王中先
王晓云（女）
王长健

泰兴市人民政府

代市长　刘文荣
副市长　刘　辉
谢红官
李双山
焦国庆
秦　娟（女）
殷海成
惠　星
孙红东

政协泰兴市委员会

主　席　徐闻仲
副主席　周桂香（女）
薛晨光
刘　建
顾爱军

中共泰兴市纪律检查委员会、泰兴市监察委员会

书记、主任
夏万云

泰兴市人民法院

院　长　杨旭波

泰兴市人民检察院

检察长　吴文彬

兴化市

中共兴化市委员会

书　记　叶冬华（至2020–12）
方　捷（2020–12任）
副书记　方　捷（至2020–12）
葛志晖（至2020–12）
王英俊（2020–12任）
徐立华（2020–12任）
常　委　徐立华（至2020–12）
马元连
刘春龙
李　蓓（女）
金永忠
张海林
常东海
夏爱东（2020–12任）
刘　洪（2020–12任）

兴化市人大常务委员会

主　任　吉天鹏
副主任　翟云峰
邓志方（女）
余建年
常传林

兴化市人民政府

市　长　方　捷
副市长　王英俊（2020–06任）
徐立华
丁春华
朱学林（至2020–06）
刁德林（2020–06任）
刘汉梅（女）
沈德才
刘　忠
牛世杰
周　斌（至2020–10）
崔　恒（至2020–10）
孙玲玲（女，2020–10任）

政协兴化市委员会

主　席　沙顺喜
副主席　邹祥龙
丁永明
吴海盈
王福全
刘玲洁（女，2020–01任）

中共兴化市纪律检查委员会、兴化市监察委员会

书记、主任
金永忠

兴化市人民法院

院　长　张　伟

兴化市人民检察院

检察长　张红成

海陵区

中共泰州市海陵区委员会

书　记　孙　群（2020–06任）
副书记　孙　群（至2020–06）
刘剑波（2020–06任）
丁和扣（2020–06任，至2020–12）
殷　俊（2020–06任，挂职）
张兆洋（至2020–06）
常　委　丁和扣（至2020–06）
刘　玲（女，至2020–12）
仲春瑞
陆宝存
徐志仑
刘　燕（女）
肖　云
杭绘东
王健军（2020–10任）

泰州市海陵区人大常委会

主　任　崔国庆
副主任　罗建群（女，至2020–01）
窦国钧
周晓晔
吴国余

泰州市海陵区人民政府

区　长　孙　群（至2020–06）
代区长　刘剑波（2020–06任）
副区长　刘剑波（2020–06任）
丁和扣（至2020–06）
殷　俊（挂职，2020–06任）
刘　燕（女，2020–06任）
孙佳玲（女）
费志民
周海霞（女）
肖六林
袁金刚
张　杰（挂职）

政协泰州市海陵区委员会

主　席　季玉平
副主席　朱爱俊（女）
张怀德
周宏林
周来荣
刘金桂

中共泰州市海陵区纪律检查委员会、海陵区监察委员会

书　记　陆宝存

泰州市海陵区人民法院

院　长　蒋　蓓（女）

泰州市海陵区人民检察院

检察长　申玉军

高港区

中共泰州市高港区委员会

书　记　叶冬华（2020-12任）
副书记　孙宏建
　　　　蒋向荣（至2020-12）
常　委　叶冬华（2020-12任）
　　　　孙宏建
　　　　蒋向荣（至2020-12）
　　　　高宇彤（女，至2020-12）
　　　　吴　斌
　　　　陈志斌
　　　　张汉刚
　　　　蔡秋云（女，至2020-12）
　　　　顾为进
　　　　李春荣（援疆）
　　　　夏万云
　　　　李　丹

泰州市高港区人大常委会

主　任　赵晓玲（女）
副主任　刘振东
　　　　杨春宣
　　　　李　强
　　　　田宝武

泰州市高港区人民政府

区　长　孙宏建
副区长　吴　斌
　　　　张汉刚
　　　　李新美（女）
　　　　杨益华（至2020-09）
　　　　刘　洪
　　　　王　庆
　　　　王晓云（挂职）
　　　　贺　骏（挂职，2020-07任）

政协泰州市高港区委员会

主　席　韩　亚（至2020-01）
　　　　薛永忠（2020-01任）
副主席　周法鸣
　　　　徐桂明
　　　　周正青（援陕）
　　　　张　琴（女）
　　　　殷继东

中共泰州市高港区纪律检查委员会、高港区监察委员会

书　记　夏万云
主　任　薛永忠（至2020-01）
　　　　夏万云（2020-01任）

泰州市高港区人民法院

院　长　李惠平（女）

泰州市高港区人民检察院

检察长　钱　峻

姜堰区

中共泰州市姜堰区委员会

书　记　李文飙（至2020-08）
　　　　方　针（2020-08任）
副书记　方　针（至2020-08）
　　　　孙靓靓（女）
　　　　薛金林（2020-10任）
常　委　李文飙（至2020-08）
　　　　方　针
　　　　孙靓靓（女）
　　　　薛金林
　　　　邓　肯
　　　　盛育河
　　　　孔令明（至2020-06）
　　　　王国祥
　　　　王荣明
　　　　顾鹏程（至2020-10）
　　　　钱　军（2020-06任）
　　　　毛戴军（2020-06任）

泰州市姜堰区人大常委会

主　任　申泰州（至2020-01）
　　　　钱　娟（女，2020-01任）
副主任　钱拥军
　　　　汤文林
　　　　秦永金
　　　　周　谅

泰州市姜堰区人民政府

区　长　方　针（至2020-08）
代区长　孙靓靓（女，2020-08任）
副区长　孙靓靓（女，2020-08任）
　　　　钱　军（2020-06任）
　　　　王　萍（女）
　　　　曹　祥（至2020-06）
　　　　郑长进
　　　　花再鹏
　　　　杨　剑（挂职，至2020-08）
　　　　章惠明
　　　　孙　峰（2020-06任）
　　　　魏杰钢（2020-06任，挂职）
　　　　孙宏翠（女，2020-08任，挂职）

政协泰州市姜堰区委员会

主　席　钱　娟（女，至2020-01）
　　　　戴兆平（2020-01任）
副主席　黄健全
　　　　夏彩霞（女）
　　　　陈文德
　　　　花庆如（至2020-01）
　　　　李新荣（女）
　　　　陈中华（2020-01任）

中共泰州市姜堰区纪律检查委员会、姜堰区监察委员会

书记、主任
　　　　王国祥

泰州市姜堰区人民法院

院　长　卢爱华（女）

泰州市姜堰区人民检察院

检察长　孔维俊

注　加"▲"的为副处级机构

（市委组织部　供）

重要文献摘要

"十四五"发展规划和2035年远景目标

第一章 深入践行"争当表率、争做示范、走在前列"新使命 奋力谱写"强富美高"建设新篇章

总体要求

（一）指导思想

高举中国特色社会主义伟大旗帜，贯彻党的十九大和十九届二中、三中、四中、五中全会精神，坚持以习近平新时代中国特色社会主义思想为指导，全面贯彻党的基本理论、基本路线、基本方略，落实习近平总书记对江苏工作重要讲话指示精神，统筹推进"五位一体"总体布局，协调推进"四个全面"战略布局，紧扣"强富美高"总目标，聚焦"争当表率、争做示范、走在前列"新使命新要求，锚定"一高两强三突出"目标路径，坚定不移贯彻新发展理念，坚持稳中求进工作总基调，以推动高质量发展为主题，以深化供给侧结构性改革为主线，以改革创新为根本动力，以满足人民日益增长的美好生活需要为根本目的，统筹发展和安全，加快建设现代化经济体系，擦亮"健康名城、幸福泰州"城市名片，全力打造令人向往的"幸福水天堂"、崛起中部的产业增长极。

"十四五"时期，要围绕省委明确的"泰州要彰显江海文化的底蕴与自信，全力打造令人向往的'幸福水天堂'、崛起中部的产业增长极"新要求，聚焦"健康名城、幸福泰州"城市名片，坚持做强产业、做强城市不动摇，进一步延展拓宽"四个名城"内涵，建设"五个泰州"。

——建设国内一流、世界有名的健康泰州。放大先进制造业基地优势，加快传统产业装备升级、数字赋能，前瞻布局新经济，培育具有泰州特色的先进制造业集群，实现"制造基地"向"智造之城"的升级嬗变。强化"中国医药城就是泰州，泰州就是中国医药城"意识，坚持医药健康产业"一业牵引"，将健康理念融入发展全局，全力做强医药地标产业，推动"药医养食游"融合发展，统筹推动健康产业、健康事业、健康城市、健康生活互动并进，使大健康成为最具特色的城市名片。

——建设创新引领、要素集聚的活力泰州。弘扬改革创新精神，注重错位发展、以特取胜，坚持有所为、有所不为，推进特色产业、重点领域集成创新，扩大双向开放，积极融入新发展格局，打响泰州品牌、彰显泰州特色、激发泰州活力。优化以人才为核心的创新创业生态，深化青年和人才友好型城市建设，营造高品质生活环境。对标国际化高标准，打造一流营商环境，加快提升城市软实力，吸引更多高端要素、新兴资源和年轻人才向泰州汇聚，努力成为长三角地区低成本创业、高品质生活的创新创业吉祥地。

——建设接沪连宁、跨江融合的枢纽泰州。放大江苏地理中心、长三角中轴区位优势，加快形成接沪连宁、融入苏南，联通浙鲁、辐射内陆的十字高铁枢纽，成为"轨道上的长三角"重要节点。推动高质量跨江融合发展，深化港城联动、跨江联动、江海联动，加快市域一体化进程，推动"市区一体、两区融合、三泰同城"，完善都市区空间格局，全力打造长三角核心区中轴枢纽城市。

——建设绿色宜居、水韵诗画的美丽泰州。坚持生态优先、绿色发展，以美丽宜居城市和美丽田园乡村建设为抓手，以大江风光带、生态经济带、水乡风情带为主体，持续提升城市形象和能级，统筹推进农村环境整治，打造健康吉祥、清新自然的水城水乡特质，让三水汇聚、城水相融成为泰州"颜值担当"。彰显江海文化的底蕴与自信，放大历史文化名城效应，注重延续城市文脉，保留历史记忆，维护自然风光和人居风貌，彰显人文特色之美，建设更具魅力、美丽宜居的人文水乡、生态花园，绘就美丽中国建设的泰州画卷。

——建设人民富足、安定祥和的幸福泰州。牢固树立以人民为中心的发展思想，聚焦群众普遍关心关注的民生问题，形成更为完备的城市功能，发展更为优质的社会事业，提供更为贴心的民生服务，营造更为吉祥平安的生活环境，健全更为高效的现代治理体系，塑造泰州特色系列民生品牌，提升公共服务供给品质，把人民群众的获得感幸福感安全感作为重要的政绩标准，打造令人向往的"幸福水天堂"。

（二）基本原则

——必须更加自觉地坚持党的全面领导。更好发挥党总揽全局、协调各方作用，完善上下贯通、执行有力的组织体系，不断提高贯彻新发展理念的能力水平，加快把党的政治优势、制度优势转化为发展优势、治理优势。

——必须更加深入地践行以人民为中心的发展思想。坚持人民主体地位，坚持共同富裕方向，把依靠人民、造福人民、植根人民转化为行动，激发广大群众的积极性、主动性、创造性，促进社会公平，增进民生福祉，不断实现人民对美好生活的向往。

——必须更加坚定地把握稳中求进工作总基调。把稳中求进重要原则贯穿经济社会发展全过程和各领域，在坚守稳定、安全、廉政、生态四条底线的前提下放手发展，在现代化建设

新征程上比学赶超，在质量变革、效率变革、动力变革中释放活力，实现更高质量、更有效率、更加公平、更可持续、更为安全的发展。

——必须更加主动地融入新发展格局。坚持开放融合发展思路不动摇，在接沪连宁上更主动，在跨江融合上快突破，在区域协同上求实效，在优化营商环境上下功夫，更大力度深化供给侧结构性改革，不断提升现代流通体系硬件和软件建设水平，更好融入国内国际双循环。

——必须更加牢固地树立系统观念。自觉遵循经济社会发展规律，全面系统辩证地看问题、做决策、抓工作，把扬优势和补短板更好结合起来，把有效市场和有为政府更好结合起来，把促发展和防风险更好结合起来，充分调动各方面积极性，全面协调推动各领域工作和社会主义现代化建设，实现发展质量、结构、规模、速度、效益、安全相统一。

（三）"十四五"经济社会发展目标

按照二〇三五年远景目标的阶段性部署安排，"十四五"时期，泰州经济社会发展的总体目标是："争当表率、争做示范、走在前列"取得阶段性重大成果，"强富美高"新泰州建设迈上更高台阶，社会主义现代化建设新征程取得良好开局。

——经济高质量发展取得新成效。全市地区生产总值达7000亿元，人均地区生产总值提前突破2万美元，力争达15万元，达到中等发达国家水平。制造强市建设水平明显提升，制造业加快向高端化、智能化、绿色化、服务化迈进，产业基础高级化、产业链现代化水平明显提高。国家创新型试点城市建设不断深化，以科技创新为核心的全面创新深入推进，企业创新能力、发展能级全面提升，区域创业创新体系更趋完善，全社会研发经费支出占地区生产总值的比重提高到2.8%，高新技术产业产值占规模以上工业产值比重达48%。经济结构更加优化，现代服务业不断升级壮大，农业现代化取得新进展。投资效率明显上升，消费贡献不断提高。全市发展态势和成效力争跻身全省第一方阵，成为江苏高质量发展的重要增长极。

——民生福祉达到新水平。居民收入增长和经济增长基本同步，全体居民人均可支配收入提高到55000元左右，中等收入群体比重明显提高，低收入群体增收长效机制基本建立。就业更加充分更有质量，城镇调查失业率控制在5%以内。教育强市建设取得重大进展，高等教育毛入学率达65%。高质量的卫生健康体系基本建成，多层次社会保障体系、多元化养老服务体系更加完善，人民群众"衣食住行康育娱"水平显著提升，群众获得感幸福感安全感保持全省前列，"幸福水天堂"更加可见可感。

——城乡融合发展迈出新步伐。城乡融合发展体制机制和政策体系基本健全，形成一批具有泰州特色的城乡融合模式。以交通为重点的现代基础设施体系不断完善，城市区位优势、综合承载能力和集聚辐射能力显著增强。国土空间布局进一步优化，中心城市功能品质和首位度明显提升，"一核三极三城"新格局加快实现，打造青年和人才友好型城市。市域一体化发展水平有效提升，城镇体系更加合理，跨江融合、区域联动发展格局加速形成。城乡人居环境达到全省一流水平。

——美丽泰州建设展现新特色。生态环境治理体系和治理能力现代化取得重要突破，资源能源利用集约高效，生态环境质量明显改善，生态产品供给水平稳步提高，绿色经济发展活力持续增强，美丽宜居城市和美丽田园乡村建设成效明显，大江风光带、生态经济带、水乡风情带交相辉映，以水秀城、以绿美城、以文润城、以业兴城的水城水乡人文特色进一步彰显，加快绘就美丽中国建设的泰州画卷。

——社会文明程度得到新提高。社会主义核心价值观深入人心，全市人民思想道德素质、科学文化素质和身心健康素质明显提高，公共文化服务提质增效，文化产业成为支柱产业，文化品牌和文化标识更加彰显，人民精神文化生活日益丰富，文化强市建设实现新跃升，泰州文化创造力、传播力、影响力不断增强。社会文明程度测评指数90以上，力争全域创成全国文明城市群。

——改革开放形成新优势。重点领域改革形成特色品牌，金融支持产业转型升级优势进一步彰显，营商环境显著改善。开放型经济质量和水平持续提升，开发园区成为创新驱动发展的先行区、全方位高水平对外开放的示范区，陆海内外联动、东西双向互济的开放格局加快建立，与"一带一路"沿线国家和地区合作深入推进，初步建成长江经济带、长三角地区辐射带动力强，集贸易、投融资、生产和服务网络为一体的区域性中心城市。

——市域治理体系和治理能力现代化实现新突破。市域治理制度体系更加完善，社会主义民主法治更加健全，社会公平正义进一步彰显，政府行政效率和公信力显著提升，社会治理特别是基层治理水平明显提高，防范和化解重大风险体制机制不断健全，突发公共事件应急能力全面增强，防灾抗灾救灾能力明显提升，发展安全保障更加有力，制度优势更好转化为治理效能，打造长三角地区"最具安全感"城市。

泰州市"十四五"经济社会发展主要指标

表54

类别	指标	2025年目标	年均增速	属性
经济强	地区生产总值（亿元）	7000	5.5	预期性
	一般公共预算收入（亿元）	500以上	5.8	预期性
	累计实现外贸进出口额（亿美元）	[700]		预期性

续表54

类别	指标		2025年目标	年均增速	属性
经济强	累计实际利用外资（亿美元）		[100]		预期性
	全员劳动生产率（万元）		26.4		预期性
	研发经费支出占地区生产总值比重（%）		2.8		预期性
	科技进步贡献率（%）		68		预期性
	万人发明专利拥有量（件）		25		预期性
	制造业	制造业增加值占地区生产总值比重（%）	41		预期性
		三大先进制造业产值占规模以上工业产值比重（%）	70		预期性
	高新技术产业产值占规模以上工业产值比重（%）		48		预期性
	绿色优质农产品比重（%）		93		预期性
	常住人口城镇化率（%）		73		预期性
百姓富	居民收入	居民人均可支配收入增长（%）	—	6	预期性
		城乡居民收入比	2以内		预期性
	城镇调查失业率（%）		5以内		预期性
	人均预期寿命（岁）		78.6		预期性
	每千人口拥有执业（助理）医师数（人）		3.5		预期性
	城乡基本养老保险参保缴费率（%）		92以上		预期性
	每千人口拥有3岁以下婴幼儿托位数（个）		1.9		预期性
	接受上门服务的居家老年人数占比（%）		15		预期性
环境美	单位地区生产总值能源消耗降低（%）		完成省定目标		约束性
	单位地区生产总值二氧化碳排放降低（%）		完成省定目标		约束性
	空气质量优良天数比例（%）		完成省定目标		约束性
	地表水省考以上断面水质达到或优于Ⅲ类比例（%）		完成省定目标		约束性
	林木覆盖率（%）		25以上		约束性
社会文明程度高	高等教育毛入学率（%）		65		预期性
	劳动年龄人口平均受教育年限（年）		12		约束性
	法治建设满意度		90以上		预期性
	社会文明程度测评指数		90以上		预期性
安全保障	耕地保有量（万亩）		完成省定目标		约束性
	粮食综合生产能力（万吨）		285		约束性
	生产安全事故起数和死亡人数下降（%）		[20]		约束性
	公众安全感（%）		92以上		预期性

注：[ ]内为五年累计数

第二章 突出健康引领 建设特色鲜明的现代产业强市

突出产业强市、特色发展，突出项目为王、质量至上，加快构建以大健康产业为引领、三大先进制造业为支撑的现代产业体系，做强做优实体经济，推动经济转型升级、产业结构优化，深度融入双循环新发展格局，打造江苏崛起中部的产业增长极。

第一节 建设独具优势的健康名城

深化长江经济带大健康产业集聚发展试点，把健康理念融入经济社会发展全局，构建健康产业、健康环境、健康服务、健康生活、健康保障五大体系，在推进大健康产业集聚发展上争当表率，加快建设促进健康、服务健康、体验健康的幸福之城。

构建富有特色的大健康产业体系。统筹布局全市大健康产业，构建以医药高新区（高港区）为核心，里下河生态经济示范区和沿江健康制造板块为两翼，一批大健康产业园区和特色小镇（街区）为支点的“1+2+N”大健康产业空间布局。以医药制造为支撑，拓展产业链、完善创新链、延伸服务链，发展壮大医药、特医食品、保健品等健康制造业规模，围绕精准医疗、健康疗养、健康食品、健康旅游等重点领域，加快形成“药医养食游”融合发展的大健康产业链。

专栏1 大健康融合发展产业链

精准医疗：推进“医+诊”融合，强化前沿医疗技术研发与医学转化应用，建立特色医学中心和健康物联网中心，引进培育一批专业性特色诊疗、健康管理、医学美容等机构，建设国际精准健康中心。

健康疗养：推进“医+养”融合，开发中高端养老服务市场，发展慢性病疗养、老年病疗养、骨伤康复和职业病疗养等服务业态，打造长三角健康疗养基地。

健康食品：推进“食+养”融合，依托本土优质农产品和中药材资源，开发系列绿色食品、营养保健品和特医食品，构建健康食品精深加工全产业链，打造国家级健康食品产业园。

健康旅游：推进“医+游”“养+游”“食+游”融合，依托文旅美食资源和良好生态环境，开展特色健康养生旅游节庆活动，开发一批中医药健康旅游产品和旅游线路，建设高品质健康旅游城市。

擦亮中国医药城名片。坚持“国内一流、世界有名”定位，强化“中国医药城就是泰州，泰州就是中国医药城”意识，建立市委主要负责同志抓医药产业集群发展机制，推动各市（区）和医药高新区（高港区）高度联动、错位发展、优势互补，真正举全市之力建设中国医药城，打造鲜明地标产业。坚持以产业化为方向，推进链式发展，打造创新功能更强、要素配置更优的产业生态体系，形成中国医药城产业化发展新路径。组建大健康产业领域创新战略联盟，建立以长三角大健康产业研究院和国家医药健康产业创新中心、中国（泰州）健康医疗大数据中心为主体的“一院两中心”科创平台。开展大健康领域区域合作，深化两岸医药健康产业合作共建，吸引国际知名大健康企业落户。建设国际精准健康中心，高质量办好中国（泰州）国际医药博览会。

开展健康城市创建。加强健康产业发展与健康城市建设有机衔接，开展健康城市最佳实践奖创建，持续推动健康名城建设“八大行动”，营造健康环境，培育健康人群，完善健康保障。创建一批健康社区、健康企业、健康学校，兴建一批健康公园、健康小屋、健康步道，倡导健康运动，引领健康理念，注重健康促进，不断提高市民健康素养和生活质量。

专栏2 健康名城建设“八大行动”

医药高新区“二次创业行动”、健康环境优化提升行动、特色医疗发展行动、健康养老品质提升行动、食品产业绿色安全行动、全民健身行动、健康文化培植行动、健康人群培育行动。

第二节 打造特色鲜明的制造强市

实施制造强市行动，推进产业基础高级化、产业链现代化，加快构建具有较强竞争力的现代产业集群，建设长三角先进制造业基地。

打造三大先进制造业集群。聚焦医药、高端装备和高技术船舶、化工及新材料三大先进制造业集群，突出关键核心环节，强化新产品新技术攻关突破、试点示范和推广应用，力争到2025年三大先进制造业产值达6500亿元。

——突出做大做强医药产业集群。以医药高新区（高港区）为核心区，以全市龙头骨干企业为载体，发挥医药健康产业基金撬动作用，坚持化学创新药与高端仿制药并重，加强医药公共服务平台建设，不断巩固化学药领先优势，打造原料药集中生产基地；加强经典名方和中药新药开发，持续推进中药现代化、国际化；统筹推进疫苗、抗体药、特医食品、药用化妆品、新型医疗器械等发展，建设全国疫苗产业集聚区，建成全国抗体药和体外诊断试剂产业高地，领跑全国特医食品产业。到2025年医药产业产值达2500亿元。

——提升高端装备和高技术船舶产业集群。以沿江板块为载体，提高高技术、高附加值“两高”船型研发建造和精益造船水平，提升船舶关键设备配套能力；依托泰州汽车科技产业园，加快核心零部件项目集聚，突破整车综合控制、电机电控等关键技术，引导零部件企业向部件总成方向发展，培育大型汽配企业集团；发展新能源、节能环保、航空结构件、应急装备等产业链，打造长三角高端装备产业基地。到2025年高端装备和高技术船舶产业产值达2000亿元。

——做精做优化工及新材料产业集群。依托泰兴经济开发区，推动基础化工向高端精细化学品发展，延伸发展战略新材料、日用化学品，打造世界级精细化学品产业基地。依托滨江工业园区，加快中海油气二期项目建设，推动石油化工产业向高端润滑油和高端聚烯烃等方向发展，打造特色石化产业基地。到2025年化工及新材料产业产值达2000亿元。

提升产业链现代化水平。突出三大先进制造业集群，重点围绕生物医药和新型医疗器械、精细化工、高技术船舶、汽车及零部件、石油化工、新能源等优势产业和重点行业，递进培育一批重点产业链，打造一批具有较强竞争力和行业主导力的领军企业、“链主企业”和单项冠军企业。建立市领导挂钩联系重点产业链制度，搭建重点行业产业链供需对接平台，提高区域协作能力，大幅提高产业技术自给率和安全性。对标行业先进水平，依托重点产业链，优先建设国家级和省级产业创新中心、技术创新中心、制造业创新中心，推动建立以龙头企业为牵引，骨干企业为支撑，关键零部件企业、科研院所、检测机构、设计研发机构等多方共同参与的产业生态联盟。以集群内产业生态为基础，强化产业链建设服务功能，推进产业链供应链协同发展，努力构建竞争实力和创新能力达到国内一流、国际先进水平的卓越产业链。

实施制造强基“五大行动”。加快突破核心基础零部件（元器件）、关键基础材料、先进基础工艺、产业技术基础和基础软件等“五基”领域薄弱环节，提高中小企业“专精特新”水平，培育一批创新型龙头企业集群。推进优势传统产业智能化、绿色化、服务化改造，提升安全环保和质量标准水平。培大育强优势企业，支持企业兼并重组，加快淘汰落后产能，推动僵尸企业有序出清，促进新旧动能接续转换，保持制造业比重基本稳定，巩固壮大实体经济根基。

专栏3 制造强基“五大行动”

传统产业转型行动：推进合金加工、金属材料与钢构制品、食品加工等传统产业再塑新动能。促进家电家居、文体用品等传统产业主动嫁接互联网和工业设计，实现产业时尚化发展。坚决淘汰落后产能，推动优势制造向现代智造转型。

智能制造促进行动：围绕智能装备基础材料、核心部件、关键工艺和成套装备等重点领域，开展新一代信息技术与装备制造的集成创新、工程应用和示范推广，建设一批产业云和专业云服务平台，推进企业互联网融合提升。

绿色制造推广行动：组织实施企业能效提升、清洁生产、污染防治设施等技术改造，支持企业建立能源管理中心，打造一批绿色工厂、绿色园区、绿色供应链。

品牌质量提升行动：深化品质泰州建设，推进标准化试点示范，开展质量标杆活动，普及卓越绩效、精益生产等先进生产管理模式和方法，提升产品质量，建设制造品牌大市。到2025年，实施卓越绩效管理模式组织达150家，新培育5家以上组织争创“中国质量奖”。

重点企业培育行动：完善企业分类评价和培大育强体系，打造一批行业龙头、单项冠军、隐形冠军、专精特新、“独角兽”和“瞪羚”企业，培育世界一流企业。到2025年，打造市级以上专精特新企业250家，新培育3家百亿级工业企业。

发展战略性新兴产业。推动互联网、大数据、人工智能等与实体经济深度融合，构建一批各具特色、优势互补、结构合理的战略性新兴产业增长引擎，培育新技术、新产品、新业态、新模式，促进平台经济、共享经济健康发展，形成创新能力强、特色鲜明的战略性新兴产业体系。到2025年，战略性新兴产业产值占规模以上工业产值比重达35%以上。

拓展经济发展新空间。发展数字经济，打造地理信息产业链，培育集成电路及高端元器件、云计算与大数据、5G、物联网等新兴数字产业。推进大数据在民生服务、创业创新、城市管理等领域的示范应用，重点布局政务云、行业大数据、企业云服务等平台。建设工业互联网核心平台，实施企业上云行动，推进数字化车间、智能工厂和无人工厂建设。发展基于功能基因组和功能蛋白质组相关研究的原创生物技术，鼓励和支持有条件的企业开展新一代基因编辑、生物芯片等前沿技术的研发布局。推进军民深度融合，加快培育海工装备、航空航天、电子信息、生物医药等领域军民融合高端特色产业集群，推动军民融合协同创新，促进军地成果双向转化，争创省军民融合创新示范区。

促进“一市（区）一主一特”发展。进一步优化产业布局，持续推动各市（区）产业特色化、差异化、高端化发展，跨区域共建重点产业链，不断提高产业集群集聚发展、协同发展水平，形成合作共赢生态体系，打造空间布局合理、竞争有序、分工协作、相互支撑的产业发展新格局。

专栏4　一市（区）一主一特

靖江市形成以船舶海工装备为主导、航空航天装备为特色的产业集群；泰兴市形成以精细化工及新材料为主导、高端装备为特色的产业集群；兴化市形成以食品加工为主导、金属制品及新材料为特色的产业集群；海陵区形成以新能源为主导、新一代信息技术为特色的产业集群；姜堰区形成以新装备及新能源为主导、新基建为特色的产业集群；医药高新区（高港区）形成以生物医药和新型医疗器械为主导、汽车整车及零部件为特色的产业集群。

第三节　提升服务业能级和水平

推动现代服务业与先进制造业深度融合，培育服务业新业态，鼓励商业模式创新，构建高效生产和优质生活服务体系，建设一批现代服务业聚集区，稳步提升服务业对经济增长贡献率。

加快发展生产性服务业。认真落实省定生产性服务业十年倍增计划，围绕先进制造业的共性服务需求，加快推动生产性服务业向专业化和价值链高端延伸，发展现代物流、现代金融、信息服务、科技服务、商务服务、文化创意等生产性服务业，加快建设生产性服务业集聚区。积极推动制造企业服务化，发展集成服务、外包服务、专业化生产性服务等增值服务，不断催生新产业、新业态、新模式。

——现代物流。加快港口、岸线资源整合，建设以长江水道为通道、泰州港为枢纽、各类物流园区为网络的“通道+枢纽+网络”物流体系，在推动江海河联运上争做示范。推动物流基础设施互联成网，优化提升物流枢纽服务能级。全面发展智慧物流，推进绿色低碳物流发展。加强物流业发展载体建设，加快建设区域性物流中心，完善综合型物流园区和专业物流园区布局体系，争创国家级示范物流园区1家以上，省级示范物流园区3家以上，省级重点物流企业（基地）10家以上，培育市级重点物流企业（基地）30家以上。

——现代金融。在金融支持产业转型升级上争当表率，完善金融与经济良性互动、共同发展的体制机制，积极培育本地法人金融机构，集聚吸引境内外金融机构，壮大传统金融市场、丰富新兴金融业态、创新发展特色金融，打造区域性金融集聚发展中心，促进金融业逐步由基础产业向先导产业转化。

——信息服务。加快5G通信网络等新型基础设施建设，推动大数据、云计算、物联网、移动互联网等新一代信息技术与制造业、医疗健康、交通运输、城市管理、社会治理等领域融合发展，积极培育信息服务新兴产业集群和服务业态，引进培育一批行业头部企业，努力成为全国云制造技术创新源和国家大数据产业创新应用示范区。

——科技服务。支持发展工业设计、技术研发、技术转移、创业孵化、咨询评估、检测认证、专利运营等科技服务业态，鼓励引进国内外知名服务机构，培育龙头企业和知名品牌，创新服务模式和商业模式，发展全链条全方位科技服务。

——商务服务。培育总部经济，提升专业服务业附加值。构建以楼宇经济为载体，以会展、会计、法律、评估、工程咨询等领域为支撑的现代商务服务业集群。发挥医博会等重大展会带动作用，加强会展产业链和集中区建设。

——文化创意。发展数字文化产业，深化物联网、云计算、大数据及虚拟仿真等信息技术在文化创意和工业设计各环节的应用，培育“创意+”新发展模式，把创意融入农业、制造业、服务业等发展，促进产品体验、展示和消费，打造线上线下文化消费新业态。

提升生活性服务业水平。按照“提升水平、突出特色、优化发展”思路，努力促进生活性服务业向精细化和高品质转变，提升高端商贸、文化旅游、智慧生活服务品质，满足居民多样化、多层次生活需求。

——高端商贸。强化商业网点规划建设，构建市级、市（区）级、社区级多层次商业体系，打造一批有较强辐射力的商圈，再造中心城市高端服务业“硬核”。整合街区资源，发展特色文化商业街区，推出一批“网红打卡地”。加大高端商贸项目引进，推动优质资源集聚，发展首店经济，提升中高端商品和服务竞争优势，打造长三角区域性商业中心城市。

——文化旅游。以“全域化、优质化、特色化、人本化”为导向，强化文旅项目招引建设，丰富提升旅游产品和线路，培育区域旅游品牌，融合发展自然观光、文化体验、乡村休闲、养生度假等旅游业态，建设水韵特质、泰州特色的国家全域旅游示范区，打造品质旅游、生态旅游、人文旅游、幸福旅游升级版，成为长三角旅游一体化重要节点城市。

——居民服务。以民生需求为导向，优化提升社区服务，推动消费升级。完善社区和农村商务网络，培育发展一批连锁经营骨干社区服务企业，积极发展社区商业云服务平台，优化家政、养老、社区教育服务，提升医疗服务、专业化护理、健康管理服务水平，为居民提供多元化、个性化服务。

强化服务业载体建设。结合综合交通枢纽、大型公共设施、城市更新改造等重大项目建设，谋划新建一批综合性现代服务业集聚区。推动现有服务业集聚区提档升级，加快研发设计、质量认证、检验检测、信息服务等公共服务平台建设，打造业态高端复合、产业特色鲜明、配套功能完善的服务业集聚发展示范区。围绕医药、化工、不锈钢等优势特色产业，努力在建设专业化市场上争做示范，打造1—2个长三角乃至全国有名的龙头专业市场。到2025年，建成市级以上现代服务业集聚区50家以上。

优化服务业空间布局。加强统筹发展，构建“一核一带一区”现代服务业总体功能布局。一核：中心城市中央商贸商务核。依托城市核心区，引入优质资源，发展金融服务、高端商贸、商务休闲、高端养老、文化体育和美食时尚等都市服务业态。规划建设中心城市金融商务、健康服务和高铁枢纽三个重要增长极，改造提升海陵区、医药高新区（高港区）、姜堰区高端服务业“三域”。一带：沿江生产服务创新带。重点促进港口物流、科技研发等现代服务业与先进制造业集聚发展、融合发展，构建沿江生产性服务业走廊。一区：里下河生态休闲文旅片区。坚守生态本底，强化生态农业与旅游功能叠加，完善各项配套服务设施，推动一二三产业融合发展。

第四节　融入服务双循环新发展格局

推动深化供给侧结构性改革与扩大内需战略基点有机结合，进一步完善消费政策、优化消费环境、稳定消费预期，建立健全供给与需求相互促进、投资与消费良性互动的长效机制，夯实畅通经济循环和增强经济韧性基石，在促进质量品牌提升、打造长三角特色区域消费中心上争做示范。

建设质量强市。推进质量链产业链深度融合，支持大中型骨干企业将产业链上相关中小企业纳入共同的质量、标准化、供应链和合作研发管理体系。开展重点产品与国内外标杆产品的执行标准和质量指标“双比对、双提升”，推动产业集群向产业链中高端提质升级，争创全国质量品牌提升示范区。推动技术专利标准协同创新，加快科研成果转化，到2025年，形成专利标准融合创新企业600家，推动专利转化为标准5000个以上。加强质量基础设施建设，集成各类检验检测服务平台、计量测试服务平台，加快建设化学及生物医药过程反应评估国家市场监管重点实验室、江苏省汽车传动及车架零部件重点实验室和江苏省医药健康产业计量测试中心，建成国家级质检中心5家、省级质检中心8家和产业计量中心4家。

提高供给质效。聚焦医药健康、精细化工、新材料、高端装备等优势产业以及应急装备、核电配套等新兴领域，实施进口产品替代工程，开发一批填补国内国际空白的产品。引导制造业企业向产业链下游延伸，扩大优质终端产品供给，建立健全出口产品转内销精准支持体系，提高泰州产品品牌影响力；提升服务供给质量和层次，健全服务业质量标准体系，加大服务品牌培育力度，形成一批在全省乃至全国有影响力的泰州服务标准、品牌产业和品牌企业。

畅通流通网络。加快建设对接重点中心城市、融入区域经济循环的物流通道，形成供需互促、产销并进的良性循环。加强现代流通体系硬件和软件建设，发展流通新技术新业态新模式，创新多式联运、甩挂运输、农村物流、冷链物流、热链物流等方式，推动物流业数字化转型升级。推进城乡流通一体化，创新城乡一体的流通管理体制，优化农村物流中心和电商平台建设布局，促进农产品有效流通。提升流通网络安全性，加快建立储备充足、反应迅速、抗冲击能力强的应急物流体系。加快产业物流深度融合，破除影响商品服务流通的体制机制障碍，降低全社会交易成本。到2025年，全市社会物流总费用占地区生产总值的比重下降到13%左右。

全面促进消费。推进消费品工业“品质革命”，以优质产品和服务激发消费需求升级。拓展网络消费、信息消费、夜间消费、节假日消费，推动线上线下消费融合发展。鼓励发展“互联网+旧货”“互联网+资源循环”，促进循环消费。推动技术、管理、商业模式等各类创新，促进消费新业态向农村市场延伸。落实带薪休假制度，扩大节假日消费。发展服务消费，放宽服务消费领域市场准入。改善消费环境，强化消费者权益保护，提高经营者诚信度，建设一批国内有名的放心消费街区（商圈），打造区域性消费中心城市。

拓展投资空间。优化投资结构，保持投资规模合理增长，发挥投资对优化供给结构的关键作用。完善重大项目建设和储备机制，加快补齐基础设施、城市建设、农业农村、公共安全、生态环保、公共卫生、物资储备、防灾减灾、民生保障等领域短板，推进先进制造业、现代服务业强基强链，精准实施一批打基础、利长远、补短板、扬优势的重大工程项目，形成建设一批、投产一批、储备一批的滚动接续机制。坚持要素跟着项目走、项目跟着规划走，构建项目与财政性建设资金、银行贷款、社会资本等要素匹配机制。发挥政府投资撬动作用，激发民间投资活力，形成市场主导的投资内生增长机制。到2025年，民间投资比重达85%以上。

第三章　坚持创新发展　建设高质量创新型城市

坚持创新在现代化建设全局中的核心地位，强化“四个面向”意识，全面落实科技强国行动纲要江苏实施方案，强化基础研究和原始创新，力争在核心技术自主化、区域创新协同化、创新平台专业化、创新环境生态化上有所突破，在促进创新链与产业链双向融合上争当表率，加快形成以创新为引领和支撑的经济体系及发展模式，打造长三角特色产业创新中心和科技成果转移转化中心。

第一节　培育壮大创新载体平台

加快创新载体建设，攻克一批支撑产业和区域发展的关键核心技术，增强自主创新能力，加快培育高能级、多维度科研平台和创新主体，构建高质量区域创新体系。

打造一批创新平台。以产业链关键环节为牵引，整合上下游创新资源，采取政府支持、企业主导、股权合作、成果分享的市场化运作新机制和新模式，力争在生命健康、人工智能、数字信息等前沿领域实施一批重大科技项目，在优势制造业领域培育1—2个长三角特色产业创新中心和科技成果转移转化中心。支持重点园区、龙头企业与国内外知名高校、科研院所建立战略合作关系，建设一批重点实验室、工程（技术）研究中心、企业技术中心、工程实验室、离岸孵化中心、技术创新中心、产业创新中心等新型研发机构。积极争取国家重大科技项目和重大创新领域国家实验室落户。推动跨区域研发平台建设，探索“创新飞地”合作机制。

建设一流创新园区。巩固泰州医药高新区创新主阵地，提升国际遗传工程和生物技术中心—中国区域研究中心、中科院大化所（泰州）生物医药创新研究院、复旦大学泰州健康科学研究院等运营质态，适时组建江

苏（中国医药城）生物医药研究院，与国际顶尖机构、知名大院大所合作共建一批高端创新载体。推动园区加快创新资源集聚，提升省级高新区创新水平，集聚一批创新型企业和创新服务平台。建设园区集成创新融合体，完善科技创新服务体系，探索应用研发、技术转移、创业孵化相结合的新型模式，实现各类创新资源聚合裂变。引导园区制定产业科技创新发展规划，努力打造创新链、产业链、资本链、人才链融合互动的创新生态系统。支持泰兴经济开发区建设江苏精细化工产业研究院。

提升双创载体质量。强化创新活力、创新成效目标导向，推动众创空间向市场化、专业化、精细化方向升级。支持龙头骨干企业、高校、科研院所围绕优势细分领域建立特色化众创空间。推进孵化器和众创空间建设，建立完善评价指标体系，推动创新、创业、创投、创客“四创联动”，促进各类孵化器、众创空间提质增效。到2025年，力争建成10个国家级、30个省级孵化器，5个国家级、40个省级众创空间。

第二节 突出企业创新主体地位

充分发挥市场在科技资源配置中的主导作用，把强企壮企作为重要目标，牢固树立经济活动以企业为中心、技术创新以企业为主体理念，引导创新要素向企业集聚，深化企业主导的产学研合作，培育创新型企业。

培育科技型企业。完善科技企业梯度培育体系，构建以“科技型中小微企业—国家高新技术企业—创新型领军企业（独角兽企业）”为重点的多层次、分阶段、递进式科技型企业梯度培育机制。实施中小微企业“专精特新”发展推进计划、高新技术企业培育“小升高”计划、科技型“瞪羚”企业和“独角兽”企业引进培育计划，培育壮大一批专精特新企业、隐形冠军企业、“链主”企业，推动行业龙头建设创新型领军企业，培育一批科创板、创业板上市企业。到2025年，全市范围内形成50家以上创新型领军企业，1600家以上国家高新技术企业，5000家以上科技型中小微企业的梯次培育格局。

加强产业关键技术攻关。聚焦重点产业集群和优势产业链，围绕三大先进制造业，引导头部企业强化核心技术研发，鼓励提升原始创新能力，支持龙头企业、高等院校和科研院所积极承担国家和省计划项目，取得一批前沿应用基础研究成果。围绕产业链、供应链，迭代实施重大科技攻关专项，加快研发一批填补空白的重大成果。

强化企业研发机构建设。支持企业以实体平台和具体项目为纽带，与高校、科研机构加强产学研协同创新，形成创新利益共同体。支持龙头企业牵头构建新型创新联合体，促进产业链上中下游、大中小企业融通创新。改进科技项目组织管理方式，探索实施“揭榜挂帅”等制度，落实企业科技创新积分管理办法。实施企业研发机构、产学研合作、发明专利、中高端人才“四个覆盖”专项计划，提高企业创新水平和转型升级能力。

专栏5 “四个覆盖”专项计划

研发机构覆盖：鼓励高新技术企业独立或联合高校、科研院所、新型研发机构合作共建工程技术研究中心、工程研究中心、企业技术中心、重点实验室等研发机构，以及制造业创新中心、博士后工作站（基地）、院士工作站等人才工作站点。力争到2025年，规模以上工业企业研发机构覆盖率达65%，亿元以上工业企业研发机构实现全覆盖。

产学研合作覆盖：设立企业和高校、科研院所的技术供需信息资源库，搭建产学研合作平台。设立产学研合作专项资金，支持国内外知名科研院所为企业提供技术服务；开展产学研深度合作，促进人才等各类创新要素向企业集聚，最新技术成果在泰州落地生根。力争到2025年，规模以上国家高新技术企业产学研合作实现全覆盖。

发明专利覆盖：优化知识产权政策导向，引导国家高新技术企业或国家高新技术培育企业，积极申请发明专利，注重高价值专利创造，加大对发明专利零突破企业以及发明专利大户的奖补力度。力争到2025年，规模以上国家高新技术企业发明专利实现全覆盖。

中高端人才覆盖：完善多元化人才激励机制，打造人才集聚高地。建立高端人才储备池，鼓励企业与高校联合共建院士/博士后工作站（基地）。力争到2025年，亿元规模以上企业中高端人才实现全覆盖。

第三节 激发人才创新创造活力

推进人才强市战略，坚持人才第一资源，更大力度推动人才优先发展，加快推进人才发展体制改革创新，让人才“引得进、留得住、用得好”。

创新人才发展机制。深化人才制度改革，改进党管人才方式。创新人才引进、培育开发和评价激励机制。加大柔性引才力度，融入长三角人才资源共享体系，实行城市互联、发展互动、证书互认。采用项目化人才开发方式，分类培育各类人才。实施人才分类评价，建立个人素质、紧缺指数和薪酬水平“三位一体”的积分制人才评价体系。深化职称制度改革。鼓励科研人员离岗创业。

完善人才开发体系。优化人才队伍结构，突出集聚培养高端创新创业人才，开发特色产业领域急需紧缺人才，统筹推进各类人才建设。推进新时代产业工人队伍建设改革，培育选树一批泰州工匠，造就一支适应泰州产业发展需要的知识型、技能型、创新型产业工人队伍。

优化人才发展环境。加大人才投入，建立人才投入自然增长机制，各

专栏6 人才开发计划

顶尖人才顶级支持"金凤凰"计划、高层次创新创业人才引进计划、生物医药"113人才特别计划""311高层次人才培养工程"、"十百千万"乡土人才培育工程、"凤还巢"计划、企业家培养"三百"工程、千名"蓝领精英"培育工程、青年创客培育工程。

级政府优先保障对人才发展的投入。优化人才政策，在落实"科技人才80条"基础上，进一步聚焦产业人才，围绕高层次人才创新创业、海外引才、柔性引才等重点领域，提升人才政策竞争力。调优人才服务，做精做实"'泰'爱才、最'州'到"服务品牌，加快人才服务市场化进程，支持各类社会化组织、人力资源服务产业园等市场力量发展。建全高密度人才流入区域的公共服务，提升人才吸引力。制定实施泰州产业人才发展规划。

第四节 营造高质量创新创业生态

遵循科技创新规律，加快转变政府职能，破除制度性障碍，建设开放包容、公平竞争、活力彰显的一流创新环境。

深化科技体制机制改革。推动政府科技管理职能从资金项目分配向定战略、定方针、定政策转变。创新财政科技投入模式，通过"拨改投""投贷联动"等方式，充分发挥财政资金的引导和放大效应。深化实施科技政策绩效评估。创新政府采购机制，健全和完善全市创新产品目录，完善政府采购企业创新产品和服务政策，探索建立领军人才企业自主创新产品政府首购首用制度。实施全民科学素质提升行动计划，加强科普基础设施建设，提高科普水平，提升全民科学素质。

优化科技创新服务体系。坚持把加强科技创新服务体系建设作为构建良好创新生态的重要支点，突出创新链、产业链、服务链融合。健全科技服务体系，加强产业共性技术创新平台和研发公共服务平台建设，推进科研设施和仪器设备开放共享。继续推进科技服务业特色基地建设，加快集聚科技服务资源。充分发挥泰州国家知识产权示范城市作用，完善知识产权保护制度和机制，加强知识产权创造运用和保护，争创国家级知识产权保护中心，打造知识产权强市。到2025年，万人发明专利拥有量达25件。

加快科技成果转移转化。依托龙头企业和产业集群建设科技成果产业化基地，支持大院大所来泰州设立成果转化中心。建立成果转化多元投入支持机制，开展科技成果转化贷款风险补偿试点。积极组建"院所—产业—市场—政府"四位一体的科技成果转移转化中心，构建政府引导、专业投资管理机构运作、风险责任和利益分配明确的长效机制。培育发展一批技术转移机构和技术经理人，提高科技成果转化专业化服务能力。

完善科技金融服务体系。积极促进科技和金融有效结合，加速科技创新链与金融资本链融合共生，开展科技金融三大行动，构建"创投先行、信贷跟进、担保支持、上市助推、多种金融工具并举"的科技金融服务体系。拓展科技信用贷款、知识产权质押贷款等业务，推动有条件的银行机构组建科技支行。

专栏7 科技金融三大行动

"天使"行动：针对种子期科技企业，鼓励高新技术产业开发区、科技企业孵化器设立创业投资引导资金，强化初创科技企业投融资服务。

"雏鹰"行动：针对高速成长的科技型中小企业，配套建立地方科技成果转化引导基金，优化"苏科贷"工作流程，试行"泰科贷"。

"小巨人"行动：针对具有一定规模的成熟高新技术企业，实施科技企业上市培育计划，助推优质科创企业与多层次资本市场有效对接。

积极融入国际创新体系。深化长三角地区城市间创新对话机制，积极参与全球科技创新治理，加强国际产业技术转移中心和示范型国家国际科技合作基地建设。加大与德国、日本、以色列等先进创新型国家的专项科技合作，鼓励有条件的开发园区开展国际合作，推动实现境外合作园区零的突破。实施跨国产业研发专项计划，每年组织一批面向市场的高技术转化及应用项目，在共建创新载体、加强创业风投等方面开展深度合作。

第四章 优化空间布局 深度融入国家重大区域战略

充分发挥市域各地比较优势，优化国土空间布局，推进新型城镇化建设，抢抓国家战略叠加机遇，探索因地制宜、融通实施新路径，培育区域特色发展新空间，增强区域协调发展新动能。

第一节 深度融入国家重大战略

进一步完善融入国家重大区域战略精准实施机制，统筹推进江海联动、跨江融合、接轨沪宁，形成有机的整体区域发展战略。

积极融入长三角区域一体化发展。全面落实长三角区域一体化发展规划纲要和泰州实施方案，紧扣"一体化""高质量"，加快接轨沪宁、融入苏南步伐，推进协同创新、互联互通、市场共建、生态共保、服务共享。建设接沪连宁的战略支点，加快对接上海科创中心和南京创新名城建设，加大与杭合都市圈的合作联系，实现产业链、创新链、价值链和要素链全面融入，探索建立“科创飞地”。在推动高质量跨江融合上争当表率，积极参与共建苏锡常一体化，推进锡常泰协同发展，争创江阴—靖江高质量跨江融合发展实验区，深化江阴—黄桥等南北共建园区建设，加强泰兴—常州新北跨江合作，推动泰兴虹桥园区争创常泰合作先行区。以常泰联动为先导，南联杭州都市圈，北接盐城、淮安、宿迁，共同打造长三角地区南北融合发展中部走廊。推动与扬州、镇江、盐城、南通等毗邻地区协同协作。推进扬泰协同发展，加强基础设施互联互通，携手打造国际旅游航空枢纽港，协力建设南水北调清水走廊，共建里下河生态湿地公园，共同开发旅游市场。

*推动长江经济带高质量发展。*落实“生态优先，绿色发展”要求，在长江生态保护上争当表率。加强与长江中上游地区交流合作，联动推进基础设施网络建设、生态环境治理和产业协同发展。加强长江沿线空间管控，合理布局生产、生态、生活空间，实现“多规合一”沿江“一张图”，打造生态修复示范区、绿色发展增长极。实施生态修复和环境保护工程，协同推进突出问题整改，美化提升“一带、两岛、三节点”沿江生态走廊。全面推进长江禁渔，实施长江流域禁捕退捕专项行动，严厉打击非法捕捞行为。实施转型升级和绿色发展工程，统筹水、路、港、岸、产、城，招引优质资源和高端项目，推进重点园区生态化、循环化提升改造，加快构建生态系统良性循环、环境风险有效防控的特色产业体系。实施布局优化和岸线调整工程，完善长江经济带国土空间用途管制和纠错机制，设定长江岸线1公里及外围5公里范围内的国土空间准入条件，逐步退出纳入负面清单的建设项目。到2025年，干流岸线生产性利用率控制在50%以内。

专栏8　“一带、两岛、三节点”沿江生态走廊

一带：总长23.85公里的长江泰州段滨江风光带。

两岛：靖江马洲岛、泰兴天星洲两个生态岛。

三节点：泰州春江省级湿地公园、泰兴沿江生态廊道、靖江牧城公园三个节点。

*融入“一带一路”交汇点建设。*发挥丝绸之路产业合作先行作用，推进基础设施互联互通，依托长江航道，积极开辟中近洋航线，引进中高端产业，推动优势产能和装备制造“走出去”。培育壮大跨境产业链，推进与东盟、非洲等地区产能和装备制造深度合作，重点打造船舶产业、航运物流、工程承包等合作基地。支持本地建工企业参与东南亚、非洲、中东、拉美等地区基础设施建设，多渠道承揽重大工程项目。强化园区合作，支持有实力的园区或企业与境外投资主体联合，在“一带一路”沿线重点国家和地区布局共建境外园区，引导关联企业入驻。强化人文交流，拓展科教文体等领域的合作交流空间，打造具有泰州特色的丝路品牌。

第二节　构建市域国土空间开发保护新格局

着眼形成城乡统筹、功能完善的组团式城乡空间结构，高质量编制国土空间总体规划，优化城镇、农业、生态三大空间格局，形成主体功能明显、优势互补、高质量发展的国土空间开发保护“一张图”。

*构建总体发展格局。*按照空间融合、功能集聚、分工有序的原则，统筹城镇、产业、资源要素配置，推动空间布局与建设用地等要素有效衔接，加快构建“一主两副、一带四轴”市域总体发展格局。“一主”指泰州都市区。加快做强中心城市，推动中心城市与泰兴同城化发展，做强都市经济，提升城市功能，发展高新技术产业和服务经济，增强要素集聚配置能力，打造生态宜居、产业先进的现代化都市区。“两副”指靖江城区和兴化城区。强化片区服务中心功能，扩大人口经济集聚规模，提升对周边城乡地区的辐射带动能力，形成支撑市域整体均衡发展的重要增长极。“一带”指沿江港产城绿色转型发展带。坚持生态优先、绿色发展，推动产业绿色化和空间集约化，统筹配置空间、岸线、生态、产业和科教资源，打造生态环境优良、具有较强竞争力的现代制造业走廊和特色城镇带。“四轴”指南北向的沿宁靖盐发展轴、沿兴泰发展轴和东西向的沿如泰发展轴、沿宁启发展轴。沿宁靖盐发展轴和沿兴泰发展轴是泰州沿江和里下河地区互动发展的联系轴，也是泰州跨江联动，将上海及苏南发展能量向腹地辐射传递的联系轴。沿如泰发展轴串联泰兴城区、黄桥等城镇，沿宁启发展轴串联海陵和姜堰城区，也是对接沿海、推进江海联动的重要联系轴。

*构建农业发展格局。*以粮食生产功能区和重要农产品保护区为基础，构建“三区一带”农业发展格局。“三区”包括北部里下河、中部高沙土以及南部沿江农业片区。其中里下河农业片区以优质水稻、小麦、特色水产养殖及生态休闲农业为主，中部高沙土农业片区以水稻、小麦为主兼顾玉米、荞麦、芋头等特色杂粮种植，南部沿江农业片区以水稻、小麦为主兼顾高效蔬菜以及城郊型蔬菜种植。“一带”指城北生态农业带，以发展生态休闲、生态种养为主。

*构建生态安全格局。*坚持山水林田湖草生命共同体，严守生态保护红线，健全“三线一单”生态环境分区管控体系，构建“一带、两源、四廊、四片”生态安全格局，构筑重要生态廊道屏障，增强生态系统的稳定性、多样性，建设高品质生态环境，彰显水城水乡特色。

专栏9 “一带、两源、四廊、四片”生态安全格局

一带：长江水道生态涵养带。

两源：蜈蚣湖群生态源、溱湖生态源。

四廊：引江河—新通扬运河—泰东河水生态廊道、南官河—卤汀河水生态廊道、新通扬运河水生态廊道、宁靖盐高速公路陆路生态廊道。

四片：里下河湖荡湿地生态涵养片区、城北湿地生态涵养片区、高沙土种质资源保护生态片区、南部种质资源保护生态片区。

第三节 纵深推进新型城镇化建设

推进以人为核心的新型城镇化，提高城镇化质量，推进农业转移人口市民化，增强人口集聚功能，持续提升城市竞争力。

推进户籍制度改革。全面放开放宽农业转移人口落户条件，实施《泰州市户口迁移准入登记规定》，全面落实流动人口在户籍、住房、子女教育、社会保障等十个方面与本地居民“同城待遇”。依托全民参保计划，推进稳定就业的农业转移人口应保尽保。保障农业转移人口合法权益，提高户籍人口城镇化率，逐步缩小户籍人口城镇化率与常住人口城镇化率差距。到2025年，全市户籍人口城镇化率达68%。

完善农业转移人口市民化机制。加大“人地钱”挂钩配套政策实施力度，建立健全由政府、企业、个人共同参与的农业转移人口市民化成本分担机制。维护进城落户农民土地承包权、宅基地使用权、集体收益分配权，支持引导其依法自愿有偿转让上述权益。提升城市包容性，制定促进人口流入政策，吸引外来人员特别是年轻人在泰安家就业，推动农民工特别是新生代农民工融入城市。

构建新型城镇体系。遵循城市发展规律，推进形成中心城市、中等城市、小城市、特色镇四级城镇体系。推进靖江、泰兴、兴化三个中等城市加快城镇化建设补短板强弱项扬优势，提升产业、人口集聚能力，辐射带动辖区内农村地区。靖江突出跨江联动，当好融入长三角、对接苏锡常的桥头堡，建设长三角先进产业基地、现代化生态宜居港口城市。泰兴推进国家新型城镇化示范县（市）建设，构建融入苏南、跨江融合、南北联动的先导区，当好沿江区域生产生活生态功能协同提升的标杆，打造江苏沿江重要的新材料及精细化工产业基地。兴化坚持绿色发展，加快现代农业和现代服务业融合，创建国家全域旅游示范区，打造生态品质优良、生态经济活跃、宜居宜商宜游的里下河水乡城市。建设一批10万左右人口规模的小城市，重点发展靖江新桥，泰兴黄桥、虹桥，兴化戴南、安丰，姜堰溱潼等6个小城市。因地制宜推进靖江季市、生祠、西来，泰兴宣堡，兴化沙沟、戴窑、千垛，姜堰张甸、蒋垛等30个左右重点特色镇差异化、特色化发展，将有条件的镇逐步发展成为小城市。依据新一轮镇村布局规划，分类发展1500个左右规划发展村庄。

第五章 突出做强城市 加快提升中心城市能级

坚持人民城市为人民，以“市区一体、两区融合、三泰同城”为发展导向，推进宜居品质升级行动，促进中心城市现代功能完善、环境优化美化、老城有机更新、管理精细智能，适时优化行政区划设置，加快提升中心城市首位度和区域竞争力。

第一节 优化城市功能布局

坚持聚核、组团、协同发展，突出补缺、补短、补强，高标准实施一批基础性、先导性、标志性工程，推动中心城区南进东扩，构建 “一核三极三城”新格局。

建强城市硬核。依托城市中轴带与周山河景观带构建城市核心，坚持先聚合再辐射、先重点后一般、先投入再获益原则，集中资源、集中力量、集中政策，引入高端商贸和优质教育、卫生、文化、体育休闲资源，发展线下体验、夜间经济等新型业态，高起点布局功能、高水准规划设计、高品质开发建设，实现业态强、形态美、生态优，打造市区高端商务商贸、科技金融、文化体育、医疗卫生中心。

建优支撑三极。打造金融商务、健康服务、高铁枢纽极，为城市核心提供有力支撑。建优金融商务极，以金融广场为依托，加快繁荣中央商务区，推动商业、文化、科技功能叠加和环境提升，打造兼具文化品位和商务气质的发展极。建优健康服务极，推进国际精准健康中心等重点项目建设，打造高端人才集聚、研发优势凸显、康养资源丰富的发展极。建优高铁枢纽极，做好片区功能规划设计，打造吸引企业总部入驻、高层次人才汇聚的发展极。

建好特色三城。充分发挥海陵区、医药高新区（高港区）、姜堰区资源禀赋优势，突出特色发展、错位发展、协同发展，实现功能互补、资源共享、发展同向。海陵区重点实施老城更新，推动西北工业片区转型，发展都市经济和文化旅游产业，打造集萃人文、承载记忆、寄托乡愁的魅力古城和产业绿色转型发展示范区。医药高新区（高港区）重点做强医药产业和临港经济，推进“港产城”联动，打造滨江而兴、产业繁荣、宜居宜业的活力新城。姜堰区重点发展特色工业、生态休闲产业，争创国家级旅游度假区，打造风景秀美、生态优越、令人向往的康养名城和教育强区。强化各城市组团之间的规划衔接、联动发展，推进泰湖生态新城建设，支持张甸镇规划建设泰姜融合共建区。

第二节 提升城市功能品质

以筹办省运会为契机，以环境优美、人文醇美、建设精美为内涵，高水平推进城市规划、建设和管理，打造高品质、有温度、宜居宜业的秀美水城。

加快提升城市功能。持续实施做强城市行动，加快集聚高端商贸商务、教育医疗等优质资源，推进道路通畅、设施升级、城市更新、添绿

净水，高标准实施一批基础性、先导性、标志性工程。推进市区交通成网成环，加快构建“井字互通、南延北伸”的快速路网。进一步健全以快线为骨架、干线为主体、支线为补充的公交网线体系，提升城市公交覆盖广度、深度和便捷度。加大城市更新力度，持续推进城建惠民，破解市区“断头路”，畅通城市“微循环”，有序实施“白改黑”。提升供水保障能力，加快实施三水厂扩容改造。加快雨污分流改造、污水管网升级，建设海绵城市、韧性城市。进一步扩大管道燃气受益面，加快老旧小区管道改造。围绕居住更舒适，强化房地产科学决策、住房保障诚信体系、房屋维修保险、既有住宅加装电梯、房屋安全管理，推进棚户区和老旧小区改造、后街背巷整治，探索建立多种形式的小区物业管理模式。实施“精·彩家园”品质绿化“158工程”，布局新建一批城市公园、街头游园，打造环城绿色走廊、环城河林荫大道，推进城市空间立体绿化和“拆墙透绿”，争创国家生态园林城市。

彰显城市品质。围绕“健康名城、幸福泰州”城市名片，进一步深化品质泰州建设，发挥《品质城市评价指标体系》国家标准引领作用，促进经济发展、社会文化、生态环境、公共服务、居民生活“五大品质”提升，因地制宜打造各具特色、美丽宜居的品质之城。突出健康特色，把健康理念、健康元素融入城市规划建设管理全过程，打造城市新特质。突出文化特色，强化城市历史文化遗产保护和科学利用，保持历史文化名城整体风貌，策划实施一批重点文化建设项目，培育泰州城市特有的文化气质。突出水城水乡生态特色，做好城水相融、人水相依文章，重点实施城河两岸公共空间贯通工程，打造高品质“城市会客厅”。

强化城市空间管控。加强城市空间立体性、平面协调性、风貌整体性的规划和管控，留住、打造城市特有的地域环境、文化特色、建筑风格等基因。提升城市设计水平，坚持国际化视野，精心修编路网管网、绿化美化以及水电气暖等专项规划，深化建筑风貌、生态景观、公共空间设计，超前布局城市空间结构、设施网络，构建疏密有度、错落有致的城市界面。强化城市精细管理，健全“市为主导、区为主体、街道为基础、社区为依托”的网格管理模式，提升智慧管理水平。

专栏10　城市功能品质提升重点工程

路网：完成东风北路快速化改造、姜堰南绕城快速路等工程，推进东环高架（S231）南延、姜高路二期、S610快速化等建设，开展西环快速化、泰州至泰兴、姜堰至黄桥等工程研究。实施青年路北延、凤凰路东延、运河路西延、海阳路贯通等城市主次干道建设。

高端商务商贸：引进高端商贸首店，实施金融中心、华润万象城以及双子塔和周边环境提升，招引实施大型游乐项目。

文化项目：改造复兴涵东、渔行水村历史文化街区、八字桥城市风貌街区，建成泰来面粉厂工业遗址文化复兴项目，实施古盐运河国家文化公园、海军文化园、天目山文化综合体、文化中心改造提升等项目。

体育场馆：建成市体育公园、市水上运动中心，体育学校迁建，改造泰州二中体育馆、泰州中学体育馆、江苏农牧科技职业学院体育馆、姜堰区文体中心等。

社会事业：实施凤凰小学南校区、泰州实验中学新校区、市妇幼保健院（儿童友好医院）、市人民医院新区医院二期、市第五人民医院、市第六人民医院、市中医院二期、市福利中心二期等。

美丽宜居城市建设工程：实施“精·彩家园”城市环境综合提升行动、“幸福水天堂”城市魅力提升行动、“完整街道”空间品质提升行动、省运会推动下的城市建设整体提升行动等，力争改造老旧小区200个，棚改计划9000户，新增停车位1.5万个，新增城市公园10个、街头游园90个，启动建设郊野公园。

第三节　推进市区管理一体化

科学整合区域资源，创新行政管理模式，理顺市区管理体制，促进市区一体化发展，加快提升中心城市能级和核心竞争力。

创新行政管理模式。充分发挥园区的开发建设优势和行政区的行政、社会管理优势，加快泰州医药高新区和高港区融合发展，实行“区政合一”管理体制。加快编制港产城融合发展总体规划，推进区域主导产业、国土空间、综合交通、生态环境、城市建设、社会事业等重点领域加快融合。

优化市区规划建设管理体制。推动形成事权清晰、责权明确、决策科学、协调统一、实施规范、精简高效的城市规划建设管理新格局，全面提升城市规划建设管理工作的系统治理能力。推行“路长制”，完善城市微修复快速处置机制，建设民生服务综合体，加快跨系统、跨部门、跨行业的智慧城市管理平台建设，建立健全监督考核体系，促进城市管理精细化智能化，夯实人民满意的幸福城市基础。

推进财政管理体制调整。实施新一轮财政管理体制，落实省对下财政体制调整政策，明确市与区收入范围，完善市、区财力分享机制。将姜堰区纳入市区财政管理体制。按照财政事权与支出责任相匹配原则，根据事权调整，相应调整市与区收入分配关系，构建权责清晰、财力协调、区域均衡的市区财政管理体制。

第六章　强化枢纽建设　加快完善现代化基础设施体系

统筹传统和新型基础设施发展，推动各类基础设施统筹规划、协同建设，构建集约高效、经济适用、智能绿色、安全可靠的现代化基础设施体系。

第一节　建设区域性综合交通枢纽

着眼市域一体化发展，形成1小时市域交通圈、中心城市至各县级节点半小时通行圈；面向融入长三角和全国运输大循环，以高铁高速、城际轨道交通和港口集疏运体系为主，加快推进区域性综合交通枢纽建设。

构建高快铁路网。加快建设北沿江高铁、盐泰锡常宜铁路，力争开工建设淮安至泰州（兴化）铁路，推动常泰铁路开工建设，构建“两纵两横”高快铁路网。推动建设靖江至江阴城际铁路及延伸线，积极推进扬泰城际铁路、靖江至南通城际铁路规划建设，开展市域城市轻轨研究。

加密过江通道。建成常泰长江大桥、江阴靖江长江隧道，开工建设江阴第三过江通道、张（靖）皋过江通道，规划研究靖澄、张靖等过江通道，到2025年，形成“四通二建”6座过江通道布局。

完善公路交通网络。建设阜溧高速建兴段、宁盐高速和兴东高速兴化段、如常高速泰兴段，扩建盐靖高速、广靖高速及沪陕高速平潮至广陵段，形成以宁盐和兴东、启扬、沪陕（京沪）、如常高速为“四横”，阜溧、盐靖高速为“两纵”的高速公路网络，实现与毗邻市100%通高速公路。加密区域干线公路网，继续加强“四好农村路”建设。逐步推动各市（区）之间“断头路”“悬浮路”接通，促进互联互通。根据新一轮交通布局和发展需要，对相关市（区）重点出入口道路进行优化改造。

提高港口航道发展水平。推进港口资源整合和一体化发展，加快泰州港向规模化、集约化、专业化转型提升，建设长江南京以下江海河联运中心港。实施港口码头功能提升工程，发展公用港区，高效集约利用长江岸线。推动实施兴东线等航道整治工程，完善内河干线航道网，实施内河码头整治提升工程。推进疏港铁路支线建设，构建连接三大港区、主要园区的高品质集疏运体系。

推动民航高质量发展。加快扬州泰州国际机场二期工程建设，加大国际航线开辟力度，推进扬州泰州国际机场国际化进程。推动地区级通用机场规划建设，实施兴化通用机场等项目，提升通用机场发展水平。

完善客货运枢纽建设。配合高铁建设进程，加快推进泰州南站、泰兴站、靖江站、兴化站、黄桥站等建设，把泰州南站打造成为服务市域、辐射周边的区域性交通枢纽。完善公路客运枢纽布局，引导货运枢纽建设。

专栏11　综合交通体系建设工程

铁路建设：加快建设北沿江高铁、盐泰锡常宜铁路，力争开工建设淮安至泰州（兴化）铁路，推动常泰铁路开工建设，推动建设靖江至江阴城际铁路及延伸线，推进扬泰城际铁路、靖江至南通城际铁路规划建设，开展蚌埠经兴化至大丰港铁路、宁镇（扬中）泰城际、新长铁路扩能改造等前期研究。

过江通道：建成常泰长江大桥、江阴靖江长江隧道，开工建设江阴第三过江通道、张（靖）皋过江通道，开展靖澄过江通道、张靖过江通道、润泰过江通道（G523）、泰兴至扬中过江通道前期研究。

高速公路：开工建设建兴高速、宁盐高速、兴东高速、如常高速、江阴靖江长江隧道南北连接线，扩建盐靖高速、广靖高速、沪陕高速平潮至广陵段。

干线公路：建成353省道泰州段、232省道泰兴段和靖江段、兴化合陈至临城公路（351省道、231省道），开工建设344国道兴化中堡至周奋段、328国道泰州段改线、姜高公路、232省道泰州城区段和兴化段、125省道兴化段、465省道兴化段、355省道高港段等项目，适时启动泰州南部东西干线（虹桥至如皋）研究。

港口航道：建设泰州港泰兴港区过船作业区滨江通用码头、泰州港泰兴港区七圩作业区公用码头、泰州港靖江港区新港作业区江苏省煤炭物流靖江基地项目二期工程配套码头等重点工程，姜堰内河港集装箱港争创国家二类开放口岸，推动实施兴东线航道整治工程，推进疏港铁路支线建设。

枢纽建设：围绕高铁建设进程推进泰州南站、泰兴站、靖江站、兴化站、黄桥站枢纽建设，实施宁启铁路姜堰站综合客运枢纽提档升级工程。加快推进高港北站、曲霞汽车客运站建设。加快高港（苏中）智慧物流园、姜堰铁路物流园等物流枢纽布局建设。

第二节　强化能源稳定高效供给

完善能源基础设施。推进智慧能源项目试点，加快建设“能源配置高智效”的泰州城市能源互联网. 建成500千伏海阳变、靖江变等重点输变电工程，规划建设新能源汽车充电网络。规划建设大唐发电二期工程。加快油气储备设施建设，规划建设泰兴LNG接收站。实施泰州港靖江港区新港作业区江苏省煤炭物流靖江基地项目二期工程。

推动能源绿色转型。积极实施多种形式的屋顶分布式光伏发电项目。加强生物质资源调查评估，有序实施生物质发电项目，加快推进泰州市生活垃圾焚烧发电二期扩建、垃圾分类收集后端处理、餐厨废弃物处理项目改扩建工程。

实施清洁能源利用工程。在工业制造、交通运输、农业生产、生活服务等重点领域深度推进电能替代，提升电能占终端能源消费比重，促进能源清洁化发展和能效提升。拓展水电气热等能源综合利用，扩展天然气利用领域，统筹实施市域天然气高压管网，有序推进区域集中供热。

第三节　提高现代水利支撑能力

以安全水利、资源水利、生态水利、农村水利、智慧水利、法治水利为重点，加快建立现代化水利综合保障体系。

巩固提升防洪除涝能力。完善流域、区域和城市防洪排涝体系，加强水旱灾害综合防御和管理，基本建立标准较高、洪涝可控的安全水利。重点实施长江防洪能力提升堤防加固工程和长江崩岸治理工程、通南地区引排工程。到2025年，长江流域、市区建成区、老328国道控制线防洪标准基本达100年一遇，各市(区)建成区和小城市所在地达50年一遇。

强化水资源高效调配。进一步化解水资源约束，完善调配水工程体系，创建节水型社会，深化"河湖长制"管理，强化依法治水，基本建立节约集约、高效供给的资源水利。到2025年，河湖管理达标率达95%，生活供水保证率达97%、重点工业供水保证率达95%、农业供水保证率达85%以上。

推进民生水利建设。实施大中型灌区续建配套和节水改造工程，加强农村河道疏浚整治，到2025年，全市旱涝保收田面积占耕地面积的比例提升至88%。综合整治城区重要景观河湖和生态脆弱河道，实施城乡骨干水系连通工程，推进里下河地区湖荡退圩还湖，到2025年，全市集中式饮用水水源地水质达标率稳定巩固100%，重点水功能区水质达标率不低于90%，保持水域面积率不降低。

专栏12　水利建设重点工程

安全水利：实施淮河平原洼地治理泰州市境内工程、长江防洪能力提升堤防加固工程、长江崩岸治理工程、通南地区引排工程，疏浚整治城市排涝河道167条，新建闸站28座。

资源水利：继续实施大中型灌区续建配套和节水改造，每年发展节水灌溉面积2万亩，创建省级节水型企业3个，省级节水型单位、社区、学校10个。实施泰兴市应急备用水源工程、兴化市区域供水备用水源工程、姜堰区周山河邢家应急备用水源工程、泰兴市宝塔水厂深度处理改造工程。

生态水利：实施长江水生态修复工程、城区重要景观河湖和生态脆弱河道治理工程、城区和重要城镇水系连通工程，推进海陵区龙溪港、姜堰区夏家汪、喜鹊湖和兴化市得胜湖、平旺湖等湖荡退圩还湖工程建设，泰兴市马甸枢纽工程管理所创建国家级水管单位。

农村水利：实施城黄灌区、溱潼灌区、黄桥灌区、周山河灌区、孤山灌区等大中型灌区续建配套和节水改造工程，继续实施农村河道疏浚整治工程、小型农田水利管护工程。

第四节　加快建设智慧泰州

坚持科技引领、应用驱动，加快部署数字基础设施、创新基础设施和融合基础设施，构建经济社会发展新支撑和新动能。

适度超前布局新型基础设施。科学编制5G网络空间布局规划，适度超前推进5G网络快速合理建设，优先满足"一核三极"重点区域深度覆盖需求，逐步实现全市5G网络全覆盖。深化"宽带泰州"建设，加快网络扩容升级，推动高速宽带普及应用，加快实现光纤千兆家庭、商务万兆固网接入能力全覆盖，争创"双千兆"城市，推动信息通信基础设施建设水平迈入全省先进行列。加快传统基础设施智能化改造，促进移动互联网、物联网及智能管控技术在公共卫生、工业生产、公共事业、公共安全、智慧城市、智慧农业、环境保护等重点领域拓展应用。

加快建设智慧城市。加强政府、企业、社会数据有效融合，推进各类数据贯通，打造全市集中共享的一体化大数据中心。建设完善数字泰州运营指挥中心，打造数字化"城市大脑"。整合全市政务服务、公共服务和便民服务，实现"一码通城"。以大数据、云计算为支撑，全面提升公安交通管理服务智能化、信息化水平。

推进数字乡村建设。加大农村互联网建设力度，实施乡村新一代信息基础设施振兴工程和智慧广电乡村工程，提升农村光纤网络水平和覆盖深度。加快农业生产过程数字化转型，升级赋能智慧农业。实施"互联网+"绿色生态工程，完善生态网络监测体系，提升乡村生态保护精准度。提高农民生产生活数字化服务水平，鼓励开展适应"三农"特点的农业科技信息服务，提升农民数字技能。推动"互联网+社区"向农村延伸，提高村级综合服务信息化水平。

第七章　推进乡村振兴　加快农业农村现代化

充分认识新发展阶段做好"三农"工作的重要性和紧迫性，坚持把解决"三农"问题作为全局工作重中之重，全面推进乡村振兴，持续加大对农业农村的投入，加快农业农村现代化建设步伐，促进农业高质高效、乡村宜居宜业、农民富裕富足。

第一节　持续提升农业现代化水平

以推进国家农业可持续发展试验示范区(农业绿色发展先行区)建设为引领，深化农业供给侧结构性改革，实施农业提质增效行动，促进农村一二三产业融合发展，力争农业现代化走在全省前列。

优化农业产业结构。扛起粮食安全政治责任，实行党政同责，保障粮食安全底线，坚持最严格的耕地保护制度，坚决遏制耕地"非农化"、防止"非粮化"，实施"藏粮于地、藏粮于技"战略，优化粮食流通产业结构与布局。加大农田水利设施建设力度，规划建设高标准农田105万亩。继续巩固全省重要粮食生产基地地位，稳定粮食产量，到2025年，粮食综合生产能力保持在285万吨以上。在农业农村污染治理的前提下适当提高生猪、水产品供应量，保障粮、油、肉等重要农产品供给安全。提升收储调控能力，开展节约粮食行动，营造爱粮节粮的良好氛围。依托稻米、小麦、畜禽、特色水产、银杏、种业等优势主导产业，打造百亿级农副产品产业集群。

提升农业质量效益。推进农业供给侧结构性改革，推动品种培优、品质提升、品牌打造和标准化生产。进一步优化农业生产结构，扩大设施农业、绿色农业面积，提高优特品种产量，持续推进品牌强农，初步形成"两品一标"为基础、企业品牌和产品品牌为主体、区域公用品牌为龙头的农产品品牌体系，做强一批标志性的“泰”字号农产品品牌。全面推进农产品质量安全示范建设，所有市（区）均建成省级以上农产品质量安全县。强化农业科技和装备支撑，提升农业科技创新能力，完善基层农技推广服务体系建设，推动生物种业、智慧农业、绿色投入品等领域自主创新。到2025年，绿色优质农产品比重达93%，农业科技进步贡献率达75%。

推进一二三产业融合发展。引入现代产业发展理念和组织方式，以制度、技术和产业模式创新为动力，构建农村产业融合发展新体系，争创农村一二三产业融合发展先导区。提档升级现代农业产业园区，争创一批国家级农村产业融合发展示范园。发展农业生产性服务业。实施农产品加工提升行动，加快主产区农产品就地加工、转化、增值，推进农产品加工集中区建设。开发农业生态、特色种养、特色食品、特色手工业、特色文化和特色旅游等产业，因地制宜发展旅游民宿、农耕体验、休闲观光、农村电商、健康养老等新产业新业态。到2025年，农产品加工业产值与农业总产值之比提高到3.6∶1。

培育新型农业经营主体。发展多种形式适度规模经营，支持家庭农场和农民专业合作社发展。实施农场主培训计划，建立四级农民专业合作社示范社联创制度，引导专业大户、家庭农场、农民专业合作社加入以省级以上农业龙头企业为主体的农业产业化联合体，培育一批农村专业技术协会，重点打造一批产值超5亿元的特色农业产业化联合体。实施高素质农民培育工程，推动乡村人才振兴。到2025年，各类新型农业经营主体数达3.2万家，掌握现代农业生产技术的高素质农民培育程度超过65%。

防控农业面源污染。有效防控农田白色污染，基本实现废旧农膜和农药包装废弃物全回收。发展生态循环农业，全面推广秸秆高效利用模式，主要农作物秸秆综合利用率达97%。基本实现畜禽粪污就地利用或集中处理。推进化肥、农药减量化，农药使用量保持零增长，化肥使用总量降低5个百分点。

专栏13　发展现代农业五大工程

农业绿色高产高效示范工程、百万亩高标准农田建设工程、现代农业园区提档升级工程、科技兴农品牌强农工程、乡村休闲观光农业精品工程。

第二节　实施乡村建设行动

以河清水秀、天蓝地绿、村美人和为内涵，以美丽田园乡村建设为抓手，强化特色风貌塑造和特色产业培育，构建形成“环境整洁乡村—美丽宜居乡村—特色田园乡村”梯次发展格局，提升农村公共基础设施建设和管护水平，打造“最美乡村”泰州版。

调整优化乡村空间布局。顺应人口流动趋势，优化镇村规划布局，因地制宜编制“多规合一”的实用性村庄规划。提升服务能力，把乡镇建成服务农民的区域中心。优化村庄布局，有序撤并一批人口规模小、分布偏远的村庄，引导农民进城入镇。分类推进村庄发展，建设集聚提升类、特色保护类、城郊融合类等村庄。坚持集聚提升导向，推进保留村庄和规划建设村庄基础设施提档升级，保护传统村落和乡村风貌，在行政村建设综合性公共服务站。

提升农村人居环境质量。继续把公共基础设施建设的重点放在农村，接续推进农村人居环境整治提升行动。完善农村水、电、路、气、通信、广播电视、物流等基础设施，结合实际改善农民住房条件，以点带面推进公共基础设施城乡一体化管护体制改革。提升农村电气化水平。提升农村物流运输能力，建设符合“三农”需求、集约高效的农产品仓储保鲜冷链物流设施。保障农村水质安全，开展美丽河湖建设，加强区域骨干河道，中小河流和低洼易涝地区治理，统筹城乡区域供水，形成“城乡一体、互备互用”的自来水供水格局。推进城乡生活污水治理，加大污水管网建设力度，实施雨污分流工程，提升改造一批城镇污水处理厂，完善农村生活污水治理长效机制。推进农村生活垃圾治理，分类推进农村厕所革命，提升乡镇燃气用户覆盖率和报装率。到2025年，基本建立政府主导、多方参与、市场运作的农村公共基础设施管护体制机制，农村生活污水处理行政村覆盖率达80%。

推进美丽田园乡村建设。立足水城水乡特色，围绕有令人向往的田园景观、有特色鲜明的乡愁文化、有致富农民的特色产业、有配套便利的公共服务“四个有”建设目标，做强特色田园水乡品牌。积极发展生态农业、生态旅游、健康养生等产业，打造乡村生态产业链，建成一批美丽田园乡村休闲旅游示范村。到2025年，力争省级特色田园乡村达100个，美丽宜居乡村占规划发展村比例达80%以上。巩固环境整洁乡村建设成果，进一步健全运行管护长效机制。

实施文明乡村治理工程。健全党组织领导的自治、法治、德治相结合的乡村治理体系，推行村党组织书记通过法定程序担任村委会主任和村级集体经济组织、合作经济组织负责人，严格落实村（社区）“两委”人员县级联审机制。加大村级组织运转经费保障，深化基层群众自治。推进平安乡村建设，组织开展乡村治理体系建设试点示范，深化“无诉”村（居）和民主法治示范村建设。加强农村精神文明建设，强化农村思想道德建设，推进农村移风易俗，推动形成文明乡风、良好家风、淳朴民风。到2025年，现代乡村治理的制度框架和政策体系基本形成，农村基层组织建设明显加强，村民自治实践进一步深化，乡村治理体系进一步完善。

第三节　推进城乡融合发展

健全城乡融合发展机制，推动城乡要素平等交换、双向流动，深化农村改革，促进农民增收，增强农业农村发展活力。到2025年，全市常住人口城镇化率达73%。

统筹城乡要素配置。推动资本、

产业、人才、技术等各类要素向乡村流动，促进乡村全面振兴。加大财政金融支持力度，健全“三农”财政投入稳定增长机制，加强涉农资金统筹整合，提高土地出让收益用于农业农村比例。鼓励和引导各地开展特色农业保险险种创新，打造多层次、多元化、功能互补的农村金融服务体系。支持工商资本与农业农村发展需求深度对接，推动村企要素互换、共同发展。鼓励和引导人才向乡村流动，制定财政、金融、社会保障等政策，吸引各类人才返乡入乡创业就业。实施乡村教育提升、卫生人才强基、农民体育健身、养老服务进农村、农村防灾减灾等五大工程，推动公共教育、医疗卫生、社会保障等资源向农村倾斜，促进城乡基本公共服务标准统一、制度并轨。

深化农村改革。落实第二轮土地承包到期后再延长三十年政策，稳定农村土地承包关系。探索更多放活土地经营权的有效途径，推广农民土地承包权、集体经济收益分配权改革试点，稳慎推进农村宅基地制度改革，拓宽农民财产权变现渠道。深化土地制度改革，健全城乡统一的建设用地市场，建立土地征收公共利益用地认定机制，缩小土地征收范围。在符合土地利用总体规划前提下，允许通过村土地利用规划调整优化村庄用地布局，有效利用农村零星分散的存量建设用地。深化农村集体产权制度改革，依法依规开展集体经营性建设用地入市改革，发展新型农村集体经济。

促进农民增收致富。落实农民收入十年倍增计划，实施乡村就业创业促进行动，持续开展“创富泰州”主题系列活动，积极推进产业资源跨地区整合，引导农村劳动力就地就近转移就业，创建一批国家级、省级农村创业创新园区（基地）。盘活农村资产，增加农民财产性收入。做好巩固拓展脱贫攻坚成果同乡村振兴有效衔接，保持帮扶政策总体稳定，健全防止返贫监测预警和帮扶机制，组织开展扶贫开发与社会保障有机衔接、解决支出型贫困、统筹城乡减贫等试点，加强对农村低收入人口分类帮扶。落实与扶贫任务相适应的资金保障，构建智能预警、及时救助、保险补充的防止返贫工作格局。继续加大对黄桥老区、里下河经济薄弱地区的支持力度。推进对口帮扶协作工作。到2025年，城乡居民收入比保持在2以内。

第八章　坚持绿色发展　建设生态宜居的美丽泰州

坚持绿水青山就是金山银山理念，推进美丽泰州建设行动，建好国家生态文明建设示范市，打造美丽江苏泰州样板、长三角生态“后花园”。

第一节　强化生态环境系统保护修复

坚持人与自然和谐共生，增强生态系统稳定性，显著提升生态系统功能，持续推进生态文明制度体系建设，推动形成生态保护和修复新格局。

系统推进生态资源保护。建立覆盖全市的“三线一单”生态环境分区管控体系，完善生态安全格局。把修复长江生态环境摆在压倒性位置，持续推进“健康长江泰州行动”，把长江泰州段建设成为人与自然和谐共生的绿色发展示范带。强化自然保护区、风景名胜区、湿地、森林等自然生态资源的管理与建设，严格监管开发、建设、保护和利用等环节。构建自然湿地保护网络体系，推动实施兴化里下河国家湿地公园建设，提升溱湖国家级湿地公园、泰州春江省级湿地公园建设管理质量，加强兴化西北湖荡湿地保护。优化河湖生态功能，推进里下河地区湖泊退渔（圩）还湖（湿）。推动国家森林城市创建工作，推行林长制，加强生态公益林、重点防护林建设，推进道路、河流和农田林网“三网”建设，实施泰兴天星洲生态经济林建设及湿地修复工程。强化野生动植物种质资源保护，提升重点区域流域生物多样性。到2025年，全市自然湿地保护率达60%以上，林木覆盖率稳定在25%以上。

深化生态文明制度创新。健全生态环境保护制度体系，深化综合行政执法改革，完善生态产品市场交易体系和排污权、用能权、用水权和碳排放权交易市场机制。引导社会资本参与生态保护与建设，实现投资主体多元化。积极发展绿色金融，鼓励绿色信贷资产证券化，探索发展碳交易、碳金融等新型产品。探索生态产品价值实现机制，建立健全自然资源资产产权制度。实施差别化电价、水价政策，进一步理顺垃圾处置、污水处理价格形成机制，以差异化环境经济政策倒逼生态保护。健全生态补偿机制，完善区域协作、市场化补偿等多渠道补偿方式。落实环保监测监察执法制度改革，执行领导干部自然资源资产离任审计制度和生态环境损害责任终身追究制度。构建公众参与环境管理决策的有效渠道和合理机制，形成政府、企业、公众共治的生态环境治理体系。

第二节　提升生态环境质量

坚持遵循规律、因地制宜、统筹兼顾，巩固污染防治攻坚战成果，努力实现天更蓝、地更净、水更清、空气更清新，不断满足人民群众对美好生活环境的热切期盼。

持续改善空气质量。深化大气污染防治，实施“天空地一体”大气监管模式，强化多污染物协同控制，促进PM2.5和臭氧浓度‘双控双减”。加快能源结构调整，严格煤炭消费总量控制，全面推动节能降耗。深化工业挥发性有机物治理，加大石化、化工、印刷包装、表面涂装等重点行业企业废气排放源整治。强化机动车、船舶等移动源污染防治．推广新能源汽车，推行公交优先、绿色出行。深化建筑工地、堆场码头扬尘管控，加强城市烟尘和扬尘整治。建立区域协作机制，积极参与全省及周边地区大气污染联防联控。

加强水生态治理与修复。完善供水安全保障体系，强化饮用水水源地保护和规范化建设，加快推进应急备用水源建设，全面完成现有水厂自来水深度处理工艺改造。建立健全地下水污染监测体系。全面消除城市黑臭水体，基本消除农村黑臭水体。深化工业源污染防治，完善工业配套污水处理厂建设，全面实施工业废水末端处理，提高污水处理率。加大生活源污染防治，实施城市雨污分流系统建设，加快农村生活污水处理设施建设。

实施净土工程。突出重点区域、重点行业和重点污染物治理，强化土壤污染管控和修复，持续改善土壤环境质量。开展土壤污染状况调查，全面掌握化工企业用地和农用地土壤污染状况、污染地块分布及环境风险情况，建设全市土壤环境质量监测网络。强化污染地块安全利用，以耕地和工业污染场地为重点，扩大污染土壤治理与修复试点，加强过程监管，防止发生二次污染。加强固废处置与利用，推进"无废城市"建设，实行差别化的固废处置价格政策，提升一般工业固废综合利用和无害化处置水平，加快固体废物综合处置中心、生活垃圾发电、污泥处置等项目建设。

有效防控环境风险。提升环境风险防控管理与应急处置能力，构建全过程、多层级生态环境风险防范体系。强化危险废物全生命周期监管，加快提升集中安全处置利用能力，严厉打击危险废物非法转移、处置和倾倒行为。完善工业园区环境风险防控体系建设，加强长江沿岸工业园区水污染排放精准监管。推进港口码头污染管理，规范沿岸危化品码头运行。强化水上运输安全监管，健全应急响应机制。

第三节 发展绿色美丽经济

建立健全绿色低碳循环发展的经济体系，推进资源节约和循环利用，实现生产系统和生活系统循环链接，建立绿色、低碳、循环的生产生活方式，打造人与自然和谐共处的绿色城市。

加快形成绿色发展方式。实施绿色制造试点示范，培育一批绿色园区、绿色工厂、绿色供应链管理企业。实施产业基础再造工程，引进、研发、发展新能源先进技术与装备，构建自主可控、安全可靠的绿色产业链。持续推进化工、电镀、电化学处理等重点行业清洁生产，鼓励开展智能工厂、数字车间升级改造，推动传统制造业绿色转型。建立和推广现代生态循环农业模式，鼓励发展绿色有机种植和生态健康养殖。

推进节能低碳循环发展。做好碳达峰、碳中和工作，增强碳汇能力。推动能源消费结构低碳化，发展天然气、光伏等低碳清洁能源，加快天然气管网、加气站等设施建设，推广太阳能、生物质能等可再生能源利用。严格落实煤炭消费总量控制，削减非电力行业煤炭消费。推动工业、建筑、交通和公共机构等重点领域节能降碳。加大热电联产机组技术改造力度，加快供热管网建设。继续实施能源消耗总量和强度双控，开发、推广节能高效技术和产品，实现重点用能行业、设备节能标准全覆盖。提高建筑节能标准，加大绿色建筑推广力度，城镇新建民用建筑全面执行绿色建筑标准，鼓励农村住房开展节能改造。构建循环型农业、工业、服务业，发展产业间复合循环经济。

促进资源节约集约利用。坚持源头减量分类、再生资源回收利用和提升处置设施能力并重，有序推进生活垃圾分类和减量，推动再生资源回收体系和生活垃圾清运体系的协同衔接，提升垃圾分类处理率与无害化处理率，不断提高城乡生活垃圾处理水平。加大建筑垃圾、废弃食用油脂、畜禽粪污以及秸秆等各类废弃物的资源化利用和处置监管力度，加快推进资源化利用设施建设和改造提升。推进水资源合理高效利用，实施最严格水资源管理制度，推广普及高效用水技术和设施，推进县级市国家节水型城市建设。

倡导绿色共享生活方式。加强生态文化建设，倡导尊重自然、爱护自然的绿色价值观念，推动形成节约适度、绿色低碳、文明健康的生活方式和消费模式，构建全社会共同参与的环境治理体系。全面推行"禁塑令"。倡导绿色低碳出行，完善城市绿色公共交通体系，引导共享出行有序发展，积极推行公共交通、自行车、步行的城市交通模式，提高停车便利化水平。有序推广新能源汽车。引导全社会养成节水节电节气、"光盘行动"、垃圾分类投放、绿色出行等健康文明生活习惯。完善政府绿色采购制度，加大对共性关键绿色技术、节能和环境标志产品的采购力度。

第九章 提升城市软实力 打造独具魅力的文化名城

围绕举旗帜、聚民心、育新人、兴文化、展形象的使命任务，推进文化发展惠民行动，加强和改进群众性精神文明创建活动，促进满足人民文化需求和增强人民精神力量相统一，彰显江海文化的底蕴与自信，显著提升城市文化软实力，在塑造特色文化标识上走在前列，打造独具魅力的文化名城。

第一节 强化先进思想文化引领

坚持以习近平新时代中国特色社会主义思想为引领，践行社会主义核心价值观，完善价值观培育和思想道德建设长效机制，全面提升公民道德素质和社会文明程度，推动全市精神文明建设迈上新台阶。

壮大主流思想舆论。开展习近平新时代中国特色社会主义思想学习教育，健全"不忘初心、牢记使命"长效机制，构筑思想文化引领高地。持续提升党委（党组）理论学习中心组学习制度化、规范化水平，加强理论宣讲队伍建设，开展基层理论宣讲，深化拓展基层党员冬训工作，建好"学习强国"市级平台，推进高校马克思主义学院建设。全面落实意识形态工作责任制，建设具有强大凝聚力和引领力的社会主义意识形态。提升舆论引导能力，推动传统媒体与新兴媒体深度融合，加快构建全媒体传播体系，建成一批具有区域影响力和竞争力的新型主流媒体。支持市级媒体积极探索融合发展模式，建强用好县级融媒体中心，鼓励建设区级融媒体中心，打造面向基层的主流舆论阵地、综合服务平台和社区信息枢纽。创新网络舆论引导方式，持续壮大网上主流思想舆论。坚持正确的舆论导向，强化媒体行业监管。

践行社会主义核心价值观。坚持以社会主义核心价值观引领文化建设，通过教育引导、舆论宣传、文化熏陶、实践养成、制度保障等，推动社会主义核心价值观落细落小落实。加强党史、新中国史、改革开放史、社会主义发展史教育，推动理想信念教育常态化制度化。加强爱国主义、集体

主义、社会主义教育，提升公益性文化设施以及爱国主义教育基地教育功能，常态化开展庄严感、仪式感强的群众性主题宣教活动，营造人人关心参与、人人自觉践行的良好氛围。加强红色文化载体建设，弘扬新时代“三个不相信”精神，打造一批社会主义核心价值观建设示范基地。

弘扬社会道德风尚。加强社会公德、职业道德、家庭美德、个人品德教育，实施公民道德建设工程，深化道德风尚高地建设。推进“美德善行”“泰有礼”“移风易俗”“泰慈善”等品牌建设，高水平建设道德讲堂等阵地平台，建成一批美德善行教育基地、主题公园（广场）。建立健全学校、家庭、社会“三结合”教育网络，形成未成年人思想道德建设工作合力。完善市民公约、村规民约、学生守则、行业规范，强化规章制度的约束力。深化时代楷模、道德模范、最美人物、身边好人等评选表彰活动，选树推介一批新时代典型。深化拓展新时代文明实践中心（所、站）建设，进一步完善和提升新时代文明实践体系，推动文明实践志愿服务活动制度化常态化发展。以全国文明城市创建为龙头，推进文明村镇、文明单位、文明家庭、文明校园创建，深化诚信建设、文明交通、文明旅游、文明餐桌等行动，不断提升区域文明程度与市民文明素质。深化网络文明建设，引导广大网民养成崇德向善、文明守法的网络行为规范。

第二节　彰显泰州文化特色

推进文化传承创新，弘扬地方特色文化，构建文化共识，进一步提升泰州文化凝聚力、影响力。

推进传统文化传承发展。实施文化遗产分类保护工程，加强文物、考古和历史文化研究，加大对文物保护单位、优秀历史建筑、历史文化街区等保护力度，推进历史文化名城、名镇、名村和传统村落申报与保护管理，推进名镇名村志编纂工作，申报一批全国重点及江苏省文保单位，公布一批市级文物保护单位、一般不可移动文物和历史建筑。建立健全非物质文化遗产名录体系和传承机制，积极做好国家级非遗项目名录、第六批省级非遗项目名录及市级各类非遗申报。开展非物质文化遗产项目传承、体验、传播，推进非物质文化遗产生产性保护，加强传统工艺的传承、保护、开发、创新。

融入大运河文化带建设。坚持以文化和生态保护为引领，全面推进古盐运河文化带建设，打造传承和展示江海文化、三水古郡、泰州精神的多彩运河。统筹推进文化旅游融合、历史风貌复兴、航运水利发展和岸线空间优化，建设“一园两片区多节点”的国家文化公园。实施一批运河遗址遗迹的修复、重建与改造工程，修复老海陵仓、文天祥诗碑园（松柏园）等遗迹，加快泰来面粉厂工业遗址、天目山遗址等项目建设。创作一批运河题材精品力作，举办运河文化系列活动，传承展示历史文化价值。加强与上游扬州、下游南通合作共建，共同实施生态区域保护、文旅品牌塑造等工程。

专栏14　“一园两片区多节点”的国家文化公园

一园：凤城核心展示园。

两片区：运河流经的海陵老城区和姜堰老城区。

多节点：泰州学派文化传承园、泰州近现代民族工业遗址文化园、国医健康文商旅街区、泰州古盐运河博物馆、泰州医药健康文化会展中心等重要节点。

打造城市文化标识。深化梅兰芳艺术、泰州学派、里下河文学、郑板桥书画等四大特色文化品牌建设。筹建梅兰芳京剧团，创新举办梅兰芳艺术节，设立梅兰芳艺术奖，组织“百梅争艳”展演活动，升级改造泰州梅兰芳纪念馆。项目化运行泰州学派研究中心，持续举办泰州学派学术峰会，评选泰州学派“王艮学术奖”，建设泰州学派文献馆。打造里下河文学流派，持续召开全国研讨会，成立里下河文学院，筹建里下河文学馆，办好“施耐庵文学奖”。放大郑板桥书画名家效应，举办郑板桥艺术节，设立“郑板桥艺术奖”，举办郑板桥全国书法美术大赛。推进长江文化保护传承弘扬，探索长江文化创造性转化，推动“春江花月夜”文化主题公园建设，建好凤城河旅游长廊，改造提升海军诞生地纪念馆，建设令人向往的“幸福水天堂”。

第三节　丰富公共文化产品供给

坚持“百花齐放、百家争鸣”基本方针，加强文化精品创作生产，提升公共文化服务水平，让人民享有更丰富、高质量的精神文化生活。

构筑文艺精品创作高地。加强文艺精品创作生产，紧扣建党100周年等重要时间节点，推出更多反映时代新气象、讴歌人民新创造的文艺精品。建立健全科学合理的文化产品评价体系和文艺创作扶持奖励机制，进一步加大对优秀作品和人才的资助力度，激发全社会创作热情。推进舞台艺术繁荣发展，确立一批传统戏曲传承基地，推出一批优秀剧目。加强网络创作平台建设，创新网络文艺服务管理，引导网络文艺工作者讲好百姓身边日常故事，弘扬主旋律，传播正能量，推动生产更多网络文艺精品。扩大文化领域开放，促进地方原创文化交流，统筹办好重大品牌文化节庆活动。

提升公共文化服务水平。加快城乡公共文化服务一体化建设，健全公共文化服务体系和基层文化设施网络，推进基层公共文化资源有效整合和统筹利用。建立基本公共文化服务需求分析、评估反馈和动态调整机制，促进供需精准对接。推进“互联网+”公共文化服务，加快智慧博物馆、数字档案馆等平台建设，提升公共文化服务数字化水平。办好“百姓社区科普大学”，推进农家书屋提档升级。建立政府向社会购买公共文化服务制度，鼓励社会力量通过兴办实体、资助项目、赞助活动、提供设施等形式参与公共文化服务，支持民办博物馆、美术馆发展。提升文化设施利用水平和公共文化服务效能，推动更多公共文化设施资源为基层服务、向社会开放。加强文化重点领域改革，理顺政府和公益性文化事业单位之间的关系，积极探索管办分离的有效形式。

丰富群众精神文化生活。实施文化惠民券工程，广泛开展"我们的中国梦——文化进万家"、科技文化卫生"三下乡"等群众性文化活动，常态化组织"文化百场""百姓大舞台"等惠民文艺演出。持续举办水城水乡国际旅游节、靖江文艺节、施耐庵文学节、千垛菜花节、红粟文化节、溱潼会船节等品牌节庆活动，不断提升活动覆盖面和社会影响力。深化"书香泰州"建设，倡导全民阅读，打造一批最美城市书房，办好胡瑗读书节。举办各类书法、美术、摄影、"非遗"展，组织广场演出、公益电影、民俗展示等活动，不断提升百姓文化生活品质。

第四节 发展文化产业

坚持把社会效益放在首位、社会效益和经济效益相统一，完善文化产业规划和政策，不断提升文化产业增加值占地区生产总值比重。到2025年，文化产业增加值占地区生产总值比重达5%。

加快传统文化产业转型升级。进一步壮大国有文化企业，促进出版发行、工艺美术、文化娱乐、舞台设备制造、互联网上网服务等传统产业加快结构调整，创新发展模式，增强内生动力。做强优势产业，强化乐器、油墨等在国内同行业中的领先地位。鼓励文化能人、创客自主创业，推动演出、娱乐、艺术品展览等传统业态实现线上线下融合。重点聚焦电影全产业链发展，构建区域化电影生产基地，打造电影企业集聚、产业链完整、具有重要影响力的电影产业重镇。

推动文化产业融合发展。实施"文化+"战略，促进文化产业与科技、体育、农业、旅游、服务业、制造业等产业的融合发展。强化文化科技支撑，培育发展动漫游戏、网络视听、移动多媒体、高科技文化装备、数字出版、艺术品网络交易等文化科技融合业态，推动数字文化高质量发展。加快推进文化旅游融合发展，规划建设一批非物质文化遗产、民俗节庆、特色展览和文化休闲场所，打造一批具有较强影响力的文化旅游项目。用好各类文化资源数据库，积极稳妥推进文化创意产品开发，推进物联网技术与文化创意产业融合。

促进特色文化产业发展。发挥文化产业发展专项资金撬动引导作用，支持特色文化企业开展项目建设、产业升级、技术创新、市场开拓、创意设计、人才培养等。放大"中国吉祥文化之乡"效应，推动吉祥文化与传统产业融合并进，打造"百姓日用"吉祥文化产业系列产品，培育形成具有泰州特色的吉祥书画、吉祥旅游品、吉祥家装品、吉祥工艺品、老行当吉祥日用品等"吉祥文化"产业集群。围绕文创产品开发和文化旅游，建设数个文化特色小镇。

强化文化产业载体建设。加快泰州文创园、黄桥乐器产业园等重点文化园区建设，推动文化产业集约化、规模化和专业化发展。扶持发展众创空间和文化创意街区，发挥其孵化、服务功能，培育特色中小微文化企业和个人工作室，支持文化创意企业向专、精、特、新发展。壮大文化市场主体，重点培育一批关联度大、技术水平高、创新能力强、具有国际国内竞争力的骨干文化企业，增强文化产业整体实力和市场竞争力。坚持重大项目带动，招引和建设一批投资规模大、辐射作用强、能够优化生产布局和产业结构的旗舰型文化产业项目。合理利用图书馆、博物馆、美术馆等公共文化空间，发展城市书吧、艺术培训等小型文化项目。加强文化行业组织建设，积极发展文化市场中介服务机构。

第十章 增进民生福祉 共同创造人民群众高品质生活

坚持人民至上，聚焦习近平总书记对民生工作"八个更"要求，推进民生幸福十大行动，落细落实"民八条"措施，建立健全主动发现和解决民生问题新机制，塑造"泰"系列民生服务品牌，推进国家基本公共服务标准化综合试点，在民生领域探索建立以任务清单化为重点的工作目标体系、以人民群众满意度为重点的考核监测体系，不断提高人民生活品质。

第一节 提高就业质量和收入水平

坚持经济发展就业导向，开展就业创业促进行动，提高低收入群体收入，扩大中等收入群体，在推进共同富裕上走在前列。

促进多渠道就业创业。实施就业优先政策，加强就业政策与财税、产业、外贸、人才、教育、社保等政策相互衔接，稳定扩大就业岗位。鼓励发展服务业，因地制宜发展劳动密集型产业，充分发挥民营企业、中小微企业吸纳就业的主渠道作用，扩大就业容量。突出重点群体就业帮扶，促进高校毕业生、退役军人、农村转移劳动力、返乡农民工等群体就业。发挥公益性岗位托底安置作用，帮扶残疾人、零就业家庭成员就业。健全就业服务和创业扶持体系，完善促进创业带动就业、多渠道灵活就业机制，建成一批创业孵化基地、大学生创业园。到2025年，新增城镇就业人员累计30万人，城镇调查失业率控制在5%以下。

加强职业能力建设。健全终身职业技能培训制度，实施职业技能提升行动、重点群体就业能力提升行动，支持开展订单式培训、项目制培训，全面推行企业新型学徒制。加强高技能人才培训基地、公共实训基地、创业培训（实训）基地等载体建设，鼓励引导企业、社会各类优质资源兴办职业技能培训机构。完善培训绩效评估体系，推行职业培训全方位监管。完善技能评价制度与技术工人晋升激励机制。

优化公共就业服务。健全公共就业服务体系，开展公共就业创业服务示范城市和充分就业社区建设。加强重点企业跟踪服务和登记失业人员分级分类服务，构建精准识别、精细分类、专业指导的公共就业服务模式。加大购买基本公共就业服务力度，提升市场化社会化就业服务水平。加快发展人力资源服务业，建设人力资源服务产业园，实施人力资源服务行业促就业专项行动。加强就业风险监测预警，有效防范化解规模性、结构性失业风险。健全劳动关系协商协调机制、劳动人事争议仲裁案件多元处理机制，完善仲裁制度。

*积极增加居民收入。*完善工资决定和合理增长机制，强化工资性收入和企业效益协同，稳定增加工资性收入。鼓励创新创业，支持富民产业和中小微企业发展，更多增加居民经营性收入。丰富居民投资方式，拓展依靠合法动产和不动产获得收入的渠道，增加财产性收入。完善社会保障体系，推进基本公共服务均等化，提高转移性收入水平。增加劳动者报酬，提高职工工资占地区生产总值和企业收益比重，健全最低工资标准调整机制。完善二次分配制度，调节过高收入，提高低收入群体收入水平。发挥第三次分配作用，支持慈善等公益事业发展。扩大中等收入群体，落实省定中等收入群体壮大行动。缩小城乡之间收入差距，加快共同富裕步伐。

第二节　推动教育强市建设

聚焦“办好人民满意的教育”主题，加强师德师风建设，培养德智体美劳全面发展的社会主义建设者和接班人。实施新时代立德树人、高质量教育体系建设、教育体制机制改革和教师队伍建设等四项工程，推进优质教育普惠行动，加快教育现代化进程，显著提高教育综合实力、整体竞争力，不断提升人民群众的教育获得感和满意度。

*推进基础教育优质均衡发展。*推进学前教育优质普惠发展，全面落实幼儿园配建标准，完善学前教育发展保障机制，构建“公益普惠为主、公办园为主、公共财政为主、公办教师为主”的学前教育公共服务体系，公办园全额事业编制教师占比达50%以上，制定并落实幼儿园生均财政拨款标准。完善城乡义务教育一体化发展保障机制，合理布局义务教育资源，加强学校标准化建设，持续扩大城镇义务教育学位供给，实现城乡常住人口基本公共教育服务均等化全覆盖，促进全域义务教育优质均衡发展。推动普通高中教育优质特色发展，进一步扩大普通高中资源总量，提高学位供给水平，扩大优质特色高中资源覆盖率，全面加强高品质示范高中和四星级高中建设，建成一批省内一流、国内有影响的普通高中。全面提升特殊教育整体水平，实现适龄残疾儿童少年教育全覆盖。推进集团化办学，实施“名校+”战略，进一步扩大优质教育资源覆盖面。推进素质教育，进一步加强中小学体育美育和劳动教育。积极发展线上教育，打造“泰金课”品牌工程，提升教育信息化水平。依法规范民办教育发展和校外培训机构管理。

*推动职业教育产教融合发展。*实施职业教育扩容提质工程，构建与经济社会发展需求相适应、产教融合、灵活多样的职业教育与培训体系，推进产教融合型企业认证，提高专业结构和产业结构吻合度，引导支持企业与学校共建共享教育、教学、实训、培训设施，全面实施校企协同育人。广泛开展职业教育评价，实施职业教育质量年度报告制度。完善职业教育人才培养体系，全面推广中高职分段培养的人才培养模式。支持职业学校联合高校、行业骨干企业共建产教联盟，积极发展中高职衔接的职业教育集团，支持泰州技师学院创建省重点技师学院。

专栏15　优质教育普惠行动

推动各级各类教育优质均衡发展，新建幼儿园100所，新（改扩）建义务教育学校100所，新创高品质高中1–2所，新创四星级普通高中2–3所，建成省领航中等职业学校3所。到2025年，普惠性幼儿园覆盖率保持在85%以上，省、市优质幼儿园覆盖率达90%以上，义务教育学校达到省定标准比例达　100%，优质普通高中教育覆盖率达100%。

*推进高等教育高质量特色发展。*推动高等教育内涵建设和高质量发展，引导高校科学定位、特色发展，建立以应用型、技术技能型为主的高等教育体系。加快南京中医药大学泰州校区建设，推动独立学院完成转设，建设高水平应用型高校。支持有关高校争创省属公办本科高校，积极招引境内外知名高校来泰合作办学，扩大国际办学范围。支持泰州学院硕士学位授权点建设和学科专业建设，支持泰州职业技术学院创建省高水平高职院校，支持高校与科研院所、行业企业在培养目标、培养方案、教学保障、资源共享等方面建立协同育人机制。依托高校建设一批引才、聚才创新载体。

*健全终身教育体系。*鼓励各级各类学校、社区教育机构、行业企业和各类培训机构开展继续教育，完善学习服务机制，建立泰州开放大学，探索覆盖全市、运行有序、服务高效的开放大学办学系统。充分利用各类终身学习平台，广泛开展社区教育，积极发展老年教育、农村成人教育，加快建设全民学习、终身学习的学习型社会。完善优秀教育人才引进和激励机制。

第三节　提升健康服务水平

把保障人民健康放在优先发展的战略位置，坚持预防优先，按照问题导向深化健康城市建设，推进医疗水平提升行动，健全医疗服务和公共卫生服务“两大体系”，加快实现以治病为中心向以健康为中心转变，增强人民群众健康获得感。

*健全完善公共卫生服务体系。*持续推进健康城市建设，争创世界卫生组织健康城市最佳实践奖。加快构建与经济发展水平相匹配、与人民群众健康需求相适应、关键时刻支撑应急需要的公共卫生体系，保障公共卫生安全。改革完善疾病预防控制体系，推进市和市（区）两级疾病预防控制中心现代化建设，健全基层疾病预防控制网络，建立健全疾病预防控制中心与医院、基层医疗卫生机构“三位一体”的医防协同机制。广泛动员群众参与爱国卫生运动，实施健康知识普及行动，加强市和市（区）两级健康科普基地建设。强化重大疾病综合防控，制定落实重大传染病防治计划，实施地方病、血吸虫病攻坚行动，开展慢性病综合防控示范区

建设。加强重点人群健康管理，实施母婴安全行动计划和妇幼健康保障工程，全面建成妇幼健康规范化门诊，推进健康促进学校建设，组织实施“夕阳红”关爱行动。完善精神卫生综合管理机制，建立健全社会心理服务体系，强化心理危机干预和心理援助。完善突发公共卫生事件监测预警机制，健全重大疫情防控救治、应急物资保障、科技支撑、法制保障体系，提高应对突发公共卫生事件能力。

健全完善医疗服务体系。实施基层医疗卫生机构建设提升工程，建成农村区域性医疗卫生中心6家，全面完成市域17家医疗卫生中心规划建设任务。增强医院综合服务能力，建成一批三级综合医院、中医院，实现全市域县级中医院三级乙等全覆盖。加强危急重症救治能力建设，理顺全市采供血管理体制，提升市急救中心运行效率，市和市（区）三级医院全面建成省级或市级胸痛、卒中、创伤、高危孕产妇、新生儿危急重症救治中心。加强与省内外大医院合作，提升重大疾病诊疗水平。加强专科医院、临床重点专科建设。加强专业人才队伍建设，实施高层次人才引进培养计划。在推动中医药传承创新上争当表率，培育一批名医、名科、名院。加强基层医疗卫生机构中医药适宜技术推广应用，市和市（区）三级中医院全面建成中医药经典病房。实施改善医疗服务行动计划，全面改善群众看病就医感受。发展智慧医疗，建成“泰康云”“基卫云”、健康泰州App项目和市域网上会诊中心。

健全完善综合监管体系。加强卫生健康执法监督体系建设，深化市区综合监管体制改革，构建市、市（区）、乡镇（街道）三级综合监管网络。积极运用信息技术提升监管效能，推进卫生健康执法监督机构现代化建设。完善医疗服务质控体系建设，强化医疗机构临床技术应用、医务人员诊疗服务行为监管，实施“蓝盾卫健”系列专项整治，规范开展医疗服务质量评价。健全公立医疗机构审计监督机制，全面落实公共卫生服务项目和公立医疗机构绩效考核制度。建立健全医疗卫生行业信用体系，强化医疗卫生行业自律。

深化医药卫生体制改革。深化分级诊疗制度改革，推进紧密型医联体和医共体建设，完善医联体、医共体管理运行、分工协作、防治康协同、资源共享机制，加快建设重点专科联盟，建成泰州市域医疗协作网。健全现代医院管理制度，实施院长年度和任期目标责任考核。深化公立医院人事薪酬制度改革，实行人员编制备案管理，全面落实备案制人员与编制内人员同岗同酬，探索推行院长年薪制和高层次人才、特殊岗位人才年薪制或协议工资制。支持社会力量办医。深化医疗服务价格改革，建立医疗服务价格动态调整机制。

专栏16　医疗水平提升行动

重点项目：全面建成市妇幼保健院（儿童友好医院）、市第五人民医院、市第六人民医院、市人民医院新区医院二期工程和市中医院二期工程，改造建设市肿瘤医院、市口腔医院、市老年病医院和市康复医院，开工建设市中西医结合医院和市第三人民医院新址医院，全面建成靖江市、泰兴市、兴化市、姜堰区妇幼保健院新址医院和海陵区公共卫生服务中心。

医疗机构提升工程：泰兴市人民医院创建成三级甲等综合医院，市第四人民医院创建成三级乙等综合医院，启动靖江市人民医院三级甲等和泰兴市第二人民医院三级乙等综合医院创建；姜堰中医院创建成三级甲等中医院，泰兴市和兴化市中医院创建成三级乙等中医院。

临床重点专科发展工程：力争创成省级临床重点专科20个、国家级中医重点专科2个、省级中医重点专科10个，培育全省领先的优势重点专科2个。

第四节　增强社会保障能力

坚持“全覆盖、保基本、多层次、可持续”方针，以增强公平性、适应流动性、保证可持续性为重点，推进基本民生保障行动，稳步提高社会保障水平，织密社会保障网，帮助群众解决实际困难，兜住兜牢基本民生保障底线。

完善社会保险制度。实施全民参保计划，完善适应新就业形态的社保缴费政策和运行机制，加快法定人群社会保险全覆盖。夯实企业职工基本养老保险省级统筹制度，稳步落实全国统筹制度。落实职工基本养老金合理调整机制，稳步提高退休人员基本养老保险待遇水平，健全城乡居民基本养老保险待遇确定和基础养老金正常调整机制。支持发展个人储蓄型养老保险和商业养老保险，完善多层次、多支柱养老保险体系，落实渐进式延迟法定退休年龄政策。健全工伤保险制度，推进失业保险制度改革，合理提高失业保险和工伤保险待遇水平。完善被征地农民社会保障政策。全面落实职业年金制度，鼓励有条件的用人单位建立企业年金。建立健全社保基金风险防控体系。到2025年，城乡基本养老保险参保缴费率达92%以上。

完善医疗保障制度。加快建立覆盖全民、城乡统筹、权责清晰、保障适度、可持续的多层次医疗保障体系，建立筹资标准与经济社会发展水平和居民人均可支配收入挂钩机制，进一步优化个人缴费和政府补助结构，强化基本医疗保险、大病保险与医疗救助三重保障功能，鼓励发展补充医疗保险，完善统一高效的医疗救助制度，建立防范和化解因病致贫返贫长效机制。协同推进医药供给侧改革，全面建立药品医用耗材阳光采购制度，形成竞争充分、价格合理、规范有序的供应保障体系。高标准规划建设市级集中统一的医疗保障信息化平台，探索推进市级以下医疗保障部门垂直管理。

发展社会救助和福利慈善事业。统筹完善社会救助、社会福利、慈善事业等制度。深化社会救助体制改革，增强社会救助兜底保障能力，构建以基本生活救助、专项救助、急难社会救助为主体，社会力量参与为补充的分层分类救助制度体系。完善最低生活保障制度，健全各类困难群体认定办法，开展分层分类、阶梯递进的精准社会救助。落实城乡低保标准动态调整机制，总体补差水平达60%以上。完善农村留守儿童和妇女关爱服务体系，健全残疾人帮扶制度。发展社会福利、慈善和红十字事业，完善政策法规体系和组织法人治理结构，构建组织化、专业化、多元化的现代发展格局。

增强住房保障能力。完善公共租赁住房保障，扩大保障性租赁住房供给，坚持实物保障与租赁补贴并举，为符合条件的城镇住房困难家庭和新就业无房职工、城镇稳定就业的外来务工人员提供公租房保障。规范发展住房租赁市场。稳步推进棚户区改造，基本完成现有城镇棚户区改造，加快城中村、农村危房改造，支持老旧小区改造提升，有序引导新建小区建设提标，积极打造一批宜居社区、绿色社区、完整社区。稳步开展人才安居工程，在人才集聚重点区域，规划建设人才住房、人才公寓，解决符合条件的新引进人才住房问题。坚持房子是用来住的、不是用来炒的定位，促进房地产市场平稳健康发展。

第五节　推进体育强市建设

推进体育为民突破行动，加快新时代体育强市建设，全面提高体育设施、群众体育、竞技体育和体育产业发展水平，持续提高人民群众身体素养和健康水平，不断提升体育对经济社会发展的贡献度。

办好第二十届省运会。统筹考虑赛事需求、赛后利用和环境保护等因素，科学规划、精心设计，积极吸引社会资本，高标准建设2022年省运会比赛场馆，重点推进市体育公园建设，确保各类场馆满足赛事要求。按时优质高效完成省运会各项筹办任务，推进省运会赛事组织、志愿者队伍建设，建立保障有力、运转高效的赛事组织管理体系和工作机制，确保省运会有序进行，努力办出一届高水平、有特色的省运会，充分展示泰州办赛能力和水平。

打造品牌体育赛事活动。办好“铁人三项”亚洲杯赛、泰州马拉松赛、“我爱祖国海疆”全国青少年海模系列赛事、凤城河公开水域游泳比赛等国家级、洲际、国际赛事。持续办好全民健身运动会，打造健康江苏健步走、全民健身大联动等品牌活动，支持各地依托地域人文特色和自然资源禀赋打造精品赛事。推行《国家体育锻炼标准》和群众运动等级评定制度，完善业余体育竞赛体系。积极创新体育赛事开发和推广模式，鼓励企业和社会组织承办各类体育比赛。

构建全民健身服务体系。统筹配置公共体育资源，优化综合性体育场馆、健身中心布局，推进全民健身“六个身边”工程建设，充分利用城乡边角地、老旧街区、闲置厂房等新（改）建健身设施，完善城市街头绿地、广场、沿河绿化带嵌入式体育设施，推进基层体育场地建设，打造城乡“10分钟健身圈”。因地制宜构建布局均衡的体育公园群，到2025年，全市打造100个各具特色的体育公园。推动体育资源共建共享，推动公共体育场馆和学校体育场地、机关企事业单位体育设施向社会开放。拓展体育公共服务体系，通过线上“智慧体育”、线下“体育为民驿站”和体育公共设施维保三张网，有机串联群众健身、体质测试、健康指导、便民服务等功能。创建全国全民健身模范市。

营造良好体育消费环境。统筹规划体育产业发展，构建层次丰富、特色鲜明、功能互补、集约发展的体育产业体系。加快构建与“药医养食游”相适应的大健康体育产业体系，打造具有国际竞争力和地方特色的体育服务集聚地。推动体育用品制造业转型升级，引导企业向专、精、特、新方向发展。培育壮大体育服务业内容、业态和商业模式创新，支持中国智力运动（泰州）产业基地发展，高标准建设市水上运动中心（兴化陈堡草荡）项目。加强市民日常健身活动服务管理，引导广场舞等健身活动有序开展。加强社会体育指导员培养，引导市民培育体育健身观念、养成体育消费习惯。开展青少年体育活动，增强青少年体质健康水平。提高市民体质监测水平，积极开展国民体质测定。到2025年，城乡居民体质监测合格率达94.5%。

第六节　促进人口长期均衡发展

把握人口发展趋势，完善生育支持体系，积极应对人口老龄化，加强人口服务管理，保障各类群体合法权益，促进人口结构优化，加快实现人口长期均衡发展与家庭和谐幸福。

构建生育友好型社会。全面实施优生促进政策，加强孕妇产前筛查和新生儿疾病筛查，多途径加强出生缺陷干预。强化危重孕产妇、新生儿救治能力和产前诊断筛查能力，鼓励有条件的妇幼保健机构扩展强化产科、儿科、中医科等服务功能。提高优生监测、生殖健康、妇幼保健等健康技术水平。优化生育配套政策，完善生育津贴和保险制度，发展婴幼儿照护服务，建立健全普惠安全的公共托育服务体系，降低家庭养育子女成本。

积极应对人口老龄化。推进养老服务补短行动，积极构建养老、孝老、敬老政策体系，建立健全基本养老服务清单制度，探索构建居家社区机构相协调、医养康养相结合的养老服务体系和长期照护保障体系。创新养老服务供给，推进智慧养老。推进居家养老和社区养老服务改革试点，优先发展生活照料、家政料理、康复护理、精神慰藉等上门服务。加快推进适老社区建设，培育壮大居家社区和机构养老服务综合体。发展医养结合型老年机构、老年护理院、老年康复医院，支持基层医疗卫生机构开设养老护理、临终关怀病床，开展家庭养老床位试点，到2025年，护理型床位数占养老机构床位数比例不低于60%。积极发展银发经济，鼓励社会资本进入养老服务业，不断满足多元化、多层次养老服务需求。加强老年人权益保障，丰富老年人精神文化需求，建设老年友好型社会。推进市（区）老年活动中心和乡镇（街道）老年大学分校建设。开展老龄劳动力人力资源开发行动，鼓励老龄人口回归劳动力市场。

吸引人口落户。深化户籍制度改革，制定差别化落户政策，引导人口有序转移。降低租赁房屋、人才落户、务工人员工作年限等门槛，促进外来人员落户。完善居住证制度，拓展居住证使用功能。制定吸引高校毕业生、留学回国人员等高层次人才落户的鼓励性政策，探索专业技术职称、技能等级落户挂钩政策。进一步简化户口迁移审批流程，推进“互联网+户政服务”实现户籍业务全流程一网办。

推动重点群体共享发展。优化妇女儿童发展环境，依法保障妇女儿童各项权益。加强女性职业技能培训，促进妇女创业就业。加大儿童基本公共服务供给，健全儿童安全保护体系，建设儿童友好城市（社区）。突出农村留守妇女儿童、单亲母亲、老年贫困妇女等重点人群，建立健全关爱服务体系。实施青年优先发展促进工程，完善青年发展政策体系，营造有利于青年发展的良好环境。健全残疾人社会保障和服务体系，完善残疾人扶助政策，提高残疾人发展能力。贯彻落实《退役军人保障法》，健全退役军人服务保障体系，推进市域退役军人事务治理现代化。加强新一轮全国双拥模范城（县）建设，积极营造“军爱民，民拥军”良好氛围。加强流动人口管理和服务，创造条件促进来泰人员全面融入城市、街道（乡镇）、社区（村）。

第十一章 深化改革开放 激发现代化建设动力活力

坚持向改革要动力，强化系统集成、协同高效意识，推动各项改革向纵深推进，打造一流的营商环境和市场竞争环境，进一步扩大双向开放，增强经济社会发展动力活力。

第一节 建设高标准市场体系

充分发挥市场在资源配置中的决定性作用，更好发挥政府作用，健全要素市场体系。推进要素市场制度建设，打破区域壁垒和城乡二元结构，促进土地、劳动力、资本、技术、数据等要素跨区域、跨城乡自由流动，实现要素价格市场决定、流动自主有序、配置高效公平。

完善要素市场化配置机制。深化产业用地市场化配置改革，推进先租后让、弹性年期供应、作价出资（入股）等工业用地供应方式改革，探索建立推动产业集群发展，促进实体经济区域协调发展的供地模式。深化“亩均论英雄”改革，完善综合评价大数据平台，实行差别化要素配置政策，促进资源要素节约集约利用。加快劳动力和人才社会性流动体制机制改革，建成市、市（区）两级互联互通的人力资源市场，推动人力资源服务行业发展。推进资本要素市场化配置，提升金融服务实体经济能力。加快完善技术要素市场，支持“泰科易”等技术交易平台发展，创新投贷联动、投保联动等新模式，促进技术要素与资本要素融合发展。培育发展数据要素市场，推进政府数据开放共享、提升社会数据资源价值。

完善市场体系。深化产权制度改革，健全归属清晰、权责明确、保护严格、流转顺畅的现代产权制度。全面落实公平竞争审查机制，统筹负面清单和正面清单管理，推动“非禁即入”普遍落实，规范市场交易行为，提高违法成本。加强和改进反垄断和反不正当竞争执法，防止资本无序扩张。完善要素交易规则和服务，加强要素交易平台建设，支持各类所有制企业参与平台建设，推动各类要素信息平台和交易平台整合升级，推广全流程电子化交易。健全生产要素由市场评价贡献、按贡献决定报酬的机制，完善建设用地基准地价、劳动力薪酬等价格调查和信息发布制度，引导市场主体依法合理行使要素定价自主权，推动政府定价机制由制定具体价格水平向制定定价规则转变。

第二节 激发各类市场主体活力

深化国资国企改革。坚持和加强党的全面领导，推动国有企业党建工作与生产经营深度融合。进一步明晰国资国企发展定位，聚焦主责主业发展实体经济，推动国有资本向公共服务、基础设施和战略性新兴产业领域集中。优化国有资本布局结构，提高配置效率。加快完善法人治理结构，健全激励约束机制，深化劳动、人事、分配三项制度改革，全面建立董事会向经理层授权的管理制度，增强国有企业市场竞争力。深化混合所有制改革，建立混改项目清单管理制度。探索成立国有资本投资运营公司。提高国有资产证券化水平，实现泰州国企主板上市零突破。建立健全以管资本为主的监管体系，提高监管的系统性、针对性、有效性。

推动非公经济发展。坚持各种所有制经济平等保护，建立健全支持非公经济高质量发展的制度体系，废除对非公经济的各种不合理限制，消除隐形市场壁垒，保护各类所有制市场主体平等参与市场竞争，平等使用生产要素，同等受到法律保护。弘扬重商亲商文化，营造激励企业家干事创业的浓厚氛围，高度重视个体工商户发展，依法平等保护民营企业产权和企业家权益。培育新生代企业家，引导非公经济健康发展、非公经济人士健康成长，打造让企业家、创业者安心干事创业的发展环境。

第三节 推进财税金融体制改革

完善财税体制改革。深化预算管理制度改革，实行全口径预算管理体系，建立全过程预算绩效管理链条。优化政府间事权和财权划分，增强基层公共服务保障能力。优化财政支出结构，规范财政支出管理，推进财政支出标准化，坚决压缩一般性支出，做好重点领域保障。加强政府债务管理，加大新增债务管理力度。清理规范税收等优惠政策，建立税收风险管理体系。深化投融资体制改革，加强政府投资统筹管理，完善政府投资范围动态调整机制。建立政府投资基金，发挥引导和服务功能，创新支持实体经济和科技创新方式。完善政府和社会资本合作联动机制，规范有序推进政府和社会资本合作模式。

深化金融支持产业转型升级改革。健全产融综合服务网络，提升产融综合服务中心、首贷服务中心运行水平，推广“股权投资+银行信贷”金融支持模式。抢抓资本市场改革机遇，完善多层次资本市场服务体系，促进金融资本、科技创新和人才创造高水平融合，提高金融供给的适配性、普惠性和易用性。打造“科创+资本+平台”联动发展模式，深化“凤城合伙人”品牌建设，建设科创企业培育库、股权投资机构库，形成科创企业对接资本市场的多层次培育体系。

第四节　加快转变开放型经济发展方式

对接全球更高水平的投资和贸易规则体系，推进外商投资和对外投资管理体制改革，推动更大范围、更宽领域、更深层次的对外开放，更好促进要素流动和资源集聚。

提高利用外资质量效益。突出产业链招商，围绕主导产业，加大对世界500强以及全球细分行业"隐形冠军"、高科技"独角兽"企业招引力度，鼓励外资通过跨国并购、离岸业务等方式参与整合产业链。创新开展驻点招商、展会招商、以商招商、中介招商、资本和技术招商等多元化招商方式，提高招商活动精准度。优化外资结构，推动利用外资从中低端环节向高端环节转变，在引进资本的同时，加大技术和人才引进力度。扩大服务业和先进制造业开放，吸引优质外资投向战略性新兴产业、金融、医疗、养老、教育、文旅等领域，支持现有外资企业增资扩股和转型升级，促进内外资创新融合发展。"十四五"期间，累计实际利用外资100亿美元。

增强贸易竞争新优势。厚植贸易发展的产业基础，推动船舶、医药、机电、动力机械等现有外贸转型升级基地发展，扩大高技术、高质量、高附加值产品出口规模，打造具有泰州特色的外贸产业集群。提升外贸企业市场竞争力，鼓励龙头企业争创品牌，建设海外营销服务网络，支持出口产品转内销，拓展国内国际两个市场。优化对外贸易市场布局，继续深耕发达经济体等传统市场，开展面向"一带一路"沿线国家的贸易促进活动，提升新兴市场比重。优化贸易商品结构，推动传统代工型外贸企业逐步向研发、设计、核心器件制造等环节升级。培育壮大跨境电商等新业态，积极发展海外仓、进口交易中心。发展服务贸易，培育壮大国际维修与保养、新能源新材料研发、中医药服务、数字贸易等重点领域，争创中国服务外包示范城市、国家中医药服务出口基地。

拓展"走出去"新空间。引导企业更好地利用两个市场、两种资源，积极开展国际产能和装备制造合作，参与全球产业链价值链重塑。提高境外投资的质量和效益，支持有条件的企业建立境外贸易、投融资和生产服务网络，构建全球价值链网络，逐步打造具有国际知名度和影响力的本土跨国公司。推进与东盟等地区产能和装备制造深度合作，探索国际合作园区新途径，支持中日国际合作园区建设，鼓励其他有条件的开发区开展国际合作。提升"走出去"服务水平，健全预警与风险防范机制，完善信息共享、咨询服务、投资合作促进机制等载体平台建设。

积极打造江苏自贸区联动发展区。借鉴移植上海自贸试验区、南京江北新区等先行先试可复制经验，依托医药高新区（高港区）争创江苏自贸试验区联动发展创新区，复制推广江苏自贸区促进医药产业发展的相关政策和制度。开展自贸试验区医疗健康领域改革试点，创建药品进口口岸城市，建设医药健康产业对外开放的先行区、高端要素的承载地。探索建立自贸区协作区，构建与国际通行规则相适应的投资贸易制度。

第五节　提升开发园区载体能级

在开发园区体制机制改革上争做示范，完善载体功能，增强人才、资金、技术等要素保障，形成经济技术开发区、高新技术产业开发区和综合保税区功能配套、互动发展的良好格局。

深化园区体制机制改革。优化管理架构、运行模式和发展质态，按照分类施策、因园制宜的要求，以"两集中三剥离"为重点，积极稳妥推动园区去行政化改革，建立科学规范的管理架构、精简高效的运营模式、充满活力的人事薪酬制度，实现扁平化管理、公司化运营、市场化运作、专业化服务。"十四五"期间，各类园区全面实现专业化、特色化发展。

专栏17　园区改革之"两集中三剥离"

两集中：人员和资源向招商一线集中、向服务一线集中。

三剥离：非主营业务逐步剥离，围绕主导产业塑造特色、强化特色，从一般园区向特色园区、专业园区转型发展；非产业化功能加快剥离，把社会管理、民生事业、基础设施建设、生态绿化等剥离出来，专注于产业发展和经济建设；非必要办事机构坚决剥离，围绕项目建设和产业发展，重新设置内部机构，实行公司化、企业化模式。

提升园区发展能级。持续开展"三比一提升"活动，引导重点园区围绕产业链开展精准招商，推动项目向园区集中、企业向园区集聚。到2025年，重点园区净增税收500万元以上企业、新开工5亿元以上产业项目分别达100个和300个，园区实际利用外资和经济总量占比分别提高到85%和58%。加强园区基础设施和服务配套建设，完善研发设计、危废处理、物流金融等公共服务平台，提高园区吸引力和综合承载力。加强乡镇工业集中区整合、提升，促进集聚集约发展。支持泰兴经济开发区、泰州港经济开发区、姜堰经济开发区等创建国家级经济技术开发区，支持有条件的园区创建国家级高新技术产业开发区。提高综合保税区运行质态，鼓励开展保税研发、保税检测维修、跨境电商等创新业态，打造具有自身产业特色的综合保税区。提升泰州综合保税区和靖江保税物流中心（B型）发展水平，创造条件争取设立高港、泰兴保税物流中心（B型）。

第六节　打造市场化法治化国际化营商环境

坚持市场化、法治化、国际化导向，加快转变政府职能、创新体制机制、强化协同联动、完善法治保障，为各类市场主体营造稳定、公平、透明、可预期的良好环境。

深化行政管理体制改革。以高效市场、有限政府为目标，坚持激发市场活力和加强市场监管相结合，加快建立符合社会主义市场经济规律、适应现代治理体系要求的政府服务管理模式。加快完善依法行政制度体系，推进行政决策科学化、民主化、法治化，坚持严格规范公正文明执法，全面提高政府工作人员法治思维和依法行政能力。强化政务公开，落实国务院《政府信息公开条例》，以公开为原则、不公开为例外，按照公开、公平、公正的原则，明确行政审批的条件、程序，建立便于公民、法人和其他组织监督的制度。

纵深推进“放管服”改革。加大简政放权力度，实施精准赋权、定向赋权，把审批权直接配置到基层、前沿。探索开展“一业一证”改革，对涉企经营许可证分别按照直接取消审批、审批改为备案、实行告知承诺、优化审批服务等四种方式进行改革，让企业准入后尽快开展经营活动。继续推进“一件事”改革，集成办理关注度高、面广量大的高频事项，做到“一件事一窗办一次办”。加快推进政务服务“省内通办”“跨省通办”，打造“不见面审批（服务）”品牌，推进电子证照互认共享应用，推进“一网通办”。加快“互联网+政务服务”向基层延伸，加大数据共享力度，大幅度压减证明、材料；推进民生服务事项进驻各级政务服务大厅，推动更多的民生服务事项在乡镇（街道）、村（社区）就近办理，打造线上线下一体联动、深度融合的政务服务体系。

降低市场主体交易成本。落实减税降费政策，畅通融资政策传导机制，清理规范各类涉企收费，支持并规范各类中介机构发展，为企业降本减负。对照世界银行营商环境评价标准，开展优化营商环境六大专项行动，对企业开办、工程建设项目审批、不动产登记、获得信贷、纳税、获得电力、跨境贸易、合同执行等业务流程进行系统化改造，降低制度性交易成本。

专栏18 优化营商环境六大专项行动

按照市委市政府《关于聚焦企业关切进一步优化营商环境行动方案》，围绕企业投资生产经营等全过程中的“堵点”“痛点”，实施行政审批提速、资源要素保障、惠企政策落地、市场法治护航、城市环境提升、作风效能优化等六大行动。

第十二章 坚持民主法治 推进市域治理体系和治理能力现代化

聚焦市域社会治理现代化试点城市建设，推进社会治理创新行动，高水平统筹发展和安全，积极探索具有泰州实践特点的治理体系和治理能力现代化路径，争创全省平安建设示范区、法治建设先导区、市域社会治理样板区，打造长三角地区最具安全感城市。

第一节 提升法治泰州建设水平

学习贯彻习近平法治思想，认真落实中央《法治中国建设规划（2020—2025）》《法治社会建设实施纲要（2020—2025）》，一体推进法治泰州、法治政府、法治社会建设，让法治成为泰州高质量发展的核心竞争力。

推进社会主义政治建设。坚持和完善人民代表大会制度、中国共产党领导的多党合作和政治协商制度，巩固和发展最广泛的爱国统一战线，全面落实党的知识分子、民族、宗教、侨务等政策，做好对台、港澳工作。健全充满活力的基层群众自治制度，拓宽人民群众反映意见和建议的渠道。创新群众工作体制机制和方式方法，坚持党建带群建、群团共建，注重发挥工会、共青团、妇联等群团组织的作用，把广大基层群众组织起来、动员起来，最大限度凝聚全社会推进改革发展、维护社会和谐稳定的共识和力量。

建设法治泰州。加强党对法治建设的集中统一领导，健全党委领导立法、保证执法、支持司法、带头守法的制度机制，严格落实党政主要负责人履行推进法治建设第一责任人职责。充分发挥市人大及其常委会在立法工作中的主导作用，注重发挥政府在立法工作中的重要作用，紧跟国家立法修法和改革发展进程，坚持立改废释并举，注重彰显地方特色，不断提高立法的质量和效率。紧扣高质量发展要求，加强贯彻中央和省市委重大部署、经济提质增效、全面深化改革、生态文明建设、保障改善民生等重点领域的立法，以良法保障善治。践行立法全过程民主，健全公众参与地方立法机制。加强立法队伍和立法能力建设。健全保证宪法全面实施的体制机制，提高实施宪法水平。深化司法体制综合配套改革，全面落实司法责任制，完善执法司法监督制约机制，坚决守牢公正司法底线。完善刑罚执行制度，构建统一规范的司法执行体系。

建设法治政府。依法全面履行政府职能，推进简政放权，推行清单制度并实行动态管理。严格落实重大行政决策制度，充分发挥法律顾问、公职律师在重大行政决策中的作用。坚持严格规范公正文明执法，全面推行行政执法公示、执法全过程记录、重大执法决定法制审核等制度。推进行政复议体制改革，规范和加强行政应诉工作。落实领导干部学法用法制度，通过领导干部出庭应诉、参加行政复议听证等多种方式，增强各级政府和领导干部的法治意识，做到法定职责必须为、法无授权不可为。完善审计制度，对公共资金、国有资产、国有资源和领导干部履行经济责任情况实行审计全覆盖。按规定组织开展法治政府建设示范创建。

建设法治社会。建设覆盖城乡、便捷高效、均等普惠的现代公共法律服务体系，推进公共法律服务实体、热线和网络平台建设，开展民主法治示范村创建，深化农村“法律明白人”培养工程，扩大法律顾问制度覆盖面。加强法治队伍正规化、专业化、职业化建设，发展壮大公共法律服务志愿者队伍。完善法律援助制度，建立政府购买公共法律服务机制。健全普法教育机制，精心组织“八五”普法，抓好民法典的宣传实施，增强全社会法治意识和法治信仰，将群众满意度作为检验法治社会建设工作成效的重要指标。

健全完善监督体系。强化对公权力运行的制约和监督，完善党内监督体系，推进政治监督具体化常态化。推动纪律监督、监察监督、派驻监督、巡察监督统筹衔接，推动党内监督与人大监督、民主监督、行政监督、司法监督、审计监督、群众监督、舆论监督有机贯通、相互协调，完善覆盖法治运行全过程的多元监督体系。建立健全权力规范运行有效机制，全面推进党务、政务、司法和各领域办事公开，建立权力运行可询、可追溯的反馈机制。推进党风廉政建设和反腐败斗争，一体推进不敢腐、不能腐、不想腐，构建标本兼治长效机制，巩固发展风清气正的良好政治生态。完善干部任职回避、定期轮岗、离任审计等制度，加强对所有行使公权力的公职人员的监督。

第二节　打造共建共治共享的社会治理新格局

适应社会结构、社会关系、社会行为方式、社会心理等深刻变化，进一步加强和创新社会治理，确保人民安居乐业，社会安定有序。

健全社会治理体制。围绕横向构建共治同心圆、纵向打造善治指挥链目标，进一步完善党委领导、政府负责、群团组织助推、社会组织协同、人民群众参与的体制机制，致力围绕基层党组织构建公共服务圈、群众自治圈、社会共治圈，增强推进社会治理现代化的向心力和制度执行力，建设人人有责、人人尽责、人人享有的社会治理共同体。

创新社会治理方式。强化政治引领、法治保障、德治教化、自治强基、智治支撑，健全党组织领导的城乡基层治理体系，深化拓展“大数据+网格化+铁脚板”社会治理机制，不断提升市域社会治理实效。完善新形势下处理人民内部矛盾有效机制，坚持和发展新时代“枫桥经验”，畅通和规范群众诉求表达、利益协调、权益保障通道，健全“一站式”多元解纷机制，深化党政领导挂钩化解重点信访疑难问题制度，提高信访工作法治化规范化信息化水平。健全社会心理服务体系和危机干预机制，解决普遍性、群体性问题。加快推进市域社会治理现代化综合指挥中心（网格化服务管理中心）建设，构建网格化管理、精细化服务、信息化支撑、开放共享的服务管理平台。

夯实基层治理基础。坚持重心下移、力量下沉、资源下投，加强城乡社区治理和服务体系建设，加强社区工作者、网格员等基层社会治理队伍建设，建立健全富有活力和效率的新型基层治理体系。更大力度向基层放权赋能，把更多行政执法管理和公共服务职权下放到乡镇街道。开展乡村治理示范村镇建设，打造“泰有爱·小巷大爱”社区品牌。加强家庭建设，充分发挥家庭、家教、家风在基层社会治理中的重要作用。

全面建设诚信泰州。推进全市社会信用体系建设，争创全国社会信用体系建设示范城市。完善信用管理制度，加强信用法规和制度标准体系建设，健全贯穿市场主体全生命周期，衔接事前、事中、事后全监管环节的新型信用监管机制。强化政务诚信建设，提升政府公信力。深化个人诚信建设，普及诚信教育，完善个人信用制度，开展个人信用积分评价。促进信用信息应用创新与服务企业和社会公众的有效对接，在管理、融资、交通、医疗、旅游等重点领域创新开发“信易批”“信易贷”“信易行”“信易医”“信易游”等信用惠民便企场景应用。

第三节　建设更高水平的平安泰州

落实总体国家安全观，把安全贯穿于发展各领域和全过程，健全完善平安建设协调机制，提升本质安全水平，创建国家安全发展示范城市。

完善各类风险防控体系。全面深化风险研判、决策风险评估、风险防控协同、风险防控责任“四项机制”，分类健全重大风险预案，提高预测预警能力。健全维护国家政治安全工作体系，坚决防范化解政治安全领域重大风险，筑牢国家安全人民防线。维护意识形态安全，建立网络综合治理体系，建设网络安全态势感知平台、网络安全实训基地，推动设立网络空间安全学院，加强个人信息保护，建立数据安全和数据服务安全审查机制，依法严厉打击网络违法犯罪，建设网络强市。全力保障经济安全，加强经济安全风险预警、防控机制和能力建设，维护重要产业链供应链、重要基础设施等关键领域安全。健全金融风险防控体系，加强与房地产等重点关联领域协同监管，守住不发生系统性风险底线。完善政府债务管理体制，有效防范政府债务风险。前瞻研判防范新一轮科技革命可能引发的安全隐患、观念冲击和风险传导。完善农业风险防控体系，实施优质粮食工程，构建更高层次、更高质量、更有效率、更可持续的粮食储备和应急物资保障体系，加强成品粮油储备，提高保障能力，确保粮食安全和市场供应稳定。建立完善能源安全储备制度，保障正常生产经营和生活需要。防控生物安全、生态安全和重大疫情风险。

全面加强安全生产。完善和落实安全生产责任和管理制度，建立公共安全隐患排查和安全预防控制体系，全面实施工业企业安全生产风险报告制度，坚决遏制较大及以上生产安全事故，持续压降事故起数和死亡人数。深化安全生产专项整治，加强危化品、道路交通、消防等重点行业领域安全风险排查，确保行业发展与保障安全同步推进。系统提升本质安全水平，压实企业主体责任，积极推广新工艺、新设备、新材料，有效降低安全风险，加快安全信息化建设，提高安全管理能力水平。推进化工产业整治提升行动，防控化工（危化品）领域系统性安全风险，提升产业技术支撑服务能力，提高化工产业准入门槛，提升信息化监管水平。

提高公共安全保障能力。防控食品药品安全风险，坚持“四个最严”，健全全链条质量安全保障体系，完善安全事故预案，注重监管能力建设，强化检验检测和风险监测。完善食品安全治理体系，推进省级食品安全示范城市创建工作，实施食品安全放心工程、食品安全“阳光惠民”系列工程，严厉打击食品违法犯罪，到2025年，主要农产品质量安全评价监测总体合格率稳定在97%以上，食品评价性抽检合格率稳定在98%以上。加强药品和医疗器械安全监管，提升疫苗监管水平。发展气象事业，全面提升气象、水文、地质等多灾种和灾害链综合监测、风险识别、预警预报、精准治理水平。

*优化应急管理能力体系建设。*坚持以防为主、防抗救结合，完善事前防范、事中响应、事后恢复并重的应急管理体系。健全重大突发事件应急预案体系，加强应急避难场所建设。强化应急专业队伍力量建设，深化区域应急救援协作。完善战略物资和生产要素协同配置体系，健全物资储备体系。提升公民安全素质和应急意识，健全公民安全教育体系。实施应急管理信息化提升工程，规划建设市应急指挥中心。积极支持国防和军队建设，持续深化党管武装制度落实，积极适应国防力量改革重塑的时代背景，优化完善党管武装工作规范化建设。加强全民国防教育、民兵预备役工作，推进国防动员体系与应急管理体系高效衔接。开展实战化训练演练，发挥民兵在抢险救灾中的突击队作用，提升"平时服务、急时应急、战时应战"能力素质。构建立体火灾防控体系，深化消防执法改革，完善消防安全责任体系，推进社会单位消防安全标准化建设，加强高层建筑、大型商业综合体等突出隐患整治。统筹协调基层消防管理，开展消防宣传阵地建设。推进城市消防站和乡镇政府专职消防站建设，打造"5分钟灭火救援圈"，提升"高精尖"器材装备配备水平。加强森林防火基础设施建设。

*加强社会治安防控体系建设。*加快推进雪亮智慧技防建设应用，打造城乡统筹、网上网下融合、人防物防技防结合、打防管控一体的社会治安防控新格局。强化路面巡防管控，探索构建"135"分钟递进式城市治安防控圈。强化风险防范处置，探索建立灵敏高效的风险监测预警、安全防范控制、警情应急处置机制，强化强制医疗所等基础设施建设，建设智慧监所。创新完善依靠群众、发动群众的制度机制，促进联防联控、群防群治。推进扫黑除恶机制化常态化，防范和打击暴力恐怖、邪教、黑恶势力、新型网络犯罪、跨国犯罪等违法犯罪，建设"无黑城市"。纵深推进以家安、路安、校安、业安、食安、医安"六安"行动为主要内容的系列平安创建活动。

第十三章　加强规划实施保障　凝心聚力开启全面建设社会主义现代化新征程

本规划纲要是指导未来五年全市经济社会发展的纲领性文件，各市（区）、各部门必须严格执行，维护规划的严肃性和权威性。

第一节　坚持和加强党的全面领导

全面贯彻落实习近平新时代中国特色社会主义思想，坚决贯彻党的基本理论、基本路线、基本方略，增强"四个意识"，坚定"四个自信"，做到"两个维护"，健全总揽全局、协调各方的党的领导制度体系，把党的领导贯穿"十四五"规划组织实施各领域全过程。充分发挥各级党组织和党员的"两个作用"，团结全市人民为实现"十四五"规划目标任务共同奋斗。

第二节　完善统一规划体系

*强化市级发展规划统领作用。*全面建立以市级发展规划为统领、空间规划为基础、专项规划和区域规划为支撑的市级规划体系。突出市级发展规划的战略性、宏观性和政策性，进一步聚焦事关长远发展的重大战略、具有全局影响的重大政策、支持高质量发展的重大工程项目，为各类规划系统落实市级决策部署和战略安排提供遵循。发挥市级发展规划统筹重大战略和重大举措时空安排功能，提出重大生产力布局、空间战略格局和空间结构优化方向，为市级国土空间规划留出接口。根据市级发展规划明确的主攻领域和重点区域，为制定市级专项规划、区域规划提供依据。

*健全规划管理衔接协调机制。*统筹规划全程管理，完善目录清单、衔接审核、实施备案等管理制度。规范规划编制方案，全面履行前期研究、拟定草案、征求意见、衔接论证、审核批准、规划发布等编制程序。坚持下位规划服从上位规划、下级规划服务上级规划、等位规划相互协调，市级其他规划服从市级发展规划，相关规划互不矛盾的原则，构建纵向衔接、横向协调的规划衔接机制，推进各类规划统一管理。

第三节　创新规划实施机制

*加强规划评估考核监督。*坚持政府自我评估和社会第三方评估相结合，完善规划动态评估、跟踪、预警机制，健全年度监测分析—中期评估—总结评估的全过程动态规划评估体系，严格规划动态调整和修订机制。细化分解规划目标任务，把实施情况纳入高质量发展年度考核，探索实行规划实施考核结果与被考核责任主体绩效相挂钩机制。加强改革创新考核，把"争当表率、争做示范、走在前列"作为绩效考核的重点内容，动态更新具体事项，激发各级党员干部干事创业激情，确保总书记对江苏新使命新要求落细落实。加强规划执行监督，自觉接受人大、审计和社会监督。充分运用信息技术和大数据资源，提高分析评价的客观性、科学性和精准性。

*推进政策协同保障。*完善重大发展战略和中长期经济社会发展规划制度，健全以发展规划为战略导向的政策协同体系。加强年度计划落实，分解市级发展规划主要指标，体现市级发展规划年度实施重点。编制与市级发展规划相匹配的财政中长期发展规划，财政支出优先投向列入市级发展规划确定的重大任务和重大工程项目。推动金融资本优先支持市级发展规划确定的重大战略、重大改革开放举措和重大工程建设等。健全土地、人才、环保、用能等要素保障与市级发展规划匹配机制。重大生产力布局和就业、产业、投资、消费、区域等公共政策的制定服从服务于市级发展规划。

第四节　广泛凝聚社会力量

推行规划政务信息公开，健全政府与企业、社会的沟通和交流机制，动员、鼓励、激发市场主体、社会力量和人民群众积极参与和推进规划实施。创新和丰富宣传形式，及时报道规划实施新成效新做法，营造规划实施的良好氛围。加强对外宣传，形成更广泛、更深入、更全面推进社会主义现代化建设的强大动力和活力。

担当新使命　奋进新征程
努力开创幸福泰州高质量发展新局面

——在中共泰州市委五届十一次全会上的讲话（摘录）

（2020年12月30日）

市委书记　史立军

这次会议的主要任务是，高举习近平新时代中国特色社会主义思想伟大旗帜，全面贯彻党的十九大和十九届二中、三中、四中、五中全会以及中央经济工作会议、省委十三届九次全会精神，深入贯彻落实习近平总书记视察江苏重要讲话指示精神，总结今年工作，研究部署“十四五”和明年工作，审议市委关于制定国民经济和社会发展第十四个五年规划和二〇三五年远景目标的《建议》，动员全市上下承前启后、继往开来，扎实推进“一高两强三突出”，以“争当表率、争做示范、走在前列”的使命担当，奋力开启全面建设社会主义现代化新征程。

一、决胜高水平全面建成小康社会取得决定性成就

即将过去的一年，是极不平凡的一年。面对前所未有的严峻挑战特别是突如其来的新冠肺炎疫情的严重冲击，市委坚持以习近平新时代中国特色社会主义思想为指导，坚持稳中求进，大兴实干之风，扎实做好“六稳”“六保”，创造性地开展工作，改革发展稳定和党的建设各项事业取得新的成效。

1.疫情防控和经济社会发展实现“双胜利”。面对百年不遇的疫情冲击，我们及早研判、快速反应、高效应对，成为全省首个本地确诊病例全部治愈出院和全省首批所辖市区均为低风险的设区市。全国首创企业疫情防控驻厂员制度，全省率先开发“泰企通”企业复工疫情防控平台，复工复产率居全省前列。制定出台惠企“十条”、稳外贸“十条”、惠农“十条”，累计降低企业成本154亿元，减免税费145亿元，发放企业稳岗返还补贴3亿元。通过艰苦努力，经济社会发展稳中向好，预计全年实现地区生产总值5300亿元，同比增长3.5%左右；完成一般公共预算收入383亿元，同比增长2.5%；新增就业10万人，城镇登记失业率1.76%，持续保持了良好的发展质态。

2.产业强市取得关键突破。召开产业强市推进大会，制定三大先进制造业集群实施方案，设立重大项目服务部，加强产业工人队伍建设，在全国地级市中率先实施企业科技创新积分管理，形成了聚力抓产业、聚焦抓项目的浓厚氛围，三大先进制造业集群的主导作用更加突出，营业收入、利润分别占全市规上工业的65%、78%。与北京大学全面开展战略合作，共建“北京大学医学部（泰州）医药健康产业创新中心”。园区改革发展蹄疾步稳，“两集中三剥离”基本完成，“三比一提升”行动成效显著，13个改革园区的机构、员额人数分别精简20.7%、27.2%，非经济岗位人员降至20%以下；全市新开工5亿元以上项目141个，同比增长188%，预计实际利用外资16.5亿美元，同比增长11%。总投资180亿元的中海油高端聚烯烃等一批项目成功落户，药明康德等一批超50亿元的项目开工建设，长城汽车整车项目8个月首台白车身下线、11个月竣工投产，创造了重大项目建设的“泰州速度”。

3.做强城市全面布局起势。系统谋划、扎实推进做强城市“大发展、大格局、大建设、大提升”四大重点工作，城市能级不断增强。江阴靖江长江隧道、常泰长江大桥北接线开工建设，北沿江高铁控制性工程正式启动，东环高架北延快速化工程建成通车。“泰州至上海动车组”正式运营，泰州（始发）进京高铁动车组即将开通，极大缩短了泰州与北京、上海之间的时空距离。认真做好省运会筹备工作，市体育公园等重点场馆项目加快推进，16家市级单位实现“拆墙透绿”，46个老旧小区完成综合整治。成功实现全国文明城市“三连冠”、全国双拥模范城“五连冠”，国家节水型城市创建通过验收，质量工作获得国务院通报表彰，获批国家基本公共服务标准化综合试点。全面完成农村人居环境整治三年行动计划，加快建设特色田园乡村，创成“四好农村路”省级示范市。在北京、上海、杭州成功进行城市推介，打响了“幸福水天堂”的形象品牌，泰州的知名度、美誉度显著增强。

4.人民生活持续改善。全面确立“三步走”的民生工作路径，创新推出民生幸福十大行动和“民八条”措施，致力提升民生福祉。圆满完成脱贫攻坚任务，顺利通过省级考核验收。优质教育普惠行动扎实推进，新（改扩）建中小学、幼儿园60所，高考400分以上人数位居全省前列，南京中医药大学泰州校区落地招生，泰职院口腔医学专业申报获得国家相关部委批准。开工建设市第五人民医院，城乡低保标准、养老保险待遇、医疗救助比例进一步提高，防止因病致贫返贫长效机制建设得到国家医保局肯定推广。建立困境儿童精准排查保障"3+4+N"模式，1万多名儿童得到及时帮助；创新价格临时补贴发放工作，这些经验做法在全国得到推广。创成国家生态文明建设示范市，坚决打赢长江流域禁捕退捕攻坚战，在全省率先实现渔船渔民退捕率、退捕渔民就业率、退捕渔民进保率"三个100%"。深入开展安全生产专项整治"一年小灶"，市党政领导挂钩的重大安全风险隐患全部完成整改，各类生产安全事故起数和死亡人数大幅下降。成功获批全国首批市域社会治理现代化试点城市，扫黑除恶专项斗争取得决定性胜利，群众安全感、法治建设满意度持续保持全省前列。

5.党的建设得到全面加强。落实全面从严治党主体责任，学好用好《习近平谈治国理政》第三卷，认真贯彻落实习总书记视察江苏重要讲话指示和十九届五中全会精神，进一步增强"四个意识"、坚定"四个自信"、做到"两个维护"。组建1800多个党员突击队，"党旗飘在一线、堡垒筑在一线、党员冲在一线"成为泰州大地上的铿锵旋律。深化网络综合治理，"五位一体"筑牢网络安全屏障的做法被中央网信办推介。聚焦"党建+基层治理"，立项实施101个乡镇党委"书记项目"，推动解决了一批基层治理难题。以强有力的政治监督保障疫情防控等决策部署落实，以小切口整治群众身边腐败和作风问题，以"三不"一体理念深化腐败治理，政治生态持续向好。加强人大立法和监督工作，构建"大代表工作"格局；依托政协"有事好商量"协商议事平台，实现建言资政与凝聚共识"双向发力"；全面加强统一战线和工青妇等群团工作，进一步巩固了团结奋进的良好局面。

过去的一年，我们遵循新思想、践行新理念，一切行动听从总书记号令，所有工作围绕党中央决策和省委部署展开，迎难而上、攻坚克难，在大战大考中经受住了考验，推动泰州发展迈上了新的台阶。一年来，我们聚焦重点求突破，着力打牢未来发展的坚实基础。正视历史积累的问题和矛盾，看清自身发展的差距和不足，紧紧围绕产业和城市两大重点，确立了泰州高质量发展的总体思路、工作目标、重点举措，三大先进制造业集群增长强劲，两区融合稳步推进，"一核三极三城"的中心城市架构逐步形成，发展的后劲不断增强、能级不断提升，"一高两强三突出"迈出坚实步伐。一年来，我们动真碰硬抓改革，深入破解制约发展的关键难题。大胆地试、勇敢地改，着力冲破利益藩篱，国资国企改革在供水、供气等民生领域取得关键性突破，实现了国有控制权；创新经营性土地收储、出让、收益分配机制体制，有效释放了土地潜能；金融改革试点攻坚突破，有力支持了产业转型升级。我们把园区改革作为今年的头号改革任务，着力推进扁平化管理、公司化运营、专业化服务，产业发展主阵地的作用进一步增强。一年来，我们用情用心惠民生，加快建设人民满意的幸福城市。始终把民生工作作为"心中工作""良心工作"，在财政特别困难的情况下，坚持将全部财力的75%、新增财力的80%以上用于改善民生，解决了一批人民群众反映强烈的突出问题，打造了一批具有泰州特色的民生工作品牌，成功获评"中国最具幸福感城市"，老百姓的获得感更多、幸福感更强。一年来，我们苦干实干强作风，突出锻造担当作为的干部队伍。发扬"三个不相信"精神，大胆运用"三项机制"，推出"干六条"，推进党务、业务、服务"三务融合"，以实事求是的态度把握规律、积极作为，务实地干、科学地干，埋头苦干、真抓实干成为广大党员干部的自觉行动。

二、开启全面建设社会主义现代化新征程

学习贯彻总书记重要讲话指示和十九届五中全会精神，关键是要清醒认识我们所面临的新形势新任务、新机遇新挑战，在起势之前落子布局，在定局之前抢先成势，推动泰州在现代化建设新征程上行稳致远。

要牢牢把握国际国内环境的深刻变化，在时代变革中审时度势、找准方位。当前，我们正面临着中华民族伟大复兴的战略全局和世界百年未有之大变局，世界经济形势仍然复杂严峻，复苏不稳定不平衡，疫情冲击导致的各类衍生风险不容忽视。立足新起点，应对新挑战，我们要以变应变，把泰州的发展放在更加宏大的坐标中审视、谋划和推进，变中求新、变中求进、变中突破，下好先手棋，打好主动仗。我们更要以不变应万变，不管形势如何严峻变化，都要不为指标波动所惊慌、不为短期变化所干扰、不为困难增多所畏惧，坚定发展信心，保持战略定力，坚定不移以习近平新时代中国特色社会主义思想为指导，践行新发展理念，推进改革开放，坚持人民至上，在不稳定性不确定性的外部环境中，始终把稳奋斗前行的正确方向。

要牢牢把握区域发展的竞争态势，在战略布局中准确研判、科学定位。当前城市发展的集群性与分化性特征更加突出，在城市群成为发展主要形态的同时，内部地区之间的"马太效应"更加明显。我们要有强烈的危机感和紧迫感，在长三角一体化发展的进程中，加强东接西连、南融北通，把几何中心的地理优势转变成推动泰州加速崛起的交通优势；加快两区融合，举全市之力建设中国医药城，把泰州生物医药的先发优势巩固扩大成产业发展的整体优势；坚持生态优先、绿色发展，把泰州生态良好的资源优势转化成支撑转型升级的发展优势，做到错位融入、优势融入、特色融入，着力建设"健康名城、幸福泰州"。

要牢牢把握自身发展面临的阶段特征，在攻坚克难中勇创一流、争先进位。"十三五"期间，泰州经济社会发展取得了显著成就，为我们开启新征程打下了良好基础。我们要把已经取得的成就作为事业新的起跑线，清醒地看到存在的问题和不足，泰州还面临着经济总量和经济质量同步提升、产业能级和城市能级同步提升、公共基础设施和公共产品质量同步提升的艰巨任务，这些任务，不是选择题，而是必答题。我们要始终按照“一高两强三突出”部署要求，坚持做强产业、做强城市，突出产业强市、特色发展，突出项目为王、质量至上，突出城乡协调、一体发展，在医药产业规模发展、农业现代化、高质量跨江融合、城市宜居品质、长江生态保护、基础教育创新发展等领域争当表率、争做示范、走在全省前列，努力实现人民满意的高质量发展。

省委十三届九次全会明确提出“泰州要彰显江海文化的底蕴与自信，全力打造令人向往的‘幸福水天堂’、崛起中部的产业增长极”，这是省委立足新起点、面向新征程为我们描绘的宏伟蓝图，是省委赋予泰州的时代使命。全市上下要咬定这一目标，在全省“争当表率、争做示范、走在前列”的奋斗实践中，展现泰州作为，体现泰州担当，作出泰州贡献。

各市区要围绕这个目标，立足不同的资源禀赋、基础条件，各扬所长、各美其美，形成各具特色、竞相发展、比学赶超的生动局面。靖江要争做现代化建设的“东线第一帆”，乘风破浪、勇立潮头，加快跻身全省第一方阵。泰兴要传承红色基因，燃烧奋斗激情，高举标杆大旗，打好新征程上共同富裕的“黄桥战役”。兴化要“风风火火闯九州”，闯出地理“洼地”，闯成发展“高地”，把繁荣繁华的“水乡梦”照进现实。海陵要扛起主城担当，重振产业雄风，走在发展前列，再现“汉唐古郡、淮海名区”的荣光和风采。姜堰要彰显教育旅游生态好的“三宝”优势，建设诗意栖居大花园，全力打造“幸福水天堂”的生动样本。泰州医药高新区（高港区）要志存高远、勇于攀登，当好全市高质量发展排头兵，建设“中国第一、世界有名”的医药名城。

全市上下必须更加主动地扛起政治担当、发展担当，发扬“三个不相信”精神，迸发出泰州人如大海奔腾、大江奔流、大河奔放的豪情壮志，全力打造令人向往的“幸福水天堂”、崛起中部的产业增长极。一是要推动高质量发展。全力推进产业强市，打造三大先进制造业集群，实现产业基础高级化、产业链现代化，成为长三角特色产业创新中心和先进制造业集聚地，力争2025年全市地区生产总值突破7000亿元，人均地区生产总值突破15万元。二是要打造高颜值城乡。坚持以水秀城、以绿美城、以文润城、以业兴城，中心城市首位度集聚度明显增强，大江风光带、生态经济带、水乡风情带交相辉映，形成具有泰州特色的城乡融合示范模式。三是要创造高品质生活。坚持人民至上，坚持共同富裕，基本形成中等收入群体为主的橄榄型社会结构，基本实现幼有善育、学有优教、劳有厚得、病有良医、老有颐养、住有宜居、弱有众扶，建成人民群众认可度高、获得感强的幸福城市。四是要实现高效能治理。深入推进市域社会治理现代化试点，系统治理、依法治理、综合治理、源头治理能力和水平明显提升，建设更高水平的诚信泰州、平安泰州、法治泰州。五是要建设高水平队伍。大兴实干之风，聚天下英才而用之的生动格局基本形成，高素质专业化的干部队伍不断壮大，充满激情、富于创造、勇于担当成为鲜明特质和时代风尚。

三、举全市之力建设中国医药城，打造全国领先的地标产业

经过十五年的接续奋斗，中国医药城发展取得了明显成效，落户了一批国内外知名医药企业，引进了一批医药领域高层次人才，建设了一批高水平创新平台，获得了一批国家级产业试点，在全国乃至全球都具有了一定的影响力。

举全市之力建设中国医药城，这是市委市政府一直坚持的发展方略。在全市上下开启新征程的关键时刻，我们再次全面部署中国医药城的发展，主要有两个方面的考虑：一是泰州作为全国唯一的长江经济带大健康产业集聚发展试点，长三角一体化发展规划纲要中明确支持培育“泰州国家医药健康产业创新中心”，两大国家战略交汇叠加，都要求我们必须建好中国医药城，这是泰州必须担负起的历史责任。二是当前全球疫情充满更多不确定性，医药健康产业正在成为最具发展前景的“蓝海”，泰州医药产业有着自身的比较优势和独特条件，最有希望、最有可能在“十四五”的新赛道上制胜未来，我们必须统一思想，举全市之力建设中国医药城，打造全国领先的地标产业。

中国医药城就是泰州，泰州就是中国医药城。我们要建设的中国医药城包括了泰州全市域，而泰州医药高新区是中国医药城的核心区，我们的目的是要集中资源、集中力量发展医药产业，形成以泰州医药高新区为龙头、各市区各有侧重、全市域竞相发展的医药产业格局。当前，泰州医药高新区和高港区的两区融合打开了新的发展空间，现在到了一个关键阶段，如何乘势而上实现更好更快发展，是摆在我们面前的现实课题。融合后的泰州医药高新区（高港区），既不是一般的城区，也不是一般的园区，在定位上应该是泰州发展的“特区”，要聚焦“中国第一、世界有名”的目标，创新突破，勇攀高峰，力争到2025年医药产业规模达到2500亿元，走在全国前列，成为全市高质量发展的引领区、幸福泰州的示范区。

1.建立促进中国医药城发展的体制机制。市委将成立由书记、市长任组长的市中国医药城建设发展领导小组，在全市层面统筹推进中国医药城的发展。一是争取每年在北京召开一次高层级的部省联席会议，协调解决当年度建设中国医药城的重大政策支持事项。二是争取把江苏自贸试验区中促进医药产业发展的相关政策，复制推广到泰州医药高新区（高港区），进一步强化泰州医药产业的先发优势。三是结合新一轮国土空间规划编制，在泰州医药高新区（高港区）探索土地利用用途负面清单制度，探索产业项目定制化用地模式，探索土地利用综合用地机制，提高土地利用的市场灵活性，充分保障泰州医药高新区（高港区）今后更长远发展的需要。四是强化金融支持，做大医药健康产业基金，加强与国家、省医药健康产业基金接轨，提升产业基金规模、层次和辐射力。近期，市委市政府将研究出台举全市之力建设中国医药城的政策意见，以更大力度全面系统支持泰州医药高新区（高港区）发展。

2.推动形成中国医药城产业化

发展的特色路径。以产业化为龙头，打造创新动力更强、要素配置更优的产业生态系统。一是推动“科创+产业”，加快产业链和创新链深度融合。以与北京大学医学部的全方位紧密合作为契机，大幅提升中国医药城产学研深度合作的水平。推动双方在临床试验合作、人才培养交流、科教成果转化平台建设、医疗健康领域合作等方面开展战略合作，共同打造国际化的临床试验中心，推动更多成熟科研成果在泰州落地转化，推动更多高层次人才团队落户创业。二是推动“资本+产业”，加快产业链和资本链深度融合。加强专业化、市场化运作，着力建设全生命周期金融服务支撑体系，借助资本力量快速形成产业力量，加快在资本市场形成泰州医药板块。三是推动“头部企业+产业”，打造具有比较优势的特色产业集群。重点培育和扶持头部企业，在全力以赴做强药的基础上，加快发展医疗器械、特医食品、保健食品、药用化妆品等，进一步做特产业、做大规模。四是推动“改革创新+产业”，不断激发发展新动能。两区融合要致力推进动力系统再造，加快园区整合、产业整合、国土空间整合以及其他各类要素整合，必须要由简单融合向深度融合转变，由物理整合向化学反应转变，推动泰州医药高新区（高港区）产业特色更鲜明、内生动力更强劲。

3.提升与战略性新兴产业发展相配套的承载能力。泰州医药高新区（高港区）是全市发展的产业高地、城市的核心板块，是未来发展的重要引擎和重大增长极，必须有力支撑泰州高质量发展。一是要健全现代化的城市功能。着力打造舒适宜人的公共空间、高端一流的休闲场所和便捷畅通的交通体系、智慧高效的管理架构，逐步形成现代化国际化的城市形态以及有特色有品位的城市环境。二是要建设专业化的干部队伍。坚持让专业的人干专业的事，注重培养干部队伍的专业素养，把熟悉市场经济和产业发展，熟悉企业管理和资本运作，熟悉国际商务规则的干部，用到发展一线和重要岗位上。三是要营造国际化的营商环境。对标国际一流服务水平，以制度创新、流程再造为核心，强化“用户思维”，注重“客户体验”，全力打造智能化的便捷体验、人性化的效能体验、法治化的公平体验，激发各类市场主体活力。

四、努力实现“十四五”良好开局

明年是我国现代化建设进程中具有特殊重要性的一年，也是“十四五”开局之年。做好明年工作，必须以习近平新时代中国特色社会主义思想为指导，全面贯彻党的十九大和十九届二中、三中、四中、五中全会精神，深入贯彻中央经济工作会议和省委十三届九次全会精神，着眼“争当表率、争做示范、走在前列”，坚持稳中求进工作总基调，立足新发展阶段，贯彻新发展理念，构建新发展格局，以推动高质量发展为主题，以深化供给侧结构性改革为主线，以改革创新为根本动力，扎实推进“一高两强三突出”，确保“十四五”开好局、全面建设社会主义现代化起好步，努力开创幸福泰州高质量发展新局面，以优异成绩庆祝建党100周年。

市委市政府考虑，明年经济增长预期目标为7%左右，一般公共预算收入增长5%左右，城乡居民收入稳步增长。确定这些目标，统筹考虑了开启现代化建设新征程的必要性、泰州经济潜在增长的可能性和引导市场预期、提振发展信心的主动性，是积极而稳妥的。要致力抓好以下六个方面工作：

1.致力抓好疫情防控。这是做好各项工作的基本前提。现在，国外疫情防控形势依然严峻，国内局部地区时有散发病例，近期又呈增多态势，对疫情可能出现反复的警惕性不能降低。要牢牢把握“防得住才能放得开”这个辩证法，“外防输入、内防反弹”这个策略，“可知可控、精准防控”这个要求，绷紧思想之弦，筑牢责任之堤，慎终如始抓好常态化防控措施。要紧盯重要时段、重点场所、重点人群，突出“人”“物”同防，加强进口冷链食品集中监管，全方位提升应急处置能力，抓紧抓实抓细防控工作。

2.致力提升产业能级。泰州空间资源有限，要聚焦三大先进制造业集群持久发力、久久为功，推动高端装备和高技术船舶、化工及新材料做精做特、提质增效，推动医药产业做大做强、规模发展，不断提升产业核心竞争力。围绕产业强市，要做特做强园区，持续深化园区改革，加快园区提档升级，重点推动泰兴经济开发区国际合作区建设，完善泰州综合保税区和靖江保税物流中心（B型）平台功能；要招大引强项目，建立重点产业链挂钩联系推进工作机制，用好产业链图谱、投资地图、招商地图“三张图”，精准招引一批大项目好项目；要培大育强企业，扎实推进“5G+工业互联网”融合发展，持续推进企业科技创新积分管理，支持组建创新联合体，支持骨干龙头企业发展壮大，培育一批领军企业、具有行业主导力的“链主企业”和单项冠军企业；要创新培强服务业，在大力发展生产性服务业的同时，顺应消费升级趋势，积极实施消费提振行动，着力推动文化创意、休闲旅游、健康养老等生活性服务业创新发展。需要强调的是，越是困难的时候，我们越要关心企业家，要舍得放水养鱼，支持企业发展，更要以专业化的服务办好企业围墙外的事，当好企业攻坚克难、发展壮大的坚强后盾。

3.致力统筹城乡发展。明年是省运会筹备的冲刺之年，要把做强城市与办好赛事结合起来，在大力实施城市更新行动的同时，办好马拉松、铁人三项等品牌赛事活动，高标准高效率推进场馆建设，提高全民健身设施覆盖面，提升体育设施、体育组织建管水平和体育服务供给能力。交通一直是泰州城乡发展的短板，也是群众关切的焦点，必须全力以赴、攻坚突破。要加快推进中心城市快速路网建设，着力在各板块之间全面形成半小时通行圈；加快推动全市域的交通以高速路为主，超前谋划布局城市轻轨，形成多层次的连接网络；对北沿江高铁和常泰长江大桥等重点交通工程，要切实做好服务保障，加快构建内联外通的交通运输体系。农业现代化和农村现代化是统筹城乡发展的重点，必须一体规划、一并推进。要坚决遏制耕地“非农化”、防止“非粮化”，加强高标准农田建设，确保农业稳产保供。因地制宜发展高效精品农业和都市农业，积极构建“一村一产业”“一园一主业”“一地一名片”的特色产业布局。巩固脱贫攻坚成果，抓好农村承包地、集体产权、宅基地等改革，大力实施乡村建设行动，推动农村生产生活条件明显改善。

4.致力做好民生工作。拿到“中国最具幸福感城市”这个牌子，是对我们幸福城市建设成效的肯定，但不能自以为是，我们跟别的城市相比还有很大的差距。能够入选“中国最具幸福感城市”，很大程度上是因为老百姓热爱自己的城市，我们有这么大的差距，老百姓还这么宽容包容，这是对我们极大的激励和鞭策。民生工作是“心中工作”“良心工作”，没有深厚的为民情怀是干不好民生工作的。我们的党员干部千万不能自我满足、自娱自乐，要真正把群众的事当成自己的事，用心做用力做，一件一件地做深做透，通过不懈努力，让群众不断看到变化、得到实惠。干好民生工作必须要敢于自加压力，我们多给自己找困难，群众才能不困难；我们多给自己添麻烦，群众才能不麻烦；我们自己多操心，群众才能少烦心。需要特别指出的是，困难群众自我救助能力弱，不能要求他们都了解政策、熟悉政策，而我们有责任和义务把他们该享受的温暖及时送到他们手上。要建立主动发现和解决民生问题的新机制，由老百姓到处找政策变成我们主动送政策给办好，由老百姓层层反映问题变成我们主动发现问题、及时解决问题。今后对民生工作的考核检查，重点不再只是看你做了什么、总结了什么，而是看你什么没做好，政策有没有全覆盖、用到足，老百姓该享受的温暖有没有送到位。

要按照民生工作“三步走”的部署安排，扎实抓好民生幸福十大行动和“民八条”措施，坚持治标更治本，把好的经验做法及时上升为制度性安排，让老百姓的获得感更坚实、更持久；坚持重均衡更重优质，必须全面提升医疗、教育等行业的服务水平、供给质量和监管能力，确保人民群众的满意度有很大提升。明年，全省将正式启用新高考方案，要全力以赴、积极备考，确保考出泰州学子应有的水平。明年财力更加紧张，但无论如何都必须优先保障民生支出，把有限的财政资金用在刀刃上，用机关部门的“紧日子”换来老百姓的“好日子”，不断把幸福泰州做成老百姓想要的样子。

5.致力建设美丽泰州。生态环境投入是关系经济社会高质量发展、可持续发展的基础性、战略性投入。在这个问题上，一定要解放思想、舍得投入。要更大力度推进健康长江泰州行动，持续开展长江入河排污口排查整治，切实抓好长江“十年禁渔”，全力守护“一江清水”。着力打造沿江地区大江风光带、城区北部生态经济带、里下河地区水乡风情带，加快建设生态安全缓冲区、环保“绿岛”项目，扎实推进城市黑臭水体治理、工业园区水污染防治、城镇生活污水收集处理，大力发展新能源，完善能源消费双控制度，以发展的“含绿量”体现发展的高质量。

6.致力推进市域社会治理现代化。深化“排风险、建清单、除隐患、保稳定”专项行动，坚决打赢防范化解重大风险攻坚战。高标准落实“三年大灶”目标任务，深入推进安全生产专项整治，紧盯重点行业领域和重大风险隐患，坚决防范重特大事故发生。以习近平法治思想为指引，充分发挥人大、政协作用，更高标准谋划推进法治泰州建设。加强社会治理现代化综合指挥中心建设，探索把“大数据+网格化+铁脚板”的做法，拓展运用到信访维稳、扫黑除恶、食品药品安全等各个领域，全力打造长三角地区最具安全感城市和全国市域社会治理现代化泰州样本。

五、为开启现代化建设新征程提供坚强政治保证

1.更高标准加强政治建设。把学习宣传贯彻习总书记视察江苏重要讲话指示精神，与学习贯彻十九届五中全会精神结合起来，与巩固深化“不忘初心、牢记使命”主题教育成果结合起来，着力提高政治判断力、政治领悟力、政治执行力，自觉增强“四个意识”、坚定“四个自信”、做到“两个维护”。要把稳思想之舵，更加深入地学习习近平新时代中国特色社会主义思想，更加彻底地用新思想解放思想、统一思想，真正从规律上学深学透、行动上紧跟紧随、工作上落细落实。持续深化精神文明建设，严格落实意识形态工作责任制，对国之大者要心中有数，必须做到眼睛特别明亮、头脑特别清醒、立场特别坚定。

2.更大力度弘扬实干之风。明年是集中换届之年，要讲规范、重程序、求实效，确保换出真抓实干、人民满意的好班子。大力弘扬“三个不相信”精神，强化思想淬炼、政治历练、实践锻炼，推动党员干部在基层一线经风雨、练本领，增强科学把握形势变化、精准识别现象本质、清醒明辨行为是非、有效抵御风险挑战的能力，打造政治过硬、具备领导现代化建设能力的干部队伍。增强“三项机制”的引领力和穿透力，切实用好“骏马奖”“蜗牛奖”，大力提拔使用敢担当、善作为的干部，真正让优秀者优先、吃苦者吃香、有为者有位。

3.更实举措夯实基层基础。党的基层组织是党全部工作和战斗力的基础。要牢固树立“一切工作到支部、一切工作靠支部”的鲜明导向，扎实推进“五聚焦五落实”三年行动计划，不断增强基层党组织的凝聚力、战斗力。抓好基层带头人队伍建设，拓宽选人视野，健全培养体系，完善待遇保障，有效解决“后继乏人”的问题。要把减负增效、赋权扩能结合起来，做到基层权力给基层、基层事情基层办，打破束缚基层手脚的各种桎梏，建成推动发展、服务群众、凝聚人心的坚强堡垒。

4.更严要求正风肃纪反腐。认真贯彻落实全面从严治党主体责任，把严的主基调长期坚持下去。坚持把纪律挺在前面，精准运用“四种形态”，统筹衔接“四项监督”，坚持不懈纠“四风”树新风，加强廉洁文化建设，不断加强权力运行的制约和监督，着力构建一体推进“不敢腐、不能腐、不想腐”的有效机制。各级领导干部要带头廉洁治家，带头反对特权，带头直面问题、解决问题，做到知责于心、担责于身、履责于行，持续巩固发展风清气正、干事创业的良好政治生态。

（市委办　供）

泰州市政府工作报告

——2021年1月20日在泰州市第五届人民代表大会第五次会议上（摘录）

市长　朱立凡

一、“十三五”时期及2020年主要工作回顾

“十三五”时期，我们坚持以习近平新时代中国特色社会主义思想为指导，在市委的正确领导下，坚决落实党中央、国务院和省委、省政府决策部署，紧扣“强富美高”总目标，扎实推进“一高两强三突出”实践，顺利完成“十三五”主要目标任务，决胜高水平全面建成小康社会取得决定性成就。

“经济强”迈出新步伐。地区生产总值连跨两个千亿元台阶，人均地区生产总值突破11万元。累计完成固定资产投资额较“十二五”翻一番。累计实际利用外资74.5亿美元，实现进出口总额671.7亿美元。获批国家农业可持续发展试验示范区。三大先进制造业产值占比64.7%，战略性新兴产业发展、质量工作获国务院表彰。科技进步贡献率65%，获得国家科技进步奖6项。

“百姓富”创造新成果。获评中国最具幸福感城市。城镇累计新增就业51.3万人，城镇登记失业率保持在2%以内。圆满完成脱贫攻坚任务，顺利通过省级考核验收。社保主要险种参保率98%以上，实现养老和失业保险市区统筹、医疗保险市级统筹。

“环境美”取得新突破。创成国家生态文明建设示范市、全国水生态文明建设试点城市、国家节水型城市。创新实施“健康长江泰州行动”，河湖长制工作成效显著。主要污染物排放量削减、单位地区生产总值能耗下降率超额完成省定目标。

“社会文明程度高”展现新风貌。实现全国文明城市“三连冠”、全国双拥模范城“五连冠”。新时代文明实践中心、县级融媒体中心和基层综合性文化服务中心基本全覆盖。成为全国首批市域社会治理现代化试点城市，万人八类案件发案率保持全省最低，群众安全感保持全省前列。

“十三五”时期是我市发展进程中极不平凡的五年。特别是刚刚过去的2020年，我们主动担当作为抗击疫情，大兴实干之风攻坚克难，因时因势调整工作重心和着力点，统筹推进疫情防控和经济社会发展，扎实做好“六稳”“六保”工作，在大战大考中交出了合格答卷。预计实现地区生产总值5312亿元，增长3.6%；一般公共预算收入383亿元，增长2.3%；全体居民人均可支配收入增长5.1%。

（一）聚力创新发展，加速转型升级

“十三五”时期，我们全面落实创新驱动发展战略，深入推进供给侧结构性改革，紧抓不放制造业高质量发展，高新技术产业产值占比45.9%。2020年，我们吹响产业强市号角，推行企业科技创新积分管理，引领产业向中高端攀升。先进制造业发力突破。制定三大先进制造业集群实施方案，明确“两区一带多点”布局，编制发布产业链图谱、招商地图和投资地图。坚持以优质增量提高产业质量，总投资180亿元的中海油高端聚烯烃、52亿元的凯飞民用航空结构件等重大项目成功落户，药明康德、宝能装配建筑等超50亿元项目开工建设，长城整车制造项目竣工投产。促进制造业智能化、绿色化转型，新增省级示范智能车间18个、星级上云企业140家，创成国家级绿色工厂3个。创新活力有效释放。强化企业创新主体地位，规上工业企业研发机构建有率55%，企业研发投入强度2.4%。加强技术攻关和成果转化，发明专利授权量增长超过20%，25个项目列入省级以上重点研发计划，125个项目列入省重点技术创新导向计划。与北京大学开展战略合作，共建北大医学部（泰州）医药健康产业创新中心。成功举办“凤城合伙人”创投峰会，上线运行股债融合对接平台，新增上市过会企业4家。擦亮“泰爱才、最‘州’到”品牌，新增高层次人才2836名。企业质态稳中提优。规上工业增加值、利润分别增长6.4%、8.5%，净增规上工业企业277家，新增税收超千万元企业42家，扬子江药业连续六年位居中国医药工业百强榜首。新认定高新技术企业450家，新增省瞪羚企业3家、国家专精特新“小巨人”企业4家，6家企业成为省民营企业创新百强。培育专利标准融合创新企业68家，3家企业获得“江苏精品”称号。

（二）注重协调并进，统筹城乡发展

“十三五”时期，我们全面优化国土空间布局，不断完善综合交通运输体系，着力增强中心城市辐射带动力，扎实推进乡村振兴战略，新型城镇化建设蹄疾步稳。2020年，我们实施做强城市两年行动计划，确定“一核三极三城”空间架构，在提高中心城市首位度的同时，促进城乡高水平融合。城市功能加快补强。扩大城建惠民“战果”，市区完成老旧小区综合整治46个，铺设污水管网33公里，建成运行“好巴士1号线”，16家市级单位实现“拆墙透绿”。出台支持市区高端服务业聚合发展政策，签订与金茂集团合作建设高铁枢纽片区战略协议，完成“泰福里”商业片区规划编制，启动国际精准健康中心建设，市体育公园等省运会场馆项目加快推进，“数字泰州”运营指挥中心投用。开通泰州至上海动车组、泰州（始发）进京高铁动车组，北沿江高铁控制性工程正式启动，盐泰锡常宜铁路进入可研审查阶段，江阴靖江长江隧道、阜溧高速建兴段、沪陕高速平广段改扩建、常泰长江大桥北接线开工建设，站前路、东环高架北延快速化工程建成通车。农业农村基础稳固。粮食单产水平居全省首位，生猪饲养量增长20%，农业综合机械化率88%，新增高标准农田25万亩。开展农业农村项目突破年活动，新开工省级重大项目91个。成立市现代农业发展集团，6家企业获评省级重点龙头企业，创成省级示范家庭农场48家、农民专业合作社示范社20家。率先开展承包地“三权分置”改革示范乡镇创建，稳妥推进农村宅基地管理与改革试点，全面完成农村集体产权制度改革。实现农村人居环境整治目标，新增省级特色田园乡村23个。安全治理扎实有效。以超常规力度狠抓安全生产专项整治，聚焦“一年小灶”“三年大灶”，强化危化品、道路交通、建筑施工等重点领域风险管控，国务院和省督导反馈问题全部整改到位，生产安全事故起数、死亡人数分别下降65.5%、64.4%。建立党政领导挂钩化解重大安全风险隐患机制，制定部门职责任务清单，出台企业主体责任规定，试行危化品企业主要负责人积分管理。推行安全生产人民监督员制度，“有奖举报机制”等做法被国务院督导组列入典型清单。结构化治理政府性债务，超额完成年度化解目标。

（三）夯实绿色基底，建设美丽泰州

“十三五”时期，我们深入践行习近平生态文明思想，完成污染防治攻坚战阶段性任务，生态优先、绿色发展成为鲜明导向。2020年，我们紧扣问题整改和生态修复，升级加强环境治理手段，被列为全省生态环境保护工作督查激励地区。环境质量稳定向好。认真落实环保督察整改要求，中央环保督察交办问题市级销号率100%。开展“天空地一体、守护泰州蓝”行动，空气质量优良率83.9%。出台幸福河湖建设实施意见，省考及以上断面优于Ⅲ类水质比例100%。环保举措持续创新。举办首届健康长江（泰州）高峰论坛，运行“健康长江泰州行动”大数据平台和指挥中心。完成63项长江干流岸线清理整治任务，长江禁捕退捕工作走在全省前列。开展环保“绿岛”建设试点，危废集中处置能力提高到14.3万吨/年。生态机制不断健全。启动建设8个生态安全缓冲区，调整划定19条国家级生态红线，生态空间保护区域面积占比27.3%。严格生态文明建设考评和责任追究，建立“专家治厂、科学治污”长效机制。加大执法惩戒力度，查处环境违法案件838件。

（四）深化改革开放，打造发展优势

“十三五”时期，我们立足形成全面开放新格局，系统重塑园区开放开发功能，加快构建一流营商环境，深化金融、国企、国土等重点领域改革，发展活力和城市软实力稳步提升。2020年，我们强力推进“三比一提升”行动，同步抓好环境建设和改革工作，切实增强制度性竞争优势。园区发展开新局。把园区改革作为头号改革任务，基本完成“两集中三剥离”改革，13个改革园区机构数、员额数分别下降20.7%、27.2%，非经济岗位人员占比降至20%以下。实施重大项目攻坚年活动，创新设立重大项目服务部，新开工5亿元（3000万美元）以上项目141个，实际利用外资14.9亿美元。泰州医药高新区产业化成效逐步显现，研发生产新冠检测试剂盒超过1500万人份，药品注册批件数增长41.7%。营商环境再优化。推行“泰企通2.0+企业服务专员”模式，成立营商环境“啄木鸟”志愿团。开展“及时雨·快落地”专项行动，发放稳岗返还3.1亿元，减免税费145.9亿元。出台惠企十条、惠农十条、稳外贸十条，定期举办企业家座谈会、早茶峰会，打造“泰满意”帮代办服务品牌。重点改革有实效。试行环评告知承诺制，制定“一件事”清单110个，不动产登记实现“交验即发证”，线上服务事项平均办理时间压缩90.3%。启动自然资源资产产权制度改革，开展农村集体经营性建设用地入市试点。健全国企市场化经营机制，清理整合僵尸企业，规范债务内审内控，推进优质板块上市，国资国企改革在民生领域取得重大突破，市属国企资产总额、营业收入分别增长15.3%、55.9%。建立产融综合服务中心融资绿色通道，成立全省首家首贷中心，完善政府性融资担保体系，加大非法金融机构排查整治力度，创设商业银行服务地方经济“三色评价”制度，上交所资本市场服务基地、江苏股交中心分中心成功落户，制造业贷款规模超过820亿元。海关、海事、边检为开放开发作出积极贡献。

（五）强化共享理念，增进民生幸福

“十三五”时期，我们自觉树牢人民至上意识，始终坚持以人民为中心的发展思想，不断增强群众获得感幸福感安全感。2020年，我们围绕建设人民满意的幸福城市，推出民生幸福十大行动和“民八条”，获批国家基本公共服务标准化综合试点。富民措施更加精准。发放创业贷款9.6亿元，城镇新增就业10.2万人。完成省人社一体化信息平台和综合柜员制改革试点，实现省内及长三角异地就医门诊直接结算，单病种付费总数增加到270种。推行困境儿童精准排查保障“3+4+N”模式，发放价格临时补贴1.4亿元。新开工保障性住房2万套。服务体系逐步完善。组织文化惠民活动2000余场，发放旅游（餐饮）消费券5000万元。大力推进集团化办学，新（改扩）建幼儿园及中小学60所，义务教育学校建设达标率100%，高中阶段优质学校比例88.6%，南京中医药大学泰州校区正式招生。完成11家医联体和五大救治联盟组建，创成省级临床重点专科8个，实现省级以上慢性病综合防控示范区全覆盖。加强养老院服务质量建设，为35.7万老年人提供居家养老上门服务。国防动员、退役军人事务、民族宗教、妇女儿童、残疾人工作取得新进展，社会科学、外事侨务、对台事务、史志档案、红十字工作取得新成效。治理水平加快提高。健全“大数据+网格化+铁脚板”机制，实施社会治理“码”上行动，探索专职网格队伍建设。深入开展“六清”行动，出台“无黑城市”创建标准，侦办黑社会性质组织案件13起、恶势力犯罪集团案件35起，破获9类涉恶案件2322起，扫黑除恶专项斗争圆满完成收官战。建立党政领导挂钩联系重点信访积案制度。第七次全国人口普查顺利实施。

“十三五”时期，我们坚持用新

思想解放思想、统一思想，完成机构改革任务，加快政府职能转变，努力建设人民满意的服务型政府。2020年，我们将政治建设摆在首位，深入学习、坚决贯彻党的十九届五中全会精神，认真落实习近平总书记视察江苏重要讲话指示精神，站在增强“四个意识”、坚定‘四个自信”、做到“两个维护”的高度，把“争当表率、争做示范、走在前列”作为谋划“十四五”发展的重大战略指引和根本行动遵循，确保总书记的重要讲话指示在泰州落地生根。我们将依法行政贯穿始终，制定重大行政决策程序规定，建立领导干部学法清单制度，发布市设权力清单，行政复议案件综合纠错率42%；落实向人大报告、向政协通报制度，提请市人大常委会审议地方性法规草案2件，自觉接受人大法律监督、工作监督和政协民主监督，广泛听取各民主党派、工商联、无党派人士和社会各界意见，人大代表建议、政协提案办理满意率分别达99.6%、100%。我们将勤政廉政融于日常，推广政务服务“好差评”制度，12345政务服务热线满意率99.6%；建立“考核、工作、发展”三位一体机制，创设“月度单元推进法”等调度督导机制；落实中央八项规定及其实施细则精神，充分发挥“干六条”激励效应，持续纠治“四风”；抓好巡视巡察和审计问题整改，严肃财经纪律和工作规矩，严厉查处腐败案件和不正之风。特别是面对百年不遇的疫情冲击，我们及早研判、快速反应、高效应对，众志成城汇聚抗疫力量、开展抗疫斗争，广大党员、医务人员、基层干部、公安干警、交通职工展现最美逆行身影，全体市民同心构筑起疫情防控的坚固防线，我市成为全省首个本地确诊病例全部治愈出院和首批所辖市（区）均为低风险地区的设区市，市疾控中心和马智龙、陈霞云两位同志分别被表彰为全国抗疫先进集体和先进个人。

我们也清醒地看到，经济社会发展和政府工作还存在一些问题和不足。主要是：产业创新能力和综合实力还需升级，智能化转型和新经济新业态培育步伐相对滞缓，创新资源与企业主体、市场力量的结合不够紧密，园区特色优势和产业承载力有待进一步做强，实体经济面临的困难增多，营商环境建设必须深度发力。城市功能等级和发展能级还需提高，中心城市集聚辐射功能尤其是高端服务商贸功能仍显不足，城市人口集聚问题需要加以重视，民生改善和公共服务供给与群众期盼存在差距，生态治理和环境保护力度还要持续加大，城市运行管理仍有短板，实现本质安全任重道远。政府治理效能和服务职能还需强化，工作谋划和布局的整体性、系统性仍要增强，抓重点、解难题、求实效的能力需要不断提升，政府运行规范和权力制约机制仍需完善，等等。对此，我们将坚持问题导向，采取有力措施，切实加以解决。

二、“十四五”时期主要目标任务

根据市委五届十一次全会通过的《中共泰州市委关于制定泰州市国民经济和社会发展第十四个五年规划和二〇三五年远景目标的建议》，市政府制定《泰州市国民经济和社会发展第十四个五年规划和二〇三五年远景目标纲要（草案）》，提请大会审议。

“十四五”时期，经济社会发展指导思想是：高举中国特色社会主义伟大旗帜，深入贯彻党的十九大和十九届二中、三中、四中、五中全会精神，坚持以习近平新时代中国特色社会主义思想为指导，全面贯彻党的基本理论、基本路线、基本方略，深入落实习近平总书记对江苏工作重要讲话指示精神，统筹推进“五位一体”总体布局，协调推进“四个全面”战略布局，紧扣“强富美高”总目标，聚焦“争当表率、争做示范、走在前列”新使命新要求，锚定“一高两强三突出”目标路径，坚定不移贯彻新发展理念，坚持稳中求进工作总基调，以推动高质量发展为主题，以深化供给侧结构性改革为主线，以改革创新为根本动力，以满足人民日益增长的美好生活需要为根本目的，统筹发展和安全，加快建设现代化经济体系，擦亮“健康名城、幸福泰州”城市名片，全力打造令人向往的“幸福水天堂”、崛起中部的产业增长极。

“十四五”时期，经济社会发展主要目标是：地区生产总值达7000亿元，人均地区生产总值力争达15万元。全社会研发经费支出占比2.8%，高新技术产业产值占比48%，科技进步贡献率68%。全体居民人均可支配收入提高到5.5万元，城乡居民收入比降至2以内。单位地区生产总值能耗、二氧化碳排放下降率完成省定目标。社会文明程度测评指数90以上。

实现“十四五”发展目标，必须更加自觉地坚持党的全面领导，更加深入地践行以人民为中心的发展思想，更加坚定地把握稳中求进工作总基调，更加主动地融入新发展格局，更加牢固地树立系统观念，扎实推进健康泰州、活力泰州、枢纽泰州、美丽泰州、幸福泰州建设，认真落实四个方面重点任务：一是坚持以做强做优实体经济为主攻方向，全力推动高质量发展。加快核心技术自主化、区域创新协同化、创新载体平台化、创新体系生态化，促进创新链与产业链深度融合，深化品质泰州建设，强化数字引领赋能，打好产业基础高级化和产业链现代化攻坚战，成为长三角具有重要影响力的特色产业创新中心和先进制造业集聚地。进一步畅通流通网络、释放消费潜力、扩大有效投资，成为国内大循环的重要节点。把改革着力点放到加强系统集成、协同高效上，主动融入长三角区域一体化、长江经济带等国家重大战略，成为国内国际双循环的重要链接。二是坚持以宜居宜业为鲜明导向，努力打造高颜值城乡。构建“一主两副、一带四轴”总体发展格局，形成“一核三极三城”中心城市发展架构，完善现代化综合交通运输体系，丰富人民满意的幸福城市实践内涵。健全城乡融合发展机制，加快农业农村现代化步伐，做好巩固拓展脱贫攻坚成果同乡村振兴有效衔接。深入推进美丽泰州建设行动，提高生态产品供给、绿色经济发展和生态环境质量水平，打造美丽江苏泰州样板。三是坚持以增进民生福祉为根本目的，共同创造高品质生活。塑造“泰”系列民生服务品牌，不断满足人民群众对美好生活的向往。优先发展教育事业，深化健康城市建设，积极应对人口老龄化，扎实推进国家基本公共服务标准化综合试点。健全公共文化服务体系和文化产业体系，彰显泰州文化品牌和文化标识，显著提高城市文化软实力。四是坚持以开展市域社会治理现代化试点为重大牵引，加快实现高效能治理。完善平安建设协调机制，创建国家安全发展示范城市，提升本质安全水平，打造长三角地区最具安全感城市。一体推进法治泰州、法治政府、法治社会建设，让法治成为泰州高质量发展的核心竞争力。健全社会治理体制，创新社会治理方式，夯实基层治理基础，确保人民安居乐业、社会安定有序。

三、2021年工作任务

今年是“十四五”开局之年，也是建市25周年，做好政府工作意义重大。我们将认真落实中央经济工作会议、省委十三届九次全会、市委五届十一次全会部署安排，着眼“争当表率、争做示范、走在前列”，坚持稳中求进工作总基调，立足新发展阶段，贯彻新发展理念，构建新发展格局，运用系统观念深化“一高两强三突出”实践，协同推进产业链做强和创新能力提升，统筹抓好省运会筹备和城市转型发展，确保“十四五”开好局、全面建设社会主义现代化起好步，努力开创幸福泰州高质量发展新局面，以优异成绩庆祝建党100周年。

今年经济社会发展主要预期目标是：地区生产总值增长7%左右，一般公共预算收入增长5%左右，社会消费品零售总额增长7%左右，城乡居民收入稳步增长，城镇新增就业8万人以上，居民消费价格涨幅3%左右，全社会研发经费支出占比2.66%，节能减排完成省定目标，安全生产形势持续稳定向好。

重点抓好三个方面11项工作：

（一）聚焦创新，做强产业

坚持以创新为核心培育新优势，用改革创新举措推动高质量发展，系统提升产业质效、园区活力、发展动能和营商环境，在服务构建新发展格局中塑强泰州产业。

1.加快智能化转型步伐。拥抱“先进制造+数字经济”风口，实施“大数据+优势产业链”行动，形成制造变革和业态创新的燎原之势。实施新基建项目。优先部署中心城区、交通枢纽和生产基地5G网络，支持互联网应用IPv6升级，力争建成5G基站3000个。依托重点开发园区，深化与电信运营商、通信设备商的对接合作，新上一批工业互联网、工业云平台、数据中心和物联网示范项目。突出三大先进制造业及其细分领域，促进重大创新平台转型提质增效。发展新制造模式。抓好传统产业改造提升，综合运用资金奖补、购买服务、金融扶持等方式，助力骨干企业建设智能工厂、数字车间，带动中小企业实施机器换人、制造换法，完成智能化改造投入20亿元以上。扩大企业上云覆盖面，鼓励有条件的企业应用个性化定制、柔性制造等新模式，开发生产制造、供应链管理等工业App。开展两业深度融合试点，引导制造企业与研发设计企业嵌入式合作，支持龙头企业围绕上下游提供市场化共性服务。培育新产业业态。指导园区建设数字化转型促进中心，加强大数据公共产品和平台开发，建立中小企业与平台企业对接机制。引进线上线下融合的新型消费体验中心，增加重点商业街区智能设备应用，鼓励品牌商业企业发展新零售业态，普及云逛街、云购物等消费场景。开展数字乡村建设，推广农业物联网、无人机等技术装备，打通农产品网络销售端，补齐农产品冷链物流设施短板。

2.建设创新型企业兵团。坚定不移走市场导向、需求引领的创新之路，加快实现依靠创新驱动的内涵型增长。激发企业创新活力。优选塑造三大先进制造业“链主”企业，梯度发展“专精特新”企业和制造业单项冠军企业，推进瞪羚企业、独角兽企业引培计划，构建创新型企业矩阵。落实科技创新积分奖励，完善首台（套）重大装备保险补贴等激励措施，强化质量认证和技术标准的引导作用，促进企业研发投入稳定增长。改进市长质量奖和科技创新奖评选方式，分类选树产品、技术、管理和商业模式创新典型。提升企业创新能力。支持领军企业组建创新联合体，鼓励建设企业投资主导的新型研发机构，推动太平洋精锻、乐叶光伏创建省级重点实验室，新增省级以上企业研发机构超过30家。成立高价值专利培育示范中心，争创中国（泰州）知识产权保护中心。搭建三大先进制造业“一赛两会”等引才平台，明确以“奖企业”为主的人才奖补导向，新引进高层次人才2700名。增强企业创新支撑力。拓展“泰检易”服务功能和范围，布局孵化器、中试基地、标准厂房等创新成果转化载体。壮大科技专员队伍和科技中介机构规模，丰富咨询评估、专利代理等科技服务资源。开展“天使”“雏鹰”“小巨人”三大行动，放大“凤城合伙人”平台对接功能，推广“创投+孵化+服务”模式，力争新增上市企业4家以上。

3.构筑高配版产业载体。纵深推进“三比一提升”行动，优化产业要素禀赋，重构园区内生优势。打造地标性发展“特区”。坚持举全市之力建设中国医药城，紧扣医药产业发展，以“两区”融合为切入点，推动空间、功能、载体高质量融合，探索再造发展动能的新路。深入推进长江经济带大健康产业集聚发展试点，主动复制推广江苏自贸区医药产业政策，在部省共建框架下集成创新要素、增添开放红利。发展生物医药、医疗器械、特医食品、药用化妆品等特色产业链，深化与北大医学部的全方位合作，加快国际精准健康中心建设。着眼整合全市域医药健康资源，研究建立各板块联动发展模式，搭建以产品为中心的产业协作网络。做强特色化产业平台。健全重点产业链挂钩联系推进机制，实行重大项目全生命周期闭环管理，指导重点园区对照“三张图”，依托招商投资服务平台，开展项目策划储备、链式招引和效益评价，力争新开工5亿元（3000万美元）以上产业项目150个，实际利用外资16亿美元。围绕长城整车制造、凯飞民用航空结构件、延长中燃等核心项目，集聚上下游配套企业，深挖前后道协作潜力，增强产业链供应链韧性。推动泰兴经济开发区国际合作区建设，完善泰州综合保税区和靖江保税物流中心（B型）平台功能。出台园区权责清单和减负赋权清单，探索制定支持重点园区发展的个性化措施，鼓励园区建立招商经费定额包干、关键绩效指标考核、浮动薪酬激励等制度。

4.塑造一流的发展环境。开展优化营商环境标准体系建设，构建成熟、透明、可预期的营商环境。在服务上做到普惠可及。建立“十佳百强”企业领导挂钩、部门联络制度，固化新落户5亿元以上项目“店小二”跟进、管家式服务链条，培强制造业高质量发展的中坚力量。组织网上交易会、新品发布会、工厂直播带货等营销活动，发挥征信公司、首贷中心、信保基金等机构作用，努力化解中小微企业订单少、融资难等问题。引导企业抢抓RCEP签署机遇深耕亚太市场，支持外贸转内销企业转换产品标准、创设自主品牌、打通营销渠道，建设外贸转型升级基地和跨境电商产业园，帮助外贸企业融入“双循环”发展格局。在改革上做到精准有效。探索“一件事一次办”审批模式，扩容跨省通办和集成办理事项，深化生产许可、项目投资等承诺制改革，丰富“24小时不打烊”在线服务场景。全面推开“亩均论英雄”改革，健全工业项目用地综合评估制度，鼓励采取重组置换、退二优二等方式盘活存量土地，试行土地利用负面清单管理、产业项目定制化用地等新模式。完善市管国企主业清单，推动国企内部资产资源整合，抓好组织架构优化和业务板块重组，提升国企市场化经营能力。在政策上做到阳光诚信。清理不合规涉企奖补政策，督促园区和国企落实尽职调查、法务审查、内审内控制度，以法律为准绳规范决策行为。围绕举全市之力建设中国医药城等重大举措，研究制定整体性、功能性、实操性政策体系，全面推行政策发布宣传、项目申报、成效评估平台化运作。开展政务诚信评价和失信治理，在支持企业发展、促进项目合作等政策出台过程中，合理约定政企权责关系，建立契约式政策兑现机制。

（二）聚焦民生，做强城市

坚持以省运会举办为契机加快提升城市能级，紧扣人民对美好生活的向往，建设宜居宜业、秀美安全的现代城市，让幸福水天堂传递生活温度、彰显质感魅力。

5.狠抓关键培植功能强点。围绕做好省运会各项筹备工作，抓住窗口期塑硬核、强功能，力促城市集聚辐射力大幅跃升。高质量编制城市国土空间规划。加强国土空间规划与“十四五”规划的有机衔接，系统调整优化发展布局，合理安排生态、农业、城镇空间，优先保障重点区域、重要设施和重大项目建设需求。明晰“一核三极三城”功能业态和建设内容，并在国土空间规划中统筹安排、预设边界，同步修编详细规划、配置土地资源，确保核心功能区建设的空间落地。严格老城区开发密度、建设强度的规划控制，塑造新城区格局清晰、通透疏朗的空间风貌。高效率推进城建重点项目建设。有序抓好省运会场馆建设和赛事氛围营造，推进重要节点改造、迎宾道路整治和城乡环境提升，确保体育公园“一场三馆”建成并试运行、体育中心体育馆改造项目竣工、小轮车运动中心投用。突出首店经济发展和高端商贸功能，开展重大城建项目策划，制定招商规划和专项政策，全力招引时尚消费、健康服务、金融商务等业态的品牌项目。做好北沿江高铁、盐泰锡常宜铁路服务保障工作，推进常泰长江大桥、江阴靖江长江隧道建设，加快实施阜溧高速建兴段、沪陕高速平广段改扩建、常泰长江大桥北接线工程。高水准创新城市建设运营机制。落实公共基础设施项目财政承受能力评价制度，规范项目概算审核和调整程序，实体化运行政府投资项目集中建设中心，严把工程变更关和财务决算关。探索政府引导、企业主体、市场化运作的开发模式，重点在市政、环保等领域推出一批经营性项目。科学调节供地规模和节奏，实行重点片区统一规划、收储、开发。

6.紧盯弱项补齐发展短板。针对制约城市长远发展的突出问题，精准施策提升综合承载能力。实施新市民战略聚人气。围绕青年、农村人口、产业工人等重点对象，研究形成促进人口集聚的总体策略和具体路径，通过“外引内聚”做大基数、调优结构。落实稳岗返还、失业补助等稳就业政策，建立公益性岗位和新增就业岗位开发机制。调优社保关系跨地区转移接续办理流程，开展职工医保个人账户改革试点。坚持“房子是用来住的、不是用来炒的”定位，租购并举解决好各类群体住房问题。发展社会事业优服务。持续开展教育领域专项治理，新（改扩）建幼儿园及义务教育学校43所，加强省高品质示范高中和中职领航学校建设，结合独立学院转设和高职本科升格提升高校办学层次，参与集团化办学的中小学、幼儿园比例50%以上。狠抓规范医疗卫生服务专项整治，改进院前急救服务，提高疾控中心现代化水平，构建现代医疗保障和药品供保体系，加快实施市妇幼保健院和第五、第六人民医院项目。启动市福利中心二期工程，完成3000户特殊困难家庭适老化改造。推进乡村振兴促协调。坚决遏制耕地“非农化”、防止“非粮化”，落实粮食安全责任制和“菜篮子”市长负责制，抓好农业农村重大项目建设，新增高标准农田20万亩。实施乡村建设行动，改造农村道路195公里、桥梁68座，疏浚县乡村河道600条，铺设乡镇污水管网200公里，创成省级特色田园乡村15个。启动第二轮土地承包到期后再延长30年试点，开展闲置宅基地和农房综合利用改革，盘活农村集体资产资源。

7.注重品质丰富城市内涵。实施城市更新行动，叫响城市幸福品牌。深化城建惠民。开展美丽宜居城市建设试点，统筹抓好市区道路“微循环”“白改黑”和雨污分流，完成26个老旧小区改造，新增小区停车位1500个；启动餐厨废弃物处理项目改扩建工程，力争生活垃圾焚烧发电二期和分类收集后端处理项目主体工程完工；争创国家生态园林城市，实施园林绿化品质提升行动。涵养人文气质。推动全域文明城市创建，常态化开展“六整治六提升”行动，整合“两中心一平台”资源功能，筑牢网络意识形态安全防线。精心策划“百梅争艳”戏曲节、泰州学派国际学术峰会、里下河文学流派研讨会等活动，采取“微改造”方式修复历史文化街区。

面向全国推广“泰州早茶”，建成北京、上海、南京实体化展示平台。创新实施文化惠民工程，提高公共文化数字化水平。培育富含泰州元素的文商旅融合新业态，加快古盐运河文化带核心园和重要片区点位建设。致力和谐共生。制定温室气体排放清单及“十四五”控排实施方案，发展壮大节能环保、清洁能源等绿色产业，完善能源消费双控制度。持续推进“健康长江泰州行动”，编制沿江地区生态空间保护和产业布局规划，抓好长江“十年禁渔”。深入打好污染防治攻坚战，推动幸福河湖建设，确保空气质量优良率、省考及以上断面优于Ⅲ类水质比例完成省定目标。开展生态环境保护综合行政执法改革，加快环保“绿岛”和生态安全缓冲区建设。

8.强化治理守牢安全底线。拓展“大数据+网格化+铁脚板”实践，坚决守护城市安全和社会安定。完善社会治理体系。深化全国市域社会治理现代化试点，提升基层“三整合”改革实效，探索“社区+物业”模式，促进警格网格深度融合。健全“一站式”多元解纷机制，坚持源头治理和积案攻坚“两手抓”，确保重复信访事项化解率60%以上。加快创建“无黑城市”，深入实施“雪亮工程”，织密社会治安防控网，提升“六安”行动成效。深入推进国防动员、后备力量和基层武装工作规范化建设，扎实做好退役军人就业安置和服务保障工作。创新城市治理模式。以民法典宣传为重点抓好“八五”普法，加强重点领域行政执法监督，组织“法律援助四季行”活动。全面落实“路长制”，分区域开展城市体检评估，推行“微修复+微执法+微服务”。发挥“数字泰州”运营指挥中心枢纽作用，推动“大综治、大城管、大应急”三网融合，打造数字化“城市大脑”。提升安全治理能力。坚决贯彻习近平总书记“务必整出成效”“两个不放松”的重要指示要求，以创建安全发展示范城市为统领，高起点、高标准切入“三年大灶”，加强安全生产风险管控和隐患排查治理，把安全发展理念贯彻到各领域、全过程。推广企业主要负责人落实安全生产主体责任积分管理制度，探索建立企业“吹哨人”内部举报制度，拧紧“从根本上消除事故隐患”的责任链条。强化系统治理、精准施策，推动高危岗位和重点部位机械化换人、自动化减人，督促企业严格执行安全生产操作规程和应急预案，把本质安全水平提升到新的高度。

（三）聚焦高效，做优服务

坚持以政府治理高效能实现政务服务高效率，坚决主动转职能，铁肩担当抓要务，忠诚履职善作为，加快构建职责明确、依法行政的政府治理体系。

9.把讲政治体现到干工作上。学思践悟习近平总书记视察江苏重要讲话指示精神，务实抓好“十四五”开局之年各项工作，以践行嘱托的实际行动为全国全省大局多作贡献。用新思想武装头脑。深入学习习近平新时代中国特色社会主义思想，增强“四个意识”，坚定“四个自信”，做到“两个维护”，不断提高政治判断力、政治领悟力、政治执行力，不断提高把握新发展阶段、贯彻新发展理念、构建新发展格局的政治能力、战略眼光、专业水平。深刻领会党的十九届五中全会精神实质，对照“争当表率、争做示范、走在前列”使命，紧扣“开创幸福泰州高质量发展新局面”目标，谋深谋实发力的关键点、突破的紧要处，向着“强富美高”新泰州再出发。用新理念指导实践。全面检视产业创新、城乡融合、生态环境、改革开放、人民生活等方面的薄弱环节，提高运用新理念解决实际问题的能力，把握规律探新路，对症下药解难题，统筹兼顾抓提升，在推动高质量发展上展现更大作为。站在国内国际两个大局的高度，聚力产业城市“双强”，研究融入“双循环”的结合点，谋划接轨长三角的实招子，贯通重塑生产、流通、消费环节，融合提升服务、生态、开放功能，将重大举措置于新发展格局中谋定快动。用新要求推动落实。全力抓好中央和省市委决策部署的落地见效，做细“六稳”“六保”等阶段性重点工作，做实优化升级产业链供应链、提高人民生活品质、守牢安全发展底线等抓手性工作，确保现代化建设稳步快进。沿着“一高两强三突出”工作路径，发扬钉钉子精神狠抓重点工作的督查推进，目标明确的全力攻坚，已经破题的持续深化，理清思路的加紧实施，确保圆满完成市人代会确定的各项任务。

10.把重实干贯穿到抓发展中。牢牢抓住发展第一要务不动摇，大兴实干之风，保持战略定力，努力以确定性举措应对不确定性因素。突出经济建设这个中心任务。集中注意力研究经济问题、重抓经济工作，经常性采取“四不两直”方式跑一线、进园区、访企业，完善定期研判形势、调度指标、会商协调的工作机制，分类研究设计产业、金融、债务防风险工具箱，及时化解经济发展痛点难点堵点。全面落实纾困惠企各项措施，畅通投资、消费、金融等政策传导通道，清除妨碍要素市场化配置和商品服务流通的制度障碍，发挥企业家座谈会、早茶峰会等政企沟通平台作用，帮助企业稳预期、固根基、扬优势。突出群众满意这个目标取向。深入推进民生幸福十大行动，建立12345民情民意分析系统，实行突出民生问题排查清单管理，认真办好民生实事，及时兑现民生政策，切实解决群众反映强烈的“急难愁盼”问题。开展防止返贫动态监测和帮扶，保障劳动者合法报酬权益，增加群众要素收入和财产性收入，发展慈善福利事业，扎实推动共同富裕。突出疫情防控这个稳定基线。牢牢把握“防得住才能放得开”这个辩证法，毫不放松抓好“外防输入、内防反弹”工作，不折不扣执行“可知可控、精准防控”要求，慎终如始落实常态化疫情防控举措，坚持“人”“物”同防，全方位提升排查监测和应急处置能力，加强进口货物和高风险人群防控，扎紧“两站一码头”、农村地区等重点部位关口，完善闭环管理和物资保供体系，做到预防在先、发现在早、处置在快。

11.把讲规矩融入到树形象里。坚决将纪律和规矩挺在前面，形成严密细致的政府运行规则和行为规范，建设高效清廉政府。让依法行政成为自觉。深入学习贯彻习近平法治思想，开展法治政府建设示范创建，落实政府权责清单制度，严格重大项目合法性审查，进一步规范政策文件备案程序，推动政府权力在法治轨道上运行。健全重大决策事前评估和事后评价制度，划定重点工作中部门职责范围和权限等级，分领域制定工作流程管理的操作办法，对不履责、不担责、不尽责行为严肃追责问责，构建权力行使全链条管控机制。让接受监督成为常态。主动接受人大法律监督、工作监督和政协民主监督、纪委监委专责监督，深化群众监督和舆论监督，推进基层政务公开标准化规范化，用全面有效的外部监督清除刷存在感的空间。加强行政检查、财政检查和审计监督，切实防范和惩治统计造假、弄虚作假，发挥“骏马奖”“蜗牛奖”双向激励作用，健全政府内部层级监督制度。让清正廉洁成为习惯。压实全面从严治党主体责任，坚决查处重点领域腐败和侵害群众利益问题，一体推进不敢腐、不能腐、不想腐。严格落实中央八项规定及其实施细则精神，持续纠治“四风”特别是形式主义、官僚主义，深化拓展基层减负成效。牢固树立过“紧日子”思想，压减非急需非刚性支出，加强预算执行监督，严格绩效跟踪考核，推动政府系统勤俭节约蔚然成风。

（市政府办　供）

泰州市第七次全国人口普查公报

根据泰州市第七次全国人口普查结果，现将2020年11月1日零时泰州市第七次全国人口普查的基本情况公布如下：

全市人口情况

全市常住人口4512762人，与2010年泰州市第六次全国人口普查的人相比，10年减少106175人，下降2.30%，年平均下降0.23%。

全市有家庭户1707632户、集体户75355户，家庭户人口4238588人、集体户人口274174人。平均每个家庭户人口2.48人，比2010年泰州市第六次全国人口普查的2.89人减少0.41人。

人口性别构成情况

全市常住人口中，男性人口2261512人，占50.11%；女性人口2251250人，占49.89%。总人口性别比（以女性为100，男性对女性的比例）由2010年泰州市第六次全国人口普查的99.95上升为100.46。

7个市（区）中，总人口性别比在100以下的市（区）有3个，在100至103之间的市（区）有3个，在103以上的市（区）有1个。

人口年龄构成情况

全市常住人口中，0~14岁人口557720人，占12.36%；15~59岁人口2680050人，占59.39%；60岁及以上人口为1274992人，占28.25%，其中65岁及以上人口993142人，占22.01%。与2010年泰州市第六次全国人口普查相比，0~14岁人口的比重上升0.25个百分点，15~59岁人口的比重下降7.68个百分点，60岁及以上人口的比重上升7.43个百分点，其中65岁及以上人口比重上升7.78个百分点。

7个市（区）中，15~59岁人口比重在65%以上的市（区）有2个，在60% ~65%之间的市（区）有2个，在60%以下的市（区）有3个。65岁及以上老年人口比重在7% ~14%之间的市（区）有1个，在14% ~21%之间的市（区）有3个，在21%以上的市（区）有3个。

人口受教育情况

全市常住人口中，拥有大学（指大专及以上）文化程度的人口682273人，拥有高中（含中专）文化程度的人口691810人，拥有初中文化程度的人口1519640人，拥有小学文化程度的人口1213472人（以上各种受教育程度的人包括各类学校的毕业生、肄业生和在校生）。与2010年泰州市第六次全国人口普查相比，每10万人中拥有大学文化程度的由7012人增加到15119人，拥有高中文化程度的由14097人增加到15330人，拥有初中文化程度的由38845人减少到33674人，拥有小学文化程度的由29031人减少到26890人。

与2010年泰州市第六次全国人口普查相比，全市常住人口中，15岁及以上人口的平均受教育年限由8.59年上升至9.56年。7个市（区）中，平均受教育年限在10年以上的市（区）有3个，在9~10年的市（区）有3个，在8~9年的市（区）有1个。

全市常住人口中，文盲人口（15岁及以上不识字的人）149178人，与2010年泰州市第六次全国人口普查相比，文盲人口减少105757人，文盲率由5.50%下降为3.31%，下降2.19个百分点。

城乡人口和流动人口情况

全市常住人口中，居住在城镇的人口3071179人，占68.06%；居住在乡村的人口1441583人，占31.94%。与2010年泰州市第六次全国人口普查相比，城镇人口增加501092人，乡村人口减少607267人，城镇人口比重上升12.42个百分点。

全市常住人口中，人户分离人口1304926人，其中市辖区内人户分离人口277463人，流动人口1027463人。流动人口中，省外流入人口234322人，省内流动人口793141人。

与2010年泰州市第六次全国人口普查相比，人户分离人口增加651361人，增长99.66%。

注释：

1、本公报数据均为初步汇总数据。

2、常住人口包括：居住在本乡镇街道且户口在本乡镇街道或户口待定的人；居住在本乡镇街道且离开户口登记地所在的乡镇街道半年以上的人；户口在本乡镇街道且外出不满半年或在境外工作学习的人。

3、家庭户是指以家庭成员关系为主、居住一处共同生活的人组成的户。

4、平均受教育年限是将各种受教育程度折算成受教育年限计算平均数得出的，具体的折算标准是：小学=6年，初中=9年，高中=12年，大专及以上=16年。

5、文盲率是指常住人口中15岁及以上不识字人口所占比例。

6、流动人口是指人户分离人口中扣除市辖区内人户分离的人口。

7、人户分离人口是指居住地与户口登记地所在的乡镇街道不一致且离开户口登记地半年以上的人口。

8、市辖区内人户分离人口是指一个设区市所辖的区内和区与区之间，居住地和户口登记地不在同一乡镇街道的人口。

第七次全国人口普查泰州市各市（区）人口情况表

表55

地 区	人口数（人）	占全市常住人口比重（%）	
		2020年	2010年
泰州市	4512762	100	100
海陵区	577016	12.79	10.28
高港区	258590	5.73	5.41
姜堰区	668408	14.81	15.78
医药高新区	222691	4.93	3.32
兴化市	1128204	25.00	27.14
靖江市	663408	14.70	14.82
泰兴市	994445	22.04	23.25

第七次全国人口普查泰州市各市（区）人口性别构成情况表

表56

地区	占总人口比重（%）		性别比（%）
	男	女	
泰州市	50.11	49.89	100.46
海陵区	49.22	50.78	96.92
高港区	50.09	49.91	100.37
姜堰区	49.27	50.73	97.14
医药高新区	50.32	49.68	101.27
兴化市	51.19	48.81	104.86
靖江市	50.23	49.77	100.92
泰兴市	49.87	50.13	99.46

第七次全国人口普查泰州市各市（区）人口年龄构成情况表

表 57

地区	占总人口比重（%）			
	0～14岁	15～59岁	60岁及以上	65岁及以上
泰州市	12.36	59.39	28.25	22.01
海陵区	12.37	65.12	22.51	17.03
高港区	12.79	60.54	26.67	20.35
姜堰区	11.30	57.90	30.81	24.42
医药高新区	14.27	68.28	17.45	12.85
兴化市	13.79	54.38	31.83	25.53
靖江市	10.73	62.12	27.14	20.65
泰兴市	11.99	58.63	29.38	22.67

备注：0−15 岁人口 595075 人，16−59 岁人口 2642695 人

第七次全国人口普查泰州市各市（区）受教育程度人数情况表

表 58　　单位：人/10 万人

地区	大学（大专及以上）	高中（含中专）	初中	小学
泰州市	15119	15330	33674	26890
海陵区	26326	16819	27835	20154
高港区	16228	14987	34805	25905
姜堰区	13919	14905	33966	28115
医药高新区	27213	13276	30223	19812
兴化市	7262	13537	33396	33643
靖江市	18561	17745	35495	22562
泰兴市	13042	15724	36447	27040

第七次全国人口普查泰州市各市（区）15岁及以上人口平均受教育年限情况表

表 59　　单位：年

地区	2020年	地区	2020年
泰州市	9.56年	医药高新区	10.90年
海陵区	10.78年	兴化市	8.35年
高港区	9.86年	靖江市	10.30年
姜堰区	9.32年	泰兴市	9.51年

（市统计局供）

重要文件题录

2020年中共泰州市委重要文件题录

表60

文　号	题　名	成文日期
泰发〔2020〕1号	中共泰州市委、泰州市政府印发《关于抓好“三农”领域重点工作　确保如期实现高水平全面小康的实施意见》的通知	2020年3月9日
泰发〔2020〕2号	中共泰州市委、泰州市政府关于印发《打好防范化解重大金融风险攻坚战实施方案》的通知	2020年2月14日
泰发〔2020〕3号	中共泰州市委、泰州市政府关于实施2020年市区改善民生实事的通知	2020年2月27日
泰发〔2020〕4号	中共泰州市委、泰州市政府印发《关于打造三大先进制造业集群　推进产业强市的实施方案（2020~2022年）》的通知	2020年4月1日
泰发〔2020〕5号	中共泰州市委、泰州市政府关于扎实做好排查解决突出民生问题相关工作的通知	2020年5月9日
泰发〔2020〕6号	中共泰州市委、泰州市政府关于印发《关于支持市区高端服务业聚合发展的若干意见》的通知	2020年5月13日
泰发〔2020〕7号	中共泰州市委、泰州市政府关于印发《关于深化改革　加强食品安全工作的实施方案》的通知	2020年6月1日
泰发〔2020〕8号	中共泰州市委、泰州市政府关于推进标准引领经济社会高质量发展的意见	2020年7月10日
泰发〔2020〕9号	中共泰州市委印发《关于切实提高民生服务保障水平的八条措施》的通知	2020年8月6日
泰发〔2020〕11号	中共泰州市委印发《贯彻落实省委〈关于加强新时代人大工作和建设的意见〉实施细则》的通知	2020年10月14日
泰发〔2020〕12号	中共泰州市委印发《关于贯彻〈中国共产党政法工作条例〉的实施办法》的通知	2020年11月13日
泰发〔2020〕14号	中共泰州市委、泰州市政府关于印发《泰州市贯彻落实〈新时代爱国主义教育实施纲要〉三年行动方案》的通知	2020年12月9日
泰发〔2020〕15号	中共泰州市委、泰州市政府关于建立全市国土空间规划体系并监督实施的意见	2020年12月31日
泰发〔2020〕16号	中共泰州市委关于制定泰州市国民经济和社会发展第十四个五年规划和二〇三五年远景目标和建议	2020年12月31日
泰办发〔2020〕1号	中共泰州市委办公室、泰州市政府办公室关于印发《泰州市委、市政府2020年重点工作任务分工方案》的通知	2020年2月12日
泰办发〔2020〕2号	中共泰州市委办公室、泰州市政府办公室关于印发《市委常委会成员、市政协领导班子成员2020年安全生产重点工作清单》的通知	2020年2月27日
泰办发〔2020〕4号	中共泰州市委办公室、泰州市政府办公室、泰州市政协办公室关于明确2020年市政协重点协商计划的通知	2020年3月5日

续表60

文　号	题　名	成文日期
泰办发〔2020〕5号	中共泰州市委办公室关于印发《中共泰州市委全面深化改革委员会2020年工作要点》的通知	2020年3月6日
泰办发〔2020〕6号	中共泰州市委办公室关于印发《泰州市文联深化改革方案》的通知	2020年3月17日
泰办发〔2020〕8号	中共泰州市委办公室关于印发《贯彻落实政法领域全面深化改革重点任务责任清单》的通知	2020年3月19日
泰办发〔2020〕10号	中共泰州市委办公室印发《关于构建大调研工作机制的实施意见》的通知	2020年3月27日
泰办发〔2020〕11号	中共泰州市委办公室、泰州市人大办公室、泰州市政府办公室、市政协办公室关于做好2020年人大代表建议市政协提案办理工作的通知	2020年3月27日
泰办发〔2020〕12号	中共泰州市委办公室关于印发《泰州市党史方志办公室职能配置、内设机构和人员编制规定》的通知	2020年3月26日
泰办发〔2020〕13号	中共泰州市委办公室关于印发《泰州市关心下一代工作委员会2020年工作要点》的通知	2020年3月31日
泰办发〔2020〕15号	中共泰州市委办公室、泰州市政府办公室印发《关于深入推进城市安全发展的实施意见》的通知	2020年4月15日
泰办发〔2020〕16号	中共泰州市委办公室、泰州市政府办公室印发《关于严肃财经纪律　加强财政资金管理的意见》的通知	2020年5月9日
泰办发〔2020〕17号	中共泰州市委办公室、泰州市政府办公室印发《关于加强和完善市政府部门与市各民主党派、工商联对口联系工作的意见》的通知	2020年5月7日
泰办发〔2020〕18号	中共泰州市委办公室、泰州市政府办公室关于印发《泰州市做强城市两年行动计划》的通知	2020年5月13日
泰办发〔2020〕19号	中共泰州市委办公室、泰州市政府办公室关于印发《2020年深化全国文明城市创建“十项重点工程”实施方案》的通知	2020年5月14日
泰办发〔2020〕20号	中共泰州市委办公室、泰州市政府办公室关于完善深化全国文明城市创建市领导挂钩联系重点街道（乡镇）、道路制度的通知	2020年5月14日
泰办发〔2020〕21号	中共泰州市委办公室、泰州市政府办公室关于印发《泰州市残疾人联合会改革实施方案》的通知	2020年5月19日
泰办发〔2020〕22号	中共泰州市委办公室、泰州市政府办公室印发《关于推进新时代泰州民政事业高质量发展的意见》的通知	2020年5月20日
泰办发〔2020〕24号	中共泰州市委办公室、泰州市政府办公室关于印发《泰州市推进国有企业退休人员社会化管理工作方案》的通知	2020年5月20日
泰办发〔2020〕25号	中共泰州市委办公室、泰州市政府办公室关于印发《泰州市推动长三角区域一角区域一体化2020工作要点》的通知	2020年5月29日
泰办发〔2020〕26号	中共泰州市委办公室关于印发《中共泰州市纪律检查委员会、泰州市监察委员会机关职能配置、内设机构和人员编制规定》的通知	2020年6月5日
泰办发〔2020〕27号	中共泰州市委办公室关于印发《〈长江三角洲区域一体化发展规划纲要〉泰州实施方案》的通知	2020年6月10日

续表60

文　号	题　名	成文日期
泰办发〔2020〕28号	中共泰州市委办公室、泰州市政府办公室印发《关于推进基层整合审批服务执法力量的实施方案》的通知	2020年6月30日
泰办发〔2020〕29号	中共泰州市委办公室、泰州市政府办公室关于印发《泰州市贯彻落实国家统计督察反馈意见整改工作方案》的通知	2020年6月30日
泰办发〔2020〕30号	中共泰州市委办公室、泰州市政府办公室关于印发《泰州市市级部门及驻泰有关单位安全生产工作职责任务清单》的通知	2020年6月30日
泰办发〔2020〕31号	中共泰州市委办公室、泰州市政府办公室关于印发《泰州市城市管理综合行政执法体制改革实施方案》的通知	2020年6月30日
泰办发〔2020〕32号	中共泰州市委办公室、泰州市政府办公室印发《关于大力推进公共法律服务体系建设的实施意见》的通知	2020年7月22日
泰办发〔2020〕33号	中共泰州市委办公室、泰州市政府办公室关于印发《泰州市外事接待管理办法（试行）》的通知	2020年7月27日
泰办发〔2020〕34号	中共泰州市委办公室、泰州市政府办公室关于印发《泰州市党政领导干部防范和惩治统计造假、弄虚作假责任制规定》的通知	2020年7月16日
泰办发〔2020〕36号	中共泰州市委办公室、泰州市政府办公室关于同意靖江市开发园区改革实施方案的批复	2020年8月3日
泰办发〔2020〕37号	中共泰州市委办公室、泰州市政府办公室关于同意泰兴市开发园区改革实施方案的批复	2020年8月3日
泰办发〔2020〕38号	中共泰州市委办公室、泰州市政府办公室关于同意兴化市开发园区改革实施方案的批复	2020年8月3日
泰办发〔2020〕39号	中共泰州市委办公室、泰州市政府办公室关于同意海陵区开发园区改革实施方案的批复	2020年8月3日
泰办发〔2020〕40号	中共泰州市委办公室、泰州市政府办公室关于同意姜堰区开发园区改革实施方案的批复	2020年8月3日
泰办发〔2020〕41号	中共泰州市委办公室、泰州市政府办公室关于成立市推进长三角一体化发展领导小组的通知	2020年8月4日
泰办发〔2020〕42号	中共泰州市委办公室关于巩固拓展“不忘初心、牢记使命”主题教育成果　做好有关后续工作的通知	2020年8月3日
泰办发〔2020〕43号	中共泰州市委办公室、泰州市政府办公室印发《关于全面深化消防执法改革的实施意见》的通知	2020年8月7日
泰办发〔2020〕44号	中共泰州市委办公室、泰州市政府办公室印发《关于坚持和完善“大数据+网格化+铁脚板”治理机制　加快构建基层社会治理新格局的实施意见》的通知	2020年8月10日
泰办发〔2020〕46号	中共泰州市委办公室、泰州市政府办公室印发《关于促进工商联所属商务改革和发展的实施方案》的通知	2020年8月10日
泰办发〔2020〕47号	中共泰州市委办公室、泰州市政府办公室关于印发泰州市贯彻落实风险防控四项机制实施意见的通知	2020年8月14日

续表60

文　号	题　名	成文日期
泰办发〔2020〕49号	中共泰州市委办公室关于转发市委市级机关工委《深化“三务”融合　塑造“泰”系列品牌两年行动计划》的通知	2020年8月25日
泰办发〔2020〕51号	中共泰州市委办公室、泰州市政府办公室印发《关于加快建立泰州网络综合治理体系的实施意见》的通知	2020年9月3日
泰办发〔2020〕52号	中共泰州市委办公室、泰州市政府办公室印发《关于做好全市村（社区）“两委”换届工作的指导意见》的通知	2020年9月22日
泰办发〔2020〕56号	中共泰州市委办公室转发《中共泰州市委宣传部关于举行中国人民志愿军抗美援朝出国作战70周年泰州市纪念活动方案》的通知	2020年10月21日
泰办发〔2020〕57号	中共泰州市委办公室、泰州市政府办公室印发《关于完善医患纠纷调处机制　维护医疗秩序保障医务人员安全的意见》的通知	2020年10月22日
泰办发〔2020〕58号	中共泰州市委办公室、泰州市政府办公室关于印发《泰州市党政领导干部食品安全工作责任清单》《泰州市市级部门以及驻泰有关单位食品安全监管事权清单》的通知	2020年10月28日
泰办发〔2020〕59号	中共泰州市委办公室关于建立市委党内法规工作联席会议制度的通知	2020年11月6日
泰办发〔2020〕60号	中共泰州市委办公室、泰州市政府办公室关于印发《泰州市生态环境保护综合行政执法改革实施方案》的通知	2020年11月9日
泰办发〔2020〕63号	中共泰州市委办公室、泰州市政府办公室关于成立市创建安全发展示范城市领导小组的通知	2020年11月22日
泰办发〔2020〕64号	中共泰州市委办公室、泰州市政府办公室关于印发《泰州市2020年度打好污染防治攻坚战市（区）考核办法》的通知	2020年11月27日
泰办发〔2020〕66号	中共泰州市委办公室关于印发全面贯彻《中国共产党支部工作条例（试行）》　进一步提升党支部建设规范化水平的若干措施的通知	2020年11月26日
泰办发〔2020〕67号	中共泰州市委办公室、泰州市政府办公室印发《关于产业工人安全赋能提升安康幸福指数的十条措施》的通知	2020年12月.日
泰办发〔2020〕68号	中共泰州市委办公室、泰州市政府办公室关于成立泰州市社区矫正委员会的通知	2020年12月3日
泰办发〔2020〕69号	中共泰州市委办公室、泰州市政府办公室印发《关于加强泰州市新型农村社区建设的实施方案》的通知	2020年12月8日
泰办发〔2020〕70号	中共泰州市委办公室、泰州市政府办公室印发《关于建立健全城乡融合发展体制机制和政策体系的实施方案》的通知	2020年12月9日
泰办发〔2020〕72号	中共泰州市委办公室、泰州市政府办公室关于废止和宣布失效一批涉及教育政策文件的通知	2020年12月16日
泰办发〔2020〕75号	中共泰州市委办公室印发中共泰州市委关于落实全面从严治党党委（党组）主体责任的实施意见的通知	2020年12月29日
泰办发〔2020〕76号	中共泰州市委办公室印发《关于贯彻落实〈中国共产党宣传工作条例〉的实施方案》的通知	2020年12月30日

（市委办　供）

2020年泰州市政府重要文件题录

表61

文号	标题	签发日期
政府令10号	泰州市政府关于发布《泰州市生产经营单位安全生产主体责任规定》的令	2020年7月1日
政府令11号	泰州市政府关于发布《泰州市停车场管理办法》的令	2020年7月16日
政府令12号	泰州市政府关于发布《泰州市传染病防治卫生监督管理办法》的令	2020年9月17日
政府令13号	泰州市政府关于发布《泰州市食品小作坊集中加工中心管理办法》的令	2020年11月4日
政府令14号	泰州市政府关于发布《泰州市市区城镇垃圾处理费征收管理办法》的令	2020年11月26日
政府令15号	泰州市政府关于发布《泰州市生活垃圾分类管理办法》的令	2020年12月8日
泰政规〔2020〕1号	泰州市政府关于印发泰州市重大行政决策程序规定的通知	2020年7月9日
泰政规〔2020〕2号	泰州市政府关于印发泰州市城市供水管理办法的通知	2020年7月23日
泰政规〔2020〕3号	泰州市政府关于印发泰州市城镇排水管理办法的通知	2020年7月23日
泰政规〔2020〕4号	泰州市政府关于印发泰州市房屋征收民办非企业单位登记管理办法的通知	2020年9月21日
泰政规〔2020〕5号	泰州市政府关于印发泰州市户口迁移准入登记规定的通知	2020年9月30日
泰政规〔2020〕6号	泰州市政府关于印发泰州市道路货物装载源头超限超载管理办法的通知	2020年11月2日
泰政规〔2020〕7号	泰州市政府关于印发泰州市犬类管理办法的通知	2020年12月31日
泰政发〔2020〕3号	泰州市政府关于做好泰州市第七次全国人口普查工作的通知	2020年1月19日
泰政发〔2020〕4号	泰州市政府关于支持中小企业抗疫情渡难关促发展的政策措施	2020年2月4日
泰政发〔2020〕5号	泰州市政府关于抗疫情稳外贸的意见	2020年2月4日
泰政发〔2020〕6号	泰州市政府关于支持新型农业经营主体抗疫情渡难关保供应的意见	2020年2月10日
泰政发〔2020〕10号	泰州市政府关于明确2020年全市一般公共预算收入预期目标的通知	2020年2月27日
泰政发〔2020〕15号	泰州市政府关于印发泰州市企业科技创新积分管理办法的通知	2020年3月27日
泰政发〔2020〕16号	泰州市政府关于印发进一步做好稳外资稳外贸工作意见的通知	2020年3月27日
泰政发〔2020〕30号	泰州市政府关于表扬全市民政系统先进集体和先进个人的通报	2020年5月13日
泰政发〔2020〕38号	泰州市政府关于表彰2019年度安全生产工作先进集体和先进个人的决定	2020年6月18日
泰政发〔2020〕42号	泰州市政府关于驾乘电动自行车佩戴安全头盔实施时间和范围的通告	2020年6月29日
泰政发〔2020〕44号	泰州市政府关于推进专利标准融合创新的实施意见	2020年7月6日
泰政发〔2020〕47号	泰州市政府关于印发全面推进我市长江流域禁捕退捕工作实施方案的通知	2020年7月16日
泰政发〔2020〕49号	泰州市政府关于进一步深化推进全市集团化办学的意见	2020年7月22日
泰政发〔2020〕57号	泰州市政府关于铁路线路安全保护区划定的公告	2020年8月13日
泰政发〔2020〕59号	泰州市政府关于印发加快推进养老服务高质量发展实施意见的通知	2020年8月14日
泰政发〔2020〕66号	泰州市政府关于公布泰州市市设权力清单的通知	2020年8月20日
泰政发〔2020〕72号	泰州市政府关于公布泰州市第十二届哲学社会科学优秀成果奖的决定	2020年9月17日
泰政发〔2020〕88号	泰州市政府关于公布泰州市各市（区）征地区片综合地价执行标准的通知	2020年11月2日
泰政发〔2020〕89号	泰州市政府关于印发泰州市建设用地审查报批实施方案的通知	2020年11月9日

续表61

文号	标题	签发日期
泰政发〔2020〕93号	泰州市政府关于公布泰州市各市（区）征地地上附着物和青苗等补偿标准的通知	2020年11月9日
泰政发〔2020〕94号	泰州市政府关于印发落实健康中国行动推进健康泰州建设实施方案的通知	2020年11月8日
泰政发〔2020〕98号	泰州市政府关于授予见义勇为人员荣誉称号和表彰见义勇为工作先进集体和先进工作者的决定	2020年11月27日
泰政发〔2020〕110号	泰州市政府关于取缔长江水上过驳作业的通告	2020年12月17日
泰政发〔2020〕118号	泰州市政府关于加快推进农业机械化和农机装备产业转型升级的实施意见	2020年12月24日
泰政发〔2020〕127号	关于公布2020年泰州市政府文艺奖评选结果的通知	2020年12月31日
泰政办发〔2020〕3号	泰州市政府办公室印发关于应对新冠肺炎疫情支持城乡建设企业稳定持续发展实施意见的通知	2020年2月21日
泰政办发〔2020〕4号	泰州市政府办公室关于表彰2019年度泰州市建筑业综合实力三十强专业十强企业的决定	2020年2月21日
泰政办发〔2020〕5号	泰州市政府办公室关于表彰2019年度泰州市建筑业优秀企业家和外埠市场开拓标兵的决定	2020年2月21日
泰政办发〔2020〕6号	泰州市政府办公室关于对相关建筑企业和项目实施资金奖励的决定	2020年2月23日
泰政办发〔2020〕7号	泰州市政府办公室关于印发泰州市安全生产人民监督员制度的通知	2020年2月27日
泰政办发〔2020〕8号	泰州市政府办公室关于印发泰州市安全生产领域举报奖励办法的通知	2020年3月9日
泰政办发〔2020〕11号	泰州市政府办公室关于印发泰州市突发环境事件应急预案（修订）的通知	2020年4月1日
泰政办发〔2020〕12号	泰州市政府办公室关于加强服务保障助推市区产业项目加快落地的意见	2020年3月31日
泰政办发〔2020〕13号	泰州市政府办公室关于印发进一步促进恢复生猪生产政策措施的通知	2020年4月7日
泰政办发〔2020〕14号	泰州市政府办公室关于印发泰州市超标粮食处置实施方案的通知	2020年4月17日
泰政办发〔2020〕16号	泰州市政府办公室关于印发市政府2020年立法工作计划的通知	2020年4月24日
泰政办发〔2020〕17号	泰州市政府办公室关于印发市政府2020年规范性文件制定工作计划的通知	2020年4月24日
泰政办发〔2020〕18号	泰州市政府办公室关于印发进一步做好新中国成立前老党员医疗帮扶工作的通知	2020年4月26日
泰政办发〔2020〕19号	泰州市政府办公室关于印发泰州市职工医保补充保险试点方案的通知	2020年4月26日
泰政办发〔2020〕22号	泰州市政府办公室关于印发泰州市农产品质量安全示范建设实施方案的通知	2020年4月27日
泰政办发〔2020〕23号	泰州市政府办公室关于进一步完善社会救助和保障标准与物价上涨挂钩联动机制的通知	2020年4月30日
泰政办发〔2020〕24号	泰州市政府办公室印发关于积极应对疫情影响提振消费信心释放消费需求若干措施的通知	2020年4月30日
泰政办发〔2020〕25号	泰州市政府办公室关于实行工伤保险市区统筹的通知	2020年4月28日
泰政办发〔2020〕26号	泰州市政府办公室关于印发泰州市东西部扶贫协作2020年度工作要点的通知	2020年5月13日
泰政办发〔2020〕27号	泰州市政府办公室关于明确工程建设项目审批制度改革工作有关事项的通知	2020年5月22日
泰政办发〔2020〕28号	泰州市政府办公室关于印发泰州市公共资源交易目录的通知	2020年6月9日
泰政办发〔2020〕29号	泰州市政府办公室关于印发泰州市化工重点监测点认定管理办法的通知	2020年6月23日
泰政办发〔2020〕30号	泰州市政府办公室关于印发泰州市养殖水域滩涂规划（2018–2030年）的通知	2020年6月22日

续表61

文号	标题	签发日期
泰政办发〔2020〕31号	泰州市政府办公室关于提高城乡居民最低生活保障特困人员供养和困境儿童分类保障标准的通知	2020年6月30日
泰政办发〔2020〕32号	泰州市政府办公室关于印发泰州市食品安全事故应急预案的通知	2020年6月22日
泰政办发〔2020〕33号	泰州市政府办公室关于转发市卫生健康委市财政局市人力资源和社会保障局对参加新冠肺炎疫情防治工作的医务人员和防疫工作者发放临时性工作补助方案的通知	2020年6月23日
泰政办发〔2020〕34号	泰州市政府办公室关于印发泰州市专利奖评审管理办法的通知	2020年7月17日
泰政办发〔2020〕35号	泰州市政府办公室关于印发进一步加强市属企业内部审计工作意见的通知	2020年7月16日
泰政办发〔2020〕36号	泰州市政府办公室关于印发2020年泰州市政府重大行政决策事项目录的通知	2020年7月9日
泰政办发〔2020〕37号	泰州市政府办公室关于明确医疗服务和药品等政府制定价格有关事项的通知	2020年8月3日
泰政办发〔2020〕38号	泰州市政府办公室关于印发泰州市气象灾害应急预案的通知	2020年8月5日
泰政办发〔2020〕39号	泰州市政府办公室关于印发泰州市突发地质灾害应急预案的通知	2020年8月15日
泰政办发〔2020〕40号	泰州市政府办公室关于印发泰州市加快推进社会信用体系建设构建以信用为基础的新型监管机制实施意见的通知	2020年8月26日
泰政办发〔2020〕41号	泰州市政府办公室关于印发泰州市市属企业违规经营投资责任追究试行办法的通知	2020年9月4日
泰政办发〔2020〕42号	泰州市政府办公室关于印发落实就业优先政策进一步做好稳就业工作实施意见的通知	2020年9月11日
泰政办发〔2020〕44号	泰州市政府办公室关于印发泰州市困境儿童分类保障和关爱服务办法的通知	2020年9月21日
泰政办发〔2020〕45号	泰州市政府办公室关于印发进一步加强全市内部审计工作实施方案的通知	2020年9月28日
泰政办发〔2020〕46号	泰州市政府办公室关于印发泰州市见义勇为称号评定实施办法的通知	2020年9月27日
泰政办发〔2020〕48号	泰州市政府办公室关于印发泰州市12345政务服务热线平台运行管理实施办法和泰州市12345政务服务热线平台运行效能督查督办实施办法的通知	2020年10月22日
泰政办发〔2020〕49号	泰州市政府办公室印发关于促进全市建筑业高质量发展实施意见的通知	2020年10月30日
泰政办发〔2020〕51号	泰州市政府办公室关于印发泰州市政府投资审计监督办法的通知	2020年11月2日
泰政办发〔2020〕52号	泰州市政府办公室印发关于进一步推进市级政府投资项目集中建设意见和泰州市市级政府投资项目工程变更管理办法的通知	2020年11月9日
泰政办发〔2020〕53号	泰州市政府办公室印发关于促进泰州市市区电子商务高质量发展若干政策的通知	2020年11月10日
泰政办发〔2020〕54号	泰州市政府办公室关于印发泰州市科技创新奖评审管理办法的通知	2020年11月9日
泰政办发〔2020〕55号	泰州市政府办公室关于印发泰州市改革完善医疗卫生行业综合监管制度实施方案的通知	2020年11月20日
泰政办发〔2020〕56号	泰州市政府办公室关于印发泰州市解决特殊疑难信访问题专项资金管理办法的通知	2020年11月24日
泰政办发〔2020〕57号	泰州市政府办公室关于印发泰州市市区城镇垃圾处理费征收标准的通知	2020年11月27日
泰政办发〔2020〕59号	泰州市政府办公室关于印发泰州市管河道保护规划的通知	2020年12月24日

（市政府办　供）

统计资料摘编

2020年泰州市主要经济社会指标情况表

表62

指 标	单 位	2020年	比2019增长（%）
地区生产总值	亿元	5312.77	3.6
#第一产业增加值	亿元	307.10	3.0
第二产业增加值	亿元	2541.10	3.3
第三产业增加值	亿元	2464.57	4.1
人均地区生产总值（按常住人口计算）	元	117541.76	3.7
规模以上工业总产值	亿元	—	7.8
规模以上工业增加值	亿元	—	6.4
规模以上工业营业收入	亿元	—	4.3
规模以上工业利润总额	亿元	—	8.5
全社会用电量	亿千瓦时	306.88	3.7
#工业用电量	亿千瓦时	221.14	4.1
固定资产投资	亿元	—	0.2
#工业投资	亿元	—	-5.5
服务业投资	亿元	—	7.6
#房地产开发投资	亿元	498.47	41.4
社会消费品零售总额	亿元	1333.26	-1.3
#限额以上社会消费品零售额	亿元	471.31	4.7
进出口总额	亿美元	146.43	1.2
#进口	亿美元	50.38	2.1
出口	亿美元	96.05	0.8
实际到账注册外资	亿美元	14.94	4.7
一般公共预算收入	亿元	383.08	2.3
#税收收入	亿元	289.65	0.8
一般公共预算支出	亿元	627.54	5.6
金融机构人民币存款余额	亿元	7889.89	14.7
#住户存款	亿元	3722.47	14.0
金融机构人民币贷款余额	亿元	6385.10	16.2
居民人均可支配收入	元	39701	5.1
居民人均生活消费支出	元	22886	-1.0
城镇常住居民人均可支配收入	元	49103	4.0
城镇常住居民人均生活消费支出	元	27123	-0.6
农村常住居民人均可支配收入	元	24615	6.5
农村常住居民人均生活消费支出	元	16085	-3.1
城镇非私营单位在岗职工年平均工资	元	85944	7.6
城乡住户人均存款(人民币）	元	82414	14.2
城市居民消费价格指数	2019年=100	102.9	-0.2点

2020年泰州市主要经济社会指标占全省比重情况表

表63

指　　标	单位	江苏省	泰州市	泰州市占江苏省比重（%）
土地面积	万平方千米	10.72	0.58	5.4
年末常住人口	万人	8477.26	451.68	5.3
地区生产总值	亿元	102718.98	5312.77	5.2
人均地区生产总值	元	121228	117542	97.0
粮食产量	万吨	3729.06	280.79	7.5
棉花产量	万吨	1.06	0.01	0.7
油料产量	万吨	93.01	9.51	10.2
猪牛羊肉产量	万吨	149.55	9.70	6.5
水产品产量	万吨	490.18	37.48	7.6
规模以上工业营业收入	亿元	122206.83	5879.25	4.8
规模以上工业利润总额	亿元	7365.28	375.59	5.1
全社会用电量	亿千瓦时	6373.71	306.88	4.8
#工业用电量	亿千瓦时	4523.11	221.14	4.9
社会消费品零售总额	亿元	37086.06	1333.26	3.6
#限额以上社会消费品零售额	亿元	13701.82	471.31	3.4
进出口总额	亿美元	6427.75	146.43	2.3
#进口	亿美元	2464.91	50.38	2.0
出口	亿美元	3962.83	96.05	2.4
实际到账注册外资	亿美元	283.84	14.94	5.3
一般公共预算收入	亿元	9058.99	383.08	4.2
#税收收入	亿元	7413.86	289.65	3.9
一般公共预算支出	亿元	13682.47	627.54	4.6
金融机构年末存款余额(人民币)	亿元	172580.27	7889.89	4.6
#住户存款	亿元	66373.06	3722.47	5.6
金融机构年末贷款余额(人民币)	亿元	154523.28	6385.10	4.1
居民人均可支配收入	元	43390	39701	91.5
居民人均生活消费支出	元	26225	22886	87.3
城镇常住居民人均可支配收入	元	53102	49103	92.5
城镇常住居民人均生活消费支出	元	30882	27123	87.8
农村常住居民人均可支配收入	元	24198	24615	101.7
农村常住居民人均生活消费支出	元	17022	16085	94.5
城镇非私营单位在岗职工年平均工资	元	106034	85944	81.1
城乡住户人均存款（人民币）	元	78295	82414	105.3

2020年泰州的一天

表64

指　　标	单位	2020年	2019年
每天创造的财富			
地区生产总值	万元	145158	139928
第一产业	万元	8391	8014
第二产业	万元	69429	68493
第三产业	万元	67338	63421
一般公共预算收入	万元	10251	10018
粮食	吨	7672	7685
猪牛羊肉	吨	265	295
水产品	吨	1024	1012
粗钢	吨	4137	4581
钢材	吨	4810	4524
水泥	吨	20676	21880
布	万米	33.04	44.88
每天消费量			
居民人均生活消费支出	元	63	63
#食品烟酒消费	元	19	18
城镇居民人均生活消费支出	元	74	75
#食品烟酒消费	元	21	21
农村居民人均生活消费支出	元	44	45
#食品烟酒消费	元	14	14
社会消费品零售总额	万元	36428	36957
每天其他经济活动			
货物运输量	万吨	63	62
旅客运输量	万人	12	17
商品房竣工面积	万平方米	1.23	1.49
进出口总额	万美元	4001	3963
#出口	万美元	2624	2611
实际到账注册外资	万美元	408	391
每天人口变动和婚姻			
出生人数	人	97	97
死亡人数	人	132	119
结婚对数	对	82	97
离婚对数	对	28	32

2020年泰州市分市（区）地区生产总值情况表

表65

指标	单位	泰州市	市区					兴化市	靖江市	泰兴市
				海陵区	高港区	姜堰区	医药高新区			
地区生产总值	亿元	5312.77	2279.58	620.19	634.97	687.49	336.93	900.92	1004.80	1127.47
#农业	亿元	204.43	60.54	10.96	11.56	37.04	0.98	69.24	21.10	53.55
林业	亿元	1.84	0.28	0.04	0.08	0.15	0.01	0.80	0.26	0.50
畜牧业	亿元	32.66	8.68	0.86	1.78	6.04	0.00	8.02	3.81	12.15
渔业	亿元	68.17	6.97	1.71	0.98	4.23	0.05	55.90	1.98	3.32
农林牧渔服务业	亿元	12.90	3.14	0.77	0.56	1.74	0.07	6.04	1.78	1.94
工业	亿元	1973.08	879.44	183.35	283.13	241.03	171.93	241.55	382.37	469.72
建筑业	亿元	570.84	211.73	70.03	45.28	75.68	20.74	106.20	157.40	95.51
批发和零售业	亿元	452.37	217.04	66.02	69.48	58.47	23.07	76.87	64.22	94.24
交通运输、仓储和邮政业	亿元	224.77	94.35	23.62	28.40	34.48	7.85	38.28	45.01	47.13
住宿和餐饮业	亿元	54.22	24.40	10.95	4.59	5.71	3.15	10.58	6.85	12.39
信息传输、软件和信息技术服务业	亿元	88.58	42.96	15.65	7.87	10.47	8.97	13.70	12.02	19.90
金融业	亿元	355.86	157.99	57.82	41.30	44.35	14.52	64.61	67.01	66.25
房地产业	亿元	378.49	156.71	53.60	31.34	48.05	23.72	61.49	84.20	76.09
租赁和商务服务业	亿元	146.26	72.66	19.05	16.23	18.33	19.05	15.90	28.44	29.26
科学研究和技术服务业	亿元	77.46	42.66	9.25	12.52	15.78	5.11	6.68	13.73	14.39
水利、环境和公共设施管理业	亿元	66.70	35.22	13.85	14.33	5.30	1.74	5.69	12.55	13.24
居民服务、修理和其他服务业	亿元	46.06	19.60	5.96	7.81	4.49	1.34	9.19	7.10	10.17
教育	亿元	139.01	62.44	21.05	14.97	20.90	5.52	22.71	24.20	29.66
卫生和社会工作	亿元	117.29	46.20	11.04	10.31	15.87	8.98	27.01	21.28	22.80
文化、体育和娱乐业	亿元	38.05	19.55	9.87	4.49	3.62	1.57	5.79	5.92	6.79
公共管理、社会保障和社会组织	亿元	263.73	117.01	34.74	27.96	35.76	18.55	54.67	43.57	48.48
#第一产业增加值	亿元	307.10	76.48	13.57	14.40	47.46	1.05	133.96	27.15	69.51
第二产业增加值	亿元	2541.10	1090.73	253.22	328.31	316.59	192.61	347.63	537.77	564.97
第三产业增加值	亿元	2464.57	1112.37	353.40	292.26	323.44	143.27	419.33	439.88	492.99
人均地区生产总值（按常住人口计算）	元	117542	132468	108000	245827	102603	154378	79380	151109	112843

2020年泰州市农业生产情况表

表66

指标名称	单位	2020年	比2019年增长（%）
种植业			
粮食产量	万吨	280.79	0.1
夏粮	万吨	104.00	-0.6
秋粮	万吨	176.80	0.5
棉花产量	万吨	76.00	-22.5
油料产量	万吨	9.51	0.2
蔬菜（含菜用瓜）	万吨	339.05	1.4
瓜果类	万吨	15.06	-0.4
蚕茧	吨	29.62	-11.7
园林水果	万吨	6.50	8.7
食用坚果	吨	20735	5.0
#白果	吨	20723	5.0
畜牧业			
肉类总产量	万吨	14.46	-6.0
奶类总产量	万吨	7.45	0.0
禽蛋总产量	万吨	20.10	-14.9
大牲畜年末数	万头	1.67	-0.6
猪年末存栏	万头	83.19	370.0
羊年末存栏	万头	11.11	-0.4
渔业			
水产品产量	万吨	37.48	1.4
农业生产条件			
农业机械总动力	万千瓦	288.65	0.6
化肥使用折纯量	万吨	14.59	-1.5
农村用电量	亿千瓦时	140.89	-1.3
有效灌溉面积	千公顷	414.11	50.5
农林牧渔业总产值	亿元	506.37	3.0
#农业总产值	亿元	280.94	3.2
林业总产值	亿元	3.26	2.6
牧业总产值	亿元	65.32	2.3
渔业总产值	亿元	131.31	3.1
农林牧渔服务业总产值	亿元	25.54	1.1
农林牧渔业增加值	亿元	320.00	2.8
#农业增加值	亿元	204.43	2.4
林业增加值	亿元	1.84	2.7
牧业增加值	亿元	32.66	4.2
渔业增加值	亿元	68.17	4.0
农林牧渔服务业增加值	亿元	12.90	2.2

2020年泰州市规模以上工业主要指标情况表

表67

指标名称	单位	全市	市区	海陵区	高港区	姜堰区	医药高新区	兴化市	靖江市	泰兴市
规模以上工业企业单位数	个	2860	1127	258	212	443	214	537	583	613
#高技术产业企业	个	248	159	22	42	32	63	17	23	49
#国有控股企业	个	45	21	8	3	5	5	3	10	11
#轻工业	个	892	422	88	88	137	109	213	97	160
#大型企业	个	38	19	5	4	4	6	2	11	6
中型企业	个	161	66	21	14	21	10	15	33	47
小型企业	个	2408	959	211	175	386	187	445	493	511
资产总计	万元	6061.77	2666.19	521.39	1008.7	525.73	610.36	544.23	1517.97	1333.39
流动资产合计	万元	3647.23	1671.08	348.34	651.02	335.09	336.62	334.45	913.03	728.67
固定资产净额	万元	1352.59	616.19	101.01	211.73	113.72	189.73	123.39	240.46	372.54
负债合计	万元	3132.12	1401.79	315.25	453.63	282.84	350.08	306.41	732.14	691.77
营业收入	万元	5879.25	3001.02	494.82	1448.89	476.73	580.58	612.71	995.87	1269.64
营业成本	万元	4565.25	2166.98	425.76	887.74	387.3	466.19	525.78	840.23	1032.27
利润总额	万元	375.59	173.99	9.95	98.98	22.17	42.89	27.16	81.61	92.83
应交增值税	万元	145.8	83	8.07	39.7	15.27	19.97	13.95	19.13	29.72

2020年泰州市国内外贸易情况表

表68

指标名称	单位	全市	市区	海陵区	高港区	姜堰区	医药高新区	兴化市	靖江市	泰兴市
社会消费品零售总额	万元	13332610	6209735	2145520	966917	1613585	1483714	2400186	1975394	2747295
#限上社会消费品零售总额	万元	4713148	3047119	1110333	259634	469314	1207837	388778	521862	755389
限额以上批发和零售业法人企业数	个	1861	982	292	225	260	205	342	271	266
#零售业	个	809	409	71	114	154	70	206	81	113
进出口总额	万美元	1464269	627647	170254	143538	142589	171266	73980	329966	432676
#出口总额	万美元	960508	391437	147121	37120	122345	84851	67743	252578	248750
进出口总额（人民币计价）	万元	10140131	4338804	1179220	997010	981616	1180958	511780	2292261	2997286
#出口总额	万元	6653654	2706323	1019598	257379	843667	585679	468547	1755306	1723478
协议外资金额	万美元	472833	272731	66927	77119	91668	37017	32347	52809	114946
实际到账外资	万美元	164991	82732	16081	23044	16313	27294	16846	27826	37587

2020年泰州市教育事业情况表

表69

指标名称	单位	全市	市区	海陵区	高港区	姜堰区	医药高新区	兴化市	靖江市	泰兴市
学校总数										
#普通高等学校	个	7	7	—	—	—	—	—	—	—
中等职业学校	个	12	9	—	1	4	—	1	1	1
普通中学	个	182	61	13	10	26	3	52	25	44
#高中	个	34	15	—	—	7	1	8	4	7
初中	个	148	46	13	10	19	2	44	21	37
小学	个	149	51	9	11	23	6	33	22	43
特殊教育	个	5	2	—	—	1	—	1	1	1
幼儿园	个	347	133	45	17	44	23	90	55	69
毕业生总数										
#普通高等学校	人	17738	17738	—	—	—	—	—	—	—
中等职业学校	人	9443	5335	—	643	2896	—	1312	1341	1455
普通中学	人	57452	22272	3903	1864	10359	386	13579	8059	13542
#高中	人	20279	7762	—	—	3678	—	4639	2829	5049
初中	人	37173	14510	3903	1864	6681	386	8940	5230	8493
小学	人	36194	12617	4081	1827	4885	1020	11428	4581	7568
特殊教育	人	255	73	11	11	25	1	62	45	75
幼儿园	人	38767	15213	4628	2343	5145	2427	10460	5058	8036
招生总数										
#普通高等学校	人	21731	21731	—	—	—	—	—	—	—
中等职业学校	人	8983	5136	—	681	1907	—	1098	1132	1617
普通中学	人	60363	22505	3626	1724	10202	430	16560	8033	13265
#高中	人	24131	9403	—	—	4396	—	5560	3510	5658
初中	人	36232	13102	3626	1724	5806	430	11000	4523	7607
小学	人	38826	16052	4861	2252	5771	1684	9717	5139	7918
特殊教育	人	343	93	37	12	20	9	122	54	74
幼儿园	人	37541	15421	4521	2362	5239	2631	8608	5355	8157
在校学生总数										
#普通高等学校	人	68842	68842	—	—	—	—	—	—	—
中等职业学校	人	25170	14808	—	1932	6300	—	3032	3219	4111
普通中学	人	180477	68998	11128	5456	31765	1218	45831	24353	41295

续表69

指标名称	单位	全市	市区	海陵区	高港区	姜堰区	医药高新区	兴化市	靖江市	泰兴市
#女生	人	79302	31117	4852	2385	14053	550	18308	11748	18129
#高中	人	71176	27896	—	—	13118	—	16410	10014	16856
普通小学	人	235632	90751	28262	12676	33511	8567	66387	29456	49038
#女生	人	105029	41130	12948	5803	15037	3873	28153	14010	21736
特殊教育	人	1535	592	123	60	243	60	402	158	383
幼儿园在园幼儿	人	113090	46157	13602	7331	15323	7658	26708	15967	24258
专任教师总数										
#普通高等学校	人	3400	3400	—	—	—	—	—	—	—
中等职业学校	人	1759	916	—	232	357	—	164	324	355
普通中学	人	19012	6787	1249	681	2962	150	4462	2820	4943
#高中	人	7028	2607	—	—	1278	—	1506	1053	1862
初中	人	11984	4180	1249	681	1684	150	2956	1767	3081
普通小学	人	14245	5151	1550	774	1937	470	4178	1872	3044
幼儿园	人	7189	2966	954	453	942	495	1914	1067	1242

2020年泰州市卫生事业情况表

表70

指标名称	单位	全市	市区	海陵区	高港区	姜堰区	医药高新区	兴化市	靖江市	泰兴市
卫生机构数	个	2134	671	293	86	292	—	663	324	476
#医院	个	91	41	25	4	12	—	14	17	19
卫生院	个	114	31	8	5	18	—	41	13	29
卫生机构床位数	张	30384	13538	7906	1317	4315	—	6105	4925	5816
#医院	张	22133	11050	7094	875	3081	—	3584	3648	3851
卫生院	张	6829	1660	356	265	1039	—	2311	1237	1621
卫生技术人员	人	33071	14328	8335	1437	4556	—	6837	5086	6820
#执业(助理)医师	人	14029	5708	3064	641	2003	—	3031	2205	3085
注册护士	人	13728	6283	3925	515	1843	—	2818	1991	2636
#卫生防疫人员	人	488	272	165	16	91	—	70	93	53
医院、卫生院技术人员	人	26827	11261	6565	1066	3630	—	6041	4104	5421
#执业（助理）医师	人	10853	4171	2326	438	1407	—	2646	1679	2357
注册护士	人	11741	5326	3256	436	1634	—	2536	1709	2170

2020年泰州市财政收支情况表

表71

科目名称	单位	全市	市区	海陵区	高港区	姜堰区	医药高新区	兴化市	靖江市	泰兴市
财政总收入（上划中央收入+一般公共预算收入）	亿元	623.23	308.76	57.08	77.87	61.71	74.00	65.34	110.12	139.01
上划中央收入	亿元	240.16	121.27	21.07	31.46	23.85	30.47	23.85	41.45	53.58
增值税	亿元	134.09	62.44	11.64	19.05	15.10	11.47	17.06	24.49	30.11
消费税	亿元	16.60	16.50	3.21	0.29	0.53	5.04	0.02	0.04	0.04
企业所得税（60%）	亿元	70.41	33.98	4.78	9.77	6.23	12.34	5.07	14.77	16.59
个人所得税（60%）	亿元	19.05	8.35	1.44	2.35	1.99	1.61	1.71	2.14	6.85
一般公共预算收入	亿元	383.08	187.49	36.01	46.40	37.86	43.52	41.48	68.67	85.43
#税收收入	亿元	289.65	134.99	28.88	32.85	30.57	32.50	32.14	55.28	67.25
#增值税	亿元	134.37	62.44	11.64	19.05	15.10	11.47	17.06	24.76	30.11
企业所得税	亿元	46.94	22.66	3.19	6.51	4.15	8.23	3.38	9.85	11.06
个人所得税	亿元	12.70	5.57	0.96	1.56	1.33	1.07	1.14	1.43	4.56
一般公共预算支出	亿元	627.54	298.22	38.94	48.90	80.06	34.85	114.76	106.21	108.34
#一般公共服务	亿元	58.70	31.74	5.32	4.68	7.20	5.33	10.19	11.38	5.39
科学技术	亿元	11.53	8.58	1.14	2.29	1.41	2.82	0.76	1.17	1.03
教育	亿元	80.40	36.82	5.82	6.88	13.33	2.13	15.13	13.36	15.10
文化旅游体育与传媒	亿元	11.72	5.05	0.31	0.58	1.10	0.17	2.74	1.56	2.37
卫生健康	亿元	53.28	20.32	3.06	3.15	6.29	1.71	14.89	8.09	9.98
节能保护	亿元	8.95	5.04	1.08	0.28	0.82	1.00	1.17	0.97	1.77
城乡社区事务	亿元	104.66	56.96	3.38	16.85	15.30	10.27	5.87	30.47	11.37
交通运输	亿元	22.84	11.69	0.00	0.04	0.66	0.01	3.58	3.11	4.46
社会保障和就业	亿元	91.31	38.27	7.29	5.06	17.06	2.52	23.81	9.58	19.65
住房保障	亿元	42.07	19.96	3.11	2.10	5.39	0.87	6.61	5.94	9.56
农林水	亿元	55.49	17.90	2.72	3.09	7.83	0.99	15.83	6.35	15.41

2020年末泰州市金融机构存贷款情况表

表72

指标名称	单位	全　市	市　区	海陵区	高港区	姜堰区	医药高新区	兴化市	靖江市	泰兴市
年末金融机构各项存款余额（人民币）	亿元	7889.89	4168.96	—	—	1045.9	—	1089.51	1328.43	1302.99
#住户存款	亿元	3722.47	1596.39	—	—	646.68	—	766.05	695.57	664.46
年末金融机构各项贷款余额（人民币）	亿元	6385.1	3342.51	—	—	818.49	—	763.01	1172.46	1107.12

2020年泰州市城镇非私营单位劳动就业情况表

表73

指标名称	单位	全　市	市　区	海陵区	高港区	姜堰区	医药高新区	兴化市	靖江市	泰兴市
从业人员	万人	278.61	105.50	35.43	16.45	38.92	14.70	69.25	41.50	62.36
第一产业	万人	50.04	11.04	0.91	1.78	8.23	0.12	19.39	5.96	13.65
第二产业	万人	107.62	41.26	12.05	7.30	15.03	6.88	22.37	19.89	24.10
第三产业	万人	120.95	53.20	22.47	7.37	15.66	7.70	27.49	15.65	24.61
在岗职工人数	人	881143	556463	145509	68272	241408	101274	49280	71110	204290
#国有单位	人	143169	88636	40130	10828	17675	20002	17861	17221	19452
城镇集体单位	人	17921	7356	1171	511	4734	940	3533	2492	4540
港澳台商投资单位	人	56197	48926	799	1926	2647	43554	875	2941	3455
外商投资单位	人	46078	24698	5005	8360	4674	6658	6738	5842	8801
在岗职工平均人数	人	797698	484888	127278	66483	199743	91384	49358	70499	192953
在岗职工工资总额	万元	6855759	4201378	1204796	595604	1534614	866364	394388	621224	1638770
在岗职工平均工资	元	85944	86646	94659	89587	76829	94805	79903	88118	84931
#国有单位	元	144468	155770	153803	137822	149252	174877	111987	148489	120777
城镇集体单位	元	84952	86648	65722	59487	101931	50996	64886	98507	90533

（市统计局供）

说 明

一、本索引采用主题分析法编制，索引词条按汉语拼音音序排列。

二、类目标题用黑体字样标示。

三、索引词条后的数字表示内容所在页码，数字后的a、b、c分别表示该页面左、中、右栏。

四、为便于检索，在泰州市的企事业单位和泰州市发生的事件名称前的“泰州”两字，除易产生歧义者外，均予省略。

D

E

F

H

J

K

L

M

N

O

P

Q

R

S

T

Y

Z

责任编辑：叶　彤

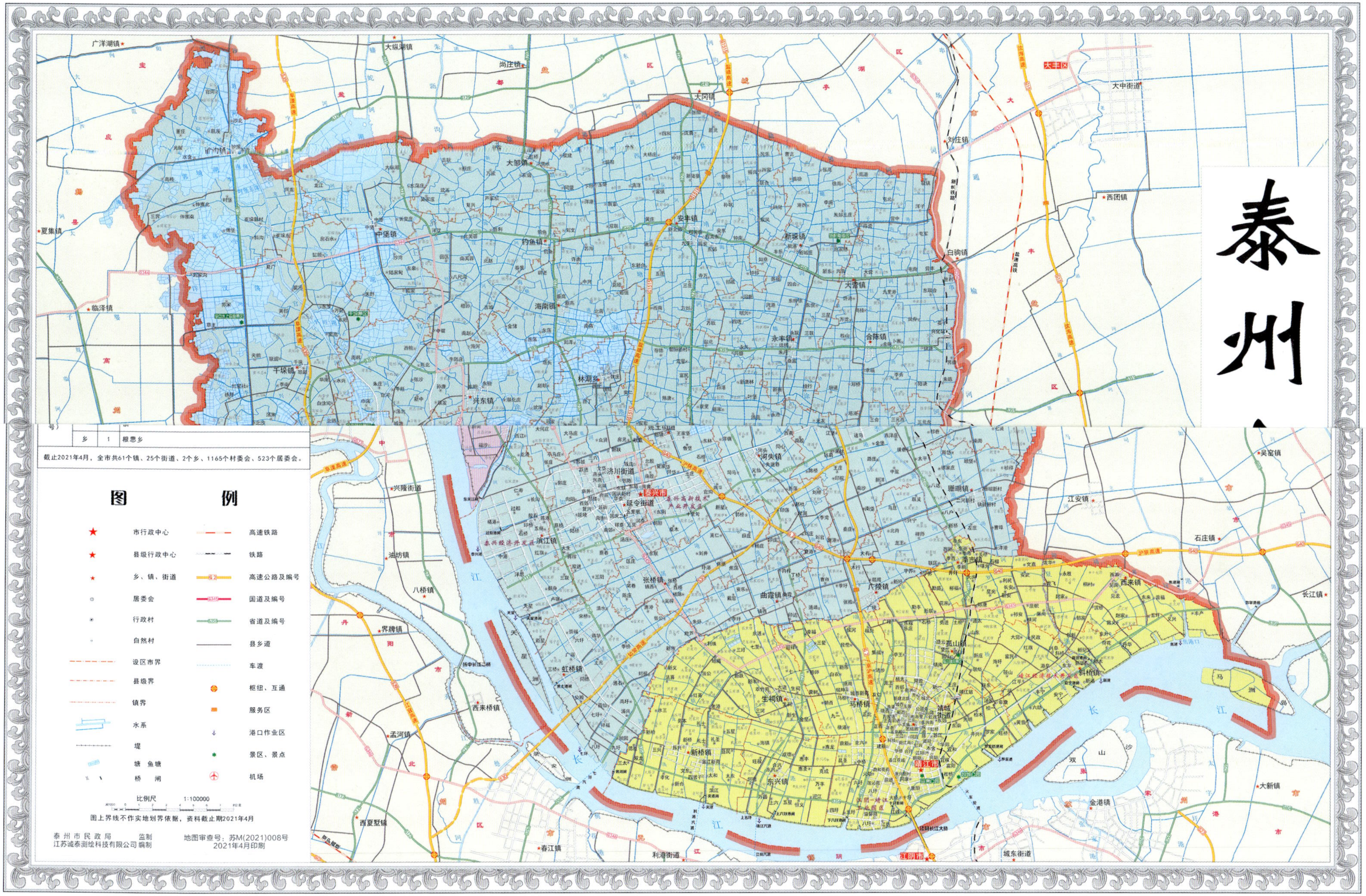
泰州
乡 | 1 | 根思乡
截止2021年4月，全市共61个镇、25个街道、2个乡、1165个村委会、523个居委会。
图例
市行政中心
县级行政中心
乡、镇、街道
居委会
行政村
自然村
设区市界
县级界
镇界
水系
堤
塘 鱼塘
桥 闸
高速铁路
铁路
高速公路及编号
国道及编号
省道及编号
县乡道
车渡
枢纽、互通
服务区
港口作业区
景区、景点
机场
比例尺 1:100000
图上界线不作实地划界依据，资料截止期2021年4月
泰州市民政局 监制
江苏诚泰测绘科技有限公司 编制
地图审查号：苏M(2021)008号
2021年4月印刷